O PREÇO DA PAZ

O PREÇO DA PAZ

DINHEIRO,
DEMOCRACIA
E A VIDA DE

JOHN MAYNARD KEYNES

BIOGRAFIA INTELECTUAL DEFINITIVA

ZACHARY D. CARTER
RENOMADO REPÓRTER DE POLÍTICA
ECONÔMICA, PALESTRANTE E ESCRITOR

ALTA CULT
EDITORA
Rio de Janeiro, 2021

O Preço da Paz

Copyright © 2021 da Starlin Alta Editora e Consultoria Eireli.
ISBN: 978-65-5520-339-4

Translated from original The Price of Peace. Copyright © 2020 by Zachary D. Carter. ISBN 9780525509035. This translation is published and sold by permission of Random House, an imprint of Penguin Random House LLC, the owner of all rights to publish and sell the same. PORTUGUESE language edition published by Starlin Alta Editora e Consultoria Eireli, Copyright © 2021 by Starlin Alta Editora e Consultoria Eireli.

Todos os direitos estão reservados e protegidos por Lei. Nenhuma parte deste livro, sem autorização prévia por escrito da editora, poderá ser reproduzida ou transmitida. A violação dos Direitos Autorais é crime estabelecido na Lei nº 9.610/98 e com punição de acordo com o artigo 184 do Código Penal.

A editora não se responsabiliza pelo conteúdo da obra, formulada exclusivamente pelo(s) autor(es).

Marcas Registradas: Todos os termos mencionados e reconhecidos como Marca Registrada e/ou Comercial são de responsabilidade de seus proprietários. A editora informa não estar associada a nenhum produto e/ou fornecedor apresentado no livro.

Impresso no Brasil — 1ª Edição, 2021 — Edição revisada conforme o Acordo Ortográfico da Língua Portuguesa de 2009.

Erratas e arquivos de apoio: No site da editora relatamos, com a devida correção, qualquer erro encontrado em nossos livros, bem como disponibilizamos arquivos de apoio se aplicáveis à obra em questão.

Acesse o site www.altabooks.com.br e procure pelo título do livro desejado para ter acesso às erratas, aos arquivos de apoio e/ou a outros conteúdos aplicáveis à obra.

Suporte Técnico: A obra é comercializada na forma em que está, sem direito a suporte técnico ou orientação pessoal/exclusiva ao leitor.

A editora não se responsabiliza pela manutenção, atualização e idioma dos sites referidos pelos autores nesta obra.

Dados Internacionais de Catalogação na Publicação (CIP) de acordo com ISBD

C323p   Carter, Zachary D.
           O preço da paz: dinheiro, democracia e a vida de John Maynard Keynes / Zachary D. Carter ; traduzido por Matheus Araújo. - Rio de Janeiro : Alta Books, 2021.
           608 p. ; 16cm x 23cm.

           Tradução de: The Price of Peace
           Inclui índice bibliográfico.
           ISBN: 978-65-5520-339-4

           1. Biografia. 2. John Maynard Keynes. 3. Economistas. I. Araújo, Matheus. II. Título.

2021-4118   CDD 920
                                                    CDU 929

Elaborado por Odilio Hilario Moreira Junior - CRB-8/9949

Rua Viúva Cláudio, 291 — Bairro Industrial do Jacaré
CEP: 20.970-031 — Rio de Janeiro (RJ)
Tels.: (21) 3278-8069 / 3278-8419
www.altabooks.com.br — altabooks@altabooks.com.br

Produção Editorial
Editora Alta Books

Gerência Comercial
Daniele Fonseca

Editor de Aquisição
José Rugeri
acquisition@altabooks.com.br

Produtores Editoriais
Illysabelle Trajano
Maria de Lourdes Borges
Thales Silva
Thiê Alves

Marketing Editorial
Livia Carvalho
Thiago Brito
marketing@altabooks.com.br

Equipe de Design
Larissa Lima
Marcelli Ferreira
Paulo Gomes

Diretor Editorial
Anderson Vieira

Coordenação Financeira
Solange Souza

Coordenação de Eventos
Viviane Paiva

Assistente Editorial
Mariana Portugal

Equipe Ass. Editorial
Beatriz de Assis
Brenda Rodrigues
Caroline David
Gabriela Paiva
Henrique Waldez
Mariana Portugal
Raquel Porto

Equipe Comercial
Adriana Baricelli
Daiana Costa
Fillipe Amorim
Kaique Luiz
Victor Hugo Morais

Atuaram na edição desta obra:

Tradução
Matheus Araújo

Copidesque
Wendy Campos

Capa
Marcelli Ferreira

Revisão Gramatical
Thaís Pol
Ana Gabriela Dutra

Diagramação
Joyce Matos

✉ **Ouvidoria**: ouvidoria@altabooks.com.br

Editora afiliada à:

Para Ming

Em longo prazo, estamos todos mortos.

— JOHN MAYNARD KEYNES, *dezembro de 1923*

Em longo prazo, praticamente qualquer coisa é possível.

— JOHN MAYNARD KEYNES, *abril de 1942*

AGRADECIMENTOS

— ◊ —

ESTE LIVRO EXISTE PORQUE minha esposa, Jia Lynn Yang, me motivou a escrevê-lo na primavera de 2016. Depois de ter trabalhado como jornalista financeiro e político durante uma década, ela me incentivou a experimentar algo maior. Não foi um caso típico de encorajamento conjugal. Minha esposa é editora profissional, treinada para extrair o melhor de seus escritores, e sabia o que estava fazendo. Ao longo dos últimos três anos, ela não foi apenas uma fonte de apoio, mas também uma parceira intelectual que aprimorou os argumentos, reforçou a prosa e eliminou as más ideias. Ela passou um pente fino nesses capítulos e discutiu comigo durante o jantar sobre preferência pela liquidez e sobre o Tratado de Versalhes mais vezes do que conseguimos contar. Conforme ela trabalhava em um livro bem diferente do meu, nossos projetos se entrelaçaram e nós viajamos juntos, fazendo nossas pesquisas lado a lado na Biblioteca Presidencial John F. Kennedy, em Boston; na Biblioteca Presidencial Harry S. Truman, em Independence, Missouri; em sessões e mais sessões na Biblioteca do Congresso em Washington, D.C.; e muitos outros incontáveis retiros de férias que se transformaram em retiros de escrita. Meu amor, compartilhar tudo isso com você foi emoção para uma vida inteira.

Todo livro começa com uma ideia, mas o conceito muda ao longo do curso do projeto — pelo menos, se o livro for dos bons. Sou particularmente grato a Neil Irwin por me ajudar a desenvolver as ideias deste livro desde o começo e por servir como uma espécie de coach para a vida do jornalista e autor, ajudando-me desde a encontrar o agente certo até identificar a maneira adequada para celebrar a conclusão de um esboço. Meu agente — o brilhante e indomável

Howard Yoon — foi meu parceiro durante cada etapa deste projeto, uma mão firme e experiente cujo conselho criativo foi, para mim, tão importante quanto sua consolidada perspicácia profissional.

Molly Turpin, minha editora na Random House, foi uma revelação, enxergando conexões que antes eram invisíveis para mim, desenvolvendo temas que pareciam insignificantes em narrativas maiores, descartando desvios de roteiro que apesar de muito queridos, eram descartáveis e mantendo um foco implacável no essencial. Nem sempre foi fácil corresponder a sua insistência quanto à clareza e ao desenvolvimento de personagens, mas isso tornou um livro sobre cem anos de políticas econômicas um empreendimento literário que eu não imaginava quando lhe apresentei a proposta na primavera de 2017. Se existem editores de livros melhores que ela, devem ser realmente muito bons.

Sou obrigado a expressar uma nota especial de gratidão a Dra. Patricia McGuire e Peter Monteith dos arquivos da King's College, Cambridge, cuja orientação pelo que só pode ser descrito como uma coleção maciça de materiais sobre a vida de John Maynard Keynes fez do meu tempo por lá mais frutífero do que eu poderia ter imaginado. Todos os acadêmicos modernos de Keynes começam sua jornada com o trabalho de lorde Robert Skidelsky, cuja biografia de três volumes estabeleceu um fundamento interpretativo para todos aqueles que escreveram sobre Keynes depois dele — tanto para aqueles que concordam quanto para os que discordam dele. Sou grato por suas conversas, sua paciência e sua versatilidade intelectual nas nossas discussões sobre este projeto. Nos pontos em que diferi dele, senti como se estivesse correndo sérios riscos, mas não por falta de generosidade de sua parte. Também sou igualmente grato a James K. Galbraith por sua orientação apaixonada, porém clara, sobre a vida e o trabalho de seu pai, cujas próprias interpretações e modificações sobre Keynes serviram para me informar muito sobre meu próprio entendimento. Este manuscrito foi marcadamente aprimorado pelos comentários penetrantes do historiador do New Deal, Eric Rauchway, cuja sabedoria presente nos livros *The Money Makers* e *Winter War* [ambos sem publicação no Brasil] é, para usar uma metáfora infeliz, o padrão-ouro para trabalhos sobre a relação

AGRADECIMENTOS

entre teorias altamente intelectuais e manobras de realpolitik na época de Franklin D. Roosevelt. Também sou grato a John Milton Cooper Jr. pelo seu tempo e seus insights sobre Woodrow Wilson e o Tratado de Versalhes. Greg Veis e Richard Kim — dois dos jornalistas mais talentosos a trabalhar na área atualmente — ofereceram um feedback valioso sobre este manuscrito e sua estrutura narrativa.

Nenhum trabalho histórico é escrito em um vácuo e, ainda que eu tenha contado com dezenas de acadêmicos ao longo da pesquisa deste projeto, existe um punhado deles cujas obras tiveram uma influência particularmente grande ainda que sem seu conhecimento. Adam Tooze e seu livro magistral, *The Deluge* [sem publicação no Brasil] é o mais excitante que um livro de mais de 500 páginas sobre história econômica pode ser, um retrato abrasador das conexões entre poder, política, recursos e mercados nas Guerras Mundiais. A incrível biografia de John Kenneth Galbraith, escrita por Richard Parker, é um documento notável não apenas por sua graça narrativa, mas também por seu poder argumentativo que perdura uma década e meia após sua publicação. Os livros *Masters of the Universe*, de Daniel Stedman Jones; *The Great Persuasion*, de Angus Burgin e *Globalists*, de Quinn Slobodian [todos sem publicação no Brasil] são guias essenciais para a ordem neoliberal que substituiu o pensamento keynesiano no século XX, enquanto o livro *Bloomsbury Ballerina*, de Judith Mackrell [sem publicação no Brasil], não é apenas uma biografia reveladora de Lydia Lopokova, mas um perspicaz retrato de seu marido.

Perdi meu pai, Lawrence D. Carter, antes da publicação deste livro e, em muitos sentidos, ele é o produto de seus investimentos, tanto em tempo quanto em tutoria. Ele fomentou meu interesse inicial em economia ainda na escola primária e seus feedbacks sobre meus esboços iniciais deste manuscrito foram essenciais para o desenvolvimento do argumento. Ele insuflou em mim, desde tenra idade, sua paixão pelo método científico e pelo conhecimento rigoroso graças a sua orientação em inscrições de feiras de ciências, em trabalhos acadêmicos sobre história e em exibições artísticas. Este foi nosso último projeto juntos, como pai e filho, e também acredito que tenha sido nosso melhor projeto.

Minha mãe, Bonnie Bell, me ensinou a escrever — desde o alfabeto até os trabalhos de graduação. Este livro também é fruto de seu esforço.

Este livro também não poderia ter sido concluído sem o apoio de meus sogros, Ed e Mei Shin Yang, como conselheiros profissionais, babás e críticos literários. Os valiosos insights de Ed como economista com décadas de experiência no Departamento de Comércio dos Estados Unidos moldaram não apenas a argumentação do livro, mas também minha visão de mundo.

Finalmente, gostaria de agradecer meu leal e persistente assistente de pesquisa, Pepper, que sempre reconheceu que o melhor caminho em situações difíceis de escrita é dar uma caminhada pelos bosques. Ou, ao menos, um pequeno passeio com muitos petiscos.

PREFÁCIO

— ◇ —

DINHEIRO, DEMOCRACIA E A VIDA DE JOHN MAYNARD KEYNES,
POR GUSTAVO H. B. FRANCO

John Maynard Keynes é parte essencial e indissociável da história dos grandes embates macroeconômicos do século XX, e, por isso mesmo, escrever sobre ele é como revisitar eventos e lugares extraordinários, rever os Tratados de Versalhes (1919) e de Bretton Woods (1944), e tudo que ocorreu entre um e outro, sobretudo no campo das ideias e segundo a ótica de um dos personagens mais interessantes desses enredos.

Keynes nunca foi chefe de Estado ou autoridade econômica de primeira linha, mas um professor, um acadêmico de gostos refinados, um membro do Grupo de Bloomsbury — que congregava escritores e artistas londrinos de várias especialidades, incluindo Virginia Woolf e Lytton Strachey — que se tornou o mais destacado, temido e admirado intelectual militante, um mito entre os economistas, ainda vivo e participante mesmo tantos anos depois de deixar este mundo. Na verdade, a atualidade desse personagem fascinante e inesgotável, como o leitor poderá facilmente atestar, transborda a cada momento do texto a seguir, sobretudo quando se observa Keynes em ação, em seu contexto.

O leitor verá que o livro que tem diante de si é uma espécie de biografia intelectual, ou uma história das ideias desse homem — mais que propriamente do homem — já extensamente biografado em outros trabalhos, porém, sem jamais dissociar uma coisa da outra. Keynes é simplesmente complexo demais, e sua atuação é instigante e influente a ponto de que não se consegue, ou não se deve, contar a história econômica do século XX sem o seu concurso.

Zachary Carter achou um ângulo verdadeiramente encantador para este relato, um meio do caminho entre o homem e a história, colhendo o melhor das duas narrativas e parecendo sempre buscar a sintonia com o leitor curioso sobre o que Keynes estaria dizendo sobre os temas da atualidade, com a sua verve e inconfundível capacidade de polêmica e persuasão.

Carter nos oferece um texto leve, nada especializado, um comentário ágil e agradável, sem necessariamente nos entupir com todos os detalhes técnicos de uma história ou de uma biografia, mas com o texto firmemente afixado em ambas as canoas.

Vale reforçar, para o leitor brasileiro em especial, a importância do personagem e seus temas, seja porque sobreviveram muito bem à passagem do tempo, seja porque o panorama descortinado por Carter parece familiar:

- Depois de 1919, Keynes se insurgiu contra o tratamento dado pelo Tratado de Versalhes aos países perdedores, sobretudo por meio da imposição de uma dívida externa excessivamente onerosa, o que levaria a Alemanha, no futuro, à hiperinflação, ao caos, ao fascismo e de volta à guerra.

- Depois de 1925, Keynes se insurgiu contra a decisão do governo inglês de retornar o padrão-ouro à velha paridade vigente no período anterior à Guerra, o que o colocou no centro do debate sobre taxa de câmbio, a sobrevalorização da libra esterlina em particular e seus efeitos adversos sobre o nível de emprego.

- Depois de 1929, Keynes se insurgiu contra a oposição conservadora aos programas de obras públicas que se multiplicavam

PREFÁCIO

em diversos países que buscavam vencer a Depressão, e que incluíam o rearmamento alemão implementado pelos nazistas, as compras e destruição de estoques de café no Brasil, as obras públicas propostas pelos trabalhistas na Inglaterra, entre muitos casos. Foi isso o que ficou, em uma avaliação um tanto reducionista, como a essência do keynesianismo, um assunto para o leitor formar o seu próprio ponto de vista, ao final da jornada.

- Em 1944, Keynes participou de forma destacada da Conferência de Bretton Woods, na qual se desenhou uma nova ordem financeira internacional, administrada pelos ali criados Fundo Monetário Internacional e Banco Mundial, com enorme cuidado para não se repetir os erros da reconstrução posterior à Primeira Guerra.

- Depois de deixar este mundo em 1945, seus enredos keynesianos prosseguem com muito ímpeto, mas o eixo se deslocou, e, sem o sentir, o leitor já cruzou o Atlântico e passou a acompanhar o desenvolvimento das ideias de Keynes nos EUA, em conexão com o New Deal e seus sacerdotes. Daí em diante, outros personagens dialogam com Keynes, mantendo-o presente como se estivesse vivo: seus rivais do campo liberal, Hayek e Friedman, e seus continuadores, John Kenneth Galbraith nos EUA e Joan Robinson em Cambridge.

Embora trate de todos esses temas econômicos, é preciso esclarecer desde logo que Carter não fez um livro para economistas, a começar pelo zelo pela boa prosa, pela fluência do texto e pela parcimônia e simplicidade com as explicações técnicas, mesmo tendo em mente que Carter não se esconde diante dos temas de mérito. Tudo se passa como se Carter colocasse Keynes para explicar os assuntos de economia para seus colegas no Grupo de Bloomsbury.

Rapidamente o leitor compreenderá que, ao fim das contas, este é um livro sobre a atualidade, que fala de economistas na política, principalmente Keynes, mas não apenas dele. Esta obra trata sobre debates públicos e ideias e eventos de grande importância para o momento presente. Bem sabemos que o passado é fonte inesgotável de lições e pistas para o futuro, mas é preciso haver um bom ângulo de observação, do contrário ficamos com as lições erradas.

Outro desafio interessante proposto pelo livro, e aguçado pela sua publicação em português, é se Keynes introduziu mesmo uma "filosofia social" — conforme de fato propôs, por exemplo, nos últimos capítulos de sua Teoria Geral — ao refletir sobre os "trade-offs" políticos envolvidos em decisões macroeconômicas.

O leitor não encontrará em Carter apoio à ideia de que Keynes criou uma espécie de religião, uma receita econômica totalizante ou uma teoria geral absoluta, inclusive porque há muitos keynesianismos, a começar pelo percurso das ideias de Keynes nos EUA, tratado com detalhes a seguir. Há apenas economistas inteligentes com suas soluções engenhosas, e aqui temos o maior deles, um homem brilhante que teve respostas criativas diversas, uma para cada problema, e foram os piores problemas do mundo. A lição duradoura e sedutora — daí, talvez, parte importante da magia do personagem — diz respeito ao otimismo, uma mercadoria sempre necessária e bem-vinda, em particular a crença na engenhosidade dos economistas em resolver as grandes encrencas de seu tempo.

Carter enxerga o pesadelo do populismo, mas ainda em versões amenas, anteriores à pandemia e às tensões pertinentes ao agravamento da guerra cultural. A Covid-19 sacudiu os debates entre as escolas de pensamento econômico, e Keynes sempre aparece nesses tumultos. Mas as respostas da política econômica mundo afora foram híbridas, meio *Teoria Geral*, meio *How to Pay for the War*, meio monetarista (muito "afrouxamento quantitativo", o chamado QE, *quantitative easing*, em uma escala impensável) com novos ingredientes e muito viés de confirmação.

A vida real é sempre muito mais complexa do que se supõe a partir das "escolas de pensamento econômico", o próprio Keynes o demonstrará com abundância no texto que o leitor tem diante de si.

SUMÁRIO

INTRODUÇÃO — XIX

UM: Após a Corrida do Ouro — 1

DOIS: Dinheiro Sujo — 19

TRÊS: Paris e Seus Dissabores — 61

QUATRO: Consequências — 89

CINCO: Da Metafísica ao Dinheiro — 111

SEIS: Prolegômenos para o Novo Socialismo — 147

SETE: A Grande Depressão — 179

OITO: Fênix — 219

NOVE: O Fim da Escassez — 249

DEZ: Veio a Revolução — 279

ONZE: Guerra e Contrarrevolução	311
DOZE: Mártir da Boa Vida	341
TREZE: A Aristocracia Contra-ataca	373
QUATORZE: A Sociedade Afluente e Seus Inimigos	399
QUINZE: O Começo do Fim	427
DEZESSEIS: O Retorno do Século XIX	457
DEZESSETE: A Segunda Gilded Age	489
CONCLUSÃO	519
REFERÊNCIAS	541
BIBLIOGRAFIA SELECIONADA	571
ÍNDICE	575

INTRODUÇÃO

—◊—

Na primavera de 1922, John Maynard Keynes estava apaixonado. E também estava apavorado.

Desde o internato, Maynard, como seus amigos normalmente o chamavam, esteve quase exclusivamente interessado em homens. De forma repentina, aos 38 anos, ele se viu apaixonado por uma mulher quase uma década mais nova: a estrela russa de balé, Lydia Lopokova. "Estou confuso — um negócio terrível — mal sou capaz de manter uma conversa", escreveu ele para seu amigo, Lytton Strachey.[1]

Para os confidentes de Maynard no culto enclave de Bloomsbury, a paixão não fazia sentido. "Para onde estamos caminhando?", questionou-se Lytton. "O universo está cambaleante."[2] Virginia Woolf ficou chocada com a ideia de ver Maynard sendo "controlado" por uma amante.[3] Seus dias de romances selvagens deveriam ter ficado no passado. Como Keynes havia contado para Lytton dois anos antes, nas questões do coração ele só poderia ser arrastado até as "águas rasas". "Na minha idade, mergulho só até a cintura e não de corpo inteiro."[4] Ele preferia relacionamentos desapaixonados e com muitas idas e vindas, como era o caso de seu relacionamento com o psicólogo Sebastian Sprott, com quem Keynes ainda estava saindo quando foi abruptamente dominado por Lydia.

Gênero e paixão foram responsáveis apenas por parte do choque. Maynard era um homem do mundo. Respeitado economista e ex-oficial do Tesouro, ele conquistou grande fama e uma fortuna considerável graças à aguçada clareza mental. Os banqueiros respeitáveis do centro financeiro de Londres e aristocratas com títulos de nobreza que seguiam seu trabalho nas páginas financeiras não acreditaram quando souberam que o grande Keynes havia se apaixonado por, nas palavras de um conde, "uma corista".[5] Mesmo a irmã de Virginia, Vanessa Bell, uma artista de família de classe média, ficou incomodada pela forma como Lydia conversava com os empregados domésticos, como se pertencessem a uma mesma posição social.

Lydia, porém, deixou Maynard fascinado. Sua inteligência era tão ágil quanto seus membros. Ele a assistiu dançar noite após noite como a Fada Lilás na interpretação do Ballet Russes de *A Bela Adormecida*, de Tchaikovsky. Keynes a visitou nos bastidores, convidou-a para almoçar, riu de suas piadas durante a madrugada e alugou para ela um apartamento em Londres na mesma quadra onde morava — tudo dentro de um período de algumas semanas. Para Maynard, ela não era mera dançarina, mas uma artista fluente no léxico altamente cultural que unia São Petersburgo, Paris, Londres e Nova York. Embora uma excursão iminente até a Índia com um ministro do gabinete britânico tenha lhe oferecido uma oportunidade para aplacar suas ardentes paixões, Maynard foi incapaz de se afastar. Em vez disso, acabou por cancelar a viagem e levar Lydia em um passeio turístico por Londres com um carro alugado. "Estou em uma situação terrivelmente ruim", confessou para Vanessa. "Ela me parece perfeita em todos os sentidos."[6]

Perfeita, mas muito diferente. Quando criança, Lydia havia compartilhado um apartamento apertado em São Petersburgo com quatro irmãos antes de uma audição com a academia imperial de dança lhe tirar da pobreza. Maynard veio de um lar confortável de acadêmicos em Cambridge e construiu sua reputação internacional trabalhando no governo britânico. "Existe alguma semelhança entre nós dois?", perguntou Lydia. "Não! É tudo tão diferente que isso se torna atraente."[7] Para Maynard, a encantadora bailarina russa era mais do que uma artista talentosa e comunicativa; era a personificação viva de um ideal que ele pensou ter perdido oito anos antes, durante a eclosão da Grande Guerra.

O Bloomsbury sempre fora um pequeno refúgio insular para artistas e intelectuais, mas, de maneira paradoxal, que conectou Maynard a um mundo amplo e vibrante, além de Londres e do outro lado dos oceanos. Antes da guerra, Vanessa visitou o estúdio de Pablo Picasso em Montparnasse; o amigo e ocasional amante de Maynard, Duncan Grant, permaneceu com Gertrude Stein durante algum tempo em Paris.[8] O próprio Maynard foi um grande amigo do filósofo austríaco Ludwig Wittgenstein e Bloomsbury, com suas exibições de arte, festas ao ar livre e noites de debate, o ajudou a apreciar outros movimentos culturais cujo poder transcendia linguagem e nacionalidade, desde o pós-impressionismo francês até o romantismo alemão e os romances do pacifista russo Leon Tolstói. Por meio do Bloomsbury, Keynes fez parte de uma comunidade internacional de intelectuais progressistas que acreditavam estar quebrando as rudimentares barreiras medievais entre as pessoas por meio do poder do amor e da beleza.

A guerra destruiu essa ilusão coletiva. E suas consequências amargas e fraturadas pareciam mostrar que os anos dourados da juventude de Maynard foram pouco mais que as distrações triviais da classe ociosa britânica durante o ápice da hegemonia colonial britânica. Agora, pela primeira vez em anos, Lydia oferecia a Maynard esperança — não o otimismo abstrato e probabilístico que ele tipicamente carregava, mas uma *esperança* poderosa, quase religiosa — de que o sonho que acalentava quando jovem poderia se concretizar. Quaisquer que fossem as campanhas de vingança que os líderes da Europa pudessem se enveredar, o amor selvagem e impossível de Lydia e Maynard era prova de que o mundo estava cheio de um belo potencial. Por trás dos impérios vis e cínicos do dinheiro e da política repousava um império mais profundo e poderoso de ideias, aguardando para unir a humanidade independentemente de fronteiras e idiomas.

A vida de John Maynard Keynes foi cheia de momentos decisivos. Poucos cidadãos do século XX se reinventaram com a mesma regularidade de Keynes ao longo de seus quase 63 anos. O inesperado florescer do seu romance com Lydia Lopokova, porém, foi a conjuntura decisiva que fez dele uma grande influência na história das ideias. Quando Keynes finalmente se afastou de Lydia por algumas semanas, em abril e maio de 1922, foi para embarcar em um novo projeto que, em uma virada quase tão surpreendente quanto seu recente surto de amor, estabeleceria ele como o maior pensador econômico de sua época.

Naquela primavera, Keynes partiu para a cidade italiana de Gênova. Não partiu esperando escrever seu primeiro grande trabalho sobre teoria econômica. Keynes esperava fazer uma carreira como jornalista e, talvez, restabelecer um lugar como conselheiro dos formadores de opiniões da Europa. Tratava-se de um experimento de carreira nascido da necessidade. Menos de três anos antes, Keynes havia sido exilado de Whitehall e do Parlamento devido ao lançamento do livro *As Consequências Econômicas da Paz* — seu devastador ataque ao Tratado de Versalhes, acordo que estabeleceu os termos de paz no final da Grande Guerra. Seu livro expôs as maquinações secretas do próprio governo de Keynes durante a Conferência de Paz de 1919 e previu que os acordos financeiros do tratado levariam a Europa à ruína econômica, à ditadura e à guerra.

Para a surpresa de Keynes e sua editora, o impiedoso livreto foi um sucesso internacional de vendas, igualando o autor ao status de celebridade dos nobres europeus e estrelas de cinema norte-americanas. Ao longo dos três anos seguintes, sua reputação aumentou ainda mais conforme suas previsões começaram a adquirir um caráter profético: o desemprego implacável alimentou greves trabalhistas na Grã-Bretanha, motins na Itália e uma onda de assassinatos políticos na Alemanha. Agora, os jornais de Viena até Nova York apostavam que ele seria capaz de repetir o sucesso de seu famoso livro.

Banqueiros centrais, oficiais do tesouro e chefes de estado estavam reunidos em Gênova para o que deveria ser a conferência financeira mais importante desde o fim da guerra — o primeiro encontro entre os vitoriosos Aliados e os derrotados alemães desde Versalhes. Seria a diplomacia europeia em sua maior escala. Até mesmo o dissidente governo socialista da Rússia enviaria uma delegação. Jornais em Nova York, Manchester e Viena ofereceram a Keynes uma espantosa soma de 675 libras — mais de 45 mil dólares em dinheiro de hoje — para cobrir a conferência; sua audiência transcontinental alcançaria a casa dos milhões.[9] Não se tratava apenas de um contrato oferecido para um repórter talentoso; suas editoras esperavam que

INTRODUÇÃO   XXIII

Keynes infundisse seus relatórios com o faro e a ferocidade cheios de detalhes que fizeram de seu livro uma sensação.

Keynes não compartilhava da confiança de suas editoras nas suas habilidades. Ele ainda era novo nesse ramo e se preocupava de que *Consequências Econômicas* fosse apenas um acidente. Quando ainda era jovem, Keynes escrevia artigos acadêmicos rapidamente com uma confiança libertadora; conforme ele avançava para a meia-idade, porém, enfrentava cada vez mais dificuldades em traduzir suas ideias complexas em algo que as pessoas comuns pudessem compreender. Era uma experiência frustrante e humilhante para alguém célebre por sua genialidade. "O jornalismo devora as pessoas, sem deixar energia para assuntos mais elevados", escreveu para Lydia certa vez.[10] Os salários estratosféricos pelo seu trabalho em Gênova apenas intensificavam suas ansiedades. Era muito dinheiro para recusar, mas também estabeleciam expectativas impossivelmente altas. Se não conseguisse satisfazê-las, seu nome poderia nunca se recuperar.

Porém, quando Keynes caminhava pelos corredores da alta cúpula de Gênova, seu mais recente amor ajudou a fortalecer sua autoconfiança. Maynard e Lydia trocavam correspondências diárias, cheias de energia sexual e intelectual, infundidas com o dom de metáforas de Lydia e as cadências incomuns de uma mulher ainda se familiarizando com o inglês. "Eu misturo minha boca e coração com os seus", escreveu ela.[11] Os relatórios dele sobre a conferência eram "como edifícios claros e compactos". Embora ela achasse "incômodo que os especialistas financeiros não busquem a estabilidade" das principais moedas do mundo, ela insistia que a aguçada análise de seu novo amante os convenceria: "O artigo de hoje sobre o problema da reparação é bem enérgico. Os especialistas da conferência adotarão o caminho correto ao lê-lo."[12]

Ainda mais importante, as cartas de Lydia lembravam Keynes de seu objetivo em Gênova. Não se tratava de mera reunião de especialistas bancários para debater sobre juro e o principal da dívida; era a última e maior esperança da Europa para se salvar de um futuro autoritário. Também era a chance de Keynes de mostrar que o pequeno mundo das artes, da beleza e da compreensão intercultural criado por ele e Lydia poderia ser replicado na diplomacia econômica.

Armado com sua enorme audiência, Keynes descobriu que agora era respeitado pelos poderosos homens que o cercavam. Suas ideias eram sérias e suas propostas eram importantes. A delegação britânica chegou até a considerar brevemente uma revisão do sistema monetário internacional planejado por Keynes para melhorar o caos monetário quanto à inflação, deflação e desvalorização que se instalou desde o fim da guerra.

A conferência, porém, não estava indo bem. "Por baixo da superfície, em meio a intrigas sombrias, os diplomatas europeus insistem em seus antigos jogos", avisou Keynes nas páginas do *The Manchester Guardian*. "Conchavos estão sendo formados de maneira hesitante... Eles podem, por si só, produzir uma Europa tão inflamável quanto a de 1914. As velhas ideias políticas, que durante mil anos devastaram a Europa periodicamente, ainda não estão mortas."[13]

Os diplomatas britânicos não escondiam seu desprezo por seus colegas alemães. Um oficial britânico chamou o ministro do exterior da República de Weimar, Walther Rathenau, de um "judeu degenerado e careca", enquanto o comissário soviético de relações exteriores, Georgy Chicherin, foi ridicularizado como "o degenerado que ele é" — Chicherin era gay — "e, é claro, com exceção dele e Krassin... Todos os representantes russos são judeus".[14]

Esses sentimentos tóxicos envenenaram o debate sobre as dívidas astronômicas que advieram da Grande Guerra. Para Keynes, as dívidas não eram apenas um problema econômico, mas um incêndio político aguardando uma faísca. Ele acreditava que a economia da Europa, devastada pela guerra, era fraca demais para suportar o pagamento maciço a seus credores de guerra. O fato de que as dívidas deveriam ser pagas a bancos e governos estrangeiros estava acendendo antigas rivalidades, colocando as pessoas umas contra as outras. O dinheiro enviado para os credores no exterior não poderia ser gasto em projetos de reconstrução ou de assistência pública em casa e as pessoas sabiam disso. Uma reação nacionalista já estava ocorrendo, plantando as sementes de outra guerra. Para Keynes, o

INTRODUÇÃO
XXV

propósito da conferência era deixar as dívidas para trás ou, ao menos, criar uma nova estrutura de cooperação que poderia levar à sua eliminação. "Não serei parte da continuação de uma sangrenta rixa europeia, não importa o tamanho da culpa no passado", escreveu ele para um amigo, um ano antes.[15]

Para a França e a Grã-Bretanha, no entanto, as dívidas de guerra eram tanto um fardo quanto fonte de renda.[16] Ambas as nações haviam pegado emprestado quantias enormes dos Estados Unidos, mas também emprestaram somas extraordinárias para o regime czarista na Rússia durante os primeiros anos da guerra. Agora o governo bolchevique de Vladimir Lenin repudiava essas dívidas. E então, quando todos os grandiosos se reuniram em Gênova, a Grã-Bretanha e a França anunciaram que o governo soviético precisaria reconhecer a legitimidade dos contratos financeiros do czar como precondição para sua participação nos debates. Os bolcheviques poderiam fazer o que bem entendessem do seu programa econômico interno, mas quando se tratava de diplomacia internacional, os costumes do capitalismo do século XIX precisariam ser levados em consideração. As dívidas deveriam ser honradas, com revolução ou não.

Keynes ficou indignado. A Rússia enfrentava uma escassez de alimentos que acabaria ceifando 5 milhões de vidas. Acreditar que ela poderia pagar o equivalente a bilhões de dólares para a França e a Grã-Bretanha era tanto um crime humanitário quanto um delírio monetário. O dinheiro nunca seria pago, independentemente dos acordos formalizados no papel. "Agimos como sumos sacerdotes, não como cobradores de dívidas", escreveu ele. "O que estamos exigindo em Gênova é uma cerimônia religiosa. Em vez de procurar desemaranhar a espiral infindável de dívidas impossíveis, a conferência propõe uma confusão ainda maior."[17]

A conferência foi rebaixada a um referendo sobre o socialismo. Para Keynes, esse era o problema errado. O socialismo era uma questão prática a ser resolvida entre pessoas benevolentes — um debate dentro da ampla família do liberalismo iluminista. O perigo real vinha daqueles que rejeitavam a harmonia internacional pela glória nacional — os violentos movimentos ultranacionalistas que começavam a surgir no continente. "Muitos veem os problemas do futuro próximo como oriundos das forças do bolchevismo e dos estados burgueses do século XIX", escreveu Keynes em Gênova. "Eu discordo. A verdadeira luta da atualidade... É entre essa visão de mundo denominada liberalismo ou radicalismo, na qual o objeto principal do governo e da política externa é a paz, liberdade de comércio e prosperidade econômica, e a outra visão, militarista ou, melhor dizendo, diplomática, que pensa em termos de poder, prestígio, glória nacional ou pessoal, imposição cultural e preconceito racial ou hereditário."

Se os militaristas prevalecessem, disse Keynes aos seus leitores, "mais cedo ou mais tarde uma doença econômica se espalharia, culminando em alguma variante do *delirium tremens* da revolução". A grande ameaça enfrentada pelo liberalismo não era o socialismo, mas a sede pela dominação militar. "Soldados e diplomatas — *eles* são os inimigos permanentes e imortais."[18]

Keynes subestimou o potencial do governo soviético para a brutalidade paranoica, mas suas advertências sobre o momento de revolução na direita política foram prescientes. Seus relatórios apaixonados de Gênova foram publicados seis meses antes dos camisas negras de Benito Mussolini marcharem em Roma, nove meses antes da ocupação francesa do Ruhr e dezenove meses antes do Putsch da Cervejaria organizado por Adolf Hitler, em Munique. Ainda assim, ninguém deu ouvidos às palavras de Keynes durante a conferência. Ele se restabeleceu entre a poderosa elite, mas ela ainda não estava pronta para aceitar seus conselhos.

O trabalho de Keynes não acabou quando os diplomatas arrumaram suas malas e retornaram para os mais variados cantos da Europa. Reunido com Lydia em Londres, ele juntou seus relatórios favoritos de Gênova e passou semanas revisando-os e complementando-os com novos materiais. Quando acabou, o que começara como uma incursão intimidadora no jornalismo havia se transformado no seu primeiro grande trabalho de teoria econômica. Publicado em dezembro de 1923, *A Tract on Monetary Reform* [sem publicação no Brasil] foi, assim como seu antecessor, um título enganosamente técnico e cheio de ideias chocantes.[19] Não era apenas a santidade dos contratos de dívidas internacionais que deveria ser abandonada, informou Keynes aos seus leitores, mas todo o sistema financeiro global que estabeleceu a fundação do livre-comércio entre as nações. O padrão-ouro, referência de sanidade econômica desde que as pessoas são capazes de recordar, tornou-se uma barreira à paz e à prosperidade — uma "relíquia bárbara" incompatível com "o espírito e os requisitos da época".[20] Um por um, Keynes mirava nos princípios sagrados do capitalismo do século XIX. O mundo estava prestes a mudar.

Atualmente, Keynes é lembrado como economista porque foi por meio da economia que suas ideias exerceram maior influência. Alunos de faculdade são ensinados sobre sua insistência para que governos aceitassem orçamentos deficitários em uma recessão e para que gastassem quando o setor privado não pudesse fazê-lo. Sua agenda econômica, no entanto, sempre foi implantada em prol de um projeto social mais amplo e ambicioso. Keynes era um filósofo da guerra e da paz, o último dos intelectuais iluministas que buscaram a teoria política, a economia e a ética como um modelo unificado. Ele era um homem cujo maior projeto não era a taxação ou o gasto governamental, mas a sobrevivência daquilo que ele chamava de "civilização" — o meio cultural internacional que ligava um homem do Tesouro britânico a uma bailarina russa.[21] Uma década após Gênova, quando um repórter lhe perguntou se o mundo já havia visto algo semelhante ao desdobramento da Grande Depressão, Keynes respondeu com sinceridade: "Sim. O período ficou conhecido como Idade das Trevas e durou 400 anos."[22]

Keynes viu as trevas pela primeira vez na eclosão da guerra, em 1914. Ele deu diferentes nomes aos seus inimigos — "militaristas" e "imperialistas" nos anos anteriores à Segunda Guerra Mundial, "forças salteadoras" e até mesmo "inimigos da raça humana" nos anos seguintes.[23] Qualquer ideia ou tática era justa desde que protegesse sua comunidade de artistas, escritores e pessoas de boa vida do avanço do autoritarismo. Em diferentes momentos de sua carreira, ele abraçou desde o livre-comércio até rígidas tributações como soluções em potencial. Seu trabalho mais conhecido, *A Teoria Geral do*

Emprego, do Juro e da Moeda, não se tratava apenas de um esforço para fornecer justificativas teóricas para seus projetos de obras públicas, mas de uma investida frontal na sua cruzada contra o militarismo — um livro que ele esperava que fosse usado como um conjunto de ferramentas para a criação de políticas anti-imperialistas. "Se as nações puderem aprender a prover pleno emprego por meio de suas políticas domésticas, então não há necessidade do cálculo de importantes forças econômicas para colocar os interesses de um país contra o de seus vizinhos", escreveu ele na conclusão de seu livro.[24]

Para seus alunos na Universidade de Cambridge nos anos 1930, muitos dos quais passaram a implementar suas ideias ao redor do mundo, o livro continha uma filosofia de vida. Nas palavras de um desses alunos, David Bensusan-Butt: "*A Teoria Geral* era, para nós, menos um trabalho de teoria econômica e mais um manifesto da razão e do otimismo, a encarnação literária de um homem que, para todos aqueles que já o viram, permanece como o gênio do intelecto e do prazer. A obra deu uma base racional e um apelo moral para uma fé na possível saúde e sanidade da humanidade contemporânea."[25]

Essa não era uma crença fácil de sustentar em meio à ascensão do fascismo nos anos 1930. Também não é fácil sustentá-la atualmente, conforme novos bastiões do extremismo autoritário consolidam seu poder na Europa, nos Estados Unidos, na América Latina, no Oriente Médio e na Ásia. Entretanto, essa é uma fé essencial para qualquer um que deseja abordar os problemas do mundo por meio da persuasão e da escrita — e uma convicção fundamental para a própria prática da democracia. No começo do século XXI, enquanto instituições democráticas estão sob ataque uma vez mais, não há intelectual do século XX cujo pensamento — seus triunfos, suas falhas e suas fragilidades — seja mais relevante que o de John Maynard Keynes.

Keynes era um verdadeiro enredo de paradoxos: um burocrata que se casou com uma dançarina; um homem gay cujo maior amor foi uma mulher; um servo leal do Império Britânico que protestou contra o imperialismo; um pacifista que ajudou a financiar duas guerras mundiais; um internacionalista que reuniu a arquitetura intelectual para a formação do Estado-nação moderno; um economis-

INTRODUÇÃO   XXIX

ta que desafiou as fundações da economia. Mas atrelada em todas essas aparentes contradições está uma visão coerente da liberdade humana e da salvação política. Keynes morreu antes que pudesse sistematizar todas essas ideias em uma única e definitiva declaração filosófica — mesmo toda a ambição exibida em *A Teoria Geral* só formava uma parte do amplo projeto keynesiano. Este livro é uma tentativa de reunir as ideias dos ensaios, panfletos, cartas e livros que deixou para a posteridade — e mostrar como suas implicações ainda são transformadoras nos dias de hoje.

Ele também é uma tentativa de mapear a história daquilo que se tornou conhecido como keynesianismo, conforme a teoria cruzava o Atlântico e se metamorfoseava em um *éthos* político evidentemente norte-americano. Aqui também não falta ironia. Keynes nunca gostou dos Estados Unidos — o clima era sempre quente demais e não havia muitos pássaros na zona rural — ou dos norte-americanos, que eram de uma vez só rudes ou sensíveis demais. Apesar disso, sem o apoio político que suas ideias ganharam nos Estados Unidos, Keynes e seu trabalho seriam apenas uma pequena curiosidade para os intelectuais.

Ao contrário de seu eventual casamento com Lydia, a união entre Keynes e os Estados Unidos sempre foi difícil e infeliz. Líderes de hegemonias emergentes tinham pouco interesse nas dimensões anti-imperialistas do pensamento keynesiano, o que os fizeram adaptar *A Teoria Geral* para a tarefa de erguer uma nova ordem global voltada para o poder norte-americano. Economistas influentes dos Estados Unidos, mais do que suas contrapartes do outro lado do oceano, estavam ansiosos para interpretar o trabalho dele como politicamente neutro, um especialista em ciências matemáticas muito diferente das ruminações especulativas dos filósofos iluministas que Keynes venerava. Mesmo que eles desejassem agir de acordo com tais ideias, seus sucessores com inclinações mais filosóficas — John Kenneth Galbraith talvez seja o mais conhecido — viram o trabalho deles limitado pelos horizontes do império norte-americano, mesmo quando buscavam implementar o pensamento keynesiano como uma ferramenta contra o próprio império.

E então a história do keynesianismo se tornou uma história intelectual do poder norte-americano, tanto na sua promessa quanto na sua violação. O keynesianismo ganhou vida própria que até mesmo Keynes não teria previsto. Trata-se de uma história em que as batalhas nos livros didáticos dos campi universitários exercem um papel tão fundamental quanto as implementações militares, os resultados eleitorais e as quedas das bolsas de valores — uma história de números e equações, mas também de bailarinas e espíritos animais.

Na primavera de 1934, Virginia Woolf esboçou três páginas afetuosas de "fantasia biográfica" do seu grande amigo, tentando abranger nada mais, nada menos do que 25 temas, os quais escreveu rapidamente no início: "Política. Arte. Dança. Cartas. Economia. Juventude. O Futuro. Glândulas. Genealogias. Atlântida. Mortalidade. Religião. Cambridge. Eton. O Drama. Sociedade. Verdade. Porcos. Sussex. A História da Inglaterra. Estados Unidos. Otimismo. Gaguejo. Livros Antigos. Hume". Assim como a vida imitada por Woolf, a narrativa dela passava de uma fazenda em East Sussex para a King's College, Cambridge, para a ópera em Covent Garden e para uma rara livraria antes de chegar até sua última e íntima homenagem: "Ele os ouviu gritar as notícias na rua e, encolhendo os ombros, voltou-se para o grande quadro-negro no qual estavam fixadas folhas com símbolos: uma dança com xs controlados por ys e abraçados por sinais ainda mais enigmáticos que, se misturados, ele tinha certeza, acabariam produzindo a única palavra; a simples, suficiente e compreensível palavra que resolveria todos os problemas para sempre. Era hora de começar. E ele começou."[26]

UM

———◇———

Após a Corrida do Ouro

John Maynard Keynes não era um homem atlético. Apesar de ser um orador vivaz, sempre teve uma saúde frágil. Profissionalmente sobrecarregado por opção e sedentário por costume, ele habituou-se a viver na constante sombra das gripes e dos resfriados. Keynes tinha 31 anos no primeiro domingo de agosto de 1914 e vivera durante quase a totalidade desse tempo em Cambridge, onde, assim como anteriormente fizera seu pai, mantinha uma pequena posição acadêmica. Seu amigo e mentor, Bertrand Russell, se acostumou a ver o jovem rapaz examinando figuras ou mergulhado em papéis nas tardes de fim de semana. Membro da King's College, Keynes muitas vezes se acalmava, em momentos de extrema inquietação, ao caminhar pelo Grande Pátio da Trinity College, do qual Russel era membro, observando os torreões medievais de um dos portões, as altas janelas em estilo gótico da capela construída durante o reinado da Rainha Elizabeth e a água constante da fonte projetada quando William Shakespeare escreveu *Hamlet*. Keynes era um homem que apreciava a tradição e a contemplação. Ele era uma pessoa perfeitamente adequada para passar a vida em uma universidade marcada pelo tempo.

Mas lá estava Keynes, naquela tarde, apressando-se pela desgastada estrada de pedra, correndo pelos suntuosos e bem aparados gramados verdes. Russell interrompeu seu jovem amigo para perguntar o que havia de errado. Keynes, com uma repentina rajada de palavras, disse-lhe

2   O PREÇO DA PAZ

que precisava ir até Londres. "Por que não vai de trem?", questionou o filósofo.

"Não tenho tempo", respondeu Keynes para o desconcertado Russell, apressando-se logo em seguida.

Havia mais esquisitices por vir. Keynes abandonou o pátio e se aproximou de uma moto que pertencia ao seu cunhado, Vivian Hill. Keynes — que tinha mais de 2m de altura — dobrou suas longas pernas dentro do sidecar e os dois seguiram pelo caminho de 97km rumo à capital.[1] A jornada estranha e frenética da dupla mudaria o destino do Império Britânico.

A Inglaterra encontrava-se no quinto dia da mais violenta crise financeira vivenciada pelo país — que ameaçava acabar com sua economia enquanto os líderes da nação brigavam devido à questão diplomática mais importante de sua geração: a participação do país na guerra que irrompia no continente europeu. Embora nenhum dos especialistas de política externa e engenheiros financeiros que se amontoavam em Londres reconhecessem na época, o sistema econômico responsável por alimentar e abastecer a Europa pelo último meio século havia chegado a um fim repentino e cataclísmico.

Desde o fim da Guerra Franco-Prussiana em 1871, as maiores potências mundiais — e muitos dos países menores — passaram a depender de complexos acordos comerciais internacionais para fornecer de tudo para seus cidadãos, desde os mais simples alimentos até maquinários pesados. Tratava-se de uma era de ostentosa prosperidade tanto para a aristocracia quanto para a classe média — que se tornava cada vez mais poderosa e numerosa —, um período que as gerações futuras viriam a romantizar com nomes como "La Belle Époque" e "The Gilded Age" [Era Dourada, em tradução livre].[2] Na Inglaterra, os trabalhadores das fábricas fiavam algodão egípcio e lã da Nova Zelândia, transformando o tecido em ornamentos elegantes que decoravam as casas de todo mundo. Os mais abastados enfeitavam-se com diamantes e marfins originários da África do Sul que eram cravejados em peças feitas com ouro minerado na Austrália. Em Paris, o Hôtel Ritz servia um chá da tarde oriundo da Índia, enquanto uma nova forma de alta cozinha se espalhava pelos hotéis de luxo da Europa, combinando ingredientes do Novo

Mundo com o que antes eram especialidades regionais da França, Itália e Alemanha.[3]

"Neste Eldorado econômico, nesta Utopia econômica, a vida oferecia, por um baixo custo e com o menor transtorno possível, conveniências, confortos e amenidades muito além do alcance dos monarcas mais ricos e poderosos de outras eras", recordaria Keynes mais tarde.[4]

A explosão cultural foi o produto do império. Inglaterra, Espanha, França, Alemanha, Rússia, Bélgica, Países Baixos, Império Otomano e até mesmo os jovens Estados Unidos implantaram forças militares para obter poder sobre as pessoas e os recursos dos outros continentes. Keynes estava ciente das brutalidades que acompanhavam o imperialismo britânico, chegando a ser repreendido certa vez por uma autoridade de alto escalão no escritório da Índia por apresentar um relatório que descrevia uma resposta britânica "insensível" para uma praga que havia "devastado terrivelmente" a Índia.[5] Ele, porém, não considerava tais eventos um elemento integral da estrutura econômica do mundo. Eles eram, em vez disso, impurezas infelizes, falhas que acabariam sendo eliminadas pelos motores do progresso. "Os projetos e as políticas do militarismo e do imperialismo; das rivalidades raciais e culturais; de monopólios, restrições e exclusões, que assumem um papel análogo ao da serpente no paraíso, eram pouco mais que entretenimento nos jornais diários e pareciam não ter influência sobre o curso habitual da vida econômica e social."[6]

O que fascinava Keynes como jovem economista não era a maneira como essa abundância de novos materiais era extraída pelas potências europeias, mas sim "o tranquilo fluxo de capital e comércio" entre elas. Em todo o continente, novos contratos financeiros eram incorporados aos padrões do comércio global. Empresas se acostumaram a adquirir empréstimos em um país, vender seus produtos em outro e contratar seu seguro em um terceiro. O orgulhoso e pulsante coração de toda essa ordem era a Centro de Londres, distrito financeiro da capital britânica, onde metade de todos os negócios mundiais eram financiados.[7] Independentemente da nacionalidade, as dinastias bancárias da época — os transcontinentais Rothschilds, os franceses Lazards, os Schröders de Hamburgo e a dinastia norte-americana dos Morgans — tinham operações importantes em Londres, onde mais de 1 bilhão de dólares em títulos estrangeiros eram emitidos anualmente, tanto para negócios privados quanto para governos soberanos.[8] Esse poder financeiro transformou Londres na metrópole mais movimentada do planeta, com uma população superior a 6 milhões de pessoas, quase o dobro da população de 1861.[9]

Apesar de toda a sua complexidade, o sistema supervisionado por Londres desfrutava de uma estabilidade notável. Contas comerciais entre as nações eram equilibradas, o fluxo de capital era regular e previsível e perturbações financeiras no Velho Mundo eram questões breves, sempre corrigidas com rapidez. Comparando com essas simetrias fabulosas, a maioria dos membros da classe ociosa considerava até a parte negativa desse sistema — a pobreza industrial doméstica e uma depressão agrícola de vinte anos nos Estados Unidos — como algo sem importância. "O habitante de Londres pode pedir por telefone, enquanto bebe na cama o seu chá matinal, diversos produtos de todo o mundo, na quantidade que julgar melhor, e esperar que a entrega chegue à sua porta", escreveu Keynes. "Mais importante de tudo, ele vê a situação como algo normal, certo e permanente, exceto quanto à possibilidade de melhorias adicionais."[10]

A nova realidade financeira criou sua própria ideologia política. Em 1910, o jornalista britânico Norman Angell publicou *A Grande Ilusão*, um livro que afirmava demonstrar que os emaranhados comerciais internacionais do século XX tornaram a guerra economicamente irracional. Nenhuma nação, argumentou Angell, conseguiria lucrar subjugando outra nação por meio da conquista militar. Mesmo os vitoriosos sofreriam danos financeiros, independentemente dos espólios da guerra.[11]

Angell estava errado — e, ainda pior, foi mal interpretado. Seu livro vendeu milhões de cópias, conseguindo alguns seguidores fiéis entre influentes autoridades públicas que acreditavam na guerra como um problema do passado, uma vez que ela se tornava financeiramente contraproducente. Não era isso o que apregoava o próprio Angell. "Irracional" não significava "impossível". Em uma era dominada por um ideal de iluminação e racionalização do governo, entretanto, muitos líderes políticos passaram a acreditar que a perspectiva de uma guerra se tornava cada dia "mais difícil e improvável".[12] Uma versão inicial da doutrina seria formulada pelo colunista do *New York Times*, Thomas L.

APÓS A CORRIDA DO OURO

Friedman, em seu próprio best-seller um século mais tarde, quando declarou que "não há dois países que façam parte de uma grande cadeia global de suprimentos... que voltarão a lutar em uma guerra".[13]

O evento impensável, no entanto, aconteceu. No dia 28 de julho de 1914, um jovem nacionalista iugoslavo assassinou o arquiduque Francisco Fernando, herdeiro do trono do Império Austro-Húngaro, durante uma visita a Sarajevo, fazendo o império declarar guerra à Sérvia em retaliação. Da França até a Rússia, exércitos se mobilizaram. À medida que o denso emaranhado de alianças políticas parecia atrair cada vez mais impérios para o conflito iminente, o sistema de pagamento aparentemente invulnerável que fez de Londres o centro do universo econômico entrou em colapso de maneira abrupta.

O caos teve início na bolsa de valores de Viena e em dias se espalhou para todas as capitais europeias. Quando os bancos e investidores sofriam grandes perdas em uma cidade, eles retiravam o restante do dinheiro de outras, forçando novas liquidações no exterior. Na quinta-feira, dia 30 de julho, Londres e Paris eram os únicos centros comerciais abertos na Europa, enquanto os governos tentavam impedir a repentina queda no preço dos valores mobiliários, fechando completamente as bolsas de valores. Isso apenas intensificou a pressão nos mercados franceses e britânicos, uma vez que investidores estrangeiros emitiam ordens de venda de valores mobiliários em Londres por praticamente qualquer preço, provocando a queda livre nos preços das ações.

Isso já era ruim o bastante, mas o maior problema foi a súbita interrupção do fluxo de pagamentos que a cidade normalmente recebia do exterior. Dívidas no valor de milhões de libras precisavam ser pagas todos os dias em Londres e as declarações de guerra repentinamente impossibilitaram até mesmo os devedores estrangeiros solventes de cumprir suas obrigações na cidade. Países de um dos lados do conflito impendente proibiam os investidores de pagar empresas do lado adversário. O custo do seguro de remessas internacionais de ouro explodiu, tornando impossível a movimentação do dinheiro para fora. Rotas de transporte foram interrompidas e o comércio mundial começou a quebrar. Paris retirou £4 milhões em ouro do Bank of England (o banco central do Reino Unido) em uma tentativa de auxiliar os bancos franceses.[14] O dinheiro estava saindo, mas não estava entrando. A Grã-Bretanha estava sob um bombardeio financeiro.[15]

Isso colocou todo o sistema monetário internacional — o padrão-ouro — em perigo. "A influência de Londres sobre as condições de crédito em todo o mundo era tão predominante que o Bank of England praticamente poderia afirmar ser o maestro da orquestra internacional", escreveu Keynes mais tarde.[16] Se Londres caísse, as finanças globais certamente cairiam com ela.

O Bank of England não era um banco em seu sentido mais tradicional. Ele não aceitava depósitos de trabalhadores, não emitia hipotecas para famílias, nem realizava empréstimos para comerciantes. Em vez disso, era responsável por administrar o sistema monetário britânico estabelecendo taxas de juros — uma ferramenta poderosa que determinava o preço do crédito na economia que, por sua vez, ditava o ritmo do crescimento econômico, o piso salarial geral e, principalmente, o fluxo de importações e exportações. Era o banco mais proeminente do mundo e servia como um modelo para o Federal Reserve (o banco central norte-americano) que havia sido criado recentemente nos Estados Unidos pelo presidente Woodrow Wilson.

O Bank of England administrava tudo isso ao realizar transações com os bancos tradicionais, responsáveis por fazer negócios com clientes que, por conseguinte, conduziam as atividades comerciais de fato. O recurso mais importante para essas transações era o ouro, a maior medida de poder econômico durante a Gilded Age. As moedas de grandes países eram feitas com ouro ou com notas de papel que poderiam ser trocadas por uma quantidade específica de ouro. Essa era a única grande obrigação do Bank of England com os consumidores. Qualquer um que entregasse ao banco uma nota de papel legítima deveria ser pago em ouro quando solicitado.

Quanto maior a quantidade de moeda circulando no país, maior a atividade econômica que ele é capaz de suportar — desde que exista uma quantia correspondente de ouro guardada nos cofres do banco para servir de garantia para as contas. Os pensadores financeiros da época acreditavam que, sem ouro para atribui ralgum valor ao dinheiro independentemente de mandos e desmandos governamentais, emitir novas moedas não poderia alavancar a economia. Em vez disso, a ação

APÓS A CORRIDA DO OURO

causaria inflação, um aumento geral nos preços que desvalorizaria as economias acumuladas anteriormente pelo povo e reduziria o poder de compra dos salários.

O vasto império político britânico deu ao Bank of England vantagens que outros bancos centrais não possuíam. Ele podia comprar ouro bruto diretamente das minas na África do Sul com preços favoráveis para abastecer suas reservas.[17] Isso frequentemente era útil, mas também um processo lento e desajeitado incapaz de responder à altura as demandas diárias do comércio mundial e muito menos dos rápidos influxos de uma crise financeira.

Na verdade, ainda que o ouro sustentasse o regime monetário internacional, apenas uma quantidade relativamente pequena desse material era transportado entre as nações para equilibrar as contas comerciais. Em vez disso, os bancos centrais regulavam suas reservas de ouro com taxas de juros. Se as reservas de ouro estivessem diminuindo, o Bank of England aumentava as taxas de juros, incentivando as pessoas a manter seu dinheiro na moeda britânica em razão do aumento de ganhos sobre tudo, desde os depósitos bancários até debêntures de empresas britânicas. O valor do ouro não aumentava com os juros; seu valor era fixo em uma unidade específica de moeda. Porém, a perspectiva de maiores taxas de juros sobre a libra poderia convencer os investidores mais desconfiados a manter o dinheiro em Londres em vez de receber ouro, que poderia ser reinvestido em francos ou em dólares.

Aumentar as taxas de juros também afetava a economia doméstica ao encarecer o empréstimo para varejistas e fabricantes, consequentemente aumentando seus custos. No entanto, conforme as reservas de ouro do Bank of England se fortaleciam graças às maiores taxas, a instituição podia reduzi-las, aliviando a pressão sobre os empreendimentos domésticos. Essas manobras permitiam que os bancos centrais lidassem com os pagamentos internacionais do dia a dia mantendo contas de bancos centrais estrangeiros em seus próprios cofres, literalmente empurrando o ouro de um lado para o outro da sala para acompanhar as transações. Remessas internacionais de ouro eram reservadas para retificar um saldo maior e de longo prazo entre nações — ou para emergências imprevistas.

O que aterrorizava os legisladores em agosto de 1914, entretanto, era o fato de que as altas taxas de juros não estavam funcionando. O Bank of England havia mais que triplicado as taxas de juros ao longo da última semana de julho, alcançando um valor astronômico de 10%, mas nada, ao que tudo indicava, impediria o fluxo de saída do ouro.

A interrupção repentina dos pagamentos estrangeiros em Londres criou uma crise imediata para as "acceptance houses" da cidade — entidades especializadas em ajudar estrangeiros a transferir seu dinheiro para o sistema bancário britânico. Elas possuíam grandes saldos com corretoras de ações, empresas responsáveis por comprar e vender ações para seus clientes investidores. As corretoras, por sua vez, tinham dívidas significativas com grandes bancos. O sistema precisava manter a circulação do dinheiro para não quebrar; cada instituição dependia do pagamento de outras para honrar os seus passivos com outras empresas. Se as acceptance houses entrassem em colapso, isso poderia desencadear uma reação em cadeia que acabaria com todo o complexo financeiro de Londres — um preço que uma nação à beira da guerra não poderia pagar. Literalmente.

Os dominós já estavam caindo. Divisões de bancos estrangeiros na cidade começaram a vender seus ativos para enviar dinheiro — ouro — para casa.[18] Para salvar a própria pele, as corretoras de ações foram forçadas a se livrar de valores mobiliários de longo prazo em troca de um dinheiro rápido. Seis corretoras diferentes faliram em questão de dias e a pressa para vender as ações por algum preço, qualquer preço, lançou o mercado em uma queda livre. Isso transformou as ações em um ótimo negócio — mas qualquer comerciante capaz de se dar ao luxo de pensar além do caos imediato seria confrontado com vastos nós comerciais unindo seis continentes. Era simplesmente impossível desemaranhá-los e calcular os riscos potenciais que uma guerra poderia causar a uma determinada empresa ou setor. Em menos de uma semana a economia global, previsível e próspera, afundou em um pântano de incertezas.

Então os britânicos endinheirados fizeram o que qualquer pessoa sensata teria feito: entraram em pânico. O Bank of England perdeu dois terços de suas reservas de ouro em apenas três dias, conforme os financiadores retiravam todo o ouro possível, esperando substituir aquele pedaço de papel repentinamente instável com um ativo universalmente reconhecido para além das fronteiras nacionais. Com medo de sua própria insolvência, os bancos começaram a reter o ouro, recusando o adiantamento de fundos para as corretoras que buscavam dinheiro em curto prazo para resistir à tempestade.[19] Clientes tidos por confiáveis durante décadas passaram a ser rejeitados. Os bancos até pararam de distribuir moedas de ouro para os depositantes locais que esperavam realizar saques para compras do dia a dia — uma manobra que os titãs de Lombard Street viam, até então, como uma desonra para seu caráter pessoal e integridade moral.[20]

O Bank of England não desfrutava dessa discricionariedade. Em um sinal inconfundível de uma catástrofe iminente, centenas de clientes ansiosos formaram uma longa fila do lado de fora das portas do banco central, atrapalhando o tráfego de pedestres ao longo do dia, à espera de receber suas moedas.[21]

O Tesouro britânico respondeu ao caos fechando a bolsa de valores e declarando um feriado de quatro dias no setor bancário — o maior na história da nação. A principal autoridade do Tesouro, o Chanceler do Tesouro David Lloyd George, impôs uma suspensão de um mês em quaisquer obrigações de pagamento contra as instáveis acceptance houses. A manobra de emergência responsável pelas consequências mais importantes, porém, foi uma decisão pessoal aparentemente aleatória: recrutar um acadêmico desconhecido de 31 anos para combater o pânico.

Keynes era um personagem improvável de se envolver nas sessões de alta estratégia da Grande Guerra. Seu diploma de Cambridge era de matemática, não de economia, e ele preferia a companhia de artistas do que a de burocratas. Suas interações sociais eram tipicamente organizadas em torno de debates intelectuais sobre estética, conversas entre amigos que trocaram de amantes e abriram seus casamentos, insistindo para os outros de sua comunidade que esse caos romântico tratava-se, por si só, de um ato de progresso social, um expurgo do puritanismo vitoriano que sufocava as almas criativas da Inglaterra na virada do século. Essa sociedade de romancistas, pintores, filósofos, poetas e críticos da arte se autodenominava Círculo de Bloomsbury, nome dado em homenagem ao bairro em Londres onde viviam as figuras centrais do grupo, trocando ideias e afiando rivalidades pessoais em um ciclo sem fim de chás e jantares comemorativos. Com o tempo eles se tornaram famosos graças às suas personalidades excêntricas, impressionando de maneira coletiva o famoso jornalista norte-americano Walter Lippmann que os considerava, segundo seu biógrafo, "loucos e degenerados, dados a usar roupas estranhas, pregar peças elaboradas e falar por meio de enigmas".[22]

Mas, apesar de toda a fertilidade intelectual e sexual, os membros desse coletivo haviam conquistado muito pouco já próximos da meia-idade. Uma das amizades mais próximas de Keynes, Virginia Woolf, se considerava uma escritora apesar de nunca ter publicado um livro. Lytton Strachey, sua companhia mais influente desde seus dias em uma sociedade secreta na graduação, ainda dependia de ajuda financeira de sua mãe viúva. O próprio Keynes teve um mandato curto e sem intercorrências no escritório da Índia do governo britânico, um cargo burocrático que nunca exigiu que saísse de Londres.

Ele resumiu o que aprendera nesse trabalho em seu primeiro livro, *Indian Currency and Finance*. Publicado no começo de 1913, tratava-se de uma obra técnica de pouca ambição. Ao longo das 260 páginas, ele argumentava que a moeda da Índia não precisava ser convertida em ouro dentro do território indiano para apoiar o comércio do dia a dia. A habilidade de trocar o dinheiro por ouro só tinha alguma importância no comércio internacional, no qual os comerciantes precisavam de alguma medida objetiva de valor capaz de ser aplicada de forma consistente em diferentes moedas.[23] Como o jovem que era, Keynes aceitou o império como um fato em vez de vê-lo como um dilema moral. Ele acreditava possuir a responsabilidade de melhorar a qualidade da administração britânica e de respeitar as autoridades locais, mas não questionou o direito da Grã-Bretanha de governar. Seu interesse era nos detalhes das trocas comerciais indianas e não nas relações de poder ou nas questões de direitos humanos subjacentes a esses arranjos econômicos. O livro vendeu apenas 946 cópias e Keynes retornou para sua *alma mater*, onde agora trabalhava em um tratado abstrato sobre a probabilidade matemática, recebendo comentários e conselhos de Russell, um intelectual versátil e onze anos mais velho que ele.[24]

No verão de 1914, Keynes pertencia ao anonimato. Mas também era um gênio. "O intelecto de Keynes era o mais afiado e coerente que já conheci", escreveu Russell.[25] "Quando argumentava com ele, sentia como se estivesse correndo grave perigo e raramente emergia desse debate sem me sentir um tanto quanto tolo."

Sua capacidade mental impressionava a todos ao seu redor, desde Cambridge até o escritório da Índia. Basil Blackett trabalhava no Tesouro britânico havia uma década quando a guerra irrompeu e atuou alguns meses ao lado de Keynes em uma comissão real para lidar com as finanças da Índia. Ele se viu suficientemente impressionado com seu colega ao ponto de lhe escrever uma mensagem no sábado, 1º de agosto, quando o colapso financeiro ameaçava sobrecarregar uma burocracia que nunca havia experimentado algo que se aproximasse com tamanha velocidade e intensidade.

"Eu gostaria dispor de seus conselhos para o bem do seu país e pensei que você pudesse gostar do processo", escreveu Blackett. "Se, por acaso, dispuser de tempo livre para me ver na segunda-feira, eu lhe seria grato, mas temo que todas as decisões já tenham sido tomadas até lá."[26]

Keynes percebeu o ultimato na educada carta de Blackett. Essa era uma oportunidade que não apareceria novamente. David Lloyd George buscava o conselho das personalidades mais influentes do setor financeiro britânico, entre elas Walter Cunliffe, presidente do Bank of England, e o barão Nathan Mayer Rothschild.[27] Keynes teria a chance de provar seu valor durante uma crise. As escolhas das políticas nos dias seguintes poderiam moldar a economia de guerra do império e talvez até mesmo determinar o resultado da guerra. "Um equívoco pode prejudicar o crédito e a confiança, tão essenciais para a força total e a utilização do dinheiro, a 'espinha dorsal das guerras'", observou Lloyd George. E foi assim que Keynes, que não sabia dirigir nem podia pagar pela extravagância de um automóvel, conseguiu uma carona para Londres em uma motocicleta.

Ele chegou em uma cidade dominada por banqueiros possuídos pelos mais implacáveis demônios financeiros. "Esses três feriados [bancários] foram alguns dos dias mais movimentados e ansiosos que já vivi", relembrou Lloyd George muito depois da guerra. "Financistas apavorados não são uma imagem muito heroica."[28] Os grandes bancos estabeleceram uma comissão mista secreta para formular um plano de resgate e enviá-lo ao Tesouro. A estratégia era simples: cortar todos os pagamentos de ouro para clientes, bancos e governos estrangeiros, retendo-o na Inglaterra, onde ficaria disponível para estabilizar os bancos.

Uma sequência de falência de bancos teria devastado a bolsa de valores e qualquer empreendimento comercial que utilizasse empréstimos em seu curso regular de negócios, desde fazendas até lojas de departamento. Entretanto, a perspectiva mais assustadora do crash era um potencial esvaziamento das reservas de ouro do Bank of England — um golpe devastador tanto no prestígio político britânico quanto na administração do sistema monetário internacional.

O plano emergencial dos banqueiros refletia sua compreensão sobre a crise: eles não estavam sendo pagos e precisavam sobreviver. A solução proposta por eles continha um significativo apelo em tempos de guerra para Lloyd George e o Tesouro. Acumular todo o ouro domesticamente não só ajudaria a salvar os bancos como aumentaria a posição financeira do império para o conflito que se aproximava. Mais ouro na Grã-Bretanha, de acordo com os proponentes do plano dos banqueiros, significaria maior poder econômico sobre os inimigos dos britânicos e maior influência sobre seus aliados.

Essas considerações pesaram ainda mais para Lloyd George na segunda-feira, 3 de agosto, quando a Alemanha declarou guerra à França, elevando radicalmente o escopo do conflito. Naquela tarde, o ministro britânico do exterior, sir Edward Grey, discursou na Câmara dos Comuns, pedindo que o Parlamento cumprisse o tratado de proteger a França contra a invasão. Esse foi um pedido difícil para Grey, cujo próprio Partido Liberal possuía há muito uma forte ala pacifista. Muitos legisladores se opuseram a lançar a Grã-Bretanha nos conflitos violentos de outras potências e mesmo os membros mais militantes do Partido Conservador estavam relutantes em aprovar automaticamente uma declaração de guerra desencadeada por um tratado assinado muito tempo atrás por outros homens. Grey recorreu primeiramente ao senso de indignação moral deles. A Alemanha logo invadiria a Bélgica, país que se manteve neutro enquanto grandes alianças cruzavam o continente ao longo das últimas duas décadas. A Bélgica não era uma ameaça militar para a Alemanha. A incursão era puramente instrumental. Os alemães apenas buscavam um caminho até a França, que por sua vez estava sendo invadida única e exclusivamente pela ânsia do imperador Guilherme II de expandir o território alemão.

"Poderia este país ficar de braços cruzados e testemunhar o crime mais grave que já manchou as páginas da história e, assim, tornar-se cúmplice deste pecado?", questionou Grey. Ele também evocou, entretanto, o que via como um resultado mais insensível e concreto da inação britânica: o efeito no saldo bancário da nação. Ao degradar a reputação de confiabilidade do país, a Grã-Bretanha "não escaparia das mais graves e sérias consequências econômicas".[29] Ele não enfatizou, porém, que o seu país, naquele exato momento, já estava à beira da ruína financeira.

Enquanto o ministro do exterior falava ao Parlamento, Lloyd George e o Tesouro discutiam em Whitehall e Keynes, recém-chegado, montava seu próprio plano para estancar o sangramento monetário de Londres.

Seus pontos principais eram o exato oposto da agenda dos banqueiros. Todo estrangeiro que requisitasse seu pagamento em ouro, escreveu Keynes, deveria ser pago na totalidade. Necessidades domésticas — incluindo as dos próprios bancos —, porém, poderiam ser atendidas com uma nova e alternativa moeda de papel, permitindo ao Bank of England a preservação do ouro britânico para suas obrigações no exterior.

Os banqueiros ficaram horrorizados. Keynes acreditava, no entanto, que eles haviam interpretado de forma incorreta a crise ao analisá-la principalmente como uma questão de sobrevivência própria, em vez de analisar o que a sobrevivência deles deveria objetivar. A questão mais importante para o Bank of England não era o ouro, e sim poder econômico, da mesma forma que a questão mais importante para a guerra não era a quantidade de rifles, mas garantir o domínio político da Grã-Bretanha. O ouro era uma ferramenta — talvez até uma arma — e não um fim por si só. "É inútil acumular reservas de ouro em períodos de paz, a menos que elas sejam utilizadas em tempos de perigo", escreveu Keynes para Lloyd George. O momento de perigo havia chegado.[30]

Para Keynes, o verdadeiro poder financeiro de Londres não repousava sobre sua posse de um metal brilhante e relativamente inútil, mas na reputação internacional de sua confiabilidade. Se o Bank of England

14 O PREÇO DA PAZ

continuasse a pagar agentes econômicos estrangeiros sob demanda, em qualquer época, na quantidade que desejassem, então a preeminência de Londres como *o* centro global financeiro seria preservada e, com ela, o poder econômico da Grã-Bretanha sobre as outras nações. Os temores e as exigências dos banqueiros locais, por outro lado, eram relativamente sem importância. Era bem verdade que todos os outros países europeus estavam buscando uma estratégia de acúmulo doméstico, mas esses países não eram o maior centro bancário do momento. Essa posição continha um grande poder para o império britânico, mas também era delicada. Se Londres perdesse a percepção de que todas as suas obrigações tinham a certeza de serem honradas, um novo poder surgiria para substituí-la, reduzindo para sempre a posição da Grã-Bretanha nas relações mundiais.

E os próprios bancos eram responsáveis por quase a totalidade da ameaça enfrentada pelo Bank of England. Embora os legisladores estivessem alarmados pela rápida retirada dos fundos franceses, era claro para o banco e para o Tesouro que apenas uma pequena parte dessa corrida aos bancos era destinada diretamente às exigências estrangeiras. A vasta maioria desses saques era resultado do simples pânico entre os banqueiros domésticos. Temendo que os cofres do Bank of England logo se esvaziassem, bancos sacavam o valor mesmo sem uma necessidade imediata apenas para garantir que não saíssem prejudicados caso precisassem do valor em breve. Enquanto o pânico drenava as reservas de ouro do banco central, a profecia começava a se autorrealizar. No dia anterior ao feriado bancário, o banco central informou ao Tesouro que apenas os bancos domésticos sacaram mais do que £27 milhões de suas reservas de ouro nos últimos dias — quase sete vezes o fluxo de saída para a França — e a expectativa era de ter menos de £10 milhões disponíveis até o final do dia.[31]

"Os banqueiros ficaram completamente loucos e, simplesmente atordoados, perderam a capacidade de raciocinar de forma adequada", escreveu Keynes para o pai no dia 6 de agosto.[32]

Ele quase pediu pelo abandono do lastro da moeda britânica no ouro. Os cidadãos tecnicamente retinham o direito de trocar as novas notas de papel por ouro — mas esse direito seria garantido por um artifício legal, um com o objetivo explícito de preservar o ouro para pagamentos externos. O resultado funcional seria bem parecido com os arranjos defendidos por Keynes para a Índia em seu livro. "Ouro só deve estar disponível para a sede do Bank of England", escreveu Keynes para Lloyd George. "A única forma de o homem comum, que não possui uma necessidade real, conseguir obter ouro seria ir pessoalmente ao Bank of England."[33] Para aqueles que vivem na Cornualha ou na Escócia, uma viagem de vários dias para sacar ouro estaria fora de questão.

Keynes passaria décadas lutando com o padrão-ouro e seu trabalho moldaria o futuro curso da política dos dois lados do Atlântico. Naquele momento, entretanto, ele era um acadêmico anônimo com nenhuma posição oficial no Tesouro e nenhum histórico de conquistas governamentais que tentava voltar o Chanceler do Tesouro contra o consenso oficial da elite bancária de Londres. Ele sabia do dano econômico resultante caso seu plano não funcionasse. Seu conselho audacioso, no entanto, foi o resultado de meses deliberando sobre o papel que os governos devem assumir na administração das economias nacionais. Keynes sabia que tinha aliados tanto no Bank of England quanto no Tesouro que concordavam com ele. Afinal de contas, foram eles que o convidaram a ir a Londres. Solucionar uma corrida ao Bank of England, escreveu ele para Blackett mais cedo naquele verão, não era mera questão de restaurar as reservas de ouro, mas sim uma "questão muito mais importante — na qual residiria o centro de poder e responsabilidade do mercado financeiro de Londres no futuro".[34] Quem estaria no comando: o Tesouro ou os grandes bancos?

Após testemunhar a busca incansável dos banqueiros por suas preocupações egoístas ao longo da crise, Keynes tornou-se ainda mais cauteloso quanto à influência política deles. Em uma carta enviada para seu mentor de economia, Alfred Marshall, Keynes criticou o trabalho de dois líderes bancários durante as negociações da crise: "Um deles era covarde e o outro, egoísta. Ambos inquestionavelmente se comportaram mal."[35] Consumidos por "pânico e desespero", escreveu ele mais tarde, os banqueiros focaram seus próprios "lucros pecuniários" em curto prazo, abandonando qualquer pensamento sobre a "honra de nossas antigas tradições ou a nossa futura boa reputação".[36] Algum tipo de supervisão política era necessário para proteger o interesse nacional.

Na terça-feira, 4 de agosto, tropas alemãs invadiram a Bélgica. Dentro de algumas horas, o governo britânico retaliou, declarando guerra à Alemanha. David Lloyd George concordou com os princípios básicos do resgate financeiro de Keynes, convertido pela força persuasiva de uma nota escrita pelo próprio Keynes.[37] O Tesouro esforçou-se para imprimir sua nova moeda antes do fim do feriado bancário na sexta-feira, 7 de agosto. Na quinta-feira, o Parlamento aprovou a legislação responsável por legalizar o novo dinheiro. O público aguardava nervosamente por novidades sobre a fronte de batalha e o mundo financeiro prendia a respiração, aguardando de forma ansiosa pela abertura dos mercados. A manhã seguinte traria o resgate ou a ruína.

O plano deu certo. O público britânico aceitou a nova moeda de papel. O Bank of England se estabilizou. Os preços não subiram exageradamente. As pessoas até começaram a fazer depósitos em seus bancos locais em vez de sacar o dinheiro.[38] Embora a bolsa de valores fosse permanecer fechada por mais cinco meses, a fase mais aguda e perigosa da crise havia passado.[39]

E essa fase passou mantendo o poder financeiro de Londres completamente intacto. Enquanto nação após nação anunciava a suspensão de pagamentos internacionais em ouro, a Grã-Bretanha foi a única potência a manter em sua totalidade seus compromissos com o ouro estrangeiro.[40]

A experiência deixou uma profunda impressão em Keynes. Mercados financeiros, descobriu ele, eram muito diferentes das entidades limpas e organizadas que os economistas apresentavam nos livros. A flutuação dos preços do mercado não expressava a sabedoria acumulada de agentes racionais buscando seus próprios interesses, mas o julgamento de homens falhos tentando sobreviver em um futuro incerto. A estabilidade do mercado dependia não tanto do equilíbrio entre oferta e demanda, mas sim do poder político mantendo a ordem, a legitimidade e a confiabilidade.

Vinte e dois anos mais tarde, essas observações se tornariam princípios centrais na teoria econômica apresentada por Keynes em sua grande obra, *A Teoria Geral do Emprego, do Juro e da Moeda*:

APÓS A CORRIDA DO OURO

Uma grande proporção de nossas atividades positivas depende do otimismo espontâneo em vez de expectativas matemáticas, sejam morais, hedonísticas ou econômicas. Provavelmente a maioria de nossas decisões de fazer algo positivo... Só podem ser tomadas como resultado de nossos espíritos animais — uma necessidade espontânea de ação no lugar da inação, e não como resultado de uma média ponderada de benefícios quantitativos multiplicada por probabilidades quantitativas. O empreendimento apenas finge ser impulsionado pelas declarações em seu próprio prospecto. Ele é baseado em um cálculo exato dos benefícios vindouros apenas um pouco mais do que uma expedição até o Polo Sul. Assim, se os espíritos animais enfraquecem e o otimismo espontâneo vacila, nos deixando com nada além de expectativas matemáticas, o empreendimento desaparecerá e morrerá — embora os temores da perda possam ter uma base tão razoável quanto a esperança de lucro tinha anteriormente.[41]

A lição não se restringia a períodos de crise aguda. Os mercados, concluiu Keynes, eram fenômenos sociais e não matemáticos. O estudo deles — a economia — não é uma ciência exata limitada por leis inflexíveis, como a física, mas um campo flexível baseado em costumes, regras empíricas e ajustes, como a ciência política. Sinais de mercado — o preço de um bem ou a taxa de juros de valor mobiliário — não eram guias confiáveis das preferências dos consumidores ou dos riscos corporativos do mundo real. Na melhor das hipóteses, os sinais representavam aproximações, sempre sujeitos a mudanças com base em novas atitudes sobre um futuro incerto.

A crise de 1914 fez a carreira de Keynes. Não mais um acadêmico secundário e solitário, ele conseguiu um emprego no Tesouro como principal conselheiro sobre as finanças britânicas na guerra — uma das posições mais importantes e influentes de todo o governo durante a Grande Guerra. Ele passou de dissecar abstrações matemáticas com Russell e outras pessoas de Cambridge para interações sociais com grandes políticos, viagens para a França e os Estados Unidos para a negociação de empréstimos e acordos sobre armas e alimentos. Ele era agora um "homem em ascensão", de acordo com as palavras do sobrinho de

Virginia Woolf, Quentin Bell, "ainda que, na época, ninguém pudesse prever a maneira conspícua e escandalosa com que ele ascenderia".[42]

"Eu *estou* indo para Paris e nós começamos domingo ou segunda-feira", irrompeu Keynes para o pai no final de janeiro de 1915. "É um grupo bem selecionado: Lloyd George, Montagu, o presidente do Bank of England e eu, além de uma secretária particular. Nós seremos convidados do governo francês."[43]

O tratado sobre a probabilidade teria de esperar.

DOIS

◇

DINHEIRO SUJO

AS FESTAS NAS NOITES de quinta-feira, relembra Virginia Woolf, eram "regadas a cigarros, pãezinhos, café e whisky".[1] Os amigos de Cambridge de seu irmão frequentavam sua casa — na Gordon Square, número 46 — mergulhando em discussões e disparates até o amanhecer. Havia Lytton Strachey — de aparência desleixada e alegremente ridículo — ladeado por Leonard Woolf, um angustiado pessimista. O poeta Saxon Sydney-Turner sentava-se ao lado de Duncan Grant, um artista talentoso e sem um tostão que geralmente estava tão interessado nos aperitivos quanto na conversa. Outros jovens eduardianos também entravam e saíam da casa, alguns eram famosos, outros, ricos: o poeta W. B. Yeats, o romancista E. M. Forster, uma aristocrata chamada Lady Ottoline Morrell, sempre coberta de rendas e pérolas e com um novo amante a tiracolo. Além disso, é claro, havia também o "formidável" John Maynard Keynes, que era "capaz de destruir qualquer argumento em seu caminho com um só golpe" e que escondia "um coração gentil e até sincero por trás daquela impressionante armadura de intelecto".[2]

Ao longo dos dez anos anteriores à Grande Guerra, Virginia e seus amigos mais próximos passaram a amar o parque na Gordon Square e vê-lo como "o lugar mais belo, animador e romântico do mundo".[3] Juntos, eles fizeram da casa de quatro andares uma base para o ataque implacável à austera cultura vitoriana na qual eles foram criados. "Costumes e crenças foram revistos",[4] escreveu Virginia enquanto eles se sentavam e debatiam sobre *tudo* — arte e poesia, bem e mal, amor e sexo, mergulhando até a mecânica de cada questão. Eles buscavam, de acordo com Leonard, uma "total liberdade de pensamento e de expressão", uma "eliminação de formalidades e barreiras" que todos eles pensavam ser algo "tão novo e estimulante".[5]

Para Virginia e sua irmã, Vanessa, tratava-se de um despertar intelectual. "Os homens jovens não tinham 'educação'... Eles criticaram nossos argumentos com a mesma severidade que criticaram os próprios. Eles nunca pareciam notar como estávamos vestidas ou se éramos bonitas ou não. Todo aquele tremendo ônus de aparências e comportamentos que... só aumentava nos nossos primeiros anos universitários desapareceu completamente. Não era preciso suportar aquela terrível inquisição após a festa — e ouvir um 'você estava linda', um 'você estava muito banal' ou um 'você precisa aprender a arrumar seu cabelo'".[6] Pela primeira vez, Virginia e sua irmã eram valorizadas por seus talentos. Em Bloomsbury, Vanessa era uma pintora tão séria quanto Pablo Picasso ou Henri Matisse (o qual ela visitou durante uma viagem a Paris). Os textos de Virginia eram avaliados com o mesmo entusiasmo que os romances de Forster.

Logo a folia se expandiu para além das noites de quinta-feira. "Todo tipo de festa acontecia constantemente durante todas as horas do dia ou da noite", escreveu Vanessa. Os eruditos do Bloomsbury convidavam uns aos outros para redecorar cômodos e servir como modelos para retratos matinais, bebendo champanhe para passar o tempo.[7]

As notícias começaram a se espalhar por Londres. De acordo com as rígidas formalidades da época, considerava-se, de modo geral, uma quebra de decoro que homens tratassem uns aos outros pelo primeiro nome. Um homem tratar as *mulheres* por seus primeiros nomes era, portanto, simplesmente impensável.[8] Ainda assim, no Gordon Square, homens *solteiros* e mulheres viviam juntos! De vez em quando, de maneira privada e por razões cômicas, os homens se vestiam como *mulheres*. Certa vez, toda a comitiva do Bloomsbury aventurou-se até o monumento medieval de Crosby Hall fantasiados como personagens pouco vestidas das pinturas taitianas de Paul Gauguin. Rumores começaram a circular de que, às vezes, eles não vestiam roupa alguma durante as festas e de que Keynes chegou a fazer amor com Vanessa em um sofá, na frente de todo mundo. Mesmo os jovens sentiram-se ofendidos. Mais tarde, Vanessa relembrou ter sido questionada rispidamente sobre suas noites com "um tom desaprovador".[9]

O Bloomsbury estava refinando um código de conduta radical e subversivo, buscando uma completa libertação sexual e intelectual. Sob essa nova ética, todas as antigas normas familiares foram rejeitadas como superstições religiosas e a própria religião tornou-se um motivo de zombaria. Ninguém tinha direito a sentimentos de posse. Qualquer tipo de relacionamento era aceito e adequado desde que todos os envolvidos fossem honestos sobre seus sentimentos. Homens podiam amar outros homens e mulheres casadas poderiam ter tantos casos quanto quisessem, com quantas pessoas julgassem melhor e do gênero de sua preferência. Qualquer arranjo era aceitável, desde que não houvesse desonestidade e qualquer pessoa que se opusesse usando da fidelidade como argumento era um iconoclasta, uma barreira ao progresso moral.

Esse era um padrão impossível de alcançar e o grupo foi constantemente prejudicado pelo ciúme. Vanessa casou-se com o amigo de seu irmão, Clive Bell, em 1907, uma união que logo fracassou quando Clive passou a buscar outras parceiras e a flertar descaradamente com Virginia. Não faltaram, porém, pretendentes para Vanessa conforme ela pensava no seu futuro. O matemático Harry Norton se apaixonou por ela durante os meses em que um crítico de arte chamado Roger Fry fazia fotos estilizadas de Vanessa nua em uma praia rochosa em Dorset. Ela acabou ficando com Duncan Grant, tomando-o de Maynard, que manteve um romance apaixonado com Grant durante anos. Não demorou até que Duncan se envolvesse em relacionamentos casuais com outros homens, em particular o talentoso e jovem escritor David "Bunny" Garnett, que às vezes também caía nos braços de Maynard. Tratava-se de uma complicada e confusa teia de interesses românticos. Mas essa também era uma comunidade impressionantemente estável. Os laços que uniam o Bloomsbury eram construídos a partir de uma verdadeira afeição, fortalecidos pela sinceridade. Independentemente do que o mundo exterior pudesse falar, Bloomsbury era seu próprio universo, independente e autossustentável, um modelo de progresso que, seus membros tinham certeza, o mundo acabaria reproduzindo. Até 1913, de acordo com um historiador da arte, o coletivo acreditava que toda a sociedade europeia encontrava-se no precipício de uma nova "ordem esclarecida, na qual o amor e a cooperação desinteressados entre indivíduos acabariam com hierarquias governamentais e domésticas".[10]

A guerra detonou tudo. As festas, as ideias e o código de ética revelara-se, segundo Virginia, muito "brilho e ilusão".[11] Em todas as conversas sobre sexo e verdade, o Bloomsbury nunca confrontou questões de poder, violência ou imperialismo. "Como poderíamos nos interessar por esses assuntos quando a beleza brotava sob nossos pés de maneira tão viva?", escreveu Vanessa.[12] Enquanto exércitos marchavam pela Europa e impérios estremeciam, o romantismo do Bloomsbury repentinamente parecia trivial, sua nova moralidade, nada mais do que uma distração indulgente.

O trabalho de Maynard na crise bancária de 1914 o arrastou até as correntes diplomáticas do conflito. No Tesouro, ele tinha a função de analisar a posição financeira dos aliados da Grã-Bretanha e ajudar a negociar os termos do apoio britânico para as outras nações. "Eu estive no Tesouro durante a guerra e todo o dinheiro que emprestamos ou pegamos emprestado passou pelas minhas mãos", escreveu ele mais tarde.[13] Dentro de apenas alguns meses, ele estava sendo enviado para reuniões de cúpula em todo o mundo, chamado para debates parlamentares na Câmara dos Comuns e sendo recebido nos círculos sociais da elite política britânica. Assim como todos do Bloomsbury, Keynes experienciou a guerra como uma espécie de tragédia pessoal. Ele prendia a respiração quando seus amigos eram enviados até as trincheiras e chorava quando recebia a notícia de que eles não retornariam. A guerra, porém, também foi o evento determinante da sua vida profissional; ela o transformou de um acadêmico anônimo e satisfeito em uma das figuras mais influentes de sua geração.

Com um dos seus lançado ao cenário mundial, o Bloomsbury precisou confrontar ideias e dilemas morais que nunca havia levado em consideração. O grupo nunca mais seria o mesmo. Em uma noite, na primavera de 1918, Maynard chegou na sua casa em Gordon Square após um dia cansativo em Whitehall. Já havia passado — e muito — da hora do jantar e, ao entrar, ele se deparou com Vanessa, Duncan, David, Harry e o classicista J. T. Sheppard relaxando em uma conversa após a refeição. Onde antes eles discutiam a atmosfera das pinturas pós-impressionistas e a métrica de desconhecidos poetas ingleses, agora abordavam as notícias do dia: uma fracassada proposta de paz do imperador austro-húngaro, Carlos I. Cercado e exausto, Keynes não estava no clima para especulações políticas vindas de um grupo de pintores e poetas. Ele "tratava as visões deles com grande desprezo" de acordo com David e, conforme a conversa se tornava mais exasperada, provocava seus amigos atacando a integridade deles. Era impossível que alguém fosse um "genuíno" objetor de consciência durante uma guerra, declarou Maynard, sabendo muito bem que praticamente todos do grupo Bloomsbury eram objetores de consciência, muitos deles listados nos livros oficiais do governo. Ninguém tinha a obrigação de se alistar para o serviço militar, sugeriu ele, mas era tolice confundir tais impulsos com princípios morais. Isso gerou uma grande indignação entre o grupo. Vanessa e Harry revezaram-se para criticar Maynard, que se recusava a fazer uma retratação ou sequer discutir o assunto. "Vá para a cama", repetia ele. "Vá para cama."

"Maynard, você ainda vai descobrir que desprezar seus amigos é um erro", avisou Sheppard.[14]

Antes do grupo chamar a si mesmo de Círculo de Bloomsbury, Keynes e seu pequeno círculo social se chamavam de Apóstolos — o nome de uma sociedade secreta de graduandos de Cambridge e exclusiva para homens. Em outubro de 1902, quando Keynes chegou no campus, os Apóstolos já existiam há 80 anos e vangloriavam-se de ter alguns ex-alunos semilendários, incluindo os filósofos Henry Sidgwick e Alfred North Whitehead. Leonard Woolf e seu amigo Lytton Strachey recrutaram Maynard para o grupo quando ele era apenas um calouro — incomumente jovem para o grupo, mas os veteranos reconheceram um prodígio.

"Sua conversa é atenta e muito divertida", escreveu Strachey para Woolf em fevereiro de 1905. "Ele analisa tudo com incrível persistência e inteligência. Nunca conheci um cérebro tão ativo (acredito ser, inclusive, mais ativo que os cérebros de Moore ou Russell). Ele sempre me espanta."[15]

Esse era o maior elogio possível dentro do microcosmo social criado pelos Apóstolos. Embora Bertrand Russell estivesse a alguns anos de publicar *Principia Mathematica,* o trabalho filosófico responsável por estabelecer sua reputação internacional, ele foi aceito no clube durante os últimos anos do século XIX e carregava com ele uma aura de um respeitado e experiente estadista nos debates e eventos. G. E. Moore, outro Apóstolo da geração de Russell, havia publicado sua obra-prima, *Principia Ethica*, em 1903. Ainda considerado como um dos trabalhos mais importantes sobre a filosofia moral do século XX, o livro de Moore era uma sensação entre Keynes e seu grupo, que usavam ele como um manifesto político, um guia de autoajuda e uma declaração de guerra intelectual contra toda a geração vitoriana.[16]

"Estávamos em uma idade em que nossas crenças influenciavam nosso comportamento, uma característica dos jovens que é fácil de ser esquecida por aqueles de meia-idade", recordou Keynes em 1938. "Era animador e emocionante, o começo de um renascimento, o início de um novo paraíso na Terra. Éramos os precursores de uma desoneração, não temíamos coisa alguma."[17]

Principia Ethica era um ataque sofisticado à moral e à filosofia política que dominava o pensamento inglês desde o final do século XVIII — uma doutrina que recebera o nome de "utilitarismo". Desenvolvido por Jeremy Bentham e John Stuart Mill, o utilitarismo declarava que o prazer era a base de toda a moralidade. Uma ação boa ou correta produziria prazer. Quanto mais prazer uma boa ação produzia para mais pessoas, mais virtuosa ela era. E, assim, o objetivo de todos os governos era produzir mais prazer. A melhor sociedade era a sociedade mais feliz.

Descendentes intelectuais dos filósofos iluministas, Bentham e Mill tentaram aplicar os princípios da ciência empírica na análise moral, visando desmistificar o divino em algo que pudesse ser observado e mensurado. A bondade não era uma abstração mística ou um antigo édito eclesiástico; ela era parte do mundo natural. Bentham acreditava até mesmo na existência de um "cálculo" moral, classificando a quantidade de prazer gerada por diversas leis e ações.

Moore e os Apóstolos desejavam abolir o utilitarismo sem retornar para a autoridade moral da igreja, que estava rapidamente saindo de moda na cultura inglesa. As coisas não eram boas por gerar prazer, argumentou Moore. As coisas eram boas porque elas eram *boas*. O próprio prazer pode ser bom ou mau. As pessoas gostam de todo tipo de coisas terríveis e o prazer que surge dessas coisas não é bom, mas sim perverso. Todavia, um bom cavalo, uma boa música e uma boa pessoa tinham algo inefável porém vitalmente importante em comum: todos eram *bons*. Mas não era possível enxergar essa bondade com um microscópio. Essa qualidade não poderia ser quantificada nem derivar de algum conjunto de fatos sobre o mundo natural; tratava-se de uma propriedade fundamental "simples, indefinível e não analisável",[18] que só poderia ser intuída diretamente pelo raciocínio humano. Havia fatos objetivos sobre valores, assim como sobre cores; o fato de o céu ser azul ou de Goethe ser um grande poeta não era mera questão de opinião. Mas as coisas boas só podiam ser compreendidas com base em sua "unidade orgânica"; não podiam ser separadas intelectualmente em componentes menores.

Moore acreditava que sua filosofia tinha sérias implicações em como viver. O objetivo de uma boa vida era aproveitar as melhores coisas e não apenas maximizar o prazer ou a satisfação. Ler uma peça trágica pode deixá-lo triste, mas uma vida plena requer um pouco de Shakespeare. As pessoas devem se esforçar para cultivar "certos estados de consciência que podem ser descritos grosseiramente como os prazeres das relações humanas e da fruição de belos objetos".[19]

Keynes e Strachey rapidamente fizeram do trabalho de Moore um etos pessoal, elevando as jovens e românticas excursões e as discussões do segundo ano universitário sobre a arte e a sociedade à mais elevada das buscas éticas. Para o iluminado Apóstolo, a arte e o amor superavam todas as outras experiências humanas. As grandes verdades eram puros "estados de espírito" alcançados em momentos de compreensão mútua entre amantes ou tardes gastas contemplando grandes obras de arte. A arena política, por outro lado, era insignificante e degradante — uma confusão de meios e fins. As bizarrices do dinheiro, as ilusões do prestígio social e os compromissos exigidos pelos assuntos públicos eram um anátema para os momentos de clareza que davam à vida seu significado.

O ataque de Moore contra o utilitarismo foi uma experiência intelectualmente formativa para Keynes. O utilitarismo e a economia clássica se desenvolveram um ao lado do outro no pensamento dos anglófonos e compartilhavam de importantes fundamentos conceituais. Ambos preocupavam-se com a eficiência. Os economistas que surgiram após

Adam Smith focavam a eficiência da produção agrícola e industrial; os filósofos utilitaristas meditavam sobre a produção eficiente do prazer. Tanto o utilitarismo quanto a disciplina da economia eram orientados ao redor de um simples esquema conceitual matemático: mais era melhor e conseguir mais com menos era ainda melhor. No entanto, após ler *Principia Ethica,* Keynes rejeitou a ideia de que a eficiência pudesse ser o princípio organizador central de uma boa sociedade. Nenhuma equação simples poderia definir uma aproximação da melhor forma de viver.

Todavia, embora essas preocupações filosóficas mais tarde acabariam por fazer de Keynes um economista único, elas também fizeram com que ele, ainda como um graduando, reunisse um código de conduta pessoal que celebrava o escapismo aristocrático. Isso incomodou os membros da velha guarda dos Apóstolos. "O tom da geração cerca de dez anos mais nova que a minha foi estabelecido principalmente por Lytton Strachey e Keynes", escreveu Russell em 1967. "É surpreendente como esses dez anos trouxeram uma mudança na mentalidade. Ainda éramos vitorianos; eles eram eduardianos. Acreditávamos em um progresso ordenado por meio da política e dos livres debates. Os mais autoconfiantes entre nós podem ter esperado se tornar líderes da multidão, mas nenhum de nós desejava se afastar dela. A geração de Keynes e Lytton não buscava preservar nenhuma afinidade com os filisteus. Eles visavam, em vez disso, uma vida de isolamento em meio ao conforto e sensações agradáveis e concebiam o bem como consistindo na veneração mútua e apaixonada de um grupinho de elite."[20]

Os encontros regulares dos Apóstolos eram um tipo de híbrido entre um seminário de graduação e um jantar de gala. Um dos apóstolos apresentaria um trabalho acadêmico para os outros, que ficariam até tarde da noite em discussões extasiadas debatendo suas implicações, conectando as ideias de seus camaradas a eventos em Cambridge, movimentos artísticos e, às vezes, apesar de toda sua corrupção, ao mundo político.

Havia uma desagradável e antiquada formalidade entre os Apóstolos, e sua presunção era exacerbada pela condição secreta do clube. Os Apóstolos viam-se não apenas como jovens inteligentes, mas membros de uma classe de escolhidos indiscernível cuja grandiosidade só poderia ser completamente apreciada de dentro do grupo. Nem todas as grandes mentes de Cambridge achavam essa vaidade encantadora. O amigo de toda a vida de Keynes, Lutwig Wittgenstein, retirou-se das reuniões, as quais via como "um mero desperdício de tempo".[21]

Mas Keynes se sentiu imediatamente em casa na sociedade. Ele aprendera a navegar pelas classes superiores britânicas no internato Eton, mas sua rapidez mental o distanciava de seus colegas, ainda que fosse admirado por eles. Keynes sentia a distância social entre ele e a aristocracia, um desconforto que foi registrado em cartas enviadas para casa nas quais zombava de todos, desde o imperador Guilherme II até a rainha Vitória. Não é como se Maynard tivesse crescido em meio à pobreza. As sobras financeiras da floricultura de seu avô eram suficientes para uma casa de classe média com alguns empregados domésticos, mas a família vivia à margem da honorabilidade da classe e Keynes forjou seu caminho até Eton e Cambridge com bolsas de estudo por mérito e não por um prestígio herdado.[22] Em Eton, ele tinha algo para provar. Com os Apóstolos, ele descobriu uma elite alternativa que recompensava seus pontos fortes e reconhecia seus interesses. Ele sentiu saudades da atmosfera da sociedade o resto da sua vida, criando e liderando seitas intelectuais exclusivas ao longo de toda a Segunda Guerra Mundial.

O sigilo com o qual os Apóstolos se cercavam fortaleceu os laços sociais entre eles e criou um espaço para atividades muito mais radicais do que o esnobismo filosófico. Keynes e Strachey lideraram uma revolução sexual entre os Apóstolos, convencendo seus membros da legitimidade moral do amor homossexual. Embora envolto na pele intelectual do seu credo — a liberação sexual era uma necessidade estética, a maior unidade orgânica! —, Keynes estava criando um porto seguro para jovens cujos desejos eram vistos pela moral pública como um pecado terrível. Menos de uma década após a condenação internacionalmente notória de Oscar Wilde por sodomia, a homossexualidade aberta ainda era motivo para a prisão. Entre os Apóstolos era possível falar sobre isso abertamente. A comunidade guardava muito bem seus segredos, mesmo quando promiscuidades juvenis fomentavam veladas competições românticas.

Os Apóstolos não só permitiram que Keynes expressasse sua sexualidade, mas também o ajudaram a lidar com uma grande insegurança sobre sua aparência. "Eu tenho sofrido, e imagino que sempre sofrerei, de uma obsessão quase imutável de que sou tão fisicamente repulsivo que não deveria lançar meu corpo sobre o corpo de outra pessoa", escreveu Keynes para Strachey em 1906.[23] Esse era um sentimento comum entre o restante do grupo; Virginia Woolf observou a falta de "esplendor físico" e até "desleixo" entre os Apóstolos, um dos quais com quem ela acabou se casando.[24] Mas Keynes sempre soube que os Apóstolos admiravam sua inteligência e esse conhecimento fortalecia sua confiança sexual.

Toda essa liberação possuía um notável lado misógino. Keynes, Strachey e seus confidentes mais próximos celebravam sua doutrina sexual como uma "sodomia superior". Mulheres eram intelectualmente inferiores aos homens, argumentavam eles, portanto, o amor entre dois homens deve envolver uma conexão mais profunda do que qualquer coisa que a heterossexualidade possa oferecer. Na virada do século, Cambridge era institucionalmente hostil com as mulheres. A quantidade de mulheres entre os graduandos era tão pequena que Keynes escrevia sobre esses encontros como uma espécie de perturbação zoológica. "Eu pareço odiar cada movimento de suas mentes", escreveu ele para Duncan certa vez. "As mentes dos homens, mesmo quando eles são estúpidos e feios, nunca parecem me repelir da mesma forma."[25]

De acordo com a cronista de Bloomsbury, Frances Spalding, pelo menos parte do sexismo do grupo se refletia em um desgosto pelas normas comportamentais que a sociedade vitoriana exigia das mulheres. As que falavam abertamente sobre sua sexualidade, ideias ou até mesmo interesses eram consideradas inadequadas para a elite, mas as restrições impostas às mulheres também faziam com que as conversas delas parecessem maçantes para Keynes, acostumado com debates apaixonados e opiniões assertivas. Após a graduação, quando se deparava com mulheres audaciosas e radicais como Vanessa Bell e Lydia Lopokova, dispostas a pagar o preço social por ignorar a etiqueta vitoriana, Keynes as achava "amáveis", "belas" e "divertidas". Embora ele não fosse tão longe a ponto de achá-las verdadeiramente brilhantes até se aproximar dos 30 anos, Keynes respeitava mulheres que se comportavam como homens talentosos.[26]

Durante algum tempo, Keynes e Strachey foram amantes, mas conforme Keynes começou a rivalizar com seu patrono pela liderança do grupo, os dois se afastaram, frequentemente disputando pela afeição dos outros estudantes. Tratava-se de uma amizade volátil. Embora muitas vezes vivessem e viajassem juntos, durante grande parte dos anos anteriores à Grande Guerra, Strachey só conseguia estabelecer uma conexão tranquila com Keynes durante os períodos de vulnerabilidade de seu amigo mais novo, quando seu intelecto não parecia tão ameaçador e suas conquistas amorosas pareciam menos intimidadoras. "'Pobre Keynes!' Apenas quando está despedaçado por uma crise que pareço ser capaz de me importar com ele", escreveu Strachey.[27]

Keynes criou o hábito de roubar os amantes de Strachey. Em Cambridge, ele começou um relacionamento com Arthur Hobhouse, rapaz cobiçado por Strachey, e em 1908, com 25 anos, ele ganhou a afeição de Duncan Grant, ferindo Strachey de maneira tão profunda que o círculo social dos dois quase foi destruído. Embora Keynes considerasse Duncan o grande amor da sua vida, o significado desse relacionamento era inseparável de sua conexão original com Strachey. Ao longo de toda a vida de Keynes, o jovem que o recrutou para os Apóstolos era uma das poucas pessoas de quem Keynes aceitaria prontamente críticas intelectuais. Ele ansiava pela aprovação de Strachey e não imaginava uma forma melhor de demonstrar sua própria excelência do que roubar um amante do homem que mais admirava.

Apesar das dúvidas sobre si mesmo, Keynes era um amante prolífico. Em seus documentos na King's College existe uma tabela escrita à mão em um cartão registrando o que parecem ser dezenas de encontros sexuais entre 1901 e 1916. A lista é acompanhada de quatro colunas com estatísticas misteriosas atribuídas aos encontros. Ele descrevia seus parceiros em outro cartão com nomes que pareciam fazer parte de um elenco de filme de espionagem: "O Soldado dos Banhos", "O Sapateiro da Haia", "O Jovem americano perto do Museu Britânico", "O Sacerdote".[28] Ele estava de fato vivendo uma vida dupla e clandestina. Keynes podia ser aberto quanto à sua sexualidade para os Apóstolos e o Bloomsbury, mas guardava qualquer indício de seus envolvimentos românticos dos chefes de estado, oficiais do Tesouro e diplomatas.

Os Apóstolos ordenavam suas vidas em um paradoxo: embora profundamente comprometidos a um código de conduta radicalmente individualista, precisavam da cooperação e proteção da comunidade para exercer ao máximo suas liberdades. Eles podem ter rejeitado cargos públicos, mas viviam não apenas desprezando a sociedade em geral como também em velada rebelião contra ela, fazendo de seu próprio estilo de vida um ato secreto de oposição política.

E, mesmo nos dias mais profundos do que Russell lamentava como o "antiquado sentimentalismo de escolas femininas" dos Apóstolos,[29] Keynes enfurecia Strachey com lapsos em sua devoção ao ideal político deles. Strachey e Woolf não foram os únicos alunos de Cambridge a observar o jovem talentoso quando ele se matriculou, em 1902. Edwin Montagu, jovem político do Partido Liberal, convidou Keynes para discursar na sociedade de debates Cambridge Union. Isso era um rompimento com Strachey, mas também seria uma oportunidade de Keynes provar seu valor entre a jovem elite e, ao fazer isso, avançar para além da posição social herdada pelos seus pais. Não demorou para que fosse reconhecido por suas eloquentes denúncias do Partido Conservador. Keynes associava o Partido Liberal com a investigação racional e o Partido Conservador com o sufocante tradicionalismo. Ele apoiava modestas expansões dos programas sociais britânicos, mas seus discursos na Cambridge Union em 1903 refletiam uma preocupação com a igreja — que ele considerava fonte de tirania sexual e intelectual — e com o comércio sem restrições. "Eu odeio todos os sacerdotes e protecionistas", declarou ele em dezembro de 1903. "Livre-comércio e livre pensamento! Abaixo os pontífices e as tributações. Abaixo aqueles que declaram que somos imprestáveis e abomináveis. Fora com todos os esquemas de redenção ou retaliação!"[30]

Esse entusiasmo pelo livre-comércio não derivava de alguma teoria econômica sofisticada. Em 1903, Keynes não havia estudado economia. Essa ideia refletia, portanto, uma visão específica sobre o império e o poder britânico. Para Keynes, o livre-comércio era parte de uma abordagem aberta e benevolente para o mundo. Tratava-se de um modelo que reconhecia a "interdependência e a conexão de bem-estar material" entre diferentes pessoas, além de refletir os maiores ideais do império britânico, unificando o mundo com uma benevolência paternalista. "Nós, que somos imperialistas, acreditamos... Que o sistema britânico traz consigo uma maior justiça, liberdade e prosperidade; e nós administramos nosso império não com uma visão de engrandecimento pecuniário... Mas, em vez disso, visamos as fortunas e a prosperidade de nossos concidadãos", disse ele na Union em janeiro de 1903. Os britânicos, de acordo com essa narrativa, não conquistavam pela glória ou pela pilhagem; eles espalhavam a riqueza e a democracia ao redor do mundo. "Quando um país torna-se parte do império, ele torna-se também livre para buscar seu próprio destino sob a égide da liberdade e da justiça e sem sofrer abusos do exterior", insistia Keynes na Cambridge Union em novembro de 1903. Em seu "ideal" e "democrático" futuro global, o mundo seria feito de "estados autônomos que têm o mesmo tipo de relação uns com os outros que as partes do Império Britânico possuem — relações 'amigáveis' e 'sem inveja'".

A guerra forçaria Keynes a encarar uma dura realidade, mas, quando ainda era um graduando, ele estava preocupado não com implicações morais do imperialismo, mas com a variante conservadora do sistema governamental. A principal proposta econômica dos conservadores eram as tarifas, que Keynes considerava incompatíveis com seus próprios ideais internacionalistas. As tarifas criavam barreiras entre povos, buscando o lucro dos britânicos em detrimento dos estrangeiros. O ideal imperial conservador, segundo Keynes, era uma "unidade forçada, irreal e sem valor" derivada da força bruta. As tarifas projetavam um "espírito de nacionalismo", que era "um dos maiores obstáculos ao progresso da civilização" — "um sentimento de que a prosperidade dos outros é o seu prejuízo, sentimento de inveja, de ódio".

Keynes era, ao mesmo tempo, ingênuo sobre a violência histórica da conquista britânica e um crítico voraz das falhas contemporâneas de viver de acordo com esse ideal higienizado. Quando o presidente da Venezuela não reconheceu a grande dívida externa do país em 1902, o governo britânico aliou-se à Alemanha e à Itália em um bloqueio militar nos portos venezuelanos para exigir o pagamento em nome dos investidores britânicos. Keynes disse à Cambridge Union que o ataque era um ultrajante abuso de poder. "Um investidor em uma bolsa de valores sul-americana investe de olhos abertos. Não é papel de seu governo apoiar suas exigências com canhoneiras e subsidiar o detentor dos títulos estrangeiros", declarou em janeiro de 1903. O bloqueio era o tipo de imperialismo de força bruta que Keynes esperaria de "Bismarck" — e não do civilizado império britânico.[31]

É um equívoco atribuir grande significado histórico a debates colegiados. As ideias econômicas e as convicções políticas de Keynes mudariam drasticamente ao longo da guerra e da depressão subsequente. Com o tempo, ele se decepcionaria com o livre-comércio e com o papel da Grã-Bretanha no palco mundial. Porém, sua vida entre os Apóstolos foi uma experiência formativa para sua concepção de liberdade humana. Ele se tornou cético em relação às simples regras de conduta, sexuais ou não, e desconfiava das leis da elite dominante — ao mesmo tempo que celebrava hábitos da elite ao se tornar um defensor das belas-artes, comprometendo-se a defender a criatividade e a experimentação. Esse individualismo era universal e internacional; os britânicos não possuíam um monopólio dos gênios artísticos. Os Apóstolos, racionais e iluminados, podiam intuir verdade e beleza independentemente da origem. Enquanto outros Apóstolos davam as costas à política, Keynes acreditava que o Partido Liberal era o melhor veículo para sua crença nos assuntos globais. Acomodar tal etos individualista ao palco mundial e às realidades frequentemente brutais de uma ordem imperial vacilante acabaria sendo o desafio intelectual mais determinante da sua vida.

E assim o Bloomsbury nasceu. Um grupo de Apóstolos — Maynard Keynes, Leonard Woolf, Lytton Strachey, E. M. Forster, J. T. Sheppard, Gerald Shove, Saxon Sydney-Turner, Clive Bell e Adrian Stephen — mudou-se de Cambridge para Londres, estabelecendo casas comunitárias no número 46 da Gordon Square e, ali perto, no número 38 da Brunswick Square, que ao longo do caminho recebeu os acréscimos de Duncan Grant e "Bunny" Garnett. Logo os laços do grupo foram fortalecidos pelo matrimônio. Clive casou-se com a bela e provocativa irmã de Adrian, Vanessa, instigando Lytton Strachey a fazer um pedido de casamento fracassado e embaraçoso para a outra irmã de Adrian, Virginia. Assim que Virginia recusou seu pedido, Lytton começou a incentivar Leonard Woolf — um heterossexual convicto — a conquistar Virginia. O Bloomsbury duraria tanto quanto o casamento dos dois.

Diferentemente de quase todos os outros membros dessa sociedade, Keynes não era um artista, fato que às vezes fazia com que se sentisse profundamente inferior em relação aos seus companheiros, atitude encorajada pelas críticas sarcásticas ao seu julgamento estético feitas por Strachey e Clive Bell, em particular. Isso não era apenas uma questão de gosto pessoal no Bloomsbury — os "estados de espírito", tão sagrados para os Apóstolos, estavam em jogo.

Mas, apesar de todas as estranhas competições internas, os Bloomsberries, como Virginia Woolf apelidou-os, compartilhavam de uma profunda afeição uns pelos outros. "Que mau gosto ele tem", refletiu certa vez Lytton para Leonard ao mencionar Maynard. "E que bom coração."[32] Quando a guerra irrompeu em 1914, tais sensibilidades não estavam preparadas para a angústia à frente. A maioria dos membros da classe ociosa britânica, incluindo o próprio Keynes, esperava que o conflito terminasse logo, adotando uma visão Angelliana de que a insanidade financeira da violência impediria o conflito de se arrastar por muito tempo. "Nós estamos fadados a ganhar — e em grande estilo, também" graças a "todos os nossos cérebros e nossa riqueza", escreveu Virginia em seu diário após jantar com Keynes, em janeiro de 1915.[33] Keynes não se preocupava com as nuanças econômicas do conflito, o que o fez parecer para Virginia "como mercúrio em uma superfície inclinada — um pouco inumano, mas de uma forma muito gentil". No mesmo jantar, Keynes insistiu para que Leonard recusasse uma oferta de £100 da Sociedade Fabiana para escrever um livro sobre as causas da guerra e sua prevenção. As guerras, argumentou Keynes, estavam desaparecendo da história; intelectuais sérios do século XX, assim como Woolf, deveriam se preocupar com assuntos mais importantes.

Keynes estava expressando o consenso de Bloomsbury. "Por um momento, era como se o militarismo, o imperialismo e o antissemitismo estivessem em fuga", relembrou mais tarde Leonard Woolf. "Pela primeira vez na história mundial o direito dos judeus, sapateiros e homens de cor de não serem agredidos, enforcados ou assassinados judicialmente pelas autoridades, por aristocratas alemães ou por homens brancos foi reconhecido publicamente."[34] Como o único membro judeu de Bloomsbury, a discriminação étnica não se tratava de mera abstração para Leonard.

E então veio a guerra. Ainda que ele projetasse sua confiança para os Woolfs, as cartas de Keynes enviadas para Strachey no outono de 1914 revelavam um homem atormentado pela culpa. "Eu estou absoluta e completamente desolado", escreveu ele. "É insuportável ver, dia após dia, jovens perdidos primeiro para o tédio e desconforto e, depois, enviados para o abate."[35] Pouco depois de aceitar seu cargo no Tesouro, Keynes escreveu para Duncan Grant: "Ontem recebi notícias de que dois de nossos graduandos foram assassinados, ambos os quais eu conhecia — embora não profundamente — e tinha certo apreço... Isso é terrível, um pesadelo que deve ser impedido de qualquer forma. Que nenhuma outra geração tenha que passar pelo que estamos passando."[36]

Quando, no verão de 1914, Keynes apressou-se até Londres para salvar as finanças do império, ele considerou suas ações patrióticas. A violência na qual a crise financeira estava entranhada era uma abstração, alheia e remota. Agora ele estava assistindo ao seu governo gastar seu dinheiro em um projeto que enviava seus amigos e alunos para a morte. Nos primeiros meses do conflito, Keynes teve o luxo moral de um inimigo intencionalmente brutal. As atrocidades cometidas pelo exército alemão nos primeiros meses de guerra eram suficientemente horríveis e politicamente graves para causar uma reflexão mesmo no maior defensor do pacifismo. Os líderes militares alemães conceberam de forma meticulosa uma estratégia de guerra que exigia demonstrações públicas de extrema desumanidade. Essas demonstrações, esperavam eles, encorajariam rendições rápidas, permitindo que o exército seguisse adiante e vencesse a guerra com um mínimo de derramamento de sangue. Comandantes ordenavam a execução em massa de civis. Na pequena cidade de Aarschot, no dia 19 de agosto, o exército alemão matou 150 residentes. Em Dinant, massacraram 664. Monumentos culturais medievais eram destruídos e cidades inteiras, incendiadas. Proclamações colocadas pelo exército alemão nas vilas declaravam que todas as comunidades receberiam punições violentas pela má conduta de indivíduos. Conforme Barba Tuchman registrou: "O método era reunir os cidadãos na praça central, geralmente mulheres de um lado e homens do outro, selecionar um em cada dez homens ou um a cada dois ou todos de um dos lados, de acordo com os caprichos do oficial responsável, fazê-los marchar até um campo próximo ou um terreno baldio por trás da estação ferroviária e atirar neles."[37]

Punições coletivas para os cidadãos foram explicitamente proibidas pelas Convenções da Haia de 1899[38] e 1907.[39] Defensores da intervenção britânica argumentavam que a Alemanha estava acabando com os padrões do conflito civilizado, guerreando não só contra Bélgica e França, mas contra o progresso humano.

Acreditar nisso, é claro, exigia ignorar o que os governos imperiais se acostumaram a fazer ao redor do mundo. Dezenas de milhares de sul-africanos morreram no que os britânicos chamavam de "campos de concentração" durante a Guerra dos Bôeres na virada do século e, além disso, os britânicos assassinaram bem mais de 100 mil cidadãos indianos (de acordo com estimativas conservadoras) durante uma rebelião apenas algumas décadas antes. Ainda assim, era comum para as principais mentes europeias da época ignorar o que acontecia nas colônias. Leonard Woolf, décadas mais tarde, resumiu a atitude de Bloomsbury antes da guerra: "Havia, é claro, guerras, mas elas ou eram guerras coloniais, nas quais homens brancos matavam homens amarelos, morenos ou negros, ou eram guerras entre homens brancos de segunda categoria ou estados de homens brancos de segunda categoria nos Bálcãs ou na América do Sul."[40] Quando forçados a enfrentar a realidade da violência imperial dentro da própria Europa, muitos intelectuais ficaram abalados. Virginia Woolf tornou-se uma pacifista convicta e Leonard, um forte crítico do imperialismo. Se era assim que as potências tratavam os outros europeus, imagine os horrores que ocorriam em outros lugares.

Os crimes de guerra cometidos na Bélgica logo foram esquecidos pela atenção pública conforme as baixas dos dois lados aumentavam até centenas de milhares. No leste, os aliados russos da Grã-Bretanha mataram centenas de cidadãos judeus em massacres ocorridos durante a ocupação da Galícia em meados de agosto. "Roubos e estupros eram comuns", comenta um historiador. "Aldeias judaicas foram queimadas." Mais de mil judeus foram feitos prisioneiros e dezenas de milhares foram deportados para o interior da Rússia.[41] A guerra entrou em um grotesco impasse, com milhões de jovens soldados nas trincheiras em toda a França, onde infindáveis bombardeiros, tiroteios e ataques com gases venenosos dizimavam uma geração inteira. Imagens de corpos empilhados nos campos e pendurados, sem vida, em arame farpado ficaram marcadas na consciência do povo. Os pacifistas pareciam estar com a razão: a guerra não estava indo a lugar algum.

A carreira de Maynard, porém, estava ascendendo de maneira estonteante. Na primavera de 1915, o primeiro-ministro Herbert Henry Asquith formou um novo governo de coalizão, fazendo de Lloyd George ministro das munições e substituindo-o no Tesouro por seu colega liberal, Reginald McKenna. Keynes, que já era considerado um membro indispensável, foi promovido para a equipe responsável pelas finanças da guerra. Assim que conseguiu o emprego, ele foi enviado para a cidade francesa de Nice, onde sua delegação determinaria os termos de um empréstimo britânico à Itália, que havia acabado de se unir aos Aliados.

"Eu estou sobrecarregado de trabalho (e, naturalmente, muito animado)", escreveu ele para seu pai no dia 1º de junho. "Como de costume, deram-me apenas 24 horas para me levantar e escrever notas diplomáticas sobre um assunto mais ou menos novo."[42] McKenna estava encantado com seu novo pupilo, ao qual começou a convidar para as férias em família e apresentou para o próprio Asquith. Keynes tinha uma tendência a trabalhar até desabar fisicamente. Pouco após sua viagem até Nice, foi levado às pressas ao hospital com apendicite e, dez dias após sua cirurgia de emergência, foi acometido por uma pneumonia. Um mês depois ele já estava trabalhando com força total, partindo para Bolonha, onde negociaria com os franceses como lidar com os bancos dos Estados Unidos para solicitar um empréstimo.

Os termos técnicos das finanças entre os aliados eram assustadores. A economia de tudo, desde agricultura até maquinário pesado, foi jogada no caos pelo conflito. Cada nação precisava coordenar o comércio de alimentos e materiais brutos sem depender dos bens de países inimigos que até pouco tempo eram parceiros comerciais. Se uma nação consumisse muito algum bem específico — trigo, ferro, carvão, qualquer coisa —, ela poderia comprometer a posição de seus aliados, que também precisavam dos mesmos materiais.

Sob a teoria econômica tradicional, os mercados deveriam resolver esse problema sozinhos. Os preços aumentariam e diminuiriam de acordo com a oferta e a demanda, encorajando o fluxo de bens para onde eles fossem mais necessários. Um país que produzia muito ferro poderia comercializá-lo com um país produtor de grandes quantidades de trigo e vice-versa. Keynes não contestou essa ideia a princípio, mas ele e outros legisladores dos Aliados reconheceram que os batalhões

DINHEIRO SUJO   37

poderiam ficar sem munição e cidades poderiam passar fome enquanto todos aguardavam os ajustes dos mercados. O livre mercado era um luxo com o qual uma nação em guerra não podia arcar.

O termo *macroeconomia* não existia até após a Segunda Guerra Mundial, quando economistas norte-americanos começaram a disseminar os trabalhos mais recentes de Keynes. Durante seu tempo no escritório da Índia, porém, Keynes já havia se acostumado a analisar sistemas econômicos como um todo, observando a forma como diferentes arranjos se encaixavam — ou não. Ele estudou a moeda indiana e seu relacionamento com as moedas da Grã-Bretanha e da Europa, não apenas os mercados de trigo ou chá. No Tesouro, mais uma vez ele analisava os padrões econômicos da perspectiva de um administrador imperial. Seu novo chefe, McKenna, começou a enviá-lo como uma espécie de teórico interno, escrevendo notas para moldar a forma como o gabinete compreendia os problemas econômicos da guerra. Lloyd George, que apresentou Keynes para os maiores níveis da administração pública britânica durante a crise, agora discordava de seu diamante bruto com frequência. McKenna elevou Keynes até "a cadeira de balanço de um especialista, e pensava-se que sua mera assinatura ao final de um documento financeiro carregasse algum peso", reclamou Lloyd George mais tarde.[43]

Em setembro de 1915, Keynes escreveu duas notas sobre a inflação que serviram como as primeiras demonstrações de seu potencial como um teórico econômico. Os economistas há muito estiveram cientes de que a inflação era um problema comum durante períodos de guerra. Quando governos sem dinheiro começam a imprimir moeda para pagar suas contas, os preços aumentam, refletindo — de acordo com a teoria — a maior quantidade de dinheiro em circulação. Em uma economia autossuficiente em nível nacional como a da Alemanha, argumentou Keynes, a inflação funcionava como um "imposto oculto". Os salários não podiam aumentar em uniformidade com o preço dos bens, porque o governo alemão congelou a base salarial durante a guerra. Então, embora os alemães estivessem levando para casa os mesmos salários que recebiam em 1913, estes não possuíam o mesmo poder de compra de antes. Imprimir notas dava ao governo mais dinheiro para gastar na guerra ao mesmo tempo que reduzia o padrão de vida dos cidadãos — transferindo a riqueza do povo para o governo, da mesma forma que os impostos fazem. Esse sistema poderia ser criticado usando como argumento a "justiça social" — por que, afinal, as "classes trabalhadoras" deveriam pagar pela guerra ao invés dos ricos? —, mas não havia riscos na Alemanha da inflação levar a um desastre fora de controle durante a guerra. Quando o governo alemão parasse de imprimir moeda para pagar seus custos militares, o aumento dos preços também pararia. Preços maiores eram motivo de sofrimento para o povo, mas eles não interfeririam na capacidade do governo de financiar os homens e materiais necessários.

A autossuficiência alemã foi um desenvolvimento recente. Antes da guerra, a Alemanha era uma superpotência do livre-comércio, competindo lado a lado com a Grã-Bretanha pelo domínio dos mercados de exportação mundiais. Os escritos de Keynes não detalhavam como a mudança ocorreu. Os Aliados impuseram um bloqueio naval contra a Alemanha, acabando com a capacidade do país de acessar carregamentos internacionais de tudo, desde armamentos até alimentos. A Alemanha tornou-se autossuficiente graças a sua necessidade. Além disso, essa autossuficiência não durou para sempre. Com o tempo, o bloqueio acabou por ceifar a vida de milhares de civis.

No entanto, a inflação funcionaria de forma muito diferente na economia britânica. Keynes argumentava que, uma vez que a Grã-Bretanha dependia muito do comércio internacional, a inflação só serviria como um recurso bastante temporário. Quando os preços britânicos aumentavam, isso não afetava apenas o orçamento familiar, mas também os preços que os britânicos pagavam pelas importações. Ao mesmo tempo, os preços que os produtores britânicos recebiam pelas exportações não aumentavam; a quantidade que eles conseguiam no mercado externo dependia dos preços praticados nos mercados do exterior, não dos preços domésticos atuais. Como resultado disso, a inflação tinha o efeito de exacerbar o deficit comercial britânico — os britânicos pagavam mais para consumir bens do exterior do que eles recebiam com a venda de exportações. E, já que os fornecedores do exterior queriam ser pagos na moeda estrangeira ou em ouro, os britânicos podiam gerar uma inflação capaz de levá-los à falência. Um deficit comercial recorrente poderia esvaziar as reservas de ouro da Grã-Bretanha. Quando as reservas acabassem, o governo seria incapaz de comprar comida, munições e matérias-primas do exterior, necessárias para continuar a guerra.

Esse foi um importante ponto teórico para o desenvolvimento intelectual de Keynes. O dinheiro não era apenas uma força passiva usada para que as pessoas acompanhassem o valor dos bens e serviços; era um poder ativo por si só. Um problema no sistema monetário poderia criar um problema imprevisto no domínio daquilo que Keynes chamava de "recursos reais" — o equipamento, os produtos comerciais e as economias de uma comunidade.[44]

No que diz respeito ao esforço de guerra, toda essa teoria apontava para a eficiência como a principal preocupação econômica. "A capacidade industrial do país" deve estar "completamente empregada", escreveu Keynes. Todos devem trabalhar o máximo possível. Famílias comuns deveriam reduzir as despesas para ajudar a combater a inflação. Havia um número limitado de recursos circulando enquanto a economia estava a todo vapor e a maior quantidade possível desses recursos deveria ser destinada ao governo: algodão e lã para os uniformes, trigo e gado para as rações militares, ferro e dinamite para as munições. Keynes colaborou com sua mãe, Florence, em um panfleto impresso pelo Comitê de Economias de Guerra de Cambridge, ou Cambridge War Thrift Committee, insistindo para que as famílias fossem compradoras frugais e esperassem impostos maiores. "Para que os aliados vençam essa guerra, o volume de dinheiro *precisava* ser aumentado 'na forma de impostos ou empréstimos.'" Se isso parecia ruim, a alternativa era ainda pior: "Se os aliados *não* ganharem, com grande certeza sofreremos ainda mais no bolso."[45] O grande problema econômico da guerra era a escassez: não havia bens suficientes para que todos usufruíssem como bem entendessem. O trabalho de Keynes era ajudar a economia de guerra a produzir mais com menos.

Keynes e o Tesouro britânico buscaram eliminar o desperdício nos acordos financeiros dos Aliados ao centralizar o máximo possível das tomadas de decisões dentro do governo britânico. Os britânicos ofereceriam empréstimos para França, Itália, Rússia e Bélgica, além de supervisionar as compras internacionais de cada nação para garantir que ninguém gastasse os fundos com compras imprudentes que poderiam minar outros Aliados. A Itália, por exemplo, certa vez comprou o suprimento anual de trigo norte-americano, elevando os preços para a Grã-Bretanha e a Rússia. Uma vez que a Itália dependia da Grã-Bretanha para obter o dinheiro que seria usado na compra desse mesmo trigo,

Keynes interveio, convencendo o governo italiano a, pelo menos, consultar o governo britânico sobre suas compras internacionais, evitando uma possível sabotagem acidental de seus aliados militares.

Keynes descreveu o esforço de centralização em termos de eficiência, mas também era uma tomada de poder. Todos os países desejavam a maior autonomia possível para conduzir suas próprias relações em períodos de guerra e, como Keynes rapidamente aprendeu, a nação que tinha o controle do dinheiro era capaz de conseguir um nível único de controle político sobre seus aliados e vizinhos. A maioria do trabalho diário de Keynes, no entanto, envolvia mundanos processamentos de números em vez de tipo de alta estratégia. Ele estudava os dados de estoques de trigo, minérios de ferro e as posições do ouro, considerando a melhor forma de pagar os diferentes aliados — em ouro, em bens, em moeda? — e a forma mais segura de remover o desperdício do sistema internacional. Ele era bom com números e gostava do trabalho. Isso parecia prático, útil e bem distante das mortes que ocorriam nas trincheiras. Uma coisa era desenvolver um interesse abstrato pelo pacifismo, outra era deixar a Grã-Bretanha perder para agressores estrangeiros. Enviar soldados britânicos para a batalha sem o equipamento adequado não traria Rupert Brooke de volta.

No final de 1915, a produção artística do Bloomsbury adquirira um teor subversivo. Vanessa intitulou uma pintura de natureza-morta que exibia um lampião, uma garrafa de vinho e um decantador de gim de *Triple Alliance* ["Tripla Aliança", em tradução livre], zombando das pretensões dos estrategistas imperiais. Em cartas enviadas para seus amigos, sua irmã Virginia menosprezava o patriotismo como "uma emoção vil" e atacava a guerra como "uma absurda ficção masculina".[46] A Omega Workshops — instalações de artes e eventos organizadas por Vanessa, Duncan e Roger Fry — tornou-se uma vitrine para trabalhos pacifistas e reuniões para intelectuais que se posicionavam contra as guerras, incluindo Lytton e o dramaturgo George Bernard Shaw. Nessa repentina cena artística política, um homem do Tesouro conseguindo dinheiro para a guerra era um alvo fácil de ridicularização.

DINHEIRO SUJO

Em novembro de 1915, Duncan foi assediado por um policial inglês por não ter conseguido entrar no exército, o que fez com que Bunny atacasse Keynes:

O que é você? Apenas um cérebro que eles precisavam do lado deles... Um gênio resgatado da lâmpada por selvagens para servi-los com obediência em seus fins igualmente selvagens e então — lá vai você de volta para a lâmpada. Provavelmente isso não será um problema para você — é possível que deseje voltar para ela — mas não seja tão afável. Não acredite que os selvagens são algo além de selvagens... Você mexe as cordas e o ídolo do Colosso abre sua boca e fecha os seus olhos.[47]

É claro que havia mais nessa desavença do que princípios éticos. Keynes era agora um homem de negócios, enredado no grande problema do momento, enquanto seus amigos do Bloomsbury permaneciam meramente pessoas difíceis com complicadas vidas românticas. Eles eram inteligentes o bastante para compreender o abismo social que havia se formado entre Maynard e eles ao mesmo tempo que eram inseguros o bastante para invejar seu progresso profissional.

Menos de um mês após criticar Maynard, Bunny voltou a escrevê-lo: "Meus pais não podem mais me sustentar em Paris ou em qualquer outro lugar... Agora devo voltar a fazer o quê?... Viver à custa dos meus amigos de uma forma ou de outra."[48] Em outra carta, Bunny pediu um empréstimo de £1 para Keynes,[49] uma quantia que rapidamente aumentaria para um valor "bem próximo de £20".[50] Dentro de alguns meses, ele havia desenvolvido uma dependência quase que criminosa.

Querido Maynard,

Eu suponho que esteja ciente de que, durante sua ausência, eu e Duncan fizemos uso da sua casa.

Fizemos isso porque fui acometido de uma gripe, que felizmente foi curada no dia seguinte à minha contaminação.

Gostei de meus cafés da manhã e a Senhora Chapman não pareceu se opor à nossa estadia.

Meu muito obrigado por sua hospitalidade.

Atenciosamente, David Garnett

Nós também tomamos cerca de um copo de whisky.[51]

No entanto, os lamentos dos pacifistas eram sinceros. Para Keynes, eles tinham uma profunda ressonância emocional. Tratava-se de decretos da maior autoridade dentro de sua hierarquia ética: o artista com dificuldades, a grande fonte de tantas unidades orgânicas Apostólicas e bons estados de espírito.

Quando Bunny escreveu sua carta agressiva, Keynes não pôde fingir ser um mero funcionário, recebendo pedidos e aumentando os custos de transporte. Financiar a guerra tornou-se um elemento fundamental da estratégia de combate com o potencial de moldar o equilíbrio do poder pós-guerra ao redor do mundo. Keynes e seu chefe, McKenna, estavam regularmente em conflito com Lloyd George e o Secretário do Estado para a Guerra, Horatio Herbert Kitchener. Os militares queriam desferir um "golpe final" nos alemães — uma única descarga maciça de poder capaz de derrubar o inimigo e finalizar a guerra rapidamente, um reflexo do que os alemães tentaram (e falharam) conquistar contra os civis em agosto de 1914. Keynes insistia que esse projeto era inacessível e pediu que, em vez disso, o governo buscasse uma estratégia para enfraquecer a economia alemã. "É certo que nossa atual escala de recursos só é possível como um surto violento e temporário", escreveu ele em uma das notas do Tesouro. "A limitação dos nossos recursos está próxima."[52]

Keynes e McKenna acreditavam que a arma mais forte do arsenal britânico era sua economia. A Grã-Bretanha era a nação mais rica do conflito, fornecendo dinheiro para a Rússia, França, Itália e todos os outros no lado dos Aliados. A principal fonte de riqueza para a guerra estava no formidável setor industrial do país, fomentado pelos recursos de seu vasto império global e por sua dominante marinha. Se a Grã-Bretanha precisava apoiar seus próprios soldados, e ainda mais todo o projeto dos Aliados, então ela precisava de homens na linha de frente operando máquinas, realizando colheitas e trabalhos econômicos essenciais. Um aumento nas tropas esgotaria a mão de obra essencial em casa.

Era uma questão de produção e de pagamento. Os britânicos precisavam de homens nas fábricas para produzir as armas usadas nas linhas de frente, mas também precisavam fabricar produtos de exportação que poderiam ser vendidos no exterior, em especial nos Estados Unidos. Quando a Grã-Bretanha comprava suprimentos dos norte-americanos, seus parceiros comerciais norte-americanos precisavam ser pagos em dólar. O jeito mais confiável de adquirir essa moeda, por sua vez, era vender produtos para os norte-americanos. O governo poderia vender recursos imperiais por dólares — ações, bens, tesouro real —, mas uma queima de estoque durante a guerra provavelmente arrecadaria pouco dinheiro e reduziria de forma permanente a riqueza do império.

Um curso de ação muito mais eficiente seria simplesmente expandir as exportações de bens de consumo e matérias-primas para os Estados Unidos. Porém, a Grã-Bretanha não poderia aumentar a quantidade de exportações, se todos os seus operários estivessem lutando na França. O plano do golpe final, pensou Keynes, era economicamente autodestrutivo. Assim como seu patrono político, Edwin Montagu, mencionou em uma reunião do gabinete de guerra, os britânicos precisavam "parar esse recrutamento de homens que não podemos armar".[53] Enquanto Kitchener desejava mais do que 1,6 milhão de novos recrutas entre os civis, o presidente do Conselho de Comércio e aliado de Keynes, Walter Runciman, argumentou que a economia só poderia dispôr de 840 mil.[54]

Keynes e sua facção tinham no primeiro-ministro Asquith um poderoso aliado. Os dois homens não apenas concordavam com as estratégias de guerra como também compartilhavam de uma afeição genuína e eram convidados frequentes nas casas um do outro. E eles estavam certos ao falar que um comprometimento sem restrições com os gastos da guerra acabaria enfraquecendo o Império Britânico. Porém, geralmente eles estavam errados sobre as restrições semanais e mensais e os efeitos na produção doméstica acabaram sendo difíceis de prever. Embora a produção econômica britânica em geral tenha caído em 1914 e 1915 conforme as rotas comerciais eram interrompidas e a economia mudava de foco para a produção de guerra, em 1916 o governo estava orquestrando um enorme crescimento econômico. Ao final da guerra, a economia britânica havia crescido quase 15%, mesmo depois de considerados os efeitos da inflação.[55] Keynes, Asquith e McKenna aprenderiam com essa experiência. Após a guerra, todos os três defen-

44   O PREÇO DA PAZ

diam políticas governamentais ativistas para impulsionar a economia, acreditando que a estratégia durante a guerra também funcionaria em épocas de paz.

No outono de 1915, porém, o exército britânico estava decidido a implementar um programa de força imediata e esmagadora contra a Alemanha. Ele lançou uma enorme ofensiva em conjunto contra os alemães perto da cidade de Loos, no norte da França. O resultado desastroso foi imortalizado em Pas-de-Calais, onde mais de 20 mil lápides homenageiam as vidas dos soldados britânicos cujo local de descanso final permanece desconhecido.[56] Foi a primeira batalha na qual o exército britânico usou o gás venenoso como uma arma. Eles perderam a batalha e a guerra continuou.

Para Lloyd George e Kitchener, o problema não era apenas dinheiro, mas mão de obra. Os arquitetos do golpe final pensavam que agora era óbvio o fato de que uma força voluntária não atenderia às demandas dos generais franceses e britânicos e começaram a discutir a conscrição. Eles pediram que todos os homens solteiros se registrassem para o recrutamento visando reabastecer os soldados que os Aliados estavam perdendo nas trincheiras.

A proposta de conscrição inflamou uma feroz oposição pacifista entre os colegas de Keynes. Russell embarcou em turnês de palestras, fazendo discursos apaixonados contra a guerra e publicando panfletos que a criticavam. Ele acabou sendo preso por todo seu ativismo. Clive Bell publicou dois panfletos antiguerra, um deles considerado tão subversivo que o prefeito de Londres ordenou que todos os exemplares fossem queimados.[57]

Em dezembro de 1915, Keynes havia contado aos seus amigos que ele, McKenna e Runciman estavam pensando em renunciar como forma de protesto — um movimento com a intenção de fortalecer a mão de Asquith no gabinete de guerra contra Lloyd George e Kitchener. Em janeiro, Keynes publicou uma carta impetuosa para o editor do *Daily Chronicle* sob o pseudônimo "Politicus" na qual ele denunciava o "serviço militar compulsório" como "uma nova arma para a subjugação do trabalho à vontade das classes governantes". A "megalomania militar" da conscrição, argumentou ele, prejudicaria a economia da Grã-Bretanha e colocaria em risco uma vitória Aliada que, de outra forma, estaria garantida.[58]

Dentro do Tesouro, ele trabalhou para alterar o projeto de lei para fornecer várias proteções e isenções. Quando o projeto final foi aprovado, homens solteiros entre 18 e 41 anos se tornaram elegíveis para a conscrição, mas aqueles que trabalhavam em atividades de "importância nacional" podiam evitar o recrutamento, bem como os cidadãos que demonstrassem uma verdadeira "objeção de consciência" à guerra. Keynes ficou desapontado com o produto final — afinal, ainda era uma conscrição —, mas não era suficiente para ele se demitir. "As coisas seguem em frente e eu vou continuar, imagino, até que eles comecem a torturar um de meus amigos", escreveu ele para sua mãe.[59]

O Bloomsbury ficava cada vez mais impaciente. Lytton via a ausência de um pedido de demissão por parte de Maynard como uma traição pessoal. Quando encontrou Keynes em um jantar, em uma noite do mês de fevereiro de 1916, ele colocou um envelope sobre o prato de seu amigo (tinha ido preparado). Dentro do envelope estava um recorte de jornal de um discurso pró-guerra realizado por Montagu — e uma breve nota: "Querido Maynard, por que você continua no Tesouro? Atenciosamente, Lytton."[60]

Lytton estava mirando na alma de Maynard, atacando o lado político de sua personalidade que o próprio Lytton reprovava desde os tempos da faculdade. Foi Montagu quem encaminhou Keynes à sociedade de debates políticos, Cambridge Union, onde ele ascendeu até secretário e tornou-se presidente antes da graduação. Montagu havia ajudado Keynes a conseguir um cargo no escritório da Índia, ajudou-o com a burocracia inglesa e o levou até um cargo na comissão real, onde ele conheceu Blackett, o homem responsável por convidá-lo para trabalhar na crise financeira de 1914. Montagu até mesmo mexeu seus pauzinhos para conseguir uma posição permanente para Keynes no Tesouro após a crise. "Eu devo... Quase toda minha ascensão a ele", escreveu Keynes mais tarde para sua esposa.[61] Tudo a que Keynes se dedicava profissionalmente, sugeriu Lytton, era uma grande mentira.

O recorte de jornal — afetou Keynes tão profundamente que ele o guardou para posteridade em seus papéis pessoais — citava Montagu dizendo que "a guerra está profundamente arraigada nas pessoas da nação germânica" e que "elas devem aprender uma lição".[62] Essa não era a história que Keynes contava para si mesmo sobre a guerra. Ele havia lido muito Goethe para acreditar que havia algo inerentemente errado com a sociedade alemã. Via a guerra como um erro colossal, não como um conflito inevitável. Tinha até mesmo amigos próximos no exército inimigo. Em 1914, Wittgenstein apressou-se de Cambridge até Viena, retornando para casa e voluntariando-se como um soldado de infantaria para os Impérios Centrais, chegando até a enviar cartas para Keynes da fronte de batalha para acompanhar os trabalhos teóricos de Russell e as ideias de Keynes sobre probabilidade.[63] Embora Keynes desejasse que a guerra acabasse com uma feliz harmonia da benevolência europeia, seus próprios patronos políticos estavam agora pressionando uma superioridade britânica jingoísta. Isso era constrangedor.

Pouco depois da lei da conscrição ser aprovada, o governo concedeu a Keynes uma isenção do recrutamento, mencionando seu trabalho no Tesouro como de importância nacional e deixando claro que ele nunca seria enviado para a fronte de batalha. Ainda assim, ele temia perder sua redenção com o Bloomsbury. Apenas alguns dias depois da interpelação de Lytton no jantar, ele solicitou formalmente sua condição de objetor de consciência:

> Eu reivindico isenção completa pois tenho uma objeção de consciência em renunciar à minha liberdade de julgamento em uma questão tão vital quanto o cumprimento do serviço militar. Não digo que não existem circunstâncias concebíveis nas quais eu deveria me oferecer voluntariamente para o serviço militar. Porém, depois de considerar todas as circunstâncias reais, estou certo de que não é meu dever ofertar-me para atuar e afirmo solenemente para o Tribunal que minha objeção de submeter-me à autoridade nesta questão é verdadeiramente consciente. Não estou preparado, em questões como essa, para renunciar ao meu direito de decidir o que é ou não meu dever a outra pessoa e devo também pensar que é moralmente errado fazê-lo.[64]

Keynes não se deu ao trabalho de comparecer à audiência oficial que determinaria sua situação como objetor de consciência, a qual era, no fim das contas, irrelevante. A futilidade do gesto, no entanto, mostra o quão profundamente ele fora afetado.

As provocações do Bloomsbury finalmente acalmaram quando Keynes usou da sua influência no governo para manter seus amigos longe do campo de batalha. Uma vez que escrever romances e pintar retratos não eram considerados trabalhos de "importância nacional", ele insistiu para que Duncan e Bunny trabalhassem em uma fazenda de produção de frutas e ajudou-os a solicitar uma isenção como trabalhadores agrícolas essenciais. Quando o governo rejeitou a inscrição de ambos, Keynes testemunhou a favor deles nas audiências de objeção de consciência. Eles receberam o status de não combatente, o que significava que eles não precisavam portar armas, mas isso também não era garantia de segurança. O irmão de Keynes, Geoffrey, era um médico não combatente e sua família ficava ansiosa com frequência quando ele não entrava em contato após uma batalha especialmente terrível (Geoffrey sobreviveu à guerra e se tornou um famoso cirurgião). Keynes continuou a pressionar os casos de objeção de consciência de Duncan e Bunny até que os dois recebessem isenção total de participação na guerra. Esse não foi um incidente isolado. "Eu passei metade do meu tempo no tedioso negócio de testemunhar a sinceridade, virtude e veracidade de meus amigos", escreveu ele em junho de 1916.[65]

Esse era um extraordinário emaranhado de convicções. Keynes juntava dinheiro para os esforços de guerra mesmo enquanto buscava privar o exército britânico de seus soldados. Ele estava enojado pelo chauvinismo nacionalista dos políticos britânicos, mas também ajudava esses mesmos líderes a ganhar uma guerra pelo território imperial. Keynes estava em guerra consigo mesmo.

A morte estava em toda parte, mesmo dentro de casa. "Enquanto escrevo, bombas lançadas de dirigíveis estão caindo por toda parte, cerca de uma a cada minuto e meio, devo dizer, e os clarões e explosões são aterrorizantes", escreveu Keynes para sua mãe do seu apartamento em Bloomsbury. "Eu estou muito mais assustado do que pensei que estaria."[66] Seus deveres diplomáticos exigiam viagens frequentes por mares em guerra. Se não fosse por uma alteração administrativa de último minuto, ele teria sido morto no verão de 1916. Haviam programado sua viagem até a Rússia em um navio com o Secretário do Estado para a Guerra Kitchener. Porém, pouco antes da partida, Whitehall ordenou que Keynes permanecesse em Londres. Eles não poderiam prescindir de sua presença durante as semanas que a expedição russa exigiria. Horas após a saída, o navio atingiu uma mina naval alemã e naufragou, matando Kitchener e todos os outros, com exceção de uma dúzia a bordo. "É um choque terrível", escreveu Keynes.[67] "Eu tenho trabalhado intimamente há uma ou duas semanas com eles." Sua mãe ficou abalada. "Meu querido filho", escreveu ela. "Saber que você escapou por tão pouco! Quase não consegui respirar quando me dei conta."[68]

Em 1916, as políticas internas do gabinete de guerra tornaram-se voláteis. O confronto sobre o recrutamento obrigatório mostrou que Kitchener e Lloyd George eram de fato as personas dominantes do gabinete de guerra. Agora Kitchener havia partido e Lloyd George não perdeu seu momento político. Ainda que ele e Asquith fossem do mesmo Partido Liberal, em dezembro de 1916 Lloyd George liderou um golpe não violento contra Asquith com apoio dos membros comuns do Partido Conservador. Quando Asquith foi forçado a sair, ele e a sua esposa, Margot, jantaram com Keynes enquanto tentavam recuperar sua inteligência política. O ex-primeiro-ministro estava "impassível e magnânimo", contou Keynes para Virginia Woolf, mas "Margot começou a chorar com a sopa, pediu cigarros e derramou lágrimas e cinzas sobre o prato — completamente derrotada".[69]

Como aliado de Asquith, Keynes viu sua relevância política diminuir ainda que suas responsabilidades no Tesouro crescessem e se tornassem mais estressantes diariamente. Consumido por questões sobre estratégias de combate, ministros de guerra estavam cegos para o decadente apoio financeiro para suas maquinações. E, assim como na crise financeira de 1914, Keynes acreditava que a questão do dinheiro havia se tornado uma questão de poder. Grande parte do poder econômico do Império Britânico ao longo do último meio século derivava do status como uma nação credora. Quando outros países precisavam de financiamento, recorriam a Londres, o que dava aos britânicos a habilidade única de influenciar como esse dinheiro era gasto e quem ele beneficiaria. Entretanto, a guerra forçou a Grã-Bretanha a olhar para suas próprias necessidades financeiras e Keynes reconheceu que, enquanto o império se tornava cada vez mais dependente de ajudas externas, ele cedia sua influência geopolítica.

Os Estados Unidos eram a única fonte plausível de fundos para a máquina de guerra britânica, mas o presidente Woodrow Wilson e seu secretário de estado, William Jennings Bryan, se recusaram a permitir que o governo emprestasse dinheiro para qualquer nação envolvida no conflito. Então o Tesouro britânico recorreu aos investidores norte-americanos privados. Aqui também havia limites para a generosidade em perspectiva. A guerra não era popular nos Estados Unidos e as lealdades não eram uniformes entre os apoiadores. Imigrantes alemães e seus descendentes ao longo do Meio-oeste dificultavam as expectativas britânicas pelo apoio estadunidense, assim como a significativa população irlandesa em Nova York, Boston e Filadélfia. Por fim, o alívio financeiro surgiria de uma comunidade relativamente fechada em Wall Street, na medida em que os bancos norte-americanos conectassem os britânicos a indivíduos ricos para a realização de empréstimos. A ajuda se mostrou essencial. Em meados de 1916, Keynes calculou que 40% dos £5 milhões diários que o Reino Unido gastava na guerra vinha dos Estados Unidos, com quase a totalidade disso surgindo de algumas poucas figuras importantes do setor financeiro.[70]

O beneficiário mais proeminente desse acordo foi o banco J.P. Morgan, cujo presidente, John Pierpont Morgan Jr., era um anglófilo que havia herdado de seu pai um talento para converter dinheiro em poder político. Ele e seu banco conseguiram um acordo exclusivo para atuar como representante de compras da Grã-Bretanha nos Estados Unidos. Quase metade de todos os bens que o Império Britânico conseguiu dos Estados Unidos durante a guerra foi adquirida por meio da J.P. Morgan e transferida para os britânicos por uma taxa de 1%. Mesmo com a neutralidade oficial dos Estados Unidos, Morgan foi capaz de lucrar duas vezes com a guerra: primeiro ao emprestar dinheiro para os britânicos e depois conseguindo uma parte dos fundos gastos pela Grã-Bretanha nos Estados Unidos. Conforme as compras de mercadorias norte-americanas por parte dos britânicos aumentavam, J.P. Morgan passou a lucrar US$30 milhões apenas com suas operações de compra. Tratava-se de um acordo inédito nas finanças do início do século XX, amplamente reconhecido como o acordo mais importante no

50 O PREÇO DA PAZ

formidável histórico do banco.[71] O acordo concedeu a Morgan influência política em ambos os lados do Atlântico, transformando seu banco em um órgão não oficial da diplomacia norte-americana com uma influência bipartidária. Embora seu republicanismo fervoroso tenha feito dele um inimigo político da administração de Wilson, o próprio Morgan conseguiu um cargo como conselheiro do Fed e um de seus principais representantes, Thomas W. Lamont, seria enviado a Paris em 1919 para ajudar a negociar o tratado de paz durante o fim da guerra. Em curto prazo, Morgan efetivamente mobilizou grande parte da economia dos Estados Unidos para a guerra, Wilson e Bryan gostassem ou não, criando uma rede de constituintes econômicos com interesse na vitória Aliada e na intervenção norte-americana.[72]

Grande parte do entusiasmo de Morgan devia-se ao unicamente íntimo relacionamento de sua família com a realeza britânica. Muitas firmas de investimento em Wall Street, porém, mantinham pelo menos alguns funcionários em Londres, a capital financeira do mundo. Em 1914, Wall Street ainda era um lugar de crescente poder econômico, imitando as tradições e instituições do centro bancário britânico. Havia uma sensação compartilhada de status de elite entre a Cidade de Londres e Wall Street — uma solidariedade de nível internacional distinta, mas relacionada com o esteticismo internacional do Bloomsbury.

Conforme a guerra se arrastou, no entanto, ficou claro que os britânicos não estavam cedendo apenas seu poder econômico, mas também sua influência política para seus libertadores norte-americanos. Keynes previu um realinhamento internacional pós-guerra no qual os norte-americanos e o poder financeiro de Wall Street dominariam o curso futuro das relações ocidentais, com a França e a Grã-Bretanha desaparecendo na história como Estados clientes do Novo Mundo.

Entre os dias 3 e 10 de outubro de 1916, uma delegação conjunta dos diplomatas franceses e britânicos, incluindo Keynes, realizou seis reuniões com os principais membros da J.P. Morgan para considerar suas opções na mobilização de mais dinheiro norte-americano para os esforços da guerra. Entre os financistas estava o próprio Jack Morgan; Henry Davison, que ajudou a conseguir o contrato como representante de compras da Grã-Bretanha; John Harjes, um dos principais parceiros da filial de Paris do Morgan; e Edward Grenfell, chefe da filial de Londres do Morgan. Quando os britânicos informaram ao clã Morgan que eles precisariam de US$1,5 bilhão adicionais pelos próximos meses, a equipe Morgan "não escondeu sua consternação", relembrou Keynes em um memorando do Tesouro. Davison chamou a notícia de "chocante". "O dinheiro necessário", disse ele, "é tanto quanto ou ainda maior que a quantidade existente". No outono de 1916, porém, Morgan sabia que sua empresa estava demasiadamente envolvida nos esforços de guerra britânicos para recuar. Ao final das sessões de negociação, ele admitiu que, se sua equipe não conseguisse fornecer tudo à Grã-Bretanha até o dia 31 de março, os pagamentos dos empréstimos existentes do império seriam "suficientemente adiados" até que pudessem honrar com o acordo. Se fosse necessário, Morgan deixaria a Grã-Bretanha tornar-se inadimplente da dívida que tinha com o banco durante algum tempo.[73] Ele estava preparado para ser leniente com seus clientes, mas estava claro quem tinha o destino da Grã-Bretanha nas mãos.

No dia 10 de outubro, Keynes escreveu rapidamente uma nota para o Escritório de Relações Exteriores intitulada "A Dependência Financeira do Reino Unido nos Estados Unidos da América", observando que Wilson e o Fed poderiam, por um capricho, tornar futuros esforços militares britânicos uma "impossibilidade prática" ao desencorajar o setor financeiro de comprar títulos britânicos, levando até "uma situação da maior gravidade" na fronte ocidental. O governo não estava em posição de barganhar com os Estados Unidos em questões diplomáticas. Era hora de suplicar.

"A quantia que este país precisará pegar emprestado dos Estados Unidos da América pelos próximos seis ou nove meses é tão enorme, chegando a somar várias vezes toda a dívida nacional deste país, que será necessário apelar a todas as classes e setores do público investidor", escreveu Keynes. "Não é um exagero dizer que os executivos e o povo norte-americano estarão em posição para mandar neste país em assuntos que nos afetam muito mais que a eles. É, portanto, a visão do Tesouro, considerando suas responsabilidades especiais, que a política deste país em relação aos Estados Unidos deve ser direcionada não apenas para evitar qualquer represália ou irritação ativa, mas também para conciliar e agradar."[74]

A guerra já havia quase custado a Woodrow Wilson a presidência.[75] Seu secretário de estado, Bryan, renunciou em protesto, preocupado que esses emaranhados econômicos acabassem por envolver os Estados Unidos no conflito. Mesmo concorrer à reeleição com o slogan antiguerra "Ele nos deixou fora da guerra" não impediu que a corrida presidencial de 1916 se tornasse uma das disputas eleitorais mais acirradas da história dos Estados Unidos, com apenas 56 votos na Califórnia separando a vitória de Wilson de sua derrota.

Filho de um ministro presbiteriano, Wilson via quase todos os aspectos de sua presidência como uma questão de grande urgência moral. Ele considerava sua agenda doméstica de "Nova Liberdade" um golpe frontal a privilégios não merecidos e aos poderes aristocráticos. Ao estabelecer a Comissão Federal de Comércio, ele deu poderes ao governo federal para combater monopolistas. Criar o Federal Reserve foi um ataque ao "Truste do Dinheiro". Ele acreditava que a democracia norte-americana era uma coisa única e sagrada e estava relutante a arriscá-la em um campo de batalha estrangeiro.

Entretanto, Wilson estava reconsiderando suas ideias sobre a Europa e os europeus ao longo de sua carreira política, passando por uma transformação intelectual que carregava implicações dramáticas para o conflito no exterior. Em *A History of the American People,* publicado por Wilson em 1902, ele escrevera de maneira depreciativa sobre os imigrantes do leste e do sul da Europa, afirmando que eles não tinham "nem a habilidade, nem a energia, nem qualquer resquício de um raciocínio rápido".[76] No entanto, desesperado por conquistar os votos de imigrantes na sua campanha presidencial de 1912, ele se viu obrigado a mudar seu tom, afirmando que "o país deve se livrar de todos os preconceitos" e receber pessoas de todos os cantos da Europa.[77] Ele não se referia a *todos* os preconceitos. Wilson, de maneira consistente, excluía os negros norte-americanos de sua agenda de reformas e até buscou segregar departamentos racialmente integrados da força de trabalho federal. Apesar disso, como presidente, ele honrou suas promessas com as comunidades de imigrantes de Nova York e, em 1915, vetou uma lei para restringir a imigração europeia.[78] Mesmo o leste e o sul europeus, Wilson agora acreditava, eram capazes de produzir homens que podiam arcar com as responsabilidades de se autogovernar.

Isso mudou sua visão sobre as responsabilidades dos Estados Unidos em relação ao povo da Europa em uma era de imperialismo. Para Wilson, os Estados Unidos existiam no seu próprio plano moral e ele ansiava por afirmar sua culta influência como uma força contra os abusos imperialistas. Os maiores impérios dificultavam um jogo diplomático justo entre as pessoas e participavam de guerras desnecessárias e sem sentido. Com a violência da Grande Guerra se intensificando, o dever dos Estados Unidos de liderar o mundo para fora da escuridão e na direção da luz rapidamente tornava-se o grande imperativo moral de Wilson enquanto presidente. Mas ele também era um político astuto que relutava em comprometer seu instável sucesso eleitoral ao envolver-se na guerra. Ele esperava, em vez disso, que a pressão diplomática pudesse fazer com que os dois lados do conflito recuassem e concordassem em assinar um acordo de paz mediado pelos Estados Unidos. Como Keynes temia que ele fizesse, Wilson decidiu usar o dinheiro para pressionar essa questão.

No dia 28 de novembro de 1916, menos de dois meses após o encontro de Keynes com Morgan, o presidente do Fed de Wilson, William Gibbs McAdoo, emitiu formalmente um decreto avisando para que todos os investidores norte-americanos tivessem cautela com empréstimos de curto prazo para Inglaterra e França. Embora não fosse uma proibição direta, o alerta de McAdoo funcionava tanto como uma expressão oficial de desaprovação do governo quanto como um aviso sobre a credibilidade dos Aliados. O impacto do decreto foi imediato, efetivamente cortando o fluxo de dinheiro norte-americano para os britânicos. Até mesmo Morgan recuou com a pressão federal. Wilson estava enforcando as máquinas de guerra europeias no que ele chamava de uma "paz sem vitória" para nenhum dos lados.

No começo de 1917, a nota do Fed havia criado uma completa crise financeira na Inglaterra. Sem acesso aos créditos do J.P. Morgan e outros investidores dos Estados Unidos, os britânicos tinham que pagar suas obrigações internacionais com ouro. No dia 17 de março, Keynes informou ao chanceler do Tesouro que o Tesouro só tinha algumas semanas antes do completo esgotamento das reservas de ouro. A proeza de Londres como um centro financeiro estava à beira da aniquilação. Sem acesso ao dinheiro norte-americano, a máquina de guerra britânica entraria em colapso.

Keynes desconfiava dos motivos norte-americanos e temia pelo peso cada vez maior de seu país no cenário mundial, mas não podia culpar as táticas de Wilson. Ele também queria pôr um fim nessa guerra e reconhecia que estancar o fluxo de dinheiro norte-americano era a forma mais eficiente de fazê-lo — talvez mais eficiente do que uma possível mobilização do exército norte-americano.

Mas o imperador austro-húngaro não podia deixar as coisas como estavam. Convencido de que estava a meras semanas de uma vitória total, a Alemanha intensificou seus ataques de submarinos contra barcos civis dos Estados Unidos, alguns dos quais carregavam suprimentos de guerra para os Aliados. Essa era uma retaliação contra os britânicos, cujo bloqueio naval contra a Alemanha estava causando uma desnutrição generalizada e até escassez de alimentos em cidades alemãs e austríacas. Para a maioria dos norte-americanos, porém, os ataques pareciam atos não provocados de brutalidade contra um país neutro e as mortes civis que resultaram deles eram politicamente intoleráveis para os Estados Unidos. McAdoo reabriu a torneira de dinheiro, revogando o alerta do Fed sobre empréstimos europeus e os bancos privados voltaram a concedê-los para o governo britânico. No dia 6 de abril, o Congresso declarou guerra, apenas uma semana antes de quando Keynes acreditava que as reservas seriam esvaziadas. O dinheiro público logo acompanhou o privado: o Congresso aprovou um empréstimo de US$3 bilhões para França e Inglaterra, colocando toda a fé e crédito do governo norte-americano nos Aliados pela primeira vez.

A segunda crise financeira britânica durante a guerra havia passado. Os Aliados foram resgatados. De maneira irônica, ainda que o ingresso dos Estados Unidos garantisse a continuidade da guerra, ele também aliviou, durante algum tempo, grande parte da angústia pessoal de Keynes. Na visão deste, os norte-americanos agora eram responsáveis por prolongar a carnificina. Seus esforços diários para manter o Tesouro solvente por mais uma semana ou quinzena tornaram-se moralmente imateriais. Então ele continuou, ganhando uma reputação dentro do Tesouro como uma figura hábil, ou pelo menos como alguém digno de um respeito relutantemente concedido. Em maio, ele foi nomeado como um companheiro da Ordem de Bath, uma grande honra da burocracia britânica, quase equiparável à cavalaria, por suas grandes contribuições aos esforços da guerra no Tesouro.

No entanto, ele se irritou com as novas restrições impostas pelos seus pagadores norte-americanos. Após entrar na guerra, Wilson e McAdoo se impressionaram com seu custo e estavam certos de que os britânicos estavam aumentando os valores ou secretamente gastando os fundos com frivolidades domésticas. Keynes escreveu uma nota para McAdoo insistindo que seu governo não priorizasse as dívidas com o J.P. Morgan em relação a suas obrigações no campo de batalha. A maior guerra que o mundo já viu, enfatizou ele, simplesmente era um empreendimento demasiadamente caro. Desde a entrada dos Estados Unidos no conflito, o apoio britânico total a França, Itália e Bélgica praticamente dobrou o comprometimento dos Estados Unidos com esses mesmos aliados.[79] Os norte-americanos estavam financiando os britânicos, mas os britânicos continuavam a financiar o resto da Europa.

O governo britânico saiu impune de pelo menos um gasto extravagante instigado pelo Bloomsbury. Quando o negociante de arte francês Georges Petit anunciou que sua galeria realizaria o leilão de tudo no estúdio de Edgard Degas após a morte do pintor em setembro de 1917, Duncan insistiu para que Maynard participasse do leilão.[80] Em seu pedido ao chanceler do Tesouro, Bonar Law, Keynes fez o melhor para fantasiar o esquema de algum tipo de lógica econômica. Degas havia morrido apenas há alguns meses e o valor de suas pinturas provavelmente subiria com o tempo à medida que influenciassem novos artistas. A demanda pelas pinturas seria baixa com todo o conflito nos arredores de Paris afugentando outros compradores. Nunca haveria outra chance de adquirir essas obras de arte por um preço tão baixo.

Foi um esforço considerável, mas não fazia sentido algum. Ninguém poderia prever o valor futuro dos trabalhos pós-impressionistas e o governo britânico não tinha obrigação de expor trabalhos de todo grande artista francês em seus museus britânicos. Entretanto, o conservador chefe do Tesouro estava "muito alegre com meu desejo em comprar quadros e acabou permitindo como uma espécie de piada", escreveu Keynes para Vanessa.[81] Keynes foi enviado para Paris com o diretor da National Gallery, Charles Holmes, e £20 mil, dinheiro que foi gasto adquirindo mais de vinte pinturas. Keynes escolheu outras quatro para sua coleção particular por um pouco menos de £500, tirados do seu próprio bolso.[82]

Esse "grande golpe das pinturas", como Keynes o chamou,[83] era um raro motivo de celebração em época de guerra para o Bloomsbury. De volta ao número 46 da Gordon Square, Keynes revelou uma de suas conquistas — uma natureza-morta de seis maçãs pintada por Paul Cézanne — para Vanessa, Virginia, J. T. Sheppard e Roger Fry. "Roger quase enlouqueceu", escreveu Virginia. "Eu nunca vi tamanho êxtase. Era como uma abelha em um girassol."[84]

"Nessa e Duncan estão muito orgulhosos de você", escreveu Bunny para Keynes. "Você recebeu uma absolvição completa e seus crimes futuros também estão perdoados."[85]

O Bloomsbury não havia abandonado completamente a pândega durante os anos de guerra. Keynes ainda estava fazendo os tradicionais banquetes e Vanessa havia assumido a Charleston Farmhouse perto de Lewes, em Sussex, propriedade que se tornou o favorito local de refúgio do grupo no país. Duncan logo mudou-se com ela, enquanto Keynes — apesar de indícios de rivalidade romântica — encontrou na atmosfera rural um refúgio tanto do movimento de Londres quanto da repreensão moral de seus outros amigos. Enquanto Virginia começou a comparecer aos discursos das sufragistas e Leonard aceitou um trabalho pago pelo Partido Trabalhista, Vanessa permaneceu sincera e ardentemente apolítica. Sentada ao lado do primeiro-ministro Asquith, em um banquete realizado no começo do ano, Vanessa o perguntou sem qualquer traço de ironia: "Você tem interesse em política?"[86] Só ela entre a multidão podia ouvir Keynes contando histórias de excentricidades absurdas sobre sua vida nas relações públicas e rir, sem suprimir alguma espécie de indignação por sua comprometedora posição moral. Política, para Vanessa, era apenas outro lugar para o drama humano, um campo de estética literária em vez de um teste de pecado e salvação. Maynard foi permeado por, segundo as palavras de Virginia, um "afeto tal qual o de um cão"[87] com relação a Vanessa.

Conforme suas tensões com o Bloomsbury se aliviavam, as fricções com os norte-americanos se intensificavam. Keynes descreveu o Conselho Interaliado para a Guerra como uma "casa de macacos"[88] cujos encontros eram uma "farsa"[89] de incompetência burocrática. De acordo com seu amigo Basil Blackett, Keynes "conseguiu uma terrível reputação por sua grosseria por aí"[90] quando foi enviado aos Estados Unidos para uma missão diplomática no outono.

O dinheiro norte-americano não trouxe uma vitória rápida e as tropas norte-americanas não chegariam ao campo e batalha até o verão de 1918. Enquanto isso, o derramamento de sangue se intensificou. Os norte-americanos estavam sendo tão parcimoniosos com os gastos que os britânicos foram forçados a racionar a comida domesticamente. Os Aliados podem vencer a guerra, mas tanto a ordem global quanto a cultura doméstica na qual Keynes fora criado já haviam desaparecido. Isso deixou Keynes desiludido e deprimido.

"Meu pensamento natalino é em um prolongamento adicional da guerra e, com a reviravolta das coisas até então, isso provavelmente significa o desaparecimento da ordem social que conhecemos até agora", escreveu ele para sua mãe. "Apesar de alguns arrependimentos, acredito que não sinto muito. A abolição dos ricos será um conforto e servirá a eles de alguma maneira. O que me assusta mais é a perspectiva do empobrecimento *geral*. Dentro de mais um ano nós precisaremos pagar as dívidas ao Novo Mundo e, em troca, este país será penhorado aos Estados Unidos."

"Bem, o único caminho para mim é tornar-me um feliz bolchevique e, ao repousar na cama durante a manhã, reflito com uma boa dose de satisfação que, graças à incompetência, loucura e perversidade de nossos líderes, uma era específica de um tipo específico de civilização aproxima-se do seu fim."[91] Ele não se eximia da culpa. Ao escrever para Duncan, confessou: "Trabalho para um governo que desprezo para fins que considero criminosos."[92]

A sensação de competição que Keynes sentia pelos Estados Unidos, bem como seu desdém pela cultura norte-americana, perduraria por toda sua vida. Durante a Segunda Guerra Mundial, ele menosprezou a beleza do interior dos Estados Unidos e considerou os intelectuais norte-americanos como incapazes de "intuição". No entanto, foi nos Estados Unidos onde as ideias econômicas responsáveis por torná-lo famoso ganharam uma base inicial. E seria um norte-americano que acabaria por resolver a crise de consciência de Keynes durante a Primeira Guerra Mundial.

No dia 8 de janeiro de 1918, Wilson realizou o discurso mais importante da sua vida. Um mês antes, ele havia apresentado seu quinto Discurso sobre o Estado da União, pedindo ao Congresso para expandir o estado de guerra dos Estados Unidos visando à inclusão do Império Austro-húngaro. Após receber a aprovação alguns dias depois, ele entrou em contato com alguns legisladores no Congresso dos Estados Unidos para outro discurso — uma grande inconveniência para homens acostumados a ficar em casa ou realizar recessos durante os meses de inverno. Quando não existiam voos de hora em hora, uma viagem até Washington impediria os congressistas de verem sua família, amigos e constituintes por semanas. Mas Wilson tinha uma poderosa visão para oferecer, uma que ele esperava redefinir não apenas sua presidência, mas o papel dos Estados Unidos nas relações mundiais. Com os legisladores da nação reunidos, ele expôs o que ficaria conhecido como os Quatorze Pontos — termos que todas as partes envolvidas na Grande Guerra deveriam aderir caso desejassem que um possível tratado de paz perdurasse. Embora houvesse quatorze pontos, o discurso foi dedicado a um conceito amplo que se tornou conhecido como "autodeterminação", o direito de todos os povos de viver sob o governo escolhido por eles, livres de pressão externa.

Alguns pontos tratavam de princípios gerais. O Primeiro Ponto pedia pelo fim de pactos diplomáticos secretos, enquanto o Quarto Ponto pedia pelo desarmamento "ao menor ponto consistente com a segurança doméstica". O Terceiro Ponto tratava de justiça econômica, pedindo pela "remoção, tanto quanto possível, de todas as barreiras econômicas, bem como o estabelecimento de igualdade nas condições comerciais". Esse comércio seria facilitado pelo Segundo Ponto, que garantia a "liberdade dos mares".

Metade dos pontos expostos por Wilson era explicitamente territorial. Ele queria traçar novos limites nacionais, garantindo aos grupos étnicos um direito de desenvolvimento autônomo independentemente dos grandes impérios europeus — uma expressão mais benevolente do mesmo racismo biológico que ele havia demonstrado domesticamente. O Oitavo Ponto pedia por uma Bélgica independente, enquanto o Décimo Ponto pedia por uma Áustria-Hungria "autônoma". No Décimo Primeiro Ponto, todos os exércitos deveriam sair da Romênia, Sérvia e Montenegro, enquanto a Turquia e a Polônia receberiam suas independências nos Pontos Doze e Treze. Até a Rússia bolchevique — que assustava tanto os líderes dos Poderes Centrais quanto os líderes Aliados — receberia uma "oportunidade desimpedida e sem constrangimentos para a determinação independente de seu próprio desenvolvimento político e política nacional, assegurando-lhe uma sincera acolhida na sociedade das nações livres". Ele estava apresentando uma rejeição detalhada da conquista territorial europeia como uma saída aceitável para a guerra e exigindo que novos estados fossem criados entre os impérios para preservar uma paz duradoura.

Os Quatorze Pontos eram muito mais do que um conjunto de instruções para resolver o conflito: eram um guia moral para a ordem global do pós-guerra — uma tentativa de forjar algo duradouro e bom de uma catástrofe que fora arbitrária e cruel. A concepção de Wilson sobre justiça global estava enraizada em ideias do século XIX sobre nacionalismo e identidade em vez de ideias que tratavam dos direitos individuais. O único direito humano apresentado por Wilson era o direito de ser membro de uma nação independente. Porém, seu pedido para que todas as nações, grandes ou pequenas, vitoriosas ou derrotadas, recebam o mesmo lugar sob a mesa da governança internacional — era uma ideia radical com o poder de levar séculos de impérios até o fim. Wilson, o presbiteriano sacerdotal, estava oferecendo à Europa uma oportunidade de redimir-se.

Assim como ocorreu com todas as grandes visões de Wilson, ele nunca aplicou essa mesma lógica aos Estados Unidos. Se grupos étnicos deveriam receber seus próprios governos, então certamente os afro-americanos se qualificariam para uma nova nação. Para Wilson, os Estados Unidos eram um amálgama etnicamente único de democracia esclarecida. Ele não conseguia encontrar um lugar para afro-americanos nessa fórmula racial de sucesso político, mas também negava a eles o direito de autodeterminação. Para que os Estados Unidos se tornassem um herói capaz de libertar a Europa da injustiça de seu partidarismo medieval e retrógrado, eles precisariam ignorar suas próprias opressões internas.

Ainda assim, para Keynes, a promessa de Wilson de absolvição foi um alívio. Os Quatorze Pontos ofereciam uma significância moral mais ampla para seu trabalho durante a guerra. Sob o decreto de Wilson, a guerra havia se transformado de uma disputa sem sentido por território em uma cruzada para acabar com o imperialismo de uma vez por todas. Em uma carta enviada para sua mãe, Keynes elogiou as ideias de Wilson como os "quatorze mandamentos".[93] A mensagem ressoou em todos em Bloomsbury, que rapidamente se tornaram devotos do Décimo Quarto Ponto de Wilson, o estabelecimento de uma nova Liga das Nações para resolver futuras disputas diplomáticas. E eles perceberam uma mudança em seu amigo do Tesouro. Menos de uma semana após o discurso de Wilson, Virginia Woolf escreveu em seu diário que Maynard tornara-se "a fonte principal do espírito mágico"[94] que animava coletivamente a comunidade artística deles.

Quase nove meses após seu discurso dos Quatorze Pontos, Wilson pressionou ainda mais em um discurso na Metropolitan Opera House, em Nova York, dedicando um discurso inteiro à Liga. No dia 6 de outubro — dezoito meses após a declaração de guerra dos Estados Unidos — a Alemanha decidiu seguir com a ideia de Wilson. Os cidadãos alemães estavam economicamente encurralados. O Tesouro britânico foi ressuscitado pelo crédito norte-americano e o bloqueio naval dos Aliados contra os suprimentos de comidas para Alemanha, Áustria e Turquia nunca cedeu. Especialistas independentes mais tarde estimaram que essa política resultou em mortes por inanição de mais de 400 mil civis. O governo alemão, que apenas alguns meses antes acreditava estar à beira da vitória, havia visto o suficiente. O príncipe Maximiliano de Baden enviou uma carta pública afirmando que a Alemanha se retiraria do conflito se os Aliados seguissem os princípios de paz de Wilson. O armistício oficial surgiu algumas semanas depois. Na décima primeira hora do décimo primeiro dia do décimo primeiro mês, a guerra chegou ao fim.

"Que quinzena surpreendente para a história do mundo!", escreveu Keynes para sua mãe, transbordando de otimismo. "Eu sinto uma verdadeira confiança agora que está tudo acabado e todos os governos do mundo, independentemente do que os jornais possam dizer, de forma genuína, tenho certeza, desejam fazer as pazes."[95]

TRÊS

◊

PARIS E SEUS DISSABORES

No dia 16 de dezembro de 1918, dezenas de cavaleiros militares desfilavam pelas ruas de Paris montados em cavalos pretos muito bem tratados, com seus sabres e capacetes de metal bem polidos brilhando sob a esmaecida luz do sol. Os soldados anunciavam uma procissão de carruagens ocupadas pelos líderes mais poderosos do mundo, incluindo o primeiro-ministro francês, Georges Clemenceau, e sua contraparte britânica, David Lloyd George. Soldados de infantaria alinhavam-se nas ruas, suas baionetas apontando para o céu enquanto o comboio passava. Os dignitários foram seguidos por uma cara exibição de proeza tecnológica: uma comitiva de automóveis. A Grande Guerra havia chegado ao fim e seus vitoriosos desfilavam pela Champs-Élysées em direção ao Arco do Triunfo, uma grandiosa exibição que ofuscou a marcha de Napoleão Bonaparte, que foi forçado a se contentar com a maquete de madeira do monumento inacabado quando retornou à cidade um século antes.

Uma multidão exultante, gritando, acotovelava-se nas ruas, acenava dos telhados, comemorava das janelas e clamava nas praças da cidade. Um milhão de pessoas viviam em Paris na época, mas 2 milhões de admiradores enfrentaram a tarde fria e ventosa na esperança de um vislumbre do presidente norte-americano, Woodrow Wilson. "Cada centímetro estava coberto de pessoas aplaudindo e gritando", de acordo com sua esposa, Edith. "Choveram flores sobre nós até quase sermos soterrados."[1]

No fim do conflito, Wilson era o homem mais célebre no continente. Os militares norte-americanos podem ter virado a maré a favor dos Aliados após anos de um impasse sangrento, mas Wilson também conquistou o povo europeu por outro motivo: ele chegou na França para uma Conferência de Paz que estabeleceria os termos das políticas internacionais para a próxima geração. Sozinho entre os líderes dos vitoriosos da Grande Guerra, Wilson havia apresentado uma visão de uma nova ordem global na qual uma nova Liga das Nações usaria a diplomacia para impedir o tipo de caos que a Europa causara a si mesma. Para as massas cansadas de guerra, ele parecia mais um profeta do que um político. Multidões em Roma, de acordo com um agente do Serviço Secreto, "literalmente saudavam o presidente como um deus — o Deus da Paz".[2] O seu sonho cativou os milhões de famílias francesas, italianas e britânicas que haviam perdido seus pais, filhos e o seu sustento para a terrível carnificina da guerra. Sua popularidade transcendia facções políticas, idiomas e nacionalidades. Em Paris, o jornal comunista *L'Humanité* teceu elogios ao presidente,[3] enquanto Jan Smuts, futuro primeiro-ministro da África do Sul, declarou Wilson "a figura mais nobre — talvez a única figura nobre na história da guerra".[4]

"Que lugar o presidente conquistou nos corações e na esperança do mundo quando navegou até nós no *George Washington*!", escreveu Keynes. "Que homem incrível veio até a Europa nesses primeiros dias da nossa vitória!"[5]

Conforme o desfile cruzava o Sena, mais de 100 mil parisienses comemoravam e se amontoavam na Praça da Concórdia.[6] Na Rue Royale, a procissão passou por baixo de uma faixa luminosa estendida sobre a rua, declamando vivas ao presidente enquanto os espectadores saudavam-no com gritos de "Wilson *le juste*!" O idoso presidente sorriu como um jovem, acenando com a sua cartola em agradecimento.

Não houve desfiles para John Maynard Keynes quando ele chegou em Paris no dia 10 de janeiro de 1919. Ele informara ao Tesouro de que a conferência seria seu último ato como oficial do governo britânico — "quando isso acabar, serei um homem livre".[7] Ele saiu de casa otimista, a turbulência existencial entre o código de ética de Bloomsbury e suas ambições no palco mundial finalmente estavam chegando ao fim. Ele contou a sua mãe que a perspectiva para uma paz estável e duradoura era "boa" e para que ela aguardasse seu retorno dentro de um mês, quando todas as questões da conferência estivessem concluídas. Ele começou a examinar ofertas de emprego, fantasiando alegremente sobre um estilo de vida pós-guerra com um salário magnífico e muito lazer.[8]

Mas a Conferência de Paz o trouxe de volta para o presente. "Há uma enorme multidão aqui e, como você deve imaginar, um zumbido infindável de conversas, fofocas e intrigas", relatou ele para sua família.[9] As negociações já ocorriam com força total. A delegação britânica espalhou-se em quatro hotéis diferentes, mas os quartos privilegiados eram os do Hôtel Majestic, na Avenue des Champs-Élysées, que se tornou um tipo de "ponto de encontro universal", uma vez que as refeições para os delegados britânicos na sala de jantar do hotel eram gratuitas e preparadas por cozinheiros britânicos. Keynes procurou almoçar com outras pessoas sofisticadas nos restaurantes mais caros pela cidade. Essa era uma forma de exibir seu status social, mas as refeições fora também o ajudaram a manter uma reputação de um homem com prioridades mais mundanas que seus colegas provincianos, já que costumava conviver com jornalistas estrangeiros e outras figuras influentes.[10]

Era uma cena caótica e desorganizada. O advogado de Wall Street, Paul Cravath, disse a Keynes que o posto avançado dos Estados Unidos no Hôtel Crillon, localizado na Praça da Concórdia, "parecia um viveiro de coelhos"[11] e que a segurança era tão rigorosa que o próprio Clemenceau certa vez foi abordado por desconfiados guardas norte-americanos enquanto se dirigia para uma reunião no interior do hotel.[12] Não houve sequer uma abertura formal das negociações. Nas semanas seguintes ao armistício, diplomatas de todos os cantos do mundo gradualmente tomaram conta dos hotéis de luxo da cidade, realizando jantares e criando estratégias enquanto bebiam, andando em limusines antes e após as reuniões no Quai d'Orsay às margens do Sena. Havia uma grande quantidade de comitês interaliados oficiais da guerra, muitos dos quais haviam transferido suas operações para Paris e começaram a elaborar propostas e contrapropostas, discutindo sobre fronteiras territoriais, verbos e moedas muito antes de Wilson e Clemenceau presidirem uma sessão plenária introdutória no dia 18 de janeiro. A conferência publicou uma série de regulamentos para guiar as negociações no dia 21 de janeiro, mas mesmo os termos de conduta se tornariam um campo de batalha diplomático até março, quando a conferência foi reorganizada ao redor do Conselho dos Quatro: Wilson, Clemenceau, Lloyd George e o primeiro-ministro italiano, Vittorio Orlando.[13]

Keynes mantinha uma cansativa agenda pessoal. Em uma carta enviada para sua casa e escrita quatro dias após sua chegada, ele descreveu um único dia de trabalho que incluía encontros separados da Comissão do Armistício, do Supremo Conselho de Guerra e do Supremo Conselho de Fornecimento e Auxílio, encontros independentes com o Chanceler do Tesouro Bonar Law e com o lorde Reading (uma poderosa figura do judiciário britânico), uma sessão de estratégia com delegados norte-americanos e uma confabulação após o jantar com outros delegados do Tesouro britânico para comparar anotações e planos para o dia seguinte.[14]

Os alemães e outras Potências Centrais não foram convidados para os eventos. Os Aliados, conforme todos acreditavam, determinariam seus próprios termos para o tratado, que seria então apresentado aos líderes alemães para iniciar as verdadeiras negociações capazes de moldar o futuro da Europa. Os delegados reunidos em Paris só notavam a presença do inimigo derrotado por meio de uma série de relatórios dos diplomatas no exterior, que descreviam cenários terríveis nas cidades inimigas. Berlim estava no auge de uma violenta revolução. Oficiais do exterior descreviam os corpos esquálidos de crianças famintas nas ruas de Viena. Após a assinatura do armistício, de acordo com um delegado norte-americano chamado Herbert Hoover, "O perigo do militarismo para a civilização foi substituído imediatamente pelo perigo iminente do colapso econômico".[15] O alívio coletivo que acompanhara o armistício e o êxtase que cercava a chegada de Wilson um mês antes abriram espaço para uma atmosfera de ansiedade, mau agouro e até mesmo de doença em Paris. Uma devastadora pandemia de gripe estava ceifando vidas em todo o mundo durante os últimos dois anos e agora, com todo o mundo reunido em Paris, a conferência se tornou um vetor de contágio. Um diplomata britânico, William Stang, já havia morrido em Paris por conta da gripe e Lloyd George, Wilson, Clemenceau e o próprio Keynes lidariam com a doença ao longo do curso da conferência.[16]

PARIS E SEUS DISSABORES

"Paris tornou-se um pesadelo e todos os presentes eram mórbidos", escreveu Keynes. "Uma sensação de catástrofe iminente pairava sobre a cena frívola; a futilidade e a pequenez do homem frente aos grandes eventos que enfrentava; a leviandade, a cegueira, a insolência e os clamores confusos vindos de fora — todos os elementos das antigas tragédias estavam lá presentes."[17]

Nos primeiros dias da conferência, a maior fonte de frustração de Keynes surgia de seu próprio governo. O hotel Majestic, contou ele ao Bloomsbury, era um "lugar infernal" onde burocratas e políticos irradiavam "presunção e falso entusiasmo".[18] Sua própria posição em Paris foi virada de cabeça para baixo em uma eleição britânica ocorrida no dia 14 de dezembro de 1918. Lloyd George, reconhecendo o momento da vitória Aliada como um raro momento político, exerceu sua autoridade como primeiro-ministro para pedir uma eleição parlamentar assim que o armistício fosse assinado. O Partido Liberal e o Partido Conservador controlaram a Grã-Bretanha durante a guerra sob um governo de coalizão e agora Lloyd George esperava não só expandir a maioria de sua coalizão, mas também expulsar alguns de seus rivais dentro do próprio Partido Liberal. No dia da eleição, todos os maiores aliados de Keynes perderam suas cadeiras no Parlamento: McKenna, Runciman e até mesmo o próprio Asquith. Isso deixou Keynes furioso — e mais tarde ele chegou a acusar Lloyd George de "imoralidade política" alimentada por uma "ambição pessoal" ao pedir a eleição.[19]

E então, embora Keynes tenha chegado a Paris com títulos de prestígio — o Tesouro o escolheu como seu principal delegado e ele foi nomeado como representante do Império Britânico no Supremo Conselho Econômico —, seus confiáveis padrinhos políticos em Whitehall partiram.[20] Além disso, sua rixa durante a guerra com Lloyd George não acabara com o início do armistício. Agora eles brigavam sobre reparações — a quantidade de dinheiro que a Alemanha deveria pagar aos vencedores em compensação pela destruição econômica causada pela guerra.

Mesmo antes do encerramento formal das hostilidades, o Tesouro pediu para que Keynes calculasse de maneira precisa quanto a Alemanha poderia pagar. Keynes identificou um valor máximo de £2 bilhões — com metade de entrada e a outra metade dividida pelas próximas três décadas.[21] Os custos da guerra, é claro, foram muito maiores, mas uma indenização mais severa seria contraproducente. Para gerar a riqueza necessária para as reparações, a Alemanha precisaria impulsionar suas exportações, roubando uma fatia do mercado internacional que pertencia aos produtores britânicos e, assim, prejudicando a riqueza britânica. Se os Aliados, em vez disso, tentassem tomar o ouro, as minas ou as fábricas alemãs, eles prejudicariam a capacidade do país de gerar riquezas futuras que poderiam ser usadas para o pagamento de tributos. "Se pretendemos drenar recursos dos alemães, então antes de tudo não devemos arruiná-los", escreveu Keynes em um relatório enviado para a delegação britânica.[22]

Mas, durante a campanha eleitoral de 1918, Lloyd George comissionou o antigo presidente do Bank of England, Walter Cunliffe, e um juiz chamado lorde Sumner para criar seus próprios relatórios sobre a reparação, prometendo ao povo britânico a maior indenização possível a ser adquirida do inimigo derrotado. Sumner e Cunliffe sugeriram que a Alemanha seria capaz de pagar até £24 bilhões (que, na época, poderia ser convertido para algo em torno de US$120 bilhões) — uma quantia calculada com base no custo total da guerra[23] e mais de cinco vezes o tamanho da economia alemã pré-guerra.[24] O número era tão absurdo que os diplomatas norte-americanos inicialmente deram risada, mesmo quando Lloyd George o declarava solenemente na campanha eleitoral. "Um valor perfeitamente absurdo", observou o conselheiro de Wilson e delegado de Paris, Thomas Lamont.[25]

O resultado foi um governo britânico que negociava simultaneamente diferentes objetivos. Keynes, enviado pelo Tesouro para trabalhar em um valor de indenização mais realista, já vinha discutindo o assunto com especialistas financeiros norte-americanos, incluindo Paul Cravath e Norman Davis, que era um representante do Departamento do Tesouro de Wilson e velho amigo do parceiro do J.P. Morgan, Henry Davison. Ainda assim, Lloyd George nomeou os linhas-duras Sumner e Cunliffe para o Comitê de Reparações oficial na Conferência de Paz.

E assim como muitos outros emaranhados de dinheiro e números que Keynes encontrou em sua vida, a briga sobre a reparação não foi exatamente uma briga sobre aritmética; ela levantou questões importantes sobre o sentido da guerra, os limites do progresso político e a natureza da liberdade humana. "O assunto das reparações causou mais problemas, discórdias, ressentimentos e atrasos na Conferência de Paz do que qualquer outro ponto do Tratado de Versalhes", de acordo com Lamont[26] — um feito e tanto para um pacto que também redesenhou fronteiras nacionais na Europa, Ásia, África e no Oriente Médio. Keynes tornou-se o ponto de conflito de uma profunda briga ideológica.

Woodrow Wilson apostou sua presidência na ideia de que o imperialismo europeu poderia ser curado. As conquistas domésticas de seu primeiro mandato — a criação do Federal Reserve e da Federal Trade Commission, revigorando a cruzada contra o monopólio — já haviam lhe concedido o legado como talentoso reformista antes de sua reeleição em 1916. Embora cínicos o tenham acusado de participar da Grande Guerra para encher os bolsos de empresários norte-americanos, Wilson viu os Estados Unidos como uma parte objetiva que foi forçada a tomar um lado em uma disputa entre rivais estrangeiros imperfeitos. Wilson foi um acadêmico antes de entrar na política; ele era um respeitado teórico político e historiador que ajudou a elevar a Universidade de Princeton ao topo das instituições de pesquisa norte-americanas. Ele acreditava que a Grande Guerra fora o resultado não apenas de avareza e ambição, mas do sistema político decrépito do Velho Mundo. A Alemanha e o Império Otomano eram autocracias fadadas à instabilidade porque seus sistemas governamentais eram ilegítimos — eles dependiam da dominação para sustentar seu poder sobre grupos étnicos que deveriam se governar como nações independentes. Os impérios francês e britânico eram, de alguma forma, melhores graças aos seus governos com políticas internas democráticas, embora Wilson acreditasse que eles ainda permaneciam contaminados pelo legado do monarquismo. Ele estava cuidadosamente otimista sobre o novo governo bolchevique que assumiu o poder na Rússia em 1917. Quaisquer que sejam as falhas dos comunistas, o antigo regime czarista havia sido déspota e ilegítimo.

Então, como todos os outros em Paris, Wilson culpou a Alemanha pela guerra. Diferentemente de muitos outros, porém, ele não culpava o *povo* alemão. De fato, para Wilson, os cidadãos alemães foram vítimas do excesso autocrático do imperador antes do povo da Bélgica, França, Rússia e Grã-Bretanha, como declarou ao Congresso em abril de 1917: "Nós não temos nenhuma rixa com o povo alemão. Não temos nenhum sentimento com relação a eles além de simpatia e amizade. Não foi sob o comando de seu povo que o governo entrou nessa guerra. Não foi com o conhecimento ou autorização prévia deles. Essa foi uma guerra determinada assim como as guerras costumavam ser nos velhos e tristes tempos quando as pessoas não eram consultadas pelos seus líderes e guerras eram deflagradas e realizadas para satisfazer dinastias ou pequenos grupos de homens ambiciosos que se acostumaram a usar os outros como peões ou ferramentas."[27]

Em resumo, ele acreditava que a guerra fora causada pela autocracia — uma ideia ligada inexoravelmente ao império, uma vez que as pessoas conquistadas não tinham direito a seu próprio governo. Sua solução era a democracia — e, como consequência disso, o fim do imperialismo. "Um firme acordo pela paz nunca poderá ser mantido exceto por uma parceria entre nações democráticas. Nenhum governo autocrático pode ser confiado para honrar o compromisso ou o pacto... Apenas pessoas livres podem manter seu propósito e honra firmes para um fim comum e preferir os interesses da humanidade a qualquer limitado interesse próprio."[28] Os grandes impérios levaram a Europa até um cataclismo; a salvação do continente seria encontrada em uma nova ordem de pequenos Estados-nações democráticos, com uma Liga das Nações com plenos poderes para solucionar conflitos internacionais sem a necessidade de guerra. Na visão de Wilson, os Estados Unidos não estariam atuando na Conferência de Paz por territórios ou tributos, mas para afirmar-se como o líder moral de uma nova era. O país não buscaria novas terras nem exigiria reparações. A economia do tratado seria uma consideração secundária para as necessidades da Liga, que promoveria os interesses não dos Estados Unidos, mas do mundo.

Apesar de sua origem norte-americana, a visão de Wilson fascinou Keynes. "O presidente foi mais nobre em Paris do que todos os seus colegas", escreveu ele para um amigo, Allyn Young,[29] contando para Norman Davis após a conferência que Wilson "era o único membro do Conselho dos Quatro que estava *tentando* fazer a coisa certa".[30] Assim que Keynes chegou a Paris, Davis e a delegação norte-americana o cativaram com um gesto de benevolência. A Grã-Bretanha dependia do dinheiro norte-americano ao final da guerra e continuaria a depender dele até que sua economia doméstica recuperasse suas operações pré-guerra. Tecnicamente, a autorização congressional para o apoio financeiro aos britânicos havia expirado com o fim das hostilidades, em novembro. Davis, no entanto, discretamente garantiu que a verdadeira prioridade dos Estados Unidos era coordenar a grande agenda diplomática de Wilson com os britânicos. "A última coisa que eles querem é brigar conosco de maneira prematura por dinheiro", relatou Keynes de volta para o Tesouro.[31]

O grande idealismo de Wilson era sincero, mas ele rejeitava as reparações de uma posição econômica privilegiada. Os 116.708 soldados que os Estados Unidos perderam parecia algo impressionante do ponto de vista norte-americano, mas esse número só constituía 2% das mortes militares dos Aliados — menos da metade das baixas sofridas apenas pelas forças romenas.[32] Quatro anos e meio de ordens de guerra dos Aliados tornaram-se uma tremenda fonte de riqueza para as fazendas e fábricas norte-americanas, enquanto a demanda dos Aliados pelo dinheiro norte-americano transformou Wall Street na maior potência financeira do mundo. E os delegados norte-americanos eram credores impiedosos. O conselheiro de Wilson, Oscar T. Crosby, disse a Keynes, antes de sua chegada, que quaisquer assuntos sobre reduzir ou invalidar a dívida de guerra dos Aliados não eram "assuntos adequados para a Conferência de Paz".[33] Não era difícil compreender o porquê. Com o fim da guerra, os europeus deviam ao governo dos Estados Unidos mais de US$7 bilhões e outros US$3,5 bilhões para bancos norte-americanos.[34] Era fácil para Wilson falar sobre criar uma mudança global quando a guerra transformara os Estados Unidos de uma jovem nação industrializada para uma superpotência em questão de poucos anos.

A situação era completamente diferente na França, que havia perdido 1,4 milhão de soldados e 300 mil civis,[35] sem falar das mortes causadas pela pandemia da gripe. A produção industrial total da França havia caído quase um terço ao longo da guerra.[36] No norte da França, aproximadamente 15 mil quilômetros quadrados de território foram devastados e, com eles, alguns dos ativos mais frutíferos da economia francesa. A região arruinada produzia 20% da colheita, 70% do carvão, 90% do ferro e 65% do aço da França. Pelo menos 250 mil prédios foram "completamente destruídos" e outros 250 mil foram "danificados", enquanto quase 486 mil hectares de floresta foram "assolados".[37] O país devia US$3 bilhões ao governo norte-americano, US$2 bilhões ao governo britânico e ainda mais para investidores britânicos e norte-americanos.

As condições econômicas da França eram tão graves que o governo francês recebeu Keynes durante o que foi declarado como um "feriado" no norte de França, esperando impressioná-lo com a magnitude da devastação ao realizar visitas pessoais a campos de batalha em Lille, Reims e Somme.[38] Os franceses precisavam de capital e recursos com urgência e sua delegação em Paris via os derrotados alemães como uma fonte justa de espólios econômicos.

O primeiro-ministro francês Clemenceau rapidamente tornou-se o principal adversário ideológico de Keynes na conferência. Apelidado de "O Tigre", o primeiro-ministro francês passou toda sua vida adulta envolvido em uma turbulência política quase ininterrupta. Quando jovem, trabalhou como jornalista radical, foi preso por escrever artigos que criticavam o imperador Napoleão III e fugiu para a cidade de Nova York, onde passou a admirar os republicanos radicais que assumiram o poder em Washington por um curto período durante os anos imediatamente seguintes à Guerra Civil. Ele retornou para Paris durante a Guerra Franco-Prussiana e em certo momento acabou sendo eleito para a Assembleia Nacional Francesa após a queda do regime napoleônico. Durante o pânico antissemita do Caso Dreyfus, Clemenceau defendeu o capitão militar francês Alfred Dreyfus, que foi injustamente acusado de espionar para os alemães, e publicou o artigo conhecido internacionalmente de Émile Zola intitulado "J'Accuse…!" na capa de seu jornal diário, *L'Aurore,* em janeiro de 1898. Em 1902, ele estava de volta à política como um membro eleito do Senado.

O seu idealismo, no entanto, desapareceu com a idade. Ele dedicou grande parte de sua passagem como primeiro-ministro, de 1906 até 1909, a acabar com greves, diminuindo sua importância entre os círculos da esquerda política, nos quais seu hábito de duelar (Clemenceau participou de 22 duelos) o marcara como um aristocrata decadente.[39] Seu temperamento agressivo não era restrito ao âmbito político. Clemenceau conseguiu prender sua esposa norte-americana por adultério enquanto trabalhava na Assembleia Nacional, retirando sua cidadania francesa e a enviando para Nova York.[40] Agora com 77 anos, Clemenceau via a política como uma eterna busca pela dominação. "A vida é uma luta", disse ele a um membro francês do Parlamento em 1919. "Essa luta você não conseguirá suprimir."[41] Ele era indiferente à Liga das Nações de Wilson e concordava com os Quatorze Pontos apenas como uma forma-

PARIS E SEUS DISSABORES 71

lidade legal que garantiu a rendição alemã. Quando Wilson insistiu, em um encontro privado dos primeiros-ministros, que o uso da força na diplomacia era um "fracasso", Clemenceau respondeu que "Os Estados Unidos foram fundados pela força e consolidados pela força. Você precisa admitir isso!"[42] Mais tarde, ao escrever *As Consequências Econômicas da Paz*, Keynes observou: "Ele sentia pela França o que Péricles sentia por Atenas — ela tinha um valor único, nada mais importava; sua teoria política, no entanto, era a mesma de Bismarck. Ele tinha uma ilusão, a França; e uma desilusão, a humanidade."[43]

Keynes escreveu essa passagem como uma forma de insulto pessoal. O príncipe Otto von Bismarck, militarista prussiano que forjou o Império Alemão, havia sido um dos maiores inimigos de Clemenceau no final do século XIX. Como um membro da Assembleia Nacional Francesa, Clemenceau votou contra o tratado de paz de 1871 entre a França e a Alemanha, preferindo estender uma guerra que a França estava perdendo miseravelmente em vez de submeter-se ao seu inimigo internacional.[44]

Para Clemenceau, não adiantava buscar um equilíbrio ou evitar conflitos futuros na Conferência de Paz. A Europa acabaria por guerrear fazendo uso de um pretexto ou outro e, quando esse momento chegasse, ele queria que a França estivesse forte e seus inimigos, fracos. Na sua visão de mundo havia pouco espaço para o progresso humano ou para a perspectiva de um futuro pacífico. "Eu aceito os homens e os fatos como são: a humanidade não mudará tão cedo",[45] disse ele. Tratava-se de uma doutrina rígida, nascida em um mundo difícil. "Não era possível desprezar ou não gostar de Clemenceau, mas apenas ter uma visão diferente da natureza do homem civilizado ou, pelo menos, ter o prazer de compartilhar de uma esperança dessemelhante", escreveu Keynes.[46]

Em muitos dos assuntos delicados discutidos em Paris, Wilson e Clemenceau divergiam em questões estratégicas ou técnicas. Quais povos dentro dos antigos impérios devem ter o direito de formar um novo estado? Como um povo deve ser definido? Onde as fronteiras nacionais seriam delimitadas? Nas reparações, entretanto, as visões de mundo dos dois batiam de frente. Clemenceau e a delegação francesa apoiavam praticamente qualquer manobra estatística capaz de elevar os cálculos da quantidade de danos causada pela Alemanha durante a guerra ou de aumentar a estimativa da capacidade da Alemanha de pagar por esse prejuízo. Os norte-americanos, por outro lado, buscavam um equilíbrio econômico sustentável entre os combatentes europeus.

Entre esses dois polos estava Lloyd George. Assim como Clemenceau, Lloyd George havia sido um radical na sua juventude. Como membro da Câmara dos Comuns, ele ajudou a criar um programa de aposentadoria governamental para os idosos. Como chanceler do Tesouro, criou novos tributos para os ricos proprietários de terras durante um projeto doméstico pré-guerra para "arrecadar dinheiro com o intuito de combater a pobreza e a miséria".[47] Ele ganhou fama nas políticas externas ao criticar a guerra da Grã-Bretanha contra os bôeres na África do Sul, considerando o ato um crime humanitário.

Mas sua crítica à Guerra dos Bôeres vinha acompanhada de ambições imperiais grandiosas e despudoradas. Para Clemenceau, negociar com Wilson e Lloyd George era como estar "com Jesus Cristo de um lado e Napoleão Bonaparte do outro".[48] Diversas questões territoriais foram resolvidas a favor da Grã-Bretanha quando o armistício foi assinado. A captura aliada das colônias alemãs, incluindo a África Oriental Alemã, deu aos britânicos uma cadeia de domínio ininterrupta que se estendia do Egito até a África do Sul. A queda dos czares aplacou os medos britânicos de longa data de uma ameaça Russa à Índia pela Ásia Central. Além disso, a marinha alemã, único rival sério do poderio naval britânico no mundo, entregou seus navios e submarinos.

Com essas vitórias já em mãos, a maior prioridade tornou-se punir a Alemanha. Lloyd George não culpou o imperialismo pela Grande Guerra, mas a imprudência única do império alemão. Ele disse ao seu gabinete de guerra que "a Alemanha cometera um grande crime" e que o mundo tinha uma responsabilidade de "impossibilitar que qualquer um seja tentado a repetir tal transgressão".[49] Seu apoio inicial pelo relatório de Sumner e Cunliffe e o valor de reparação absurdamente alto deles faziam parte desse esforço. Lloyd George, no entanto, não estava profundamente apaixonado por nenhuma soma de reparação em particular ou mesmo pelo uso da reparação como principal forma de punição. Ele poderia ser convencido a utilizar outros métodos se esses fossem mais convenientes aos interesses britânicos.

E a Grã-Bretanha enfrentava desafios econômicos. O país perdera 1 milhão de soldados e civis durante a guerra. Mas o problema principal da nação como uma potência global não eram os recursos naturais ou a mão de obra, mas as finanças. O setor bancário britânico, fonte de grande parte da influência do império antes da guerra, foi desgastado pelos esforços de guerra. Além disso, uma vez que o dinheiro britânico emprestado para o exterior foi gasto com destruição em vez de novos e produtivos empreendimentos europeus, havia sérias dúvidas sobre a capacidade dos aliados britânicos — especialmente a França — de arcar com suas dívidas. Onde Clemenceau se via lutando para preservar a base da produção e segurança francesa, Lloyd George estava mais preocupado em manter a proeminência do centro financeiro de Londres como uma potência financeira ao lado de Wall Street. A guerra havia afastado Alemanha e Rússia como rivais ao poder britânico. Em Paris, Lloyd George desejava garantir que o império britânico não ficaria em desvantagem em meio aos vitoriosos Aliados.

Todos os três homens podiam citar grandes princípios para defender suas posições. Mesmo Clemenceau, às vezes, atribuía suas discussões com o pensamento "utópico" de Wilson à experiência pessoal em vez de uma diferença de valores fundamentais. "O Sr. Wilson viveu em um mundo que tem sido muito seguro para a democracia", disse ele ao tradutor de Wilson em Paris. "Eu vivi em um mundo onde é de bom-tom atirar em um democrata."[50]

A Conferência de Paz de Paris era, em essência, uma batalha pela dominação entre três poderes rivais que acabaram se tornando aliados durante a Grande Guerra. Mas o evento também foi um momento de crise intelectual para o liberalismo iluminista. Antes da guerra, a maioria dos europeus não via nada de vergonhoso sobre o imperialismo. Era simplesmente do jeito que as coisas eram. No entanto, a destruição causada pela guerra na sociedade europeia inspirou os intelectuais europeus a fazer questões que há muito eram óbvias nas colônias europeias. Poderiam os ideais progressistas defendidos em casa por Lloyd George, Clemenceau, Wilson e Keynes se reconciliar com a dominação imperial no exterior? Que tipo de ordem política iria — ou poderia — substituir o meio imperial que levou a guerra ao mundo? Nem a estrutura econômica do pós-guerra, nem o destino ideológico do imperialismo liberal poderia ser decidido sem lidar com o problema da reparação alemã. E

74 O PREÇO DA PAZ

assim a questão da reparação alemã tornou-se o drama central e icônico da Conferência de Paz.

Todavia, antes que os Aliados pudessem definir questões sobre a vindoura ordem global, precisavam solucionar uma crise humanitária. Eles mantiveram o bloqueio naval britânico contra o comércio na Alemanha e Áustria após a assinatura do armistício, no dia 11 de novembro de 1918. Assim como foi feito durante a guerra, o bloqueio impediu os Poderes Centrais de receber suprimentos internacionais de comida. Isso fazia parte de uma estratégia de fome destinada a dizimar o moral e a população do inimigo. Estimativas do custo humanitário total do bloqueio durante a guerra variam, mas o bloqueio foi responsável por matar 250 mil civis na Alemanha durante os meses seguintes ao encerramento dos tiroteios.[51] Conforme os Aliados demoravam a iniciar as conversas sobre a paz, eles também exploravam a renovação mensal do armistício como uma oportunidade de conseguir concessões da Alemanha antes da conclusão do tratado de paz.

Os franceses começaram a tratar da renovação do armistício sozinhos com os alemães, esperando conseguir ouro, valores mobiliários e até mesmo as impressoras usadas para o marco alemão.[52] Eles não tinham interesse em acabar com o bloqueio — não porque se opunham a alimentar os alemães, insistiam eles, mas porque se opunham à Alemanha pagar pela comida. Afinal de contas, qualquer valor gasto pelos alemães na nutrição doméstica não poderia ser entregue à França como reparação.

Herbert Hoover, diretor da U.S. Food Administration, estava furioso com o bloqueio, condenando-o como um desastre humanitário que fomentaria a revolução. "Toda a massa de humanidade urbana que outrora estava sob dominação inimiga parecia inclinada diretamente ao bolchevismo ou anarquia — sob os quais é impossível ter alguma esperança de paz",[53] escreveu ele mais tarde. Keynes concordou: "Eu mal consigo compreender por que nós, ingleses, concordamos em promover sua continuidade."[54] Ainda assim, quando os britânicos e norte-americanos souberam das conversas com os franceses, enviaram Keynes para supervisionar os interesses britânicos durante as negociações em Tréveris, na Alemanha. Lá, pela primeira vez, ele ficou cara a cara com

PARIS E SEUS DISSABORES 75

os oficiais inimigos derrotados. "Naqueles dias, eles eram um grupo muito triste, com rostos abatidos e olhos cansados, como homens derrotados na bolsa de valores",[55] relembrou Keynes mais tarde.

Assim como Hoover, Keynes reconheceu a urgência moral da situação. Mas, embora ele acreditasse nas boas intenções de Hoover, percebeu que os norte-americanos planejavam não só fornecer comida aos alemães, mas também cobrar um preço excessivo por isso. Hoover, como parte de suas obrigações nos Estados Unidos, por acaso estava sobrecarregado com um enorme excedente de carne de porco norte-americana em busca de compradores. O governo dos Estados Unidos garantiu aos seus agricultores preços altos durante a guerra para encorajar a produção e, uma vez que a França e a Inglaterra estavam dispostas a pagar muito dinheiro por tudo que pudessem comprar, foi fácil repassar esses custos para os dois países. Com o fim do conflito e da guerra submarina da Alemanha, os franceses agora podiam comprar alimentos com um preço muito menor na América do Sul.[56] Hoover tinha um suprimento enorme de carne de porco norte-americana fresca e não tinha nenhum comprador disposto a pagar o preço alto praticado. Ele teve o mesmo problema com o trigo quando os italianos tentaram desistir de um pedido de 100 milhões de bushels.[57]

"A situação é curiosa", escreveu Keynes em uma nota no dia 14 de janeiro para sir John Bradbury, um dos principais oficiais do Tesouro.

A Alemanha deve receber grandes suprimentos em uma escala bem generosa. O bolchevismo deve ser derrotado e uma nova era deve ter início. No Supremo Conselho de Guerra, o presidente Wilson foi muito eloquente ao falar de ações instantâneas nesse sentido. Mas o verdadeiro motivo subjacente de tudo isso eram os estoques abundantes de produtos de porco de baixa qualidade de Hoover que possuíam preços altos e deveriam ser repassados para alguém, se os inimigos não agissem de acordo com os Aliados. Quando Hoover dorme durante a noite, imagens de porcos flutuam sobre sua cama e ele admite com sinceridade que, custe o que custar, esse pesadelo deve ter fim.[58]

Os norte-americanos não eram os únicos com motivos secretos. Os britânicos desejavam que Keynes conseguisse o controle da frota comercial alemã — um recurso econômico valioso para o império britânico. Por fim, Keynes e Hoover afastaram os franceses e alimentaram os alemães, mas eles também fizeram a Alemanha pagar — com navios e ouro — um valor excessivo pelos alimentos. Como Keynes mais tarde reconheceu para Bloomsbury: "Nossas relações com eles eram parcialmente de boa-fé`e parcialmente de má."[59]

A crise alimentar era um microcosmo da Conferência de Paz. Os alemães não tinham comida. Os norte-americanos tinham comida que não queriam. Enquanto mascaravam sua diplomacia com discursos de liberdade, progresso e altruísmo, os norte-americanos estavam envolvidos em uma sutil crueldade financeira. Os britânicos, da mesma forma, afirmaram o altruísmo norte-americano e denunciaram Clemenceau e seu ministro das finanças por desumanidade — enquanto o próprio Keynes aproveitava uma oportunidade para garantir uma fonte de riquezas para o império britânico.

Para Lloyd George, quando Keynes conseguisse a frota comercial alemã, o maior interesse britânico em Paris estaria resolvido. "A verdade é que conseguimos as coisas do nosso jeito", disse ele. "Nós conseguimos a maior parte daquilo que buscamos. Se você contasse ao povo britânico, doze meses atrás, que eles conseguiriam o que conseguiram, eles teriam rido de você com desprezo. Os alemães cederam sua marinha alemã, seu transporte mercantil e abriram mão de suas colônias. Um de nossos principais concorrentes comerciais foi prejudicado e nossos Aliados estão prestes a se tornar nossos maiores credores. Esse é um feito e tanto."[60]

Keynes começou a se sentir desconfortável na sua viagem de volta de Tréveris. Dois dias após sua chegada em Paris, ele estava acamado com febre e calafrios que o deixaram em um estado "quase delirante", assustado com a decoração da suíte do hotel. "A imagem dos desenhos em relevo do papel de parede *art nouveau* atacou minhas sensibilidades no escuro de tal modo que era um alívio acender a luz e, ao perceber a realidade, se livrar por um momento da pressão terrível de seus contornos imaginários."[61] Após três dias na cama ele foi transferido até a área médica da conferência — o último andar do Majestic fora convertido em um hospital para lidar com a pandemia de gripe[62] —, relatando à sua mãe que, embora ele ainda se sentisse "miseravelmente fraco", a febre começava a ceder. "Ao contrário do que acreditava, o médico declarou que *não* se trata da gripe, mas de alguma infecção especialmen-

PARIS E SEUS DISSABORES 77

te perniciosa adquirida na Alemanha. Dois outros membros do evento (pelo menos) também estão com a mesma enfermidade, incluindo meu colega financista norte-americano. Isso, portanto, significa que os assuntos financeiros estão temporariamente suspensos! E a Alemanha permanece faminta enquanto mais atrasos ocorrem para que ela receba sua comida!"[63]

Keynes estava provavelmente sofrendo com a gripe e uma infecção bacteriana secundária — uma combinação que frequentemente era letal nos dias anteriores aos antibióticos. Seus amigos em Bloomsbury — alguns dos quais temiam sair de casa no auge da pandemia[64] — sabiam o suficiente para se preocupar. "Fiquei muito feliz, digo, de ter uma carta sua em minhas mãos", escreveu Clive Bell para Keynes no dia 2 de fevereiro, quase duas semanas após seu amigo adoecer. "Os relatos que chegavam até Gordon Square começaram a me alarmar... você tem um hábito de quase morrer, meu caro Maynard, um desses dias poderá acabar morrendo de fato."[65]

O bloqueio de alimentos finalmente chegou ao fim no mês de março, e Keynes mergulhou de volta na questão das reparações. "Eu não tenho uma vida privada e participo de assuntos de estado de manhã até a noite, inclusive aos domingos", reportou à família. "É uma grande mistura de tédio com animação e, de modo geral, um serviço extraordinário... Eu imagino que vou acabar enlouquecendo mais cedo ou mais tarde."[66] No entanto, ainda havia algumas razões para o otimismo. As negociações de auxílio com os alemães melhoraram o status de Keynes para Wilson e Lloyd George — o primeiro-ministro levou pessoalmente a argumentação de Keynes para os líderes mundiais com uma dramática força retórica.[67] Essa foi uma melhora considerável na sua situação dentro da hierarquia informal da delegação que existia antes do início da conferência. Além disso, também era exatamente a aliança entre a Grã-Bretanha e os Estados Unidos que Keynes acreditava precisar para garantir a fundação da prosperidade europeia.

Os delegados britânicos Sumner e Cunliffe, no entanto, permaneceram sendo um problema na Comissão de Reparações. Eles continuaram com a estimativa de capacidade do pagamento alemão em US$120 bilhões — valor tão absurdamente alto que os franceses podiam se recostar e observar enquanto os norte-americanos brigavam com os britânicos, oferecendo, de vez em quando, um apoio aos britânicos, cujos valores estavam sempre mais próximos dos objetivos franceses. Keynes, que não tinha um assento na comissão, começou a fornecer valores para Davis e Lamont com o objetivo de refutar o trabalho de sua própria delegação. Lloyd George concordou que os valores oferecidos pelos "Gêmeos Celestiais",[68] como Keynes passou a se referir ironicamente a Sumner e Cunliffe, não eram verossímeis, mas ele continuou a se preocupar com as implicações políticas domésticas de um valor plausível. Afinal, ele acabara de fazer uma campanha prometendo, de forma implícita, o valor de US$120 bilhões. No fim de março, Sumner e Cunliffe estavam causando tantos problemas que Davis e Lamont perderam a esperança no trabalho da comissão e voltaram sua atenção para conversas diretas com o Conselho dos Quatro: Clemenceau, Wilson, Lloyd George e Orlando.

"Se pudermos acalmar os Gêmeos Celestiais concordando com qualquer relatório tolo por enquanto e depois nos livramos deles encerrando a Comissão, poderemos nos reunir e começar do zero com alguns seres humanos", contou Davis a Keynes.[69] Este, por sua vez, não estava na Comissão de Reparações, mas tinha um lugar no Supremo Conselho Econômico — e, após as negociações do bloqueio, uma linha direta com Lloyd George. Poderia ser melhor ceder a Sumner e Cunliffe no Comitê de Reparações e então substituir o trabalho do comitê por outro, com um órgão de negociação mais esclarecido e com maior autoridade.

O conselheiro econômico de Clemenceau, Louis Loucheur, enquanto isso, começou a criar estardalhaço sobre como deveria ser a divisão dos espólios. Independentemente dos números aceitos pela comissão, Loucheur disse a Keynes em particular, a França nunca ficaria satisfeita com uma fatia menor do que o triplo recebido pelo Reino Unido.[70]

Quando o assunto das reparações surgiu diante do Conselho dos Quatro, outros membros da delegação britânica estavam agindo de má-fé. O general Jan Smuts, da África do Sul, concordou com o diagnóstico de Keynes sobre o tratado. Mas quando Lloyd George pressionou seu subordinado por valores capazes de inflacionar o custo dos danos da guerra, Smuts obedeceu. Ele enviou um documento aos chefes de estado no qual argumentava que a Alemanha deveria ser responsabilizada por quaisquer pensões que os governos Aliados tenham que pagar

PARIS E SEUS DISSABORES

aos soldados que lutaram na guerra, bem como por quaisquer pensões alimentícias concedidas às famílias enquanto eles estavam fora. Isso duplicou os custos pelos quais a Alemanha seria responsabilizada, e nenhum dos conselheiros legais de Wilson acreditava que essa ação era consistente com a lógica dos Quatorze Pontos. Entretanto, a enxurrada de números era mais do que Wilson pôde suportar, fazendo com que ele explodisse com seus advogados durante a sessão do conselho: "Lógica! Lógica!", rugiu ele. "Eu não estou nem aí para a lógica. Incluirei as pensões."[71] Esse relato, registrado por Lamont, é corroborado por uma triste nota do dia 1º de abril escrita pelo delegado norte-americano John Foster Dulles: "O presidente declarou que não se sentia preso às considerações lógicas."[72]

Embora a equipe do presidente tenha ficado claramente envergonhada com seu rompante, a essência da frustração de Wilson estava correta. Nem os britânicos, nem os franceses estavam tratando a questão das reparações como um assunto legal ou econômico atrelado às restrições da lógica e da razão. As negociações tornaram-se uma farsa política. Mesmo os números absurdos gerados pelas manipulações das leis sobre as pensões acabaram sendo insuficientes para Clemenceau, que por fim pediu a remoção de qualquer menção de um número final de reparação no tratado. A opinião francesa estava tão estritamente a favor da punição alemã, insistiu Clemenceau, que ele perderia o cargo se o povo soubesse os números que estavam em discussão — evento que obrigaria a renegociação de todo o resto do tratado. Após meses de idas e vindas técnicas, Clemenceau propôs colocar essa questão para uma nova Comissão de Reparações formada sob a Liga das Nações, que poderia lidar com esse tema após a assinatura do tratado com a Alemanha.

Essa era um terrível política econômica que atrasaria qualquer projeto de reconstrução por meses, deixando uma grande questão financeira sem respostas. Mas também era um inteligente movimento político, permitindo que todos os líderes em Paris dessem a seus constituintes quaisquer garantias sobre a vindoura lei das reparações. "O Sr. Lloyd George, que nunca ignorou as considerações políticas, rapidamente se interessou por esse ponto de vista", recordou Lamont.[73]

Não houve discussão significativa sobre como lidar com a reabilitação econômica de longo prazo na economia europeia. Keynes acreditava que a França e a Bélgica simplesmente não seriam capazes de reparar os danos da guerra sem assistência financeira estrangeira, e ele assistiu à economia britânica aproximar-se de seu ponto de ruptura econômica durante a guerra. O único país em condições de oferecer ajuda eram os Estados Unidos. Suas fábricas estavam funcionando a todo vapor, o salário de seus trabalhadores aumentou, seus agricultores estavam recebendo muito dinheiro por sua produção e os cofres dos bancos estavam cheios de ouro europeu.

A anulação das dívidas era a forma mais simples de auxílio. Se os norte-americanos perdoassem as dívidas de guerra da Grã-Bretanha e da França, os dois países teriam lastro financeiro suficiente para dedicar seus recursos à reconstrução. A delegação norte-americana estava jogando um balde de água fria na ideia da redução da dívida mesmo antes da chegada de Keynes em Paris,[74] mas ele ainda desferiu outro golpe em março. Se os Estados Unidos anulassem todas as dívidas de guerra, propôs Keynes, então a Grã-Bretanha faria o mesmo. Seria um grande sacrifício financeiro para os Estados Unidos, mas a maior parte dos benefícios diretos não fluiria para os britânicos, e sim para a França, a Itália, a Rússia e a Bélgica. E, embora o governo norte-americano (e isso sem falar do J.P. Morgan) tivesse que renunciar aos pagamentos de juros, os agricultores e fabricantes norte-americanos veriam sua posição econômica melhorar quando uma Europa financeiramente estável começasse a gastar seu dinheiro com as exportações norte-americanas.

Porém, o principal argumento de Keynes na proposta não se tratava de lucros e perdas; era um argumento político sobre a psicologia humana. As dívidas de guerra dos Aliados e dos inimigos eram tão altas que provocariam turbulência social durante anos. Os governos teriam que restringir os serviços a seus cidadãos para atender ao pagamento de juros estrangeiros. Os impostos precisariam aumentar para enviar dinheiro ao exterior. A noção de que isso era um pagamento justo pelo auxílio norte-americano durante a guerra pode fazer sentido para os financistas e oficiais do governo, mas não para os cidadãos. Um fazendeiro que perdeu seu filho e metade de sua área para cultivo não se sentiria exatamente grato com a perspectiva de enviar parte dos frutos de seu trabalho para o enriquecimento dos banqueiros norte-americanos. A austeridade exigida pelo pagamento da dívida causaria ressentimento e seria um convite à demagogia de oportunistas que buscassem culpar os problemas do país nos estrangeiros.

"A existência de grandes dívidas de guerra é uma ameaça à estabilidade financeira em todo lugar. Não existe um país europeu no qual o repúdio à dívida não se torne, em breve, uma importante questão política", escreveu Keynes em uma nota confidencial compartilhada com Wilson. "Estariam os povos descontentes da Europa dispostos a, ao longo de cerca de uma geração inteira, ordenar suas vidas de modo que uma parte considerável de sua produção diária esteja disponível para o pagamento de uma dívida externa cuja razão não provém do senso de justiça ou dever deles? Eu não acredito que esses tributos continuem sendo pagos, na melhor das hipóteses, por mais do que alguns anos. Eles não combinam com a natureza humana, nem se coadunam com o espírito da época."[75]

Mas, assim como em muitos dos avanços teóricos de Keynes, esse lampejo era acompanhado de ingenuidade. Keynes convenceu a si mesmo de que Wilson poderia ver que uma parte do sacrifício financeiro norte-americano era justo — os outros Aliados já deram mais do que o próprio sangue e riquezas para a causa coletiva do que os Estados Unidos. Em vez disso, Wilson sentiu-se pessoalmente ofendido pela sugestão de que o país estava sendo mesquinho. Ele arriscou o próprio pescoço dentro do âmbito político para ajudar a Grã-Bretanha e a França em 1917, e os Estados Unidos haviam enviado seus próprios homens para morrer em uma guerra estrangeira. O mínimo que os Aliados podiam fazer em troca era pagar o dinheiro que o país havia emprestado a eles. "Do começo até o fim da Conferência de Paz, o presidente Wilson e seus conselheiros, sem exceção, se opuseram de forma vigorosa a quaisquer sugestões ou propostas de cancelamento", escreveu Lamont em 1921. "A questão surgia constantemente, de uma forma ou de outra. E os delegados norte-americanos sempre 'passavam por cima' dela."[76]

Nada estava funcionando. Em uma aposta arriscada para salvar os termos econômicos do tratado, Keynes começou a trabalhar em uma proposta econômica alternativa que substituiria, se aprovada, todas as condições financeiras sendo discutidas em Paris. O "Esquema para a Reabilitação do Crédito Europeu e para o Auxílio Financeiro e a Reconstrução", conforme ele elegantemente intitulou, era uma invenção demasiadamente complexa criada a partir da necessidade política. Mas a complicada construção deveria, acreditava ele, satisfazer o interesse de todas as mentes teimosas na mesa de negociação. De acordo com o plano, a Alemanha conseguiria o dinheiro para pagar a conta da reparação e reconstruir sua economia ao emitir novos títulos públicos. Para atrair investidores desconfiados da palavra alemã, esses títulos ficariam protegidos contra a inadimplência pelos governos Aliados. Essa garantia permitiria que a Alemanha adquirisse uma quantia que de outra forma seria impossível adquirir, o que por sua vez permitiria aos governos Aliados impor uma penalidade de reparação ainda maior. A Inglaterra, a França e a Bélgica usariam o dinheiro da reparação para se reconstruir domesticamente e pagar suas dívidas aos Estados Unidos. Todo o projeto seria administrado pela Liga das Nações, visando garantir justiça entre todos os envolvidos e, assim, haveria dinheiro suficiente para garantir que nenhuma nação, independentemente do quão extravagante fossem suas reivindicações, receberia menos do que o desejado.

Era um mecanismo brilhante, mas Keynes sabia que ele estava tentando algo ambicioso demais. Se quisesse ter alguma esperança de convencer o Conselho dos Quatro a abandonar propostas e concessões que levaram meses para serem construídas, ele precisaria do apoio apaixonado de Lloyd George. O primeiro-ministro, no entanto, estava ficando cansado de decidir disputas que haviam se tornado previsíveis entre Keynes e os Gêmeos Celestiais e inclinava-se cada vez mais na direção da proposta de Clemenceau para adiar as questões das reparações até após a Conferência de Paz. Keynes precisava de novos aliados políticos.

Então ele deu um passo radical: saiu de Paris. Retornando para Londres, Keynes se reuniu com membros do gabinete de guerra e explicou as virtudes de sua criação. O contraste entre as cidades era chocante. "O estado da Europa é desesperador — o sistema econômico emperrado e as pessoas sem esperança", escreveu Keynes para sua mãe. "Mas aqui na Inglaterra tudo parece normal e todos parecem confortáveis — e certamente ignorantes ao que está acontecendo do outro lado da cortina."[77] Seus encontros com o gabinete de guerra foram bem. O Chanceler do Tesouro, Austen Chamberlain, assumiu o plano de Keynes como uma causa pessoal e fez um apelo direto a Lloyd George, que acabou conquistando o primeiro-ministro. Ao revisar o "Grande Esquema", como o projeto ficou conhecido, Lloyd George ime-

PARIS E SEUS DISSABORES

diatamente reconheceu o seu valor. A máquina de Rube Goldberg financeira de Keynes forneceria todos os benefícios econômicos de longo prazo da anulação da dívida de guerra e uma penalidade de reparação mínima sem causar nenhum dos problemas de opinião pública que tais propostas podem gerar. Não haveria a necessidade de novos impostos onerosos. Lloyd George apresentou o plano diretamente para Wilson, junto de uma nota explicativa assinada pelo primeiro-ministro que, na verdade, foi escrita pelo próprio Keynes. Dessa vez, ele elogiou os norte-americanos. O trabalho de auxílio de Hoover estava salvando vidas. No entanto, esse resgate heroico apenas revelou o quanto a Europa permanecia dependente da ajuda externa. "Em resumo, o mecanismo econômico da Europa está travado", escreveu Keynes, e apenas a liderança dos norte-americanos poderia resolver "o maior problema financeiro já visto no mundo moderno".[78]

Embora o Grande Esquema fosse descrito como um compromisso compartilhado entre os Aliados para forjar um futuro melhor, ele dependia totalmente da generosidade norte-americana. Uma emissão bem-sucedida de títulos exigiria a contribuição dos investidores norte-americanos — os Estados Unidos, afinal, eram o país onde estava o dinheiro. Os termos da emissão do empréstimo podem declarar com clareza que toda nação Aliada estaria por trás dos títulos alemães em caso de inadimplência, mas apenas o compromisso norte-americano importaria para os investidores. Todas as outras nações estavam falidas. Keynes estava, em essência, pedindo aos Estados Unidos para trocar a dívida que os Aliados tinham por uma nova com a derrotada Alemanha — aceitar um retorno sobre seu investimento semelhante ao mesmo tempo que o país assume um risco maior ao emprestar para um inimigo derrotado. Em uma carta enviada no dia 3 de maio para Lloyd George, Wilson rejeitou todo o esquema. A enxurrada de insultos proferida pelos britânicos e franceses contra os norte-americanos que buscavam uma indenização mais moderada não foi esquecida.

"Ao longo das discussões sobre reparações, a delegação norte-americana apontou prontamente, para as outras delegações, que os planos propostos, sem dúvida, privariam a Alemanha dos meios de realizar pagamentos reparatórios consideráveis. Eu mesmo, como você bem sabe, tenho feito essa observação com frequência. Entretanto, sempre que um de nós tratava esse ponto com urgência, ele era acusado de estar a favor dos alemães", escreveu Wilson. Se o grande problema era libertar a Alemanha da ameaça do bolchevismo, então por que os britânicos estavam propondo um plano para arrecadar dinheiro para a Alemanha apenas para tomar grande parte dele na forma de reparação? Os britânicos estavam, na verdade, usando a ameaça da crise política na Alemanha para conseguir uma fonte barata de financiamento para eles. "Os Estados Unidos, na minha opinião, sempre estiveram prontos e sempre estarão dispostos a fazer sua parte na questão financeira para ajudar a situação geral. Mas eles também têm seus próprios problemas. Você sugeriu que todos nós nos dedicássemos ao problema de ajudar a Alemanha a ficar de pé, mas como os seus ou os nossos especialistas podem trabalhar em um *novo* plano para fornecer capital de giro à Alemanha quando deliberadamente começamos o plano retirando todo o capital *atual* dela? Como qualquer um pode esperar que os Estados Unidos entregarão à Alemanha qualquer quantia considerável de novo capital de giro para substituir aquele que as nações europeias decidiram tirar dela?"[79]

Keynes não conseguia encontrar nada de errado nas objeções técnicas do presidente. O Grande Esquema era, no fim das contas, uma tentativa de extrair o melhor de uma situação ruim. Mas ele estava furioso com a recusa de Wilson de unir seus altivos ideais de cooperação internacional e apoio à democracia com as realidades financeiras sendo discutidas em Paris. Talvez a Europa não tivesse o direito de esperar por alguma ajuda dos Estados Unidos, mas Wilson nunca hesitou em lembrar a todos em Paris que os Estados Unidos estavam renunciando a qualquer reivindicação de reparação no tratado — evidência da boa-fé e de seu forte princípio moral. O Grande Esquema de Keynes era exatamente o tipo de coisa que Wilson insistia em afirmar buscar naquele tratado: um ato ambicioso de diplomacia internacional garantido pela benevolência e com o dinheiro norte-americano. Ainda assim, Wilson rejeitou o plano sem nem sequer sugerir um ponto inicial para negociação. Quatro meses de frustrações foram a gota d'água. Keynes escreveu uma carta para Duncan Grant, enfurecido com o presidente: "Wilson, de quem já vi muitas coisas ultimamente, é a maior fraude do planeta."[80]

Com o tempo, Keynes aliviou a severidade de seu julgamento. Ele passou a ver Wilson não como uma fraude, mas como um tolo que foi "enganado" por astutos líderes europeus. Embora Keynes não soubesse na época, Wilson exibira em particular uma série de comportamentos estranhos e imprevisíveis durante sua estadia em Paris. Historiadores continuam a debater a causa exata de seus lapsos mentais — um pequeno AVC e danos cognitivos resultantes de uma gripe no começo de abril foram sugestões de possíveis explicações —, mas o que fica claro é que a mente do presidente não estava sempre em sua melhor forma durante os últimos meses da Conferência de Paz.

Ainda assim, sua rejeição do Grande Esquema não pode ser atribuída apenas à sua confusão. Ninguém no lado norte-americano queria anular a dívida de guerra dos Aliados. Grande parte da delegação dos Estados Unidos — Davis, Lamont, Bernard Baruch, entre outros — teve carreiras distintas em finanças antes de entrar no governo, e, assim como a maioria dos banqueiros, eles eram ideologicamente avessos a revisar os termos de um empréstimo — em especial os empréstimos com termos favoráveis para os credores.

Dois membros da delegação — Davis e Lamont — estavam enredados com o próprio J.P. Morgan. Uma década após o crash da bolsa de valores de 1929, Davis seria revelado como um beneficiário do círculo secreto de troca de informações privilegiadas do banco.[81] Lamont era, possivelmente, o parceiro mais influente no banco. Quando ele embarcou rumo à Paris, Lamont esperava estabelecer um novo cartel financeiro anglo-americano. Nas reuniões de junho com Keynes e o banqueiro britânico R. H. Brand, um mês após a rejeição do plano de Keynes por parte de Wilson, Lamont sugeriu que um consórcio de bancos norte-americanos dirigido por Morgan tivesse uma participação de 50% nos maiores bancos britânicos. Ao unir as forças, todas as partes envolvidas seriam libertas da pressão de redução de lucros da concorrência. O capital norte-americano e os contatos profissionais britânicos poderiam estabelecer um império financeiro privado, vinculando as ferrovias norte-americanas com o petróleo persa e o comércio indiano de especiarias. Enquanto o Grande Esquema de Keynes teria colocado a Liga das Nações no comando do futuro financeiro da Europa, Lamont imaginava um futuro com J.P. Morgan no comando.

O monopólio bancário transcontinental nunca se materializou, mas a família Morgan continuou a ter um papel dominante na política europeia após a guerra, quando Lamont se tornou um conselheiro de confiança de Benito Mussolini, aliviando o relacionamento do ditador com o governo norte-americano e concedendo a ele um empréstimo de US$100 milhões da J.P. Morgan em 1926.[82] Lamont descreveria a si mesmo como "uma espécie de missionário" do fascismo italiano, que se tornara uma fonte de "ideias saudáveis" liderada por um "sujeito muito honesto".[83] Mussolini era apenas um dos desagradáveis clientes políticos de Lamont. Em 1931, o Império do Japão invadiu a província chinesa da Manchúria, uma clara violação do pacto da Liga das Nações, que foi condenada pelo presidente Hoover como um "grande ato de agressão". O ministério das finanças do Japão emitiu uma declaração ocultando os abusos cometidos por seus 15 mil soldados como um ato de "legítima defesa" que o mundo havia entendido mal, insistindo que o Japão "não tinha intenção alguma de iniciar uma guerra contra a China" e tinha "os sentimentos mais amigáveis possíveis para com os chineses". O Japão, é claro, havia acabado por iniciar um ciclo de conquistas militares que culminaria em Pearl Harbor. Nem uma palavra sequer da propaganda — impressa no *New York Times* — era verdade. Ela foi escrita por Thomas Lamont.[84]

Keynes nunca compreendeu o abismo entre suas opiniões sobre a dívida de guerra dos Aliados e as opiniões de seus amigos norte-americanos. Uma vez que concordavam com ele sobre as reparações, ele considerou a obstinação deles como "inexperiência nas relações exteriores".[85] Depois que Wilson rejeitou o Grande Esquema, ele tentou influenciar Davis e Lamont a abrir alguma linha de negociação com o presidente e, por um curto período, acreditou que tivesse conseguido, desconhecendo que o próprio Lamont foi o autor da carta de rejeição assinada por Wilson.[86]

Keynes, durante esse período, finalmente desistiu de Paris. No dia 14 de maio, ele escreveu para sua mãe:

> *Deve fazer semanas desde que escrevi uma carta para alguém — mas tenho estado completamente desgastado, em parte pelo trabalho e em parte pela depressão graças ao mal que me rodeia. Nunca estive tão infeliz quanto nessas últimas duas ou três semanas; o Tratado de Paz é ultrajante, impossível e não pode trazer nada além de infortúnios. Pessoalmente, não acredito na assinatura dos alemães, embora a visão geral seja do contrário (isto é, que após alguns resmungos e reclamações*

eles assinarão qualquer coisa). Entretanto, caso assinem, essa será, em muitos sentidos, a pior das alternativas; porque está fora de questão que venham a cumprir seus termos (os quais são incapazes de cumprir) e o resultado disso será nada além de desordem e agitação generalizada. Certamente, estivesse eu no lugar dos alemães, preferiria morrer do que assinar tal Tratado.

Bem, suponho que fui um cúmplice de toda essa maldade e loucura, mas o fim está próximo. Estou escrevendo ao Tesouro para ser liberado de minhas atividades no dia 1º de junho, se possível, e no mais tardar até o dia 15 de junho.[87]

Ele se despediu de Norman Davis no dia 5 de junho: "No sábado eu fugirei deste cenário digno de um pesadelo. Não há nenhum bem que eu possa fazer aqui. Vocês, norte-americanos, são todos amigos da onça e eu não tenho nenhuma expectativa de melhora real no estado das coisas."[88]

Em uma carta com palavras semelhantes enviada para David Lloyd George no mesmo dia, Keynes formalmente se demitiu. Ele não retornaria ao governo britânico por mais de uma década.

Caro Primeiro-Ministro, eu devo deixá-lo ciente de que no sábado abandonarei este cenário digno de um pesadelo. Não há nenhum bem que eu possa fazer aqui. Esperava, mesmo nessas últimas semanas terríveis, que você encontrasse uma forma de tornar esse tratado um documento justo e conveniente. Mas agora, aparentemente, já é tarde demais. A batalha está perdida. Deixo os gêmeos para se gabarem da devastação da Europa e avaliarem o que resta para o contribuinte britânico.[89]

A Conferência de Paz falhou em trazer a Keynes a salvação que ele esperava após dedicar quatro anos de sua vida às finanças de guerra. Seus amigos em Bloomsbury tinham razão: ele fez parte de uma atrocidade. Keynes retornou para a Inglaterra irritado, envergonhado e exausto.

Mas a guerra e os meses em Paris mudaram a forma como ele compreendia o dinheiro e o poder. Antes do conflito, concordava com economistas que acreditavam em mercados livres dos governos. Após ajudar o governo britânico a administrar a economia britânica por quatro anos, porém, já não tinha essa mesma certeza. As reparações alemãs e a dívida de guerra dos Aliados eram as questões econômicas mais importantes da época — e não tinha como escapar do fato de que essas grandes questões econômicas eram, em essência, políticas. Economia de mercado não se tratava de um domínio distinto, independente do estado, operando de acordo com seus próprios princípios. Os ritmos do comércio, bem como sua lógica e seus mecanismos, precisavam ser definidos e apoiados por uma autoridade política. Sua luta sobre as reparações e a dívida interaliada fez dele um grande inimigo da austeridade — a doutrina na qual governos podem recuperar melhor economias prejudicadas ao cortar os gastos governamentais e pagar as dívidas. Quando um governo está sobrecarregado de dívidas, Keynes precisou ver para crer, geralmente é mais fácil se livrar da dívida do que pagá-la e exibir ao povo um menor padrão de vida.

Keynes estava apenas começando a processar as implicações de sua visão de mundo mutável. Em poucos meses, porém, daria seus primeiros frutos ao público. Eles chocariam o mundo.

QUATRO

— ◊ —

CONSEQUÊNCIAS

O SOL ROMPEU À TARDE, fazendo os lustres de cristal cintilarem. O brilho intenso refletia nos grandes espelhos que dão nome à grandiosa sala do Palácio de Versalhes. Os líderes mundiais sentaram-se em três grandes mesas na Galeria dos Espelhos enquanto jornalistas e fotógrafos preenchiam quase todos os centímetros de espaço entre as paredes decoradas com painéis de mármore com ricos veios e refinados detalhes em ouro. Profetas bíblicos e heróis de grandes batalhas observavam a multidão a partir das pinturas barrocas desenhadas no alto teto abobadado enquanto Woodrow Wilson, com as mãos trêmulas graças à energia do momento, assinava o tratado que traria um fim à Guerra para Acabar com Todas as Guerras.[1]

"Trata-se de muito mais do que um tratado de paz com a Alemanha", discorreu ele em uma declaração feita para a imprensa norte-americana. "O tratado liberta os povos que nunca foram capazes de encontrar seu caminho até a liberdade. Ele encerra, de uma vez por todas, uma antiga e intolerável ordem na qual pequenos grupos de homens egoístas podiam usar os povos de grandes impérios para satisfazer sua ambição por poder e dominação. É um grande documento para a criação de uma nova ordem das coisas."[2]

A multidão do lado de fora prestava uma última homenagem ao homem que veio até Paris sete meses atrás, mais uma vez saudando-o com gritos de *"Vive Wilson!"*. As mulheres corriam em sua direção, declarando que gostariam de tocar no homem que, cinco anos depois do assassinato do arquiduque Francisco Fernando, fez da paz uma realidade.

Não tinha como negar que o tratado era transformador. Os impérios dos Poderes Centrais estavam em pedaços. O Império Austro-Húngaro foi dividido nas novas nações da Áustria, Checoslováquia, Iugoslávia, Hungria e uma Romênia expandida. Os britânicos assumiram o controle da Palestina e do atual Iraque, que pertenciam ao decadente Império Otomano, enquanto a França adquiriu a moderna Síria e o Líbano. Quinze longos meses antes, a Alemanha separou Finlândia, Estônia, Letônia e Lituânia do novo governo bolchevique na Rússia. O país agora havia perdido todos os seus estados vassalos para a independência, com o apoio da Liga das Nações. Na fronteira ocidental da Alemanha, a região da Alsácia-Lorena foi entregue à França, além dos direitos de mineração no território da Bacia do Sarre, rico em carvão, enquanto a longa faixa de território ao longo do rio Reno — cheia de ferro, cobre e outros minérios industriais — seria ocupada pelas forças alemãs durante anos. Na região Leste, a cidade de Danzigue e o Território de Memel tornaram-se independentes, enquanto partes da província alemã da Prússia foram cedidas ao novo estado da Polônia. Colônias alemãs na Libéria, Camarões, África Oriental (atualmente Tanzânia, Ruanda e Burundi) e na África do Sul ficaram sob a autoridade da Liga, que rapidamente as distribuiu entre França e Grã-Bretanha, enquanto as ilhas do Pacífico sob controle alemão acabaram nas mãos do Japão, da Nova Zelândia e da Austrália. As ferrovias alemãs entregariam mais de 5 mil locomotivas e 150 mil vagões ferroviários aos Aliados, e o principal transporte fluvial alemão se tornaria posse da Liga. A Alemanha seria obrigada a remover a tarifa nos bens Aliados, mas os Aliados poderiam impor suas próprias tarifas nos produtos alemães. Não havia termos definitivos sobre as reparações. O grande pesadelo de Paris seria resolvido por uma comissão especial na Liga das Nações, como pediu Clemenceau. Neste ínterim, a Alemanha pagaria 20 bilhões de marcos de ouro (cerca de US$5 bilhões) aos Aliados até o dia 1º de maio de 1921, enquanto a Comissão de Reparações começava a trabalhar. Seja qual for o valor final a ser pago, a Alemanha já teria quitado um preço considerável.

Nem todos compartilhavam da mesma sensação de euforia de Wilson em Versalhes. Jan Smuts, confidente de Keynes da África do Sul, pôs

CONSEQUÊNCIAS

sua assinatura no tratado, mas preencheu uma declaração adicional detalhando suas objeções às severidades dos termos contra a Alemanha. Smuts venerava Wilson, acreditando que ele era uma figura ainda maior que Abraham Lincoln entre os estadistas norte-americanos.[3] Mas o princípio da autodeterminação de Wilson aparentemente só era aplicável aos impérios derrotados. Wilson ignorou a pressão do socialista negro W. E. B. Du Bois para usar o tratado como uma oportunidade de empoderar os afro-americanos. Nem a França, nem a Grã-Bretanha abriram mão de colônias ou protetorados. O tratado nem sequer mencionou a causa dos nacionalistas irlandeses, que estavam ativamente envolvidos em um combate de guerrilha contra as autoridades britânicas. O próprio cenário da cerimônia de assinatura evocava uma conexão com a ordem imperial que Wilson tanto esperava transcender. Otto von Bismarck e a elite militar prussiana se reuniram, 48 anos antes, na Galeria dos Espelhos para declarar Guilherme I da Alemanha o primeiro imperador de uma Alemanha unificada ao final da Guerra Franco-Prussiana. Os Aliados da Grande Guerra agora usavam o mesmo lugar para humilhar a delegação alemã. As amargas rivalidades de monarcas há muito falecidos eram elementos inevitáveis da cena. Nos jardins do castelo construído para o rei Luís XIV, dispararam uma salva de tiros de canhão — uma celebração e um sinal de dias futuros.[4]

Cerca de 500km a Noroeste, do outro lado do Canal da Mancha, John Maynard Keynes estava em um jardim bem diferente.[5] Ele passava suas tardes na casa da fazenda de Duncan e Vanessa, protegendo seus joelhos com um pedaço de tapete enquanto capinava o caminho de cascalho em meio às árvores frutíferas e hortaliças com um canivete, trabalhando com tamanha regularidade que Bunny Garnett mediria a duração das visitas de Keynes pela condição do caminho.[6] Mas, antes de começar a jardinagem, Keynes gostava de ler os jornais, vez ou outra guardando como lembrança os artigos que mencionavam o chefe das finanças de guerra do Tesouro britânico. Em meio a seus documentos na King's College, em Cambridge, ainda existe um recorte da edição do dia 11 de junho de 1919 do *The Manchester Guardian*, intitulado "Demissão do Sr. Maynard Keynes" que dava uma pitada a mais de mistério e intriga ao evento:

Vários rumores circulam na imprensa londrina sobre o senhor Maynard Keynes, o conselheiro financeiro britânico na Conferência de Paris. Dizem que ele renunciou ao cargo graças ao colapso de sua saúde. Um amigo do Sr. Keynes disse-me que sua renúncia é verdadeira, mas que não ocorreu em virtude de problemas de saúde, e que ele está prestes a voltar ao seu trabalho na Universidade de Cambridge.

A razão de sua demissão parece ter sido a rejeição de seu conselho financeiro por parte do governo britânico. Ele criou um esquema geral como base do acordo de indenização, mas não foi aceito, e isso, junto de sua discordância geral sobre o caráter dos termos econômicos como inclinados ao desastre financeiro, levou à renúncia ao cargo.[7]

"Inclinados ao desastre econômico" não era o consenso da Grã-Bretanha durante as primeiras semanas que seguiram à partida furiosa de Keynes de Paris. A maioria dos súditos da Coroa estava ansiosa para ver o documento da mesma forma que Wilson — uma vitória dos Quatorze Pontos e a vindoura Era da Democracia. Aqueles com maior sede de vingança poderiam se consolar com as tristes demonstrações de frustração do governo alemão. Parecia haver algo na paz para todo mundo.

O contentamento geral deixou muitos delegados da conferência desconfortáveis. Analisar as declarações de Wilson sobre o tratado final revelava que, por trás de sua retórica, mesmo o presidente acreditava que, para que o tratado de paz funcionasse, seriam necessários anos de uma diplomacia delicada na Liga das Nações. A vontade política para desfazer alguns dos termos mais problemáticos seria difícil de evocar se o povo visse o documento como um triunfo.

Ninguém que permaneceu no cargo, entretanto, estava interessado em comprometer sua própria posição ao criticar um documento que levou mais de um semestre de negociação. Mas alguns dos aliados de Keynes em Paris começaram a sugerir que o economista recém-desempregado era o homem certo para a função — nada provocativo demais, é claro; uma crítica excessivamente dura de um ex-oficial britânico pode interferir no trabalho da Liga ou mesmo convencer os Estados Unidos

CONSEQUÊNCIAS 93

a rejeitarem o tratado completamente. Porém parecia existir a necessidade de uma crítica responsável e capaz de plantar a semente da dúvida nas mentes dos homens pensantes. "Se você tiver tempo para escrever um artigo brilhante", sugeriu o Subsecretário das Relações Exteriores do Estado, lorde Robert Cecil, "expondo os perigos do tratado de um ponto de vista estritamente econômico, isso pode fazer muito bem".[8]

Entretanto, havia muito dinheiro a ser ganho com o silêncio. Antes de ir até Paris, Keynes já estava recebendo propostas de empregos do setor financeiro, recusando uma posição como presidente de um banco londrino com o salário de aproximadamente £5 mil por ano — muito acima de US$350 mil atualmente e mais do que o triplo de seu último salário no Tesouro, de £1.500 (ele começou no cargo em 1914 com apenas £700). Esse era o tipo de trabalho oferecido apenas para homens de negócios com conexões e não para caçadores de escândalos controversos que criticavam o próprio governo publicamente. Após a primeira oferta de um banco, Keynes disse à sua mãe que não estava interessado em "nenhum trabalho desse tipo", mas era a carga de trabalho em perspectiva responsável por ofender suas sensibilidades em vez de quaisquer escrúpulos sobre passar pela porta giratória entre o Tesouro e a cidade de Londres. "No caminho das diretorias que não envolvem trabalho, eu devo dar lugar a Mammon",[9] admitiu. Pouco depois da conferência, no entanto, ele recusou uma oferta de £2 mil anuais para trabalhar uma vez por semana em um banco escandinavo. Ele não conseguia se forçar a atuar como um lobista do governo britânico para um empreendimento estrangeiro.[10] A Conferência de Paz o deixou desiludido com a liderança de seu país, mas isso não havia acabado com seu senso de lealdade.

Enquanto isso, a vida em Charleston era serena e prazerosa, especialmente após a louca corrida de Paris. Depois de entrar do jardim para tomar seu chá da tarde, Keynes geralmente lidava com sua correspondência. Uma carta de Smuts pode tê-lo levado ao limite e de volta para a arena pública. Smuts sugeriu alguma coisa para ajudar o "homem simples" a entender o que acontecera em Paris: "O Tratado irá, de qualquer forma, emergir como algo podre, do qual todos sentiremos vergonha no tempo devido." Keynes deveria "basicamente ajudar o público a descartar esse documento monstruoso".[11]

94 O PREÇO DA PAZ

As Consequências Econômicas da Paz é uma polêmica provinciana, de visão limitada, cruel e, em muitos sentidos, profundamente injusta. Também é uma obra-prima e provavelmente o trabalho mais influente já assinado por Keynes.

Escrita em uma apaixonada explosão de atividade, Keynes planejou a obra para um público restrito de especialistas britânicos. Ele estava tomando partido em uma briga no governo britânico e esperava montar um argumento estatístico bem informado para auxiliar tanto quanto possível os membros de sua facção, assim como fez com seu primeiro livro, *Indian Currency and Finance*. Aquela fina brochura impulsionou seu prestígio dentro da administração britânica, mas não lhe trouxe nenhum tipo de fama ou fortuna.

Mas, desta vez, o restrito público que Keynes tinha em mente incluía Bloomsbury. *As Consequências Econômicas da Paz* é a primeira tentativa literária de Keynes de lidar com seu ideal arruinado sobre o império britânico. Até 1914, ele via seu país como um farol da democracia e um motor da prosperidade global por meio do sábio domínio imperial. A guerra e a Conferência de Paz revelaram uma realidade muito mais mundana: os líderes do império estavam tão enamorados com a ideia de conquista e dominação por razões egoístas quanto o imperador alemão e Clemenceau. O próprio Partido Liberal de Keynes provou ser incapaz de alcançar os padrões morais estabelecidos pelos assertivos *norte-americanos*. Ele precisava buscar o perdão por sua tolice, mas não havia Igreja para ouvir suas preces. Apenas o Bloomsbury poderia redimi-lo.

A guerra havia mudado o Bloomsbury quase tanto quanto mudou Keynes. O escapismo estético que estava impregnado no círculo foi substituído por uma sensação quase desesperadora de responsabilidade da elite. "Estou convencido", disse Lytton a seu tribunal de objeção de consciência em março de 1916, "de que todo o sistema no qual disputas internacionais são resolvidas pela força é profundamente perverso".[12] E Lytton, talvez o mais improvável de todos os Bloomsberries, havia decidido corrigir tais erros por meio de sua arte. Em 1918, ele publicou *Eminent Victorians*, quatro biografias que surpreenderam muita gente no mundo literário londrino não só por sua prosa vertiginosa, mas

CONSEQUÊNCIAS

também pela forma com que tratou as pessoas retratadas nas biografias.[13] Nas mãos de Lytton, heróis reverenciados da geração vitoriana se tornaram falsos ídolos de uma ordem corrupta levando o mundo rumo à destruição. Ele atacou os internatos ingleses, a Igreja Anglicana e o colonialismo britânico com igual entusiasmo, e o resultado disso transformou o excêntrico amigo de Keynes na primeira celebridade de Bloomsbury. Para Keynes, que já tentara demonstrar seu próprio valor ao roubar os amantes de Lytton, não seria o suficiente prostrar-se em remorso diante de seus amigos; ele deveria provar seu valor jogando o jogo deles, como um artista.

O resultado de seu trabalho, *As Consequências Econômicas da Paz*, ainda hoje é considerado tanto um marco da teoria política como uma das obras mais emocionalmente convincentes já escritas na literatura econômica. Assim como todos os melhores trabalhos de Keynes, não se trata fundamentalmente de uma obra sobre economia, mas sobre lidar com o grande problema político do século XX — um furioso discurso contra a autocracia, a guerra e os políticos fracos. A obra é, de uma só vez, um uivo de raiva contra os homens mais poderosos do mundo e uma sinistra profecia sobre a violência que voltaria a dominar o continente nos anos seguintes.

O livro começa com um retrato otimista da ordem financeira global que persistiu entre o encerramento da Guerra Franco-Prussiana e o verão de 1914, descrevendo o sistema internacional de livre-comércio como um motor de prosperidade sem igual na história da humanidade. A desigualdade econômica foi o principal ingrediente do progresso social, criando grandes fortunas pessoais que os ricos poderiam investir em novos empreendimentos capazes de resolver as necessidades da população e de avançar o progresso da "civilização". Embora os mecanismos do crescimento fossem inerentemente injustos, com os capitalistas no topo colhendo mais frutos econômicos que os trabalhadores na base, os ganhos melhoravam as vidas de todos os participantes: as melhores comidas, ornamentos, todas as extravagâncias da Belle Époque que poderiam ser compradas por preços cada vez menores por uma classe média sempre em expansão. "A sociedade estava trabalhando não pelos pequenos prazeres da modernidade, mas por uma futura segurança e um aprimoramento da raça — para o 'progresso', de fato."[14]

A acumulação constante de riquezas materiais ao longo das décadas criou a impressão de um sistema forte e resiliente. Porém, Keynes acreditava que a organização era uma frágil anomalia histórica. Ela dependia de "um blefe ou engano duplo": o sistema só funcionaria se os trabalhadores acreditassem nele, e os trabalhadores, por sua vez, não acreditariam nele a menos que funcionasse. Acabe com a fé coletiva e os trabalhadores sairiam de seus empregos e realizariam motins ou coisa pior.

A guerra acabou com a ilusão de certeza e previsibilidade que o sistema exigia para funcionar. As linhas econômicas conectando as diferentes nações e culturas foram partidas com facilidade em 1914 e a vida econômica passou a ser sustentada, em vez disso, por um patriotismo em tempos de guerra e um medo da dominação estrangeira. O motor econômico do período pré-guerra não poderia simplesmente ser reiniciado como se nada tivesse acontecido. Por que alguém aceitaria a desigualdade sem precedentes da Gilded Age se tudo poderia ser arruinado pela guerra alguns meses ou anos depois? A vida era curta demais para isso.

"O princípio da acumulação com base na desigualdade era uma parte vital da ordem pré-guerra da sociedade e do progresso como nós conhecemos", escreveu Keynes. "Esse princípio dependia de condições psicológicas instáveis que podem ser impossíveis de recriar. Não era natural para uma população, da qual poucos desfrutavam dos confortos da vida, gerar tanto acúmulo. A guerra revelou a possibilidade do consumo para todos e a vaidade da abstinência para muitos."[15]

A Europa também não poderia se voltar para "as riquezas naturais e potencialidades virgens" do "Novo Mundo" no século XX da mesma forma que ela havia feito no século XIX. O colonialismo concedeu à Europa acesso a recursos estrangeiros de baixo custo, mas a "abundância" do Novo Mundo já não era barata como antes graças às mudanças populacionais e um "firme aumento nos custos reais". Ele não detalhou as causas desses custos, mas o preço do trabalho aumentou após a abolição da escravidão.

A Conferência de Paz ofereceu aos líderes mundiais uma oportunidade para reavivar a fé pública no progresso que o capitalismo precisava para funcionar. Essa oportunidade precisaria começar com um pagamento adiantado em bem-estar público tanto para os vencedores quanto para os derrotados. Ao longo de toda a Europa havia trincheiras a serem fechadas, fábricas a serem reconstruídas e emaranhados de arame farpado a serem removidos da terra. Era tolice imaginar que as comunidades poderiam ser reconstruídas enquanto assumiam a responsabilidade da dívida de guerra e das reparações exigidas no tratado, e mais tolice ainda acreditar que os cidadãos aceitariam tal destino sem brigar. Keynes agarrou-se à sua crença de que a dívida de guerra precisava ser anulada, as reparações moderadas e algum método de cooperação internacional estabelecido no qual as necessidades do povo — e não dos credores — seriam primordiais. A prosperidade não poderia ser assegurada apenas por meio de investimentos inteligentes e trabalho árduo; apenas a liderança política poderia garantir a certeza e previsibilidade exigidas pelo progresso.

Keynes entendia esse programa como uma manobra defensiva com o objetivo de recuperar as conquistas culturais da Belle Époque de alternativas mais radicais. O bolchevismo, oferecendo uma visão social alternativa, já estava em marcha e a incerteza desencadeada pelo colapso da velha ordem levaria o povo a apoiar qualquer doutrina capaz de prometer estabilidade e previsibilidade. Em toda a Europa — mais particularmente no derrotado Império Alemão —, as condições eram ideais para a ascensão de um líder agressivo. Sem comida, empregos, sensação de propósito e confiança em um futuro melhor, a Europa já se encaminhava para outra guerra.

"Se buscarmos deliberadamente o empobrecimento da Europa Central, a vingança, ouso prever, não hesitará. Nada pode, portanto, atrasar por muito tempo a última guerra civil entre as forças da Reação e as convulsões desesperadas da Revolução, diante das quais os horrores do final da guerra alemã desaparecerão e elas destruirão, quem quer que seja o vencedor, a civilização e o progresso de nossa geração."[16]

Herbert Hoover havia imprimido essa visão sombria em Keynes durante a Conferência de Paz, quando os dois trabalharam para fornecer o auxílio alimentar para a Alemanha. Esse foi um momento em que, segundo Hoover, havia um "perigo real de uma revolução de um lado pelos militaristas e do outro lado pelos comunistas". Os dois grupos, enfatizou ele, estavam "trabalhando nas emoções dos povos famintos".[17]

O auxílio alimentar aconteceu e a situação da Alemanha já não era tão terrível no outono de 1919, quando Keynes finalizou o seu livro, quanto era quando chegou em Paris. Mas a perspectiva de anos de privação econômica não podia se espalhar em um continente já no fim de seu pavio psicológico. Além disso, o fato de que essa privação surgiria junto de grandes obrigações financeiras para os estrangeiros daria aos demagogos bodes expiatórios bem convenientes. A frustração econômica poderia ser canalizada em uma hostilidade étnica.

Um dos grandiosos truques retóricos de *As Consequências Econômicas da Paz* é a facilidade com que Keynes passa de imagens de "exaustão terrível" na Áustria e Alemanha para a perspectiva de uma crise econômica em todo o continente. Os "opressivos pagamentos de juros à Inglaterra e aos Estados Unidos" em breve rebaixariam a França, a Itália e a Bélgica até a mesma condição da Alemanha. O destino econômico da Europa, insistiu Keynes, já era indivisível e essa união econômica acabaria por escrever o futuro político do continente.

Keynes também previu que os governos sobrecarregados com grandes dívidas recorreriam à inflação para aliviar essa carga, assim como eles fizeram durante a guerra — uma situação que logo mostraria ser politicamente desestabilizadora. A inflação tinha efeitos desiguais. Pessoas com economias substanciais — uma minoria da população de 1919 — eram as mais atingidas, uma vez que elas viam seu pé-de-meia perder o valor; era um "imposto escondido" em um demográfico econômico específico. Tal "reorganização de riquezas" moralmente arbitrária fomentaria a raiva das "classes capitalistas". Keynes escreveu: "Lenin certamente tinha razão. Não há meio mais sutil e seguro de subverter a base existente da sociedade do que desvirtuar sua moeda."[18] (Embora esse se tornasse um dos aforismos mais famosos do líder marxista ao longo dos anos, essas palavras eram do próprio Keynes; ele parafraseou uma entrevista concedida por Lenin a um jornal de Nova York.)[19]

Após assumir o poder, os bolcheviques não reconheceram a dívida russa incorrida pelos czares. Keynes, em essência, pedia para que toda a Europa seguisse os passos de Lenin para apagar as dívidas incorridas ao longo da guerra. Como resultado disso, o seu livro continha mais do que um mero toque de radicalismo. As dívidas, a desigualdade econômica e até mesmo o processo de investimento do capitalismo não eram

CONSEQUÊNCIAS 99

as fundações sagradas da civilização, argumentava ele, mas apenas convenções. Essas convenções foram adotadas para melhorar a humanidade como um todo e poderiam ser revisadas para atender diferentes necessidades.

Mas, com ou sem referências a Lenin, Keynes não estava postulando um ataque marxista sobre o privilégio burguês não merecido; ele estava apresentando uma visão política fundamentalmente conservadora inspirada por Edmund Burke. Em sua obra-prima de 1790, *Reflexões sobre a Revolução na França*, o filósofo escocês criticou severamente os revolucionários por atacarem as fundações da existente ordem social francesa. Burke previra que, quaisquer que fossem os méritos filosóficos de seus louvores aos direitos humanos e à democracia, a subversão da monarquia francesa destruiria os laços sociais dos costumes e tradições que permitiam um reinado pacífico, possibilitando que um "general popular" fosse capaz de construir ordem do caos por meio de uma violenta repressão.[20] Tal militarismo causaria um prejuízo muito maior aos ideais buscados pelos revolucionários do que o prejuízo causado pela antiga monarquia. O subsequente Período do Terror e a violência de Napoleão no começo do século XIX deram à análise psicológica de Burke uma certa ratificação histórica. Keynes fez suas asserções radicais em uma tentativa de preservar o que poderia ser salvo do status quo, o qual acreditava estar enfrentando uma ameaça existencial.

A admiração de Keynes por Burke era incomum em Bloomsbury. O grupo entendia a Revolução Francesa como a conjuntura fundamental da política moderna — a grande barreira separando o conservadorismo e o liberalismo progressista deles. De acordo com Leonard Woolf: "O mundo ainda está profundamente dividido entre aqueles que concordam com Péricles e a Revolução Francesa e aqueles que, de forma consciente ou não, aceitam o postulado político de Xerxes, Esparta, Luís XIV, Carlos I, rainha Vitória e todos os autoritários modernos."[21] Keynes também via o autoritarismo como um grande mal — o maior mal de sua época. Mas ele colocava uma maior prioridade na estabilidade do que todos os seus amigos.

Seus compromissos Burkeanos antecediam Bloomsbury. Keynes estava sob o domínio do filósofo escocês durante seus dias como estudante universitário quando ganhou um concurso de redação por sua tese de oitenta páginas sobre a teoria política de Burke. Ele concordava com Burke que os governos eram justificados não apenas por direitos individuais inalienáveis, mas por seus resultados — a capacidade deles de alcançar a estabilidade e a felicidade do povo — e também compartilhava com seu antecessor um profundo medo da revolta social. Mas, embora concordasse com os objetivos e o modo de análise de Burke, ele rejeitava muitos de seus métodos. Burke, assim como o teórico da demografia Thomas Malthus, via a escassez econômica como um fato inevitável da vida humana. Simplesmente não havia riqueza suficiente para circular e, se a humanidade tivesse de realizar quaisquer conquistas culturais permanentes, a mitigação da desigualdade não poderia ser uma função do governo. A democracia, para Burke, levaria até a pobreza coletiva e o fim de toda e qualquer boa vida. Uma monarquia capaz de proteger os direitos da propriedade privada era a única forma de garantir uma sociedade decente.

Keynes também temia a superpopulação como uma ameaça à prosperidade, mas ele nasceu em uma era de abundância crescente e acreditava — diferentemente de Burke — que a democracia havia promovido uma sociedade mais luxuosa; seus costumes e tradições protegeram o florescer de artes e ideias. Como escreveu em sua tese: "A Democracia ainda se encontra em um processo experimental, mas até agora não desonrou a si mesma."[22]

Keynes havia elaborado um inovador coquetel filosófico. Assim como Burke, ele temia a revolução e a agitação social. Assim como Karl Marx, ele imaginava uma grande crise no horizonte para o capitalismo. E, assim como Lenin, ele acreditava que a ordem mundial imperialista havia chegado no limite. Mas, sozinho em meio a esses pensadores, Keynes acreditava que tudo o que era preciso para resolver a crise era um pouco de boa vontade e cooperação. A calamidade prevista por ele em 1919 não era algo inevitável, conectado à lógica fundamental da economia, do capitalismo ou da humanidade. Ela era apenas uma falha política, falha essa que poderia ser superada com a liderança adequada. Enquanto Marx pedia por uma revolução contra uma ordem capitalista arruinada e irracional, Keynes estava satisfeito em criticar os líderes em Versalhes e pedir por revisões no tratado. Assim como Burke, Keynes buscava impedir a própria revolução. Ele, no entanto, estava otimista,

CONSEQUÊNCIAS

culpando a instabilidade e desigualdade capitalista — e não a democracia — como o combustível para a revolta social.

Os avisos deixados por Keynes nas páginas de *As Consequências Econômicas da Paz* reverberariam por toda a história europeia conforme demagogos agressivos surgiam pela Europa, explorando a desigualdade, o orçamento austero, a inflação e a incerteza para ganhar poder ao pregar a vingança e o ódio. Dentro de três anos, Benito Mussolini marcharia por Roma. Na Alemanha, a hiperinflação e o Putsch da Cervejaria organizado por Adolf Hitler viria logo a seguir, com a ascensão de Josef Stalin logo depois. A fina obra-prima de Keynes continua sendo uma obra essencial atualmente, não por conta de sua proeza estatística ou de seus detalhes analíticos, mas porque a psicologia das massas apresentada por ele se mostrou tão pertinente às grandes tragédias do século XX. Além disso, o poder explicativo de sua narrativa pode ser aplicado — com algumas modestas revisões — aos grandes problemas do século XXI. Substitua a crise financeira de 2008 pela Grande Guerra, troque os orçamentos de austeridade da Europa e a crise hipotecária norte-americana pelas dívidas de guerra e reparações, e o resultado será uma receita moderna para um violento nacionalismo de extrema direita.

Existe um tom profundamente pessoal nas exultações e denúncias tecidas pela obra de Keynes. Sua fúria pela escuridão por vir mistura-se com uma nostalgia inocente pelas políticas do pré-guerra que evitam revoltas coloniais do século XIX para meditar sobre sua própria experiência como parte da classe ociosa: "Que episódio extraordinário no progresso econômico do homem foi a época que chegou ao fim em agosto de 1914!", declarou ele. Mesmo a classe trabalhadora estava "aparentemente, razoavelmente contente" com o que possuía. Para os insatisfeitos, "escalar a classe média ou alta era possível para qualquer homem de capacidade ou caráter acima da média".[23] Keynes não lamentava apenas pela Europa, mas pela inocência feliz da vida da elite. A guerra, conforme contou ao Memoir Club de Bloomsbury, lhe deu a primeira ideia de que a "civilização era uma crosta fina e precária erguida pela personalidade e vontade de poucos e sustentada apenas por regras e convenções distribuídas de maneira habilidosa e preservadas de maneira astuta".[24] Assim como no caso de Burke, Keynes buscava preservar a cultura da elite. Para Keynes, o verdadeiro horror da fome e do derramamento de sangue não seria calculado pela contagem de mortos, mas pelo colapso da arte, literatura e aprendizado. Os bons estados de espírito de Bloomsbury não sobreviveriam em um mundo de massas revoltosas a serviço de um demagogo ou de um regime de homens fortes e violentos com uma inclinação para a guerra e perseguição étnica. Nesse singular ideal democrático, o bem-estar das massas é uma conveniência que melhora os padrões culturais da elite, enquanto as próprias massas são um perigo que deve ser neutralizado.

As Consequências Econômicas da Paz fala sobre a Europa. Keynes ignorou o relacionamento da Grã-Bretanha com a Índia, sugerindo apenas que a nação fosse incluída em um novo sindicato de livre-comércio com a Europa e os Estados Unidos. Apesar de toda sua admiração pelos Quatorze Pontos, o livre-comércio continuou sendo, para Keynes, um princípio muito mais essencial que a autodeterminação, um caminho para o progresso e a harmonia mundial que poderia ser aplicado em diversas organizações políticas. Da mesma forma, ele não demonstrou interesse nas condições econômicas do Oriente Médio, da África ou do Japão, onde alguns dos termos mais politicamente destrutivos do tratado foram impostos. Ele mencionou a palavra *petróleo* uma única vez, como uma linha de objetos em uma tabela documentando importações alemãs anteriores à guerra, enquanto "óleo" é referenciado como algo que surge das sementes. Ele não compreendeu a importância da commodity para o futuro da política mundial, nem refletiu sobre o fato de que Lloyd George, Wilson e Clemenceau dividiram grande parte do mundo em busca de controlá-lo.

Keynes não participou dos debates territoriais em Paris, é claro, e grande parte da força emocional de sua apresentação é resultado de seu envolvimento íntimo com os elementos do tratado criticado por ele. Mas a omissão do problema do petróleo se deve a mais fatores do que sua experiência ou do que o chauvinismo europeu, ainda que esses dois fatores também estivessem relacionados. Keynes acreditava que, no século XX, seriam as dívidas — e não o petróleo — que fariam o mundo girar. Novas tecnologias e especializações estavam facilitando a produção em massa de bens que a sociedade precisava para se sustentar, enquanto o problema de *pagar* por esse processo começava a gerar novas dificuldades. Já em Paris, os líderes mundiais se convenceram de que um grande número no papel traria recursos e mão de obra que eram, na verdade,

CONSEQUÊNCIAS   103

impossíveis de conseguir. Havia algo incomum e ilusório sobre o campo
do dinheiro e sua conexão com o mundo da produção. Quando Keynes
desenvolveu essas ideias sobre dinheiro e escassez, ele se tornou um dos
mais importantes economistas a emergir da Depressão.

As Consequências Econômicas da Paz foi, portanto, o primeiro manifesto de Keynes. Ao longo das próximas duas décadas, ele refinaria suas
visões sobre democracia, razão e paixão enquanto passava a acreditar
que as possibilidades materiais do século XX eram muito maiores do
que aquelas que a Europa havia aproveitado antes da guerra. Longe de
representar o ápice das conquistas humanas, as organizações econômicas da era vitoriana passariam a representar uma superstição nada
científica para Keynes. Sua crença em uma abundância econômica cada
vez maior e mais grandiosa permitiu que ele abraçasse visões políticas
que consideraria obscenamente radicais durante a guerra. No entanto,
ele nunca chegou a abandonar Burke completamente. Para Keynes, o
mais importante eram as coisas boas da vida. A tarefa da economia era
determinar quantas pessoas poderiam aproveitar essas coisas.

Quando Keynes deu os retoques finais em seu manuscrito, ele solicitou críticas de amigos e familiares. Praticamente todo mundo fora de
Bloomsbury ficou mortificado. O que incomodava não era a visão política de Keynes, mas o estimulante ataque aos líderes que ele considerava
culpados pelas falhas no tratado de paz. Ele descreveu Wilson como um
"Dom Quixote cego e surdo".[25] Lloyd George era "esta sereia, este bardo
com pés de bode, este visitante da nossa era, meio humano, originário
da magia assombrada e bosques encantados da antiguidade celta". Paris
era "um pesadelo".

O deboche mordaz que permeia o livro de Keynes foi influenciado diretamente pela prosa irônica de *Eminent Victorians*. As representações de Keynes, apesar da brevidade, eram mais vívidas que aquelas de
Strachey, alcançando um nível de caracterização que conquistou muitos
elogios de Virginia Woolf, mas que o próprio Strachey — um mestre
das afrontas — acreditou que deveria ser atenuada. "Creio entender das
escassas observações nos jornais que seu amigo, o presidente, enlouqueceu", escreveu Strachey para Keynes no dia 4 de outubro de 1919. "É
possível que a ele tenha ocorrido gradualmente o fracasso terrível que

foi e, quando ele finalmente compreendeu, sua mente entrou em colapso? Muito dramático, se for o caso. Mas isso não faz de suas observações cruéis demais? Especialmente se ele morrer. Estranho! Eu rezo por sua recuperação."[26]

Enquanto isso, os pais de Keynes avisaram que uma crítica ao lorde Sumner era difamatória e insistiram que o esboço sobre Lloyd George fosse apagado. "Você deve alguma lealdade ao seu chefe, mesmo que não concorde com ele."[27] Ambas as passagens foram removidas, mas o tom do livro permaneceu aniquilador. "As pessoas moderadas podem fazer o bem e talvez as extremistas também; mas não há utilidade nenhuma para o membro desta última classe fingir fazer parte da anterior", escreveu Keynes para Arthur Salter, que foi um secretário no Supremo Conselho Econômico, em Paris. "Além disso, tentar calcular o efeito das ações de alguém é empreendimento desesperançoso, e eu sinto que a melhor coisa a se fazer em todas as circunstâncias é falar a verdade da forma mais direta possível."[28]

Ninguém iria confundi-lo com um defensor do tratado. O antigo amigo de Keynes, Daniel Macmillan, concordou em publicar o livro, mas, após alguns problemas administrativos, Keynes seguiu o caminho incomum de pagar ele mesmo pelos custos de impressão — decisão que o colocou no controle total das escolhas de publicação e aumentou de forma drástica os direitos autorais que receberia com as vendas. Embora seu nome estivesse registrado na capa, Macmillan foi, basicamente, reduzido à função de um distribuidor, recebendo apenas 10% das vendas e deixando o resto para Keynes e os livreiros.[29]

O acordo acabou sendo uma bolada financeira para Keynes. Quando o livro *As Consequências Econômicas da Paz* foi publicado, no dia 12 de dezembro de 1919, rapidamente teve sua primeira impressão britânica — com um número total de 5 mil cópias — esgotada. Macmillan obedientemente fez o pedido de uma segunda impressão — um feito mais do que respeitável, ainda mais para um livro cheio de tabelas de dívidas e tonelagem de remessas. As vendas do primeiro romance de Virginia Woolf, *A Viagem,* por exemplo, não justificaram uma segunda impressão além da tiragem inicial de 2 mil cópias em março de 1915.[30]

O efeito da obra na sabedoria popular foi imediato. Woodrow Wilson havia recebido o Prêmio Nobel da Paz dois dias antes da publicação do

CONSEQUÊNCIAS　105

livro. Repentinamente, o tratado se tornou tóxico. Dentro de apenas alguns meses, o Partido Liberal — no qual o próprio Lloyd George permaneceu como primeiro-ministro — publicou um trecho do livro de Keynes como um panfleto oficial do partido, criticando a campanha eleitoral de Lloyd George de 1918.[31] Adam Tooze, um dos principais historiadores da economia da Europa do século XX, observou: "Nenhum indivíduo fez mais para sabotar a legitimidade política do Tratado de Versalhes do que Keynes com seu livro devastador."[32]

Embora o chanceler do Tesouro Austen Chamberlain "tenha gargalhado de alegria" com um "prazer malicioso" no "capítulo da conferência", ele repreendeu seu antigo subordinado pelo prejuízo causado aos esforços de seus colegas. Por mais frustrado que Keynes estivesse com o tratado, o livro minou o argumento sustentado pelos liberais britânicos de que a guerra fora um empreendimento justo para salvar a civilização da agressão autocrática. "Eu sinceramente lamento que alguém que ocupou uma posição de tão grande confiança e importância na delegação britânica de Paris se sinta obrigado a escrever de forma tão negativa sobre o papel deste país nas negociações de paz. Eu não posso evitar temer que nossa causa internacional será dificultada por tais comentários de um antigo funcionário público."[33]

Essa era, obviamente, a intenção. Keynes não escrevera o livro para destacar números que precisavam de ajustes. Os termos do tratado criaram toda a mentira da narrativa anglo-americana sobre uma guerra justa. Eles seguiram com essa mentira por tempo demais. "A política de enganação teve uma boa fase de testes com os norte-americanos e não foi um grande sucesso", Keynes respondeu a Chamberlain. Uma "expressão sincera de pontos de vista" faria mais bem do que "oceanos de sentimentos ideológicos parcialmente sinceros".[34]

Seu antigo chefe, Reginald McKenna, concordou: "Eu só ouvi um comentário adverso e ele veio da tristeza de Reading, graças ao 'prejuízo que isso causaria aos Estados Unidos'. Bobagem! Isso não trará nada além de coisas boas em todos os lugares. Até que voltemos para a verdade, não há esperança para o mundo."[35]

Mas nem Keynes, nem seus admiradores podiam controlar o gigante que ele libertou do outro lado do Atlântico, onde seu livro se tornava uma sensação. "É uma conquista magnífica e corajosa", declarou o eco-

106   O PREÇO DA PAZ

nomista da universidade Cornell, Allyn Young, que foi um membro da delegação norte-americana em Paris.[36] "Todo mundo está lendo o livro", irrompeu Paul Cravath.[37] Trechos foram incluídos no *Congressional Record* [Registro do Congresso]. "Nossos senadores estão se alimentando de maneira voraz da carne que você ofereceu ao mundo", relatou Oscar T. Crosby, um burocrata norte-americano do setor financeiro que trabalhou com Keynes no Conselho Interaliado para a Guerra. "Aqui, assim como na Inglaterra, o livro terá um efeito profundo no sentimento oficial e público. Você realizou um serviço que, lamento dizer, não poderia ter sido feito aqui. O iluminado liberal inglês ainda é o melhor porta-voz do mundo para as grandes causas."[38]

O livro deve muito do seu sucesso nos Estados Unidos a Walter Lippmann, um dos redatores fundadores da *New Republic* que ajudou a cultivar o entusiasmo por Wilson em meio a vários elementos da esquerda política norte-americana. Lippmann conheceu Keynes em Paris — o início de uma amizade de toda a vida — e se desiludiu profundamente com o tratado de paz, o qual denunciou nas páginas de sua revista. Embora sua crítica tenha ocasionado a perda de cerca de 10 mil assinantes da *New Republic* — mais devotos ao presidente do que à publicação —, ela permaneceu sendo uma grande força entre os intelectuais liberais.[39] As vendas norte-americanas do livro logo alcançaram seis dígitos, embora Keynes tenha reclamado dos 15% de royalties que recebia das vendas estrangeiras (valor bem razoável pelos padrões de publicação da época e uma ninharia em comparação ao que recebeu das vendas britânicas).

Não foi o poder de argumentação de Keynes que elevou o livro até tamanho sucesso. Foram os retratos pessoais, cruéis e detalhados dos grandes homens criticados por ele. Nos Estados Unidos, o livro reforçou o sentimento predominante de todos os diferentes grupos sociais que foram críticos à Grande Guerra, que caiu até o ponto mais baixo de sua popularidade conforme o boom de produção dos anos 1916 e 1917 abriram caminho para a inflação e uma profunda recessão.

Embora Keynes não tivesse conhecimento da política, Wilson prejudicou seus próprios apelos frequentes às glórias da democracia durante os anos de guerra com uma repressão aos dissidentes norte-americanos. Ele forçou as Espionage e Sedition Acts [Leis de Espionagem e Sedição]

CONSEQUÊNCIAS

e as usou como armas contra os críticos da guerra, encarcerando tanto os críticos quanto os pacifistas e censurando jornais e revistas antiguerra. Para um público cada vez mais desiludido com a guerra, as representações de um Clemenceau frio e implacável e o oportunismo dissimulado de Lloyd George confirmaram as suspeitas norte-americanas de que a Europa era um lugar estagnado. A representação cruel de um Wilson "enganado" criada por Keynes incomodou os nacionalistas que viam o tratado como incapaz de garantir espólios suficientes para os Estados Unidos. Keynes era tão talentoso em criar polêmicas quanto na economia. Um leitor não precisava conhecer as obras de Adam Smith e David Ricardo para ser completamente dominado pela habilidade de Keynes em criar cenários.

> Minha última e mais vívida impressão é do presidente e do primeiro-ministro como o centro de uma crescente multidão desordenada e de uma babel de sons, uma mistura de compromissos e contracompromissos ansiosos e improvisados, todos os ruídos e toda a raiva sem significar coisa alguma, os grandes problemas da reunião matinal esquecidos e negligenciados; e Clemenceau, silencioso e indiferente... Em seu trono, com suas luvas cinzas, sentado em uma cadeira de brocado, vazio de alma e de esperança, velho e cansado, mas analisando a cena com um ar cínico e quase diabólico.[40]

Os seres humanos com frequência machucam mais profundamente seus amigos do que seus inimigos, e Keynes reservou a mais cruel de suas críticas para Wilson, que representou como uma pessoa fraca e patética:

> O presidente não era um herói ou profeta; ele não era nem mesmo um filósofo, mas um homem de intenções generosas, com muitas das fraquezas de outros seres humanos e sem o equipamento intelectual dominante que seria necessário para lidar com as sutis e perigosas figuras carismáticas que um tremendo choque de forças e personalidades trouxe ao topo como mestres triunfantes no ágil jogo de comprometimentos e concessões... O coração de pedra do Velho Mundo pode cegar a lâmina mais afiada do cavaleiro errante mais corajoso. Mas esse Dom Quixote cego e surdo estava aden-

trando uma caverna onde a lâmina rápida e brilhante estava nas mãos do adversário.[41]

Keynes endereçou esse livro principalmente para o governo britânico. No entanto, *As Consequências Econômicas da Paz* se tornou uma poderosa munição para os defensores do recuo dos Estados Unidos do cenário mundial e da rejeição da Liga das Nações — algo que Keynes não desejou em momento algum. Os líderes republicanos e os autodeclarados "irreconciliáveis" que se opunham ao tratado nos Estados Unidos não concordavam de fato com Keynes — poucos se importavam com as organizações financeiras na Europa —, mas eles repetiram suas críticas em uma tentativa de deslegitimar o tratado e, com isso, a Liga. "Nossos estadistas republicanos não insistem realmente que o tratado é muito duro com a Alemanha", relatou Young para Keynes. "Contra o presidente, a maioria deles apoiaria a posição francesa."[42]

Quando o livro foi publicado, Wilson era incapaz de se defender. Ele não enlouqueceu em outubro de 1919, como sugerido por Strachey; ele sofreu um grande derrame que o debilitou de maneira permanente. Apesar de ter vivido por mais quatro anos e meio, o restante da presidência de Wilson foi uma caótica bagunça administrativa enquanto os oficiais do gabinete e familiares tentavam lidar com vários deveres presidenciais para manter o funcionamento do governo. Em uma carta especialmente sombria em março de 1920, Norman Davis, que considerou Keynes um amigo durante a Conferência de Paz, acusou seu antigo aliado de se rebaixar ao insultar injustamente o presidente. "É bem verdade que ele não é um mestre da sinistra diplomacia", escreveu ele ao falar sobre Wilson, "mas ele é um mestre de algo muito mais valioso".[43]

A repreensão doeu. Keynes respeitava Davis. "As pessoas preferem ser vistas como perversas do que estúpidas e, portanto, meu relato sobre o presidente é considerado muito mais hostil do que realmente é", respondeu Keynes no dia 18 de abril. "O presidente, para mim, é um herói caído. Descrevo os outros como pessoas muito inteligentes e muito más; o presidente, como alguém sincero, bem-intencionado e determinado a fazer o que era certo, porém desorientado, confuso e inclinado ao autoengano."[44] O estrago, porém, já estava feito. Smuts, que encorajou Keynes a escrever uma crítica sobre o tratado, agora arrependia-se de

CONSEQUÊNCIAS   109

seu conselho. "Eu não esperava que Keynes transformasse Wilson em uma figura cômica."[45]

Bernard Baruch e John Foster Dulles responderam ao oficialismo Wilsoniano. Em 1920, eles publicaram *The Making of the Reparation and Economic Sections of the Treaty* ["A Criação das Seções Econômicas e de Reparação do Tratado", em tradução livre] sob o nome de Baruch. Como um dos vários financistas do sul que apoiavam Wilson desde sua campanha em 1912, Baruch atuou como um dos conselheiros econômicos norte-americanos em Paris, enquanto Dulles havia sido um dos especialistas legais.[46] A defesa montada pelo livro foi notável pelo quanto concordava com os argumentos de Keynes. Baruch não negou que os termos econômicos do tratado eram insustentáveis — mas negou a culpa de Woodrow Wilson e de sua delegação norte-americana. "O Tratado foi firmado na fornalha ainda ardente da paixão humana", escreveu ele. "Eu acredito que qualquer homem imparcial que entenda do assunto concordará que a repressão e a redução dos elementos vingativos no tratado ocorreram, em grande parte, graças a Woodrow Wilson e aos grandes propósitos por ele estabelecidos."[47]

Os Estados Unidos nunca ratificaram o Tratado de Versalhes e sua recusa em fazê-lo condenou a Liga das Nações. No entanto, a rejeição do tratado pelo Senado tinha muito mais a ver com o sentimento norte-americano e a intransigência partidária do que com a polêmica de Keynes ou com a teimosa recusa de Wilson em fazer concessões legislativas. Contra essa oposição, o doente Wilson e sua Liga não tinham chance alguma.

O governo francês, enquanto isso, reagiu ao livro com uma indignação crepitante. André Tardieu, um dos conselheiros políticos mais próximos de Clemenceau, escreveu um grande ensaio para a *Everybody's Magazine* declarando que Keynes "não ocupou um assento de relevância na Conferência".[48] O intérprete de Clemenceau em Paris, Paul Mantoux, foi tão longe a ponto de afirmar que Keynes nunca compareceu a uma sessão regular do Conselho dos Quatro em Paris — uma acusação que, se verdadeira, teria prejudicado a credibilidade de Keynes, revelando que seus rascunhos de caráter expressivo eram nada mais do que fantasias de um burocrata.[49] Mas Mantoux não estava falando a verdade. Atas de diversas reuniões do Conselho dos Quatro registraram as participações de Keynes e o intérprete acabou voltando atrás durante uma investigação do Comitê Nobel Norueguês, ocorrida em 1924,[50] uma vez que a instituição considerava premiar Keynes com o Prêmio Nobel da Paz 5 anos após a publicação de seu famoso livro.

O Comitê decidiu não entregar nenhum prêmio naquele ano, mas o fato de que Keynes havia se tornado um candidato sério demonstra a profunda influência de *As Consequências Econômicas da Paz* na opinião pública.

O impacto do livro na carreira de Keynes seria transformador. Era uma vitória para o idealismo de Bloomsbury no cenário mundial, mas uma vitória que estremeceu algumas amizades e fechou oportunidades para Keynes no governo britânico. Pela primeira vez em anos, ele precisou decidir o que fazer com a sua vida.

CINCO

$\Diamond$

Da Metafísica ao Dinheiro

Como um estudante universitário, a maior ambição de John Maynard Keynes era conseguir um cargo no Tesouro britânico. Uma das maiores decepções de sua juventude — sempre habituado a superar expectativas — foi quando se viu forçado a se contentar com um emprego no escritório da Índia e, assim, passou grande parte dos sete anos seguintes buscando uma forma de alcançar o Tesouro. Ele concordou em dar aulas de economia em Cambridge no ano de 1908 pelo modesto salário de £100 anuais — equivalente a cerca de US$12.500 atualmente —, esperando aprimorar seu currículo como uma mente séria e adequada ao sério trabalho do Tesouro, além de começar a publicar artigos científicos para reforçar suas qualificações.[1] Quando finalmente recebeu uma ligação do Tesouro nos primeiros dias da guerra, ele ficou tão feliz com a realização de um sonho que organizou uma generosa festa no hotel Café Royal, convidando todos de Bloomsbury para celebrar sua nomeação.[2]

Cinco anos depois, ele se habituou com sua formidável reputação e com a vida em meio à elite financeira internacional. Mesmo antes de *As Consequências Econômicas da Paz* lhe atribuir uma maior notoriedade, ele foi convidado para uma reunião privada em Amsterdã com o governador do banco central holandês, De Nederlandsche Bank, e com o ícone dos bancos de investimento norte-americanos, Paul Warburg, quando eles traçavam planos para um empréstimo norte-americano visando ao resgate da Europa.[3] O projeto fracassou, mas não graças a algum tipo de apreensão em relação à boa-fé de Keynes. Sir Charles Addis, um diretor do Bank of England, o via como "a personificação da inteligência" e ele era conhecido em Whitehall como "o teórico financeiro mais capaz da Inglaterra".[4]

As Consequências Econômicas da Paz destruiu essa carreira promissora no governo britânico, ainda que também fosse responsável por elevar a reputação de Keynes como um intelectual em ascensão. O livro era excessivamente venenoso, excessivamente popular e excessivamente brilhante. Nenhum político se arriscaria a contratar um conselheiro que poderia humilhá-lo publicamente após uma briga política — ainda mais na combativa arena política do Partido Liberal, onde Asquith e Lloyd George conspiravam um contra o outro.

E então, apesar de sua fama inesperada e recém-adquirida, Keynes começou os anos pós-guerra em um estado de profunda decepção profissional. Ele havia decidido sair do Tesouro antes do início da Conferência de Paz em Paris — após quatro cansativos anos de guerra, certamente estava pronto para um descanso —, mas nunca teve a intenção de se exilar do poder. Sua vida agora parecia ter sido rebobinada até 1913, com o otimismo e a energia da juventude substituídos por um emaranhado de ambições frustradas de meia-idade. Com 36 anos, ele era mais uma vez um filósofo com uma pequena cadeira no departamento de economia da Universidade de Cambridge. Ninguém que conheceu Keynes em 1920 poderia adivinhar que, nos anos seguintes, ele se transformaria no teórico da economia mais importante de sua geração — e muito menos que ele seria capaz de alavancar sua reputação e fazer seu caminho de volta até a influência política.

No entanto, primeiro, ele precisaria sofrer outro contratempo profissional. Desde 1908, sua posição oficial em Cambridge era no departamento de economia e ele certamente havia ganhado alguma distinção como editor do *Economic Journal,* umas das publicações acadêmicas pioneiras nessa disciplina. A própria economia como área de atuação, porém, ainda era jovem, pequena e excêntrica. Os principais profissionais da área no século anterior foram homens ricos e influentes, como Thomas Malthus, David Ricardo e John Stuart Mill, mas o prestígio deles não surgiu da economia; seu trabalho econômico foi levado a sério

DA METAFÍSICA AO DINHEIRO

porque eles eram homens de prestígio. Cambridge só estabelecera um departamento de economia independente em 1903, e a maior parte do trabalho acadêmico original de Keynes como um economista é oriunda de sua experiência como legislador no Tesouro. Sua reputação no campus como um prestigiado intelectual era resultado de sua conexão social com o departamento de filosofia de Cambridge, onde Apóstolos como Bertrand Russel, G. E. Moore e outros construíram carreiras de prestígio. E, quando Keynes retornou à Cambridge após a guerra, sua carreira como filósofo estava prestes a implodir.

A guerra causou um tumulto na tranquila Cambridge. Em 1916, a universidade retirou Bertrand Russell de seu cargo como professor e o expulsou de seu alojamento no campus graças ao seu persistente ativismo antiguerra. Indignados pela injustiça cometida pela universidade contra Russell, outros membros do corpo docente organizaram protestos em nome da liberdade acadêmica e, em 1919, Russell conseguiu seu cargo de volta, apesar de ter ficado encarcerado durante seis meses por seu pacifismo criminoso.

Outros Apóstolos, no entanto, jamais retornaram à universidade. O poeta Rupert Brooke morreu no começo da guerra; um ano depois, a Batalha do Somme ceifou a vida do jovem Apóstolo — e também poeta — Francis Kennard Bliss. Keynes perdeu amigos nos dois lados do conflito. Ferenc Békássy, um poeta húngaro que fez amizade com os Apóstolos enquanto estudava história na King's College, morreu enquanto lutava pelo exército austro-húngaro em 1915. Wittgenstein também se apressou para se alistar nos Impérios Centrais, mas a última notícia que Keynes recebeu do jovem filósofo foi uma carta que de alguma forma fora capaz de enviar do campo de batalha para a Grã-Bretanha em 1915 (Keynes respondeu com um comentário: "Eu espero que você já tenha sido feito prisioneiro e esteja em segurança"[5]).

Em março de 1919, conforme Keynes finalmente deixava a discussão do auxílio alimentar alemão para trás na Conferência de Paz de Paris, ele recebeu uma carta inesperada de Russell. Wittgenstein, conforme Russell relatava, fora feito prisioneiro pelos Aliados e estava preso em um campo de prisioneiros de guerra perto de Cassino, na Itália. Russell anexou também uma nota recente que recebeu do amigo em comum e pediu a Keynes para mexer seus pauzinhos com os governos Aliados em nome de Wittgenstein — se Keynes não pudesse levá-lo imediatamente para a Inglaterra, talvez ele fosse capaz de permitir que Wittgenstein entrasse em contato com Russell com maior frequência. O temperamental austríaco foi proibido de enviar qualquer coisa além de dois cartões-postais por semana, o que impossibilitou que os dois homens discutissem quaisquer ideias filosóficas sérias.[6]

Mas Keynes foi atraído por algo mais na correspondência, uma breve passagem que colocaria em movimento uma cadeia de eventos que acabaria por se tornar a ruína da carreira filosófica de Keynes e libertar um dos trabalhos mais influentes do século XX. Wittgenstein contou a Russell que havia escrito um livro durante a guerra e guardou o manuscrito com ele quando foi preso. O *campo concentramento* não era um ambiente ideal para discussões ou críticas, e a empolgação de Wittgenstein com o que ele chamou de trabalho da sua vida ficou evidente nas páginas de suas cartas. "Acredito que finalmente resolvi nossos problemas", escreveu ele. "Isso pode soar arrogante, mas não posso evitar de pensar desta maneira." Estava tudo em seu pequeno livro, apesar de Wittgenstein acreditar que Russell "não o compreenderia sem uma explicação prévia, uma vez que ele foi escrito com comentários curtos. Isso, é claro, significa que *ninguém* o compreenderia; embora eu acredite que tudo esteja completamente claro. A obra desconcerta toda nossa teoria da verdade, das classes, dos números e todo o resto".[7]

Wittgenstein era capaz de superar até mesmo Keynes na arrogância. Após uma visita particularmente animada de Wittgenstein, Keynes brincou de maneira impassível: "Bem, Deus chegou. Eu o encontrei no trem."[8] Wittgenstein, porém, não estava exagerando sobre a importância do estranho manuscrito guardado na Itália junto de seus pertences. Escrevendo de Paris, Keynes pressionou o governo britânico a garantir o envio seguro do trabalho de Wittgenstein para ele.[9] Ele podia estar de saída, mas Keynes ainda era o principal homem do Tesouro responsável pelas finanças de guerra. Ao final de junho, terminou o livro. No dia em que o tratado de paz foi assinado, ele escreveu para Wittgenstein — que permanecia na Itália — da fazenda de Duncan e Vanessa para dizer que entregaria o manuscrito para Russell.[10]

DA METAFÍSICA AO DINHEIRO   115

Com a ajuda de Russell e um jovem filósofo de Cambridge chamado Frank Ramsey, o manuscrito foi publicado em 1922 com o título de *Tractatus Logico-Philosophicus,* desencadeando uma revolução na filosofia em todo o mundo anglófono com sua única destilação dos relacionamentos entre linguagem, lógica e verdade absoluta. O livro era, escreveu Wittgenstein, uma tentativa de "traçar um limite no pensamento". De um lado desse limite estariam os assuntos do verdadeiro conhecimento, enquanto "o que está do outro lado do limite seria simplesmente bobagem".[11]

Do ponto de vista de Wittgenstein, existem algumas verdades que podem ser investigadas, discutidas e debatidas significativamente — coisas que podem ser "ditas" de maneira inteligível. Esse reino é, em essência, o mundo dos fatos que podem ser descobertos por meio da ciência empírica. No entanto, quase tudo com o que os filósofos se preocupam — o bem, a racionalidade, a lógica — se encontra *fora* do território da expressão linguística significativa. Mesmo a lógica faz parte de uma arquitetura interna da própria linguagem. Ninguém pode falar algo com significado *sem* lógica, mas não existe nada significativo que os filósofos possam falar *sobre* o funcionamento da lógica. Isto é, no fim das contas, algo místico.

Para Keynes, as insinuações do trabalho de Wittgenstein não eram meras abstrações; elas carregavam um significado pessoal profundo e preocupante. Como estudante universitário, Keynes, junto de Lytton Strachey, foi inspirado pelo tratado filosófico *Principia Ethica*, de G. E. Moore. Nos anos que antecederam a guerra, Keynes e Russell trabalharam duro tentando expandir as ideias de Moore em uma escola de pensamento completa, abrangendo a racionalidade, a natureza do conhecimento, a ética e até mesmo a teoria política. Quando regressou para Cambridge em 1920, Keynes retornou a sua contribuição principal para esse projeto, *Um Tratado sobre Probabilidade*. A expectativa para o livro não poderia ser maior entre os pensadores importantes. Russell até interrompeu seu trabalho sobre a natureza da causa e efeito, desejando construir algo em cima do que Keynes havia escrito sobre probabilidade.[12] Quando ele finalmente enviou o manuscrito para seu editor, David Macmillan, em maio de 1921 — vários meses antes da publicação do *Tractatus* de Wittgenstein —, Keynes acreditava ter concluído sua obra-prima. "Me sinto um pouco sentimental ao escrever as últimas palavras de algo que me ocupou durante 15 anos e, excetuando os 5 anos de interlúdio da guerra, foi meu companheiro constante. Não devo jamais tentar qualquer outra coisa em uma escala tão grande", escreveu ele para Macmillan.[13]

De certa forma, isso era verdade. Keynes havia escrito uma abrangente teoria da racionalidade e ação humana ao considerar os problemas apresentados pela incerteza sobre o futuro. Como, questionou ele, as pessoas podem tomar decisões racionais no presente baseando-se em crenças sobre o futuro quando tais crenças podem ou não ser concretizadas pelos eventos? Uma vez que não conhecemos o futuro, como podemos decidir racionalmente o que fazer no presente? Devemos, concluiu ele, ser capazes de julgar probabilidades sofisticadas.

Keynes argumentou que existe uma diferença entre probabilidades e frequências estatísticas. Dizer que certo estado das coisas é provável, de acordo com Keynes, não é simplesmente afirmar matematicamente que isso ocorrerá uma certa porcentagem de vezes em uma simulação (ou seja, se 50 das 100 moedas em um saco são de 25 centavos, eu tenho uma probabilidade de 50% de retirar uma moeda de 25 centavos do saco sempre que ele for aberto). Dados matemáticos podem ser *úteis* na avaliação probabilística de alguém, mas não podem *ser* a probabilidade por si só.

Keynes se posicionou de maneira firme na tradição racionalista de G. E. Moore. As verdadeiras probabilidades, argumentava ele, não se tratavam de meros palpites ou opiniões — eram realidades objetivas que poderiam ser avaliadas *antes* da ocorrência dos eventos. De acordo com o raciocínio de Keynes, um evento poderia ser objetivamente provável em 1920 mesmo que, ao olhar para trás em 1922, tal evento nunca tenha ocorrido. E é a probabilidade objetiva — e não o curso subsequente de eventos — que importa para a razão humana. Existe uma diferença entre ser racional e estar certo.

Assim como muitos teóricos do raciocínio ético, Keynes busca construir uma definição oficial da racionalidade capaz de justificar seus próprios hábitos e preferências.[14] Após delinear suas ideias sobre probabilidade, ele continuou e sugeriu que é mais racional para o povo — e para a própria sociedade — buscar pequenas realizações com alta probabilidade de obtenção do que ir atrás de grandes utopias com probabilidades de obtenção mínimas.

DA METAFÍSICA AO DINHEIRO 117

Keynes pretendia que *Um Tratado sobre Probabilidade* fosse o apogeu de sua carreira intelectual. Graças a Wittgenstein, a obra se tornou, em vez disso, um trabalho transitório — o lugar onde alguns de seus conceitos mais importantes como economista foram apresentados pela primeira vez. Sua preocupação com a incerteza, sua desconfiança sobre a matemática como um guia confiável para a razão humana e seu ceticismo sobre a sabedoria dos empreendimentos difíceis e de longo prazo se tornariam marca registrada da economia keynesiana.

Em sua essência, *Um Tratado sobre Probabilidade* era uma tentativa de aplicar o racionalismo científico do iluminismo na probabilidade e incerteza, esperando revelar verdades profundas sobre a própria racionalidade. Wittgenstein, por outro lado, argumentava que toda essa busca era sem sentido — *literalmente* —, uma tentativa de explicar algo com palavras que a própria linguagem não poderia de fato expressar. Keynes, de acordo com Wittgenstein, tentava atribuir rigor e precisão a um domínio que era fundamentalmente místico. "Sobre o que não se consegue falar, deve-se manter silêncio", escreveu Wittgenstein.[15] Keynes podia examinar padrões comportamentais humanos e estudar tendências na forma que as pessoas tomavam decisões; isso era ciência, um assunto de investigação significativa. Ele não poderia, entretanto, investigar a própria racionalidade. A racionalidade simplesmente era — ou não era.

E, assim, o manuscrito que Keynes ajudou a resgatar de um campo de concentração em Cassino, Itália, tirou Keynes do campo da filosofia. *Um Tratado sobre Probabilidade* foi debatido com entusiasmo entre os principais nomes da filosofia de Cambridge, mas logo foi esquecido. O trabalho de Wittgenstein, enquanto isso, se tornou o texto fundador da filosofia analítica — uma escola de pensamento que ainda domina os departamentos de filosofia do mundo anglófono na qual a própria linguagem é compreendida como a fonte de todas as verdades que a filosofia é capaz de revelar.

Pela segunda vez em dois anos, Keynes não sabia que rumo tomar na vida profissional. De maneira paradoxal, tornou-se incrivelmente rico. Ele complementava sua renda de maneira descompromissada ao lidar com a bolsa de valores desde 1905 e, em 1910, já havia um pé-de-meia de £539 (cerca de US$70 mil atualmente). Uma coisa levou à outra e, ao final de 1914, seus investimentos somavam um montante de £4.617 (mais do que US$500 mil atualmente).[16]

Keynes gostava de apostar e não via grande distinção entre o hipódromo e a bolsa de valores. Ambos lhe forneciam uma "empolgação moderada e divertida" que ele associava ao consumo de álcool — geralmente prazeroso, por vezes desastroso. "Acredito que a alegria da vida seria maior se praticamente todos no país acordassem domingo de manhã e lessem o jornal de domingo com ao menos a possibilidade de ter ganhado uma pequena fortuna", disse ele certa vez a um comitê oficial do Parlamento. "É agradável estar habitualmente no estado de imaginar que todo tipo de coisa é possível."[17]

Agradável talvez, mas eticamente duvidoso para um homem com acesso aos segredos econômicos mais delicados do governo britânico. Keynes continuou fazendo ofertas em ações e commodities ao longo da guerra — um claro conflito de interesses, considerando a natureza de seu trabalho no Tesouro, que exigia que ele tomasse decisões pessoais capazes de afetar o preço e a oferta total de todas as commodities. Ele não aconselhava o governo a tomar decisões estratégicas que aumentassem seus próprios lucros; quando insistiu que o governo não se desfizesse do ouro em 1914, o resultado lhe custou centenas de libras. Nos dias de hoje, porém, tal organização causaria um escândalo. Era simplesmente impossível que ele fizesse investimentos cuidadosos que *não* fossem informados pelo conhecimento privilegiado que ele adquiria apenas ao andar por Whitehall. Ao final da guerra, ele havia mais do que triplicado seus títulos, somando um total de £14.453.

Após a guerra, pôs sua mente financeira a trabalhar apostando nos valores das moedas — uma nova fronteira para investidores que foi aberta quando nação após nação suspendeu o padrão-ouro ao longo da guerra. Uma vez que as moedas não eram mais ancoradas diretamente a um valor específico de ouro, seus valores flutuavam em relação aos de outras, apresentando novas oportunidades para negociadores de mente ágil. Após seis meses, ele conseguiu um lucro de £6.154 apenas com a especulação financeira. Sua reputação como um grande investidor se consolidou de tal maneira que a King's College lhe ofereceu £30 mil para especular em nome da instituição. Ele iniciou uma nova parceria de investimentos com amigos e familiares usando um capital inicial de £30 mil — metade

DA METAFÍSICA AO DINHEIRO   119

fornecida pelo próprio Keynes e a outra metade por amigos, familiares e um investidor chamado Oswald Toynbee Falk. Keynes concordou em pagar quaisquer prejuízos do próprio bolso para seus amigos — desde que tivesse condições para tal —, mas guardaria nesses mesmos bolsos quaisquer ganhos adquiridos de maneira proporcional. Considerando seu longo histórico de sucesso nos mercados de ações, essa parecia uma aposta tranquila para Duncan, Lytton e Vanessa.

Ele quase perdeu tudo. Keynes apostou que o dólar se fortaleceria e a maioria das moedas europeias perderia força — uma expectativa razoável considerando a força relativa da economia norte-americana. No entanto, um acesso de otimismo arbitrário jogou os valores das moedas na direção oposta — deixando Keynes com a bomba nas mãos. Em abril de 1920, ele perdeu uma impressionante quantia de £22.575 — milhões de dólares em valores atuais. Keynes tornou-se uma vítima da irracionalidade do mercado — e essa não seria a última vez.

Sem se deixar abater, ele buscou uma nova parceria com um banqueiro de Colônia, na Alemanha, chamado sir Ernest Cassel, prometendo "lucros muito consideráveis" para qualquer um disposto a assumir a responsabilidade. Seus contatos políticos o deixaram "com quase certeza" de que não havia perspectivas de um empréstimo internacional capaz de reverter as tendências gerais dos valores das moedas. Se Cassel pudesse fornecer £190 milhões em capital para Keynes apostar, este aceitaria qualquer quantia dos lucros que o banqueiro julgasse aceitável. Após perder uma fortuna para ele e seus amigos, Keynes estava propondo que Cassel fornecesse a ele um montante equivalente a US$25 milhões em valores atuais para dar a volta por cima.

Em vez disso, ele conseguiu um empréstimo de £5 mil. Após algumas semanas, as previsões de Keynes começaram a render frutos. Ao final de 1922, o seu projeto com amigos e familiares não tinha dívidas e havia acumulado novamente £21 mil. Em 1924, ele possuía um patrimônio líquido pessoal de £63.797. E, em meados dos anos 1940, o seu fundo para a King's College apresentava o triplo do desempenho dos outros investimentos da instituição.

Logo ele estava exibindo sua riqueza pela cidade, fazendo o papel de um aristocrata ostentoso. Em meio a tantos reveses profissionais, Keynes tinha uma reputação a manter. O autor de *As Consequências Econômicas*

120   O PREÇO DA PAZ

da Paz deveria ser um homem rico e Keynes estava determinado a agir como um — mesmo que por vezes parecesse um tolo no processo.

"Bem, minha primeira caçada acabou", relatou ele do Crown Hotel, em Exford.

> *Eu vi a presa começar a correr, mas nunca mais a vi. Ela correu durante cerca de 4 e 5 horas... Não fazia ideia que um cavalo poderia correr durante tanto tempo. Após esse período, reuni-me com os cães de caça e os caçadores. Então, pouco depois de me encontrar (o cavalo estava cansado e se locomovia lentamente) quase sozinho em um pântano aberto com os cães de caça um pouco à frente... Pouco depois de me perder no âmago de um profundo vale e descobrir que meu cavalo havia perdido uma de suas ferraduras e não poderia continuar durante muito mais tempo... Cavalguei lentamente, mas as patas do cavalo ficaram cada vez mais sensíveis, até eu finalmente desmontar e continuar a pé para poupá-lo. Depois de alguns quilômetros, encontrei uma pousada onde deixei meu cavalo e bebi um quartilho de cerveja de um estalajadeiro malandro antes de voltar para casa em um veículo... Tudo isso pode parecer uma aventura e tanto — mas na verdade não foi!*[18]

Ele teve um melhor desempenho com outro cavalo em uma caçada posterior na mesma semana, mas a segunda raposa acabou escapando.[19]

Quando não estava caçando raposas, Keynes organizava banquetes e frequentava o balé, reservando assentos de destaque para ele e seus convidados entre os membros que usam "conjunto de tiaras e luvas de pelica".[20] E, no verão de 1921, ele assistiu a Lydia Lopokova dançar e interpretar um duplo papel como a Aurora e a Fada Lilás em uma adaptação de *A Bela Adormecida* de Tchaikovsky.

Ele já havia visto Lydia dançar anteriormente, anos antes — mas agora tinha alguma coisa diferente. Fascinado, ele retornou noite após noite, hipnotizado pelos movimentos dela.

Lydia entrou no inovador grupo Ballet Russes, de Sergei Diaghilev, em 1911 e, em 1921, era uma das principais estrelas da companhia. Quando a trupe avant-garde chegou em Londres, a mídia britânica elogiou Lydia como o "pardal de Londres", dotada de uma "delicada beleza plebeia".[21] O grupo chegou até mesmo a vender "bonecas Lydia"

DA METAFÍSICA AO DINHEIRO 121

para as multidões de adoradores que se amontoavam nos saguões das capitais europeias.

As performances do Ballet Russes eram suficientemente luxuosas para rivalizar com as grandes produções das óperas imperiais do século XIX, mas com uma dedicação artística à experimentação, ao confronto e ao escândalo. Diaghilev comissionou Pablo Picasso, Henri Matisse, Jean Cocteau e outros artistas renomados internacionalmente para criar seus cenários, enquanto Claude Debussy era apenas um dos inovadores musicais reunidos para escrever os acompanhamentos. Em maio de 1913, Diaghilev estreou um novo balé sinfônico que escreveu com um jovem compositor chamado Igor Stravinsky e, assim, eles chocaram o público de Paris com sua apaixonada aura e visual avant-garde de tal forma que irrompeu um motim. *A Sagração da Primavera* se tornou um clássico instantâneo e controverso.

Lydia estava um pouco mais do que romanticamente enrolada no final de 1921. Seis anos antes, ela se casou com o gerente de negócios de Diaghilev, Randolfo Barocchi, durante uma turnê norte-americana. Barocchi, sem o conhecimento de Lydia, já era casado com uma mulher chamada Mary Hargreaves quando assinou a certidão de casamento com a aclamada bailarina. O relacionamento de Lydia com Barocchi chegou ao fim em 1919, mas seu estado civil permaneceria inalterado até que conseguisse brigar por uma alteração na justiça.

Além disso, apenas quatro meses após se casar com Barocchi, Lydia teve um caso com Stravinsky, um homem casado.[22] Igor e Lydia se afastaram ao longo dos anos enquanto ele voltava para sua família e a agenda de performances dela a levava até a Europa e para o outro lado do Atlântico. O casal reacendeu seu romance na primavera de 1921, durante uma produção de *Petrushka* em Madri, porém a atriz parisiense Vera Sudeykina chamou a atenção dele no verão e aceitou um pequeno papel na companhia de balé para permanecer ao lado de seu novo amante. Quando a trupe chegou em Londres, um ardente triângulo amoroso havia se formado.[23]

Stravinsky retornou à França com Vera em dezembro, deixando Lydia frustrada justo quando Keynes começou a demonstrar interesse. Ele reservou alguns dos assentos mais caros de *A Bela Adormecida* para ficar próximo da ação no palco e ela certamente percebeu sua devotada presença. No dia 18 de dezembro, ele a procurou nos bastidores e a convidou para almoçar. Cinco dias depois, jantaram juntos e conversaram até uma hora da manhã.[24] Ela o convidou para um chá no dia 26 de dezembro e já estava claro que os dois estavam apaixonados.[25] Lydia, de acordo com sua biógrafa, estava "hipnotizada por sua mente incrível", assim como ele estava "hipnotizado pela energia e pelo talento de Lydia".[26]

Ela foi criada para reverenciar os intelectuais. Seu pai trabalhou como porteiro no Teatro Alexandrinsky em São Petersburgo e deixou marcada em suas crianças a valorização da dança e da intelectualidade da elite que frequentava o seu local de trabalho.[27] Os interesses da bailarina sempre estiveram além dos rigores de sua profissão e ela desejava ser aceita como uma "mulher séria" sem abandonar a alegria de viver que fez dela uma estrela.[28] Em Bloomsbury, é claro, Keynes passou a adorar artistas praticamente como seres sobrenaturais. Em abril, eles estavam trocando atualizações eróticas por correspondência. Lydia tinha consciência do seu domínio imperfeito da língua inglesa, mas seu toque não nativo para as metáforas hipnotizou seu pretendente. "Eu devoro você, meu querido Maynard", escreveu ela.[29] "Eu coloco pancadas melodiosas sobre todo o seu corpo."[30] Ela era "cheia de eletricidade em relação a seus pensamentos e a você".[31]

A Bela Adormecida foi um raro fracasso comercial para Lydia e Diaghilev — excessivamente exuberante e sério para o clima cínico do período pós-guerra. Ao final de sua decepcionante exibição em Londres, Keynes acomodou Lydia em um apartamento na Gordon Square, número 50, e a ajudou a criar uma conta bancária (até então ela deixava seus pagamentos sob os cuidados do porteiro no Waldorf Hotel).[32] Quando Lydia estava em uma de suas apresentações, Keynes enviava recortes de jornais de seus artigos e atualizações sobre sua pesquisa. A correspondência sexual de ambos continuou por anos. Após um pequeno período de pesquisa sobre antigas moedas babilônicas em 1926, Keynes se deparou com que ele acreditava ser o mais antigo "poema de amor" já descoberto, citando-o para uma encantada Lydia: "Venha a mim, minha Ishtavar, e mostre sua força viril/Coloque seu membro para fora e toque com ele o meu pequeno lugar".[33]

DA METAFÍSICA AO DINHEIRO

As cartas dela demonstram quase o mesmo interesse em seus artigos sobre política econômica. "Só esta manhã eu recebi 'Reconstrução na Europa'. Parece bom, existe força nele porque é uma produção sua... Após ler o seu artigo eles devem estabilizar o dinheiro."[34] "Quando leio o que você escreve, de alguma forma me sinto maior do que sou. Eu misturo minha boca e meu coração com os seus."[35]

Durante os primeiros meses de corte, Lydia, ela mesma uma artista, parecia adequada para os amigos literários de Keynes, trocando cartas, participando de expedições de compras ou então convidando-os para tomar chá. Anos de experiência na Ballet Russes a prepararam para os triângulos amorosos e os ciúmes que definiam grande parte da vida social em Bloomsbury. Uma carta sem data, provavelmente do final de outubro ou começo de novembro de 1922, mostra Lydia e o grupo aproveitando a companhia um do outro sem nenhuma orientação de Keynes:

Querido Maynard,

> *nós estamos [rabisco indecifrável]*
>
> *muito bêbados*
>
> *Estamos levemente embriagados*
>
> *Duncan convidou a mim e a Vanessa para um grande jarro de cerveja... Todos nós bebemos à sua saúde e beijamos você, eu mais do que qualquer outro.*

Lydia.[36]

Mas, quando Bloomsbury percebeu que Lopokova não era apenas mais outra conquista dos cartões de Keynes a ser analisada de maneira estatística, seus antigos amigos começaram a ver a jovem russa como uma ameaça. Sua fama banalizava as conquistas deles e ela estava ganhando a atenção de seu membro mais famoso (além de benfeitor). Virginia, Vanessa e Lytton falavam mal de Lydia em cartas privadas, adquirindo um prazer malicioso em imitar seu sotaque e menosprezar seus esforços para se familiarizar com a literatura e política inglesa. "Lydia veio aqui outro dia e disse 'Por favor, Leonard, me conte sobre o Sr. Ramsay

Macdonald. Eu falo sério — muito sério'", escreveu Virginia, imitando o sotaque de Lydia, para o pintor francês Jacques Raverat. "De qualquer modo, ela então pegou um sapo e colocou em uma macieira; e isso é o que há de tão encantador sobre ela, mas será possível levar a vida caçando sapos?"[37]

Embora Maynard e Lydia estivessem de férias com Leonard e Virginia em setembro de 1923, parte deste desdém secreto deve ter transparecido. Apesar de seu sucesso artístico e financeiro, Lydia era cerca de uma década mais jovem que os originais Bloomsberries, os quais Maynard considerava modelos ideais da respeitabilidade inglesa. Ela buscava a aprovação intelectual deles, mas não a recebia. "Eu garanto a você que é trágico vê-la ler Rei Lear", escreveu Virginia. "Ninguém consegue levá-la a sério: todo bom jovem rapaz a beija. Então ela tem um acesso de raiva e diz que é como Vanessa, como Virginia, como Alix Sargent Florence ou Ka Cox — uma mulher séria."[38]

Em dezembro de 1922, Virginia insistia com sua irmã para botar algum juízo no economista apaixonado antes que ele fizesse algo irreversível:

> *Sério, acredito que você deveria impedir Maynard antes que seja tarde demais. Não imagino que ele compreenda bem os efeitos. Posso prever muito bem Lydia corpulenta, charmosa, exigente; Maynard no gabinete; o número 46 da Gordon Square como o refúgio de duques e primeiros-ministros. M., sendo um homem simples e não analítico como nós, afundaria permanentemente antes que pudesse perceber seu estado. Então acordaria e se veria em meio a três crianças e com uma vida completa e definitivamente controlada.*
>
> *É assim que vejo as coisas, isso sem falar das minhas próprias queixas. Se você não falar sobre sua visão, ele terá um argumento contra você quando a catástrofe chegar. Além disso, Lydia é muito melhor como uma boêmia independente, ávida e expectante do que como uma matrona sem esperança e com todos os direitos garantidos.*[39]

Lopokova afastou-se do grupo de Diaghilev em 1922. Considerado um gênio ao longo de toda sua vida, o diretor permaneceu famoso por sua personalidade intensa e arrogante mesmo décadas após sua mor-

DA METAFÍSICA AO DINHEIRO 125

te. O personagem Boris Lermontov no fascinante filme de 1948, *Os Sapatinhos Vermelhos*, dirigido por Michael Powell e Emeric Pressburger, foi baseado em grande parte no superintendente de Lydia. Lopokova gozava de suficiente liberdade financeira com Keynes para trabalhar com dança onde e quando quisesse, sem mais depender de uma companhia para sustentar seu estilo de vida (assim como Keynes, Lydia não estava imune a exibições pomposas de riqueza).

Ela também aproveitava o clamor público que cercava o trabalho de seu novo amor. "Você é muito famoso, Maynard",[40] ela o elogiava com um refrão sincero que era repetido em suas primeiras cartas: "Muito famoso",[41] ou simplesmente "Famoso demais!"[42] Quando ele se sentia desanimado com seus esforços para traduzir suas ideias em artigos de opinião ou artigos para revistas que fossem digeríveis para o público, Lydia o encorajava: "Não fale mal sobre seus artigos no jornalismo — apenas pense em quantas pessoas leem, compreendem e recordam-se deles, e quando for dormir sinta o trabalho que você fez com a mente e inspiração."[43]

É claro que essa foi uma mudança radical na perspectiva sexual de Maynard. Ele sempre foi orgulhosamente gay desde que recordava se sentir atraído por alguém. Agora estava apaixonado por uma *mulher*. Bloomsbury havia se acostumado com homens gays se estabelecendo com companheiras; Duncan e Vanessa compartilhavam uma casa na fazenda, Lytton morava com a pintora Dora Carrington e Bunny casou-se com a ilustradora Ray Marshall em 1921. Todas essas eram organizações nada convencionais que geralmente permitiam aos homens continuar buscando amantes do sexo masculino. Keynes estava completamente encantado por Lydia, mas sua transição até a monogamia heterossexual levou tempo. Lydia conhecia o histórico de Maynard e não hesitou em estabelecer uma ponte para novos prazeres para ele durante o começo do relacionamento. Ela comprou um par de pijamas masculinos e o provocou sobre seduzi-lo usando um uniforme de golfe. Diversos esforços, com mãos e bocas, provaram ser bem-sucedidos para ambos os parceiros.[44] Ainda assim, Maynard continuou seus galanteios com Sebastian Sprott por dois anos após se apaixonar por Lydia, até finalmente ceder aos pedidos de fidelidade dela no final do inverno de 1923.[45] Esse foi o último relacionamento sério de Keynes com um homem. Suas cartas deixam claro que ele estava satisfeito com Lydia. Ele desejava ser "confundido e devorado abundantemente".[46]

Quando Keynes não estava ocupado seduzindo bailarinas, ele ainda tinha uma carreira para cuidar. Com sua carreira filosófica chegando ao fim, ele devotou grande parte de sua energia de escrita lidando com críticas sobre *As Consequências Econômicas da Paz* em jornais e revistas, respondendo em cartas aos editores e dissertações escritas por ele. *The Manchester Guardian* o recrutou como colunista sobre os assuntos financeiros internacionais e ele escrevia longos artigos sobre os esforços para revisar o Tratado de Versalhes e alcançar um valor definitivo para as reparações. Para a sua surpresa, o que havia começado como um exercício de administração de reputação floresceu e se tornou uma proeminente carreira jornalística.

Ele encerrou *As Consequências Econômicas da Paz* com um chamado para controlar "as forças da instrução e imaginação que mudam a *opinião*" e para que os novos líderes intelectuais encontrassem "a verdadeira voz da nova geração" que ainda "não falou".[47] Na época, ele imaginava estar desempenhando um papel nos bastidores da formação desse novo consenso, trabalhando, assim como fazia antes da guerra, em jornais acadêmicos e na escrita de livros para grandes especialistas. A arte da persuasão do público consistia em um diferente conjunto de habilidades, um tanto quanto plebeu e muito próximo da política e da propaganda para ser um empreendimento adequado para um ex-Apóstolo. Mas, após diversos artigos bem recebidos sobre o tratado de paz no *Manchester Guardian*, Keynes conseguiu um contrato de £300 para cobrir a conferência financeira da primavera de 1922 em Gênova, contrato esse que ele rapidamente complementou com £375 para enviar o mesmo trabalho até publicações em Viena e Nova York. Juntos, os valores alcançavam um total maior que US$45 mil atualmente, um melhor preço por palavra do que a bolada recebida com seu best-seller internacional.[48]

A tarefa da conferência significava muito mais para Keynes do que dinheiro ou até mesmo o prestígio ganho com assinaturas transatlânticas. Gênova estava cheia de veteranos do Tesouro britânico; lá estava Basil Blackett, além de Charles Addis, do Bank of England. Gênova parecia uma boa oportunidade para Keynes retornar para a sociedade política, na qual ele poderia alavancar sua crescente reputação como um intelectual público e se integrar aos homens poderosos. Na primavera de 1922, ele estava armado com uma nova e ambiciosa ideia política cujo foco era revisar a ordem monetária internacional pós-guerra.

DA METAFÍSICA AO DINHEIRO   127

A Grã-Bretanha nunca abandonou formalmente o padrão-ouro durante a guerra. O país adotou uma série de medidas complicadas para impedir que os cidadãos britânicos trocassem o papel-moeda por ouro dentro do país, empregando truques similares no exterior. Quando a França, Alemanha, Rússia e Áustria-Hungria abandonaram o padrão-ouro em 1914, comerciantes no mercado de ouro britânico se recusaram a exportar o ouro para esses países como pagamentos por bens. Essa era uma forma da Grã-Bretanha tecnicamente manter o padrão-ouro: ela honraria esse padrão ao negociar com nações que também honrassem o padrão-ouro. Uma vez que quase todos os países, com exceção dos Estados Unidos, abandonaram o padrão, a Grã-Bretanha efetivamente também o abandonou.[49]

Essas medidas de emergência permitiram que o governo imprimisse moedas para grande parte dos custos de guerra. Ao final do conflito, a oferta total de dinheiro na Grã-Bretanha havia aumentado de cerca de $5 bilhões em 1913 para $12 bilhões ao mesmo tempo que as reservas de ouro se mantinham constantes. Essa era uma receita para a inflação, um aumento geral nos preços para os consumidores. Em 1920, o custo padrão dos bens de consumo mais do que dobrou desde o início do conflito.[50]

Nos primeiros dias de paz, a inflação estava por toda a parte. Os Estados Unidos, a França e a Alemanha haviam imprimido grandes quantias de dinheiro para ajudar a lidar com os custos da guerra. A oferta de dinheiro na França mais do que triplicou ao longo da guerra, enquanto a moeda alemã mais do que quadruplicou.[51] As taxas de câmbio, outrora previsíveis e estáveis, agora variavam em diversas direções. Antes da guerra, a Grã-Bretanha havia fixado a libra em US$4,86; ao longo de 1920, a média da libra estava em US$3,66, chegando a cair até US$3,40.[52] O comércio se tornou imprevisível; contratos internacionais podiam ser transformados em barganhas ou explorações graças às inesperadas alterações da moeda. À medida que os preços disparavam e os mercados de câmbio eram abalados por uma volatilidade jamais vista nas finanças da Gilded Age, um pedido quase unânime surgiu do mundo financeiro global para restaurar a ordem: tragam o ouro de volta.

Antes da guerra, a inflação, a deflação e o câmbio eram controlados pelo padrão-ouro. A quantidade de dinheiro em circulação era restrita pelas reservas de ouro de uma nação e, uma vez que todas as grandes moedas poderiam ser convertidas em um certo peso de ouro, o comércio internacional era beneficiado pelas taxas de câmbio estáveis e fixas, permitindo padrões previsíveis de comércio entre as nações. Os preços internacionais eram facilmente diferenciados, uma vez que as moedas serviam, em essência, como nomes para diferentes pesagens de ouro.

Para os seus líderes, o padrão-ouro representava muito mais do que estabilidade de preços. Ele garantia uma visão específica do livre mercado em que os governos não interferiam na troca de bens além das fronteiras internacionais. A principal razão de atribuir um valor específico de ouro a uma moeda, no fim das contas, era impedir que o governo manipulasse os padrões de comércio ao alterar os valores monetários. O padrão-ouro, conforme acreditavam os economistas, deixava o comércio livre para seguir seu curso natural.

Tal ideal de livre mercado misturava-se com um sentimento humanitário no qual a troca de bens era inseparável da troca de boa vontade. De acordo com esse pensamento, o comércio internacional levava até uma compreensão mútua, ajudando diferentes pessoas a apreciar os costumes e as ideias dos outros. Para Keynes, o poder benevolente do livre mercado era uma crença de base, a convicção central com a qual todas as outras visões e propostas políticas precisavam estar em harmonia ou então serem descartadas.

A noção de que o comércio atuava como força pacificadora nos assuntos políticos era, na verdade, muito mais antiga que o auge do padrão-ouro, sendo popularizada pelo pensador francês Montesquieu em meados dos anos 1700.[53] Mas, exatamente por expressar esse antigo princípio do liberalismo iluminista, o padrão-ouro carregava um profundo significado social. O ouro representava o estado normal das coisas, em que o mundo inexoravelmente caminhava na direção da paz, da prosperidade e do progresso. E, já que o sistema pré-guerra entrou em colapso ainda em seu zênite, um retorno ao padrão-ouro era visto como uma oportunidade para reviver uma glória perdida e provar que havia algumas coisas que nem a Grande Guerra era capaz de destruir. Para os banqueiros proeminentes, conforme observou Keynes, restaurar o valor de ouro para a libra era uma questão de "prestígio nacional" — de garantir uma Grã-Bretanha "mais gloriosa".

DA METAFÍSICA AO DINHEIRO 129

Keynes viu que, na cabeça da maioria dos pensadores financeiros, a ideia de retornar ao padrão-ouro estava "desesperadamente relacionada" com o que eram, de fato, problemas diferentes — as inflações e as depreciações da moeda que criaram raízes durante e após a guerra. Os líderes de Lombard Street queriam não só trazer o ouro de volta para a Grã-Bretanha, mas com as mesmas pesagens e taxas de câmbio que prevaleciam antes da guerra. Embora chamassem esse plano de um programa de "estabilização", na verdade, ele era uma nova rodada de perturbação monetária — uma política deliberada de fortalecimento da libra com relação ao dólar por meio da deflação.[54]

Havia mais em tal pensamento do que pura confusão ou fetichização de métodos antigos. As pessoas mais influentes e sofisticadas da cidade acreditavam que, se Londres desejava recuperar o poder financeiro que havia cedido para Wall Street durante a guerra, ela precisaria provar que investir na Grã-Bretanha era uma aposta melhor que investir nos Estados Unidos. Isso significava demonstrar aos mercados financeiros do mundo inteiro que o governo britânico não permitiria que nada desvalorizasse os investimentos no dinheiro britânico ou na dívida britânica — nem mesmo a guerra.

Keynes usou um argumento semelhante na crise financeira de 1914, quando insistiu que Londres continuasse a pagar sua dívida externa, independentemente do esgotamento de ouro. Mas ele acreditava que o mundo econômico havia mudado de forma substancial nos anos seguintes. As nações da Europa, argumentou ele em um relatório de Gênova, estavam todas com enormes dívidas, enfrentando limitações de recursos completamente diferentes das que elas enfrentavam uma década antes. Fronteiras foram redesenhadas; campos, minas e fábricas foram destruídos. Era tolice acreditar que as organizações financeiras de 1913 solucionariam as necessidades de 1922.

Mais importante do que isso, Keynes estava vivenciando uma importante crise de confiança na teoria econômica clássica estudada por ele em Cambridge. De acordo com o dogma aceito nos livros didáticos, um problema como a deflação não deveria causar um prejuízo econômico continuado. Com a queda dos preços, os salários também cairiam, deixando os trabalhadores na mesma posição em que estavam anteriormente. Haveria uma breve perturbação social, mas as forças do mercado rapidamente retornariam o mundo ao seu estado normal: um equilíbrio estável e próspero entre compradores e vendedores, oferta e demanda. A cura para a turbulência econômica era sempre a mesma: deixe o mercado fazer o seu trabalho.

O teste dessa doutrina começou em fevereiro de 1920, quando todos os países do mundo pareciam embarcar em uma corrida para ultrapassar seus vizinhos na deflação. França, Itália, Suécia, Noruega, Dinamarca e, mais importante, Estados Unidos começaram a reduzir agressivamente seus preços domésticos. Esse esforço era, em parte, um produto da crença coletiva na virtude dos preços baixos, mas também era resultado da teimosia norte-americana. Quando o Fed, banco central dos Estados Unidos, aumentou as taxas de juros para reduzir os preços norte-americanos, o ouro fluiu do resto do mundo para os Estados Unidos. Se o resto do mundo não quisesse ficar sem ouro, seria necessário responder com um aumento das taxas de juros. Com a maior reserva de ouro e maior economia do mundo sob seu controle, os Estados Unidos poderiam orquestrar os termos das finanças internacionais assim como o Bank of England já fez.

Na Grã-Bretanha, os preços caíram pela metade.[55] Os custos sociais eram chocantes. Fazendas foram hipotecadas e negócios faliram, deixando milhões de pessoas sem empregos. A taxa de desemprego britânica subiu para mais de 23% em 1921 e teve uma média de 14,3% ao longo de 1922.[56] Os salários afundaram, causando uma feroz agitação dos sindicatos, especialmente entre mineradores de carvão. Em abril de 1921, quando os barões do carvão exigiram cortes salariais dos mineradores de baixo escalão, o governo britânico chamou onze batalhões de infantaria, três regimentos de cavalaria e tanques militares com medo de um grande protesto por parte dos mineradores, trabalhadores ferroviários e transportadores.[57] O país, ao que tudo indica, estava prestes a pegar fogo.

Para muitos socialistas do crescente Partido Trabalhista, a repentina depressão confirmava o que eles suspeitavam há muito tempo: o capitalismo não era apenas injusto, ele simplesmente não funcionava. Keynes nunca estudou o marxismo de maneira rigorosa, mas, mesmo se tivesse estudado, a separação emocional necessária para que ele abandonasse sua fé nas virtudes do capitalismo simplesmente era grande demais.

DA METAFÍSICA AO DINHEIRO

Talvez o problema fosse o dinheiro em si. "O capitalismo individualista da atualidade *presume* uma forma estável de medir o valor e não pode ser eficiente — e talvez nem sequer sobreviver — sem isso",[58] escreveu Keynes para o *Manchester Guardian*. As perturbações monetárias — inflação e deflação — tinham efeitos discrepantes em diferentes segmentos da sociedade. Se a inflação tiver início durante a vida de um empréstimo, o devedor terá feito um bom negócio; ele poderá pagar exatamente a quantidade em dólares que deve, mas os valores reais desses dólares estarão inflacionados. Sob a deflação, o exato oposto acontece: o fardo das dívidas se torna maior, mesmo sem culpa do devedor.

Os devedores encontrariam uma situação diferente dos credores; os trabalhadores encontrariam uma situação diferente dos chefes; os cidadãos encontrariam uma situação diferente dos estrangeiros. O nivelamento exigido pelo comércio capitalista foi distorcido. A solução, imaginou Keynes, não era abandonar a oferta e demanda ou o livre-comércio e livre pensamento, mas estabilizar o sistema monetário para que essas forças pudessem realizar o seu trabalho.

Keynes iniciou uma campanha pública em Gênova e nas páginas do *Manchester Guardian* para estabilizar os preços ao redor do mundo. A instabilidade de preços sabotava a fé do povo em seu governo e suas instituições; a falha em controlar isso geraria, disse Keynes ao Tesouro, "um golpe em toda a estrutura do contrato, da segurança e do sistema capitalista como um todo".[59] A cura para a inflação em períodos de guerra era estabilidade em um novo planalto e não o tombo morro abaixo defendido no centro financeiro de Londres.

Sob o plano de Keynes, países que já alcançaram o preço de ouro pré-guerra por meio da deflação seriam bem-vindos a seguir em frente, mas nenhum país deveria alcançar os valores de 1914 ao deflacionar sua moeda em mais de 6% ao ano. Moedas que perderam quase 20% do seu valor de 1914 seriam poupadas de um novo movimento deflacionário.

Do ponto de vista político, o plano era incrivelmente audacioso — uma agenda que exigiria, em tempos de paz, um nível de coordenação financeira entre as grandes potências mundiais que os Aliados haviam alcançado apenas parcialmente durante a guerra. Escrevendo de seu novo apartamento em Bloomsbury, Lydia aconselhou seu novo amante a ser corajoso. "Todos os dias você produz novos trabalhos e eles devem ser conhecidos em todo o mundo", escreveu ela. "Você deve permanecer aí até o fim da conferência. Não vê como eles precisam de você? Talvez não veja, mas eu, como alguém que está de fora, observo claramente quão necessário você é."[60]

No entanto, o plano de Keynes estava condenado. Não poderia haver nenhum progresso significativo nos valores internacionais da libra, do franco ou do marco se o dólar não fosse parte da discussão. Os Estados Unidos estavam de fora da conferência de Gênova, aparentemente para protestar contra a rejeição da França em considerar a redução da reparação alemã. Sem a participação norte-americana, a delegação britânica em Gênova temia abraçar a nova ideia de Keynes. Lydia, solidária como de costume, culpou a estreita visão dos outros delegados. "É irritante que os especialistas financeiros não busquem a estabilização, mas também entendo que eles não podem ser Maynards (só existe *um* Maynard)",[61] escreveu ela. Em tempo, os Estados Unidos mudariam de ideia. "Mais tarde eu posso ver os Estados Unidos embarcando nisso graças à sua ideia. Você é muito famoso, Maynard", ela o consolou.[62]

Levaria mais de duas décadas para isso acontecer. Apenas na conferência de 1944 em Bretton Woods, Nova Hampshire, é que Keynes e a liderança norte-americana finalmente alcançariam um consenso sobre o sistema monetário internacional — e apenas após uma briga direta por poder.

Ainda assim, ao desenvolver o plano, Keynes embarcou em novos mares teóricos. Algo estava ocorrendo na economia britânica que a economia declarava ser impossível: um alto, prolongado e agonizante desemprego. Em 1922, Keynes atribuiu esse mal e a inquietação social que o segue à instabilidade monetária. A solução era que os governos e seus bancos centrais passassem a regular diretamente o valor do dinheiro, aumentando ou diminuindo as taxas de juros visando garantir um nível de preço estável. Tal doutrina — onde gerenciar a oferta total de dinheiro era a melhor forma dos governos alcançarem prosperidade e estabilidade econômica — ficou conhecida como monetarismo.

Essa foi uma revisão radical na forma como os bancos centrais deveriam operar.[63] O Bank of England tipicamente gerenciava suas reservas de ouro considerando as flutuações no comércio internacional, garantindo que a Grã-Bretanha não ficasse sem ouro graças às muitas impor-

DA METAFÍSICA AO DINHEIRO   133

tações ou a uma escassez de exportações. Se a Grã-Bretanha estivesse em um deficit comercial, então o dinheiro — ouro — estaria saindo do país, uma vez que a Grã-Bretanha estaria, em essência, comprando mais bens no exterior do que vendendo seus bens para os estrangeiros. Nessa situação, o banco aumentaria as taxas de juros, efetivamente diminuindo o preço dos bens britânicos no mercado internacional até os níveis de comercialização alcançarem um equilíbrio. A ideia era determinar os níveis do preço nos termos do próprio comércio. Keynes estava sugerindo o oposto: regular os preços para garantir a estabilidade — uma estratégia que teria um envolvimento no curso do comércio. Esse era um passo na direção contrária da doutrina laissez-faire, na qual os oficiais do governo não deveriam se meter em assuntos econômicos. Os governos se veriam forçados a escolher entre manter uma taxa de câmbio estável ou um nível de preço estável. Quando fosse a hora de decidir, argumentou Keynes, não deveria haver hesitação alguma: mantém-se os preços estáveis e ajusta-se as taxas de câmbio. Pode ser verdade que, "em longo prazo", explosões de inflação e deflação se resolveriam, "mas esse longo prazo é um guia ilusório para os assuntos atuais", observou Keynes. "*Em longo prazo*, estamos todos mortos. Os economistas estabelecem uma tarefa muito fácil e inútil para eles mesmos se, em temporadas tempestuosas, tudo o que podem fazer é nos dizer que, quando a tempestade passar, o oceano estará tranquilo mais uma vez."[64] Muita coisa pode ocorrer enquanto os governos aguardam pela tranquilização da inflação; desemprego, fome, motins — até mesmo uma revolução. Como ele argumentou em *Um Tratado sobre Probabilidade*, aprimoramentos no bem-estar social em curto prazo e fáceis de serem conquistados devem ter uma maior prioridade do que reformas de longo prazo que podem nunca se concretizar.

"*Em longo prazo*, estamos todos mortos" era mais do que um inteligente jogo de palavras. Essa frase distinguiu Keynes de outros monetaristas contemporâneos, e estes, nos anos seguintes, acabariam por se afiliar com a direita política. Assim como o monetarista Milton Friedman, Keynes via a estabilidade de preços como uma forma de apoiar o pensamento da economia clássica. Na maior parte, acreditava ele, a economia laissez-faire funcionava. A oferta e a demanda *levaram* a sociedade até um equilíbrio próspero. O sistema só precisava de um pouco de arquitetura econômica básica para funcionar: direitos de propriedade, estado de direito e estabilidade de preços. Diferentemente de Friedman, no entanto, Keynes alcançou o monetarismo como uma forma criativa de expandir o poder do estado para lidar com as incertezas e ansiedades da vida pós-guerra. Se o monetarismo não trouxesse o resultado esperado — ou seja, a estabilidade *política* e econômica de curto prazo —, Keynes ficaria feliz em experimentar outra coisa.

Keynes reuniu esses insights — muitos dos quais foram publicados pela primeira vez nas páginas do *Manchester Guardian* em 1922 — em um novo livro, intitulado *A Tract on Monetary Reform* ["Tratado sobre a Reforma Monetária", em tradução livre]. Esse foi seu primeiro grande e controverso trabalho sobre teoria econômica. Wall Street e a Cidade de Londres ficaram horrorizadas, reconhecendo que Keynes estava, em essência, pedindo a remoção de significado do padrão-ouro. Embora ele não estivesse propondo de maneira oficial a separação do papel-moeda e do ouro, permitir que os governos reavaliassem a moeda deles durante uma emergência significaria a mesma coisa. Seus críticos perguntavam: qual era o sentido em fixar a libra em um peso específico de ouro se esse peso poderia ser alterado por um impulso? Keynes rebateu: de que vale o padrão-ouro se ele só pode funcionar ao criar uma inquietação social?

"Fechar a mente para a ideia de melhorias revolucionárias no nosso controle de dinheiro e de crédito é semear a queda do capitalismo individualista", avisou ele a Charles Addis, no Bank of England. "Não seja o Luís XVI da revolução monetária."[65]

Se a nova teoria econômica de Keynes não inspirou o mesmo clamor público produzido por *As Consequências Econômicas da Paz*, ela mesmo assim recebeu uma enchente de atenção e críticas das lideranças na Cidade de Londres. Essa reação negativa serviu como uma medalha de honra para ele em Bloomsbury, demonstrando que não havia parado de desafiar figuras reverenciadas e doutrinas sagradas. Além disso, Keynes descobriu que o trabalho realizado por ele como um intelectual público deu ao seu trabalho teórico uma urgência muito maior do que a de um típico acadêmico. Ideias keynesianas inspiravam cartas aos editores, reuniões com banqueiros centrais, até mesmo convites esporádicos para Whitehall. E então, após alguns bons anos com o *Manchester Guardian*,

DA METAFÍSICA AO DINHEIRO

Keynes decidiu ampliar sua persona pública ao comprar seu próprio jornal.

The Nation and Athenaeum era um antigo órgão de opinião liberal cujo editor, Henry Massingham, caiu sob a influência do Partido Trabalhista e agora tinha o hábito de comissionar artigos para jovens escritores do partido — incluindo Leonard Woolf — que atacavam, da esquerda política, o Partido Liberal. Em janeiro de 1923, Keynes reuniu um consórcio de investidores e assumiu o jornal, tornando-se o presidente de um novo quadro de diretores e forçando a saída de Massingham.

Os Woolfs ficaram desolados. Os comprometimentos liberais de Keynes representavam um problema para o fluxo regular de renda do chefe de família, simpatizante do Partido Trabalhista.[66] Ambos já em seus quarenta e poucos anos, os Woolfs viviam de maneira confortável, mas o casal nunca teve segurança financeira. Os livros de Virginia não vendiam e sua saúde mental instável exigia tratamentos extensivos e caros, incluindo duradouras hospitalizações em uma época anterior ao Serviço Nacional de Saúde. Após fracas vendas de seus dois primeiros livros, os Woolfs publicaram de maneira independente o terceiro romance de Virginia, *O Quarto de Jacob*, na própria editora deles, Hogarth Press, em outubro de 1922. A obra finalmente trouxe e ela a bajulação crítica que tanto buscava, mas boas avaliações não pagavam suas contas. Em 1924, a receita combinada de seus três romances e de um livro de contos somava apenas £37, incluindo as vendas norte-americanas (Hogarth conseguiu um lucro de £3 nesse ano).[67] Com a mudança de liderança no *Nation*, parecia que Leonard precisaria começar a procurar outro trabalho.

Ainda assim, ter um amigo responsável por um jornal semanal pode trazer *algumas* vantagens. Perto do fim de 1922, Virginia começou a organizar um apoio financeiro para um amigo poeta muito promissor cuja energia criativa, temia ela, estava sendo bloqueada por sua carreira no Lloyds Bank. Ela solicitou inscrições para um fundo que permitiria ao pobre rapaz abandonar seu emprego formal e focar escrever poesias em tempo integral, mas não conseguiu juntar mais do que algumas centenas de libras para sua causa. Se Keynes pudesse encontrar algum trabalho para ele entre "£3 e £400 por ano",[68] insistiu Virginia, seu amigo poeta poderia finalmente abandonar o banco.

Keynes tinha uma vaga aberta para editor literário, mas havia um problema: nenhum dos outros diretores do *Nation* ouviram falar do amigo de Virginia. Na verdade, pouquíssimas pessoas na Inglaterra o conheciam. Seu trabalho mais notável até o momento havia sido um longo poema publicado na primeira edição de sua própria revista literária, alguns meses antes de Keynes assumir o *Nation*. Ele gostou do poema, como era de se esperar — era uma reimaginação em metáforas e abstrações de verso livre sobre temas e ideias apresentados pelo autor em *As Consequências Econômicas da Paz*. Assim como a obra-prima de Keynes, o poema era um louvor violento a um continente idealizado que nunca retornaria e uma condenação dos líderes que o destruíram.[69] A obra até incluía uma imagem de Cartago "queimando queimando queimando queimando" — uma invocação de uma importante metáfora utilizada por Keynes para o Tratado de Versalhes. O documento de paz definitivo, alertou Keynes, era uma "paz cartaginesa" que rapidamente retiraria a Alemanha da Europa, destruindo o seu povo e suas tradições assim como Roma acabou com a era de Cartago entre as grandes culturas do antigo Mediterrâneo. Virginia estava tão animada sobre o poema que ela e Leonard o publicaram como um livro independente em setembro — mas a primeira edição do Reino Unido de *The Waste Land*, escrito por T. S. Eliot, teve uma tiragem de apenas 450 exemplares.[70]

Virginia ajudou Keynes a lidar com os outros diretores. Ela pediu para que Lytton Strachey escrevesse uma carta prometendo escrever para o *Nation* caso contratassem Eliot como editor literário, jurando que "Maynard pagará muito bem seus colaboradores".[71] Após duas semanas de drama com o conselho, Keynes ofereceu o emprego a Eliot.

De forma repentina, o poeta tinha suas ressalvas. Ele precisaria tirar férias primeiro e, também, de um aviso prévio de três meses no banco — seu trabalho era altamente especializado. Editores no *Times* estavam assinando contratos de cinco anos — conseguiria ele esse tipo de garantia? Talvez dois anos?[72] As negociações se arrastaram por semanas e o projeto Eliot se tornou, nas palavras de Keynes, "um fiasco".[73]

Então ele abandonou o projeto. No dia 23 de março de 1923, ele ofereceu o cargo de editor literário para um "atônito" Leonard Woolf.[74] O cargo pagava £500 anuais para dois dias e meio por semana no escritório. "Foi muito gentil da sua parte assumir tantos riscos" por Eliot,

DA METAFÍSICA AO DINHEIRO 137

escreveu Virginia a Maynard na mesma tarde, quase em um tom de desculpas. "Apesar disso, não posso evitar de sentir que ele não era a pessoa certa para o cargo."

O jornal semanal de Keynes servia como a âncora financeira dos Woolfs até a carreira de Virginia finalmente ganhar tração com a publicação de *Orlando*, em 1928 (ela ganhou £1.434 naquele ano — mais que US$100 mil atualmente — e gozou de regulares lucros com sua escrita pelo restante de sua vida).[75] O trabalho era muito mais que uma corda salva-vidas para Virginia. Como editor, Leonard comissionava trabalhos de Lytton, Clive Bell, Roger Fry, Bunny Garnett e outros antigos amigos, convertendo o *Nation* na voz de Bloomsbury. A natureza de meio período do trabalho de Woolf permitia que a família dedicasse mais tempo e recursos a Hogarth, o que permitiu à editora expandir seu catálogo de um punhado de livros por ano até dezenas, publicando Roger, Clive e E. M. Foster ao lado de novos amigos, incluindo Robert Graves e escritores mais reconhecidos como Gertrude Stein, H. G. Wells e até Sigmund Freud. Alguns dos best-sellers mais confiáveis da Hogarth eram panfletos políticos escritos por Keynes.[76] Este estava usando o *Nation* e sua popularidade para subscrever toda Bloomsbury. Ao fazer isso, dava aos seus amigos uma plataforma para suas ideias e ajudava a fomentar a fama e fortuna posterior deles. Sua própria vida tornou-se um microcosmo de seu estado ideal, um motor econômico apoiando os verdadeiros objetivos da conquista humana: a arte e a literatura.

Isso também o libertou de uma duradoura insegurança sobre sua boa-fé estética. Seja lá o que Clive e Lytton possam falar sobre seu gosto artístico, ele gerenciava o jornal que os permitia falar sobre isso. Ele até pode nunca produzir um trabalho belo ou completo como as diversas obras-primas modernistas que começaram a surgir de Bloomsbury nos anos 1920, mas não precisava mais resgatar obras de Cézanne para provar que fazia parte do mundo deles. T. S. Eliot até escreveu um poema baseado em seu livro. Isso, no entanto, não o fez parar de se importar com o que Bloomsbury pensava. Com o seu lugar entre eles solidificado, Bloomsbury continuou a servir como sua estrela-guia. "Ministros de gabinetes e *The Times* podiam elogiá-lo, mas se ele tivesse a desconfortável suspeita de que Lytton Strachey, Duncan Grant, Virginia Woolf e Vanessa Bell não compartilhavam de seu entusiasmo, o flerte público parecia algo com o que se envergonhar", de acordo com Clive Bell.[77]

Porém, Keynes também estava utilizando o *Nation* para invadir um novo território ideológico para os seus liberais em meio ao crescimento do Partido Trabalhista como uma força progressista. Nos oito anos anteriores à guerra, Herbert Asquith e David Lloyd George moveram o liberalismo para longe das políticas laissez-faire estritas para abraçar o modesto início do estado de bem-estar social. Onde outrora apenas a justiça do mercado reinou, agora pensões por idade e auxílios aos desempregados melhoravam a qualidade de vida para aqueles que não podiam trabalhar. Lloyd George e Asquith dividiram-se sobre como lidar com a guerra, e a vitória de Lloyd George na batalha submeteu a agenda liberal de bem-estar social doméstico aos interesses de seu amplo projeto imperial, que envolvia o líder liberal e seu partido com seus tradicionais inimigos políticos — os conservadores — para estabelecer um governo de coalizão. O resultado foi um partido político que conquistou uma sequência de vitórias — das pensões até a Grande Guerra — e perdeu sua direção ideológica. No editorial para a primeira edição de *The Nation*, no dia 5 de maio de 1923, Keynes apresentou um novo manifesto para o partido. Os grandes problemas da época — guerra, paz e economia — foram misturados pela guerra. "As ideias de todos nós são tão confusas e incompletas que os verdadeiros pontos controversos apenas começaram a surgir", declarou ele. A agenda liberal pré-guerra de livre mercado e de um imposto de renda progressivo que financiasse modestos programas para os mais pobres foi "destruída pela dívida de guerra". Garantir a prosperidade significava lidar com novas concepções de estruturas econômicas e "controle industrial" que ainda não haviam sido formuladas — ideias como o monetarismo que ele explorou nas páginas do *Manchester Guardian*.

Keynes também não imaginava que suas ideias sobre os bancos centrais fossem o fim do debate. *The Nation* apresentaria novas ideias conforme elas surgissem e as moldaria em ferramentas que os legisladores poderiam usar. "Nós somos simpáticos a um Partido Liberal que tem o seu centro bem para a esquerda, um partido definitivamente de mudanças e progresso, descontente com o mundo e buscando muitas coisas; porém com mentes mais audaciosas, livres e imparciais que aquelas do Partido Trabalhista, abandonando seus dogmas ultrapassados."[78]

DA METAFÍSICA AO DINHEIRO

Ao final de 1923, *As Consequências Econômicas da Paz, A Tract on Monetary Reform* e seus comentários no *Nation* transformaram Keynes em uma das figuras mais influentes da política liberal. Mesmo se ninguém desejasse contratá-lo como conselheiro, quase todo político britânico desejaria tê-lo ao seu lado durante as eleições — uma notável transformação de sua posição como um brilhante pária, apenas alguns anos antes. A agitação econômica durante os anos entre guerras estava criando muitos tumultos partidários. Os britânicos organizaram uma eleição nacional em cada um dos três anos consecutivos de 1922 até 1924. Embora David Lloyd George tenha conquistado uma convincente vitória por seu governo de coalizão na eleição de 1918, a campanha foi uma profunda decepção para o Partido Trabalhista, que desejava capitalizar na expansão pós-guerra para garantir, pela primeira vez, sua maioria no Parlamento. Nunca antes as mulheres tiveram o direito ao voto na Grã-Bretanha (e, mesmo nessa época, apenas as mulheres acima de 30 anos tinham esse direito) e as restrições de voto em todos os homens acima de 21 anos foram removidas. O pobre desempenho do Partido Trabalhista em 1918 significava que a coalizão de Lloyd George dependia e muito do Partido Conservador para a sua maioria. Em 1922, essa era uma posição forte para os conservadores. Como primeiro-ministro, Lloyd George recebeu a culpa pelo ioiô de inflação e deflação pós-guerra e os conservadores assumiram o controle total do governo, desmantelando a aliança com os liberais. Porém, o conservador Bonar Law — outro primeiro-ministro que já atuou como chefe de Keynes no Tesouro — lideraria o governo por pouco mais de seis meses antes de ficar gravemente doente graças a um câncer de garganta, que poderia rapidamente matá-lo. Quando o primeiro-ministro deles abandonou o cargo, os conservadores pediram por novas eleições.

Os liberais enviaram Keynes para a zona rural, visando tirar alguma vantagem da crise. Ele não era um orador político nato. Estranhamente alto e com uma leve corcunda, ele via as aulas como algumas de suas responsabilidades acadêmicas menos prazerosas. Como ele mesmo admitiu, falava rápido demais em ambientes políticos — uma séria falha para um homem cuja área de experiência era tanto técnica quanto abstrata.[79] Keynes, no entanto, era um homem famoso que as pessoas gostavam de ver, independentemente do interesse político. Em Blackpool, na costa do Mar da Irlanda, ele falou para um público de 3 mil pessoas.[80]

"O interesse do público é notável", ele contou para Lydia sobre um comício na noite seguinte. "Nunca vi um teatro tão cheio (todo o palco atrás de mim estava cheio, bem como o auditório até o teto, e eles se organizavam em filas para entrar uma hora antes das portas se abrirem)."[81] Seus discursos eram escritos no *Manchester Guardian* e na mídia local e os habitantes locais o desejavam boa sorte na estação de trem.

A eleição de 1923 era um referendo no plano conservador para melhorar a economia com a imposição de tarifas protetivas nas importações estrangeiras. Uma vez que a eleição tratava de políticas econômicas, ter o apoio do economista mais famoso do mundo dava aos liberais uma vantagem significativa. Keynes pregava alegremente a antiga ortodoxia liberal de que deixar o governo manipular o mercado na forma de tarifas seria contraprodutivo. Aumentar as tarifas dos produtos estrangeiros apenas aumentaria o preço para consumidores domésticos, argumentou ele, o que reduziria o padrão de vida de muitas famílias. O livre mercado era mais eficiente. Ao permitir que todas as nações aproveitassem os produtos das outras, todos gozariam de um mundo mais abundante.

Nesta apresentação, Keynes não se demorou nas implicações de sua nova teoria monetária. Ao permitir que os países reavaliassem suas moedas para combater a deflação (ou inflação) doméstica, ele estava essencialmente pedindo por uma reorganização do fluxo de comércio internacional em nome da prosperidade britânica. O valor da libra mais "forte" em relação ao dólar tornaria os bens britânicos mais caros — e menos populares — nos Estados Unidos, enquanto uma libra mais "fraca" tornaria os produtos mais baratos — e mais populares. No que dizia respeito ao livre-comércio, reavaliar a moeda faria o mesmo trabalho de uma tarifa.

Poucos membros da audiência de Keynes percebiam essa inconsistência. As políticas do comércio — assim como hoje em dia — eram governadas mais por slogans do que por análises cuidadosas. E, para os liberais, a posição de Keynes era politicamente conveniente. Os lideres partidários poderiam apresentá-lo como um especialista inovador que sabia como resolver o status quo disfuncional e de alto desemprego com suas ideias monetárias revolucionárias, enquanto ao mesmo tempo eles o apresentam para insistir que as políticas de livre-comércio deles sempre estiveram certas.

DA METAFÍSICA AO DINHEIRO 141

Keynes estava ajudando os liberais — que, há apenas um ano, eram aliados oficiais dos conservadores — a forjar uma nova aliança com o Partido Trabalhista, abertamente socialista. Ele foi enviado até Barrow-in-Furness, no noroeste da Inglaterra, onde tanto ele quanto os líderes partidários sabiam que o candidato liberal para o Parlamento estava condenado. O trabalho de Keynes era retirar votos conservadores suficientes para viabilizar um candidato trabalhista.[82] Foi exatamente assim que a eleição nacional acabou. Embora os conservadores tivessem conquistado mais assentos que qualquer outro partido individual, tanto os trabalhistas quando os liberais tiveram ganhos significativos e os dois partidos minoritários uniram-se para formar uma maioria, fazendo de Ramsay MacDonald o primeiro primeiro-ministro do Partido Trabalhista da Grã-Bretanha. Quando os resultados foram divulgados, Keynes ficou eufórico sobre a nova oportunidade para o seu partido. "A política é uma grande confusão", escreveu ele para Lydia no dia 9 de dezembro de 1923. "Eu quero ir até Londres e ouvir as conversas. Os liberais devem caminhar na direção dos trabalhistas e não na direção contrária."[83] Para Asquith, a aliança parecia um experimento seguro: os liberais poderiam submeter os trabalhistas à sua vontade em questões importantes, porque os conservadores jamais se aliariam com um partido socialista (Winston Churchill chamou a ideia de um governo trabalhista de "um infortúnio nacional" comparado apenas com uma derrota na guerra).[84] Enquanto isso, qualquer reputação ruim na mídia para a coalização liberal-trabalhista poderia ser atribuída diretamente a MacDonald e seus neófitos socialistas. "Somos nós, se de fato compreendemos esse negócio, que verdadeiramente controlamos a situação", disse Asquith aos seus compatriotas liberais.[85]

A deflação e o desemprego eram as questões domésticas mais urgentes enfrentadas pelo novo governo, mas o novo regime assumiu o cargo quando as organizações econômicas internacionais do Tratado de Versalhes abriram espaço para a crise internacional. A Alemanha não havia pagado suas dívidas reparatórias. Do acordo inicial de 20 bilhões de marcos avaliado pelo tratado em 1919, apenas 8 bilhões chegaram aos cofres Aliados até o prazo de maio de 1921.[86] Esse deficit foi incluído na indenização final estabelecida pela Comissão de Reparação da Liga das Nações. A Alemanha agora precisava pagar um total de 132 bilhões de marcos em prestações que começavam em cerca de 3 bilhões de marcos anuais. Keynes reavaliou o tratado de paz considerando esses termos finais e concluiu, para surpresa de ninguém, que ainda eram termos demasiadamente severos. O máximo que a Alemanha poderia pagar seria cerca de 1,25 bilhão de marcos por ano ao longo de 30 anos.

As reparações por si só não causaram o tumulto financeiro alemão, mas foram catalisadoras importantes para a calamidade. A jovem República de Weimar estava em um estado de agitação quase constante. Enquanto os Aliados trabalhavam nos termos do tratado em Paris, as forças militares alemãs suprimiam uma revolta comunista e assassinavam seus líderes (incluindo, e talvez seja o exemplo mais famoso, a intelectual marxista Rosa Luxemburgo). A direita política alemã, enquanto isso, era hostil à nova constituição democrática, o que deu ao Reichstag, e não à monarquia ou às forças armadas, a autoridade absoluta. Com a economia pós-guerra em completa desordem e uma fome em massa na memória recente do povo, os líderes da jovem democracia tentaram estabelecer sua legitimidade pública ao aprovar novos auxílios sociais. Em 1920, o Reichstag tornou as vítimas de guerra elegíveis para pensões governamentais e começou a traçar planos para uma assistência aos jovens e um programa mais generoso de seguro-desemprego.

Os políticos de Weimar eram extremamente cautelosos quanto à imposição de novos impostos ao povo devastado pela guerra para financiar essas iniciativas, quanto mais para pagamentos reparatórios ao exterior. "As vidas valem mais do que dinheiro", argumentou o membro conservador do Reichstag e mineiro do carvão, Hugo Stinnes.[87] Então, a Alemanha fechou seu deficit orçamentário ao buscar uma política deliberada de inflação de dois dígitos. O ministro de relações exteriores Walther Rathenau defendeu a tática em uma reunião realizada em junho de 1922 com o embaixador norte-americano de Berlim, comparando a economia do país com "um exército completamente cercado e que, para preservar sua própria existência, deve ser bem-sucedido, não importa quão grande sejam suas perdas, para conseguir respirar e ter uma chance de salvar o todo".[88] Dez horas depois, Rathenau foi assassinado por um grupo de terroristas da direita política, apenas um das centenas de assassinatos realizados por uma extrema direita enfurecida após as consequências de Versalhes.

Por um momento, a estratégia inflacionária parecia ter dado certo. Embora os preços tenham aumentado quarenta vezes ao longo de 1922,

DA METAFÍSICA AO DINHEIRO 143

os salários mantiveram o ritmo e — em grande contraste com a situação na Grã-Bretanha — não era difícil encontrar empregos. Em novembro de 1922, no entanto, o governo Alemão não foi capaz de realizar um pagamento reparatório à França e, no dia 11 de janeiro de 1923, o novo primeiro-ministro conservador, Raymond Poincaré, ordenou uma invasão até o Vale do Ruhr. Era um simples cálculo de lucro. Controlar as minas de carvão no Ruhr, acreditava ele, mais do que compensaria a França pelos custos de sua ocupação militar.

Ele tinha razão, mas a França ainda pagaria caro no tribunal da opinião pública. "Eu vejo a atual operação do governo francês com uma desaprovação violenta", escreveu Keynes para o chanceler do Reichsbank, Rudolf Havenstein, no dia 17 de janeiro. "Eu acho que a ação deles está errada nas leis, na moral e na conveniência."[89] Ramsay MacDonald denunciou a ocupação francesa, chamando-a de "maligna".[90] A rapidez com a qual os diplomatas norte-americanos e britânicos se aliaram a seu inimigo recém-derrotado durante a guerra destacava a duradoura influência da polêmica de Keynes de 1919. A Alemanha, no fim das contas, havia falhado em arcar com suas obrigações de acordo com o tratado de paz. O fato de que os líderes mundiais consideraram a campanha militar francesa como um ato ilegítimo de agressão revelou o fato de que poucos em posição de poder fora da França acreditavam na reparação como algo justo ou prático.

Com atitudes globais simpáticas à sua situação e suas facções políticas nacionalistas em um estado de completa loucura, o governo de Berlim garantiu o apoio financeiro para a resistência popular no Vale do Ruhr. Embora não fosse uma resposta militar formal, os cidadãos alemães se recusaram a trabalhar nas minas, sabotaram vagões e se envolveram em algumas altercações violentas com as tropas francesas. Cerca de 120 cidadãos foram mortos durante a ocupação, enquanto a França forçou outros 147 mil alemães a abandonarem o vale.

"Hiperinflação", de acordo com o historiador econômico conservador Niall Ferguson, "é sempre e em qualquer lugar um fenômeno *político*"[91] e o tumulto da ocupação francesa criou uma reação rápida e terrível nos mercados monetários. Em janeiro, um dólar norte-americano poderia comprar 7.260 marcos alemães. Em agosto, o mesmo dólar poderia comprar um incomensurável valor de 6 milhões.[92] Em 1924, um marco de ouro pré-guerra poderia ser trocado por mais que *1 trilhão* de marcos de papel do pós-guerra. Com o dinheiro perdendo seu significado, o sistema de comércio quebrou e o desemprego saltou para 20%.

As consequências políticas ainda foram mais catastróficas. Dezenas de pessoas foram assassinadas em uma revolta comunista em Hamburgo, quando radicais tentaram se separar do estado. Em Munique, Adolf Hitler e o general extremamente nacionalista Erich Ludendorff tentaram o famoso Putsch da Cervejaria. Embora o líder fosse encarcerado, os nazistas exploraram a raiva e o desespero gerados pela hiperinflação e crises de ocupação para garantir uma base na legítima política alemã, ganhando 32 assentos na Reichstag e quase 2 milhões de votos na eleição de maio de 1924.

A ordem financeira internacional codificada em Versalhes estava aos pedaços. As dívidas de guerra devidas aos Estados Unidos estavam seguindo o mesmo destino de todas as dívidas impagáveis: não estavam sendo pagas. Wilson foi forçado a colocar uma moratória de dois anos no pagamento em 1919 e, em 1923, a administração de Warren Harding aliviou a pressão ao estender a agenda de pagamento em mais de sessenta anos para reduzir o valor das parcelas anuais. Mesmo esse auxílio limitado foi "ressentido de maneira amarga em Londres", uma vez que os pagamentos anuais permaneceram maiores que todos os juros combinados da dívida nacional carregada na Grã-Bretanha.[93]

O desdobramento da crise política na Alemanha conseguiu balançar a administração de Calvin Coolidge e tirá-la de seu entorpecimento diplomático. Coolidge delegou a família Morgan como um agente não oficial da política externa norte-americana e os termos do plano esclareceria o escopo da pressão do Departamento de Estado sobre o banco. A antipatia de Jack Morgan com relação à Alemanha era conhecida nos dois continentes e seu banco estava prestes a auxiliar o país. O projeto resultante ficou conhecido como Plano Dawes, nomeado a partir de Charles Dawes, um banqueiro de Chicago aliado de Morgan que, no outono, seria eleito vice-presidente norte-americano. Os principais arquitetos do plano, no entanto, eram: Thomas Lamont, o parceiro de Morgan, e Owen D. Young, o chefe dos vassalos de Morgan, General Electric e Radio Corporation of America.

O Plano Dawes era ambicioso. Seu objetivo era aliviar o peso das reparações alemãs, retirar a França do Vale do Ruhr e recomeçar o comércio europeu, que havia sido interrompido durante a hiperinflação alemã. O

DA METAFÍSICA AO DINHEIRO   145

plano buscaria tais objetivos com um conjunto de ferramentas bem limitado. Coolidge insistiu para que Dawes não discutisse as dívidas de guerra devidas aos Estados Unidos, enquanto a França exigia a preservação do pagamento total da reparação por parte da Alemanha. Os homens do Morgan, portanto, decidiram reduzir os pagamentos reparatórios anuais da Alemanha ao estender o período que ele seria pago ao longo das décadas. Em vez de corrigir o pagamento anual com base em uma estimativa da "capacidade de pagar" da Alemanha, eles indexariam as reparações às cargas tributárias dos britânicos e franceses. Essa era uma inteligente desculpa retórica para justificar uma nova rodada de diplomacia, mas ela dependia de um raciocínio circular. Os britânicos e franceses baseavam suas taxas de juros parcialmente na quantidade de dinheiro que deviam aos Estados Unidos e da quantia que esperavam receber das reparações. A carga tributária, portanto, não era um fenômeno estático e independente. Lamont, Young e Dawes estavam estabelecendo reparações com base em um valor que dependia da quantia já paga a título de reparações. A aposta, porém, era acompanhada de outros itens atraentes tanto para a Alemanha quanto para a França. J.P. Morgan havia organizado um empréstimo de US$200 milhões que permitiria à Alemanha cumprir com suas obrigações e reabrir o comércio. França recuaria do Ruhr em troca de um empréstimo de US$100 milhões. Já era um começo.

Os redatores do plano temiam uma denúncia pública de Keynes, que no momento era possivelmente o intelectual público mais poderoso do mundo. Eles entregaram a ele uma cópia antes da divulgação dos termos. "Todos na França estão se perguntando: 'O que Keynes falará?'", escreveu Josiah Stamp, um oficial britânico no comitê em uma carta enviada para Keynes. "Então pegue leve com suas doses de fúria no momento."[94]

Apesar de suas ressalvas, Keynes cedeu em nome do progresso. "O relatório é a melhor contribuição até agora para este problema impossível", escreveu ele para o jornal *The Nation and Athenaeum* em abril de 1924. "Embora a linguagem por vezes pareça a linguagem de um homem são que, encontrando-se em um hospício, deve se adaptar aos colegas, o texto nunca perde sua sanidade. Ainda que ele se comprometa com o impossível e até mesmo contemple o impossível, ele nunca prescreve o impossível. Essa fachada e esses projetos podem nunca ser realizados em um edifício erguido à luz do dia, mas é um documento honrado e inicia um novo capítulo."[95]

Com a bênção de Keynes garantida, os Aliados convocaram uma conferência em Londres para revisar de maneira formal o Tratado de Versalhes com o objetivo de implementar o acordo. O governo francês, porém, parecia menos animado com a proposta de Dawes do que Keynes. De acordo com o diário de MacDonald sobre a conferência, os diplomatas franceses estavam "obcecados 'pelo fogo-fátuo no poder armado e pela astuta democracia' e pela 'economia estúpida'".[96] A conversa se arrastou durante semanas, mas a França acabou cedendo. O empréstimo de US$100 milhões de Morgan concederia à França os fundos imediatos para atender suas urgentes necessidades de reconstrução, o que sempre foi a justificativa mais persuasiva para grandes reparações oriundas da Alemanha.

O Plano Dawes era suficientemente forte para ganhar tempo para a Europa trabalhar em uma solução melhor. Ele foi forçado a funcionar, entretanto, como a fundação do comércio europeu e transatlântico. Os Estados Unidos, por meio do J.P. Morgan, emprestavam dinheiro à Alemanha, que repassava esse dinheiro para a França e a Grã-Bretanha na forma de reparações. Esses países devolviam o dinheiro para os Estados Unidos na forma de pagamento das dívidas de guerra, permitindo o recomeço do ciclo. Tratava-se de um sistema frágil, mas funcional — desde que a Alemanha continuasse a receber empréstimos estrangeiros.

"Nada real passa — nem uma moeda perdeu seu valor. As matrizes de gravação e as formas de impressão estão mais ocupadas do que antes, porém ninguém come menos e ninguém trabalha mais", escreveu Keynes. "As somas escritas nos papéis se amontoam, é claro, com juros compostos. Durante quanto tempo o jogo pode continuar? A resposta reside no investidor norte-americano."[97]

Isso era, fundamentalmente, uma caricatura atrasada e cara do sistema no qual Keynes insistiu durante a conferência de Paris. O capital norte-americano estava finalmente, ainda que de maneira relutante, sendo utilizado para reconstruir o continente. Nessa versão complicada, todavia, os governos minimizavam seus envolvimentos e trabalhavam por meio de estranhos canais diplomáticos com agentes do setor financeiro privado. Como voltaria a acontecer diversas vezes nas décadas vindouras, o mundo havia finalmente alcançado uma interpretação distorcida de uma solução keynesiana após sucumbir diante da catástrofe que tal solução foi desenvolvida para evitar.

SEIS

———◊———

PROLEGÔMENOS PARA O NOVO SOCIALISMO

SE A GRANDE GUERRA acabou com o domínio de uma decadente nobreza europeia, ninguém contou isso para a Rainha Maria da Romênia. Neta da Rainha Vitória do Reino Unido e do czar Alexandre II, prima do kaiser Guilherme II e do rei Jorge V do Reino Unido, ela uniu-se em um casamento arranjado ao príncipe Fernando quando tinha apenas 17 anos. Embora seu marido fosse dez anos mais velho que ela, Maria detinha o verdadeiro poder na corte romena, levando sua pátria adotada à causa dos Aliados durante a guerra e garantindo pessoalmente uma vasta expansão do território romeno durante a Conferência de Paz. Considerada por toda a Europa como uma mulher de grande beleza, ela estava sempre inclinada à extravagância, adornando-se com longos cordões de pérolas que eram tão icônicos no começo do século XX quanto o bigode no rosto de Charles Chaplin. Certa vez, quando vista nas ruas de Paris, sua mera presença deixou uma multidão de admiradores tão apaixonados que cercaram seu carro e o ergueram no ar.[1]

Quando ela viajou até Londres, sua presença foi celebrada nos círculos sociais mais seletos da cidade. No dia 27 de maio de 1924, a elite britânica participou de um banquete suntuoso em sua homenagem. David Lloyd George e o líder conservador, Stanley Baldwin, estavam presentes, além do rei Afonso XIII da Espanha e do arcebispo da Cantuária, resplandecente com sua formal túnica violeta. John Maynard Keynes colocou o medalhão da Ordem de Bath e sentou-se a dois lugares de distância de Lloyd George. Após perder o apoio dos conservadores em 1922, Lloyd George agora apostava em tentativas demasiadamente públicas de reconciliar-se com seus antigos amigos liberais. Durante o banquete, ele chegou até a elogiar o economista renegado que lhe trouxe muitas dores de cabeça no decorrer da guerra. "Eu aprovo Keynes porque, esteja certo ou errado, ele está sempre lidando com realidades." Baldwin, confiante de que Keynes jamais se converteria à causa conservadora, era menos gracioso, zombando de leve da condecoração real de Keynes: "Você parece ser um bom cão com essa coleira no pescoço."[2]

Keynes escreveu duas cartas afoitas para Lydia, detalhando a decadente trama da noite. "Foi uma festa incrível", ele irrompeu. "Ah, que dia e tanto!"[3] Rei Afonso "disse que, entre todos os presentes em Londres, eu era a pessoa com a qual ele mais queria falar, tendo lido meus livros com o maior cuidado possível".[4]

Em 1924, Keynes estava firmemente entranhado nos escalões mais exclusivos da sociedade europeia, desfrutando da atenção de políticos e da realeza internacional. Mas ele ficava envergonhado quando Lydia falava de tais eventos com amigos. "Com *você* eu posso me gabar sem temer ser incompreendido — é uma vanglória interna", disse ele, repreendendo a amante. "Mas para os outros isso não é muito bom."[5] A emoção da aceitação entre a elite não era um valor de Bloomsbury — ao menos não oficialmente.

O Bloomsbury sempre caminhou em uma linha tênue entre a celebração de hábitos aristocráticos e a participação na aristocracia propriamente dita. Seus membros insistiam que seu amor pela arte, literatura e aprendizado não era uma mera expressão do privilégio de classe, mas uma profunda apreciação pela verdade e pela beleza. O próprio Keynes traçou tal distinção ao longo de anos de correspondências pessoais, rascunhos de dissertações e discursos sobre "amor pelo dinheiro" e a "maldição de Midas" — o lendário rei cujo toque transformava tudo em ouro. A tragédia de Midas era sua incapacidade em aproveitar tudo o que a fortuna era capaz de lhe oferecer. O dinheiro existia para ser gasto em coisas de alta qualidade: a busca dos "bons estados de espírito" dos Apóstolos. De sua época como estudante universitário até seu leito de morte, Keynes acreditava que esses não se tratavam de bens exclusivos. Um homem vivendo uma boa vida não reduziria a capacidade de outra pessoa de viver tão bem quanto, assim como o prazer de alguém por uma pintura não acabaria com a capacidade de outras pessoas em apreciar a mesma obra.

A maior parte dos membros da elite não usava sua fortuna dessa maneira. Eles adquiriam pinturas como prêmios e liam os livros certos, se chegassem a lê-los, apenas para transmitir sua superioridade cultural. O dinheiro era uma ferramenta para impor distinções sociais — algo que poderia ajudar você, por exemplo, a conseguir entrar em uma festa com a rainha da Romênia. O valor disso, conforme Virginia Woolf escreveu em uma análise da biografia de 1934 de Maria, era a exclusividade por si só. "A realeza não é muito real", escreveu Woolf, quando ela "passeia pelas ruas".[6]

Existe uma tensão não resolvida ao longo do trabalho de Keynes entre seu desejo pela democratização dos aspectos da vida da classe dominante e sua própria reverência por essa mesma classe. "O grande problema de Keynes é que ele era um idealista", escreveu certa vez sua colega e colaboradora, Joan Robinson.[7] Sua fé de que "uma teoria inteligente prevaleceria sobre uma idiota"[8] era difícil de ser conciliada em um mundo onde "interesses pessoais" frequentemente rejeitavam reformas capazes de trazer benefícios para todos, preferindo até mesmo um status quo disfuncional desde que as pessoas mantivessem seus lugares no topo da ordem social.

Essa tensão, entretanto, fez de Keynes um personagem politicamente poderoso. Ao mesmo tempo que a realeza europeia descobria Keynes, ele também ficou conhecido entre os líderes da esquerda socialista, que reconheciam que sua aura intelectual transmitia poder para legitimar ideias igualitárias em uma audiência influente — talvez até mesmo entre membros da nobreza, oficiais do Tesouro e membros do Parlamento.

Keynes e a esquerda política demonstraram pouco interesse um no outro antes da publicação de *As Consequências Econômicas da Paz*. Seu comprometimento partidário sempre esteve mais inclinado aos liberais que aos trabalhistas, e sua lealdade econômica sempre foi totalmente dedicada ao convencional, defendendo o livre-comércio e o padrão-ouro. Durante a guerra, seus amigos mais próximos o viam como um símbolo do establishment político inglês: o tradicionalismo de Cambridge e o poder financeiro do Tesouro combinados em um único personagem cheio de si. Porém, seu famoso livro apresentou uma figura diferente para o mundo: um homem da paz, sem medo de falar duras verdades para as mesmas potências que eram alvos dos socialistas. Ao longo da segunda metade dos anos 1920, Keynes tornou-se uma das figuras mais importantes da esquerda política britânica — mesmo quando seu estilo de vida tornava-se cada vez mais diferente das preocupações diárias dos trabalhadores.

No dia 12 de novembro de 1925, o jornalista britânico Henry Noel Bailsford enviou a Keynes uma cópia de seu mais recente livro, *Socialism for Today* ["Socialismo para Hoje", em tradução livre]. Como membro da comissão do think tank Carnegie Endowment for International Peace, Brailsford documentou indizíveis horrores cometidos por várias facções nacionalistas durante as Guerras dos Bálcãs de 1913.[9] Agora como um dedicado ativista trabalhista, ele procurava trabalhar em uma agenda de políticas para o Partido dos Trabalhadores, buscando ideias de usos criativos para o estado — que os socialistas viam historicamente como uma ferramenta dos ricos — para transferir a fortuna e o poder dos abastados para os mal pagos. Em uma notável resposta escrita no dia 3 de dezembro, Keynes ofereceu dois breves parágrafos que continham um extenso universo de uma importante teoria:

Querido Sr. Brailsford,

Muitíssimo obrigado por me enviar o livro. Eu já o li, assim como faço com tudo que você escreve, com uma boa dose de prazer. Eu concordo parcialmente com ele, mas, por outro lado, ainda estou um pouco confuso. No momento ocupo-me com um tratado técnico sobre a teoria da moeda e do crédito. Assim que terminar isso, desejo me esclarecer sobre minha posição com relação ao futuro ideal da sociedade. No momento, meu sentimento é que isso deve ser atacado em primeira instância do ponto de vista ético em vez das tecnicidades da eficiência econômica. O que precisamos é de uma forma de sociedade que seja eticamente tolerável e economicamente não intolerável.

PROLEGÔMENOS PARA O NOVO SOCIALISMO

Minhas opiniões quanto a muitos assuntos estão mudando, mas ainda não vejo com clareza para onde estou sendo levado. Quando se trata de políticas, eu odeio sindicatos.

Atenciosamente,

JMK[10]

Encontrar mérito em uma agenda política socialista ao mesmo tempo que dispensa a fonte subjacente do poder socialista — os sindicatos — é uma clássica destilação da política de Keynes. Também temos um rápido vislumbre da visão dele sobre economia na hierarquia das buscas intelectuais. A ética — como Keynes se refere aos elementos que tornam uma vida boa — é uma consideração mais importante para a política pública do que a economia, o campo que fez a fama de Keynes. Os restos de sua reverência inicial por Edmund Burke ainda são evidentes na modéstia de ambição presente na carta. Mesmo ao imaginar o "futuro ideal da sociedade", Keynes só conseguia ver o alcance de um equilíbrio entre o que é "tolerável" e o que é "não intolerável".

Keynes, na verdade, já estava trabalhando em seu projeto de teoria política há algum tempo. Nos arquivos da King's College, em Cambridge, existe uma página única de anotações do dia 8 de junho de 1924 preenchida com a típica caligrafia araneiforme de Keynes. Embora em certo momento ele decidisse descartar a obra desse perfil em favor de algo mais acessível, o documento original capta a sensação de inovação e empolgação que ele sentia com sua iniciativa. Ele estava forjando um novo conjunto de fundações filosóficas para a sociedade do século XX. Anunciou o programa no topo da página: "Prolegômenos para o Novo Socialismo — A Origem e o Fim do Laissez-Faire".

Keynes tinha um relacionamento ambíguo com a palavra *socialismo*. Às vezes, ele a utilizava como um epíteto; em outras circunstâncias, a usava para descrever um ideal progressista. Conforme ele disse aos leitores do *The Nation and Athenaeum* em 1923: "'socialismo', seja lá o que isso significa, é apenas uma palavra, útil contanto que encubra satisfatoriamente a nudez da política trabalhista"[11] — ela era mais um rótulo do que uma doutrina ou conjunto de princípios. Em *The End of Laissez-Faire*

["O Fim do Laissez-Faire", em tradução livre], nome usado por Keynes na versão final de seus "Prolegômenos", ele tentou esboçar uma crítica à sabedoria filosófica convencional e mapear um caminho seguinte. Concordou com os socialistas que a ordem predominante falhou. Era hora de experimentar novas formas de organização política. Sua crítica, no entanto, era muito diferente da análise marxista padrão. Marx via o capitalismo como um inevitável período histórico em direção a uma crise definitiva e igualmente inevitável. Keynes compreendia o capitalismo laissez-faire como um acidente histórico, que foi responsável por deixar grande parte dos elementos mais importantes da administração social sem um administrador. Não era hora do capitalismo ser derrubado, mas sim "sabiamente administrado". No entanto, ele não sabia a forma exata como isso ocorreria. "Nosso problema é conseguir uma organização social que deve ser tão eficiente quanto possível sem ofender nossas noções do que é uma qualidade de vida satisfatória", escreveu ele, com uma linguagem que traz resquícios de sua carta a Brailsford.[12]

A doutrina do laissez-faire, argumentou ele, capturou a imaginação do povo ao encontrar um tom harmonioso entre diversas tradições intelectuais outrora dissonantes. Pegou a defesa conservadora do direito à propriedade privada desenvolvida por Burke, John Locke e David Hume e a uniu com o "igualitarismo democrático" de Jean-Jacques Rousseau e o "socialismo utilitarista" de Jeremy Bentham. Ao mesmo tempo, a doutrina satisfazia tanto a lógica do darwinismo social (a competição garantiria o avanço dos melhores e dos mais fortes) e variantes da teologia cristã na qual Deus guiou os esforços humanos de acordo com um plano divino (os vencedores foram escolhidos por Deus).

Keynes rejeitou essas duas últimas doutrinas, considerando-as desumanas e simplesmente incorretas. Mas o argumento principal que desejava demonstrar era sobre o conservadorismo e o socialismo. Burke e Hume eram os pais do conservadorismo moderno, enquanto Rousseau deixou como legado a Revolução Francesa e influenciou largamente a tradição socialista. Burke buscou proteger a propriedade dos ricos — ou seja, defender a desigualdade econômica. Rousseau via a igualdade tanto como a origem da humanidade como seu principal ideal, um que não poderia ser alcançado por meio de trocas comerciais, mas apenas por meio da "vontade geral" de uma democracia.[13] Ainda assim, devotos de todos esses pensadores poderiam comemorar o laissez-faire se a

PROLEGÔMENOS PARA O NOVO SOCIALISMO   153

defesa dos direitos de propriedade resultasse, por meio da mágica do comércio, em uma divisão mais igualitária do poder e da riqueza que os governos poderiam garantir com o uso de um planejamento estatal mais ambicioso.

Um tanto quanto por acidente, argumentou Keynes, laissez-faire tornou-se uma doutrina incrivelmente popular por reconciliar ideias antes incompatíveis. Porém, se a economia laissez-faire não trouxesse resultados — isto é, não gerasse uma grande prosperidade compartilhada — então a coalizão ideológica reunida por essa tradição se tornaria instável. De acordo com a argumentação de Keynes, o laissez-faire parecia funcionar nos séculos XVII e XVIII porque o favoritismo corrupto dos monarcas europeus foi tão disfuncional que retirá-los da autoridade econômica representou um aprimoramento. No entanto, com os monarcas fora do caminho, a sociedade agora lidava com problemas que não poderiam ser resolvidos por meio de atos individuais e descoordenados em um mercado. "Muitos dos maiores males econômicos da nossa época são frutos do risco, da incerteza e da ignorância. São culpa de indivíduos específicos que, afortunados em certas situações ou habilidades, são capazes de tirar vantagem da incerteza e ignorância. Também, pela mesma razão, grandes negócios frequentemente tornam-se loterias, e tais são as causas das grandes desigualdades de riquezas; e esses mesmos fatores também são a causa do desemprego, ou da decepção com expectativas comerciais razoáveis e ainda do enfraquecimento da eficiência e da produção. Contudo, a cura reside fora das operações individuais; podendo até ser do interesse de alguns indivíduos o agravamento da doença."[14]

Keynes acreditava que agora era só uma questão de tempo até outras ideias suplantarem o laissez-faire. As pessoas não eram mais presas ao laissez-faire porque o sistema funcionava; tal sistema foi cristalizado em um dogma irracional. "Sugerir uma ação social em nome do bem público para a Cidade de Londres é como discutir *A Origem das Espécies* com um bispo sessenta anos atrás. A reação inicial não é intelectual, mas moral. Uma ortodoxia está em questão e, quanto mais persuasivos forem os argumentos, maior será a ofensa."[15]

Quando ele apresentou *The End of Laissez-Faire* para o público de uma aula em Oxford em novembro de 1924, o desemprego britânico havia atingido dois dígitos por quase cinco anos consecutivos. Em vez de criar igualdade e harmonia, o laissez-faire gerou uma vasta desigualdade e inquietação social de tal forma que cada uma das coisas esplêndidas que o individualismo liberal deveria fomentar — novos pensamentos, belas artes, bons vinhos, conversas empolgantes — agora era ameaçada pela instabilidade social. Era hora de seguir em frente.

"*Não* é verdade que indivíduos possuem uma 'liberdade natural' prescritiva em suas atividades econômicas", escreveu Keynes. "*Não* existe um 'tratado' conferindo direitos perpétuos para aqueles que possuem ou aqueles que adquirem. O mundo *não* é tão governado de forma que os interesses privados e sociais sempre coincidam. Não é correto deduzir a partir dos princípios da economia que um interesse pessoal iluminado sempre atue no interesse público."[16]

Em *A Tract on Monetary Reform,* Keynes argumentou que a regulamentação estatal do nível dos preços curaria a indisposição da economia pós-guerra. Na época, ele acreditava que o desemprego persistente da Grã-Bretanha era resultado do capitalismo perdendo um de seus pilares mais básicos: preços estáveis. A crença dele afirmava que não havia nada de errado com a ideia geral de que o livre mercado alcançaria um equilíbrio próspero para todos.

Agora, apenas alguns anos depois, ele acreditava que o problema na economia britânica tratava-se de algo mais fundamental. Sua nova agenda para o estado, no entanto, era notavelmente vaga: "O importante para o governo é não fazer o que os indivíduos já estão fazendo, nem fazê-lo um pouco melhor ou pior, mas fazer as coisas que no presente momento não estão sendo feitas."[17] Keynes imaginou "corporações semiautônomas" e "órgãos estatais semiautônomos" assumindo o lugar de um mercado competitivo em áreas estratégicas onde o setor privado era incapaz de atender a alguma necessidade social básica.[18] O Bank of England, por exemplo, era tecnicamente um empreendimento privado, mas, para todos os efeitos, funcionava como um braço do governo britânico. A questão de um governo precisar nacionalizar formalmente grandes indústrias como a mineração de carvão ou as ferrovias era, de acordo com Keynes, uma distração mencionada apenas pelos dogmáticos vassalos de uma antiquada visão do século XIX do "socialismo de estado". "Um dos progressos mais interessantes e despercebidos das

PROLEGÔMENOS PARA O NOVO SOCIALISMO   155

décadas recentes foi a tendência de grandes empreendimentos se so-cializarem", escreveu ele,[19] conforme eles respondiam às necessidades públicas em vez do lucro privado.

Essa era uma visão excessivamente otimista dos grandes negócios, inspirada pela visão cor-de-rosa que Keynes tinha do capitalismo impe-rialista pré-guerra. No entanto, a ideia de uma área de atividade "semis-socializada" de fato se tornaria central para o Estado-nação moderno nas próximas décadas, quando governos começaram a ter um papel mais agressivo na regulamentação de diferentes setores comerciais, des-de concessionárias de energias até bancos e linhas aéreas. As agências independentes criadas sob o New Deal de Franklin Delano Roosevelt — desde o Tennessee Valley Authority até o Federal Deposit Insurance Corporation — foram atribuídas às tarefas que o setor privado dos anos 1930 não conseguiria ou não teria interesse em prover. *The End of Laissez-Faire* é demasiadamente impreciso para ser chamado de dia-grama do New Deal; Keynes simplesmente não pensou na eletrificação rural nem em um seguro de créditos em 1924, mas a obra certamente trouxe uma base filosófica para o que estava por vir.

Os comprometimentos morais e éticos expressos por Keynes em *The End of Laissez-Faire* em última análise compartilhavam muito mais coisas em comum com o "igualitarismo democrático" de Rousseau do que com a defesa ao direito à propriedade de seu herói da época como estudante universitário, Burke. "Eu não critico o socialismo de estado doutrinário porque ele busca empenhar os impulsos altruístas do homem a serviço da sociedade, ou porque ele se afasta do *laissez-faire*, ou porque ele retira a liberdade natural do homem de acumular 1 milhão, ou porque ele tem a coragem de realizar experimentos audaciosos. Eu aplaudo todas essas coisas. Eu o critico porque ele não compreende o significado do que está realmente acontecendo."[20]

Mesmo assim, Keynes ainda encontrou espaço para citar Burke com aprovação. Da mesma forma que Burke, ele acreditava que a questão de "o que o Estado deve assumir pela sabedoria pública e o que ele deve deixar, com a menor interferência possível, ao esforço individual" de-penderia dos fatos empíricos da economia na sociedade: como o mun-do de fato funcionava e o que de fato produz prosperidade em vez de princípios abstratos sobre direitos e obrigações.[21] No mundo econômico mais produtivo dos anos 1920, havia um maior espaço para uma administração econômica estatal igualitária do que Burke foi capaz de imaginar no século XVIII.[22]

Essa foi a distinta síntese que Keynes buscou formular ao longo de sua carreira: como fazer o conservadorismo prático, averso ao risco e antirrevolucionário de Burke encaixar nos radicais ideais democráticos desenvolvidos por Rousseau. Ele estava, em resumo, tentando unificar duas tradições de teoria política que os filósofos viam como completamente opostas desde a Revolução Francesa.

Era uma tarefa difícil que estava além das habilidades de Keynes em meados de 1920. Ele demonstrou que o laissez-faire era uma teoria econômica incapaz de reunir o conservadorismo burkeano e o igualitarismo de Rousseau. Ele passaria o resto de sua vida trabalhando em uma teoria econômica que conseguisse fazer isso.

No dia 4 de agosto de 1925, John Maynard Keynes casou-se com Lydia Lopokova em uma cerimônia simples no cartório St. Pancras, localizado no centro de Londres. Na ocasião, ele tinha 42 anos e sua esposa completaria 33 anos em alguns meses. Eles já viviam juntos há dois anos e finalmente casaram-se após uma prolongada provação judicial para anular o casamento anterior dela com Randolfo Barocchi. O ápice da carreira de Lydia como dançarina ainda era recente; o casal era celebridade internacional e fotografias do evento foram estampadas nos jornais, desde Newcastle, no norte da Inglaterra, até Mianmar.[23] "O casamento do economista mais brilhante da Inglaterra com uma das dançarinas russas mais populares serve como um agradável símbolo da dependência mútua entre a arte e a ciência", ponderou a revista *Vogue*.[24] Do lado de fora do tribunal, admiradores entusiasmados se reuniram e Maynard tentou acalmar o cenário caótico para dar aos fotógrafos dos jornais uma chance de tirar suas fotos, mas a multidão rapidamente se tornou incontrolável. Quando um estranho enlouquecido jogou confetes no rosto de Lydia e tentou colocar uma bolsa na roupa de casamento dela, Maynard a conduziu para um táxi de volta até Gordon Square.[25]

Assim como a maioria dos casamentos, isso foi uma reorganização de prioridades. A tensão entre Bloomsbury e Lydia nunca foi completamente dispersada e Maynard já havia reivindicado seu amor. Duncan

PROLEGÔMENOS PARA O NOVO SOCIALISMO 157

Grant foi seu único amigo a comparecer na cerimônia. Keynes havia sido perdoado pelo seu papel na guerra com *As Consequências Econômicas da Paz*, mas o "mundanismo" de sua alma, conforme descrito por Virginia Woolf, parecia ser incurável. Como o grupo de fotógrafos no evento espartano atestou, o seu casamento com uma celebridade era uma completa aceitação de uma vida pública e aqueles próximos dele perceberam uma mudança em sua conduta. Tanto seu pupilo de Cambridge, Richard Kahn, quanto Mary Paley, viúva de seu primeiro professor de economia, Alfred Marshall, declararam que o casamento foi "a melhor coisa que Maynard já fez". Keynes, de acordo com Kahn, "tornou-se menos um membro dos intelectuais de Bloomsbury e muito mais devoto a um sério trabalho criativo".[26]

Seus antigos amigos se rebelaram contra o rebaixamento com birras em público e fofocas particulares. Lytton, Virginia e Vanessa escreveram cartas reclamando da má hospitalidade na casa de Keynes. As aves preparadas eram pequenas demais e não havia vinho o suficiente. Mas, embora servissem tão pouco para seus amigos, observou Virginia, Maynard estava se tornando "admirável", com sua personalidade expandindo junto de sua fortuna pessoal.

Arte, outrora uma cola que mantinha o grupo unido, agora podia semear a divisão. Vanessa e Maynard reivindicaram a posse de uma pintura específica de Duncan — uma disputa que carregava grande significado emocional, considerando o histórico romântico envolvido. Na prática, o assunto veio à tona pelo fato de que Duncan e Vanessa tinham um quarto na casa de Maynard no número 46 da Gordon Square, mas, quando decidiram retirar seus pertences de lá, Vanessa planejou fugir secretamente com a pintura. Ela descobriu, para sua frustração, que Maynard havia antecipado seu plano e parafusou a pintura firmemente na parede de seu banheiro. "Determinada a vencer pela astúcia", a "furiosa" Vanessa fingiu sua derrota e convidou Maynard até a casa de campo em Charleston para um refúgio de fim de semana. Quando ele estava a caminho, ela apressou-se até Gordon Square, armada com uma chave reserva do número 46 e uma chave de fenda. Ela roubou a pintura e retornou até Charleston sem dizer uma palavra de sua operação secreta.[27]

Essa apunhalada pelas costas ocorreu enquanto Keynes estava sustentando financeiramente a maior parte do grupo, seja direta ou indiretamente. Além de administrar o *Nation and Athenaeum* — onde Leonard Woolf permaneceu empregado e Virginia, Clive Bell, Bunny Garnett, E. M. Forster e até mesmo Duncan publicavam —, ele estava administrando investimentos pessoais de alguns de seus amigos. Apenas em 1923, ele garantiu lucros de centenas de libras para Vanessa e Duncan ao especular sobre o preço do chumbo.[28] Ele negociou a publicação norte-americana de Lytton para seu livro *Rainha Vitória* e protegeu o acordo contra a queda no preço do dólar, o que Lytton considerou um ato de "extrema inteligência e inesperada benevolência".[29] Havia, aparentemente, um limite para a credibilidade que o dinheiro podia comprar em Bloomsbury — embora ninguém tivesse pensado em devolver os cheques. Em cartas particulares escritas após o casamento, Virginia começou a falar mal do trabalho de seu próprio marido, incentivando seus amigos a cancelar suas assinaturas. Leonard não saiu do cargo.

Em tempo, os amigos de Keynes se ajustaram ao novo equilíbrio social. O casamento não foi uma completa separação do passado. A família Keynes alugou uma casa no campo em Tilton, perto da casa de Charleston e do refúgio rural dos Woolfs, e os casais continuaram a receber um ao outro nos anos 1940 (embora inicialmente Vanessa tenha pensado em se mudar para escapar da proximidade intolerável dos "Tiltonianos"). Virginia e Leonard comemoravam o natal com a família Keynes todos os anos, uma tradição que eles honraram até a morte de Virginia. Jack Sheppard, o classicista com o qual Keynes brigou sobre objetores de consciência durante a guerra, defendeu a inteligência e energia de Lydia no começo. Duncan — outro espírito criativo cujo intelecto Bloomsbury frequentemente subestimava — defendeu Lydia contra-ataques à sua inteligência.

Leonard era particularmente próximo de Lydia. Ele passou décadas suportando recorrentes comentários antissemitas de seus amigos e até mesmo de sua própria esposa. Bloomsbury, na verdade, aceitou Leonard como um dos seus, mas os membros do grupo acreditavam que sua altivez lhes permitia piadas esporádicas sobre sotaques judeus ou roupas judaicas.[30] Simultaneamente um pilar e um desajustado em sua comunidade, Leonard rapidamente se entendeu com a imigrante russa — o que era irônico, considerando que Lydia, apesar de gostar

PROLEGÔMENOS PARA O NOVO SOCIALISMO 159

de Leonard, sabia tanto quanto o marido ou seus amigos da tendência antissemita de seu senso de humor.[31]

Conforme Bloomsbury se adaptava, os Tiltonianos se ocupavam com novos amigos. H. G. Wells, George Bernard Shaw e os socialistas fabianos Beatrice e Sidney Webb tornaram-se visitas frequentes na casa de campo do casal e consideravam Lydia uma encantadora companheira intelectual. Embora a casa de campo em Charleston estivesse bem perto, Lydia e Maynard criaram o seu próprio centro de gravidade social. "Parece-me que eles estão tão ansiosos para nos ver quanto nós estamos para vê-los", reconheceu Vanessa para Duncan em 1926.[32]

Bloomsbury acostumou-se a Lydia com o tempo (e distância). Os antigos amigos, especialmente Virginia, mais tarde se arrependeriam da antipatia que dirigiram a ela. Conforme Keynes passava mais tempo em Cambridge, Vanessa, Duncan e Lytton viajavam para visitá-lo e passavam a noite lá para assistir a concertos e participar de banquetes e outras comemorações. Mesmo nos meses que imediatamente se seguiram ao casamento, houve momentos de afeto. Embora Virginia frequentemente criticasse Maynard em suas cartas — em especial ao escrever para sua irmã —, os registros em seu diário eram mais simpáticos:

> Maynard & Lydia vieram aqui ontem — M. com a blusa de Tolstói e um chapéu de astracã preto. É uma bela visão encontrar os dois na estrada! Uma grande benevolência e vigor emanam dele. Ela zumbe em seu rastro, a esposa deste grande homem. Mas, embora seja possível reclamar, também é possível encontrar neles uma boa companhia e meu coração, neste outono da minha idade, é levemente aquecido por ele, que eu conheço durante todos esses anos.[33]

Após o casamento, Maynard levou Lydia de trem para uma longa e luxuosa lua de mel em Leningrado, onde celebraram sua nova vida juntos com a mãe de Lydia, Karlusha, e dois de seus irmãos, Fedor e Evgenia. Viagens de entrada e saída da Rússia ainda eram rigorosamente restritas pelo governo soviético e Keynes conseguiu passagens para os dois ao aceitar um convite para falar em uma conferência em Moscou. Maynard nunca se encontrou com a família de Lydia e a própria Lydia não havia retornado à Rússia desde que partira, na adolescência. Durante esse entremeio de quinze anos, o pai de Lydia morreu ainda jovem, seu corpo enfim cedendo após anos de bebedeiras. Sua mãe ainda guardava todas as lembranças da infância de Lydia pela casa e sofreu emocionalmente por "viver tão longe da minha criança" durante tanto tempo. Mas a reunião foi uma ocasião alegre. Toda a família aprovou o casal e Karlusha insistiu para que Lydia "fosse uma boa mulher" para seu prestigiado marido.[34]

A imperial São Petersburgo da juventude de Lydia era agora a soviética Leningrado, mas ela perdeu alguns dos piores anos de fome e privação e estava surpresa em como a cidade permanecia do jeito que ela se recordava — os mesmos bolos no restaurante favorito, o balé como uma instituição de orgulho nacional. As mudanças mais complicadas estavam nas coisas sutis — diferentes de atitudes e atmosfera.

Keynes sentia pela Rússia uma mistura de sensações de repulsa e rejuvenescimento. Ele registrou suas impressões do projeto soviético em uma série de ensaios para o *Nation and Athenaeum,* que foi reimpresso como um panfleto para a gráfica de Leonard e Virginia.[35] Estava encantado com a empolgação de um novo experimento social, mas lamentou o "clima de opressão"[36] recheado de "crueldade e estupidez".[37] Independentemente de seus métodos econômicos, o estilo de vida que o governo soviético estava fomentando não era nada divertido.

O conforto e os hábitos nos deixam prontos para renunciar, mas eu não estou preparado para um credo que não se importa com o quanto ele destrói a liberdade e a segurança da vida cotidiana, que usa deliberadamente as armas da perseguição, destruição e conflito internacional. Como posso admirar uma política que vê como uma expressão característica o gasto de milhões para subornar espiões em todas as famílias e grupos em casa e para incitar problemas no exterior?... Como posso aceitar uma doutrina que tem como bíblia, acima e além de qualquer crítica, um livro de economia obsoleto que eu sei que não é apenas cientificamente incorreto, mas também de nenhum interesse ou aplicação no mundo moderno? Como posso adotar uma crença que, preferindo a lama ao peixe, exalta o grosseiro proletariado acima dos burgueses e intelectuais que, apesar de suas falhas, representam a qualidade de vida e certamente carregam as sementes do progresso humano?[38]

PROLEGÔMENOS PARA O NOVO SOCIALISMO

Vanessa e Virginia não eram as únicas esnobes em Bloomsbury, é claro. Mas a experiência de algumas semanas sob um diferente regime econômico deu a ele uma nova perspectiva sobre o sistema britânico que ele já via como moribundo e antiquado. Se vivesse na Rússia, escreveu Keynes: "eu detestaria as ações dos novos tiranos tanto quanto as ações dos velhos. Mas sinto que meus olhos se viraram na direção da possibilidade das coisas e não mais na direção contrária."[39] Pelo menos os soviéticos estavam tentando algo original.

A Grã-Bretanha, agora ele tinha certeza, não estava apenas resistindo ao sofrimento material do desemprego em massa; havia uma doença na alma de seu país. Ao longo do meio século passado, o povo britânico abandonou largamente o cristianismo como sua doutrina moral orientadora. A frequência na igreja diminuiu e o ateísmo não era mais visto como chocante ou perverso. Os britânicos preencheram esse vazio com um "amor ao dinheiro" capitalista e ímpio que não cultivava qualquer sensação de responsabilidade compartilhada ou de comunidade, nem fornecia uma satisfação duradoura. Apenas um "crescendo contínuo" de extravagância sobre extravagância poderia distrair seus compatriotas do vazio emocional que os cercavam.[40] "Nós costumávamos acreditar que o capitalismo moderno era capaz não só de manter os padrões de vida existentes, mas também de nos guiar até um paraíso econômico onde devemos estar relativamente libertos de cuidados econômicos. Agora não sabemos se o homem de negócios está nos levando para um destino muito melhor que nossa posição atual. Quando visto como um meio, ele é tolerável; quando visto como um fim, não é muito satisfatório."[41] Keynes não teve estômago para o experimento soviético. Porém, ele também não podia tolerar a estagnação cultural encontrada por ele ao retornar à Grã-Bretanha. Seu país estava viciado em uma era que se encerrou há alguns anos, incapaz de abraçar o presente.

Keynes começava a questionar até mesmo as lealdades partidárias que foram a fundação de sua identidade política desde a infância. Era hora de "inventar uma nova sabedoria para uma nova era", de ser "problemático, perigoso, desobediente àqueles que nos antecederam"[42] — e essa não era a inclinação do Partido Liberal, que pregava a mesma doutrina defendida pelo partido em 1906: livre-comércio e um imposto de renda modesto e progressivo para financiar as aposentadorias por idade e seguros aos desempregados. Os liberais eram tão presos aos dogmas do partido que aguardavam pelo retorno do padrão-ouro, uma decisão os alinhava com os conservadores.

O compromisso do Partido Trabalhista com a classe trabalhadora, acreditava Keynes, o deixou muito suscetível à demagogia, muito fechado em seu conceito de justiça e muito ansioso para desmantelar as conquistas culturais da nação. "Posso ser influenciado pelo que me parece ser justiça e bom senso; mas a guerra de *classes* me verá ao lado da educada *burguesia*."[43] O Partido Trabalhista, no entanto, possuía um "espírito altruísta e apaixonado". "O problema político da humanidade é combinar três coisas: eficiência econômica, justiça social e liberdade individual", escreveu Keynes. "O segundo ingrediente é a maior posse do grande partido do proletariado."[44] Essas não eram as palavras de um homem tentando dominar um território no centro político; ele desejava reformular o liberalismo em um veículo mais agressivo e eficaz para os objetivos morais dos trabalhistas. "A república da minha imaginação existe na extrema esquerda do espaço celestial",[45] disse Keynes aos leitores do *Nation and Athenaeum*. "O Partido Liberal não deve ser menos progressista que o Trabalhista, nem menos aberto para novas ideias, nem atrasado na construção do novo mundo."[46]

Keynes não era o único grande homem da Grã-Bretanha a repensar sua lealdade política. Com os liberais removidos na eleição de 1924, Winston Churchill descaradamente mudou de partido para conseguir um cargo como chanceler do Tesouro no novo gabinete conservador durante a administração do primeiro-ministro Stanley Baldwin. Em 1925, a Grã-Bretanha estava, na prática, sem o padrão-ouro por uma década e o clamor do centro financeiro de Londres pelo seu retorno alcançava seu pico. Mais de 1 milhão de homens estavam desempregados no país desde a guerra, com o nível de desemprego descendo abaixo de 10% apenas durante 5 meses em 1924, quando alcançou 9,3%. Isso era um novo tipo de crise para a maioria dos trabalhadores da Grã-Bretanha. O país conhecia a pobreza e a grande desigualdade econômica desde antes da guerra, mas uma taxa de desemprego de dois dígitos não ocorria desde 1887 e, mesmo naquela época, a crise só havia durado três anos. A Grã-Bretanha estava agora entrando no sexto ano de depressão econômica.[47] As exportações britânicas ainda estavam 25% abaixo dos níveis pré-guerra — uma lacuna devastadora para a nação mais depen-

PROLEGÔMENOS PARA O NOVO SOCIALISMO 163

dente do comércio internacional entre todas as maiores economias do mundo.[48] Para muitos, parecia que os tempos difíceis eram resultado da separação da Grã-Bretanha e do bom senso monetário que era o padrão-ouro. Trazê-lo de volta ressuscitaria os dias de alta lucratividade, alta taxa de emprego e alta glória imperial.

Keynes não estava exatamente muito empolgado sobre essa visão. "Aqueles que pensam que o retorno do padrão-ouro significa um retorno para aquelas mesmas condições são tolos e cegos", escreveu ele no *Nation and Athenaeum*.[49]

Grande parte de sua frustração com ideologias políticas e estagnações culturais estava relacionada com sua impotência nos assuntos monetários britânicos. Desde a publicação de *A Tract on Monetary Reform*, ele pedia ao Bank of England pela estabilização do nível de preços em nome da previsibilidade do comércio e da estabilidade social. Tais súplicas foram ignoradas. Desde o pico inflacionário de 1920, o Bank of England regularmente deflacionou o valor da libra em quase 30%. Ao aumentar as taxas de juros, o banco forçou a queda dos preços domésticos, tornando a libra comparativamente mais valiosa que outras moedas estrangeiras na busca de restaurar as taxas de câmbio que prevaleciam em 1913.

Salários mais baixos eram, em um sentido real, o objetivo da política deflacionária; a ideia era reduzir o preço de tudo, incluindo o trabalho. De acordo com a teoria econômica clássica, esse corte de gastos não precisaria resultar em uma demissão em massa. "O desemprego é um problema de salário, não de trabalho", escreveu o contemporâneo austríaco de Keynes, Ludwig von Mises, em 1927.[50] Conforme maiores taxas de juros colocavam maiores custos de créditos nos empregadores — ou reduziam a demanda pelos seus bens — as empresas poderiam reduzir os custos de trabalho ao reduzir os pagamentos. Salários mais baixos não prejudicariam os trabalhadores, prosseguia o raciocínio, porque com a queda dos preços dos bens, os trabalhadores não precisariam da mesma quantia de dinheiro que tinham anteriormente. Com base nesse raciocínio, conservadores, banqueiros e até políticos liberais culpavam os sindicatos pela crise britânica de empregos. As pessoas precisavam ser demitidas, insistiam os críticos, porque as empresas assinaram contratos coletivos que as obrigavam a manter os salários altos de forma artificial. Uma vez que os salários não podiam ser reduzidos, as empresas não tinham outra escolha que não a demissão de funcionários para reduzir seus custos. As empresas que não podiam demitir precisaram ser fechadas. Keynes ridicularizou o que ele chamou de explicação "ortodoxa": "Culpe o trabalhador por trabalhar pouco e ganhar muito."[51]

Keynes argumentou que tudo isso pode fazer sentido no papel, mas estava completamente distante do que acontecia no mundo real. "A deflação não reduz os salários 'automaticamente'", observou ele no *Evening Standard*. "Ela reduz os salários ao gerar desemprego."[52] Keynes não gostava muito de sindicatos, mas em 1925 ele acreditava que uma excessiva deflação sem demissões em massa só seria possível se o governo se envolvesse profundamente com a administração dos assuntos do mundo dos negócios. Não era apenas a barganha coletiva que impedia as reduções salariais uniformes, era a psicologia humana. Nenhum trabalhador em sã consciência, ao negociar com seu chefe, aceitaria um corte salarial em nome de um bem-estar social mais amplo sem uma garantia de que os outros trabalhadores também sofreriam o mesmo corte. Ele poderia facilmente se sentir lesado a troco de nada. "Aqueles que são atacados primeiro se deparam com uma depressão do seu padrão de vida, pois o custo de vida não cairá até que todos os outros também tenham sido atacados", escreveu Keynes. "Nem as classes que primeiro sofrerão uma redução salarial podem ter a garantia de que isso será compensado por uma queda correspondente no custo de vida e que não resultará no beneficiamento de alguma outra classe. Portanto, estão fadadas a resistir durante quanto tempo for possível; e isso deve se tornar uma guerra até que os economicamente mais fracos estejam arruinados."[53] Contrário ao que diz a sabedoria popular, então, não era o distanciamento do ouro que causava os males econômicos da Grã-Bretanha, mas o entusiasmo do país em retornar para o padrão-ouro com as taxas de câmbio que prevaleceram no período anterior à guerra.

O problema do ouro não era apenas uma questão de desemprego, mas de poder internacional. Antes da guerra, a Grã-Bretanha supervisionava o sistema financeiro mais respeitado do mundo. Agora, porém, essa classificação pertencia aos Estados Unidos. E graças a essa enorme dívida de guerra ainda pendente por parte dos Aliados, já havia condições para que o ouro continuasse saindo da Europa em direção aos Estados Unidos para pagar essas obrigações. Suas vastas reservas

PROLEGÔMENOS PARA O NOVO SOCIALISMO 165

de ouro deram aos Estados Unidos uma enorme liberdade de ação na economia internacional; seria quase impossível ficar sem dinheiro independentemente de qualquer coisa que o país decidisse fazer. Se a Grã-Bretanha retornasse ao padrão-ouro, fixando suas taxas de câmbio com seus parceiros comerciais, a nação seria efetivamente relegada a um status de segunda categoria na ordem financeira internacional, forçada a obedecer a quaisquer demandas da Reserva Federal dos Estados Unidos. Se o país deflacionasse sua moeda, a Grã-Bretanha também precisaria deflacionar sua própria moeda. Se os Estados Unidos iniciassem um movimento inflacionário, a Grã-Bretanha precisaria acompanhá-los.

"Você tem certeza de que uma ligação rígida dos mercados monetários de Londres e Nova York seria mil maravilhas?", escreveu Keynes para Charles Addis. "Isso significa que deveríamos nos tornar, sem qualquer poder para nos ajudar, a vítima de cada boom inflacionário que os Estados Unidos decidirem entrar."[54]

Era uma cruzada solitária. Aparentemente, quase ninguém queria ouvir Keynes falar que um retorno para 1913 não era apenas impossível, mas também uma tolice. No Tesouro, sir John Bradbury disse que o retorno ao padrão-ouro tornaria a economia "à prova de trapaceiros", reviveria as exportações britânicas e protegeria a economia da "ilusão da falsa prosperidade" em um boom inflacionário.[55] Os líderes dos maiores bancos de Londres, com exceção de um, continuaram a acreditar que restaurar o padrão-ouro com a taxa de câmbio de 1913 de US$4,86 para a libra era a política econômica mais importante que a Grã-Bretanha poderia buscar. Conforme disse Churchill em um discurso ao Parlamento: "Um retorno para um padrão-ouro eficaz há muito tem sido a política definida e declarada deste país. Toda conferência de especialistas desde a guerra — Bruxelas, Gênova —, todo comitê de especialistas neste país insistiu pelo princípio do retorno ao padrão-ouro. Nenhuma autoridade responsável defendeu qualquer outra política. Nenhum governo britânico — e nenhum partido que ocupou o cargo —, nenhum partido político, nenhum detentor anterior do cargo de chanceler do Tesouro desafiou, ou está desafiando atualmente, pelo que estou ciente, o princípio de uma reversão ao padrão-ouro nos assuntos internacionais o mais cedo possível."[56]

A destreza de Keynes como teórico econômico e comentarista político, entretanto, daria a ele ao menos um assento na mesa para defender seus argumentos. Conforme a deflação empurrava firmemente a libra para perto de US$4,86, Churchill convidou Keynes para almoçar e discutir se a Grã-Bretanha deveria retornar ao padrão-ouro e fixar a taxa de câmbio. Keynes teve a companhia de seu antigo chefe do Tesouro, Reginald McKenna, que agora era o presidente do Midland Bank e um dos únicos aliados intelectuais de Keynes na cena financeira de Londres. Sir John Bradbury argumentou contra eles e, ao final da noite, até McKenna admitiu que Churchill não tinha outra alternativa política, considerando a opinião pública: "Não há escapatória; você precisa voltar. Mas isso será um inferno."[57]

No dia 28 de abril de 1925, Churchill anunciou que os constrangimentos monetários da Grande Guerra foram finalmente apagados. A Grã-Bretanha retornou ao padrão-ouro com a libra fixada no seu nível pré-guerra de US$4,86. Manchetes dos jornais celebravam uma nova era de estabilidade e cooperação internacional.

O desastre aconteceu quase imediatamente. O problema não era apenas o ouro, mas a taxa de câmbio de US$4,86. Mesmo após anos de uma deflação aparentemente interminável, a libra ainda estava sendo comercializada por cerca de US$4,40 na véspera do retorno ao ouro, uma diferença de mais que 10%. Ao supervalorizar a libra em US$4,86, a Grã-Bretanha aumentou o preço do dólar de suas exportações para os Estados Unidos em mais de 10%. Isso causou um colapso na demanda norte-americana pelos bens britânicos — especialmente o carvão —, conforme compradores norte-americanos recorriam a alternativas domésticas mais baratas. Em resposta, os donos de minas britânicas exigiram grandes cortes salariais para os mineradores, visando compensar a nova desvantagem de preços contra o carvão norte-americano. Os mineradores e os sindicatos rejeitaram tais exigências, fazendo as tensões aumentarem até o primeiro-ministro Baldwin concordar em subsidiar os salários nos níveis atuais para abafar a discussão.

As simpatias de classe de Keynes podem não ter sido proletárias, mas a estupidez era capaz de transcender a classe. "Por que os mineradores de carvão devem ter um padrão de vida menor que outras classes trabalhistas?", escreveu ele no *Nation and Athenaeum*. "Eles podem ser

PROLEGÔMENOS PARA O NOVO SOCIALISMO   167

camaradas preguiçosos e inúteis que não gostam de trabalhar duro ou tanto quanto deveriam. Mas existe alguma evidência de que são mais preguiçosos ou inúteis que as outras pessoas? Com base na justiça social, não é possível argumentar a favor da redução de salário dos mineradores. Eles são vítimas da grande força capitalista. Representam na carne os 'ajustes fundamentais' engendrados pelo Tesouro e pelo Bank of England para satisfazer a impaciência dos papas do centro financeiro de Londres em abrir caminho para a 'lacuna moderada' entre US$4,40 e US$4,86."[58]

Quando o subsídio de mineração expirou em maio de 1926, o inferno veio à tona. Os donos de minas retiraram os trabalhadores de suas posições em uma tentativa de forçar concessões no contrato dos sindicatos. Em resposta, os sindicatos britânicos organizaram uma greve geral de todos os trabalhadores, levando toda a indústria britânica a uma paralisação. Os líderes trabalhistas não gostavam de suas chances em um confronto direto com o governo e tentaram impedir a greve, mas as paixões desencadeadas pela decisão da administração conservadora de se aliar aos empregadores não poderiam ser controladas. O governo chamou a força militar para proteger as remessas de alimentos.

Isso era mais do que uma briga sobre salários. Quando trabalhadores ferroviários e estivadores, eletricistas e funcionários dos setores de gás e químicos declararam o apoio aos encurralados mineradores de carvão, estavam na verdade fazendo uma declaração sobre a identidade e cidadania britânica. O governo priorizou os interesses do centro financeiro ao estabelecer sua política econômica, infligindo aos trabalhadores industriais os danos colaterais da libra fortalecida. Isso não era uma forma adequada de tratar os cidadãos de uma democracia civilizada.

Baldwin reconheceu a natureza simbólica da disputa imediatamente e começou a imprimir panfletos propagandísticos editados por Churchill e intitulados *The British Gazette*. Nas páginas da publicação, Baldwin declarou o governo conservador como defensor da Magna Carta e do estado de direito. "O governo constitucional está sendo atacado", escreveu ele. "As leis estão sob sua tutela. Vocês fizeram do Parlamento o guardião delas. A greve geral é um desafio para o Parlamento e é o caminho para a anarquia e a ruína."[59]

Keynes abominou a repressão militar do governo e pediu por mais negociações para resolver a disputa sem cravar um profundo corte salarial nas gargantas dos mineradores. Keynes e Leonard Woolf lutaram para decidir se os trabalhadores seriam mais bem servidos por artigos pró-trabalhadores ou por uma suspensão das operações no *Nation and Athenaeum*. Qualquer um que simpatizasse com os sindicatos trabalhistas grevistas não deveria ir ao trabalho, intensificando, assim, o impacto da greve na economia geral e aumentando o poder de negociação dos trabalhadores com o governo. Keynes queria continuar defendendo os trabalhadores no jornal, mas Woolf era quem controlava os prelos, que eram posse da editora Hogarth, e venceu a discussão.[60]

A greve acabou após apenas nove dias úteis, sem nenhum ganho por parte dos trabalhadores. Os mineradores de carvão permaneceram fora de seus cargos por meses e só podiam retornar após aceitarem brutais reduções salariais. Os donos das minas e o governo Baldwin venceram. Mas que tipo de vitória foi essa? Qual conservador autodeclarado preferiria tanques nas ruas e a "atmosfera de guerra" da greve a uma taxa de câmbio reduzida? Baldwin e Churchill comprometeram "a paz e a prosperidade futura do país" para defender "ortodoxias antiquadas", escreveu Keynes.[61]

Keynes submeteu Churchill ao mesmo açoitamento público que certa vez infligiu a Lloyd George, publicando um intimidador ataque contra a má administração de Whitehall sobre o retorno ao padrão-ouro com o título "The Economic Consequences of Mr Churchill" [As Consequências Econômicas do Sr. Churchill, em tradução livre]. Um panfleto de Hogarth com o mesmo nome vendeu toda sua primeira tiragem de sete mil exemplares "de uma vez só".[62]

Keynes acreditava que a greve era um desastre social causado não por algum conflito historicamente inevitável entre a classe trabalhadora e o regime capitalista, mas por um verdadeiro erro intelectual. Churchill e o Bank of England simplesmente estavam errados e se recusaram a ouvir a voz da razão. Keynes ofereceu o que estava se tornando sua clássica formulação de política: buscar uma forma conservadora de evitar uma revolta de classes ao implementar uma reforma de esquerda e não ortodoxa — rompendo com o padrão-ouro. E Churchill o havia rejeitado, não porque fora corrompido por interesses pessoais ou soli-

PROLEGÔMENOS PARA O NOVO SOCIALISMO   169

dariedade de classe com os ricos, mas simplesmente porque não raciocinou direito. Ele poderia ter se convencido do contrário. Havia um
pouco mais do que uma pitada de ingenuidade na fé de Keynes sobre
o poder das ideias e da persuasão, mas ele repousava suas esperanças
pelo progresso intelectual nos homens razoáveis do governo e não nos
grupos executivos. Se grandes corporações industriais estavam desenvolvendo o sentido de responsabilidade social, como Keynes argumentou em *The End of Laissez- Faire,* elas estavam desenvolvendo tal sentido
de maneira muito lenta. "Homens de negócios", disse ele a um público
da Universidade de Berlim, têm sido "limitados e ignorantes, incapazes
de se adaptar" — assim como ele os havia encontrado durante a crise
financeira de 1914.[63]

Churchill, por outro lado, logo viu o retorno ao padrão-ouro como
o maior erro de sua carreira pública. "Todos disseram que eu era o pior
chanceler do Tesouro de todos os tempos", disse ele em 1930. "E me sinto inclinado a concordar com eles. Então, agora a opinião é unânime."[64]

O fiasco do carvão fortaleceu a ruptura de Keynes com o establishment
político liberal, encerrando uma de suas amizades mais antigas na política. Keynes e H. H. Asquith não apenas concordavam em assuntos
de interesse público; eles também faziam parte dos mesmos círculos
sociais desde os primeiros dias da guerra. A esposa de Asquith, Margot,
era uma das poucas personalidades políticas que eram bem-vindas nos
banquetes de Bloomsbury.

Na turbulência da greve geral, no entanto, o líder liberal foi completamente levado pelas correntezas do autoritarismo, assim como
Baldwin. Lloyd George não havia sido exatamente um herói, mas ao
menos apoiou negociações adicionais como uma alternativa ao militarismo direto de Baldwin, enquanto Asquith troava por lei e ordem.
Sentindo outra tentativa de golpe de Lloyd George, os Asquiths preci-
pitadamente impuseram um teste de lealdade ao partido, presumindo
que seus apoiadores venceriam qualquer facção que Lloyd fosse capaz
de reunir. "Tudo se resume a George ou Asquith. Aqueles que preferem
George não vão querer continuar seus amigos, atenciosamente", escreveu Margot para Keynes.[65]

Keynes apostou sua reputação profissional nas batalhas por ouro e carvão e sofreu duros insultos para abandonar sua causa intelectual em nome do erro de outro homem. Seus ataques sobre o padrão-ouro lhe custaram credibilidade diante dos olhos do establishment bancário de Londres. Seus ataques a Churchill e Baldwin lhe custaram tudo que havia conquistado com os conservadores durante a guerra. Se Keynes apoiasse seu velho amigo Asquith, estaria defendendo os brutais executores do padrão-ouro supervalorizado que tanto criticou. Em cartas para Margot, Keynes se recusou a oferecer ao casal a apresentação pública de apoio exigida por eles: "Eu sei como é Ll. G. e todos aqueles que se sentem como eu sobre esse assunto também o conhecem — não estamos iludidos. A cisão surgiu de tal maneira que qualquer radical que não esteja preparado a subordinar completamente suas ideias políticas para celebridades não possui absolutamente escolha alguma."[66] Nas páginas do *Nation and Athenaeum,* ele cautelosamente defendeu as credenciais "radicais" de Lloyd George, descrevendo-o como um liberal que estava agora determinado a trabalhar com os trabalhistas em vez de se aliar aos conservadores.[67]

Os Asquiths estavam furiosos. Margot denunciou a cobertura "maldosa e selvagem" de Keynes sobre a greve e o desconvidou de um retiro de fim de semana na casa de campo da família, em Oxfordshire. Keynes tentou usar da razão, mas ela não o escutou. "Minhas palavras pacíficas não fizeram bem algum", lamentou ele para Lydia.[68] Esse rompimento jamais seria restaurado. O ex-primeiro-ministro sofreu um derrame em menos de duas semanas após Margot ter se afastado de Keynes. Ele renunciou ao seu cargo como líder de partido em outubro. Outro derrame em janeiro prejudicou sua capacidade de andar e sua mente deteriorou-se rapidamente após um terceiro derrame ao final de 1927. Ele morreu em fevereiro de 1928, seus últimos vinte meses foram uma tragédia de impotência física e política após uma vida como um dos mais formidáveis estadistas da Grã-Bretanha.

Keynes se viu em uma posição imprevisível de se tornar um membro de honra do círculo interno de Lloyd George pela primeira vez em sua vida política. Seja lá o que banqueiros e corretores falassem sobre Keynes em Lombard Street, Lloyd George via um crítico frequentemente honesto da política financeira britânica como um útil aliado em uma era de deslocação econômica prolongada. Se a aliança dos dois foi cons-

PROLEGÔMENOS PARA O NOVO SOCIALISMO

truída graças a uma conveniência tática, Lloyd George fez um bom uso dela ainda assim, tratando Keynes como um dos principais porta-estandartes ideológicos do partido. Para Keynes, essa tratava-se de uma considerável promoção dentro das fileiras liberais. Asquith não deu valor a sua lealdade e nos anos recentes passou por cima de maneira cruel dos pronunciamentos de políticas que Keynes havia oferecido nas páginas do *Nation*. Lloyd George sabia por experiência própria que a lealdade de Keynes não era incondicional e, portanto, dependia dele para desenvolver e promover a plataforma econômica do partido, a questão dominante na política britânica.

Para Keynes, isso parecia a culminação de um projeto iniciado por ele com *As Consequências Econômicas da Paz*. Em 1919, ele havia rejeitado as ligações de um informante buscando influência pessoal como um estrangeiro brutalmente honesto atacando o establishment político. Como forma de realizar a política governamental, parecia a melhor jogada para ele na época. Ao longo da década seguinte, seus livros, panfletos e jornais tinham suas ideias bem marcadas na consciência pública. Porém os banqueiros do centro financeiro de Londres zombaram de suas inovações teóricas e os políticos ignoraram seus conselhos sobre políticas. Agora sua nêmesis com pés de cabra da Grande Guerra apresentava uma oportunidade para que sua jogada rendesse bons frutos.

Também era a chance de colocar em prática os temas destacados por Keynes em seus *Prolegômenos*, cinco anos antes. Trabalhando com o economista Hubert Henderson, Keynes compilou o panfleto *Can Lloyd George Do It?* ["Lloyd George é capaz disso?", em tradução livre], apresentando um programa ambicioso que previu muitas das iniciativas que seriam implementadas por Franklin Delano Roosevelt sob o New Deal nos Estados Unidos. A política central era um enorme projeto de construção de estradas para criar uma das maiores maravilhas de engenharia do mundo moderno, revolucionando a infraestrutura de transporte da Grã-Bretanha para automóveis. Não se tratava de uma costura de remendos para expandir a rede de estradas existente, mas um plano para novas estradas, anéis viários, pontes e túneis que conectariam regiões diferentes e traria o progresso da pavimentação ao interior do país. Isso custaria £145 milhões ao longo de dois anos, colocando diretamente pelo menos 350 mil homens para trabalhar apenas no primeiro ano de implementação.

Esse era um ataque direto à crise do desemprego que continuava a pairar sobre a Grã-Bretanha após o fiasco do ouro. Com a libra fixa em uma alta taxa de câmbio com o dólar, o Bank of England teve que impor taxas esmagadoramente altas de juros na economia britânica para manter o preço dos bens britânicos baixo em mercados internacionais. Era uma estratégia de sucesso — mas os preços menores eram garantidos ao demitir funcionários. Como resultado disso, uma década após a Grande Guerra e mais de 1 milhão de homens ainda estavam buscando um emprego.

No entanto, embora parecesse haver muita mão de obra ociosa, Keynes estava propondo um tremendo empreendimento. Mobilizar uma força de trabalho nessa escala era algo que o governo só alcançou por meio do alistamento militar obrigatório.

Os 350 mil empregos gerados pela construção de estradas no primeiro ano só representavam uma fração do impacto total que Keynes e os liberais esperavam. Para cada homem a trabalhar nas estradas e pontes, a economia privada criaria novos empregos para produzir e transportar esses materiais. Os salários gastos pelos operários, além disso, estimulariam os empregos em lojas de varejo e restaurantes. E, assim, cada libra gasta pelo governo nas estradas geraria muito mais que uma libra de atividade comercial. Essa foi a primeira expressão keynesiana de um conceito conhecido como "o multiplicador" — a ideia de que o gasto do governo pode reverberar na economia, criando um crescimento indireto muito maior que o investimento inicial. Com base nas estimativas de Keynes, os empregos totais, diretos e indiretos, decorrentes do programa de construção de estradas resultariam em 850 mil novos postos de trabalho ao longo do primeiro ano.[69]

No entanto, Keynes e Lloyd George não se contentaram em remodelar a Grã-Bretanha como uma sociedade automotiva. Eles também incluíram um plano para construir 1 milhão de casas como substituição para os infames cortiços de Londres — trabalho que exigiria, de maneira direta e indireta, outros 150 mil homens para 10 anos de trabalho. Mais outros 150 mil empregos seriam necessários para o desenvolvimento telefônico e a eletrificação rural.[70] Ainda mais seriam necessários para realizar "ações nacionais decisivas visando a preservação das colinas, pântanos, lagos, matas e as regiões comuns do campo, além de

PROLEGÔMENOS PARA O NOVO SOCIALISMO

conservar suas belezas e amenidades para as gerações futuras".[71] Esse era um ataque em grande escala ao desemprego, buscando eliminá-lo de uma vez em todas as regiões do país.

O projeto seria financiado em grande parte por empréstimos. Pagar as pessoas pelo seu trabalho não seria tão caro quanto aparenta, uma vez que o Tesouro poderia parar de pagar seguro-desemprego conforme as pessoas aceitassem seus cargos no governo. A dívida restante poderia ser paga conforme a receita de impostos de uma economia em crescimento começar a encher os cofres do Tesouro ao longo dos anos.

Essa foi uma completa rejeição do individualismo laissez-faire como um motor para o progresso social. A bravura privada dos empreendedores não seria suficiente para levar a Grã-Bretanha até a próxima fase de sua história. Grandes homens inventaram o automóvel, o telefone e a corrente alternada, mas seria preciso o trabalho coletivo de uma grande sociedade para concretizar todo seu potencial.

Keynes sabia que o plano era radical. Seis anos antes, os ortodoxos do centro financeiro de Londres ficaram horrorizados com sua proposta de regular a estabilidade de preços. Agora ele estava propondo uma mobilização governamental de recursos em escala militar para reformular a paisagem da vida na Grã-Bretanha. Keynes não estava apenas falando sobre o sistema monetário, estava reimaginando os fundamentos estruturais do comércio britânico e planejando uma transformação social desde a zona rural distante até os cortiços de Londres. Suas políticas estiveram sempre em direção à esquerda política ao longo dos anos 1920, mas com a publicação de *Can Lloyd George Do It?*, ele essencialmente redefiniu o significado de ser um liberal. O partido do livre-comércio e do padrão-ouro tornou-se o partido dos programas de grandes investimentos governamentais e do deficit orçamentário.

Porém, o radicalismo inerente à proposta flutuou ao longo de uma forte corrente de conservadorismo que permeava todo o panfleto. Para Keynes, era muito mais arriscado manter os desempregados ociosos e aceitar a miséria econômica da última década como o novo e normal curso da vida.[72] "A ideia de que curar um mal moderado representa um risco desesperado é o oposto da verdade. Curar uma anomalia monstruosa envolve um risco desprezível."[73] Havia trabalho a ser feito e trabalhadores dispostos a realizá-lo. Juntar as duas coisas era apenas bom senso. Deixar os trabalhadores ociosos e furiosos era uma receita para revoltas.

De fato, era preciso uma bizarra acrobacia intelectual para convencer as pessoas de que realmente era impossível e tolo pagar pessoas para realizar um trabalho útil. Apologistas do status quo argumentavam que trabalhos públicos furtariam das futuras gerações a chance de ter um emprego. Todos os trabalhos, afirmaram eles, estariam concluídos. "Nossa principal tarefa", disse Keynes em seu panfleto, "será confirmar o instinto do leitor de que aquilo que *parece* sensato *é* sensato e o que *parece* bobagem *é* bobagem".[74]

Seria isso socialismo? Keynes fez essa pergunta e então a evitou. "Não é uma questão de escolher entre empreendimentos privados e públicos nesses assuntos. A escolha já foi feita. Em muitas direções — embora não em todas —, é uma questão do estado colocar a mão na massa ou o trabalho não ser realizado de maneira alguma."[75]

Essa retórica elegante tinha o objetivo de amenizar o medo demasiadamente humano das grandes mudanças que Keynes e Lloyd George estavam propondo. Até mesmo a saída da miséria seria acompanhada de pelo menos algum medo de um futuro incerto. No entanto, independentemente de quão tranquilizadora essa retórica tenha sido para seus leitores, a apresentação de um governo simplesmente preenchendo as lacunas de uma economia privada cheia de remendos não era um reflexo preciso da mudança ideológica que Keynes tentava realizar. Suas preocupações sobre a preservação do mundo natural revelaram o jogo. Rios, córregos e montanhas não exigiam um trabalho humano ativo para serem preservados; a natureza cuidava de tudo isso por si só. Algo precisava ser feito para proteger a natureza precisamente porque os seres humanos, agindo como indivíduos descoordenados, estavam fazendo coisas demais. A vida comercial não direcionada estava transformando o mundo em um lugar feio e exaurido de recursos. Keynes pedia por uma nova função do governo na economia, que substituiria a indústria privada pela ação pública — e ele não havia estabelecido um limite com base em princípios para a esfera de atividade do governo.

A reforma fundamental que Keynes buscou em *Can Lloyd George Do It?* era psicológica, não matemática. De formas importantes, seu país provou ser mais resiliente do que ele previra ao final da guerra. Enquanto a

PROLEGÔMENOS PARA O NOVO SOCIALISMO

Itália sucumbia ao fascismo e a Alemanha estava brigando com as políticas do nacional-socialismo, o autoritarismo apenas deu as caras rapidamente na Grã-Bretanha durante a greve geral, apesar de uma década de depressão econômica. Mas chegou perto. A fé coletiva dos cidadãos na habilidade do sistema econômico da nação em entregar ganhos regulares e previsíveis entrou em colapso. Milhões de trabalhadores britânicos se reuniram em uma tentativa de paralisar toda a vida comercial da nação. As pessoas — *a maioria delas* — feriram ativamente sua própria sociedade para provar um argumento político. A inquietação social se estendeu para muito além dos desempregados; afinal, apenas pessoas que tinham empregos podiam iniciar uma greve. Claramente o povo não tinha a sensação de que o bem-estar da população repousava em sólidas fundações.

Era como se o "blefe duplo" dos anos pré-guerra fosse revertido, criando uma espiral descendente de dúvidas e decadência. As pessoas já aceitaram, no passado, um sistema desigual porque ele melhorou suas vidas; o sistema, por sua vez, foi capaz de gerar prosperidade porque as pessoas o abraçaram. Agora todos, desde o minerador de carvão até o magnata das empresas de investimento, passaram a acreditar em um futuro limitado e desolador (independentemente do que os banqueiros dissessem sobre as virtudes do padrão-ouro, a escassez de investimentos na economia era uma medida mais precisa de seus verdadeiros sentimentos). Essa condenação e melancolia coletiva não poderiam ser quebradas por atos individuais de coragem. Um trabalhador correndo pela cidade, afirmando estar preparado e disposto a assumir qualquer tarefa ainda precisaria receber uma oferta de emprego. Um investidor solitário desbravando as matas econômicas com confiança e prazer assistiria ao seu dinheiro afundar em um mar de pessimismo público.

Keynes reconheceu que, para que as coisas funcionassem, todos precisariam embarcar juntos na ideia. Assim como amigos e familiares vão ao resgate de um ente querido que está em apuros para preservar os laços da comunidade, a sociedade também precisaria apoiar seus cidadãos para estabelecer a base da prosperidade. Isso exigiria coordenação e direção econômica.

Ao longo de uma década, o projeto iniciado por Keynes com *As Consequências Econômicas da Paz* para apagar as dívidas de guerra floresceu e se tornou uma reimaginação ambiciosa do próprio Estado, com um vasto conjunto de novas maquinarias administrativas e responsabilidades governamentais. Keynes ainda era inspirado por Burke — a greve geral deixou claro para ele que a coesão social entre o governo e o povo estava aos frangalhos e que isso poderia ter resultados explosivos. No entanto, ele se convenceu de que não só os riscos da inação eram grandes, mas também que o potencial de prosperidade e transformação social era enorme.

"Não há razão para não nos sentirmos livres para sermos ousados, abertos, para experimentar, agir e testar as possibilidades das coisas", escreveu ele. "E diante de nós, parados no caminho, não há nada além de alguns velhos cavalheiros com seus casacos meticulosamente abotoados e que só precisam ser tratados com um pouco de desrespeito amistoso e derrubados como em um jogo de boliche." Ele concluiu o panfleto com uma zombaria pretensiosa: "Eles provavelmente gostarão disso, quando passado o choque."[76]

Can Lloyd George Do It? era um vívido manifesto que apresentava muitos dos insights teóricos inovadores que mais tarde seriam formalizados por Keynes em *A Teoria Geral do Emprego, do Juro e da Moeda* em um conjunto breve e acessível. Juntamente com *The End of Laissez-Faire* e *A Short View of Russia* [respectivamente, "O Fim do Laissez-Faire" e "Uma Breve Visão da Rússia", em tradução livre], o panfleto constitui a essência de uma teoria política única e prática que os Estados Unidos adotariam em grande escala alguns anos mais tarde. Até mesmo Bloomsbury amou a obra. Escrevendo para o filho de Vanessa, Quentin, Virginia conversava sobre o Maynard "mais agradável" que escreveu "um panfleto que deve mudar o rumo das eleições".[77]

Mas esse foi o manifesto errado para a Grã-Bretanha em maio de 1929. O povo não precisava mais ser convencido de que laissez-faire era o fim da linha. Em 1926, eles decidiram por si próprios e foram às ruas. A animada e revigorante prosa do panfleto de Keynes — embora perfeita para os primeiros dias da administração de Roosevelt e sua música de campanha "Happy Days Are Here Again" — simplesmente não con-

PROLEGÔMENOS PARA O NOVO SOCIALISMO 177

seguiria nenhuma conversão em um ambiente político definido de maneira tão forte pelo conflito de classes. Após a greve geral, as pessoas ou ficaram do lado da classe trabalhadora e do Partido Trabalhista ou dos tanques do governo e dos conservadores. Os conservadores não se esconderam do confronto, fazendo campanha com o slogan "Safety first" [Segurança em primeiro lugar, em tradução livre], esperando fazer das eleições uma escolha entre a ordem e as leis ou a quadrilha de foras da lei constituída pela ralé.

Conservadores subestimavam a intensidade com que uma década de depressão econômica havia aumentado as fileiras daqueles que não tinham posses. Na eleição de 1929, o Partido Trabalhista ganhou 136 assentos, quase dobrando seu número anterior de 151 e com apenas 21 assentos de diferença da maioria. Os liberais ganharam 19 assentos — uma drástica melhora da hemorragia dos 118 assentos em 1924, mas nada perto do que era preciso para fazer do partido uma força dominante na política britânica. Apenas uma dúzia de anos após seu apogeu, o Partido Liberal foi transformado permanentemente pela economia pós-guerra em uma facção minoritária. A grande aposta de Asquith em 1923, na qual os liberais serviriam como o poder por trás do trono trabalhista, saiu pela culatra. Seus 59 assentos garantiam um controle governamental para os trabalhistas, mas possuíam uma influência limitada, representando menos de um quinto dos assentos na nova maioria. Keynes previra um triunfo liberal com 190 assentos.[78]

"Tive uma recaída em um estado um tanto quanto depressivo sobre a eleição", escreveu ele para Lydia. "Não consigo ver nada satisfatório resultando dela."[79]

Ele não poderia ter imaginado a calamidade que estava por vir.

SETE

A Grande Depressão

Desastres financeiros seguiram Winston Churchill por toda a parte nos anos 1920. Retirado de seu cargo como chanceler do Tesouro nas eleições de 1929, ele aceitou um convite do ex-conselheiro de Wilson, Bernard Baruch, para um jantar em sua homenagem em Nova York.[1] Os maiores barões do setor bancário de Wall Street estariam presentes e Churchill raramente rejeitava uma farra da alta sociedade — seu consumo de uísque escocês e seu apreço pelo champanhe Pol Roger já eram lendários. Ele não precisava de encorajamento algum para embarcar em uma viagem e fortalecer suas referências com os mediadores de poder norte-americanos após outra queda política como membro de outro partido político. Com Ramsay MacDonald, do Partido Trabalhista, mais uma vez no número 10 da Downing Street, parecia um momento apropriado para Churchill tirar umas férias da cena política britânica, onde no momento ele se encontrava desprovido de qualquer influência.

Na manhã anterior à festa de gala privativa na casa de Baruch, localizada na Fifth Avenue, Churchill visitou a Bolsa de Valores de Nova York.[2] O Plano Dawes estabeleceu um fluxo regular, ainda que precário, de juros da dívida de guerra da Europa para os Estados Unidos, e a libra supervalorizada da Inglaterra deu aos fabricantes norte-americanos uma vantagem competitiva que tanto melhorou o valor das ações dos Estados Unidos como fez dos empréstimos para os exportadores norte-americanos uma oportunidade de lucro fácil. Ao manter as taxas de juros relativamente baixas durante o meio da década, o Federal Reserve barateou o custo para que empresas expandissem suas operações com o uso de empréstimos, encorajando-as a investir em novas tecnologias e produções. Em 1924, a discount rate — quantia cobrada pelo Fed pelos empréstimos realizados aos bancos comuns que poderiam, então, repassar o dinheiro para as empresas — alcançou o ponto de 3%. A economia internacional deu à Wall Street mais dinheiro do que ela sabia como usar. Um mercado de ações que parecia crescer inexoravelmente parecia um bom lugar para colocar todo esse dinheiro, especialmente quando economistas tão estimados quanto o teórico de Yale Irving Fisher insistiam que os ganhos alcançaram "uma zona permanentemente alta" e que poderiam subir ainda mais.[3]

Quando Churchill alcançou a galeria dos visitantes da NYSE, o Fed vinha aumentando as taxas de juros havia três meses, elevando valores que já eram altos para os padrões históricos. Mas nem mesmo as altas taxas de juros poderiam frear o entusiasmo pelo que havia se tornado um dos melhores retornos de capital no mundo bancário de Nova York. Com um valor draconiano de 6%, a discount rate do Fed ainda era facilmente sufocada pelas taxas que os credores recebiam nos empréstimos aos corretores de ações, que poderiam ser tão altas quanto 12% — o que dava espaço para um spread bem lucrativo. Além disso, os corretores de ações ofereciam aos bancos garantias para esses empréstimos na forma de ações, que, é claro, continuavam sendo valorizadas. Tudo isso parecia uma linha de negócios saudável e segura, e todo mundo queria fazer parte dela. Em 1929, o volume de empréstimos pendentes dos corretores havia mais que quadruplicado desde o começo dos anos 1920, alcançando um valor superior a US$6 bilhões.[4]

O mercado de ações não pôde suportar a companhia de Winston Churchill por muito tempo. O volume de negociações da campainha das 10h da manhã era tremendo, com os corretores indo e voltando dos postos de negociação, e emitindo ordens para enormes quantidades de ações. Inicialmente, os preços se mantiveram, mas em determinado momento a barragem cedeu. Os valores começaram a cair e, em seguida, despencaram. Conforme os números caíam, especuladores atordoados entravam em pânico com a perspectiva, outrora inimaginável, de registrar uma perda. Muitos estavam lidando com empréstimos. Se os preços das ações

A GRANDE DEPRESSÃO

aumentassem, eles ficariam ricos. Mas se caíssem, talvez eles precisassem vender o carro ou sua casa. Era melhor sair do jogo antes que as coisas ficassem feias. Era melhor sair o quanto antes. Imediatamente. De um lado ao outro do pregão, segundo um historiador: "O instinto de se livrar das ações ameaçou tornar-se um frenesi."[5] O ticker da bolsa, registrando o preço de cada uma das negociações, logo se viu sobrecarregado, ficando muito atrasado em relação às atividades dos corretores, igualmente sobrecarregados. Investidores incertos apressavam-se para vender ainda mais. Ordens de stop loss — medidas de segurança que os especuladores montaram com antecedência para que os corretores vendam as ações caso elas fiquem abaixo de um preço específico — foram acionadas em massa, forçando uma enxurrada de vendas adicionais que derrubaram ainda mais os preços com uma velocidade chocante. A calamidade ganhou impulso e, às 11h30 da manhã, o mercado havia "se rendido a um medo cego e implacável".[6] A galeria dos visitantes foi fechada e até mesmo o prestigiado Sr. Churchill foi obrigado a sair.[7] Rumores do desastre espalharam-se pela cidade e uma multidão se reuniu do lado de fora das portas da bolsa de valores, na esquina de Wall Street com a Broad Street. Empresários se reuniam nas salas de reuniões das corretoras de valores e especuladores cercavam seus escritórios. "Alguns gritavam, espantados com os preços irreconhecíveis que viram", recordou um jornalista. "Outros riram, incrédulos."[8] Um som misterioso e peculiar começou a reverberar nas torres e nas ruas da Lower Manhattan conforme milhares de pessoas suspiravam, gemiam e gritavam devido ao choque. "A violência estava no ar"[9] e a polícia foi enviada para manter a paz. Quando um homem começou a fazer seu trabalho de manutenção em cima de um dos arranha-céus, a multidão que se encontrava embaixo imaginou que ele estava querendo tirar a própria vida e "aguardou impacientemente para que ele pulasse".[10]

Enquanto Churchill se afastava da cena, outro antigo contendedor habitual de Keynes reunia suas forças nos escritórios ao lado. De todos os amigos e inimigos do desastre de Paris em 1919, nenhum se saiu melhor da guerra e de suas consequências do que Thomas W. Lamont. Ex-jornalista, Lamont fez amizade com o banqueiro de investimentos Henry Davison durante um encontro acidental em um trem de Nova York, entrou para sua empresa e viajou com ele até os escritórios do J.P. Morgan em 1911.[11] O trabalho no banco Morgan deixou Lamont incrivelmente rico. Todos os parceiros do Morgan receberam um bônus de

US$1 milhão em 1928 (equivalente a cerca de US$15 milhões atualmente) e Lamont era muito mais do que um típico parceiro.[12] Era enviado rotineiramente pelo governo norte-americano para fins diplomáticos semioficiais e tinha orgulho do que considerava uma cosmovisão internacionalista progressista, incomum entre seus pares republicanos, cultivando amizades com pessoas como H. G. Wells e Walter Lippmann.[13] Ele cuidadosamente não anunciava sua tranquila crueldade com a qual buscava poder e lucros como agente tanto de Benito Mussolini quanto do Japão Imperial. Embora o filho de John Pierpont, Jack, ainda fosse oficialmente o presidente do banco, em 1929 todos sabiam que se tratava de uma operação de Lamont. De maneira apropriada, Jack estava viajando pela Europa durante o crash, enquanto Lamont acampava no escritório de Morgan no número 23 de Wall Street.[14] "Houve algumas vendas desesperadas na bolsa de valores", observou ele friamente para alguns repórteres mais tarde naquele mesmo dia.[15]

Na verdade, Lamont foi pego de surpresa pelo crash. Apenas cinco dias antes, ele escreveu para outro ex-confidente de Keynes, o presidente Herbert Hoover, dispersando preocupações de que a especulação excessiva poderia oferecer algum perigo ao mercado de ações ou à economia mais ampla. "Devemos lembrar que existe muito exagero nas fofocas atuais sobre a especulação", escreveu Lamont. "Desde a guerra, o país embarcou em um período notável de prosperidade saudável. O futuro parece brilhante."[16]

Hoover passou décadas como servidor público, cultivando uma reputação como um sincero humanitário cujo trabalho durante e após a guerra salvou mais vidas do que qualquer um podia contar. Tal legado estava prestes a ser apagado. Em 1952, quando ele publicou sua autobiografia, Hoover era conhecido simplesmente como o homem que fez um mau trabalho na Grande Depressão. Assim como milhões de outros norte-americanos, ele culpou Wall Street por seu infortúnio. "Os banqueiros de Nova York zombaram da ideia de que o mercado não estava 'seguro'", recordou ele, observando friamente que o "longo memorando" de Lamont em outubro de 1929 "é uma leitura curiosa nos dias de hoje".[17] O memorando em si, preservado em sua biblioteca presidencial, está brasonado com a escrita sarcástica de Hoover: "Este documento é muito surpreendente."[18] Hoover, em sua autobiografia, também afirmou que implorou ao atual presidente da Bolsa de Valores de Nova

A GRANDE DEPRESSÃO 183

York, um corretor do banco Morgan chamado Richard Whitney, para tomar alguma atitude contra a especulação excessiva, mas Whitney rejeitou. Hoover reservou um pouco de sua fúria até mesmo para as autoridades locais: "Havia alguma dúvida sobre a constitucionalidade do controle federal das bolsas de valores, mas eu esperava que, ao menos, quando expuséssemos a situação, o governador de Nova York reconheceria sua grande responsabilidade e agiria de acordo. Essa esperança, no entanto, acabou sendo nada mais do que um pensamento positivo."[19] O governador de Nova York na época era um democrata chamado Franklin D. Roosevelt, que em breve desafiaria a presidência de Hoover.

Lamont estava dizendo a Hoover o que ele queria ouvir. No auge da Era do Jazz em Wall Street, ninguém queria que a música parasse. Hoover não acreditava em um governo federal ativista e simplesmente não conseguia conceber a arquitetura administrativa que seria construída por seu sucessor. Mesmo se ele fosse capaz disso, em outubro de 1929 as coisas já estavam fora de controle. Além disso, havia uma tradição histórica na qual os banqueiros norte-americanos se reuniam para realizar resgates heroicos em momentos de extrema pressão financeira. Em 1907, John Pierpont Morgan havia reunido os líderes de Nova York em sua biblioteca pessoal para orquestrar o resgate da Trust Company of America e uma das maiores corretoras de ações em Nova York, reunindo o dinheiro dos maiores bancos dos Estados Unidos em um único fundo. Lamont estava bem ciente da herança institucional que ele representava enquanto reunia os maiores banqueiros de sua geração em seu escritório, do outro lado da rua da bolsa de valores: lá estava o presidente da National City Bank, Charles Mitchell, Albert Wiggin do Chase National Bank, Seward Prosser do Bankers Trust e William Potter do Guaranty Trust.

O grupo rapidamente decidiu um plano de ação: eles iriam manipular o mercado.

A operação seria baseada em uma técnica manipulativa que se tornou muito popular durante o recente boom. Os bancos combinariam uma porção de seus vastos recursos — juntos, eles controlavam impressionantes US\$6 bilhões em ativos[20] — e comprariam ações com valores otimistas. Os especuladores, observando os aumentos repentinos — sem falar nos nomes prestigiados por trás das compras —, esperariam por mais um aumento nos preços (e talvez mais um apoio da conspiração de Morgan) e começariam a comprar com uma nova sensação de confiança. Em 1927 e 1928, esse foi um método infalível para fazer uma ação disparar. Esse comportamento também era um clássico comportamento anticompetitivo, mas poucos se preocupavam com as inconveniências da livre concorrência quando todos estavam fazendo dinheiro na ascensão do mercado em direção ao céu — ou quando o mercado parecia estar à beira do abismo.

Havia riscos óbvios. Lamont e seus amigos não estavam tentando fazer uma grana rápida, mas reverter uma avalanche. Se a aposta desse errado, os bancos teriam desperdiçado recursos que todo mundo sabia que seriam muito mais preciosos nos dias sombrios que inevitavelmente surgiriam. A alternativa, no entanto, parecia ser uma estúpida destruição da riqueza norte-americana. Os banqueiros comprometeram US$240 milhões nesse resgate. Às 13h30, Whitney — lidando com a situação alguns dias depois do que Hoover gostaria — passeou pelo pregão da bolsa e ofertou 205 dólares por 20 mil ações da U.S. Steel, um valor muito acima do preço da venda anterior.

O sinal para os traders era inconfundível. Whitney era o corretor do Morgan e a U.S. Steel era um monopólio criado por fusões aprovadas por Morgan em 1901. A cavalaria havia chegado. "Houve um rugido de vivas, assim como no campo de batalha após uma investida bem-sucedida."[21] Os preços repentinamente dispararam. "O medo sumiu e deu espaço para a preocupação de que o novo avanço não fosse desperdiçado." No encerramento das negociações, a maioria das perdas terríveis do período da manhã havia sido recuperada. U.S. Steel chegou até a registrar um ganho líquido no dia.[22] *The Wall Street Journal* estampou uma manchete triunfante, que na sua empolgação acabou mais do que quadruplicando o comprometimento do comitê de resgate (comprometimento esse do qual apenas uma fração foi gasta): "BANQUEIROS PARAM O DESASTRE DAS AÇÕES: Enxurrada de vendas durante duas horas após conferência nos escritórios do banco Morgan: US$1.000.000.000 PARA APOIO."[23] O mercado — sem falar no jantar dos presidentes dos bancos com Winston — foi salvo.

É claro que essa solução não duraria muito. A Quinta-Feira Negra foi seguida por uma Terça-Feira Negra; e a Terça-Feira Negra, por quatro anos de uma depressão implacavelmente intensa. John Maynard Keynes — embora não fosse nenhum desconhecido das oscilações instáveis dos mercados financeiros — estava chocado. "Wall Street *fez* alguma coisa ontem", escreveu ele para Lydia naquela sexta-feira. "Você leu sobre isso? O maior crash já registrado. Estive em um estado de espírito puramente financeiro e repugnante durante todo o dia."[24]

Ao longo do verão houve claros sinais de que a economia dos Estados Unidos estava entrando em um terreno pedregoso: construções residenciais caíram em comparação com o ano anterior, enquanto o crescimento do gasto dos consumidores enfraqueceu consideravelmente.[25] Hoover e outras vozes respeitáveis expressaram suas preocupações nos meses anteriores ao crash de que a atividade selvagem em Wall Street descolou-se das condições da ampla economia. Paul Warburg, um banqueiro conservador que ajudou a estabelecer o Federal Reserve em 1913, avisou sobre "orgias de especulação desenfreada" ainda em março.[26] E, para Keynes, a situação pré-crash tornou-se uma fonte de significativa ansiedade graças às suas preocupações sobre a resposta política do banco central norte-americano.

O padrão-ouro internacional, conforme ele compreendia, era essencialmente um padrão do dólar. Os Estados Unidos acumularam uma quantidade tão grande de ouro durante e após a guerra que o país poderia ditar a administração monetária de outros países. Quando o Federal Reserve aumentou as taxas de juros para combater a bolha da bolsa de valores, os britânicos também precisaram aumentar suas próprias taxas — ou então assistiriam ao ouro do Bank of England diminuir conforme os investidores sacavam suas libras e compravam dólares. O banco central britânico perdeu 20% de suas reservas de ouro ao longo do verão que antecedeu o crash e, em agosto de 1929, o governador do Bank of England, Montagu Norman, avisou ao Fed que suas altas taxas de juros poderiam retirar a Grã-Bretanha e grande parte da Europa inteiramente do padrão-ouro.[27] Embora pouco tenham feito para restringir a especulação financeira em Nova York, as altas taxas de juros do Fed causaram estrago no exterior.

Então o crash tranquilizou a mente de Keynes. Isso significava que um problema óbvio que apodrecia no setor financeiro norte-americano não poderia ficar pior. E isso deu aos legisladores dos Estados Unidos espaço para tomar ações que mitigariam o desemprego no mundo. A declaração de Keynes publicada no *New-York Evening Post* no dia seguinte à Quinta-Feira Negra, entretanto, não envelheceu muito melhor que a alegre carta de Lamont para Hoover:

Nós da Grã-Bretanha não podemos evitar de soltar um longo suspiro de alívio diante do que parece ser a remoção de um íncubo que deitava-se pesadamente sobre os negócios de todo o mundo fora dos Estados Unidos. A especulação extraordinária de Wall Street nos meses anteriores elevou as taxas de juros até níveis sem precedentes. Uma vez que o padrão-ouro garante um alto nível de mobilidade de empréstimo internacional, isso significava um caro dinheiro por toda a parte. Porém, nada aconteceu para capacitar as indústrias e empreendimentos fora dos Estados Unidos a suportar uma maior taxa de juros do que antes. O resultado é que novos empreendimentos enfraqueceram em países que se encontram a milhares de milhas de Wall Street e os preços das commodities têm caído. E tudo isso graças a uma causa completamente artificial. Se as recentes altas nas taxas de juros durassem outros seis meses, seria um verdadeiro desastre.

Mas agora, após os eventos drásticos e terríveis das últimas semanas, finalmente tornamos a ver a luz. Parece haver uma chance de uma época com um dinheiro mais barato à frente. Isso seria do interesse dos negócios em todo o mundo. O dinheiro nos Estados Unidos, em verdade, já se tornou muito barato. O banco do Federal Reserve de Nova York provavelmente aceitará a primeira oportunidade de reduzir ainda mais as taxas. Se assim fizerem, estou certo de que o Bank of England e outros bancos centrais europeus não demorarão a acompanhá-lo. E então, talvez, os empreendimentos ao redor do mundo possam voltar a funcionar. A propósito, os preços das commodities se recuperarão e os agricultores se encontrarão em uma situação mais favorável.

Posso ser um mau profeta ao falar desta forma, mas estou certo de que reflito a reação instintiva da opinião financeira inglesa quanto a essa situação imediata. Não haverá sérias consequências diretas em Londres resultantes da queda de Wall Street com exceção de um número limitado de títulos anglo-americanos que são negociados de maneira ativa tanto aqui quanto em Nova York. Por outro lado, nós consideramos o amplo olhar do futuro decididamente encorajador.[28]

A era do "caro dinheiro" [dear money, no original], altas taxas de juros e deflação, abriria espaço para um período de "dinheiro barato" [cheap money, no original] — baixas taxas de juros e preços estáveis, talvez levemente crescentes. O crash, embora fosse ruim para muitos investidores da bolsa de valores, em última análise permitiria que os

A GRANDE DEPRESSÃO

legisladores fizessem os negócios voltarem a funcionar não apenas nos Estados Unidos, mas também no resto do mundo.

Keynes estava certo sobre todas as questões — no começo. No período imediatamente após o crash, o presidente do banco do Federal Reserve de Nova York, George Harrison, forneceu fundos emergenciais quase ilimitados para os bancos de Manhattan e, a seu pedido, o Fed cortou a discount rate de 6% para 2,5% — um movimento que amenizaria consideravelmente a pressão deflacionária iniciada pela queda nos valores das ações. Mas a visão otimista de Keynes acabaria por estar completamente errada em um fator que ele não considerou e outro que julgou mal: o vacilante sistema bancário norte-americano era fraco demais para salvar a Europa por si só e o comprometimento do Federal Reserve no combate à deflação era fraco e de curta duração.

O crash acabou com o mercado para empréstimos dos corretores, com o volume caindo em US$4,4 bilhões — mais do que metade do pico anterior à Quinta-Feira Negra.[29] Os bancos de Nova York, reforçados pelo Fed de Nova York, apressaram-se para prevenir o colapso total da bolsa de valores, mas tal esforço só pôde garantir um sell-off relativamente ordenado. Muito do dinheiro que foi emprestado para a compra de ações simplesmente não seria pago. E as garantias que os bancos aceitaram pelos empréstimos — ações — continuavam a perder valor vertiginosamente. Isso colocou uma enorme pressão nos balanços dos bancos, deixando os banqueiros cautelosos sobre emitir novos empréstimos e os encorajando a cobrar pelos empréstimos pendentes. O maior custo do crédito e sua disponibilidade cada vez menor forçou os fabricantes dos Estados Unidos a cortar a produção, bem como os negócios que estavam tendo dificuldades em financiar suas operações se viram obrigados a demitir funcionários. Esses funcionários, por sua vez, perderam sua fonte de renda, o que os impediu de comprar bens e serviços, dificultando ainda mais a contratação de outros funcionários pelas empresas que vendiam esses produtos. Os preços das commodities começaram a despencar em novembro, quando as condições duras de crédito causaram um colapso na demanda resultando, ao final do ano, na queda de 15% do preço do café e de um terço no do milho. Um círculo vicioso havia se iniciado.[30]

Internacionalmente, as consequências da instabilidade bancária foram ainda mais terríveis. Desde a crise da hiperinflação de 1923, as economias alemãs e austríacas eram completamente dependentes dos empréstimos norte-americanos para funcionar. Quando o fluxo de crédito do outro lado do Atlântico começou a secar, os sistemas bancários desses países começaram a ruir. O processo já havia começado quando o Fed aumentou as taxas de juros ao longo do verão de 1929 e acelerou após o crash da bolsa de valores em outubro, quando os bancos norte-americanos restringiram a emissão de empréstimos para fortalecer seus balancetes. A Europa e os Estados Unidos estavam presos um ao outro pelo padrão-ouro e pelo ciclo de crédito estabelecido pelo Plano Dawes. Eles também cairiam juntos.

Para Keynes, a calamidade ofereceu tanto uma oportunidade quanto uma inspiração. Com a antiga ordem desmoronando ao seu redor, novas ideias podiam, esperava ele, construir um mundo melhor.

Levaria dezoito meses até tudo desmoronar. Enquanto isso, Keynes se viu em uma posição estranha: como influência política. Após ignorar cuidadosamente seus conselhos durante uma década na qual ele estava certo sobre quase toda questão econômica enfrentada pelo mundo, o governo britânico decidiu contratá-lo imediatamente após a pior previsão de sua carreira.

Em novembro de 1929, Ramsay MacDonald apontou Keynes para o novo Comitê sobre as Finanças e a Indústria — mais conhecido como o Comitê Macmillan, assim conhecido graças ao seu presidente, um juiz chamado Hugh Pattison Macmillan. O governo trabalhista estava determinado a não desperdiçar sua segunda chance no poder e fez uma exibição demasiadamente pública sobre solicitar conselhos econômicos de um especialista, ansioso por provar que a ralé poderia governar movida pela razão. Além do Comitê Macmillan, MacDonald estabeleceu o Conselho Consultivo de Economia, onde Keynes também se instalou. O primeiro-ministro o convidou para um almoço e alardeou o encontro para a mídia. Keynes não poderia estar mais satisfeito. "Estou entrando na moda uma vez mais", vangloriou-se para Lydia no dia 25 de novembro.[31]

Nenhum dos cargos tinha um poder legislativo formal. Keynes não poderia escrever regulamentações, emprestar dinheiro ou organizar acordos comerciais. No entanto, conforme a economia global estremecia, os dois painéis se tornaram foros de grande importância para as discussões. O Comitê Macmillan, em particular, se tornou o principal órgão oficial do mundo com a tarefa de processar a mecânica da

A GRANDE DEPRESSÃO

"Grande Queda" e explicar tanto suas causas quanto possíveis soluções para o público. As audiências do Comitê Macmillan tornaram-se um ponto focal da política britânica e, embora Keynes tecnicamente não estivesse no comando, ele era de longe a personalidade principal, saboreando cada minuto de seu estrelato nos holofotes da política enquanto interrogava algumas das personalidades mais ilustres do setor financeiro britânico, desde grandes oficiais do Tesouro até o governador do Bank of England, Montagu Norman.

O Comitê Macmillan deu a Keynes uma plataforma para apresentar e refinar as ideias que ele estava reunindo no *Tratado sobre a Moeda* — o "tratado técnico" que ele mencionou na sua carta de 1925 ao jornalista Henry Noel Brailsford. Quando a obra finalmente foi publicada em 1930, após sete agonizantes anos de escrever, repensar e revisar, Keynes mais uma vez acreditava ter entregado o maior trabalho de sua vida — assim como ele pensou ao finalizar *Um Tratado sobre Probabilidade*, quase uma década atrás.

Lançado em dois grandes volumes, *Tratado sobre a Moeda* possui mais que o dobro do tamanho de *Teoria Geral do Emprego, do Juro e da Moeda* e é, em muitos sentidos, um trabalho mais ambicioso, cheio de equações, tabelas, definições e argumentos sobre tudo, desde Shakespeare até propostas para uma nova união monetária internacional. "Artisticamente falando, ele é um fracasso", admitiu Keynes. "Mudei de ideia tantas vezes durante o curso da escrita que é impossível que perfaça uma unidade adequada."[32] Mas, para aqueles dispostos a perseverar ao longo de suas 787 páginas intimidadoras, *Tratado sobre a Moeda* pode ser uma bagunça alegre e exuberante, cheia de momentos de verdadeira comédia e de um deslumbrante exibicionismo intelectual, aprimorada com aforismos que rivalizam com aqueles de Friedrich Nietzsche: "Não há nada pior que um mal moderado! Se as abelhas e os ratos fossem vespas e tigres, já os teríamos exterminado. Assim são as obrigações da Grã-Bretanha para com seus rentistas ao sair da guerra."[33]

Em verdade, o *Tratado sobre a Moeda* continha dois projetos separados: uma história econômica do mundo desde a pré-história até 1930 e um diagnóstico único da Grande Depressão, culminando naquele que se tornaria o tratamento preferido de Keynes para doenças econômicas. Quando uma queda era realmente terrível, "o governo deve promover por si só um programa de investimento doméstico" — projetos de obras públicas.[34] Embora a teoria de Keynes sobre a Depressão fosse o principal assunto a capturar

190   O PREÇO DA PAZ

a atenção dos economistas e legisladores de 1930, sua história é ainda mais importante para o pensamento econômico da atualidade.

Ao longo do curso dos anos 1920, Keynes viu-se periodicamente preso a uma obsessão pelas moedas antigas. Como relatou para Lydia em janeiro de 1924:

> *Sinto-me pouco melhor do que lunático esta noite. É assim como três anos atrás — a mesma coisa aconteceu. Sentindo-me um tanto quanto despreocupado, eu reabri o meu velho ensaio sobre os pesos babilônicos e gregos. Ele é puramente absurdo e relativamente inútil. Mas, assim como antes, me senti envolvido nele a ponto de delirar. Noite passada trabalhei nele até duas horas da manhã e hoje continuei desde quando acordei até a hora do jantar. Extraordinário! Qualquer outro acharia esse assunto enfadonho. Algum encantamento deve ter sido lançado sobre a obra por um mago babilônico. O resultado é que eu me sinto um pouco louco e idiota.*[35]

Em novembro de 1925, lá estava ele mais uma vez, escrevendo sobre o dinheiro babilônico "até que eu estivesse tonto e o fogo, apagado".[36] Na noite seguinte, ele descobriu que "a moeda antiga tornou-se uma loucura incontrolável", ocupando-o durante toda a tarde, noite e madrugada. "O tempo passou em um piscar de olhos. Fiz um juramento para não trabalhar nisso esta noite" em nome do descanso e da sanidade.[37] Porém, dentro de alguns dias ele estava testando seus vícios novamente. "Minhas cartas da noite estão finalizadas", informou ele para Lydia. "Devo retornar para as moedas antigas?"[38] Três dias depois ele estava ansioso para cancelar os planos de ir até uma festa e um concerto para que pudesse "se isolar aqui, na Babilônia".[39]

Keynes descobriu uma história antiga que virava do avesso alguns dos princípios básicos da economia desde Adam Smith e enfraquecia quase três séculos de teoria política iluminista. Desde que Thomas Hobbes publicou *Leviatã*, em 1651, a maioria dos filósofos europeus imaginava o governo como uma imposição artificial do que Hobbes chamou de "estado da natureza". Para Hobbes, o estado da natureza era um pesadelo de uma desordem violenta em que a vida era "nojenta, brutal e curta",[40] fazendo do governo — especificamente a monarquia — uma fonte de salvação humana. Mesmo os pensadores que rejeitavam a política de

Hobbes aceitavam sua história. Em *A Riqueza das Nações*, Smith apresentou os mercados como a força primordial que passou a existir muito antes do desenvolvimento do estado político. A vida comercial teve início com pessoas trocando bens, trocando bodes por trigo ou tecidos por botões. Essas pessoas acabaram adotando o dinheiro como um meio de troca, uma vez que passar fichas adiante provou ser mais conveniente do que transportar vagões de bens pesados. Todas essas atividades ocorreram entre indivíduos livres, sem a perturbação das maquinações de soberanos caprichosos e intrusos soberanos, que surgiram em cena muito depois. O mercado era natural, enquanto o estado era um artifício relativamente recente que intervia ou distorcia os ritmos independentes dos comércios.

Estudando Atenas, Babilônia, Assíria, Pérsia e Roma, Keynes concluiu que essa história estava totalmente errada. O capitalismo em si era uma antiga criação do governo, datado pelo menos desde o Império Babilônico no terceiro milênio a.C. "O capitalismo individualista e as práticas econômicas pertencentes a esse sistema foram, sem dúvida alguma, inventados na Babilônia e carregavam um alto nível de desenvolvimento em épocas mais distantes que aquelas exploradas por arqueólogos",[41] escreveu ele — uma de diversas observações alarmantes registradas em setenta páginas de anotações não publicadas e argumentos fragmentados de sua pesquisa nos anos 1920. O dinheiro, além do mais, não era um costume desenvolvido por comerciantes locais para a conveniência, mas uma ferramenta sofisticada do governo que emergiu simultaneamente com outros desenvolvimentos do estado, incluindo a linguagem escrita e a padronização de pesos e medidas.

Smith e outros pensadores foram desviados ao confundir o desenvolvimento da moeda com a invenção do dinheiro. A moeda, de acordo com Keynes, era "apenas uma peça de forte vaidade... Sem nenhuma importância mais ampla".[42] O dinheiro já existia em sua forma "representativa" muito antes. Seu real significado era como uma "unidade de conta" — a demarcação da dívida e a "quitação legal de obrigações",[43] a qual os governos mantinham em seus livros contábeis, pergaminhos ou tabuletas de argila por milênios. Impérios poderosos e economicamente sofisticados haviam sido desenvolvidos sem usar nenhum tipo de moeda.

Os estados, além disso, sempre mantiveram uma política de administração monetária ativa como uma condição básica do governo. Eles criavam e aboliam dívidas como forma de recompensa ou punição e reformavam unidades de medidas, desvalorizando sua moeda não apenas como um truque em assuntos pouco sofisticados, mas para estimular o comércio e acalmar a tensão social. A inflação — vista por economistas ortodoxos dos anos 1920 como uma desonesta subversão da ordem natural por parte dos soberanos — foi uma condição quase constante "ao longo de todos os períodos da história documentada".[44]

Keynes refinou essas observações com o tempo em uma teoria monetária centrada no estado que serviu como a fundação de *Tratado sobre a Moeda*. A moeda, argumentou ele, era uma ferramenta inerentemente política. O estado era o responsável por decidir qual material — ouro, papel ou qualquer outro — seria visto como moeda, qual "coisa" as pessoas e o governo aceitariam como um pagamento válido. O estado, portanto, criou a moeda e, desde então, passou a regular seu valor. "Este direito foi reivindicado por todos os estados modernos e tem sido reivindicado por, pelo menos, aproximadamente 4 mil anos."[45] O significado do ouro para a história econômica era tanto relativamente recente — só ganhou alguma importância nas últimas décadas — quanto arbitrário. A verdadeira fonte de estabilidade monetária era a legitimidade da autoridade política que *escolhia* o ouro como seu meio preferido de troca. A moeda não tinha significado algum na ausência da autoridade política.[46]

Keynes, então, passou a ver a história econômica como uma história política em sua essência — contos de riquezas conquistadas e entregues por poderes políticos conforme impérios se erguiam e caíam. A economia, por extensão, não poderia ser uma pacífica investigação científica das inabaláveis leis da natureza, mas apenas um conjunto de observações sobre tendências nas organizações políticas humanas. A economia como um campo de estudo precisava se ajustar aos comportamentos sociais dos seres humanos, os quais poderiam mudar com o tempo. Como Keynes explicou no Comitê Macmillan: "Eu não acho que uma fácil redução salarial seja mais parte das leis econômicas do que a não redução salarial. É uma questão de fatos. A lei econômica não estabelece fatos, mas diz a você quais são as consequências."[47]

O desenvolvimento da economia moderna, além do mais, estava relacionado de maneira inextricável à ascensão do colonialismo europeu. Quando os conquistadores espanhóis começaram a transportar prata das Américas até a Europa, deram início a uma rápida inflação, fazendo os preços mais que quintuplicarem nas oito décadas seguintes.[48] "Nesses

A GRANDE DEPRESSÃO   193

anos dourados", escreveu ele, "o capitalismo moderno nasceu".[49] O fluxo do novo dinheiro iniciou um ímpeto de novos projetos e investimentos econômicos, uma vez que os empresários viram um aumento nos preços e nos lucros e apostaram em novos empreendimentos. A inflação causada pelo metal precioso do Novo Mundo logo espalhou-se para a França e então para a Inglaterra, onde trouxe um despertar artístico, uma vez que produtores de todos os tipos começaram a aumentar a produção, buscando a oportunidade de lucrar com um aumento dos preços antes que os salários acompanhassem a inflação. "Nós estávamos em uma posição em que podíamos pagar Shakespeare no momento em que ele se apresentasse!",[50] escreveu Keynes. Os britânicos complementaram esse desenvolvimento com "o saque trazido por Drake no Golden Hind", o que poderia "ser considerado de maneira razoável como a fonte e origem do investimento estrangeiro britânico". "Fatores econômicos" foram responsáveis por "moldar o Período Elisabetano e tornar toda sua grandiosidade possível".[51] Embora Keynes tenha alegremente ignorado as sugestões de sua análise, ele apresentou uma história na qual as complexidades da economia moderna eram resultado da pilhagem intercontinental.

Existe amplo espaço para discussões entre historiadores da economia em *Tratado sobre a Moeda*. Não fica claro, por exemplo, que o crescimento na oferta da prata europeia possa ser responsável pela onda das potências políticas europeias que surgiram no século XVI, muito menos pelo trabalho de Shakespeare. Mas a história básica da moeda como uma criatura do estado contrariou décadas de pesquisas históricas adicionais. A ideia que os sistemas financeiros modernos foram desenvolvidos para atender as demandas de estados combatentes é amplamente aceita mesmo entre historiadores da economia que se opõem a Keynes. "No começo era a guerra", concluiu Niall Ferguson em 2001.[52]

Tratado sobre a Moeda, então, era um golpe direto nas fundações intelectuais do laissez-faire. Não existia algo como um livre mercado desprovido de interferência governamental. A própria ideia do capitalismo *exigia* uma administração econômica ativa por parte do estado — a regulação da moeda e da dívida. Keynes também definiu o objetivo da política econômica: estabelecer as fundações de uma emocionante cultura intelectual. Sua assinatura para determinar o sucesso ou fracasso econômico não era o crescimento ou produtividade, mas sim a "grandiosidade". Havia conquistas culturais estéticas que eram objetivas — Shakespeare, por exemplo — e que a política econômica deveria apoiar. Essa era uma concepção da liberdade humana diametralmente oposta às ideias que os economistas do livre mercado desenvolveriam nas décadas seguintes.

Keynes acreditava na existência de lições práticas contemporâneas em todo esse material histórico. A deflação trouxe uma inquietação social e um declínio nacional. "Minha leitura da história é que, durante séculos, existiu uma intensa resistência social a qualquer assunto relacionado à redução no nível salarial", disse ele ao comitê no dia 20 de fevereiro de 1930. "Nunca houve na história moderna ou antiga uma comunidade preparada para aceitar, sem imensa luta, uma redução no nível geral do salário."[53]

Não adiantava, portanto, exigir concessões salariais a líderes sindicais com a crença de que um salário menor poderia gerar mais empregos. Keynes argumentou que tanto a fonte do problema como sua solução primária residem no sistema monetário. Bancos e outros intermediários financeiros existiam para unir pessoas que queriam guardar seu dinheiro e pessoas que precisavam de dinheiro para investir em novos projetos. Quando as coisas estavam indo bem, o dinheiro guardado por uma pessoa circularia rapidamente para a pesquisa produtiva da expansão de uma fábrica. A economia total de uma sociedade seria igual à sua quantidade total de investimentos. Com "investimento", Keynes não se referia às decisões pessoais de investir dinheiro em ações ou títulos, mas a um tipo de gasto de negócios: compras de novos equipamentos ou pesquisas que com o tempo permitiriam uma expansão da produção geral.

Idealmente, de acordo com Keynes, as economias do povo devem ser iguais aos investimentos do mundo dos negócios. Mas as coisas podem sair do controle; não houve processo no qual a economia era automaticamente convertida em investimento. O ímpeto para economizar e o ímpeto para construir eram motivações diferentes. "Tornou-se habitual pensar na riqueza acumulada do mundo como construída dolorosamente em cima da abstinência de indivíduos da satisfação imediata do consumo, a qual chamamos de poupança", escreveu ele em *Tratado sobre a Moeda*. "Mas deve ser óbvio que a mera abstinência não é suficiente para construir cidades... São empreendimentos que constroem e aprimoram as posses do mundo... Se o empreendimento estiver em progresso, en-

A GRANDE DEPRESSÃO

tão riqueza é acumulada independentemente do que acontecer com a poupança."[54]

O papel do sistema bancário era garantir que as economias da sociedade estivessem perfeitamente alinhadas com a capacidade de investimento dessa mesma sociedade. Se as taxas de juros oferecidas pelos credores fossem estabelecidas corretamente, as economias seriam iguais aos investimentos e a sociedade funcionaria feliz com pleno emprego. No entanto, se o investimento total exceder o valor total que uma sociedade deseja economizar, o resultado é a inflação. E se o oposto ocorrer — uma sociedade que poupa mais do que investe — o resultado seria uma "queda".

Keynes estava jogando fora uma ideia econômica apresentada por ele em *As Consequências Econômicas da Paz*. Em 1919, ele via a poupança e a abstinência como valores vitorianos que permitiam a criação de reservas de capitais que poderiam ser investidas em grandes projetos. Em 1930, ele reconheceu que — assim como o resto do puritanismo vitoriano — muita poupança poderia tirar toda a diversão da vida. Ela enfraquecia a energia das sociedades e sufocava seu desenvolvimento. "As Sete Maravilhas do mundo foram construídas pela poupança? Eu creio que não."[55] Poupança em excesso — também conhecido como subconsumo — poderia causar problemas econômicos.

Assim como a sua rejeição do padrão-ouro sete anos antes, Keynes estava fazendo uma observação técnica que carregava sugestões políticas radicais. Bancos, afirmou ele, eram tremendamente poderosos e inseguros. Nada garantia que eles operariam com presciência ou perfeição. Nenhuma mão invisível corrigiria um desequilíbrio de excesso — ou falta — de investimento. Os banqueiros poderiam simplesmente errar e fazer isso sem revelar nenhuma deterioração significativa nos seus próprios lucros ou balanços. De fato, os bancos não se percebiam como supervisores regulatórios da economia nacional. Eles estavam no jogo para obter lucros — ou pelo menos para evitar perder tudo com investimentos imprudentes.

Mas alguém precisava controlar o navio. A escolha mais óbvia para comandante era um banqueiro central capaz de controlar as taxas de juros e assim encontrar o número mágico que alinharia o desejo do povo de economizar e a necessidade de investimento dos negócios.

Esse foi um passo mais radical do que aquele dado por Keynes em *A Tract on Monetary Reform*. Nesse livro, ele pediu para que o banco central buscasse deliberadamente uma política de estabilização de preços, ajustando as taxas de juros para impedir que a inflação ou deflação perturbe o curso normal do comércio. Agora ele argumentava para que o banco central causasse uma inflação ou deflação de maneira deliberada para tratar outros problemas econômicos mais importantes. O objetivo não era mais a estabilidade de preços, mas um investimento continuado e o desemprego. Se necessário fosse, os bancos centrais poderiam buscar a inflação como forma de amenizar o desemprego.

Tratava-se de uma ideia nova. Mas é importante não exagerar sobre a separação de Keynes com a sabedoria acadêmica convencional da época. Ele continuava a ver o desemprego como um problema básico de oferta e demanda, assim como Ludwig von Mises e seus discípulos austríacos conservadores. Keynes apenas rejeitava a ideia de que os mercados poderiam resolver o problema por si só ou de que os estados poderiam acelerar o projeto ao restringir o poder dos sindicatos para estabelecer salários altos não condizentes com a realidade. A inflação, em última análise, era um atalho para cortar o salário de todos. Aumentar os preços reduziria o poder de compra dos salários dos trabalhadores. Com a redução dos salários, os empregadores então poderiam contratar mais pessoas. Uma política de inflação deliberada não era apenas politicamente mais fácil que confrontar o trabalho organizado, mas também garantiria que indústrias específicas não seriam escolhidas de maneira injusta. "O método de aumentar os preços coloca o fardo sobre uma área muito mais ampla", disse ele ao Conselho Consultivo de Economia em um memorando de setembro. "Em especial, o método joga uma parte justa na classe rentista e em outros recipientes de uma renda fixa de dinheiro. Portanto, do ponto de vista tanto da justiça quanto do interesse pessoal, os líderes sindicais estavam certos em preferir o aumento de preços em vez da redução salarial."[56] O *Tratado sobre a Moeda*, porém, só parece ser uma adição quando comparado com as ideias apresentadas por Keynes alguns anos mais tarde. Em 1930, o establishment financeiro considerou sua nova teoria terrivelmente perigosa. Ela era um ataque contínuo a quase todas as normas das finanças seguras do centro financeiro de Londres. Para Keynes, um pouco de inflação era normal; uma dose ocasional mais pesada era uma boa política. O ouro não era uma fonte de séculos de bom senso econômico, mas meramente

A GRANDE DEPRESSÃO

"parte do aparato do conservadorismo",[57] fomentando superstições perigosas sobre o laissez-faire e a prosperidade. Banqueiros centrais devem ser responsáveis por muito mais do que manter um balanço regular de comércio internacional; eles devem regular não apenas o nível de preço, mas o número total de empregos.

O *Tratado sobre a Moeda* tornou-se ainda mais radical. Não existia uma forma de um banco central, conforme argumentou Keynes, garantir que a taxa de juros correta levaria até a quantidade correta de investimento doméstico. Sob algumas condições, reduzir as taxas de juros pode servir apenas para encorajar o investimento em projetos *estrangeiros*. Keynes argumentou também que a Grã-Bretanha estava exatamente nessa posição por conta de sua libra supervalorizada em US\$4,87, o que tirava os bens britânicos do mercado internacional. Sob tais condições, reduzir as taxas de juros apenas encorajaria o capital a ir onde ele poderia investir em projetos mais competitivos: para o exterior, especialmente para os Estados Unidos. Keynes observou que a situação poderia ser solucionada ao desvalorizar a libra até um nível mais sustentável. Fazer isso, entretanto, significaria a suspensão do padrão-ouro. Era difícil prever como a economia mundial responderia a um choque dessa magnitude em 1930, então Keynes ofereceu outra alternativa política: já que o principal problema enfrentado pela economia britânica era uma escassez do investimento de negócios, faça o estado gastar dinheiro em obras públicas, gerando empregos de forma direta.[58] A Grã-Bretanha, disse ele, tinha três escolhas: ela poderia abraçar uma plataforma de obras públicas de larga escala, romper com o padrão-ouro por meio da desvalorização ou ser guiada pelo padrão-ouro e laissez-faire até a "revolução".[59] "Como já indiquei, essa é minha solução favorita", disse ele ao Comitê Macmillan em março de 1930.[60] "Devemos buscar um ousado programa governamental para nos tirar da rotina."[61]

Tratado sobre a Moeda acertou os economistas como um terremoto. Do outro lado do Atlântico, jovens estudantes que leram a obra foram inspirados a fazer peregrinações até Cambridge para ouvir as palavras do grande autor, e muitos deles se uniram às fileiras dos legisladores mais influentes da geração seguinte. Em círculos acadêmicos, o *Tratado sobre a Moeda* foi recebido com fascínio e controvérsia. Todos tinham uma opinião sobre o grande e estranho livro de Keynes, e Keynes começou a ofuscar o economista norte-americano Irving Fisher como o pensador mais discutido dentro da profissão. A crítica mais importante veio de um jovem economista austríaco chamado Friedrich von Hayek. Sentindo a emergência de uma séria ameaça intelectual ao laissez-faire, Hayek escreveu uma abrasadora acusação do *Tratado sobre a Moeda* em duas partes para o jornal acadêmico *Economica*. Ele zombou da estupidez "quase inacreditável" da escrita de Keynes e atacou suas definições técnicas de "lucro" e "investimento" ao atacar o regime de políticas de Keynes. Hayek não era apenas hostil aos trabalhos públicos como uma solução para a depressão, ele também rejeitava "qualquer tentativa de combater a crise com a expansão de crédito".[62]

Apesar de sua linguagem enérgica, a crítica de Hayek não possuía grande peso teórico. Ao insistir que qualquer tentativa de corrigir desaceleração com novas moedas era inflacionária e contraproducente, ele condenou não só o gasto com obras públicas por parte do governo, mas também qualquer tentativa dos bancos centrais de aliviar uma crise por meio de políticas monetárias. Milton Friedman, mais famoso aliado ideológico de Hayek na segunda metade do século XX, acreditava que Hayek encorajou uma "política de não fazer nada" que "causava prejuízos" ao insistir que "você só precisa abandonar todo o seu senso de propósito".[63]

Mas a pura intensidade do ataque de Hayek — ele se enfureceu, afirmando que Keynes não compreendia as grandes ideias dos economistas austríacos mais sofisticados que atuaram como seus tutores — teve força suficiente para inspirar uma resposta farpada de Keynes no periódico *Economica* ("Uma das bagunças mais assustadoras que eu já li."[64]). Conforme Hayek tornava-se uma figura cada vez mais influente na direita política norte-americana durante a segunda metade do século XX, sua discussão inicial com Keynes alcançaria um reconhecimento quase mítico como um grande confronto entre dois gigantes da economia.[65]

Ela não era nada disso. Mas ela *foi* a primeira salva de tiros em uma briga muito séria e multigeracional sobre a teoria política. As grandes batalhas desse conflito, no entanto, ainda estavam a décadas de distância.

Enquanto os economistas processavam a mais recente teoria de Keynes, a Grande Depressão logo se aprofundou em todo o mundo. Nos Estados Unidos, entre agosto de 1929 e agosto de 1930, a produção total caiu 27%, os preços de atacado caíram mais que 13% e a renda pessoal caiu

A GRANDE DEPRESSÃO 199

17%. Centenas de bancos entraram em falência em Missouri, Indiana, Illinois, Arkansas e Carolina do Norte, enquanto em Nova York, o Bank of the United States — um banco comercial privado que atendia muitos imigrantes — foi o maior banco a falir na história dos Estados Unidos.[66] Milhões de pessoas foram demitidas conforme as fábricas desaceleravam ou fechavam de uma vez. Restaurantes populares tentaram alimentar os famintos, mas rapidamente as obras de caridade alcançaram seu limite. Nada desse tipo havia acontecido anteriormente. "Os fundos que temos são, de modo geral, inadequados para lidar com a situação", relatou Arthur Burns, o chefe da Association of Community Chests and Councils of America. Em uma era anterior ao seguro-desemprego federal, apenas oito estados ofereciam assistência financeira para os desempregados, nenhuma delas suficiente para atender a emergência social cada vez maior. Na região rural dos Estados Unidos, de acordo com o historiador Robert S. McElvaine, "pessoas famintas às vezes comiam ervas daninhas", enquanto nas cidades norte-americanas "a cena de homens revirando latas de lixo e lixões" tornou-se comum. Em março de 1930, centenas de nova-iorquinos esperando em uma fila para receber alimentos atacaram dois caminhões fazendo uma entrega em uma padaria, espalhando os produtos pelo chão.[67]

Na Grã-Bretanha, a taxa de desemprego aumentou muito ao longo de 1930, indo de 12,4% para 19,9%.[68] Exportações britânicas, que já passavam dificuldades graças à libra supervalorizada, caíram quase em 40% desde o seu pico em 1929.[69]

Os perigos nos Estados Unidos e na Grã-Bretanha eram moderados se comparados com o desastre que se desenrolava na Alemanha. No dia 14 de setembro, o Partido Nazista de Adolf Hitler chocou o mundo ao conseguir 6,4 milhões de votos e 107 assentos no Reichstag, fazendo dele o segundo partido político mais popular naquele país fraturado. Em outubro, Hjalmar Schacht, alquimista financeiro que orquestrou o renascimento da Alemanha após o desastre da hiperinflação de 1923, embarcou em uma turnê de palestras nos Estados Unidos na qual responsabilizou os insultos sofridos pela Alemanha sob o Tratado de Versalhes pela ascensão de Hitler, relacionando de maneira explícita a popularidade nazista com a severidade das exigências reparatórias. Em 1930, a reparação já era apenas um dos fatores que esmagavam a economia alemã — os empréstimos limitados dos Estados Unidos e a perda de mercados mundiais para as exportações alemãs foram fatores pelo menos tão graves quanto —, mas a reparação acabou se tornando o bode expiatório. "Se o povo alemão vai morrer de fome, então haverá muitos outros Hitlers", disse Schacht ao *New York Times*.[70] Em meio a toda essa escuridão, Keynes preservou um espírito alegre. Não havia como negar que as coisas estavam ruins, mas ele estava convencido de que elas não ficariam assim para sempre. "Os dois erros contraditórios do pessimismo que agora fazem tanto barulho serão desmentidos no nosso tempo", disse aos leitores do *Nation*, "o pessimismo dos revolucionários que pensam que as coisas estão tão ruins que nada pode nos salvar senão uma mudança violenta e o pessimismo dos reacionários que consideram o equilíbrio de nossa vida econômica e social tão precário que não devemos arriscar com experimento algum".[71]

Parte dessa conduta alegre era apenas Keynes sendo Keynes. Seu otimismo estava profundamente arraigado, praticamente como uma questão de convicção moral, e era encorajado por sua alegria pessoal de estar de volta ao centro das coisas. Todos estavam falando sobre o que ele tinha a dizer. Agora não pediam apenas para que ele escrevesse para periódicos e aconselhasse o primeiro-ministro, mas também para que preparasse programas para uma nova e poderosa mídia na política britânica, o rádio — operada pela British Broadcast Company, fundada em 1922. "Portanto, ó donas de casa patriotas, saiam de casa amanhã cedo e descubram as incríveis ofertas que estão anunciadas por toda a parte", ele aconselhou os ouvintes em janeiro de 1931. "Vocês farão um favor a si mesmas — porque as coisas nunca estiveram tão baratas, muito mais baratas do que vocês podem sonhar. Comprem roupas de cama, mesa e banho, lençóis e cobertores para satisfazer todas as suas necessidades. E tenha ainda mais alegria em saber que está aumentando os empregos e aprimorando a riqueza do país ao iniciar atividades úteis. Porque o que precisamos agora não é abotoar os nossos coletes, mas entrar em um clima de expansão, de atividade — fazer as coisas, comprar coisas, criar coisas."[72] O programa foi publicado como um ensaio no *Listener* e Keynes se viu inundado de cartas de fãs.

Porém, muito da disposição entusiasmada de Keynes veio de sua duradoura fé no poder das ideias. Ele pensou nas misérias econômicas do pós-guerra durante uma década e havia chegado à conclusão de que a calamidade global era um resultado de um simples erro intelectual. Os

A GRANDE DEPRESSÃO 201

problemas eram grandes, mas eles tinham soluções diretas e essencialmente indolores.

Em outubro de 1930, Keynes publicou um ensaio intitulado "Economic
Possibilities for Our Grandchildren" [Possibilidades Econômicas para
Nossos Netos, em tradução livre], um retrato assumidamente utópico de
um futuro próximo no qual as pessoas trabalhavam "turnos de três ou
quinze horas por semana"[73] e desfrutavam de um acréscimo óctuplo nos
seus padrões de vida. Avanços tecnológicos e o poder dos juros compostos[74] rapidamente levariam o povo a uma produtividade econômica sem
precedentes — novas máquinas que tornariam o trabalho humano cada
vez mais obsoleto. O processo já havia começado e alcançaria sua realização dentro de um século. "Em nossas próprias vidas... Podemos ser capazes de realizar todas as operações da agricultura, mineração e fabricação
com um quarto do esforço humano com o qual estamos acostumados."[75]

Tais mudanças significativas eram um motivo de celebração em
vez de alarme. "Isso significa que o problema econômico não é — se
olharmos para o futuro — *o problema permanente de raça humana.*"[76] A
era da história na qual os seres humanos passam por dificuldades para
conseguir comida, casa, roupas e — caso tivessem sorte — algum luxo
especial estava chegando ao fim. Os cidadãos não só seriam libertos
de trabalhos maçantes e da ansiedade de baixos saldos bancários; uma
revolução nos valores culturais estava logo além do horizonte. "Quando
a acumulação de riquezas não for mais de grande importância social,
haverá grandes mudanças no código moral", escreveu Keynes. "O amor
pelo dinheiro como uma posse — diferentemente do amor pelo dinheiro como um meio para os prazeres e realidades da vida — será reconhecido como o que ele é, uma morbidade um tanto quanto repugnante,
uma dessas propensões quase criminosas e quase patológicas que en-
tregam com um arrepio aos especialistas em doenças mentais."[77] A era
de recursos escassos estava alcançando seu fim e, com isso, a necessidade de sacrificar preocupações éticas e morais para as necessidades da
eficiência. "Eu nos vejo livres, portanto, para retornar até alguns dos
princípios mais seguros e certos da virtude religiosa e moral — que a
avareza é um vício, que a cobrança de usura é um delito, que o amor
pelo dinheiro é detestável e que aqueles que verdadeiramente seguem
o caminho da virtude e da sabedoria sã pensam menos no amanhã.
Tornaremos a valorizar os fins mais que os meios e a preferir o bom ao

útil."[78] Bloomsbury triunfaria sobre Wall Street, conforme os cidadãos saboreariam bons estados de espírito e os prazeres da vida criativa. Isso aconteceria dentro de oitenta anos. Tudo o que precisaríamos fazer era evitar grandes guerras e booms populacionais ao mesmo tempo que deveríamos ficar de olho no acúmulo e distribuição de capital. Nas profundezas da pior depressão da memória recente, Keynes declarou que o fim definitivo da aflição econômica estava à vista.

Robert Skidelsky e outros historiadores perceberam a semelhança da visão de Keynes com a visão apresentada pelo jovem Karl Marx em *A Ideologia Alemã*, um dos únicos esboços que Marx apresentou sobre o que acreditava ser a vida após a revolução comunista. Sob o capitalismo, escreveu ele: "A própria ação do homem se torna um poder estranho oposto a ele que acaba por escravizá-lo em vez de ser controlado por ele. Porque assim que a divisão de trabalho passa a existir, cada homem possui uma esfera específica e exclusiva de atividade que lhe é imposta e da qual ele não pode escapar. Ele é um caçador, um pescador, um pastor ou um importante crítico e assim deve continuar se não quiser perder seu sustento; enquanto na sociedade comunista ninguém possui uma esfera de atividade exclusiva, mas cada um pode se realizar no ramo que desejar, a sociedade regula a produção geral e assim possibilita que eu faça uma coisa hoje e outra coisa amanhã, possibilita que eu cace de manhã, pesque de tarde, pastoreie de noite, faça minhas críticas após o jantar, assim como tenho em mente, sem nunca precisar me tornar um caçador, pescador, pastor ou crítico."[79]

Keynes não leu o ensaio de Marx. A obra ficou escondida durante a vida de Marx e só foi publicada em 1932.[80] E a utopia keynesiana era mais conservadora que a visão marxista. A utopia seria o pacífico resultado final do capitalismo, não o resultado de sua violenta derrubada. Mas a visão social — a boa sociedade que os dois homens buscavam — era notavelmente similar. Ambos buscavam um mundo no qual os interesses e as ideias diárias dos cidadãos teriam prioridade sobre as exigências de sustento material e a labuta do trabalho salarial enfadonho.

Keynes e Marx também compartilhavam o infeliz destino de estarem certos sobre as revoluções vindouras e errados sobre as implicações sociais delas. Como Marx previu, comunistas derrubaram os capitalistas em todo o mundo no século XX. Keynes, por outro lado, acertou nos seus cálculos. Talvez ele tivesse sido excessivamente pessimista sobre o potencial

A GRANDE DEPRESSÃO

econômico que estava prestes a ser desencadeado. Em 2008, conforme observou o economista ganhador do Prêmio Nobel Joseph Stiglitz, a produção econômica mundial alcançou um nível suficiente para que cada homem, mulher e criança do mundo ficasse acima da linha da pobreza dos Estados Unidos — um grande aprimoramento para os pobres domésticos e uma conquista impressionante para os pobres globais.[81] Segundo uma recente análise do economista da Universidade Harvard, Benjamin M. Friedman, nós estamos, além disso, caminhando para um acréscimo óctuplo do padrão de vida nos Estados Unidos até 2029 — se o padrão de vida for considerado como a produção econômica total por pessoa.[82] "Os números batem", observou outro vencedor do Prêmio Nobel, Robert Solow[83] — mesmo que o mundo não tenha escapado de diversas guerras catastróficas nas décadas que vieram após o ensaio de Keynes.

No entanto, a era do agricultor-crítico-pescador ainda não chegou. Não vivemos em uma utopia onde todas as pessoas trabalham quinze horas por semana, reservando o resto do tempo para a pintura, literatura e caminhadas no parque. O que deu errado? Em seu ensaio, Keynes distinguiu entre as necessidades humanas essenciais para a sobrevivência e seminecessidades cuja "satisfação nos eleva, fazendo com que nos sintamos superiores aos nossos colegas. Necessidades de segunda categoria, essas que satisfazem o desejo por superioridade, podem, na verdade, ser insaciáveis".[84] Esse esforço de se mostrar um igual diante de seus pares sem dúvida teve seu papel na extensão da semana de trabalho, mas a principal culpa é simplesmente a desigualdade. A tremenda expansão da produção e do rendimento ao longo dos últimos noventa anos foi colhida, em grande parte, por uma fração bem pequena da sociedade. Para todos os outros, a perspectiva econômica é mais ou menos a mesma que aquela em meados dos anos 1920 (embora um declínio na semana de trabalho entre 1930 e 1970 sugira claramente que as pessoas não estão tão ansiosas para trabalhar tanto quanto elas trabalham). Assim como qualquer família trabalhadora pode atestar, eles trabalham porque precisam trabalhar.

Keynes, em resumo, esqueceu da necessidade de regular a distribuição econômica — seja por meio de estruturas dos próprios mercados, seja por uma política tributária ativa. Viver de acordo com o "Economic Possibilities for Our Grandchildren" exigiria pesadas taxações dos ricos, um mecanismo para garantir que os trabalhadores receberiam ganhos corporativos proporcionais e um processo político capaz de impedir entidades poderosas de pegar os espólios.

O ensaio não era uma invenção alegre; era um trabalho sério que ajudou a colocar a outra teoria econômica de Keynes em um contexto filosófico. Keynes não via a economia como uma ciência fundadora na qual a política deve ser cautelosamente construída — e sim como uma fase passageira que já estava chegando ao fim de seu período de relevância. Sem as restrições da escassez de recursos, a economia como uma disciplina não seria tão importante. Nas sociedades sem classes do futuro próximo, economistas seriam como "dentistas" — respeitáveis, profissionais e politicamente irrelevantes.

"Economic Possibilities for Our Grandchildren" foi o último grande ensaio de Keynes a ser publicado no *Nation and Athenaeum*. O destino do Partido Liberal como uma organização de segunda categoria na política britânica seria selado pelas eleições de 1929, tornando o esforço para moldar sua plataforma cada vez mais desnecessário. *The New Statesman* era uma publicação de teor semelhante que buscava um novo editor e Leonard Woolf, aproveitando da segurança financeira oferecida pelo sucesso dos recentes romances de sua esposa, estava pronto para abandonar as exigências frenéticas de um periódico semanal com uma equipe pequena.[85] *The New Statesman* concordou com uma fusão na qual Keynes nomearia Kingsley Martin como o novo editor e seria nomeado presidente. O jornal foi renomeado para *The New Statesman and Nation*. Mas os dias de Keynes como um pequeno magnata da mídia estavam contados. Suas colunas e seus comentários seriam os únicos elementos da identidade de seu antigo jornal que sobreviveriam ao acordo. Pelo resto de sua vida, sua atenção profissional voltou-se para as pesquisas acadêmicas e suas funções no serviço público.

Ele não perdeu muitos leitores com a fusão. O horror da Depressão o ajudava a conquistar uma audiência mais ampla graças aos seus pedidos para se distanciar da ortodoxia financeira. Quaisquer méritos que a doutrina do centro financeiro de Londres possa ter tido antes da guerra, todos podiam ver que as coisas não estavam mais dando certo. Keynes podia estar oferecendo um conselho estranho, mas ele havia perdido em público todas as sérias batalhas políticas desde 1919. Pelo menos ele não poderia ser culpado pelo atual estado das coisas.

A GRANDE DEPRESSÃO   205

Para Keynes, o único prazer maior que estar certo era estar certo quando todas as outras pessoas respeitáveis estavam erradas. E a mais politicamente chocante virada em seu pensamento após o crash de Wall Street não foi sua teoria monetária ou seu argumento para obras públicas, nem mesmo sua visão de prosperidade ilimitada algumas décadas adiante; era o seu clamor por uma tarifa.

Seus amigos estavam entre os primeiros a descobrir sua conversão. "Maynard se tornou um protecionista", escreveu Virginia a um amigo em setembro de 1930. "Isso me horrorizou tanto que prontamente desmaiei."[86]

Em março de 1931, Keynes contou isso ao mundo na segunda edição de *The New Statesman and Nation*, incitando uma enxurrada de charges editoriais e atenção de jornais. Economicamente, a proposta se adequava muito bem ao seu pedido por baixas taxas de juros e obras públicas. Ao supervalorizar a libra em 1925, a Grã-Bretanha tornou seus produtos excessivamente caros no mercado internacional e deu aos produtos estrangeiros uma vantagem de preço no mercado doméstico. A posição deles poderia ser melhorada ao forçar uma redução salarial doméstica para reduzir o preço de suas exportações, mas seis anos desse projeto não resolveram o problema. Desvalorizar a moeda — abandonando o padrão-ouro — também funcionaria, mas, como Keynes observou em *Tratado sobre a Moeda*, isso traria uma mudança drástica que poderia gerar perturbações imprevisíveis. Em vez disso, a Grã-Bretanha poderia brigar de igual para igual no seu mercado doméstico ao impor uma tarifa em bens estrangeiros. Isso não ajudaria o país a exportar mais, mas ajudaria a aumentar as vendas de fabricantes britânicos dentro do país, que no momento eram forçados a competir com importações artificialmente baratas. Fazer isso aumentaria o custo de vida, já que o preço para os consumidores domésticos aumentaria, mas não muito — e um modesto aumento no custo de vida traria um aumento significativo de empregos. Uma vez que a posição comercial já não estava dando certo, esse impulso nas rendas criado pelos novos empregos ajudaria até mesmo a Grã-Bretanha a comprar mais produtos importados. E, acima de tudo, toda receita gerada pela tarifa poderia ser gasta com obras públicas.

Em princípio, nada disso era mais radical do que Keynes havia delineado nas páginas do *Manchester Guardian* no começo dos anos 1920, quando ele pedia por taxas de câmbio flexíveis. Tanto as tarifas quanto os ajustes monetários eram esforços para alterar o fluxo do comércio, assim expandindo a produção e o emprego domésticos. Um desses projetos funcionava ao mudar o preço dos bens, enquanto o outro funcionava ao mudar o preço do dinheiro, mas o efeito era o mesmo.

A economia de livre mercado da Grã-Bretanha, além disso, era mais dependente das exportações do que das importações. Alimentos e o básico da indústria pesada — carvão e ferro — o país possuía em abundância, e tudo aquilo que a ilha não tinha o império era capaz de prover. Ela receberia um golpe na sua eficiência — mas apenas em relação a um ideal de livre mercado. E Keynes sabia que o mundo de 1931 não era um mundo ideal. A negligência monetária dos anos 1920 significava que o mercado não era livre há algum tempo. A Grã-Bretanha já estava sofrendo o pior que ela poderia esperar de uma guerra comercial; ela tinha pouco a perder com um agravamento.

Mas na Inglaterra entre guerras a tarifa era uma bomba política. Lá estava Keynes, defensor da aliança liberal-trabalhista, endossando um dos pontos centrais da plataforma econômica conservadora. Desde a virada do século, a visão conservadora do Império Britânico se baseou na noção de que a prosperidade doméstica seria conquistada por meio de uma tarifa que protegeria a indústria local da competição estrangeira ao mesmo tempo que levantaria fundos para que fossem gastos em pequenas medidas de bem-estar social. Mesmo na eleição de 1923, quando as questões das taxas de câmbio e do padrão-ouro surgiram pela primeira vez na linha de frente dos esforços políticos de Keynes, ele não foi capaz de suportar o clamor por tarifas durante a campanha. Seu clamor quando estudante universitário de "livre mercado e livre pensamento!" ainda era muito central na sua compreensão do que significava ser um liberal sensato. Mesmo os trabalhistas socialistas acreditavam no livre mercado. Era uma heresia, não contra "as máximas dos especialistas do centro financeiro de Londres", mas contra a fundação do próprio liberalismo, e Keynes sabia disso. Então ele tentou dar às mentes que ele chocaria uma forma de aceitar a política sem renunciar à doutrina por completo.

"Comerciantes livres podem, de maneira consistente com sua crença, considerar uma tarifa de receita como nossa provisão militar, a qual pode ser usada uma vez apenas em emergências", escreveu ele. "A emergência chegou. Sob a proteção de um espaço para respirar e a margem

A GRANDE DEPRESSÃO   207

da força financeira que nos apoiou, poderíamos conceber uma política e um plano, tanto doméstico quanto internacional, para marchar até o ataque contra o espírito do contracionismo e do medo."[87]

Não adiantou muito. Quase todos os seus aliados econômicos entre os grupos intelectuais se afastaram horrorizados ou dispararam contra ele, ofendidos. O próprio jornal de Keynes, *The New Statesman and Nation*, publicou uma barragem de críticas de quase uma dúzia de escritores proeminentes, incluindo seu colega de Cambridge Lionel Robbins, além de William Beveridge, que mais tarde se tornaria o autor do Serviço Nacional de Saúde britânico e do estado de bem-estar social pós-Segunda Guerra Mundial, lado a lado com Keynes.[88] A esposa de Philip Snowden, chanceler do Tesouro do Partido Trabalhista, escreveu para Keynes no dia 7 de março de 1931: "Eu li o seu artigo e falarei do conteúdo para ele quando ele puder ouvir. Ouso dizer que ele se sentirá tão triste quanto eu ao saber que você julga necessário seguir essa linha, pois estamos tão fortemente convencidos de que isso está errado... quanto você está convencido de que está certo."[89]

De fato, muitos pensadores econômicos que estavam abertos para reformas durante os anos 1920 agora reagiam às deterioradas condições de emprego e comércio internacionais se agarrando — por mais implausível que fosse — a qualquer resquício de normalidade intelectual que pudessem. Talvez *alguma coisa* estivesse errada, mas certamente não precisariam jogar fora *tudo* aquilo em que acreditavam. Se Keynes estava agora pedindo por tarifas, talvez suas outras ideias não fossem tão promissoras quanto os reformistas acreditavam ser. Hubert Henderson, editor do *Nation* que de maneira entusiasmada atuou como coautor de *Can Lloyd George Do It?* ao lado de Keynes em 1929, agora repreendia seu amigo por sua libertinagem:

Minha queixa contra o conteúdo de seus escritos ou declarações públicas no último ano é que em nenhum deles houve um traço de uma sugestão de que a situação orçamentária é muito séria e deve ser tratada de maneira séria. Pelo contrário, várias e várias vezes você sugeriu que não importa nem um pouco, que o gasto é algo que deseja continuar, seja pelo governo ou por outra pessoa, e que a questão disso ter um encargo orçamentário dificilmente vale a pena levar em consideração. O efeito é transmitir a impressão para toda e qualquer pessoa que tem alguma consciência das dificuldades financeiras, por mais inteligente e mente aberta que ela seja, de que você ficou completamente louco.[90]

Henderson estava certo ao falar que a posição orçamentária da Grã-Bretanha não era boa. Sob o padrão-ouro, governos que gastam em excesso poderiam literalmente ficar sem dinheiro. Se um governo não tivesse mais ouro, a nação entraria em falência — forçada a escolher quais obrigações pagaria e quais ficaria devendo. E após uma década de baixo desempenho econômico e uma balança comercial crítica, esse limite não estava muito longe. O Bank of England estava aumentando as taxas de juros diretamente em 1931 em uma tentativa de atrair mais ouro até a Grã-Bretanha, mesmo que isso desacelerasse a economia britânica. Mesmo o governo trabalhista estava operando com um superavit tributário — tributando mais que seus gastos — para manter a confiança dos investidores na libra e desencorajar os holders de libra a sacar seu ouro. No entanto, a Grã-Bretanha corria o risco de ficar sem dinheiro precisamente porque ela gasta mais com importações em casa do que ela recebia de suas exportações no exterior. A tarifa defendida por Keynes tentaria impedir esse fluxo de saída ao desencorajar as importações e, onde elas não pudessem ser completamente bloqueadas, o imposto seria coletado.

Keynes era impiedoso com seus críticos, acusando-os de um vazio "discurso de papagaio do passado".[91] Ele atacou Beveridge por "um puro erro intelectual compartilhado, imagino eu, por uma multidão menos célebre de defensores do livre-comércio".[92] Conscientemente ou não, todos seus críticos insistiam que eles viviam em uma economia internacional capaz de se autorregular, mesmo quando a economia global estava se recusando a se corrigir por uma década.

"O ideal da livre reprodução das forças naturais não pode ser buscado hoje — as forças contrárias são fortes demais",[93] escreveu Keynes em uma resposta no *New Statesman*. "Meus críticos não perceberam, ou não demonstraram o menor interesse, na análise de nosso presente estado, a qual ocupou a maior parte de meu artigo original e levou até minha proposta por uma tarifa. Seria isso culpa do *odium theologicum* atrelado ao livre mercado? Seria isso culpa da economia ser um assunto estranho ou em um estado estranho? Qualquer que seja a razão, novos caminhos de pensamento não trazem nenhum apelo para os fundamentalistas do livre mercado. Eles têm me forçado a engolir uma vez mais muita carne

A GRANDE DEPRESSÃO

de carneiro velho, me arrastando por um caminho que conheço desde que tive conhecimento de qualquer coisa e que não pode, conforme eu descobri após muitos esforços, levar alguém até uma solução para nossas dificuldades atuais — uma peregrinação pelas catacumbas com uma vela derretida."[94]

Clamar por uma tarifa foi uma tentativa de lidar com um erro matemático cometido por Churchill ao retornar para o ouro, mas isso forçou Keynes a reavaliar suas crenças sobre a conexão entre livre-comércio e harmonia internacional. Ele manteve sua crença no poder do comércio para conectar culturas e possibilitar pessoas diferentes a apreciarem umas às outras. Mas as exportações culturais que realmente fomentavam um conhecimento mútuo entre as nações estavam se tornando uma parte cada vez menor da mistura econômica moderna. Quando o economista David Ricardo fez o clássico argumento para o livre mercado no começo do século XIX, a escassez era o principal problema econômico.[95] O livre mercado, conforme explicou Ricardo, permitia que os países se especializassem naquilo que fazem de melhor, permitindo que a economia mundial produzisse mais do que se cada país individual tentasse atender toda a sua demanda com bens nacionais. A tecnologia, porém, eliminou muitas das vantagens da especialização nacional. O comércio internacional foi dominado por produtos da indústria pesada que poderiam ser feitos pelo mesmo preço em praticamente qualquer lugar. Independentemente de sua origem, carvão é carvão, aço é aço e carros são carros. "Experiências se acumulam para provar que a maioria dos processos de produção em massa modernos podem ser realizados na maioria dos países e climas com quase a mesma eficiência", escreveu Keynes em 1933.

Haveria custos para qualquer nação que desejasse fazer da maior parte de sua economia uma preocupação doméstica. No entanto, a inovação havia reduzido drasticamente esses custos. A autossuficiência nacional, escreveu ele, estava rapidamente "se tornando um luxo que poderemos pagar se assim desejarmos".[96]

E ele acreditava que poderia haver razões para desejar isso. A hiperfinanceirização da economia global separou os donos dos negócios do impacto social de suas decisões. Acionistas de Wall Street não perdiam muitas horas de sono pelos lucros gerados com a poluição de um rio da

Pensilvânia ou demissão de funcionários em Minnesota; eles não nadam nos rios, nem passam o Natal com os desempregados. No entanto, quando esse tipo de tratamento aconteceu em fronteiras internacionais, semeou ressentimentos. Hot money especulativo pode fluir até as moedas e as indústrias em um dia e sair no dia seguinte sem nenhuma preocupação do que aconteceria com as pessoas que vivem nas comunidades onde esses fundos transbordavam e agora foram retirados. "A distância entre a propriedade e a operação é um mal nas relações entre os homens, em longo prazo sendo provável e até mesmo certo a criação de tensões e inimizades", observou ele. Mas, pelo menos dentro da fronteira nacional, havia um órgão político capaz de estabelecer regras sobre a forma como o setor financeiro poderia se comportar e policiar as más condutas. Além das fronteiras nacionais, não há responsabilização social. "Agora não parece óbvio", escreveu Keynes, "que a penetração de recursos e influência dos capitalistas estrangeiros na estrutura econômica de determinado país, que uma estreita dependência da nossa própria vida econômica nas flutuantes políticas econômicas dos países estrangeiros, sejam salvaguardas e garantia de paz internacional". "Ideias, conhecimento, arte, hospitalidade, viagem — essas são as coisas que, por sua natureza, devem ser internacionais", escreveu ele. "Mas deixe que os bens sejam nacionais sempre que for razoável e convenientemente possível; e, acima de tudo, deixe que as finanças sejam primeiramente nacionais."[97] Essa foi uma rejeição completa de sua visão de mundo pré-guerra.

Como ocorreu, o fluxo monetário global e a realpolitik do Parlamento determinariam o destino da tarifa, não debates em uma revista liberal. No dia 11 de maio de 1931, a economia austríaca perdeu a sua corda de segurança internacional. Creditanstalt, de longe o maior banco em Viena, com metade de todos os depósitos totais do país, entrou em colapso. Foi um golpe psicológico devastador no sistema bancário austríaco. Creditanstalt era o banco de maior prestígio no país. Seu quadro de diretores incluía o barão Louis de Rothschild, além de homens do Bank of England e do banco alemão M.M. Warburg — a mesma dinastia bancária de Paul Warburg, um dos fundadores do Federal Reserve.[98] Se Creditanstalt estava ruindo imagine a condição dos outros bancos austríacos, ponderavam os depositantes austríacos.

A corrida aos bancos austríacos rapidamente se transformou em uma corrida aos xelins, conforme investidores ansiosos e especuladores opor-

A GRANDE DEPRESSÃO

211

tunistas começavam a acreditar que o Bank of Austria também poderia ficar sem ouro. Eles começaram a entregar seus xelins em massa para sacar o ouro, o que é claro apenas serviu para acelerar o processo de drenagem das reservas de ouro do governo. Em Londres, o governador do Bank of England, Montagu Norman, prometeu fundos emergenciais para tentar resgatar a moeda austríaca — e com isso a posição da Áustria como nação aderente ao padrão-ouro. Era uma manobra heroica de Norman, que sabia muito bem que a posição do Bank of England estava longe de ser segura. Mas ele não conseguiu muita ajuda. Uma aliança mais ampla incluindo os Estados Unidos, França e Bélgica forneceu um auxílio de apenas US$14 milhões — valor quase imperceptível diante dos US$100 milhões do Creditanstalt em obrigações estrangeiras de curto prazo.[99]

O auxílio internacional para a Áustria também foi muito pequeno e chegou muito tarde. Viena não teve outra escolha a não ser suspender seu compromisso com o padrão-ouro. E o contágio já havia se espalhado para a Alemanha, de onde os fundos estavam saindo em uma velocidade alarmante. Para os Estados Unidos, a crise alemã tinha enormes consequências em potencial, graças ao ciclo internacional de crédito estabelecido pelo Plano Dawes.

Keynes partiu para os Estados Unidos durante a crise austríaca para dar uma série de palestras em Chicago e se encontrar com o presidente Hoover e o presidente do Fed, Eugene Meyer, em Washington.[100] Ao longo do caminho, ele descobriu a falha em sua análise do desastre da bolsa de valores de 1929. "A ansiedade de muitos bancos e muitos depositantes em todo o país é um fator dominante, fator cuja importância eu não havia estimado completamente antes de visitar os Estados Unidos", escreveu ele para o Conselho Consultivo de Economia em Londres. "Esse é, creio eu, um dos maiores obstáculos para superar a situação."[101]

Sob o Plano Dawes, os bancos dos Estados Unidos emprestavam dinheiro para a Alemanha, que, em seguida, pagava reparações para a França e para a Inglaterra, e esses países, por sua vez, pagavam os juros aos Estados Unidos e seus bancos sobre as dívidas de guerra. As finanças da Europa seriam arruinadas se os bancos norte-americanos não reiniciassem o ciclo ao fornecer novo crédito internacional para a Alemanha. E, após o crash de 1929, os recursos disponíveis nos bancos norte-americanos que deveriam ter ido para a Alemanha começaram a ser desperdiçados nas falências dos bancos. Apenas nos últimos dois meses de 1930, 608 ban-

212   O PREÇO DA PAZ

cos norte-americanos com o controle de US$550 milhões em depósitos
faliram.[102] Mas, assim como Berlim dependia dos empréstimos de Nova
York para sua sobrevivência financeira, os bancos de Nova York também
dependiam do pagamento alemão para sua própria solvência. Berlim,
conforme descobriu Keynes, devia agora £200 milhões para credores
de Nova York, incluindo uma média de mais que £20 milhões para cada
um dos cinco maiores bancos de Manhattan. Essa era uma "soma muito
maior do que eles poderiam se dar ao luxo de perder, além de todos seus
outros problemas".[103] Se Berlim caísse, temiam todos, Nova York também
cairia e, com ela, o dólar e toda a ordem econômica global relacionada a
ele por meio do padrão-ouro. A economia mundial estava à beira de um
precipício. Em Nova York, Thomas W. Lamont chamou Herbert Hoover.
Agora que todo o resto deu errado, era hora de enfrentar o problema
estabelecido em 1919: dívidas de guerra e reparações impagáveis. Como
medida de emergência, Hoover poderia impor uma moratória de um ano
em todos os empréstimos de guerra e pagamentos reparatórios. Tal gesto político pode ter sido o suficiente para suprimir o pânico e ganhar
tempo para que o mundo salvasse o sistema bancário internacional de
um colapso catastrófico. Lamont prometeu dar créditos a Hoover pela
ideia e sutilmente jurou que limparia o campo presidencial republicano
de quaisquer desafiantes nas primárias da eleição presidencial de 1932,
que ocorreria em apenas um ano. "Hoje em dia você vê muita gente sus-
surrando sobre mudar a administração na convenção de 1932", contou
ele a Hoover. "Se você criasse um plano como esse, os sussurros seriam
silenciados de um dia para o outro."[104]

E assim Hoover fez. Os franceses ficaram furiosos pela clemência
com a Alemanha, mas a crise monetária cada vez mais acelerada os forçou a chegar a um acordo em julho. Este deve ter sido um momento de
glória para Keynes. Os mesmos diplomatas norte-americanos que im-
pediram a questão das dívidas de guerra em Paris finalmente reconheceram em ações, senão em palavras, que ele estava certo. Mas o triunfo
chegou tarde demais.

Enquanto os franceses negociavam com Hoover, os bancos alemães
começaram a falir. A Alemanha implorou primeiro com a Inglaterra e
então — como um último recurso quase inconcebível — com a França
por um empréstimo de emergência para tentar estabilizar o marco. Os
franceses, reconhecendo que a Alemanha não estava em posição de re-

A GRANDE DEPRESSÃO   213

cusar, exigiram um conjunto de condições políticas a ser incluído em qualquer pacote de assistência: a Alemanha teria que abandonar uma planejada união comercial com a Áustria, interromper a construção de dois navios de guerra e proibir exibições de rua nacionalistas. Eram termos moderados, mas o governo alemão não suportou o fato de se submeter às exigências políticas dos franceses, cujo exército esteve no Ruhr apenas seis anos antes. A Alemanha rejeitou a oferta, preferindo arriscar uma morte financeira do que uma desonra internacional. O país então implementou uma lista desesperada de restrições para reconstruir a posição monetária do país, uma vez mais dizimada, em uma tentativa final de afastar o que todos temiam que fosse um desastre tão ruim quanto 1923. O Reichsbank aumentou as taxas de juros até o chocante valor de 15%. O Tesouro suspendeu o pagamento de juros em dívidas estrangeiras e começou a limitar o saque de capital do país.[105] Esse era o fim do padrão-ouro na Alemanha. Se os credores estrangeiros não conseguiam mover dinheiro para dentro e para fora do país, então o reichsmark já não podia mais ser trocado por ouro.

A inadimplência de dívidas da Alemanha e o controle de capital apenas intensificou a ansiedade dos investidores internacionais e dos especuladores com obrigações em outros países abalados. O pânico agora não se espalhou, como temiam Lamont e Hoover, para os Estados Unidos, mas para o ainda mais frágil sistema financeiro britânico.

No dia 13 de julho, o Comitê Macmillan emitiu seu relatório final sobre o sistema bancário alemão e seu papel na economia. Essa foi, em geral, uma experiência satisfatória para Keynes. As audiências concederam a ele um acesso direto às grandes mentes financeiras de seu país pela primeira vez desde a guerra e seus questionamentos públicos constrangeram alguns de seus antigos inimigos, especialmente Norman. Embora ele tenha dominado os processos legais, ele se referia ao relatório do comitê como um "compromisso" com o qual ele estava "um tanto quanto feliz", apesar de suas falhas como uma "prolixa" "mistura" de diferentes visões.[106] Infelizmente para Keynes, ninguém se importava com o trabalho teórico ou conselho político nele contido. Em vez disso, os investidores focaram uma série de estatísticas enterradas dentro do relatório. Os bancos londrinos deviam £407 milhões em fundos de curto prazo para outros países.[107] Porém, esse não era o lado mais importante do

214   O PREÇO DA PAZ

balanço. Os bancos de Londres também tinham cerca de £100 milhões em recursos que agora estavam presos à Alemanha.[108] Com dívidas tão grandes e recursos congelados, os investidores repentinamente passaram a se preocupar se o sistema bancário britânico se tornaria insolvente. Quando o chanceler alemão Heinrich Brüning anunciou a inadimplência das dívidas alemãs no dia 15 de julho, a corrida aos bancos britânicos teve início. O Bank of England perdeu cerca de £2,5 milhões em ouro todos os dias até o dia 1º de agosto, quando obteve um total de £50 milhões em um financiamento do Banque de France e do Federal Reserve de Nova York.[109]

Na calmaria subsequente, o primeiro-ministro MacDonald escreveu para Keynes, pedindo por sua opinião sobre um pacote de austeridade que estava sendo considerado pelo governo trabalhista como parte de um plano para equilibrar o orçamento — uma estratégia arriscada com o objetivo de aumentar a confiança dos investidores nos britânicos.

Keynes ficou horrorizado. Ele disse a MacDonald que o pacote do corte de gastos governamentais e aumento dos impostos seria "fútil e desastroso". Era uma afronta à "justiça social" pedir aos professores e aos desempregados que carregassem o fardo de deflacionar uma moeda condenada em nome de orçamentos equilibrados. "Está agora quase *certo* de que devemos nos afastar do padrão-ouro tão cedo quanto possível. Qualquer que fosse o caso há algum tempo, já é tarde demais para evitar essa atitude. Podemos adiar a data por um tempo, mas quando as dúvidas sobre a prosperidade de uma moeda surgem, como agora existe sobre a libra esterlina, o jogo acabou."[110] Em vez disso, argumentou ele, os britânicos deveriam buscar uma nova união monetária global junto de uma campanha de obras públicas internacionais para reconstruir sua própria economia e a economia da Europa continental.

O empréstimo francês e norte-americano deu aos britânicos cerca de uma semana de descanso antes que a corrida à libra fosse retomada. Forçado a abandonar suas férias, MacDonald pegou o trem da meia-noite até Londres para iniciar as negociações de mais um empréstimo para proteger a moeda britânica. Ele entrou em contato com o agente não oficial da política externa dos Estados Unidos, a família Morgan, para tentar adquirir um empréstimo dos investidores de Wall Street. Morgan desejava concessões políticas como uma demonstração da disposição dos britânicos em pagar. Como sumo sacerdotes da ortodoxia que es-

A GRANDE DEPRESSÃO

215

tava à beira da morte, eles pediram que o governo desvalorizasse sua moeda ao equilibrar o orçamento. Essa foi outra batalha entre Keynes e os austeros, uma repetição da briga de 1919.

O parceiro de Morgan, Edward Grenfell, deixou claro para MacDonald que não haveria empréstimos sem um sério ataque ao gasto governamental e aos salários britânicos. "Estamos nos cansando de promessas", disse ele ao primeiro-ministro.[111] Em particular, Grenfell duvidava da disposição do líder trabalhista em cortar os salários e serviços sociais. Ele sempre teve uma visão pejorativa de MacDonald, certa vez falando a Lamont que "a única coisa branca nele é o seu fígado e a única porção dele que não é vermelha é o seu sangue",[112] um insulto duplo que resumia de forma sucinta a visão de mundo racial e econômica da tribo Morgan.

No dia 12 de agosto, Keynes revisou sua severa previsão — levemente. Pode ser possível preservar o padrão-ouro na Inglaterra, escreveu ele para MacDonald, mas apenas se o governo embarcar em um programa completo rejeitando a deflação: uma tarifa, obras públicas em massa, redução das taxas de juros. Mas precisaria ser um programa grande e extremamente arriscado. Precisaria chocar o sistema. "A impressão que obtive hoje me convence de que haverá uma crise dentro de um mês a menos que a ação mais drástica e sensacional seja tomada."[113]

O caos nos mercados monetários já se tornava um evento cultural. Assim como nos dias anteriores à greve geral, o tumulto econômico fazia parte das conversas durante o jantar e nas esquinas. A nação pulsava com uma sensação de pressentimento, enquanto a perspectiva de desvalorizar a moeda ou sair do padrão-ouro estava se tornando um insulto ao "orgulho nacional" em alguns quarteirões.[114] "O país está nos espasmos de uma crise", recordou Virginia Woolf em seu diário no dia 15 de agosto. "Grandes eventos estão se desenrolando. Maynard visita a Downing Street e espalha grandes rumores... Será que as eras futuras, como dizem, contemplarão nossa situação (financeira) com horror?"[115]

MacDonald e seu chanceler do Tesouro, Philip Snowden, não eram covardes. Ambos já fizeram tremendos sacrifícios pessoais por suas crenças e tomaram decisões políticas ousadas no cenário mundial. Um ardente pacifista, Snowden quase destruiu sua carreira política por se opor à guerra. A indignação de MacDonald sobre a invasão do Ruhr finalmente forçou os norte-americanos a se envolverem na crise pós--guerra europeia. Mas, após uma série de cabos secretos em meio ao

216 O PREÇO DA PAZ

Morgan, o Fed de Nova York, o Bank of England e MacDonald, o primeiro-ministro rejeitou o plano de Keynes. Era simplesmente radical demais até para um primeiro-ministro socialista.

Em vez disso, MacDonald e Snowden usaram de suas influências para um programa aprovado pelo Morgan visando aumentar as tributações para £60 milhões e cortar o gasto em £70 milhões, incluindo uma redução de 10% nos seguros-desempregos.[116] O plano foi um desastre político. A ideia de atacar os seguros-desempregos com mais de 1 milhão de homens sem trabalho era abominável para o restante do governo trabalhista. O fundamento do comprometimento com a justiça social de uma administração socialista britânica estava sendo mantido como refém por uma equipe de banqueiros norte-americanos. Conforme as negociações alcançavam o seu clímax na noite de domingo, dia 23 de agosto, o governo trabalhista se transformava em "pandemônio", seus ministros "irritados e cansados" e consumidos por "brigas triviais". Às 10h20 da noite, um exausto MacDonald apresentou sua renúncia ao rei.[117]

Os austeros, no entanto, ainda não estavam acabados. No dia seguinte, MacDonald foi renomeado primeiro-ministro como chefe de uma nova aliança de todos os partidos da oposição aos trabalhistas, fazendo dele um representante da esquerda política em um governo conservador. Os cortes orçamentários foram aprovados e Morgan manteve sua promessa, organizando um empréstimo de US$200 milhões dos Estados Unidos para o governo britânico, além de outros US$200 milhões da França.[118]

Keynes estava desanimado. "O país fugiu em debandada em uma tentativa de tornar essa deflação eficaz e ninguém sabe como isso vai acabar",[119] escreveu ele para sua mãe. Para o banqueiro de Nova York Walter Case, ele relatou estar "completamente deprimido. Ler os jornais agora é ver o desencadear da balbúrdia".[120]

Publicamente, ele denunciou o acordo. Isso não funcionaria. A Grã-Bretanha não poderia se salvar por meio da deflação. Os empréstimos do Morgan seriam como água pelo ralo. O padrão-ouro acabou com a Europa. Assim como ele avisou em 1925, o padrão havia acorrentado a política britânica às prioridades de um Federal Reserve não confiável que aferrolhou o ouro enquanto assistia à Europa queimar. Havia, segundo Keynes, uma diferença notável entre a crise de administração do Fed em 1931 e a resposta britânica à crise financeira de 1914. Conforme

A GRANDE DEPRESSÃO   217

a Grã-Bretanha mantinha o dinheiro circulando sob demanda para onde ele era necessário, o Fed protegeu a reserva norte-americana, temendo uma inadimplência dos Estados Unidos. Mais da metade das reservas de ouro mundiais estavam agora nos Estados Unidos, onde ficavam, sem utilidade alguma, dentro de cofres em vez de servir como empréstimo para outros países com problemas financeiros ou mesmo para bancos norte-americanos à beira do colapso. Nem o orçamento britânico, nem a injeção de dinheiro resolveria esse problema.

"A política do governo é, na verdade, política nenhuma", disse Keynes aos leitores do *New Statesman and Nation*. "Eles se submeteram às condições dos credores estrangeiros no que diz respeito à forma que devemos equilibrar nosso orçamento para obter um empréstimo de curto prazo com moedas estrangeiras que nos permitirá pagar dívidas de curto prazo em libras... O mundo está exausto do egoísmo e da tolice com a qual trabalham com o padrão-ouro internacional. Em vez de usá-lo como um meio para facilitar o comércio internacional, o padrão-ouro tornou-se uma maldição sobre a vida econômica do mundo."[121]

O ataque à libra continuou, revelando a tolice no plano Morgan-MacDonald. No dia 16 de setembro, membros da Câmara dos Comuns chamaram Keynes para discutir sobre a crise. Em termos simples, ele disse que o país se dirigia para o desastre. "O orçamento fracassa em todos os testes", dizem as anotações de seu discurso. "Na minha opinião, o programa do governo é uma das coisas mais erradas e tolas que o Parlamento já perpetrou de maneira deliberada durante todo o curso da minha vida."[122] O desemprego aumentaria em 10% apenas até o Natal e provavelmente custaria 400 mil empregos ao chegar no fim de seu curso. O plano pode melhorar o equilíbrio do comércio, mas apenas porque as pessoas gastariam menos em alimentos importados ao serem demitidas. "Que extraordinário e extravagante atalho para reduzir nossas importações de alimentos!"

Seu conselho político a essa altura já era familiar: tarifas e subsídio para que produtores britânicos pudessem melhorar a situação comercial; um acordo internacional para cancelar todas as dívidas de guerra e reparações; financiamento internacional de outras dívidas externas de todos os países devedores por três anos; uma nova e grande reserva de crédito internacional para financiar aprimoramentos na infraestrutura governamental; "dinheiro barato por toda a parte"; e "todos os governos com um programa de grandes obras públicas".[123]

Tanto o espírito quanto a carta da proposta eram surpreendentemente semelhantes à prescrição internacional escrita por Keynes em 1919. O coquetel havia se fortalecido com as tarifas e obras públicas, mas ele estava preocupado essencialmente com o mesmo problema: os interesses privados das principais figuras do sistema financeiro global não estavam dispostos ou eram incapazes de lidar com os desafios sociais enfrentados pela Europa. O problema era grande demais e o custo do fracasso era alto demais. Por mais difícil que fosse forjá-lo, não havia outra alternativa além de um sistema apoiado pelo estado.

"Durante os últimos doze anos eu tive pouquíssima influência, se é que tive alguma, na política", disse ele aos legisladores. "Mas, no papel de uma Cassandra, eu tenho um sucesso considerável como profeta. Eu declaro para você, e aposto nisso qualquer reputação que eu tenha, que nas últimas semanas estávamos tomando decisões políticas tão terrivelmente erradas quanto aquelas que os estadistas iludidos sempre são culpados por tomar."[124]

A vitória austera foi uma vitória de Pirro. No dia 18 de setembro, o empréstimo do Morgan foi gasto em uma tentativa sem frutos de apoiar a moeda britânica. De costas para a parede e com todas as outras alternativas esgotadas, o governo finalmente cortou seus laços com o padrão-ouro no dia 21 de setembro de 1931. Keynes passou a manhã não em Whitehall ou no Parlamento, mas em Bloomsbury, sentando-se com Virginia Woolf e Richard Kahn. Eles estavam "como pessoas na guerra", recordou Virginia. "Guardas para fora: Torre defendida", enquanto eles conversavam sobre economia e política.[125] Era uma descrição apropriada. A queda do padrão-ouro era a batalha final em uma briga econômica que Keynes enfrentava desde que se apressou até Londres no sidecar da motocicleta de Vivian Hill em agosto de 1914. E sua experiência com o governo trabalhista trouxe ecos de seu papel com Lloyd George em Paris no ano de 1919. Mais uma vez, sua influência como conselheiro para seu próprio governo foi vencida pela intransigência financeira norte-americana. E mais uma vez o seu conselho provou estar tragicamente correto. Para a Grã-Bretanha e os Estados Unidos, o preço a pagar seria outra guerra.

OITO

Fênix

No começo de janeiro de 1932, Keynes fez uma rápida e silenciosa viagem até Berlim — sem nenhum anúncio público, alarde nos jornais, nem mesmo um registro na sua agenda. Ele era querido na Alemanha graças ao seu ataque ao Tratado de Versalhes e seus persistentes pedidos por clemência internacional para as reparações, mas ele e o chanceler conservador Heinrich Brüning não se entendiam. Durante uma longa reunião com Keynes, Brüning manteve a opinião de que seu país foi muito prejudicado pela hiperinflação de 1923 para considerar táticas que poderiam ser inflacionárias. Na ausência de algum tipo de assistência internacional, ele equilibraria as contas do país do jeito antigo — por meio de uma deflação opressiva e contínua.

"Acabo de retornar de uma rápida visita à Alemanha", escreveu Keynes para o diretor do Bank of England, Alexander Shaw, no dia 13 de janeiro de 1932. "A situação lá é realmente apavorante."[1] Nas páginas do *New Statesman and Nation* ele foi mais específico: "Atualmente a Alemanha está nas garras da mais terrível deflação experimentada por uma nação... O resultado atinge, ou até mesmo ultrapassa, os limites do que é suportável... Muitas pessoas na Alemanha não têm perspectiva de futuro — nada além de uma 'mudança', algo completamente vago e indefinido, mas uma *mudança*. E agora já faz mais de dezessete anos desde a eclosão da guerra."[2]

Com pesar, Keynes atacou os "especialistas" que levaram a Alemanha ao estado em que um terço de sua população estava desempregada e o restante teve seu padrão de vida "cruelmente reduzido". A psicologia pública de austeridade estava gerando um ressentimento extremo contra os autores dessas medidas, tanto em território nacional como no exterior. "O problema das reparações se tornou uma questão de sentimentos humanos de profundos rompantes de paixão e, consequentemente, de reações e decisões demasiadamente simples", escreveu ele. "Embora seja uma verdade científica" que a situação alemã "foi criada por uma complexidade de eventos entre os quais as reparações e as dívidas de guerra foram apenas mais um, não se pode esperar que o homem simples veja as coisas dessa forma. Se ele precisar pensar sobre isso, como hoje é necessário, precisará simplificar. E se ele estiver determinado a esperar a 'mudança', só pode exigir o que é concreto e parece estar dentro de seu alcance".[3]

Tratava-se do mesmo aviso político sobre não dar combustível para líderes violentos que Keynes ofereceu em 1919, e ele repetiu seu pedido já batido de anulação das dívidas de guerras e reparações enquanto desenhavam um plano internacional de reconstrução. Mas o tom solene que permeava o breve artigo sugeria que Keynes reconhecia o fim do jogo. A obra não tinha um calor retórico, uma reprimenda irônica, nem os inteligentes jogos de palavras para distingui-la como um de seus grandes ensaios. A obra era assombrada pelo reconhecimento de que um grande projeto — a causa que levou até o renome internacional — estava caminhando para uma derrota demasiadamente sinistra para ser calculada em balanços.

Seis meses depois, o eleitorado alemão retirou Brüning do poder. O jovem cujo Putsch da Cervejaria havia virado motivo de piada internacional após os desastres de 1923 tornou-se o chanceler da Alemanha. Sua ascensão até o poder público induziu muitos dentro da mídia a moderar os seus julgamentos sobre o Führer e seu Partido Nazista. "As pontas perfurantes de muitas de suas visões estão ficando cegas", disse o *New York Times*, acalmando seus leitores, enquanto o *Brooklyn Daily Eagle* logo concluiu que Hitler estava usando um "tom conciliatório" que o tornava "quase irreconhecível" como o demagogo em campanha política.[4] Mesmo Walter Lippmann, o colunista sindicalizado mais proeminente dos Estados Unidos, o declarou "a voz autêntica de um povo verdadeiramente civilizado".[5] Keynes, porém, reconhecia a eleição de Hitler como a absoluta tragédia que era. "Os alemães, com seus corpos e espíritos enfraquecidos, buscam refúgio em um retrocesso aos modos e maneiras da Idade Média, se não de Odin", disse ele aos leitores do *Daily Mail*.[6]

Quando retornou ao governo britânico no começo dos anos 1930, Keynes tinha boas razões para estar otimista sobre o poder da política econômica no aprimoramento das vidas de seus compatriotas. Seu pensamento ao longo da década anterior fez com que ele acreditasse que a política econômica poderia ser usada não só para prevenir diversas coisas ruins, mas também para promover de maneira ativa coisas boas, e políticos eleitos decidiram dar a ele não uma, mas duas posições de influência em comitês econômicos. Mas eles desperdiçaram seus conselhos e, em 1932, não era só a Alemanha que parecia desolada. Uma segunda visita à família de Lydia em Leningrado deixou Keynes "muito deprimido sobre os bolcheviques". Ele não escreveu publicamente sobre isso, em uma tentativa de poupar a família de sua esposa de uma possível retaliação soviética, mas confessou seu sentimento de pavor para amigos e familiares: "É impossível se lembrar de como eles são loucos e como eles se preocupam mais com seus experimentos do que com fazer as coisas funcionarem até você entrar no país."[7] Na Inglaterra, um jovem membro do Parlamento chamado Oswald Mosley renunciou quando o governo MacDonald rejeitou as ideias econômicas de Keynes durante a crise de 1931. Ele fundou a União Britânica de Fascistas. O problema econômico, como temia Keynes, estava apodrecendo e se transformando em instabilidade política, com um povo ansiando por soluções autoritárias.

Enquanto isso, o marxismo conquistava alguns neófitos mesmo dentro de Bloomsbury. A dança intelectual em Cambridge agora se movia em um ritmo ditado pelo primo de Lytton, John Strachey, que publicou um intenso tratado marxista-leninista chamado *The Coming Struggle for Power* ["A Iminente Luta pelo Poder", em tradução livre] em 1932 e que rapidamente se tornou "a Bíblia para estudantes de Cambridge", de acordo com Lorie Tarshis, um proeminente economista canadense que estudou com Keynes nos anos 1930.[8] Strachey não negou que era cientificamente possível para o capitalismo operar de uma forma mais humana do que ele havia operado desde a guerra. Ele e muitos outros marxistas britânicos, no entanto, acreditavam que tais reformas eram politicamente impossíveis. A classe capitalista que detinha o poder na Europa e nos Estados Unidos jamais faria as concessões necessárias para a classe trabalhadora sem uma revolução violenta.[9] E de fato havia muitos homens em Wall Street e no centro financeiro de Londres que pareciam tentar provar os argumentos de Strachey. Mesmo quando o

Partido Trabalhista conseguiu vencer eleições, falhou espetacularmente em seus esforços econômicos enquanto recebia orientações financeiras de J.P. Morgan. Os socialistas conquistaram o filho de Vanessa, Julian, agora um estudante universitário de Cambridge que relatou para sua casa que "seria difícil encontrar alguém com quaisquer pretensões intelectuais que não aceitassem a análise geral marxista da crise atual".[10] Ainda assim, Bloomsbury continuou a acompanhar de perto as mudanças no pensamento econômico de Keynes. Mas a questão que a esposa de Bertrand Russell, Dora, fez em uma carta enviada para o *New Statesman and Nation* ocupava a mente de todos: se as ideias de Keynes eram tão boas e os interesses de classe arraigados não bloqueavam sua implementação, então por que as pessoas ainda não as adotaram?

"Porque eu ainda não tive sucesso em convencer o especialista e o homem comum de que estou certo", respondeu Keynes. "A facção da guerra de classes acredita que o que precisa ser feito já é bem conhecido; acredita que somos divididos entre os bons pobres que gostariam de tomar a atitude correta e os perversos ricos que, por interesses pessoais, desejam impedi-los; acredita que os perversos detêm o poder e que uma revolução é necessária para retirá-lo de seus assentos. Eu vejo esse assunto de outra forma. Penso que é extremamente difícil saber o que deve ser feito e extremamente difícil para aqueles que sabem (ou pensam que sabem) convencer os outros de que estão certos — embora as teorias, que são difíceis e sombrias quando são novas e mal digeridas, germinam melhor com a mera passagem do tempo." Comparado com o poder persuasivo das boas ideias, ele insistiu que "o poder dos capitalistas egoístas de se opor a elas é desprezível".[11]

Esse foi um distanciamento e tanto do alegre autor de *Can Lloyd George Do It?*, que garantiu ao público que uma agenda ambiciosa de obras públicas era a solução óbvia e intuitiva para os problemas recentes da Grã-Bretanha. *Todo mundo* podia ver que era o caminho certo a seguir, declarou Keynes em 1929 — pelo menos quando eles não estavam fora de si graças aos delírios dos especialistas do centro financeiro de Londres.

Havia mais nessa orientação do que uma ação de retaguarda contra o materialismo histórico. Keynes estava revisando sua abordagem da arte da persuasão. Sua trajetória de vida pública desde o início da guerra até a crise financeira britânica de 1931 havia sido uma tentativa longa e infrutífera de dobrar a política britânica diante de sua genialidade. Como membro do Tesouro, ele falhou em convencer o gabinete da guerra de que pressões financeiras impediam um golpe definitivo ou o alistamento militar obrigatório. Como um dos representantes na Conferência de Paz de Paris, ele falhou em convencer os líderes mundiais que uma paz duradoura na Europa exigiria um comprometimento público colaborativo na reconstrução do continente. Ineficaz dentro da política britânica, ele tentou atuar como agitador externo, pressionando o governo como jornalista, intelectual público e magnata da mídia. Em 1932, ficou claro que ele também havia falhado nessa missão. Ele conquistou o Partido Liberal justo quando os liberais se tornaram relevantes. Embora suas proclamações em *As Consequências Econômicas da Paz* e *The Economic Consequences of Mr. Churchill* agora já fizessem parte da sabedoria popular, a concretização de suas profecias retirou seus aliados políticos do poder. Agora o partido ao qual se opunha desde a infância reinava e impôs uma tarifa não por alguma consideração aos argumentos keynesianos, mas pela simples razão de que os conservadores defenderam as tarifas por cinquenta anos. O rompimento da Grã-Bretanha com o padrão-ouro deu ao país uma grande margem de manobra para assumir um programa de obras públicas, mas nenhuma fez parte da plataforma governamental. Todos concordavam que o Tratado de Versalhes era um fiasco, mas ninguém o consertou a tempo de impedir o desastre na Alemanha.

Quando uma conferência de 1933 com o objetivo de revisar a ordem monetária internacional entrou em colapso sem nenhum plano ou processo de cooperação futura, Keynes perdeu a esperança da liderança europeia, prevendo que a incapacidade de superar a ortodoxia financeira espalharia a purulenta doença política que já existia na Alemanha. "Agora é evidente que não havia gatos nas caixas, coelhos nas cartolas — nem cérebros nas cabeças", escreveu ele. "O fiasco da conferência apenas aumenta o cinismo geral e a falta de respeito para com aqueles no poder. Essa crescente falta de respeito é, como mostram exemplos recentes em outros lugares, uma das coisas mais graves que podem acontecer em uma democracia."[12]

Keynes construiu uma carreira extraordinária para si mesmo ao longo desse pesadelo. Ao desmistificar as altas finanças para o público geral, ele havia se transformado no principal intelectual de conhecimento público do mundo. Ideias econômicas, dizia ele, não eram tão complexas; as pessoas simplesmente eram intimidadas pelos jargões técnicos usados pelos financistas e pelo prestígio de suas personalidades ricas. É claro que homens ricos devem saber alguma coisa de dinheiro — afinal, como eles acumulariam tanto? No fim das contas, havia um tremendo mercado para qualquer um com credibilidade suficiente capaz de traduzir o discurso do centro financeiro de Londres para um idioma comum e derrubar os argumentos em defesa de políticas que todos viam que não estavam funcionando.

Sua habilidade como um intelectual público deu a ele recompensas pessoais além do dinheiro. Com seus 50 anos, ele era socialmente irreconhecível como o desconhecido inteligente e promíscuo que partiu para Whitehall na moto de seu cunhado. Ele tinha uma propriedade rural, portas abertas em editoras de livros de todos os continentes, convites para festas com a nobreza europeia e uma bailarina aclamada internacionalmente como esposa. Era o principal patrono de Bloomsbury, um movimento artístico que havia gerado pelo menos um verdadeiro gênio, Virginia Woolf, cujo trabalho foi admirado em ambos os lados do Atlântico. Como um homem de limitado talento estético, sua fama e fortuna permitiram que ele prosperasse em meio às pessoas que ele mais gostaria de imitar — os grandes artistas de sua época.

Ele parecia destinado a ser mencionado por escritores compilando histórias dos grandes eventos que vivenciou: a guerra, a Depressão, o modernismo. Mas ele não era um homem cuja vida transcendia os confins de sua própria época porque foi incapaz de converter sua fama em poder político. O mundo se esqueceu da maioria das celebridades da era entre guerras há décadas. Keynes seria apenas outro homem famoso nas notas de rodapé se não encontrasse uma forma de moldar o futuro.

Keynes construiu um público e tanto como escritor, mas esse público não mobilizou os seus líderes. Seja lá o que dissessem durante a época eleitoral, os primeiros-ministros e funcionários dos gabinetes, ao alcançar o poder, sempre se voltavam ao mesmo culto de místicos financeiros que lançavam seus encantamentos, veneravam suas equações sagradas e inevitavelmente previam que um orçamento equilibrado e altas taxas de juros eram o único caminho para a salvação. Esse sacerdócio, finalmente reconheceu Keynes, conseguia muito de seu poder com a separação criada por ele entre suas próprias doutrinas econômicas e as opiniões vulgares do povo em geral. Quanto mais leigos Keynes convencia, mais fácil era para os profetas do mundo financeiro convencerem os políticos de que apenas eles entendiam os segredos que vagavam em meio às névoas financeiras. Certamente nenhum primeiro-ministro em sã consciência colocaria um homem em situação de rua na administração do Tesouro; quanto mais barulhentos eram os pedidos por uma reforma, mais importante seria ter um especialista confiável no comando do navio. Se Keynes desejasse alcançar os soberanos, primeiro ele precisaria converter o sacerdócio.

E então Keynes decidiu se tornar mais um místico. Mudou a forma como descrevia problemas econômicos. Os dilemas financeiros não eram mais assuntos simples com soluções fáceis que qualquer um poderia entender. Eles eram difíceis, complexos — território de brilhantes gladiadores intelectuais em busca de grandes verdades. Ele parou de provocar e zombar de seus adversários na mídia popular e focou sua energia nos jornais acadêmicos. Ele não se lançou como um desmistificador, mas sim um Albert Einstein da economia a trabalhar na grande nova teoria que revolucionaria as antigas maneiras de pensar. Essa era uma forma de bajulação direcionada aos seus oponentes acadêmicos: eles poderiam estar errados, mas não eram idiotas ou iludidos; de fato, as visões deles eram tão seguras que apenas uma mudança intelectual drástica poderia forçá-los a mudá-las. Quanto aos seus adversários nos assuntos públicos, ele evitava confrontos e até mesmo explicações. Estava demasiadamente ocupado com questionamentos teóricos muito além da compreensão deles para dar atenção aos seus interrogatórios. Quando o banqueiro R. H. Brand pediu ajuda para compreender os novos "problemas de demanda" mencionados por Keynes em um programa de rádio, Keynes o repeliu. "Temo que não há nada ainda que eu possa lhe indicar", disse ele antes de informar a Brand que as opiniões dos banqueiros não eram, naquele momento específico da história intelectual, muito importantes. Apenas os economistas importavam. "Eu estou trabalhando duro em meu novo livro... Quando for lançado, será composto por inteiro de linhas extremamente acadêmicas, uma vez que sinto, de maneira definitiva, que meu objeto primeiro precisa ser tentar convencer meus colegas economistas."[13]

Com seus amigos marxistas, Keynes começou a demonstrar visões vagas de um pensamento que em breve ele desencadearia. "Eu acredito estar escrevendo um livro de teoria econômica que revolucionará largamente — não de uma vez, imagino eu, mas ao longo dos dez anos seguintes — a forma como o mundo pensa sobre os problemas econômicos", escreveu ele para o dramaturgo socialista George Bernard Shaw. "Quando minha nova teoria for devidamente assimilada e misturada com as políticas, sentimentos e paixões, não posso prever qual será o resultado final de seu efeito sobre ações e assuntos. Mas haverá uma grande mudança e, em particular, as fundações ricardianas do marxismo serão derrubadas."

"Não posso esperar que você, nem qualquer outra pessoa, acredite nisso no estágio atual. Mas, quanto a mim, não só desejo tudo o que acabei de falar; na minha cabeça estou certo de tudo isso."[14]

Tal grandiosidade oculta deve ter desconcertado a elite inglesa. Do outro lado do Atlântico, porém, em um país de que Keynes não gostava e em cujos governos nunca confiou, eventos se desenrolavam para dar aos hereges econômicos uma chance de ter um verdadeiro poder.

Uma semana antes da eleição presidencial de 1932 nos Estados Unidos, o governador de Nevada, Fred Balzar, fez uma ligação para seu vice-governador, Morley Griswold. Balzar havia passado os últimos dias em Washington, negociando — implorando, na verdade —, com oficiais da administração Herbert Hoover um empréstimo emergencial de US$2 milhões. Uma rede de bancos de Nevada, propriedade do gigante ocidental das finanças George Wingfield, estava gastando dinheiro ao longo de todo o ano e as principais autoridades políticas do estado estavam convencidas de que o pequeno império estava condenado se não recebesse algum tipo de auxílio federal. Wingfield controlava 13 dos 32 bancos no estado que ainda era pouco povoado e se acostumou a ter um relacionamento confortável com a elite do poder de Nevada. Cinco anos antes, quando mais de meio milhão de dólares em fundos públicos desapareceram misteriosamente de um banco de Wingfield, o povo de Nevada generosamente se ofereceu — por meio de seus representantes eleitos, é claro — para arcar dois terços da perda na forma de um imposto especial em vez de forçar seu administrador financeiro a pagar o dinheiro sozinho. Ao longo da Depressão, uma torrente de inadimplências sobre empréstimos a pastores de gado e de ovelhas colocou a operação de Wingfield em risco — e, com ela, toda a economia do estado. Mais de 57% de todos os depósitos bancários de Nevada estavam em bancos de Wingfield e quase todos eles evaporariam se os bancos declarassem falência.[15]

Apenas em 1932, Wingfield recebera US$4 milhões em apoio da nova Reconstruction Finance Corporation (RFC) e quase US$1 milhão do banco do Federal Reserve de São Francisco. O governador Balzar estava ligando para o segundo no comando com más notícias: a equipe de Hoover em Washington rejeitou suas súplicas. Wingfield não tinha garantias para cobrir outro adiantamento de US$2 milhões da RFC e o Fed decidiu não investir mais dinheiro. Então Balzar ordenou ao seu vice-governador que tentasse algo radical na política norte-americana: fechar todos os bancos do estado até o dia 12 de novembro (um período que, por sinal, incluía as eleições) para impedir que os depositantes retirassem mais fundos de Wingfield e fornecer ao governo do estado um tempo hábil para lidar com a situação.

Griswold se debruçou sobre os regulamentos, mas não encontrou a autoridade necessária para impor um feriado bancário em todo o estado. Em vez disso, ele declarou um feriado comercial geral, durante o qual "os pagamentos de todas as dívidas e obrigações de toda a natureza e descrição exceto o pagamento de impostos e obrigações prescritas por decreto estarão suspensos". Mesmo isso, admitiu Griswold, seria voluntário. Ele não tinha o poder necessário para obrigar o comércio a fechar.

Isso não funcionou. Quando todos os bancos de Wingfield fecharam e os de seu saudável concorrente, o First National Bank of Reno, permaneceram abertos, todos no estado logo entenderam onde estava o problema. Wingfield estava acabado. Seus bancos nunca reabriram.

O caos comercial resultante "destruiu a vida financeira e industrial do estado de Nevada", narrou o futuro senador Pat McCarran mais tarde para sua filha. "Os bancos de Wingfield, por razões de afiliação e poder políticos, tinham em sua custódia cerca de US$1,2 milhão de fundos públicos. Isso quebrou as pernas de todas as formas de vida. Dinheiro de escolas estava envolvido. Fundos de universidades estavam envolvidos... Os atacadistas de São Francisco emitiram uma ordem que nenhum crédito seria estendido para o transporte de bens de atacado aos comerciantes de Nevada."[16]

Wall Street é um longo caminho até Nevada e a estrada era ainda maior nos anos 1930. Apenas um ano antes de sua crise bancária, o estado havia legalizado os jogos de azar, esperando gerar novas atrações com foco nos jovens que se inscreveram em um projeto de barragem no rio Colorado. Wingfield nem se deu ao trabalho de montar um estabelecimento no local pequeno e poeirento em que eles se reuniam, uma cidade chamada Las Vegas. Os esforços de Nevada para salvar os bancos de Wingfield logo foram seguidos por um experimento semelhante em outro estado notoriamente corrupto, longe dos corredores do poder federal. Em fevereiro, o indômito demagogo do sul dos Estados Unidos, Huey Long, informou seus cidadãos que os bancos de Louisiana fechariam — aparentemente em homenagem ao 16º aniversário da decisão de Woodrow Wilson em cortar os laços diplomáticos com a Alemanha.

Esses eventos separados que ocorreram em pontos opostos do país estavam politicamente conectados. A crise a se desenrolar nas águas paradas e nas fronteiras do comércio dos Estados Unidos era inseparável da Grande Depressão de 1929, do caos financeiro na Europa e da resposta do Federal Reserve e Washington. Os bancos enfraquecidos após anos de corrupção foram apenas os primeiros a cair. E sua corrupção alimentou o ceticismo sobre a sabedoria de qualquer ação federal em potencial para resgatar bancos em qualquer lugar. Em fevereiro, o Union Guardian Trust, maior banco de Michigan, o grande centro industrial da nação, estava buscando US$50 milhões em fundos emergenciais junto à RFC. A administração Hoover tentou montar um plano de resgate no qual Henry Ford abriria mão de certos pagamentos que o Union Guardian lhe devia, mas Ford se recusou. "Não há razão para que eu, o maior contribuinte individual do país, deva livrar o governo dos seus empréstimos com bancos", declarou ele. "Deixe o crash vir."[17] Michigan fechou seus bancos.

Ford estava canalizando a atitude do secretário do Tesouro recém-apontado por Hoover, Andrew Mellon, que defendia uma resposta à Depressão que se equiparava a um niilismo financeiro: "Acabe com o trabalho, acabe com as ações, acabe com os agricultores, acabe com a indústria imobiliária", disse ele para Hoover. "Isso purgará o sistema de sua podridão… As pessoas irão trabalhar mais, viver uma vida mais moral."[18] Essa foi a posição de Hayek em sua crítica ao *Tratado sobre a Moeda*. Um fracasso era a inevitável consequência de um boom imprudente e qualquer governo buscando omitir as perdas necessárias só tornaria as coisas ainda piores.

Todos os instintos e suposições de Keynes voltavam-se contra essa escola de pensamento. Ele amava Burke demasiadamente para convidar uma mudança por meio do colapso institucional. E a glorificação puritana da punição como um exercício de purificação não atraía um homem cuja sexualidade havia lhe afastado da Igreja. Quando ele suspirou aliviado após o crash da bolsa de valores, era exatamente porque esperava que a bagunça estimulasse os líderes a adotarem operações agressivas de resgates financeiros.

Mas o Fed parecia concordar mais com Hayek do que com Keynes. Houve uma rápida onda de financiamento assistencial após a Quinta-Feira Negra graças aos esforços do presidente do Fed de Nova York, George Harrison, e assim o banco central de fato cortou as taxas até 1931. No entanto, mesmo o baixo nível histórico de 2,5% era menos que heroico após o crash da bolsa de valores. Em uma reunião com o quadro de governadores do Fed, Adolph Miller disse aos seus queridos patrocinadores que "o dinheiro não está realmente barato ou fácil de adquirir" apesar das baixas taxas; a moeda em rápido movimento deflacionário estava fazendo pequenos números econômicos parecerem muito altos.[19] E a assistência emergencial para bancos de Nova York que se seguiu após o crash não foi estendida para o restante do sistema bancário. Conforme argumenta o economista do New Deal, Lauchlin Currie (em uma análise mais tarde repetida por Milton Friedman), o Fed poderia ter ajudado as reservas do banco, assim como poderia ter protegido bancos de zonas rurais e de cidades pequenas ao comprar títulos deles por preços razoáveis, dando a eles dinheiro para cumprir as demandas por saques ou até empréstimos para negócios locais.[20] Em vez disso, banqueiros centrais e os principais economistas pareciam ver as dificuldades dos bancos enfraquecidos como um sinal de que todo o sistema estava se fortalecendo. Quando os bancos fracos fossem eliminados, restariam apenas os fortes. Qualquer ajuda aos bancos, acreditava o economista de Harvard Joseph Schumpeter, "que é apenas decorrente de um estímulo artificial deixa parte do trabalho das depressões incompleto".[21]

No outono de 1931, conforme ataques especulativos alvejam banco central após banco central seguindo o colapso do Creditanstalt na Áustria, o Fed aumentou as taxas de juros para desencorajar os investidores a trocar seus dólares por ouro. Essas maiores taxas aumentaram os custos para negócios norte-americanos que dependiam de empréstimos, iniciando uma cascata de inadimplências, especialmente na agricultura, onde os agricultores precisavam enfrentar, ao mesmo tempo, uma queda na demanda graças aos trabalhadores demitidos de outras indústrias que precisavam reduzir o orçamento doméstico. Quando os agricultores em massa falharam em pagar os empréstimos, os bancos deles também começaram a vacilar. Isso significava um problema sério para estados rurais como Nevada e Louisiana. Quando combinado com problemas nos bancos urbanos sobre os empréstimos europeus, o resultado foi uma segunda onda de colapso financeiro em escala nacional. Ao fim de 1932, um número incrível de 42% de todos os depósitos bancários do país foram obliterados — sem contar com as perdas do crash de 1929.[22] Isso, por sua vez, retirou dinheiro da economia, deflacionando a moeda ainda mais. A podridão estava de fato sendo removida, assim como todo o resto.

O próprio Hoover estava mais comprometido em apoiar o sistema que alguns de seus conselheiros. Ele resistiu aos esforços de estabelecer a RFC por meses e cedeu apenas frente à pressão popular e manobras do membro do Fed, Eugene Meyer.[23] Assim como todos os esforços de recuperação de Hoover, a RFC era um pequeno programa limitado em escopo por regras estritas. Ele não acreditava de verdade no projeto. Em uma fala endereçada ao Congresso no fim de 1930, Hoover argumentou que "depressões econômicas não podem ser curadas por ações legislativas".[24] Em vez disso, ele confiou predominantemente em previsões esperançosas e declarações de solidez em uma tentativa de melhorar a confiança pública. Conforme a onda de desemprego surgia nos meses seguintes ao crash da bolsa de valores, rapidamente alcançando mais do que um quarto da força de trabalho nacional, seu otimismo servia apenas para convencer o público de que o presidente não compreendia a situação. Poucos se surpreenderam, portanto, quando alguns dias depois do fechamento de bancos de Nevada, o governador de Nova York — um imprevisível aristocrata nova-iorquino chamado Franklin Delano Roosevelt — venceu Hoover na eleição presidencial por uma margem de quase 18%, vencendo em todos os estados, com exceção de seis.

Mas Hoover não sacrificaria seus princípios econômicos em nome de algo tão transitório e contingente quanto uma derrota eleitoral. Enquanto o governador de Michigan viu-se forçado a declarar um feriado bancário, o presidente em exercício escreveu uma carta a Roosevelt pedindo que o presidente eleito publicasse com ele uma proclamação conjunta sobre a finança nacional. "Estabilizaria muito o país", escreveu ele, "se houvesse garantias adicionais de que não ocorrerá manipulação ou inflação da moeda; que o orçamento será inquestionavelmente equilibrado, mesmo que mais tributações sejam necessárias; e que o crédito do governo será mantido ao recusar exauri-lo com a emissão de títulos".[25] Embora Hoover falasse em sua autobiografia sobre sua tentativa de alcançar um ajuste bipartidário com Roosevelt para estabilizar o sistema bancário, em uma carta enviada ao senador da Pensilvânia, David Reed, ele admitiu que estava pedindo que o presidente aprovasse "todo o principal programa da administração republicana" e o "abandono de 90% do chamado New Deal", sobre o qual Roosevelt havia feito campanha.[26]

Roosevelt não tinha intenção alguma de endossar a agenda que levou o país à sua calamidade, muito menos antes de assumir a posse. Enquanto isso, com estado após estado fechando *todos* os bancos dentro de suas fronteiras, o povo decidiu cuidar de seus depósitos com suas próprias mãos. Como Arthur M. Schlesinger Jr. observou: "Todo mundo estava determinado a agir de maneira segura — colocar o dinheiro, se tivessem um pouco, em uma meia ou, se tivessem muito, em um país estrangeiro."[27] Um pânico em escala nacional havia se estabelecido.

E, assim como com toda crise bancária norte-americana, as corridas aos bancos verdadeiramente grandes se concentraram em Nova York. Apenas em fevereiro de 1933, os bancos da cidade de Nova York perderam US$760 milhões em depósitos e venderam títulos do governo dos Estados Unidos no valor total de US$260 milhões para conseguir o dinheiro de que precisavam para pagar os depositantes.[28] Os bancos de Manhattan tinham fundos para bancos menores em todo o país, estes foram forçados a pedir seu dinheiro para cumprir suas obrigações com os clientes. Pela mesma razão, um colapso dos maiores bancos de Nova York significaria a aniquilação do sistema financeiro do país. Bancos locais de diversas partes dos Estados Unidos seriam destruídos quase imediatamente se seus depósitos em Nova York desaparecessem. O governador de Nova York, Herbert Lehman, que estava há apenas algumas semanas em seu novo cargo, começou a se preparar para um fechamento sem precedentes do sistema bancário de Nova York. Temendo o dano que a reputação internacional de Wall Street receberia, Thomas Lamont pressionou Lehman para manter os bancos abertos, mesmo quando o presidente do Fed, Eugene Meyer, começou a insistir para que Hoover tomasse uma medida realmente radical.

Uma cláusula obscura da Trading with the Enemy Act parecia dar ao presidente autoridade para fechar *todos* os bancos do país como uma questão de segurança nacional. Mas Hoover relutou. A lei não era muito clara, disse ele. Tal ação federal tão vasta poderia causar mais mal do que bem. A regulação dos bancos era realmente um assunto a ser resolvido em cada estado individualmente. Ele apoiaria com um financiamento federal de emergência aos bancos — mas não um fechamento geral — se o presidente eleito publicasse uma proclamação conjunta com ele.[29] Finalmente, às 4h20 da manhã de um sábado, dia 4 de março, Lehman decidiu que não poderia mais aguardar. Emitiu um decreto de emergência fechando todos os bancos do estado de Nova York. Com o capital financeiro mundial repentinamente fora de alcance, estados de todas as regiões do país rapidamente acompanharam o movimento. "Ao raiar do dia nos Estados Unidos, os bancos da nação pareciam estar em *rigor mortis*."[30] Era o dia da posse presidencial.

Roosevelt fez sua campanha como um otimista exuberante e ansioso para romper com o sombrio status quo. Nos meses entre a eleição e a sua posse, ele e seus fiéis conselheiros estavam organizando a futura administração com reformistas de todos os tipos: populistas apoiadores de William Jennings Bryan, liberais wilsonianos, brandeisianos antitrustes e mais do que algumas pessoas abertamente socialistas. No inverno de 1933, Roosevelt não tinha uma sofisticada compreensão da economia, mas ele tinha uma ideia muito clara do que queria fazer e o resultado coletivo de sua equipe ideologicamente eclética fez dele o líder mundial que finalmente deu vida às ideias de Keynes.[31] O New Deal seria a prova de que as políticas keynesianas podem funcionar e *A Teoria Geral do Emprego, do Juro e da Moeda* — o poderoso livro no qual Keynes estava trabalhando — explicaria porque o New Deal fazia sentido, ao menos os elementos do programa que faziam sentido.

Deveria ser uma estranha corte intelectual, mas Keynes reconheceu imediatamente um espírito afim no discurso inaugural de Roosevelt: lá estava um homem que se sentia confortável em estar em meio à elite social tanto quanto se sentia desconfortável com suas más ideias, mesmo se nem sempre ele soubesse muito bem quais eram suas ideias. Ele iniciou sua administração tratando um objeto central do pensamento keynesiano em 1914: a instabilidade das finanças privadas. O primeiro discurso inaugural de Roosevelt era uma declaração ousada da autoridade pública sobre o setor bancário e um ataque populista aberto contra os titãs da alta finança. "A abundância está à nossa porta, mas o generoso uso desses recursos enfraquece ao vislumbrar a oferta", disse Roosevelt. "Primeiramente, isso acontece porque os líderes da troca de bens da humanidade falharam, por causa de sua teimosia e incompetência, admitiram seu fracasso e abdicaram. Práticas dos inescrupulosos cambistas eram acusadas na corte da opinião pública, rejeitadas pelos corações e pelas mentes de homens... Eles só conhecem as regras de uma geração de egoístas. Eles não possuem visão, e onde não há visão as pessoas perecem." Para que não houvesse qualquer dúvida sobre quem foi responsável pela bagunça, continuou o presidente: "Os cambistas fugiram de seus altos assentos nos templos de nossa civilização. Agora nós podemos restaurar aquele templo até as respostas ancestrais. A medida da restauração reside na extensão com que nós aplicamos valores sociais mais nobres do que o mero lucro monetário."[32] Hoje em dia isso permanece sendo uma ideia radical: o motivo do lucro privado não pode servir como a fundação de uma ordem econômica próspera, não importa qual papel ele desempenhará dentro de tal sistema.

Roosevelt tinha uma capacidade notável de demonstrar diferentes faces de sua personalidade política para diferentes públicos quando isso lhe era conveniente, e sua retórica nem sempre combinava com sua agenda política. Ao longo dos anos seguintes, porém, ele mostraria que realmente levava a sério o que disse no primeiro dia no cargo. O abandono do laissez-faire no sistema bancário não aconteceu de uma vez, mas ele foi extremamente completo. Roosevelt abandonaria o padrão-ouro, socializaria o sistema de depósitos, nacionalizaria o Federal Reserve System, sincronizaria políticas monetárias com políticas fiscais ao colocar o Fed sob supervisão do Tesouro e forçaria os maiores bancos do país a se separarem em instituições menores com linhas de negócios mais estreitas. Em resumo, ele quebrou a coluna política do setor financeiro norte-americano e começou a usar isso como um instrumento de recuperação governamental dirigido pelo governo federal.

Esse seria um trunfo da política keynesiana mais abrangente do que Keynes jamais imaginou ser possível nos Estados Unidos — uma mudança fundamental no relacionamento entre o Estado, a sociedade e o dinheiro. Mas o alinhamento ideológico de Roosevelt com Keynes em 1933 era inconsistente. "Nossa maior e principal tarefa é colocar as pessoas para trabalhar", disse Roosevelt em seu discurso inaugural. "Não se trata de um problema sem solução se lidarmos com ele sábia e corajosamente. Isso pode ser conquistado em parte ao recrutar diretamente pelo governo, tratando a tarefa como trataríamos a emergência de uma guerra." Isso era, é claro, exatamente o que Keynes estava defendendo na Grã-Bretanha, até então sem sucesso. Essa parte, no entanto, não era defendida por ele: "Governos federais, estaduais e locais devem agir sem demora para exigir que seus custos sejam drasticamente reduzidos." O fervor de Roosevelt para "colocar nossa casa nacional em ordem e alcançar o equilíbrio orçamentário" também não era defendido por Keynes.

O primeiro discurso inaugural de Roosevelt atualmente é melhor lembrado por sua abertura: "Primeiramente, deixe-me garantir minha firme crença de que a única coisa que temos a temer é o próprio medo — o terror anônimo, irracional e não justificado que paralisa os esforços necessários para converter o recuo em uma investida." Essas palavras não eram apenas um clamor para uma renovação da fé nacional; elas eram um pedido direto pela calma em meio a um pânico bancário que Roosevelt precisaria combater imediatamente após seu breve discurso.

O feriado bancário de Herbert Lehman efetivamente fechou o sistema financeiro dos Estados Unidos no sábado, dia 4 de março. Bancos também fecharam no domingo. À 1h da manhã da segunda-feira, dia 6 de março, Roosevelt declarou um feriado bancário nacional. Pela semana seguinte, os bancos permaneceriam fechados enquanto examinadores federais inspecionariam seus balanços e determinariam o destino de cada banco no país, ao mesmo tempo que o Congresso apressava a legislação para autorizar poderes de resgate mais amplos para o governo federal e o Federal Reserve. Mais de 2 mil dos mais de 17 mil bancos fechados no dia 4 de março não chegaram a reabrir.[33] Mas os que sobreviveram só o fizeram com uma garantia implícita do governo de que pagaria as obrigações de qualquer banco que enfrentasse dificuldades. Os bancos que fecharam eram instáveis. Os que sobreviveram, não — e Roosevelt não deixaria que saques fruto de pânico acabassem com empreendimentos outrora saudáveis.

Essa foi a essência de seu primeiro "fireside chat" [bate-papo junto à lareira, em tradução livre], um discurso de rádio emitido para toda a nação no dia 12 de março de 1933, pouco antes da reabertura dos bancos. O rádio gradualmente se tornava uma das principais formas de entretenimento das famílias de classe média durante os anos 1920, mas Roosevelt foi o primeiro político norte-americano a explorar completamente o potencial da nova mídia para as comunicações políticas em massa. E sua primeira mensagem foi uma tentativa de acalmar a pior corrida aos bancos que ele já viu. Ao longo do curso de 13 rápidos minutos, Roosevelt explicou as operações básicas de um banco típico para o povo norte-americano e detalhou o plano governamental para combater a crise. "Os bancos que reabrirem serão capazes de cumprir todos os pedidos legítimos. A nova moeda está sendo emitida e distribuída pelo Bureau of Engraving and Printing em grandes volumes para todo o país. É uma moeda segura porque é protegida por ativos reais e bons... Posso garantir que é mais seguro colocar seu dinheiro em um dos bancos reabertos do que debaixo do colchão."[34]

Ao apresentar a psicologia dos pânicos bancários e a dinâmica de uma corrida aos bancos com uma linguagem simples, Roosevelt esperava amenizar os temores e prevenir outra corrida quando os bancos reabrissem. Ele estava projetando uma brilhante fachada de confiança total, mas diferente de seu antecessor, sustentava essa aparência pública com drásticas mudanças políticas. Ele não pedia para que as pessoas acreditassem em algo que sabiam ser falso; ele pedia para que colocassem sua fé em algo novo. "Existe um elemento em nosso reajuste do sistema financeiro mais importante que a moeda, mais importante que o ouro, que é a confiança do povo. Confiança e coragem são essenciais para o sucesso do nosso plano. Vocês precisam ter fé; não precisam fugir graças a rumores ou suposições. Vamos nos unir em banir o medo. Nós fornecemos a maquinaria necessária para restaurar nosso sistema financeiro, depende de vocês apoiá-la e fazê-la funcionar."

"É problema de vocês tanto quanto meu. Juntos nós não fracassaremos."[35]

Para a surpresa de todos em Wall Street, a aposta bancária de Roosevelt funcionou. Os bancos reabriram ao longo da semana seguinte sem serem envenenados pelo pânico nacional. O sistema financeiro sobreviveu, protegido por novas regras federais e dirigido por novos padrões federais. Mesmo os banqueiros do J.P. Morgan exultavam com a conquista em um telegrama enviado para Londres: "Todo o país está tomado de admiração pelas ações do presidente Roosevelt. O registro de sua conquista em apenas uma semana parece incrível porque nunca vimos nada como isso antes."[36]

236   O PREÇO DA PAZ

A lua de mel não durou muito tempo. Quando Roosevelt tirou os Estados Unidos do padrão-ouro um mês depois, a ortodoxia revidou. *The New York Times* declarou em uma manchete de primeira página que o presidente havia se tornado o "DITADOR MONETÁRIO" da nação.[37] O presidente estava, de fato, usando um nível sem precedentes de controle executivo sobre a moeda da nação. Ordenou que todas as moedas de ouro e certificados de ouro no país fossem entregues para o Federal Reserve pela taxa de câmbio de US\$20,67 por onça. Pouco depois, ele acabou com a convertibilidade doméstica; o Fed não mais pagaria ouro aos norte-americanos em troca de notas de papel.

Esse era o primeiro passo no plano de Roosevelt para aumentar deliberadamente os preços — inflacionismo, uma prática que Keynes defendeu em *Tratado sobre a Moeda,* mas que Roosevelt buscaria de uma forma distinta. Ele pensava que aumentar os preços seria bom para a indústria, mas estava principalmente preocupado em resgatar as fazendas norte-americanas. Durante a Grande Depressão, mais da metade da população do país ainda vivia em fazendas ou em pequenas cidades que serviam como centros locais de comércio agrícola (hoje, cerca de 80% dos norte-americanos vivem nas cidades). E o impressionante número de metade de todos os empréstimos agrícolas estavam inadimplentes quando Roosevelt assumiu o cargo.[38] A deflação esmagadora da Depressão fez o que sempre fazia aos agricultores: embora o preço de suas produções tenha caído, o empréstimo que os agricultores assumiam para semear e colher seus campos permaneceu alto. Quando os agricultores foram obrigados a vender suas safras por menos, as dívidas tornaram-se insuportáveis.

Roosevelt estabeleceu uma série de programas para conseguir empréstimos mais atrativos para os agricultores. Mas taxas menores sobre as hipotecas pouco ajudariam caso o presidente não conseguisse parar o declínio implacável do preço das commodities. No verão de 1933, ele enviou seu conselheiro econômico, George Warren, para a Europa com o objetivo de pesquisar estratégias monetárias no exterior. Warren retornou com uma cruel avaliação política. "Hitler é um produto da deflação", escreveu ele para Roosevelt. "Parece ser uma escolha entre um aumento dos preços ou um aumento dos ditadores."[39]

Eventos nacionais, enquanto isso, já haviam convencido Roosevelt da necessidade de tomar medidas drásticas. Três semanas após o presiden-

FÊNIX   237

te ter ordenado aos cidadãos para que entregassem suas moedas de
ouro, o juiz Charles C. Bradley assumiu uma série de casos de execuções hipotecárias em Le Mars, Iowa. Um total de 15 fazendas estavam
sob risco de ser retomadas quando 250 agricultores furiosos foram até a
sala de audiências de Bradley e exigiram que ele impusesse uma moratória nacional sobre as execuções hipotecárias. Os agitadores tomaram
a tribuna, colocaram uma corda ao redor do pescoço de Bradley e o arrastaram até uma encruzilhada, onde "quase o lincharam".[40] Roosevelt
impediu um colapso financeiro no dia de sua posse, mas a zona rural
dos Estados Unidos permanecia à beira da revolução.

Com metade do país vivendo de suas terras, as contas de mercearia
um pouco mais caras resultantes de um aumento no preço do cultivo
teriam valido o sacrifício. No entanto, Roosevelt decidiu aumentar o
preço do cultivo principalmente ao reduzir o valor do dólar. Se isso
funcionasse, o preço de *tudo*, incluindo salários, efetivamente aumentaria, amenizando o efeito de um maior custo alimentar no orçamento
familiar. "É simplesmente inevitável que devemos inflacionar", escreveu Roosevelt para o antigo ajudante de Woodrow Wilson, o coronel
Edward M. House. "Embora meus amigos banqueiros possam ficar
horrorizados."[41]

Roosevelt não havia cortado completamente o vínculo do dólar com
o ouro, embora os cidadãos comuns não mais pudessem entregar suas
notas para receber o metal precioso. O valor do dólar ainda era tecnicamente atrelado ao valor do ouro. Ao fazer o Tesouro comprar ouro a
preços cada vez maiores, Roosevelt poderia induzir os especuladores a
comprar com preços mais altos, antecipando que o governo compraria
em preços ainda maiores, elevando o preço de mercado para o ouro.
Um maior preço do ouro, por sua vez, era apenas outra forma de falar
que o dólar foi desvalorizado em relação ao ouro — em vez de pagar
US$20,67 por cada onça de ouro, o governo estava pagando mais. O
valor do dólar iria cair. Isso, conforme acreditava Warren, resultaria em
maiores preços por toda a parte. A tão esperada inflação teria início.

As coisas não funcionaram exatamente dessa forma. Keynes observou que o programa de Warren "parecia mais com o padrão-ouro
bêbado do que com uma moeda sob a administração monetária dos
meus sonhos".[42] Os preços dos cultivos flutuaram para cima e para baixo durante o experimento de compra de ouro e, ao final de 1933, caiu

rapidamente. Parte do problema era que, ao se apossar do ouro do país, Roosevelt levou junto o ouro administrado pelos bancos, o que significava que, embora os números de dólares que poderiam ser recebidos por uma onça de ouro estivesse aumentando, os bancos não tinham ouro algum para trocar por mais dólares para realizar empréstimos. E os bancos eram o mecanismo-chave do plano, uma vez que o dinheiro retornaria para a economia na forma de novos empréstimos bancários.[43] O programa de compra do ouro não foi um completo fracasso. Ele desvalorizou o dólar com relação a moedas internacionais, dando aos produtos dos Estados Unidos uma vantagem no comércio internacional, que possibilitaria aos agricultores e outros fornecedores norte-americanos vender mais no exterior. Roosevelt também havia preparado psicologicamente o país para uma desvalorização mais formal dos dólares, além de ter mencionado uma futura tentativa do governo na montagem de uma ativa política monetária para aumentar os preços, algo que ninguém no Federal Reserve havia feito.

Após seis meses de experimentação, Roosevelt fixou o preço do ouro em US$35, uma desvalorização oficial de quase 60% dos US$20,67 de quando ele assumiu o cargo. Isso não só criou uma vantagem para as exportações norte-americanas, isso fez com que muito ouro entrasse no país. O governo estava, em essência, oferecendo a investidores internacionais mais dólares pela mesma quantia de ouro. Se você desejasse obter dólares, era um bom negócio. Esse influxo de ouro foi até o Federal Reserve e, de lá, para o sistema bancário. Após cair 27% desde o crash da bolsa de valores, os preços para os consumidores aumentaram mais do que 5% ao longo do primeiro ano do mandato de Roosevelt.[44] Era um começo.

Ferdinand Pecora era um imigrante siciliano que se tornou o principal advogado para o Comitê do Senado sobre o Banco e a Moeda durante os dias de declínio da administração Hoover. Seu trabalho era investigar as causas do crash da bolsa de valores de 1929. O que ele fez ao longo de diversas audiências nos primeiros quinze meses da presidência de Roosevelt foi apresentar ao público o espetáculo mais enfurecedor da Terra.

Wall Street tirava muito de seu poder político do prestígio que cercava os reservados homens de posse e as instituições fechadas que eles forjavam entre si. Nos dias anteriores à divulgação financeira obrigatória, as empresas viviam, morriam e se sobressaíam apenas graças às suas reputações — as quais cultivavam por meio de um desempenho elaborado com foco em outras elites, em que as considerações financeiras diretas eram apenas uma reflexão tardia. Os clientes que aceitavam, as taxas que cobravam, as linhas de negócios que atendiam e mesmo a forma como se vestiam durante suas corridas na bolsa de valores — tudo isso se tratava de elementos em uma dança complexa com o objetivo de comunicar ideias específicas sobre o tipo de banco que eles operavam. Os principais parceiros do Morgan possuíam renome por sua disciplina financeira, embora a empresa nunca tenha divulgado um balanço. Os grandes líderes da Kuhn, Loeb and Company, Chase National Bank e First National City Bank eram, de acordo com as palavras de Pecora, "semideuses… Homens cujos nomes eram de família, mas cujas personalidades e assuntos eram frequentemente envoltos em um mistério profundo e aristocrático".[45]

Pecora obliterou essa fachada. Começando com o National City Bank, ele expôs quase todos os grandes bancos de Nova York como um covil de corrupção ou de excessos imprudentes. O presidente do National City Bank, Charles Mitchell, evadiu impostos de renda federais ao montar uma série de transações falsas com sua esposa e foi preso logo depois de fornecer seu depoimento para Pecora. O presidente do Chase, Albert Wiggin, estabeleceu seis empresas privadas para especular na bolsa de valores, incluindo três incorporadas no Canadá para evadir impostos, além de ter feito US\$4 milhões de lucro com a queda das ações de sua própria empresa durante o crash.[46] O maior escândalo de todos foi o do banco Morgan, que estava distribuindo favores em uma lista secreta de clientes "preferidos". Quando Morgan concordava em assinar uma oferta de ações, o banco também aceitava sua taxa em ações da nova empresa. Algumas dessas ações iam parar nas mãos de seus amigos favoritos por preços abaixo do mercado, permitindo que obtivessem lucro quando a oferta finalmente chegasse ao mercado. Um cliente do banco Morgan emitiria ações de uma nova rodovia por US\$20 e venderia no dia seguinte por, digamos, US\$35, conseguindo um enorme lucro instantâneo. Nesses amigos especiais estavam inclusos tanto gigantes dos negócios quanto grandes políticos. O arquiteto do Plano Dawes, Owen D. Young, estava na lista, além de Bernard Baruch, um conselheiro de Woodrow Wilson na Conferência de Paz de Paris. Lá também estavam o ex-presidente Calvin Coolidge, o senador democrata e ex-secretário do

Tesouro de Wilson William Gibbs McAdoo, o secretário da marinha de Hoover e os presidentes tanto do Comitê Nacional Democrata quanto do Republicano.[47] Era uma negociação com informações privilegiadas e com uma ajuda da corrupção política.

Mesmo após apenas algumas audiências, Pecora estava conseguindo uma enorme pressão pública para a maior reforma estrutural do setor bancário contemplada por uma legislatura norte-americana. Os jornais haviam se acostumado a cobrir os julgamentos como arenas de comoção e escândalo, e os interrogatórios diários de Pecora serviam como poderosas manchetes. O Congresso estava inundado com cartas de constituintes pedindo para que o governo garantisse seus depósitos bancários. A moeda nova que foi bombeada nos bancos em março de 1933 salvou milhares de instituições, mas os depositantes desejavam um maior comprometimento governamental de que seu dinheiro não desapareceria. Milhões já haviam visto suas economias evaporarem enquanto os bancos declaravam falência e as audiências de Pecora deixaram claro que mais fundos estavam sendo postos em risco por especulações extravagantes e imprudentes no mercado de ações.

Nem Roosevelt, nem o presidente do Comitê Bancário do Senado, Carter Glass, estavam empolgados sobre ter o governo provendo um seguro de depósito, uma garantia do governo de que o depositante teria o seu dinheiro de volta, mesmo se o banco falisse. Assim como boa parte do mundo bancário, Roosevelt se preocupava que a prática pudesse encorajar uma má conduta no setor. Os depositantes eram essencialmente credores dos bancos — depósitos eram empréstimos que rendiam juros — e, ao garantir o dinheiro deles, o governo eliminaria os incentivos do mercado para que os credores disciplinassem a administração dos bancos. Mas não havia como contornar a demanda do povo. Dezenas de deputados democratas assinaram uma petição pedindo por um seguro de depósito e Glass informou a Roosevelt sem rodeios que se ele não colocasse o programa em uma nova legislação do setor, outra pessoa no Congresso o faria.[48] "Washington não se lembra de nenhuma questão em que o sentimento do país fosse tão unificado ou expresso de maneira tão enfática quanto essa", relatou à *Business Week*.[49]

Se o contribuinte seria responsável pelos depósitos, Glass não queria que ele apoiasse a especulação e a corrupção nos mercados de títulos financeiros. Uma coisa era os bancos emprestarem dinheiro para negócios, mas a compra e venda de ações e títulos por lucros rápidos era uma operação arriscada. Então, além de garantir os depósitos, a nova legislação bancária patrocinada por Glass exigiria a saída de todos os bancos comerciais que aceitassem depósitos do mercado de títulos. Isso não poderia, é claro, prevenir completamente os incêndios especulativos; empresas de investimento privadas e respeitáveis já mostraram estar dispostas a apostar com o dinheiro de seus clientes em 1929. Mas isso ainda parecia melhor do que colocar as garantias dos contribuintes em algo que equivalia a jogos de azar — ou, pior ainda, roubo.

Isso exigiria uma tremenda reorganização em Wall Street. Recentemente, em 1932, a Investment Bankers Association insistiu que a combinação de apostas com títulos financeiros e atividades bancárias comerciais era "necessária" para todas as "finanças corporativas".[50] No entanto, após algumas audiências do Pecora, tanto o Chase quanto o National City se comprometeram publicamente a abandonar seus afiliados no mercado de títulos financeiros. Embora Glass-Steagall, como a lei que separava os bancos veio a ser conhecida, nunca tenha sido popular em Wall Street, ela não foi a maior fonte do descontentamento bancário dentro da Banking Act de 1933. Em vez disso, o seguro de depósitos criou a maior inquietação entre os banqueiros. Jack Morgan o chamou de "absurdo", enquanto a South Carolina Bankers Association alertou que causaria outro pânico bancário, convencendo o povo de que o sistema não era seguro.[51] Para Glass, o oposto era verdadeiro: sem reformas reais, Roosevelt estaria arriscando outro colapso.

Glass provou estar mais próximo da verdade. Quando a Banking Act foi aprovada, ela desencadeou, conforme mais tarde observou o economista John Kenneth Galbraith, uma "revolução" no setor financeiro. As corridas aos bancos efetivamente acabaram dentro do território nacional por décadas. Quando os cidadãos sabiam que seu dinheiro estava seguro, eles não exacerbavam quaisquer que fossem os outros problemas que pudessem existir com o saque de seus depósitos durante um estado de pânico. "Com essa legislação, o medo que operava tão eficientemente para transmitir sua fraqueza foi dissolvido. Como resultado, o grave defeito do antigo sistema, no qual falência gerava falência, foi curado. Raramente é possível conquistar tanto com uma única lei."[52] Desenhar uma clara linha divisória entre o negócio bem-sucedido da negociação de títulos financeiros e o relativamente mundano e admi-

242 O PREÇO DA PAZ

nistrativo negócio dos serviços bancários comerciais traria consequências duradouras, também. Não só limitou o tamanho e escopo das bolhas especulativas, como também mitigou o contágio entre diferentes tipos de negócios financeiros. Nenhum caos na bolsa de valores, não importava quão calamitoso fosse, voltaria a ameaçar a integridade do sistema bancário enquanto essa lei permanecesse em vigor.

Keynes monitorava tais desenvolvimentos do outro lado do oceano, buscando maneiras de demonstrar seu apoio aos esforços de Roosevelt e trazer o presidente para mais perto de sua órbita intelectual. Mas ele estava ciente da tendência que suas palavras tinham de produzir efeitos negativos nos Estados Unidos. Ele esperava que seu livro sobre o Tratado de Versalhes inspiraria os norte-americanos a aprimorá-lo. Em vez disso, decidiram abandonar o tratado. "É assustadoramente difícil saber como influenciar a opinião norte-americana", escreveu ele para Alexander Shaw, do Bank of England, em 1933.[53] Então ele começou pela bajulação. Quando Roosevelt tirou os Estados Unidos de uma conferência financeira internacional em 1933, Keynes o aplaudiu em um artigo com a seguinte manchete: "PRESIDENTE ROOSEVELT ESTÁ MAGNIFICAMENTE CORRETO" e inseriu sua própria plataforma na ação vaga e repentina de Roosevelt, esperando que a administração do presidente entendesse as pistas.

"A mensagem do presidente possui uma importância que transcende suas origens. Os Estados Unidos da América nos convidam a ver se, sem erradicar a ordem da sociedade que herdamos, não poderemos, pelo emprego do bom senso em aliança com o pensamento científico, alcançar algo melhor que a confusão miserável e o indizível desperdício de oportunidade que uma adesão obstinada às antigas regras básicas nos mergulhou. A nós são oferecidos, de fato, os únicos meios possíveis pelos quais a estrutura do contrato pode ser preservada e a confiança em uma economia monetária restaurada."[54]

Keynes estava sozinho em seu entusiasmo. Um grupo dos conselheiros de Roosevelt abandonou de forma furiosa a administração quando Roosevelt saiu da conferência, e tanto o primeiro-ministro socialista da Grã-Bretanha, Ramsay MacDonald, quanto o ministro das finanças da

Itália fascista, Guido Jung, transmitiram suas frustrações ao presidente norte-americano.[55]

Em dezembro de 1933, Keynes recebeu Felix Frankfurter como seu convidado no banquete com o nome de Founder's Feast na King's College, onde os dois homens conspiraram sobre como transformar as ideias keynesianas em políticas norte-americanas.[56] Keynes conheceu Frankfurter em Paris, no ano de 1919, antes do advogado norte-americano formar a American Civil Liberties Union, ou União Americana pelas Liberdades Civis. Frankfurter e Roosevelt eram próximos, mas o acadêmico preferiu manter seu cargo em Harvard, recrutando soldados intelectuais para o New Deal em vez de acompanhar o presidente em Washington como um membro oficial da administração. Frankfurter organizou para que Keynes escrevesse uma carta aberta a Roosevelt, a qual Frankfurter entregou para o presidente antes de sua publicação no *New York Times* — um forte sinal para Roosevelt da importância que seu caçador de talentos de Harvard via em Keynes.

A coluna resultante disso foi uma aula arrogante que mal interpretava uma grande parte da situação política dos Estados Unidos e, apesar disso, oferecia ótimos conselhos práticos enquanto, em um momento ou outro, apresentava uma revolucionária e nova concepção de uma economia nacional.

Keynes disse a Roosevelt que o mundo via o presidente como se estivesse comprometido com "uma tarefa dupla: recuperação e reforma". Ambos os elementos eram importantes, mas Keynes argumentou que os esforços reformatórios dependiam da habilidade de Roosevelt em alcançar uma recuperação. Uma vez que a velha guarda não desejava a reforma, eles o culpariam pela má situação econômica se Roosevelt não fosse capaz de dar a volta por cima na Depressão. A prescrição política de Keynes foi a mesma de sempre: muito crédito barato e um robusto regime de obras públicas. A novidade em sua carta estava em sua justificativa por trás dessa solução familiar. Ele não estava mais discutindo sobre como bancos poderiam trazer as poupanças até um equilíbrio com o investimento, como ele fez em *Tratado sobre a Moeda*. Agora ele estava falando sobre contornar completamente o sistema financeiro. O governo, argumentou ele, deveria agir diretamente para expandir a "produção" econômica e o "poder de compra" do consumidor por

244   O PREÇO DA PAZ

meio de uma expansão financiada pelo deficit. Independentemente do que mais Roosevelt pudesse fazer no cargo, o principal imperativo era gastar, gastar, gastar: "Coloco uma profunda ênfase no aumento do poder de compra nacional resultante de um gasto governamental que seja financiado por empréstimos e não apenas uma transferência, por impostos, das rendas existentes. Nada é mais importante do que isso."[57]

Crédito barato e uma maior oferta de dinheiro não foram suficientes. O governo precisaria gastar esse novo dinheiro criado por ele para fazer a economia voltar a se movimentar. Depender apenas da política monetária, argumentou Keynes, era "como tentar engordar comprando um cinto maior. Atualmente, nos Estados Unidos, o seu cinto é grande o suficiente para a sua barriga. É muito ilusório focar a quantidade de dinheiro, que se trata apenas de um fator limitante, do que o volume de gastos, que é o fator operativo".[58]

Keynes estava explicando por que o programa de compra de ouro administrado por Roosevelt gerou resultados tão modestos: a deflação poderia ser prevenida ao injetar dinheiro nos bancos, mas nem a inflação, nem o crescimento econômico poderiam começar até que mutuários dignos de crédito aparecessem para tomar esse dinheiro como empréstimo e fizessem uso dele no mundo real. Keynes argumentou que o mutuário ideal do momento era o governo federal.

Esta permanece como a compreensão popular da economia keynesiana até o dia de hoje: em uma queda, o governo deve fazer empréstimos e gastá-los com projetos úteis para desencadear uma reforma. Quando o governo gasta seu dinheiro, ele vai até os bolsos de seus cidadãos, que por sua vez podem gastar em outros desejos e necessidades, expandindo o tamanho total da economia e garantindo uma recuperação próspera em vez de uma espiral descendente em que gastos limitados alimentam o desemprego e maiores reduções de gasto. Keynes apresentou a ideia para os norte-americanos nas páginas do *New York Times* no dia 31 de dezembro de 1933, quase três anos antes da publicação de *A Teoria Geral do Emprego, do Juro e da Moeda*.

Era uma visão política e uma doutrina econômica, um antídoto ao militarismo e ressentimento que eram buscados na Rússia, Itália e Alemanha. Roosevelt, sentiu Keynes, não precisava intimidar outros países ou aterrorizar suas minorias para provar sua coragem; ele só precisava gastar mais dinheiro. "Para mim, você segue como o líder cujo aspecto geral, bem como atitudes quanto às tarefas do governo, é o mais simpático no mundo", escreveu ele para Roosevelt. "Você é o único que vê a necessidade de uma profunda mudança de métodos e está tentando alcançá-la sem intolerância, tirania ou destruição."[59]

Em aspectos importantes, Keynes acreditava que a revisão bancária de Roosevelt havia montado o palco para um desenvolvimento importante. Mais tarde ele classificaria os primeiros esforços de Roosevelt para trazer a ordem ao sistema financeiro entre os atos mais importantes de sua presidência.[60] A doutrina financeira que Keynes começou a pregar em 1914 finalmente estava encontrando algum poder político.

A carta aberta de Keynes para Roosevelt é historicamente importante não por sua influência na criação de políticas, mas como a primeira apresentação pública e clara da ideia econômica que ele refinaria com *A Teoria Geral*. Ele não ofereceu explicações teóricas ou técnicas para seu novo foco no "poder de compra" além da metáfora com o cinto. Os detalhes de seu terreno conceitual ainda estavam em fluxo, e Roosevelt não estava completamente convencido por sua apresentação. Quando Walter Lippmann escreveu para Keynes algumas semanas depois, transmitindo a influência que sua carta havia conseguido sobre o presidente, ele relatou que Keynes havia inspirado uma nova frente na guerra administrativa por baixas taxas de juros em vez de um consenso sobre deficits ou obras públicas.[61] Roosevelt estava operando com deficit, é claro, mas estava tentando não fazê-lo.

Embora acreditasse em obras públicas — ele estabelecera rapidamente a Public Works Administration e a Civilian Conservation Corps para fazer o povo trabalhar em tudo desde projetos ambientais até a construção de escolas —, ele acreditava em pagar por elas com taxas maiores. Uma recuperação financiada por deficit, escreveu ele certa vez em uma anotação particular, era "boa demais para ser verdade — você não consegue alguma coisa por coisa alguma".[62] Ele via as lacunas orçamentárias como imperfeições infelizes — algo com o qual ele precisaria lidar para alcançar um bem maior. Embora o gasto acelerasse ao longo dos anos seguintes, pouco dinheiro realmente estava saindo durante o primeiro ano do mandato de Roosevelt, o que fez Keynes enfatizar o gasto em sua carta. Levou tempo para tirar projetos do papel e isolá-los de acusações de corrupção. Boa parte do país era governada por sistemas de espólios e regimes de patrocínios. Em Nevada, por exemplo, um senador até mesmo monitorou o apontamento de zeladores postais como uma oportunidade de distribuir recompensas.[63] Embora a agenda de reformas de Roosevelt fosse ambiciosa — ele criou o FDIC, a Comissão de Títulos e Câmbios dos Estados Unidos, a Agricultural Adjustment Administration e a Tennessee Valley Authority dentro dos seus primeiros cem dias no cargo —, as novas agências ainda não estavam funcionando. Seus deficits iniciais eram, em grande parte, decorrentes do colapso continuado nas receitas de imposto de renda causado pelo desemprego. Se você não conseguisse um salário, também não pagaria imposto algum.

Mas Frankfurter não havia acabado. Todos os contratados por Roosevelt acreditavam que o governo precisava ser mais agressivo no combate à Depressão, mas eles não concordavam em como ou por qual razão fazer isso. Após entregar a carta de Keynes, Frankfurter identificou diversos membros da administração que simpatizavam — ou ao menos não eram hostis — com as novas ideias que Keynes havia discutido em Cambridge. Então ele organizou uma série de reuniões com Keynes e essas pessoas no final de maio de 1934, uma viagem culminando em uma audiência privada incluindo o próprio presidente. O diretor da Agricultural Adjustment Administration, Rexford Tugwell, defendia uma série de programas governamentais de produção e habitação agrícolas e precisava de reforço intelectual. Frances Perkins, a secretária do trabalho, estava de olho em diversos mecanismos para aumentar o salário dos trabalhadores. O secretário do Tesouro, Henry Morgenthau Jr., que operava uma fazenda no norte do estado de Nova York e teve a boa sorte de ter os Roosevelts como vizinhos, estava animado sobre as obras públicas, mas aterrorizado sobre os deficits orçamentários.

Quando ele pregava aos já convertidos, Keynes obtinha um grande sucesso. Perkins, por exemplo, já acreditava que o New Deal "constituía uma eficaz demonstração das teorias que John Maynard Keynes vem pregando e insistindo ao governo inglês". Quando ele foi até Washington, Perkins relembra, Keynes "apontou que a combinação de auxílio, obras públicas, aumento salarial por meio de códigos da National Recovery Administration e a distribuição de dinheiro para agricultores sob ajuste agrícola era fazer exatamente o que sua teoria indicava como procedimento correto". Ela imediatamente compreendeu conceitos-chave, incluindo o multiplicador quando Keynes o explicou, e estava encantada por sua "fé de que nós, nos Estados Unidos, provaríamos para o mundo que essa era a resposta".[64]

Para o presidente, no entanto, que "não estava familiarizado" com o trabalho acadêmico e teórico de Keynes, o economista era um místico desarrazoado. Embora insistisse para Frankfurter que os dois tiveram uma "ótima conversa" e que ele "gostava imensamente" do economista britânico,[65] a verdade é que Roosevelt estava incomodado pela névoa de alta teoria com a qual Keynes envolvera a conversa dos dois.

"Eu vi seu amigo Keynes", Roosevelt contou a Perkins mais tarde. "Ele deixou uma série de números confusos. Deveria ser um matemático e não um economista político."

Em particular, Roosevelt pensava que Keynes era politicamente ingênuo sobre o relacionamento do presidente com Wall Street. Ele acreditava que um setor bancário hostil ao seu programa de reforma estava aumentando as taxas de juros das dívidas do governo ao se afastar da audiência da legislação do Tesouro. "Há um limite prático quanto ao que o governo pode tomar como empréstimo — especialmente porque os bancos estão oferecendo uma resistência passiva na maioria dos grandes centros."[66]

Keynes teve um progresso na política monetária. O presidente do Fed sob a administração de Roosevelt, Marriner Eccles, e seu principal assistente, Lauchlin Currie, trabalharam em justificativas econômicas nada refinadas para um gasto deficitário que os aproximaram das ideias de Keynes. O Fed não tinha poder sobre os gastos, mas ambos os homens concordaram com Keynes que uma política monetária frouxa — menores taxas de juros — poderia ajudar o governo a gastar até sair da Depressão ao manter baixos os custos de financiamento dos empréstimos do governo — se Roosevelt tivesse o desejo de intencionalmente conseguir grandes deficits.

E, então, Eccles e Currie escreveram uma lei que revisariam o governo do banco central, dando ao conselho do Federal Reserve em Washington o poder para comprar títulos do governo e aumentar ou diminuir as taxas de juros. Sob a estrutura regional incomum do Fed, esse poder há muito estava sob controle das filiais, particularmente no Fed de Nova York, cuja presidência era, na prática, mais poderosa que o presidente do Fed em Washington. Essas filiais eram, por sua vez, fortemente influenciadas pelos grandes bancos de cada região, que apontavam os principais oficiais para as filiais locais do Fed. Isso era, é claro, antidemocrático, mas também era um caminho pelo qual a ortodoxia financeira conservadora infectou a legislação política nacional e internacional da economia.

Wall Street imediatamente reconheceu a legislação Eccles-Currie como um ataque sobre a sua influência. James Warburg, um raro conselheiro de Roosevelt a vir de uma dinastia bancária internacional — seu pai ajudou a construir o Fed em 1913 —, condenou a ideia diante do Congresso: "Eu não sou um dos que veem um comunista embaixo de qualquer cama", avisou ele, "mas às vezes me pergunto se os autores dessas leis percebem os jogos que estão jogando" — adicionando que sempre que "o grande braço do Tesouro toma o controle do mecanismo de crédito" o desastre vem logo a seguir.[67] Tais sugestões sombrias sobre a influência soviética causariam um caos na reputação de Currie após a Segunda Guerra Mundial, mas, durante a presidência de Roosevelt, ele tendia a conseguir as coisas do seu jeito. A legislação foi aprovada, estabelecendo um controle público muito maior sobre as taxas de juros e sobre a movimentação monetária dentro da economia norte-americana.

Essa era uma vitória keynesiana: unificar a política monetária e fiscal garantiria que as duas funcionassem em harmonia. Mas Keynes, Currie e Eccles não superariam a vigilância de deficit de Roosevelt. Morgenthau permaneceu firmemente comprometido com o equilíbrio orçamentário. Mesmo entre os defensores do New Deal nos Estados Unidos, nos quais Keynes colocava sua maior fé para o progresso econômico, argumentos inteligentes e conversas pacientes só ajudavam departamentos simpatizantes a defender planos que eles já haviam esboçado. Keynes precisava de muito mais para influenciar toda a administração em uma ação coordenada. Ele precisava de um movimento intelectual, uma classe unida de especialistas usando seu prestígio e influência contra o edifício do governo. Não poderia vencer a guerra das ideias com uma reunião de cada vez. Ele precisava de um grande trabalho — algo bastante poderoso intelectualmente, para converter as pessoas, e culturalmente chocante, para forçar os especialistas a prestarem atenção. "É preciso uma teoria", como disse mais tarde o economista de Harvard, Alvin Hansen, "para matar uma teoria".[68] E então Keynes dedicou quase toda a sua energia ao seu último e melhor esforço para salvar o mundo: converter todo o sacerdócio dos economistas acadêmicos para sua nova doutrina.

NOVE

◊

O Fim da Escassez

Quando Joan Robinson retornou para Cambridge em 1929, ela não esperava fazer parte de uma revolução intelectual. Ela conseguiu seu diploma em economia na mesma universidade quatro anos antes, então rapidamente casou-se com um "impetuoso e jovem rapaz"[1] e navegou com ele até a Índia. Enquanto seu novo marido, Austin, servia como tutor da criança marajá, Jivajirao Scindia, Joan passava seus dias na cidade de Gwalior sem nenhuma função oficial, vivendo em uma mansão próxima do palácio real, onde um séquito de criados atendia todas as suas necessidades.

Joan era jovem, brilhante e cheia de ambição. Ela fez amizade com os oficiais indianos locais, incluindo o coronel Kailash Narain Haksar, e retornou para Londres com o objetivo de defender os interesses locais de Gwalior perante o governo britânico. Mas ela logo descobriu que a sociedade intelectual inglesa abria pouco espaço para mulheres intelectualmente sérias. Essa era a continuação de uma lição que teve início ainda em Cambridge. O jovem departamento de economia da universidade havia se desenvolvido na sombra de seu primeiro chefe de departamento, Alfred Marshall, um homem que se casou com a primeira mulher a lecionar economia em Cambridge, Mary Paley, e então começou a sabotar a carreira dela, pedindo para que a editora mantivesse o livro dela fora de catálogo e defendendo o fim da educação de gênero misto. Como estudante universitária, Joan se enfureceu ao vê-lo tratar a própria esposa como "dona de casa e secretária".[2] Joan também havia se casado com um economista e, durante algum tempo, subordinou suas ambições às deles.

Mas o departamento havia mudado enquanto os Robinsons estavam fora. Marshall estava morto e a economia em Cambridge seguia a liderança de John Maynard Keynes. Arrogante, impaciente e difícil de agradar, Keynes era uma figura imponente — um dos poucos homens de Cambridge que davam prestígio à universidade em vez de agregar o prestígio dela sobre sua personalidade. Além disso, suas amizades com Virginia Woolf e sua irmã, Vanessa, há muito fizeram com que ele se acostumasse com a ideia de que mulheres podiam ser pensadoras importantes. Quando Joan retornou para Cambridge com Austin, ela não tinha uma posição oficial, nem sequer um mestrado. Mas quando seu marido começou a ensinar economia, Robinson fez o mesmo — o salário pago a ela era ínfimo — e começou a publicar suas próprias pesquisas acadêmicas, esperando ganhar um emprego na área. Austin não se importava, mas era difícil causar uma impressão em Keynes.

Entre a Grande Depressão e a persona de Keynes, o campo da economia em Cambridge estava se tornando um espaço radical — muito mais aventureiro que os círculos políticos e financeiros em que Keynes havia passado a maior parte de seu tempo desde a guerra. Com o colapso social ficando mais evidente por toda a parte, muitos estudantes que em outros cenários escolheriam literatura, política ou história foram atraídos pelo estudo do dinheiro e dos recursos. "Para ler economia em uma universidade é preciso ser um intelectual — possivelmente um intelectual radical —, e isso não evocava a imagem de um estudante na faculdade de administração norte-americana",[3] recordou a economista Vivian Walsh anos mais tarde.

"A Teoria Geral de Keynes foi o desenvolvimento intelectual mais importante e empolgante da época",[4] de acordo com Michael Straight, que ingressou nos Apóstolos quando estudava em Cambridge nos anos 1930. "O maior auditório de Cambridge ficava lotado quando Keynes, em uma série de discursos, estabelecia os princípios de sua Teoria Geral. Era como se ouvíssemos Charles Darwin ou Isaac Newton. O público sentava-se em total silêncio enquanto Keynes falava. Então, em

O FIM DA ESCASSEZ 251

pequenos círculos, ele era apaixonadamente defendido e furiosamente criticado."[5]

Grande parte da antiga sociedade secreta de Keynes tornou-se uma incubadora para esforços comunistas relacionados diretamente ao Kremlin. Após se identificar como comunista durante seus anos em Cambridge, Straight serviria a administração Roosevelt, na qual, conforme confessou mais tarde, ele enviava documentos dos Estados Unidos para agentes soviéticos.[6]

Não importava quantos insultos Keynes lançasse sobre *O Capital*, era impossível para ele evitar atrair radicais para suas aulas — pelo menos enquanto anunciava suas ideias econômicas como uma inovação completamente diferente e que acabaria com os fundamentos do status quo político. Além disso, por mais que Keynes possa ter odiado o comunismo, ele gostava de muitos dos jovens comunistas. "Não existe ninguém na política atualmente que valha seis centavos fora do grupo dos liberais, com exceção da geração pós-guerra dos intelectuais comunistas abaixo dos 35 anos", disse Keynes ao editor do *New Statesman and Nation*, Kingsley Martin, em uma entrevista publicada em 1939. "Eles, eu também gosto e respeito… Com eles, em sua maturidade, está o futuro, e não com os velhos estúpidos."[7]

A mais notável entre esses radicais era Joan Robinson. "Ela era", nas palavras de seu colega de turma húngaro Tibor Scitovsky, "uma jovem bela e encantadora" "que fumava um cigarro após o outro, usava um longo cachecol e estava visivelmente apaixonada" pelo seu marido.[8] O impacto dela na área foi quase imediato. Se Keynes não tivesse se estabelecido como o grande homem do departamento, ela poderia ter encaminhado todo o curso da pesquisa de Cambridge em uma direção diferente, como ela de fato fez nas décadas seguintes, quando Keynes já não estava presente.

A maioria dos economistas no começo dos anos 1930 adotou a ideia de que os mercados eram competitivos. Os produtores poderiam superar uns aos outros com base na qualidade ou no preço. Para conseguir uma vantagem competitiva, eles poderiam aprimorar a qualidade de seus bens ou cobrar um valor menor que a concorrência. Dado um mercado competitivo, os economistas podiam analisar uma série de outros fenômenos. Sem a competição, mesmo conceitos básicos como oferta e demanda perderiam o equilíbrio, eliminando o incentivo para que os produtores respondam às preferências dos consumidores.

A exceção em um mercado competitivo era um monopólio, em que um único produtor poderia ditar preços sem se preocupar com a resposta do consumidor, uma vez que ele havia dominado o mercado. Alguns economistas clássicos acreditavam que o estado precisava restringir monopólios — seja por meio de regulação, seja dividindo o monopólio em diversas empresas menores —, mas a maioria acreditava que o monopólio, no qual uma única empresa ditava o preço para todo um setor ou mercado, era um distanciamento óbvio e raro do mercado competitivo, que por sua vez era o estado normal das relações econômicas.

Robinson quebrou esse paradigma. Ela desenvolveu um conceito de "competição imperfeita", no qual os mercados poderiam demonstrar regularmente as falhas associadas com monopólios mesmo quando grandes empresas controlavam menos do mercado que uma posição monopolizadora formal, em que uma única empresa literalmente dita os termos de um mercado inteiro. O panorama competitivo não era como um interruptor de liga/desliga entre a competição e o monopólio; era um espectro no qual a competição perfeita — a condição presumida pelos economistas — era uma "situação especial" que quase nunca existia nas atividades comerciais do mundo real. Os mercados para a maioria dos produtos eram ao menos um pouco monopolizados; mesmo se uma empresa não controlasse literalmente *toda* a produção de tênis, por exemplo, poderia controlar parte suficiente do mercado para levar outros fabricantes a estabelecerem seu preço com base no preço dessa empresa. Como disse Robinson, o monopólio não se tratava de uma "situação especial" desviando do mundo real de perfeita competição. Em vez disso, a competição perfeita era a "situação especial" desviante das condições monopolizantes que persistiam ao longo da economia em vários níveis.[9] E não eram apenas os grandes produtores que podiam ditar preços anticompetitivos no mercado; grandes compradores também tinham esse poder. Não importava quantos produtores de determinado produto existiam, se apenas um punhado de consumidores estavam disponíveis para comprar seus produtos, então os consumidores podiam ditar preços mais baixos. Essa ideia, que Robinson chamou de "monopsônio", se tornou um conceito essencial para compreender as cadeias de suprimentos e atacadistas.[10]

O FIM DA ESCASSEZ 253

Robinson sabia que sua teoria trazia implicações importantes para a desigualdade econômica. Tudo o que era preciso fazer era aplicar sua lógica ao mercado de trabalho. Sob o paradigma do mercado competitivo, economistas foram capazes de argumentar que trabalhadores recebiam um salário proporcional ao valor real que agregavam ao negócio. Com a competição removendo desperdícios e excessos, os trabalhadores terminariam recebendo o que os economistas chamavam de "produtividade marginal" de seus trabalhos. Cada trabalhador receberia uma quantia exatamente igual a sua parcela de produção na operação. Isso significava, especialmente para os economistas austríacos Hayek e Mises, que reclamações sobre baixos salários eram, na verdade, reclamações sobre a produtividade dos trabalhadores. Se os trabalhadores desejavam um melhor salário, a única forma sustentável de adquiri-lo seria trabalhando mais.

No entanto, esse argumento mais uma vez se desmantelaria se fosse possível provar que os mercados de trabalho não eram perfeitamente competitivos — se, em vez disso, apresentassem algumas das características do monopólio. Se os únicos empregos na cidade estão nas minas de carvão, então os donos das minas não precisam competir com outros empregadores e oferecer melhores salários. Quando Robinson mostrou que os mercados eram quase sempre moderadamente anticompetitivos, ela acreditava ter "partido" um dos "suportes da ideologia *laissez-faire*".[11] Capitalistas, de acordo com Robinson, vinham cronicamente pagando mal seus funcionários.

Essa foi uma tremenda descoberta e seu livro, *The Economics of Imperfect Competition* ["A Economia da Competição Imperfeita", em tradução livre], foi imediatamente reconhecido pela academia como um grande trabalho. Mary Paley Marshall, profundamente comovida, enviou a Robinson uma carta de gratidão: "Obrigada por ajudar a retirar a censura lançada sobre a Mulher Econômica."[12] Mas Robinson estava apenas começando. Quando chegou ao fim de sua carreira, Robinson havia se tornado a economista mais realizada de ambos os gêneros que jamais recebeu um Prêmio Nobel.

No começo dos anos 1930, ela foi atraída pelas atividades que cercavam Keynes após a publicação de *Tratado sobre a Moeda*. Conforme Keynes ensinava sobre as ideias que se transformariam em *A Teoria*

Geral do Emprego, do Juro e da Moeda, um pequeno grupo de membros universitários que passou a se chamar Cambridge Circus, ou Circo de Cambridge, tornou-se seu ressoador e começou a lhe fornecer inovações próprias. Formado por Richard Kahn, Piero Sraffa, James Meade e os Robinsons, esse pequeno círculo — e especialmente Robinson e Kahn — ajudaram Keynes a conceber *A Teoria Geral* após uma gestação complicada.

Todos eram excêntricos, quase tão estranhos e controversos quanto o próprio Keynes. Sraffa era um amigo do marxista italiano Antonio Gramsci e já havia enfurecido Benito Mussolini com dois artigos sobre o sistema bancário italiano, escritos para publicações editadas por Keynes. Sraffa tinha experiência no setor bancário e ele criticou a segurança dos dados bancários relatados por bancos italianos, uma divulgação que Mussolini considerou um ataque contra a própria nação italiana. Com a ajuda de Keynes, Sraffa fugiu da Itália e conseguiu um cargo em Cambridge.

Ele era um professor tímido, mas um tutor eficaz e um colega de equipe que Keynes confiou ao longo de toda sua briga com Hayek. Quando o austríaco publicou o seu próprio livro — *Prices and Production* ["Preços e Produção", em tradução livre] — em uma tentativa de derrubar o *Tratado sobre a Moeda,* Sraffa concordou em entregar uma crítica acadêmica do livro, publicando um violento ataque em um jornal acadêmico editado por Keynes e acusando Hayek de raciocínio circular. Isso não só ajudou a expandir as obras publicadas de Sraffa, mas também permitiu que Keynes revidasse ao mesmo tempo que apresentava a si mesmo para a comunidade acadêmica como um homem acima do conflito, muito envolvido em questões teóricas importantes para se preocupar com o barulho de um homem comparativamente menos importante como Hayek.

Enquanto Sraffa liderava a ofensiva, Joan Robinson ficou na defesa, respondendo às críticas de Hayek sobre *Tratado sobre a Moeda* com esclarecimentos, contrapontos e ocasionais golpes retóricos. Ela e Kahn, enquanto isso, trabalhavam em novas ideias e como integrá-las ao modelo intelectual que estava sendo construído por Keynes.

Em meados dos anos 1930, Keynes estava escrevendo cartas de autoengrandecimento para amigos famosos, descrevendo seu trabalho fu-

O FIM DA ESCASSEZ

turo como uma grande revolução das ideias econômicas. Mas ele nem sempre estava tão certo disso. Foi Robinson a responsável por convencer Keynes de que ele estava orquestrando um terremoto. "Keynes não estava tão seguro do fato, e com certeza não estava completamente ciente do fato de que ele estava a liderar uma revolução intelectual", recordou Lorie Tarshis, um estudante canadense que fez uma peregrinação até Cambridge após ler *Tratado sobre a Moeda*. "Ele recuou. Richard Kahn e Joan Robinson gastaram muito tempo e esforço tentando convencê-lo de que aquilo que ele estava fazendo tinha significado."[13] "Havia momentos em que nós tínhamos problemas para fazer Maynard ver a importância de sua revolução", conforme disse Robinson.[14]

Keynes começou a perceber que sua descoberta teórica poderia ter consequências políticas muito mais amplas do que o desenvolvimento de algumas obras públicas — um pensamento que frequentemente o deixava desconfortável. "Keynes estava de fato fazendo uma revolução maior do que estava disposto a admitir", recordou Abba Lerner, um dos primeiros convertidos a essa nova doutrina. "Ele estava, de fato, afirmando que o mercado não funciona. Reconheceu isso apenas parcialmente."[15] Apesar de todo seu grande otimismo e visões entusiasmadas sobre uma semana de trabalho de quinze horas, Keynes permanecia um conservador burkeano, ansioso sobre a implementação das mudanças que ele acreditava serem possíveis, mesmo quando pensava que elas eram necessárias para a preservação da democracia. "Acho difícil julgar se minha política definitiva chegaria à pessoa comum como uma medida violentamente drástica ou evolucionária", escreveu ele para a ex-membro trabalhista do Parlamento, Susan Lawrence.[16]

Conforme Keynes se distanciava de Bloomsbury, Kahn e Robinson começaram a preencher os papéis anteriormente interpretados por Virginia e Lytton — os confidentes raros e respeitados que Keynes permitia que fizessem ele mudar de opinião. Kahn foi um dos pupilos favoritos de Keynes quando estudante universitário, antes deste contratá-lo como uma espécie de assistente pessoal que com frequência o acompanhava até Tilton ou Londres em atividades não acadêmicas. "Ele é um maravilhoso crítico, e opinante, e aprimorador", escreveu Keynes para Joan ao falar dos serviços de Kahn. "Nunca houve na história do mundo uma pessoa melhor para se encaminhar as coisas."[17]

A atmosfera colaborativa dificultava discernir quem era responsável por quais desenvolvimentos. Anos depois, o historiador econômico Lawrence Klein apontaria um artigo de jornal do ano de 1933 escrito por Robinson como a primeira exposição da tese básica de *A Teoria Geral*.[18] Kahn, enquanto isso, publicou um trabalho sob seu próprio nome desenvolvendo o conceito do multiplicador, a ideia de que o gasto governamental poderia "multiplicar" na economia, criando uma maior produção econômica que o gasto inicial. Keynes apresentou o conceito básico da ideia em *Can Lloyd George Do It?*, mas Kahn fez disso uma ciência, convertendo a ideia em uma ferramenta quantitativa e mensurável que permanece parte das ferramentas da macroeconomia ainda hoje. Kahn estabeleceu seu multiplicador com ajuda de James Meade, o membro mais jovem do Circo.

Embora Meade acabasse ganhando o Prêmio Nobel em 1977, dentro desse seleto círculo ele se descrevia, de maneira modesta, como alguém com um intelecto de segunda categoria. "Do ponto de vista de um mero mortal como eu, Keynes parecia ocupar o papel de Deus em uma peça de moralidade. Ele dominava a peça, mas raramente aparecia no palco. Kahn era o Anjo Mensageiro que trazia mensagens e problemas de Keynes até o 'Circo' e retornava ao Paraíso com o resultado de nossas deliberações."[19]

Tais "metáforas evangélicas" se tornaram uma linguagem comum em Cambridge, usadas tanto como brincadeira quanto com "sinistra seriedade" conforme as ideias keynesianas tornavam-se, segundo os biógrafos de Robinson, "um evangelho".[20] Austin Robinson brincou que os membros do Circo "andavam por aí perguntando: 'Irmão, você foi salvo?'" ao discutir sobre a nova doutrina.[21] O Circo operava de maneira muito semelhante a um pequeno culto religioso, com os principais membros internos recrutando alguns estudantes promissores para ajudar a criar novas ideias, expandindo o círculo de confidentes confiáveis. Para aqueles que estavam de fora do culto, a atividade de seus fiéis parecia cada vez mais estranha. Em abril de 1932, Robinson e Keynes já começavam os trabalhos no material que seria o coração de *A Teoria Geral*.[22] As cartas deles acabaram aumentando até as centenas de páginas conforme Keynes enviava rascunhos do livro e as respostas dos dois pareciam evoluir até uma hipnose obscura na tentativa de definir conceitos econômicos completamente novos. Quando ele alcançou um beco sem saída ao tentar converter o economista Ralph Hawtrey, Keynes pediu a Robinson que revisasse a "volumosa correspondência" entre os dois homens e dissesse se ele estava errado. Ela concluiu que a culpa era de Hawtrey, não de Keynes, por não conseguir enxergar a razão: "Eu certamente acho que nem um arcanjo se daria a esse trabalho para ser tão justo e tão claro."[23] Quando os discípulos se encontravam com as principais jovens mentes da London School of Economics para apresentar suas descobertas, os estudantes da LSE ficaram confusos com o grupo de Cambridge, que parecia estar falando uma linguagem secreta. Essas eram novas ideias que Keynes nunca apresentou em seus escritos públicos.

Assim como qualquer culto competente no que faz, o Circo foi separado por ambições pessoais e intrigas sexuais. Keynes começou a imaginar que havia algo de errado no começo de 1932. Aparecendo, durante o período da tarde, de surpresa até a residência de Kahn — uma liberdade que havia se tornado um hábito em momentos de animação intelectual —, ele se deparou com uma cena constrangedora. Como relatou para Lydia: "A sala externa dele estava escura, mas dentro da área interna estava ele e Joan sozinhos, ela reclinada no chão sobre almofadas. Todos nós ficamos constrangidos — eles pareciam amantes pegos em flagrante, embora eu espere que a conversa fosse apenas sobre A Pura Teoria do Monopólio."[24] Algumas semanas mais tarde, quando Kahn realizou uma pequena festa, Joan e Austin chegaram juntos, mas Joan, de acordo com Keynes, parecia "um tanto pálida, silenciosa e triste" — pelo menos até Austin ir embora mais cedo, "sem sequer convidar Joan para partir com ele".[25]

"Sinto que é um drama", prosseguiu Keynes, "mas um drama escondido e sem nenhuma (teria alguma?) solução".[26] O que um pastor poderia fazer sobre tais problemas no seu rebanho? Joan era o grande destaque intelectual em seu casamento. Ela e Austin compartilhavam interesses, mas os verdadeiros dons acadêmicos de Austin estavam na administração e não na teoria. O relacionamento dela com Austin era a única coisa que a mantinha em Cambridge e lhe oferecia uma fonte significativa de renda. Na época da festa de Kahn, Joan não tinha um cargo oficial em Cambridge e só deu algumas aulas pelo valor de £25. Keynes, ao longo da sua vida, defendeu as mulheres talentosas — publicou os escritos de Virginia, divulgou a pintura de Vanessa e, em certo momento, conseguiu um teatro para apoiar a carreira de Lydia. Mas não havia como ele garantir um emprego para Joan no departamento de economia caso ela se divorciasse de um membro de período integral da universidade.

E o que ele havia de fato testemunhado? Seja lá o que estivesse acontecendo, argumentou Keynes, a tensão não duraria muito tempo. A Fundação Rockefeller premiou Kahn com uma permissão de um projeto de pesquisa que em breve o levaria para os Estados Unidos. Keynes estava um tanto quanto apreensivo sobre ser forçado a operar sem seu braço direito por alguns meses, mas ele conseguiu se sair bem no passado sem a presença de Kahn e lentamente percebeu que, de qualquer forma, as melhores ideias do jovem vinham da própria Joan. Em maio, porém, Kahn informou a Keynes de maneira abrupta que ele desejava adiar a viagem. "Dois dias atrás, ele me ligou para falar que gostaria de permanecer em Cambridge no período seguinte e terminar uma teoria que estava em curso, para então ir aos Estados Unidos após o Natal", escreveu ele para Lydia. "Quando voltei, escutei que Austin irá para a África em uma missão de cinco meses e ficará *fora* de Cambridge durante todo o período. Ah, o coração humano! Finalizar algo que está em curso!"[27] Com Austin fora, Kahn desejava permanecer em Cambridge com Joan.

Keynes decidiu que não havia nada que pudesse ser feito sobre a relação, mas ele não conseguiria ignorar — ao menos, não sem melhorar suas maneiras. "Eu fui vê-lo [Kahn] esta manhã e o vi deitado no chão de sua sala interna com Joan — sem meias e com a barba por fazer", disse para Lydia em outubro de 1933. "Mas você não deve imaginar besteiras. Eles estavam no chão porque essa é a única forma conveniente de examinar diagramas matemáticos e existe uma Festa Judaica no dia de hoje em que o uso de meias e fazer a barba é contra a lei de Moisés."[28]

O relacionamento entre Kahn e Robinson durou anos, sobrevivendo ao nascimento de dois filhos de Joan com Austin, múltiplas separações transatlânticas e crises pessoais. No outono de 1938, Keynes começou a notar uma característica maníaca nas cartas de Robinson, algumas estranhas, outras quase indecifráveis. Certa vez, com Austin, ela foi dominada por um misterioso "frenesi". Após não conseguir dormir por

O FIM DA ESCASSEZ

mais de uma semana, profissionais médicos interviram, administrando um poderoso sedativo e a hospitalizando por vários meses. Embora os psiquiatras estivessem intrigados com sua condição, ela acabou se recuperando. Quando retornou ao trabalho, a Grã-Bretanha estava em guerra mais uma vez e tanto Austin quanto Kahn haviam sido chamados até Londres para auxiliar o governo, o que manteve suas vidas em um ritmo que permitia a ela dar atenção aos dois homens quando iam até Cambridge. "Estou muito orgulhosa", escreveu ela para Kahn em novembro de 1940. "Você sabe que gosto muito mais de combinações improváveis do que do sucesso trivial."[29]

Essa era uma equipe demasiadamente ambiciosa, por vezes indo até a beira de sua própria sanidade. Essa estranha mistura de adultério, ambição e guerra acadêmica, aliada ao pano de fundo obscuro de um conflito internacional, acabaria, contra todas as probabilidades, produzindo o trabalho mais influente escrito por um economista em 160 anos. A contínua reciclagem de ideias, linguagem e energia entre esses companheiros transformaria Keynes de um crítico social em um visionário controverso.

A Teoria Geral do Emprego, do Juro e da Moeda é uma das maiores obras dos escritos ocidentais, uma obra-prima do pensamento social e político que pertence aos legados de Aristóteles, Thomas Hobbes, Edmund Burke e Karl Marx. É uma teoria de democracia e poder, de mudança psicológica e história, uma carta de amor ao poder das ideias. *A Teoria Geral* é um livro perigoso porque demonstra a necessidade de poder. É libertador porque reconstruiu o problema central no coração da economia moderna como a mitigação da desigualdade, afastando-se das demandas de produção e dos incentivos para os ricos e poderosos que ocuparam os economistas por séculos. É frustrante porque é escrito com novas abstrações, argumentado por orações complicadas e equações densas. E é uma obra genial porque prova uma verdade que, quando oferecida, parece óbvia: a prosperidade não é algo inerente ao ser humano, ela deve ser orquestrada e sustentada pela liderança política.

A obra é lembrada como um trabalho de economia porque ela é, como escreveu Keynes, "endereçada principalmente" aos economistas, garantindo que a profissão seria a principal intérprete e guardiã de

260   O PREÇO DA PAZ

seu legado. No pomposo prefácio, Keynes apresenta os economistas — e não os primeiros-ministros, imperadores, banqueiros ou generais — como os eleitos privilegiados que, armados com verdades obscuras, podem sozinhos libertar o mundo de sua miséria desnecessária. "Os assuntos em questão são de uma importância que não pode ser exagerada. Mas, se minhas explicações estiverem corretas, são os meus queridos economistas, e não o público geral, a quem devo convencer primeiro. Nesse ponto do debate, o público geral, embora bem-vindo, é um mero ouvinte."[30]

A influência transformadora de *A Teoria Geral* pode ser mensurada pela melhoria repentina e dramática na situação política do economista que se seguiu à publicação. Nos anos entre guerras, os economistas eram mais intelectuais do que mediadores de poder, vistos pela elite dominante assim como os filósofos são vistos atualmente. Mesmo na administração Roosevelt, simpática aos economistas, um diploma de economia não era exatamente uma qualificação adequada para o trabalho político. Durante os anos 1920, uma educação da Ivy League era útil para qualquer um buscando uma carreira no alto escalão do poder nos Estados Unidos, mas um homem que estudou economia em Harvard não tinha mais prestígio do que aquele que estudou poesia. Um histórico brilhante de publicações em jornais acadêmicos não tinha tanto peso quando os líderes buscavam preencher uma vaga no Tesouro quanto alguns anos de experiência no banco certo. Ninguém construía uma carreira incrível ao organizar estatísticas detalhadas sobre o PIB e a produtividade, porque tais números simplesmente não existiam. O termo *macroeconomia* ainda não havia sido criado; o campo floresceria como uma área de estudo apenas quando as pessoas começassem a digerir e interpretar *A Teoria Geral*. Keynes não estava apenas inventando a economia moderna, ele estava ajudando a inventar o economista moderno e colocando-o no ápice de uma nova estrutura de poder.

Seções de *A Teoria Geral* são belas e profundas, mas grande parte é quase incompreensível. Visto como um todo, provavelmente trata-se do livro da área mais mal escrito na língua inglesa. Ainda assim, uma má escrita pode conquistar uma carreira na academia tanto quanto uma escrita excepcional. Leitores que se deparam com uma prosa densa e complicada frequentemente concluem se tratar de uma obra de grande importância e acessível apenas aos gênios. *A Teoria Geral* é de fato um livro de grande importância, mas não precisava ser acessível apenas aos mais brilhantes. Keynes era um dos melhores escritores a se descrever como economista. Sua carreira como jornalista popular demonstrou que sabia como se fazer entender e que havia alcançado as ideias centrais de *A Teoria Geral* anos antes de sua publicação. Ele teve muito tempo para tornar a obra apresentável. O livro é difícil e obscuro porque ele queria que fosse assim. E sua pura feiura criou uma pequena indústria de intérpretes, alguns dos quais conquistaram carreiras notáveis e ganharam Prêmios Nobel apenas por simplificar ou interpretar seções desse livro. Essa indústria prestigiada ajudou a apresentar os economistas keynesianos para os políticos, abrindo portas para os corredores do poder que outrora eram reservados aos generais, banqueiros e seus herdeiros.

Antes de *A Teoria Geral*, a economia se preocupava quase exclusivamente com escassez e eficiência. A própria palavra para a eficiência produtiva da sociedade — economia — era uma metáfora para fazer mais com menos. A raiz do sofrimento humano era considerada a escassez de recursos para atender as necessidades humanas. Reformistas sociais poderiam protestar contra as extravagâncias dos ricos, mas a pobreza e a miséria eram movidas não pela desigualdade, mas pela dura realidade de que não existiam recursos suficientes. Apenas com a criação de bens de maneira mais eficiente as doenças materiais da sociedade seriam curadas — ou, mais provavelmente, mitigadas — em longo prazo.

O sistema econômico era compreendido como apolítico e autocorretivo, semelhante às dinâmicas populacionais no mundo natural. Tudo — salários, preços das commodities, taxas de juros, lucros — respondia automaticamente a uma mudança imprevisível em outras áreas, rapidamente levando o sistema até um equilíbrio em que o número máximo de bens estava sendo produzido e consumido, de modo que as necessidades sociais eram atendidas na medida do possível.

O trabalho era apenas outro dado no sistema produtivo. Assim como qualquer outro commodity, ele tinha um preço que variava de acordo com seu valor real para a sociedade. Se houvesse muitos metalúrgicos e não houvesse agricultores o suficiente, os salários das fábricas diminuiriam e os trabalhadores agrícolas receberiam um aumento. Embora todos desejassem salários maiores, o versado economista reconhecia o perigo de altos salários. Eles aumentavam o custo de fazer negócios, o que não só reduzia o lucro do empresário como também resultava em uma menor produtividade e na produção de menos bens, o que significava mais miséria na sociedade em geral. O preço do trabalho se ajustava automaticamente à oferta e à demanda, assim como o preço da fruta ou do aço acabado, e os trabalhadores só ficariam sem emprego se insistissem em preços artificialmente altos. Políticos que desejavam cuidar dos pobres ao mexer com os salários ou lucros eram como naturalistas que tentavam proteger uma espécie de coelho favorecida na natureza: seus esforços podem promover animais mais fofos por um tempo, mas eles logo acabariam com a vegetação dos arredores, fazendo com que coelhos e outras criaturas passem fome e causando mais estragos do que outra coisa, um exercício de futilidade.

Era uma visão dura da ordem social, mas a maior parte da existência humana tem sido, de fato, dura, especialmente quando os teóricos do século XVIII e XIX que inventaram a doutrina começaram a escrever. Como o grande economista Thomas Malthus demonstrou, a população quase sempre se expandia até o limite absoluto da capacidade de produção, garantindo que a maioria das pessoas ao longo da história vivesse às margens da subsistência. O progresso era uma função do aumento de produção com uma maior eficiência.

Essa era a visão de mundo daqueles que Keynes chamava de "economistas clássicos". Nessa categoria ele incluía todos da área que não eram marxistas nem excêntricos, mas listou David Ricardo, James Mill, John Stuart Mill e os eruditos de Cambridge Alfred Marshall e Arthur Cecil Pigou como alguns dos teóricos mais proeminentes da escola clássica.[31] Keynes tinha grande admiração pela visão deles sobre a economia e acreditava que essa já tenha sido uma compreensão precisa de como as necessidades sociais poderiam ser atendidas da melhor forma. Mas o poder produtivo do capitalismo moderno e o "milagre do juro composto" tornou essa visão obsoleta. Avanços tecnológicos agora possibilitavam que as pessoas produzissem muito mais com muito menos do que elas tinham no passado, fazendo com que a escassez não fosse mais o maior problema da humanidade. Economistas, acreditava ele, estavam perdidos no passado distante de enfrentar uma guerra há muito terminada. Desde *As Consequências Econômicas da Paz*, Keynes estava batalhando problemas econômicos que não eram principalmente questões de limitações físicas de recursos. As maiores ameaças não eram uma falta

O FIM DA ESCASSEZ

de trabalho, fertilizante ou de chuvas, mas o investimento insuficiente e a má administração do dinheiro e do crédito.

A abundância de material da Gilded Age semeou dúvidas em Keynes sobre a suposta escassez de recursos, mas foram as devastações da Depressão que lhe deram a certeza de que a antiga ordem estava errada. Claramente o problema não era uma escassez de produção. Colheitas apodreciam nos campos enquanto crianças estavam famintas nas ruas. Os produtores não colhiam suas safras porque não conseguiam pagar os altos salários dos trabalhadores; os trabalhadores vagavam de cidade em cidade, desesperados em busca de trabalho. Como escreveu Keynes no capítulo inicial: "Não é muito plausível avaliar que o desemprego nos Estados Unidos em 1932 foi decorrente da recusa obstinada dos trabalhadores em aceitar uma redução salarial ou sua demanda insistente por um salário muito além do que a produtividade da máquina econômica era capaz de gerar."[32]

Para Keynes, o fato empírico da Depressão provou que a teoria clássica estava errada. A economia não se autorregulava. Mesmo se os políticos estivessem bagunçando as coisas com más políticas, o sistema em algum ponto entre 1919 e 1936 deveria ter sido capaz de se organizar. Um nível ruim para o ouro em 1925 ou uma tarifa imprudente em 1931 não deveria ser diferente de uma má colheita ou um incêndio, algo facilmente remediado pela mágica automatizada da oferta, demanda e do mecanismo de preço. No entanto, *A Teoria Geral* não se limitava apenas a listar os vários problemas enfrentados pela sociedade e considerar a discussão como resolvida. Quase nada no livro é empírico. Não existem estudos de caso ou regressões estatísticas. Em vez disso, ele era uma tentativa de explicar *por que* o sistema clássico não dava conta dos fatos enfrentados pelo mundo em 1936. É uma reorganização conceitual acompanhada de um relato alternativo da motivação humana na sociedade pós-escassez que, apenas vez ou outra, aponta para suas próprias implicações práticas para os legisladores.

Keynes estava tentando explicar o problema do desemprego desde 1919. Em *As Consequências Econômicas da Paz*, ele argumentou que dívidas de guerra e reparações impraticáveis tirariam da Europa sua capacidade de produzir subsídios suficientes em seus campos e fábricas. Em *A Tract on Monetary Reform*, ele argumentou que a instabilidade de preços estava tornando o mecanismo do capitalismo errático e disfuncional. E em *Tratado sobre a Moeda*, ele argumentou que o medo da inflação impedia que o mercado de trabalho se ajustasse aos choques inesperados.

Essas teorias iniciais presumiam que não havia nada fundamentalmente errado com a maneira que os economistas clássicos enxergavam o mundo — apenas com a forma que suas ideias eram aplicadas em circunstâncias contemporâneas. Na maior parte do tempo, Keynes presumiu, assim como seus antecessores clássicos, que os mercados de fato se autorregulariam e com o tempo alcançariam um equilíbrio próspero. Era apenas uma questão de descobrir como *permitir* que o mercado se ajuste, considerando as realidades políticas e sociais do século XX. Mas, ao ir até a história antiga, *Tratado sobre a Moeda* abriu a porta para um novo pensamento. Se sociedades sempre precisavam administrar ativamente seus sistemas monetários para garantir a prosperidade, então talvez os mercados não funcionassem da forma que os economistas acreditavam.

Para Keynes, o ponto fraco da teoria clássica era a Lei de Say, que pode ser resumida como a máxima que "a oferta cria sua própria demanda". Postulada por Jean-Baptiste Say, um francês contemporâneo de Adam Smith, a lei reunia três problemas que Keynes encontrava na narrativa clássica: o foco antiquado na escassez, a noção de que mercados se autorregulam e a ideia de que o desemprego involuntário é impossível. Teóricos clássicos também reconheceram sua importância. A adesão à Lei de Say era "um teste em que o economista respeitável se distinguia do maluco",[33] observou John Kenneth Galbraith, que já atuava na área quando *A Teoria Geral* foi publicada. A Lei de Say significava que não poderia haver uma renda não gasta dentro da sociedade. Uma vez que a oferta de novos produtos criava sua demanda, um aumento na produtividade automaticamente levava o sistema econômico de pagamento e consumo até o equilíbrio em um alto nível de atividade. Quando os produtores de um bem aceitavam seu preço de compra e repassavam essa renda para seus trabalhadores na forma de salário (e ficava com parte dela na forma de lucro), criavam uma nova fonte de demanda na sociedade exatamente igual ao valor do que foi produzido. Esse valor seria gasto em outros bens, garantindo que não haveria uma deficiência na demanda total na economia. Mesmo o dinheiro que as pessoas guardavam como poupança era apenas outra forma de gasto:

O FIM DA ESCASSEZ 265

gasto no futuro. Say reconhecia que excesso de produção poderia por vezes surgir em indústrias específicas, mas insistiu que tais problemas eram "apenas um mal passageiro" que não se aplicaria à economia como um todo durante qualquer período significativo. "Eu não vejo como os produtos de uma nação em geral podem ser excessivamente abundantes, uma vez que cada produto fornece os meios para a compra de outro."[34] O resultado: depressões são impossíveis. O próprio ato de produzir acaba com a possibilidade de que uma sociedade seja incapaz de aproveitar os frutos de sua produção. O padrão geral de vida pode ser alto ou baixo, mas isso depende de quão eficientemente a sociedade faz uso de seus recursos. O desemprego não pode ser um fator significativo.

Mas as depressões são reais e a Lei de Say está errada. As pessoas não gastam toda a sua renda e aquilo que elas poupam não é automaticamente convertido em outros gastos por outras pessoas, seja agora ou depois. Na visão clássica, os serviços bancários deveriam garantir que as poupanças estivessem alinhadas com o investimento por meio do estabelecimento de taxas de juros, garantindo que as pessoas que desejassem poupar estariam envolvidas em outros projetos de maneira lucrativa. *Tratado sobre a Moeda* deu essa tarefa aos bancos centrais. Ao cortar as taxas de juros, os bancos poderiam tornar mais atrativa, para as empresas, a aquisição de empréstimos necessários para expandir a produção e desencorajar as pessoas de colocar dinheiro do banco onde teriam um retorno ruim. Keynes argumentou que, embora isso pudesse funcionar — ele seguiu até o fim de seus dias como um defensor das baixas taxas de juros e do dinheiro de baixo custo —, também poderia não dar certo.

Primeiro, havia um limite para até onde os bancos centrais poderiam reduzir as taxas de juros: zero. Porém, mais importante do que isso, acreditava Keynes, os economistas haviam criado uma "ilusão de ótica" para eles sobre os bancos. Os banqueiros comerciais podem aprovar empréstimos e os banqueiros centrais podem estabelecer taxas de juros, mas, no fim das contas, os banqueiros não controlavam o investimento. Não há um "elo capaz de unir decisões de abster-se do consumo atual com decisões de oferecer um consumo futuro. Considerando que os motivos que determinam o último não estão relacionados com os motivos que determinam o primeiro".[35] O investimento era movido não por bancos, mas por empresas tomando a decisão de melhorar o equipamento ou dedicar recursos a uma nova pesquisa. Trabalhadores não decidiam poupar ou gastar com base em considerações sofisticadas sobre maximizar a utilidade de seu dinheiro ao longo dos anos; eles poupavam o que *conseguiam* poupar, não quando as taxas de juros alcançavam um valor atrativamente alto. Especialmente durante tempos difíceis, as pessoas exibiam uma poderosa "preferência pela liquidez" — o desejo de guardar seu dinheiro em mãos em vez de colocá-lo em veículos de investimento. Mesmo banqueiros, observando a situação econômica, podiam ficar relutantes em aprovar empréstimos de longo prazo em vez de optar por ficar com o dinheiro ou dedicá-lo a pequenos projetos que teriam um retorno mais rápido. Titãs da indústria, avaliando um mundo em depressão, ficariam cautelosos sobre investir dinheiro em novos projetos que levariam anos para trazer retorno. Taxas de juros não encontravam o equilíbrio entre poupanças e investimento; elas apenas mensuravam o preço pelo qual as pessoas estavam dispostas a renunciar à conveniência ou à certeza do dinheiro.

Nenhum desses comportamentos era irracional, mas poderia ser contraprodutivo. Há muito tempo, durante seus dias debatendo filosofia da linguagem com Bertrand Russel e Ludwig Wittgenstein, Keynes atribuía grande valor ao fato de que as pessoas tomavam decisões sem saber o que o destino reservava para elas. A racionalidade de uma decisão não pode ser avaliada por seu resultado, uma vez que o futuro é sempre incerto no momento em que tomamos nossas decisões. Keynes tentou e, como a maioria de seus colegas de filosofia acreditavam, fracassou em formular uma teoria da racionalidade baseada em probabilidades. Mas, no seu papel como um teórico econômico, a incerteza tornou-se um insight psicológico central para o seu trabalho. A incerteza não poderia ser mensurada estatisticamente. Só porque os eventos ocorreram de uma certa forma no passado não significa que continuarão a ocorrer dessa forma no futuro. As pessoas tinham diferentes níveis de confiança no futuro, mas ninguém podia calculá-lo. Eu sinto muita confiança de que o sol nascerá amanhã. Eu me sinto levemente menos confiante de que terei um emprego amanhã. E levemente menos confiante de que terei o mesmo emprego que tenho hoje e sinto ainda menos confiança de que terei a mesma renda. Mas as circunstâncias podem ser organizadas para que minha confiança seja prejudicada ou esgotada. E, em tais circunstâncias, será perfeitamente racional para mim guardar o meu dinheiro

O FIM DA ESCASSEZ

em vez de gastá-lo. Isso é especialmente verdadeiro durante, por exemplo, uma depressão econômica, quando o triste estado da economia faz com que as pessoas se preocupem com seu futuro econômico. O mesmo é verdade para pessoas administrando empresas e avaliando a possibilidade de expandir operações ou melhorar equipamentos. Se as coisas não estão muito boas, investir pode ser uma má aposta. Os banqueiros centrais poderiam tentar afetar esses julgamentos ao manipular as taxas de juros, mas existiam limitações reais. Poupanças podem muito bem não serem gastas, repousando ociosas e inúteis.

A possibilidade de poupanças excessivas carregava graves consequências. O capitalismo se encontraria em um estado de *superprodução*. A oferta de bens e serviços excederia a demanda por esses bens e serviços, já que o dinheiro — as poupanças — não estaria sendo gasto. Os produtos responderiam a isso reduzindo a produção e demitindo funcionários. Isso faria a oferta e a demanda alcançarem um equilíbrio, mas seria um equilíbrio *negativo* em que ninguém realizaria os investimentos necessários para contratar pessoas e expandir a produção. O desemprego poderia surgir como parte permanente de uma economia de baixo funcionamento.

Keynes estava cedendo, nessa sua análise, a uma discussão que ele embarcou com Friedrich von Hayek em 1931. Hayek insistia que a poupança total da sociedade deve ser *sempre* igual ao investimento total da sociedade, que a ideia de poupanças e investimentos saindo do controle, noção tão importante em *Tratado sobre a Moeda*, estava errada. Keynes agora concordava com Hayek, mas isso só serviu para radicalizar Keynes ainda mais. Poupanças e investimentos eram forçados a alcançar uma equivalência por alterações na produção total da economia. Quando um valor diminuía, o outro diminuiria junto com a produção total. A economia se encolheria e a prosperidade diminuiria — não por falta de recursos, mas simplesmente porque as pessoas relutavam em gastar dinheiro.

De fato, foi o próprio dinheiro que possibilitou a Depressão. "Uma economia monetária", escreveu Keynes, "é essencialmente uma economia em que diferentes visões sobre o futuro são capazes de influenciar a quantidade de empregos".[36] Economistas clássicos consideravam o dinheiro um facilitador ou lubrificante, algo que facilitava a troca de diferentes bens. Trocar bodes por automóveis seria estranho e ineficaz; o dinheiro facilitou esse processo. Mas Keynes reconheceu que o dinheiro não era só mecanismo para transmitir informações sobre o valor relativo de diferentes bens, também era uma reserva de valor que permitia às pessoas realizarem e expressarem julgamentos sobre sua própria segurança material *ao longo do tempo*. Economistas clássicos viam o dinheiro como algo estático, como uma pintura. Keynes via como se criasse narrativas de possibilidades econômicas, assim como um romance ou um filme. "A importância do dinheiro surge de seu elo entre o presente e o futuro."[37]

Keynes há muito reconhecera as sugestões morais da função do dinheiro como uma reserva de valor. Em "Economic Possibilities for Our Grandchildren", ele enfatizou que as pessoas eram capazes de confundir os meios com os fins, de serem consumidas pelo "amor ao dinheiro" em vez da busca por uma boa vida. Em vez de aproveitar grandes artes e belas noites, elas sentiriam satisfação ao contemplar o tamanho de seus saldos bancários ou ao comprar produtos que não eram de fato belos ou excelentes, mas meramente serviam como pomposas exibições de riqueza.

Em *A Teoria Geral,* Keynes mostrou como essa mesma propriedade do dinheiro poderia levar não só a falhas de caráter pessoal, mas à quebra do sistema econômico. Conforme ele escreveu: "O consumo é o único fim e objetivo de toda atividade econômica."[38] O dinheiro, entretanto, nos permite adiar o consumo até outro dia, outro dia e outro dia indefinidamente, sem perder nossa habilidade de consumir *em algum momento*. Podemos substituir a posse do dinheiro pela realização da satisfação material real, não por vício ou confusão, mas por medo de nossas perspectivas futuras. Mas, quando nos recusamos a consumir, negamos a renda aos outros. Isso não somente força a sociedade a viver com menos, como também arrisca contagiar os outros com nosso medo, resultando em uma queda na produção, demissões e sofrimento em meio aos excedentes.

E os sistemas financeiros modernos amplificaram de maneira muito poderosa a capacidade do dinheiro de transformar o medo em sofrimento. Mercados financeiros e bolsas de valores permitiram que diferentes indivíduos alocassem seus recursos e conhecimentos para

O FIM DA ESCASSEZ

apoiar empresas que eram inconcebíveis há apenas cerca de um século. Teóricos clássicos acreditavam que quanto mais líquidos fossem esses mercados, melhor. Mais dinheiro e mais investidores permitiam ao mercado estabelecer o preço correto de várias empresas e títulos, com o julgamento estranho de poucos sendo equilibrado pelo julgamento prudente de muitos.

Mas, na prática, as coisas não funcionavam assim, conforme observou Keynes ao longo de quase duas décadas como especulador. As pessoas não apostavam no valor de diferentes empreendimentos; elas apostavam no julgamento dos outros especuladores. Como disse Keynes em uma das poucas passagens acessíveis de *A Teoria Geral*: "O investimento profissional pode se assemelhar a essas competições de jornal em que os participantes precisam escolher os seis rostos mais belos de cem fotografias, com o prêmio sendo entregue ao competidor cuja escolha corresponda à preferência média de todos os participantes; então cada um precisa escolher aquelas com a maior probabilidade de chamar a atenção dos outros competidores e não aquelas que de fato acha mais belas, e todos estão olhando para o problema a partir de um mesmo ponto de vista. Não é uma questão de escolher os rostos que, de acordo com o julgamento de alguém, é realmente o mais belo, nem uma questão de qual a opinião média realmente acha que seja mais belo."[39]

Isso não significava apenas que os mercados financeiros eram propensos ao pânico e à instabilidade, uma vez que a emoção e o entusiasmo superavam o raciocínio; isso significava que não havia razão para acreditar que os mercados nem *sequer* medem de maneira precisa o valor de vários investimentos. Wall Street e o centro financeiro de Londres eram perfeitamente capazes de conseguir lucros extraordinários para si mesmos sem fazer muito pelo resto da população — de fato, eles poderiam causar danos sociais ativos sem a intenção de fazê-lo. "Não existe, a partir da experiência, evidência clara de que a política de investimento que é socialmente vantajosa coincide com aquela que é mais lucrativa."[40]

Isso não era um resultado da irracionalidade ou malevolência. Assim como o resto de nós, os especuladores e os investidores precisam fazer seus julgamentos sob condições de incerteza sobre o futuro. "Se falarmos francamente, precisamos admitir que nossa base de conhecimento para estimar a produção, daqui a dez anos, de uma ferrovia, uma mina de cobre, uma fábrica têxtil, o efeito de um remédio patenteado, um transatlântico e um prédio no centro de Londres é quase nenhuma."[41] As bolsas de valores não lançavam luz alguma sobre esse problema. "O objetivo social do investimento habilidoso deve ser acabar com as forças sombrias do tempo e da ignorância que envolvem nosso futuro. O objetivo real e privado do investimento mais habilidoso atualmente é 'alcançar a linha de chegada', como os norte-americanos costumam falar, ultrapassar a multidão e entregar a meia coroa ruim e desvalorizada para o outro."[42]

No melhor cenário possível, os mercados capitais só podem ampliar os palpites e as disposições de seus participantes. Porém, o preço de mercado das ações, títulos e outros ativos criava uma sensação ilusória de certeza matemática sobre investimentos em potencial. Embora os números nos tickers e na bolsa fossem apenas uma aproximação do temperamento dos investidores, eles pareciam ser conclusões científicas precisas de especialistas prestigiados — e banqueiros, políticos e o povo equivocadamente os consideraram dessa forma. Quando os especuladores estavam em um clima severo — ou mesmo quando simplesmente acreditavam que outros especuladores estavam pessimistas —, eles reduziam os preços dos títulos financeiros. Vendo os cálculos baixos, os outros investidores ficariam relutantes em colocar dinheiro em projetos semelhantes, observando que o mercado aparentemente objetivo havia realizado um julgamento desfavorável. Isso era o que Keynes acreditava ter acontecido em toda a economia global durante a Depressão. A humanidade não sofreu um colapso maciço de energia criativa ou de perspicácia administrativa, assim como não foi engolida por uma repentina indisposição ao trabalho por um salário razoável. O baixo desempenho econômico, seja qual for sua causa original, criou um mercado de investimento que presumia o baixo desempenho crônico como a norma — e que foi perfeitamente capaz de realizar sua própria profecia.

A análise de Keynes do processo de investimento, portanto, se igualou à sua compreensão da democracia. A incerteza sobre o futuro — e não a irracionalidade ou estupidez — torna o povo propenso às calamidades financeiras e políticas, especialmente sob condições de considerável ansiedade. Os mercados não são mais autorreguladores do que uma multidão saudando um demagogo. Para que funcionem, precisam ser estruturados, guiados e administrados. Eles podem até mes-

O FIM DA ESCASSEZ

mo ser substituídos. Em *Tratado sobre a Moeda*, Keynes argumentou que o dinheiro era inerentemente político — a criação do Estado. Agora ele estendia essa observação para os mercados.

A Teoria Geral menciona apenas levemente as soluções políticas dos problemas dos anos 1930. A incerteza desafiou a própria ideia de um mercado racional ao atacar a noção de investidores ou trabalhadores racionais buscando seus próprios interesses. Sob condições de verdadeira incerteza, o interesse próprio era impossível de ser determinado. Se levássemos a sério a forma como os investidores e empresários se comportavam, ficava claro que a quantidade de dinheiro que alguém poderia ganhar em um novo empreendimento tratava-se apenas de um fator na decisão de embarcar nele. Keynes sugeriu que os governos por vezes precisavam recorrer a vários constrangimentos políticos para melhorar a confiança da classe executiva e reanimar o impulso primitivo de atividade que uma financeirização da economia pode insensibilizar, mas ele acreditava que outras soluções seriam mais confiáveis, incluindo sua antiga política de obras públicas — um investimento direto do governo para a melhoria social.

Se os governos se recusassem a construir, porém, então qualquer atividade que aprimorasse de forma direta o poder de compra do povo provavelmente ajudaria. Ao colocar dinheiro nas mãos dos trabalhadores, contratando desempregados, reduzindo seus impostos ou oferecendo outros benefícios materiais diretos, os governos poderiam aumentar a demanda agregada na sociedade. Quando uma economia enfrenta um excesso de oferta, a resposta normal dos negócios é cortar a produção, criando desemprego. Para prevenir tal resultado, um governo poderia aprimorar a demanda, permitindo que os negócios mantivessem altos níveis de produção ao possibilitar que os consumidores comprem mais produtos. Com mais dinheiro nos bolsos, os cidadãos poderiam comprar mais bens. Os empresários e investidores, vendo esses sinais encorajadores, recuperariam sua confiança e assumiriam os riscos necessários para o crescimento econômico, colocando dinheiro em projetos úteis. Esse era o caminho para sair da Depressão.

Essa ideia trazia sugestões profundas e contraintuitivas para o sistema monetário. Se as condições fossem suficientemente sérias — e elas nunca foram tão sérias quanto estavam sendo durante a Depressão —, não importava exatamente *como* o consumo era estimulado, desde que o governo fizesse *alguma coisa*. "Criação de pirâmides, terremotos, até guerras poderia servir para aumentar a riqueza", desde que o governo investisse dinheiro nisso tudo. Além disso, pedir um empréstimo ou gerar um deficit para esse fim não era inerentemente arriscado. Isso era, afinal de contas, criar uma nova riqueza ao expandir os empreendimentos e as atividades. Cada dólar gasto pelo governo seria multiplicado ao longo de seu percurso na economia: um dólar gasto na construção seria pago para uma usina siderúrgica que, por sua vez, usaria o dinheiro para pagar uma operação mineradora, por fim colocando dinheiro em tantos bolsos e gerando mais do que um dólar na atividade econômica total. O mesmo também era verdade, porém, sobre um dólar que não foi gasto, desde que aqueles que o receberam decidam gastá-lo. "Se o Tesouro enchesse garrafas velhas com cédulas, as enterrasse em profundidades adequadas em minas de carvão desativadas que, por sua vez, seriam preenchidas até a superfície de lixo urbano e deixasse sob responsabilidade de um empreendimento privado e com os familiares princípios do *laissez-faire* a tarefa de escavar as cédulas novamente (o direito de fazê-lo sendo obtido, é claro, mediante licitação para arrendamento da área), não seria mais necessário o desemprego e, com a ajuda das repercussões, a renda real da comunidade e também sua riqueza de capital, provavelmente se tornariam um bom negócio, melhor do que realmente é. A construção de moradias, de fato, seria o mais sensato a ser feito, mas, se existissem dificuldades práticas e políticas no caminho, então o primeiro projeto seria melhor do que nada."[43]

Essa é uma das imagens mais duradouras e ultrajantes de *A Teoria Geral*. Críticos conservadores do livro frequentemente apontam para essa anedota como uma *reductio ad absurdum* de todo o empreendimento keynesiano. Sem dúvida, alguém que acredita que tal absurdo é uma boa ideia não deve bater muito bem da cabeça. A proposta está fundamentalmente em desacordo com nossas intuições básicas sobre a natureza dos problemas econômicos. Ela transforma a atividade econômica em um ritual sem sentido — um truque que coletivamente usamos uns nos outros para garantir que teremos uma máquina arbitrária funcionando de forma suave. A maioria de nós compreende o trabalho como algo funcional. Nossos salários são essenciais para nossa sobrevivência e envolvemos nossa labuta com uma sensação de identidade pessoal e

O FIM DA ESCASSEZ 273

significado emocional. Queremos acreditar que nossa situação econômica, mesmo que sombreada por sorte e circunstância, tem ao menos *alguma* relação com nossa contribuição para a sociedade. Gostamos de acreditar que conseguimos mais para nós mesmos ao fazer um bem para a sociedade — um agricultor deve conseguir mais colheitas, um escritor deve escrever melhores livros. Keynes estava revelando a ideia de que, em uma economia monetária, melhorar a sociedade não necessariamente exigia um trabalho virtuoso, nem sequer útil.

Ele estava atacando não apenas a noção de valor próprio que deriva de nosso trabalho, mas o significado do sofrimento na Depressão. É terrivelmente desanimador aprender que os horrores e privações de dezessete anos são apenas um defeito no sistema de escrituração das finanças modernas. Não foi a crueldade ou ganância dos capitalistas ou a preguiça das massas que criaram tanta podridão social — apenas um problema técnico, facilmente remediado. A Depressão era um erro, não uma grande batalha entre o bem e o mal.

Tal mensagem era, sem dúvida, difícil de engolir. Mas, em uma economia pós-escassez, o próprio significado de trabalho era uma tecnicidade, algo que as pessoas faziam apenas para manter o sistema funcionando, não porque era realmente essencial para a compra de roupas e para alimentar o povo. Keynes aceitou essa ideia em "Economic Possibilities for Our Grandchildren". Muito do que imaginamos contribuir para a sociedade por meio de nosso trabalho é, na verdade, um truque de contabilidade para permitir o consumo. Especialmente hoje em dia, quase oitenta anos após a publicação do ensaio, poderíamos de fato prosperar e ao mesmo tempo trabalhar menos se conseguíssemos administrar o sistema de maneira inteligente e garantir que seus frutos sejam distribuídos de maneira ampla. Essa observação retirou o significado moral da Depressão, mas abriu possibilidades políticas radicais. Nosso problema não era a escassez de bens e recursos. Havia mais coisas, alimentos, roupas, abrigo, música e dança do que o suficiente para todos. Havia, de fato, um excesso de todas essas coisas — a sociedade já estava quase perpetuamente em um estado de excesso de oferta crônico. A principal questão econômica que cada nação enfrentava, imaginou Keynes, não era o que a nação poderia *pagar*, mas como seus membros gostariam de viver. Um gigante da indústria não poderia descartar a pobreza como

274   O PREÇO DA PAZ

um elemento inevitável de cada sociedade. As democracias devem escolher caminhos diferentes.

Keynes não estava mais contando uma história sobre ajustar uma máquina que geralmente tendia a um equilíbrio funcional e próspero. *A Teoria Geral* não provou que os governos podem ter que intervir nas operações de um livre mercado de tempos em tempos para corrigir excessos ou desequilíbrios. A obra mostrou, em vez disso, que a própria ideia de um livre mercado independente de estrutura governamental e supervisão era incoerente. Para o funcionamento dos mercados, os governos precisavam fornecer demanda. Eras de uma prosperidade laissez-faire como a era dourada britânica eram raras antes da guerra — uma "situação especial" resultando de circunstâncias psicológicas e materiais únicas que eram impossíveis de serem replicadas com qualquer regularidade em mercados financeiros especulativos, nos quais "o desenvolvimento do capital de um país se torna resultado das atividades de um cassino".[44]

Keynes argumentou que "uma socialização do investimento relativamente completa será o único meio de garantir uma aproximação do pleno emprego".[45] Embora não exista necessidade, conforme ele acreditava, de o estado assumir diretamente os "instrumentos de produção", a aplicação da *Teoria Geral* "significaria a eutanásia do rentista e, consequentemente, a eutanásia do poder cumulativamente opressor do capitalista em explorar o valor de escassez do capital".[46] Capitalistas conseguem seu dinheiro ao oferecer algo raro — capital — de que os outros precisam. Se o governo, por si só, pudesse criar e fornecer capital de investimento, os capitalistas perderiam seu domínio sobre o desenvolvimento da sociedade. Claramente, Keynes contemplava um papel muito mais amplo para o governo do que política tributária e ajustes de taxas de juros. "Eu espero ver o Estado, que já está em posição para calcular a eficiência marginal dos bens de produção em longo prazo e com base na vantagem social geral, assumindo uma responsabilidade ainda maior na organização direta de investimento."[47]

Keynes tinha, acreditava ele, destruído "uma das principais justificativas sociais da grande desigualdade de riquezas".[48] Em sua juventude, ele compreendia a poupança como uma virtude que beneficiava toda a sociedade. As fortunas dos ricos, acumuladas ao longo de gerações,

O FIM DA ESCASSEZ

criavam uma fonte de capital de investimento que poderia ser usada para benefício de todos. Com *A Teoria Geral*, Keynes demonstrou que o crescimento capital não era resultado de uma poupança virtuosa dos mais ricos, era resultado do crescimento da renda das massas. Gerar grandes quantidades de economia ao estar no topo da sociedade não trazia maiores níveis de investimento. A flecha causal apontava para a direção oposta: criar grandes níveis de investimento gera maiores níveis de poupança. E então "a remoção das grandes disparidades de riqueza e renda" melhoraria a harmonia social e a funcionalidade econômica.

Keynes permanecia assustado com mudanças repentinas na estrutura da sociedade. Ele esperava uma lenta transição até um futuro melhor e ofereceu algumas sugestões para sua implementação. "A eutanásia do rentista, do investidor sem função, não será nada repentina, mas meramente uma continuação gradual e prolongada... e sem necessidade de revolução."[49] E ele insistiu que nenhuma de suas ideias exigia fantasias utópicas sobre a bondade humana ou a eficiência de governos. "A tarefa de transmutar a natureza humana não deve ser confundida com a tarefa de administrá-la."[50] Ele estava vendo as pessoas da forma que acreditava que elas eram: um pouco egoístas, mais que um pouco assustadas, interessadas no progresso social e capazes de bloquear seus próprios talentos.

Alguns meses antes da publicação de *A Teoria Geral*, Keynes publicou um ensaio no *Listener* intitulado "Art and the State" [Arte e o Estado, em tradução livre]. Aparentemente preocupada com o encorajamento da produção artística, a obra rapidamente se transformou em um pedido ambicioso pelo rejuvenescimento social de um governo ativista. Keynes argumentou que os filósofos do utilitarismo moral dos séculos XVIII e XIX popularizaram "uma teoria pervertida do estado", guiada por "aritmética de negócios" em que o julgamento final do valor social de qualquer atividade dependeria do lucro gerado.[51] Porém, o mercado, argumentou ele, não era uma afirmação confiável das preferências da sociedade e, portanto, não poderia guiar de maneira cega um governo até sua salvação. O mercado simplesmente falhava em entregar uma gama de bens sociais que o público verdadeiramente gostava, em especial quando se tratava de arte. As coisas que fazem a vida ter significado — beleza, comunidade, uma cultura vibrante e multifacetada — exigiam ações coordenadas e coletivas. "Nossa experiência demonstrou claramente que essas coisas não podem continuar de maneira bem-sucedida se dependerem do lucro e do sucesso financeiro. A exploração e consequente destruição do presente divino de um animador do povo com a prostituição de seu propósito para mero ganho de lucros é um dos piores crimes do capitalismo contemporâneo."[52] A economia apresentada em *A Teoria Geral* está inextricavelmente relacionada com a concepção de Keynes de uma boa vida. Ele acreditava que uma adesão estrita às tendências da alta finança durante a Depressão acostumou os britânicos com uma existência estéril e feia, na qual, em vez disso, eles poderiam ter aproveitado "parques e praças com lagos, jardins públicos e avenidas, bem como todos os prazeres que as habilidades e a imaginação podem criar. Por que toda Londres não poderia ser como o St. James's Park e seus arredores? A margem do rio pode se tornar um dos pontos turísticos do mundo com uma gama de terraços e edifícios sendo construídos no local. As escolas de South London deveriam ter a dignidade de universidades com pátios, colunatas, fontes, bibliotecas, galerias, refeitórios, cinemas e teatros para uso próprio".[53] Com *A Teoria Geral*, Keynes mostrou como a própria construção dessas maravilhas poderia criar a riqueza com as quais elas seriam pagas.

A Teoria Geral provou que a condição e organização da sociedade não eram requisitos inevitáveis e desapaixonados de recursos tragicamente insuficientes. Elas eram, em vez disso, escolhas políticas que as sociedades não puderam evitar. Keynes não buscou a forma como essas escolhas eram feitas, avaliadas ou responsabilizadas. Ele não ofereceu alguma métrica para o sucesso econômico além do "pleno emprego" — e mesmo isso ainda era vago. Ele não perdeu tempo discutindo como, exatamente, governos devem gerenciar a demanda agregada, poder de compra ou a socialização do investimento. Longe disso, ele abriu a porta para um novo mundo de possibilidades políticas que tanto o establishment financeiro quanto seus críticos marxistas acreditavam ser impossível. Isso significava que a sociedade poderia ser muito diferente do que era na época — mas também que a ordem dominante não precisava ser destruída ou derrubada para ser aprimorada. A ideia de Keynes carregava as sementes da transformação radical por meio da preservação da ordem social existente e de suas instituições.

Keynes, de maneira explícita, conectou essa doutrina de prosperidade doméstica a um programa de paz internacional. O padrão-ouro

O FIM DA ESCASSEZ

e o laissez-faire haviam fechado todas as opções disponíveis para uma economia com dificuldades, exceto uma guerra comercial competitiva com outros países. Uma vez que os governos não podiam gastar ou inflacionar até sair da crise, eles precisavam encontrar formas de levar seus bens até os mercados estrangeiros e bloquear a entrada de bens estrangeiros em seu território. Isso significava que o ideal de livre mercado com o qual Keynes cresceu — em que pessoas diferentes trocavam bens diferentes e se beneficiavam com a especialidade do outro — era, na prática, uma batalha de soma zero pela sobrevivência. O comércio, agora ele acreditava, exercia uma "influência menos benigna" nas relações exteriores do que os economistas têm sugerido. As pessoas começavam a ver os cidadãos de outros países com suspeita e hostilidade, enquanto seus estadistas viam outras nações — como os líderes franceses viam a Alemanha após a guerra — como meras presas econômicas. Tal competição econômica alimentou o nacionalismo militarista em território nacional e fez do comércio uma fonte de tensão internacional, em vez de um caminho para a compreensão mútua. Keynes acreditava que havia descoberto uma forma de aliviar essa pressão:

> Se as nações puderem aprender a fornecer pleno emprego por meio de sua política doméstica... Não haverá necessidade de importantes forças econômicas colocarem o interesse de uma nação contra o de suas vizinhas. O comércio internacional cessaria de ser o que é, ou seja, um expediente desesperado para manter o emprego nacional ao forçar vendas em mercados estrangeiros e restringir compras, o que, se bem-sucedido, apenas transferirá o problema do desemprego para a nação vizinha que enfrentará uma situação ainda pior, e passará a ser uma troca voluntária e desimpedida de bens e serviços em condições de vantagem mútua.[54]

Existe uma firme aceleração da ambição ao longo de *A Teoria Geral*. A abertura do livro tem um apelo para os economistas, pedindo para que os membros da profissão repensem os princípios fundamentais da clássica doutrina que outrora dominou o campo. Em seu encerramento, no entanto, Keynes havia deixado seus queridos colegas profissionais para trás, acreditando que havia estabelecido os fatos de sua argumentação para além de qualquer dúvida séria. Ele encerra o livro com um apelo para os marxistas: não desprezem o poder das ideias de triunfar sobre os interesses econômicos da classe dominante. Os interesses pessoais dos capitalistas, argumentou ele, não reinavam soberanos diante das grandes engrenagens da história humana; as crenças e as ideias do povo, sim. O povo pode escolher deixar para trás o sofrimento e a disfunção das últimas duas décadas sem recorrer a uma revolta revolucionária e violenta. Tudo o que o povo precisava era ser convencido por uma ideia.

> Seria a realização dessas ideias uma esperança visionária? As ideias de economistas e filósofos políticos, tanto quando estão certos quanto quando estão errados, são mais poderosas do que se entende normalmente. O mundo é, de fato, governado por pouco mais. Homens práticos, que acreditam estar isentos de influências intelectuais, geralmente são escravos de algum economista falecido. Homens loucos em posição de autoridade, que ouvem vozes, extraem seu delírio de algum escritor acadêmico de anos atrás. Estou certo de que o poder dos interesses pessoais é largamente exagerado se comparado com a gradual usurpação de ideias. De fato, não imediatamente, mas após um certo intervalo; pois no campo da economia e da filosofia política não existem muitos influenciados por novas teorias depois que alcançam os 25 ou 35 anos de idade, então as ideias que funcionários públicos, políticos e até mesmo agitadores aplicam aos eventos atuais tendem a não ser as mais recentes. Mas, cedo ou tarde, são as ideias, não os interesses pessoais, que são perigosas para o bem ou para o mal.[55]

Para seus estudantes e aliados em Cambridge, Keynes havia apresentado uma visão poderosa e quase intoxicante. Para Paul Sweezy, *A Teoria Geral* "abriu novas visões e novos caminhos para uma nova geração de economistas", infundindo-os com "uma sensação de libertação e estímulo intelectual".[56] Era muito mais do que economia. Como Lorie Tarshis recordou anos depois: "O que Keynes forneceu foi *esperança*: esperança de que a prosperidade seria restaurada e mantida sem o apoio de campos de prisioneiros, execuções e interrogatórios bestiais... Muitos de nós sentiam que, ao seguir Keynes, cada um poderia se tornar um doutor para o resto do mundo."[57]

DEZ

◊

VEIO A REVOLUÇÃO

ENQUANTO KEYNES GARANTIA SEU lugar no panteão dos grandes pensadores ocidentais, o grupo de intelectuais outrora ilustre de Bloomsbury com o qual ele se cercou durante sua juventude estava aos poucos morrendo, tanto literal quanto metaforicamente. O seleto círculo canalizou a tragédia da Grande Guerra em um movimento estético que abrangia o retrato, a literatura, o balé e até mesmo a economia. Mas o mundo havia seguido para outras calamidades. O Bloomsbury, grupo tão irritado e exausto pela guerra, não encontrou forças para enfrentar a Depressão, muito menos Adolf Hitler. Apenas Keynes continuaria a lançar luz em um mundo que caía cada vez mais na escuridão.

No dia 21 de janeiro de 1932, com 51 anos, Lytton morreu de câncer no estômago em sua propriedade rural, localizada em Wiltshire. O célebre eduardiano batalhou de cima de sua cama por mais de dois meses com graves problemas intestinais e febres intermitentes, encorajado por uma constante maré de visitantes e uma equipe médica excessivamente otimista que, em dado momento, incluía seis médicos e três enfermeiras.[1] Lytton provou ser tão original em sua morte quanto havia sido em vida, rabiscando poemas particulares em seus últimos dias e morrendo cercado por sua amante de longa data, Dora Carrington, e o marido dela, Ralph Partridge. Ele foi cremado sem um funeral. O evento foi um golpe emocional terrível para todos seus amigos. Embora estivessem espalhados por diversas propriedades rurais e casados, todos os mem-

260   O PREÇO DA PAZ

bros do Bloomsbury ainda viam Lytton como uma figura organizadora central na vida deles; desfrutavam de sua inteligência e ansiavam por sua aprovação, ainda que muitos tenham se recusado a admitir tal coisa no calor do momento. Sem ele, o grupo perdeu sua noção de foco profissional e sua direção social. Virginia, especialmente, ficou em frangalhos. Ela narrou a última noite da vida dele em seu diário:

> Lytton morreu ontem pela manhã. Eu o vejo caminhando na rua, encasacado e com sua barba repousando sobre a gravata. Seus olhos brilham. Agora estou demasiadamente entorpecida com todas as emoções de ontem para fazer mais do que pensar nesse tipo de coisa. Bem, como eu sei, a dor começará em breve. Um deles brinca sobre isso ou aquilo. Como foi estranha a noite passada na festa, a pressão sobre os lábios de todos — sobre os nossos, quero dizer. Duncan, Nessa e eu soluçamos juntos no estúdio — o homem olhando pela janela —, um sentimento de algo gasto, algo que se foi. Isso, para mim, é intolerável. O empobrecimento. E então a repentina nitidez. Duncan disse: "Sente-se cada vez mais falta das pessoas. Percebe-se repentinamente que alguém lhe dirá alguma coisa. Então a angústia se abate, após anos." Sim, 20 anos de Lytton estupidamente perdidos para nós: coisa que nós nunca voltaremos a ter.[2]

A própria carreira de Virginia começou a refletir o fardo que a Depressão havia colocado sobre as reservas intelectuais de Bloomsbury. Ao longo dos últimos doze anos, ela havia publicado grandes obras em todos os anos exceto por dois, e a lista de suas conquistas impressionava até seus amigos talentosos. *Mrs. Dalloway, Ao Farol, Orlando e Um Teto Todo Seu* haviam eletrificado os críticos literários em um período de apenas quatro anos e foram acompanhados rapidamente por outro triunfo experimental, *As Ondas*. Mas somente cinco anos após a morte de Lytton ela lançaria outra obra-prima, *Os Anos*. Em 1933, ela encontrou tempo para escrever *Flush*, uma comédia leve escrita na perspectiva de um cocker spaniel que, de acordo com Leonard, "não pode ser comparado de forma séria com seus grandes romances".[3] Sobrecarregada pela maré política, Virginia não estava tendo progresso algum em sua carreira. De todos os membros fundadores de Bloomsbury, Keynes foi aquele que

VEIO A REVOLUÇÃO   281

mais se afastou de Lytton, seu antigo amante e rival, quando suas carreiras decolaram. No entanto, o relacionamento dos dois permaneceu caloroso desde o fim da guerra, embora a cada passagem de ano dependesse cada vez mais de correspondências e cada vez menos de reuniões sociais. Lytton foi um dos poucos Bloomsberries a aceitar Lydia sem criar nenhum tumulto emocional e permaneceu até o fim como uma das únicas pessoas no mundo que poderia convencer Keynes de que seu raciocínio era falho moral ou intelectualmente. Keynes ficou abalado pela morte de seu amigo, contando a Virginia que ficou especialmente abalado por não ter "nenhum marco para dizer que tudo acabou"[4] pela ausência de um serviço funerário. Ele queria que os detalhes íntimos da vida dos dois permanecessem privados. Quando o irmão de Lytton, James, pediu conselhos sobre como lidar com a correspondência do falecido irmão, Keynes fez um urgente pedido de discrição. "As cartas? Pelo amor de Deus, tranque elas por mais alguns anos." A sexualidade de Keynes permanecia um perigoso segredo.[5]

Socialmente, ele adentrou com ainda mais profundidade no meio de Cambridge com Kahn e Robinson, distanciando-se da antiga gangue de Gordon Square. Embora Lydia já tivesse passado do auge de sua dança, Keynes forneceu recursos para um novo teatro em Cambridge, que se tornou um palco para a carreira de sua esposa enquanto o casal tentava transformar a universidade da cidade em um grande centro europeu de performance artística. Em meados dos anos 1930, Lydia não era mais a queridinha do mundo artístico internacional, mas ainda era capaz de atrair uma multidão, especialmente em sua incipiente carreira na radiodifusora da BBC, apresentando especiais de música e balé e certa vez narrando o conto de fadas de dança "Sapatinhos Vermelhos", de Hans Christian Andersen.

Mas a saúde de Keynes não pôde suportar as demandas que agora ele colocava sobre si mesmo. Escrever um livro de teoria econômica, dar aulas em cursos, administrar um teatro, aconselhar o governo britânico e escrever artigos populares sobre política e finanças era uma combinação potente para um homem já em seus 50 e poucos anos. Nos últimos meses de 1936, ele começou a se sentir persistentemente fraco, seus resfriados frequentes ficaram mais longos e sua respiração, ofegante mesmo quando sentado. Ele viu-se incapaz de caminhar pequenas distâncias, se esgotava mesmo ao andar meio quilômetro. Quando Lydia tentou lhe impor algum descanso em uma viagem até Cannes em março de 1937, seu marido experimentou uma série alarmante de espasmos no peito. Ao retornar para Cambridge, sua mãe o fez procurar o médico da família, o irmão dela, Walter Langdon-Brown, a quem Keynes carinhosamente se referia como "Tio Morsa".

Após algumas correspondências, um exame físico e um raio-X do tórax, Tio Morsa concluiu que uma recente gripe havia causado "um efeito levemente venenoso" em seu coração. Ele prescreveu repouso na cama e um "tônico para o coração" que gerou fortes reclamações de Keynes por interferir em seu trabalho ao deixá-lo com a mente nebulosa. Essa era, é claro, parcialmente a intenção.[6] Todos ao redor de Keynes se preocupavam que estivesse morrendo de tanto trabalhar.

Sua má saúde estimulou Keynes a colocar seus assuntos financeiros em ordem. Seus amigos de universidade já estavam todos na meia-idade e os artistas puros entre eles já estavam há muito longe do zênite de potencial de lucro. Duncan não esperava mais encontrar um mercado para obras experimentais de bom gosto — as cornijas de lareiras dos compradores de classe média ou das famílias caçadoras de raposas agora tinham uma maior probabilidade de lhe render uma venda decente. Então, Keynes deu ao seu antigo amante uma bela pensão vitalícia para libertá-lo de sua prisão estética. Duncan, seja lá o que desejasse pintar, continuasse ele com ou sem Vanessa, teria como se cuidar.

"Eu não sei como agradecer pelo que você está fazendo por mim", escreveu o pintor para Keynes em abril de 1937. "Eu nunca fui capaz de poupar dinheiro algum e isso parece um tipo estranho de punição por minha falta de economia. Só estou contando isso para minha mãe e para Vanessa neste momento porque imagino que, se a notícia de que sou um homem endinheirado se espalhar, eu não venderei mais pinturas."[7]

Enquanto isso, a saúde de Keynes não estava melhorando. Repouso e tônico para o coração não seriam suficientes para combater décadas de cigarros, altos níveis de estresse, uma dieta desregrada e uma vida amarrado às mesas e às máquinas de escrever e praticamente ignorando exercícios físicos. No dia 16 de maio, ele caiu quando estava a caminho de um almoço com seus pais na casa deles em Cambridge, em Harvey Road. Lydia apressou-se até o local ao ouvir a notícia, temendo

VEIO A REVOLUÇÃO 283

que perderia os momentos finais da vida de seu marido. Mas, embora tenha sofrido um grave ataque cardíaco, ele sobreviveu. Lydia cancelou seus compromissos profissionais e passou o mês seguinte cuidando do marido, demasiadamente fraco para sair da cama na casa dos pais. Finalmente, no dia 19 de junho, uma ambulância o levou até o Castelo de Ruthin, um centro hospitalar e de reabilitação no país de Gales para membros da elite britânica.

As notícias chocaram Bloomsbury, deixando Virginia "ansiosa em relação a Maynard a ponto de temer a correspondência ou comprar um jornal".[8] O cenário sombrio da clínica, enquanto isso, deprimia Lydia. E embora ela tenha feito amizade com algumas mulheres que estavam no local para cuidar de seus maridos doentes, seu apelido para o grupo — uma "festa de despedida das viúvas do castelo"[9] — refletia seu desânimo. Seu marido estava irremediavelmente doente. Keynes, que ainda escondia cartas e bilhetes embaixo das cobertas quando suas enfermeiras não estavam olhando, escreveu para seu irmão, Geoffrey, também médico, relatando que os especialistas de Ruthin haviam encontrado suas amígdalas em uma "condição chocante, cobertas de pus a olho nu e aparentemente com animais chamados fusillaria".[10] Materiais retirados de sua garganta floresceram "de uma vez só, tornando-se um pomar",[11] de acordo com Lydia. Tio Morsa havia deixado passar uma infecção estreptocócica no sistema respiratório de Keynes, que havia se alojado em seu coração e suas artérias e que, por sua vez, foram enfraquecidos por seu hábito como fumante — embora médicos na época não estivessem cientes da relação entre tabaco e doenças cardíacas.

A penicilina, o primeiro antibiótico produzido em massa, não estaria disponível de forma ampla até 1945. Embora os médicos de Ruthin tivessem limpado a garganta de Keynes em tratamentos com "arsênico orgânico",[12] pouco podiam fazer por ele além de monitorar sua situação e obrigá-lo a descansar.

Enquanto isso, a tragédia atingiu Bloomsbury uma vez mais. O filho de Vanessa, Julian, havia aprimorado seu pensamento marxista em debates com seu tio Maynard ao longo de seus 20 anos. Em 1937, o jovem via a solidariedade de classe internacional como o único meio eficaz de colocar um fim ao fascismo trovejante de Hitler, Mussolini e general Francisco Franco. Seguindo, como Keynes escreveu mais tarde, um "dever de julgamento individual corajoso" que "o estimulou para além de qualquer dissuasão", Julian se voluntariou como motorista de ambulância para as forças republicanas enfrentando Franco na Guerra Civil Espanhola.[13] Ele foi morto por uma bomba no dia 18 de julho, durante a Batalha de Brunete. Virginia e Leonard apressaram-se até Charleston para acompanhar Duncan, Quentin, Vanessa e a filha adolescente dos dois, Angelica, no luto.[14] Apesar das diferenças filosóficas dos dois e das frequentes acusações de Julian sobre Keynes ser inocente ou sentimental sobre a perspectiva de mudança política, o velho economista amou o jovem poeta da mesma forma por sua ousadia intelectual e admirava sua coragem. Confinado na sua cama de hospital, Keynes fez o melhor que pôde para consolar seus amigos enlutados.

"Minha querida Nessa", escreveu ele no dia 29 de junho. "Uma linha de simpatia e amor de nós dois sobre a perda de seu garoto querido e belo, portador de sentimentos puros e honrados. Estava predestinado que ele deveria fazer seu protesto, como tinha o direito de fazer, com sua vida, e não há nada que se possa falar."[15]

Keynes escreveu um obituário para Julian em uma publicação de Cambridge, elogiando-o como um jovem de integridade intelectual que seguiu suas mais profundas convicções morais. Ele não poderia ter feito um elogio maior. Quando o artigo chegou até Vanessa, ela enviou a Keynes uma longa e calorosa carta refletindo sobre família, guerra e idade adulta, passando para o significado de uma viagem de Julian até a China e reflexões do tempo que Keynes passou com Julian e seu irmão, Quentin, quando os dois estavam crescendo. Vanessa usou a ocasião de agradecimento para implorar pelo contato com um de seus mais antigos amigos, que continuava acamado. "Gostei muito do que você escreveu", apontou Vanessa. "Só escrevi tudo isso porque gostaria de falar com você."[16] A morte de Julian catalizou uma reconciliação atrasada entre Keynes e Vanessa. Os anos de briga sobre assuntos de pouca importância que começaram com a apresentação de Lydia ao Bloomsbury finalmente acabaram e os dois finalmente retornaram para a calorosa sinceridade que os uniu durante os anos de guerra.

A tragédia também focou a atenção de Keynes no conflito espanhol e suas discordâncias com a geração mais nova de progressistas amantes da paz cuja visão de mundo não foi moldada pela experiência da Grande

VEIO A REVOLUÇÃO 285

Guerra. Quaisquer que fossem os protestos de médicos, amigos e familiares, Keynes não conseguia suportar assistir à marcha firme do mundo rumo à aniquilação da sua cama de hospital sem ao menos escrever a respeito. Apenas três semanas após ser internado em Ruthin, ele publicou um ensaio sobre a política externa britânica no *New Statesman and Nation* pedindo por tranquilidade enquanto o continente vacilava à beira da destruição. O texto foi construído como uma resposta ao poema de W. H. Auden, "Spain", mas o fantasma de Julian assombrava cada frase. Assim como Julian, Auden se voluntariou como um motorista de ambulância para as forças republicanas. Seu poema lamentava a brutalidade do exército de Franco, emitindo um triste chamado para a solidariedade internacional na "luta", incluindo a "aceitação consciente de culpa no assassinato necessário" — a guerra como um meio trágico, porém inescapável, da libertação. Essa era uma convocação um tanto quanto literal. Julian já tinha a mesma visão em 1935 para uma introdução de um livro sobre os objetores de consciência da Grande Guerra: "Os movimentos de resistência à guerra da minha geração no fim terão sucesso em dissuadir a guerra — pela força, se assim for necessário."[17]

Em toda a Europa e nos Estados Unidos, jovens idealistas iam para a Espanha para combater o fascismo, convencidos de que a violência era necessária para controlar a crescente ameaça autoritária. Era um conflito ideológico com implicações óbvias para a Alemanha e a Itália. Mas Keynes, marcado profundamente pela Primeira Guerra Mundial, via a possibilidade de uma segunda guerra como um desastre quase impensável que deveria ser evitado a — quase — qualquer custo. O futuro da Espanha deve ser decidido pela Espanha. Ele respeitava a consciência dos jovens voluntários, mas aumentar conflitos locais e transformá-los em guerras globais era digno de revolucionários leninistas e não de sensatos amantes da paz:

Eu mantenho que as reivindicações de paz são primordiais; embora isso pareça ser uma visão antiquada entre aqueles que costumavam ser círculos pacifistas. É nosso dever prolongar a paz, hora por hora, dia por dia, pelo máximo de tempo possível. Não sabemos o que o futuro pode trazer, exceto que será um tanto quanto diferente de qualquer coisa que possamos prever. Eu disse em outro contexto que uma desvantagem do "em longo" prazo é que em longo prazo estaremos todos mortos. Mas poderia ter dito, da mesma forma, que a grande vantagem do "curto prazo" é que em curto prazo estamos todos vivos. A vida e a história são compostas de curtos prazos. Se estamos em paz em curto prazo, isso já é alguma coisa. O melhor que podemos fazer é adiar o desastre, pelo menos na esperança, que não é necessariamente remota, de que algo acontecerá.[18]

Keynes reconheceu que pode precisar revisar esse julgamento no futuro. "Existem circunstâncias quando a guerra, seja ela justificável ou não, é inevitável." Mas ele ainda não enxergava a Alemanha e a Itália como uma ameaça iminente; eram excessivamente beligerantes e incompetentes. Se a Grã-Bretanha em algum momento fosse forçada a entrar em guerra contra as "potências criminosas", ela não teria problema em encontrar aliados no momento certo. "Uma delas está ativamente empenhada em ofender todas as crenças sucessivamente. Se conseguissem encontrar outra instituição ou comunidade para insultar ou injuriar, ela o faria. Ambas as potências estão gastando muito em uma propaganda intensiva para convencer o resto do mundo de que eles são os inimigos da raça humana. Estão conseguindo o resultado esperado, especialmente nos Estados Unidos. Ninguém confia ou respeita suas palavras... E se, de fato, os bandidos tivessem um pouco mais de sucesso, nada é mais provável de que derrubariam uns aos outros."[19]

Por uma questão de história militar, esse argumento é discutível. Os britânicos não tinham a mão de obra nem o equipamento para arriscar um conflito global ao brigar diretamente com a Alemanha e a Itália pela Espanha em 1937. Os norte-americanos não forneceriam armamentos ou outro auxílio de tempos de guerra tão cedo e simplesmente não havia soldados suficientes para serem mobilizados. Mas o ensaio revela uma boa parte do raciocínio de Keynes sobre guerra e paz. Embora ele tenha passado grande parte de sua carreira pós-guerra avisando sobre o potencial da má administração econômica para levar fascistas ao poder, em 1937 ele subestimava a ameaça que eles representavam. Apesar de toda a disfunção internacional que testemunhou sobre as reparações e as dívidas de guerra, ele continuou a presumir uma capacidade muito maior para a colaboração diplomática europeia contra a Alemanha do que aquela que de fato existia. Embora seu pessimismo persistente

VEIO A REVOLUÇÃO

com frequência tenha permitido a ele encontrar soluções que seus contemporâneos jamais imaginariam, também o tornava frequentemente imprudente, por vezes até mesmo delirante.

A ascensão dos nazistas representava outros problemas para a visão de mundo de Keynes. Em suas cartas endereçadas a Lydia, ele às vezes usava "judeu" e "circuncidado" como sinônimos para "ganancioso". O economista Robert Solow até sugeriu que os ataques de Keynes contra o "amor ao dinheiro" em "Economic Possibilities for Our Grandchildren" refletiam um "antissemitismo cortês".[20] Solow leva seu argumento longe demais, mas as brincadeiras de Keynes com Lydia de fato representam algo mais do que uma terminologia infeliz e antiquada. Em 1926, ele havia escrito um breve rascunho sobre Albert Einstein, um de seus heróis intelectuais, após conhecê-lo em Berlim. Einstein, de acordo com Keynes, era um dos *bons* judeus — "um doce diabo" que "não havia sublimado a imortalidade em juros compostos". Keynes conhecia muitos bons judeus na Alemanha. Havia um banqueiro de Berlim chamado Fuerstenberg "que Lydia gostava muito", o "místico" economista alemão Kurt Singer e até mesmo seu "querido" amigo Carl Melchior, que ele conheceu na Conferência de Paz de Paris. "Ainda assim, se eu vivesse lá, sinto que poderia me tornar antissemita. Pois o pobre prussiano é muito lento e pesado para os outros tipos de judeus, aqueles que não são diabretes, mas demônios serventes, com pequenos chifres, forquilhas e rabos pegajosos. Não era aceitável ver uma civilização ficar sob os dedos horrendos de seus judeus impuros, detentores de todo o dinheiro, poder e cérebro."[21]

A descrição era desagradável mesmo para os padrões da época. É possível que Keynes tenha percebido isso. A obra não foi publicada até depois da sua morte. Após os nazistas alcançarem o poder, Keynes passou a tomar um maior cuidado com seu vocabulário. Em agosto de 1933, ele disse ao economista alemão Arthur Spiethoff, que estava ajudando na publicação da tradução para o alemão de algumas obras de Keynes, que não poderia evitar de usar o termo "barbárie" no texto porque "essa palavra indica corretamente o efeito dos eventos recentes na Alemanha... Já se passaram muitas gerações, em nosso julgamento, desde que tais eventos inaceitáveis ocorreram em qualquer país com aspirações de se considerar civilizado".[22] Quando Melchior morreu após um ataque antissemita em 1933, Keynes rejeitou, como forma de protesto, um convite pessoal do prefeito de Hamburgo para dar aulas de economia. "Após a morte de meu amigo... não há nada mais que possa me atrair até Hamburgo."[23]

Seu amigo Ludwig Wittgenstein esteve por toda a Europa após a guerra, trabalhando como jardineiro em um monastério, projetando uma sóbria casa modernista em Viena, obtendo um doutorado em Cambridge, vivendo na Noruega e em seguida em Dublin. Quando a Alemanha anexou a Áustria em março de 1938, Wittgenstein escreveu um pedido de ajuda para Keynes. Ele não podia voltar para a Áustria. Três de seus avós são judeus de nascimento, tornando sua abastada família um alvo de perseguição. Keynes, ainda convalescente sob os cuidados de Lydia, ajudou a estabelecer seu velho amigo em um emprego em Cambridge, onde ele estaria a salvo da perseguição nazista.[24] "Obrigado por todos os problemas que você teve que resolver", escreveu Wittgenstein a Keynes logo em seguida. "Eu *espero* que eu seja um professor decente."[25] Em abril de 1938, Keynes escreveu para Archibald Sinclair, presidente do Partido Liberal, insistindo para que "fosse ativo" na "questão dos refugiados", observando que a eficácia do presidente Roosevelt parecia estar bloqueada por obstáculos políticos.[26] "O mínimo que podemos fazer é sermos mais generosos e construtivos."[27]

Keynes seria mais agressivo em 1939 e 1940, após o Ministério do Interior britânico começar a reunir mais de 80 mil pessoas vivendo na Inglaterra e nascidas na Alemanha, Áustria e Itália, enviando milhares para campos de internação na Ilha de Man como suspeitos de subversão ou simpatizantes dos inimigos. Entre eles estavam refugiados judeus que escaparam da agressão nazista. Keynes ficou furioso. "Nosso comportamento para com os refugiados é a coisa mais vergonhosa e humilhante que aconteceu em muito tempo", escreveu ele para um amigo. Para outro, escreveu o seguinte: "Eu não me lembro de nada que se equipare a tamanha estupidez e insensibilidade." Assim como havia se encarregado durante a Primeira Guerra Mundial em garantir documentos como objetores de consciência para seus amigos, agora ele fazia uso de suas conexões no governo britânico para garantir a liberdade de seus amigos economistas alemães e judeus, Eduard Rosenbaum, Erwin Rothbarth e Hans Singer.[28] Esse foi um longo processo, com Rothbarth por fim preso junto de Piero Sraffa no verão de 1940, mas depois que Keynes garantiu a libertação dos dois, Rothbarth se volunta-

VEIO A REVOLUÇÃO

riou para o exército britânico. Ele foi morto em combate em novembro de 1944.[29]

No outono de 1937, porém, Keynes ainda estava se recuperando lentamente. Lydia finalmente o trouxe para casa em Tilton e eles até conseguiram passar algumas semanas em Gordon Square no período do Natal para se reunir com Bloomsbury. "Colocamos Maynard para dormir em duas cadeiras", escreveu Virginia Woolf, "e conversamos muito até ele se enfurecer tanto com política que Lydia chamou o carro e eles foram embora".[30] Mas eles passaram a maior parte de seus dias descansando, ouvindo programas de rádio juntos ou realizando pequenas caminhadas pela casa no campo. O ânimo dele, apesar do estado do mundo e de seu coração, permanecia tão único e enérgico quanto antes. Quando Lydia o repreendeu por caminhar rápido demais durante uma visita de Quentin Bell, Keynes voltou-se para um dos pastores empregados por ele e perguntou: "O que você faria se uma ovelha velha olhasse para você como Lydia está olhando para mim agora?" Era uma questão, como Quentin mais tarde registrou, que "qualquer pessoa acharia difícil de responder".[31]

Sua energia havia melhorado tanto até o começo de 1938 que ele se aventurou a escrever não só para antigos amigos como Wittgenstein, mas para o presidente dos Estados Unidos.

Em seu primeiro mandato no governo, Franklin Delano Roosevelt supervisionou a transformação mais profunda do governo norte-americano desde a Guerra Civil. As mais de duas dúzias de novas agências federais estabelecidas por ele estavam agora ocupadas com a reformulação da vida norte-americana. A Rural Electrification Administration e a Tennessee Valley Authority levaram diversas regiões do país até o século XX. O National Labor Relations Board e o Departamento de Trabalho revisaram a relação entre os trabalhadores e seus empregadores. A Home Owners' Loan Corporation refinanciou hipotecas para mutuários com dificuldades e a Federal Housing Administration apresentou um novo tipo de empréstimo imobiliário que tornou a casa própria possível para milhões de famílias que nem sequer sonhavam com isso. A Public Works Administration e a Civil Works Administration revolucionavam a infraestrutura da nação, construindo represas, pontes e

290   O PREÇO DA PAZ

usinas elétricas, enquanto a Works Progress Administration revigorava
a vida local com novas escolas, teatros, museus, playgrounds e hospitais.
A Comissão de Títulos e Câmbios monitorava Wall Street, e a Banking
Act havia finalmente estabilizado o sistema de crédito do país.

Mas alguém precisava administrar tudo isso. A profissão de economista, no começo dos anos 1930, era exclusivamente acadêmica, com-
plementada por alguns poucos cargos no Fed e no Tesouro. Alunos de
pós-graduação que se aproximavam da conclusão da dissertação com
frequência encontravam novos problemas inexplicáveis para explorar
ou sofriam de casos estranhos e poderosos de bloqueio criativo que os
impediam de terminar o trabalho por pelo menos mais um semestre.
O mercado de trabalho para economistas legítimos com doutorado era
tão pequeno que muitos estudantes preferiam manter seus empregos
de baixo status do que arriscar receber o diploma. Mas, com as diversas
agências abrindo sucessivamente em Washington, de uma hora para outra "um número quase ilimitado de empregos estavam disponíveis para
economistas com um salário incrivelmente alto no governo federal", de
acordo com John Kenneth Galbraith, ele mesmo um desses primeiros
jovens economistas. Essa "nova corrida do ouro"[32] não só transformou
a disciplina como também atraiu economistas jovens e mais ideologicamente flexíveis para o governo, uma vez que os velhos conservadores
não estavam muito ansiosos para abandonar seus empregos de prestígio
e obtidos com muito esforço nas grandes universidades.

Os defensores do New Deal estavam brigando para preencher todos esses cargos o mais rápido possível. Quando Galbraith chegou em
Washington em 1934, ele tinha apenas 26 anos e um recém-obtido título de doutor em economia agrônoma de Berkeley, no qual escreveu uma
tese sobre abelhas. Nascido na região rural do Canadá, ele recebeu um
diploma de graduação em criação de animais pela Ontario Agricultural
College. E, embora ainda não houvesse solicitado a cidadania norte-americana, ele já reverenciava Roosevelt. "Apenas após a morte de Roosevelt
eu percebi que um presidente pode estar errado",[33] brincou ele mais tarde. A primeira tarefa de Galbraith na administração Roosevelt acabou
sendo banal: alguns meses de um trabalho bem remunerado que usou
para quitar as dívidas da universidade antes de assumir um pequeno
cargo em Harvard. A tarefa lhe proporcionou uma educação política
inicial que com o passar do tempo ele usaria em quatro administrações

VEIO A REVOLUÇÃO 291

democráticas diferentes. Assim como Keynes, Galbraith passou o começo de sua carreira como um funcionário do governo brilhante e pouco reconhecido. E, assim como Keynes, com o tempo ele se tornaria um dos intelectuais públicos anglófonos mais importantes de sua geração.

"Quando Roosevelt assumiu a presidência em março de 1933, a situação econômica era tão desesperadora que, para a comunidade financeira e empresarial, ele era um anjo da salvação", escreveu ele mais tarde. "Em 1934, as coisas haviam melhorado o suficiente para que seus esforços em nome dos agricultores e desempregados, bem como sua tendência a não seguir a ortodoxia econômica poderiam ser detestados e até temidos. Roosevelt havia se tornado 'o homem na Casa Branca' e 'traidor de sua própria classe'."[34]

A má vontade entre Roosevelt e os ricos era uma questão de poder, não de resultados. Nenhum presidente dos Estados Unidos em tempos de paz desde então se igualou ao crescimento econômico conquistado pelos primeiros três anos da administração Roosevelt. Ajustada para a inflação, a economia cresceu um valor monumental de 10,8%, 8,9% e 12,9% durante 1934, 1935 e 1936, respectivamente.[35] Ao longo do primeiro mandato, o desemprego caiu de mais de 20% para menos de 10%, conforme as fileiras de desempregados caíam em mais da metade, de cerca de 11,5 milhões para 4,9 milhões (havia cerca de 1,4 milhão de desempregados antes do crash da bolsa de valores).[36] Apenas uma única vez a economia dos Estados Unidos *em tempos de guerra* se equiparou ao milagre econômico inicial de Roosevelt — alguns anos mais tarde, durante a mobilização para a Segunda Guerra Mundial. Embora tivesse que lutar com o Congresso, a Suprema Corte e até com ele mesmo sobre questões de gastos, impostos, regulações, deficits orçamentários e todo o resto que compunha o New Deal, Roosevelt de fato estava gastando muito dinheiro, quase dobrando os gastos do governo federal, de US$4,6 bilhões para US$8,2 bilhões, enquanto o deficit aumentava de US$2,6 bilhões para US$4,3 bilhões — ainda que ele tenha equilibrado parte do impacto do deficit de seus novos programas ao aumentar a tributação sobre os ricos.

Esses números eram pequenos em comparação com aqueles defendidos por Keynes e em comparação com os números que estavam por vir. Em sua viagem de 1934 até os Estados Unidos, Keynes defendeu para os membros da administração deficits anuais de US$4,8 bilhões. Em 1936, as despesas federais ainda eram menos de um décimo da economia total dos Estados Unidos. Ao final da guerra, os projetos governamentais custavam um total de US$92,7 bilhões por ano e representavam mais de 40% de toda a atividade econômica dos Estados Unidos (desde o começo da presidência de Ronald Reagan, o gasto tem flutuado em alguns pontos ao redor dos 20% do PIB).[37]

Tudo isso ofendeu as sensibilidades políticas da elite, que odiava tributações progressivas, deficits e desvalorização tanto quanto o establishment bancário britânico. No entanto, havia mais em jogo do que o resultado financeiro de Wall Street. De fato, o New Deal não esmagou os negócios legítimos de Wall Street; Roosevelt apenas os reorganizou. Em 1935, com os Estados Unidos fora do padrão-ouro, sob a lei Glass-Steagall e com a SEC monitorando os traders e o governo federal criando deficits nunca antes vistos, a quantidade de ofertas de títulos assinadas por bancos de investimento aumentou para quatro vezes o nível do ano anterior.[38]

Com a economia em rápido crescimento, os corretores e os traders tinham mais trabalho pela frente. Todos tinham. Mas os ricos, como um grupo de economistas de Harvard observou, continuavam a "reclamar com amargura" de seu fardo tributário, que viam como uma violação do "direito divino" — ainda que "a adição às suas rendas resultantes das atividades do governo fosse muito maior em quantidade do que os impostos adicionais pagos por eles".[39] Jack Morgan, de acordo com um cronista da família, via o New Deal "menos como um conjunto de reformas econômicas e mais como um ataque direto e malicioso contra a ordem social".[40]

O que, é claro, o projeto era. Morgan era apenas a personificação mais óbvia e icônica daquilo que rapidamente se tornava uma nobreza norte-americana hereditária. Amigo próximo do rei Jorge V e adorado pela pequena neta do rei que um dia se tornaria a segunda rainha Isabel, Jack gostava das tradicionais diversões aristocráticas, atirando em faisões quando os assuntos de sua empresa sobrecarregavam seus nervos. Mas, enquanto a aristocracia rural europeia via-se como um grupo de escolhidos eleitos, Morgan e seus compatriotas da elite acreditavam que mereceram seu lugar na sociedade por meio da perspicácia empresarial e da segura administração de uma sociedade agradecida. Essa era uma ideia incrível para um homem que recebeu o cargo mais

VEIO A REVOLUÇÃO 293

poderoso dos Estados Unidos de seu pai, que por sua vez herdou o banco do próprio pai. Mesmo assim, era uma visão sincera. Mesmo o grande flagelo de Wall Street, Ferdinand Pecora, elogiava Morgan por seu testemunho "verdadeiramente genuíno" diante do comitê do Senado, onde Jack afirmou que era impossível para um "banqueiro privado" se "tornar excessivamente poderoso", uma vez que tal status era conquistado "não pela posse de grandes meios, mas pela confiança do povo" e do "respeito e da estima da comunidade".[41] Essa concepção de si mesmo era alimentada pela energia que Jack e seu pai dedicaram à filantropia, pagando centenas de milhares de dólares todos os anos para salários do clero episcopal e financiando serviços sociais oferecidos pela igreja. Jack até abriu a coleção de estudo e arte de seu pai para o público como um museu. Essa era a intendência social padrão dos Carnegies, Mellons e Fricks que dominavam a economia norte-americana.

O New Deal mandou pelos ares toda essa visão de mundo. Roosevelt não havia apenas acorrentado famílias como os Morgans com novos impostos, regulamentações, auditores e soberanos; o seu sistema funcionava. Não era a grande genialidade dos patrícios financeiros que fazia a economia crescer a taxas nunca antes vistas; era, como argumentava Keynes, o poder de compra das massas.

Isso levou Morgan a um ataque de fúria. A própria menção de *Teddy* Roosevelt lhe fazia gritar "malditos sejam todos os Roosevelts!"[42] Quando sua noção de autoestima e de posição na sociedade entrou em colapso, ele recuou até a segurança de sua área bancária, descartando sua noção anterior de *noblesse oblige*. "Eu só quero que você saiba", gritou ele para o arquiteto do Plano Dawes, Owen D. Young, "que eu não me importo com o que aconteça com você ou com qualquer outro. Não me importo com o que acontece com o país. Tudo o que me importa são os negócios! Se eu pudesse sair do país e me estabelecer em outro lugar eu o faria — eu faria qualquer coisa".[43]

"Independentemente de partido ou região, hoje, com pouquíssimas exceções", escreveu o *Time*, "os membros da dita classe alta odeiam abertamente Franklin Roosevelt".[44] O presidente retribuiu o favor. Sujeito a ataques implacáveis dos "banqueiros de Wall Street" ao longo de todo seu primeiro mandato, ele os denunciou como "monarquistas econômicos" em um discurso feroz para a Convenção Nacional Democrata em 1936.

"Eles começaram a considerar o Governo dos Estados Unidos como um mero anexo de seus próprios negócios", rugiu ele do palco. "Nós agora sabemos que o governo controlado por dinheiro organizado é tão perigoso quanto o governo controlado por máfias organizadas. Nunca antes em toda a nossa história essas forças estiveram tão unidas contra um candidato quanto estão atualmente. Elas são unânimes no seu ódio por mim — e eu dou boas-vindas ao ódio delas!"[45]

Havia tanto cálculo político quanto uma verdadeira indignação na postura de Roosevelt. Seu círculo interno ainda incluía alguns poucos banqueiros perplexos, mas pragmáticos, tipicamente de empresas estrangeiras ou aqueles aliados com novas indústrias. Sidney Weinberg, presidente do banco de investimento, na época pequeno, chamado Goldman Sachs, era um confidente de Roosevelt desde sua campanha de 1932 até a morte do presidente.[46] Além disso, Roosevelt cuidadosamente buscou conselhos e caminhos para um acordo com o parceiro de Morgan, Owen D. Young. Democrata conservador, Young deu o melhor de si para cooperar, embora em momentos de fraqueza tenha se perguntado se um "estado totalitário" não seria melhor equipado do que a versão de Roosevelt da democracia para administrar uma "autodisciplina" "economicamente desejável" — em especial os cortes tributários corporativos.[47]

Mas os contra-ataques de Roosevelt contra a elite causaram efeitos poderosos sobre a opinião pública. Os financistas que o denunciaram não votariam nos democratas, mas uma chuva de ataques de homens de grande prestígio poderia acabar com o apoio de Roosevelt por parte dos eleitores que de fato estavam em cima do muro. O presidente questionou a legitimidade de seus oponentes e reuniu seus próprios apoiadores contra eles. O fervor contra Roosevelt não era mais uma crítica razoável de homens eruditos, mas meramente o tipo de coisa que você poderia esperar de gente que não gostava da democracia. "Quando Roosevelt contra-atacou, uma geração inteira ficou ao seu lado", observou Galbraith. "Se os privilegiados estivessem contra Roosevelt, nós obviamente devemos ser contra o privilégio. Se Roosevelt julgava a postura moral de grandes empresas como fraudulenta ou pouco convincente, então ela é."[48]

Qualquer que fosse a confiança, respeito e estima que as massas haviam concedido aos oligarcas da Gilded Age, eles rescindiram em 1936. Quase todo mundo poderia derrotar Hoover com amplas margens nas profundezas da Depressão de 1932, e Roosevelt assim o fez. Porém, sua

VEIO A REVOLUÇÃO

margem de vitória em 1936 impressionou até mesmo assessores políticos experientes. Ele perdeu apenas dois estados do colégio eleitoral e garantiu 60,8% dos votos populares. Nenhum candidato alcançou essa margem desde então e apenas Lyndon B. Johnson teve resultados melhores nos votos populares. Desde 1820 nenhum presidente teve uma vitória tão esmagadora. Embora as Leis de Jim Crow tenham impedido o voto dos eleitores negros do Sul, Roosevelt conseguiu arrancar até os votos dos negros do Norte das mãos do partido de Lincoln.

E então, com os ventos da política soprando a seu favor e a economia avançando, Roosevelt quase estragou todo seu legado. Ele sempre foi ansioso quanto aos deficits. O seu secretário do Tesouro, Henry Morgenthau Jr., tinha verdadeiro pavor deles. Convencido de que a administração estava testando a própria sorte por tempo demais, Morgenthau insistiu para que Roosevelt buscasse um equilíbrio orçamentário para melhorar a confiança dos empresários na sua liderança. O presidente aceitou o conselho e restringiu os gastos de obras públicas da Works Progress Administration e da Public Works Administration, enquanto os pagamentos do seguro-desemprego eram revisados.

Além disso, um novo elemento da agenda de reformas do presidente criou um novo imposto. Com quase metade da população de idosos vivendo na pobreza,[49] Roosevelt aprovou o novo programa de seguridade social para garantir o que ele chamou de "pensão social" para aqueles que não podiam mais trabalhar, seja pela idade, seja por alguma deficiência. A seguridade social revolucionaria a vida para os mais velhos, posteriormente combinando-se com o Medicare e outros programas menores para reduzir a taxa de pobreza entre idosos para o seu número atual de cerca de 10%. O primeiro pagamento do benefício, no entanto, não aconteceria até 1940. Enquanto isso, o Congresso e Roosevelt decidiram aumentar os fundos para o programa por meio de impostos sobre a folha de pagamento dos trabalhadores, que começou a entrar em vigor em 1937. Isso tirou US$2 bilhões dos salários norte-americanos. No verão de 1937, o governo federal havia quase eliminado o deficit.[50]

Como Keynes havia previsto, o desastre veio logo a seguir. Com quase 8 milhões de pessoas ainda em busca de emprego, um golpe na demanda resultante da redução de gastos e dos novos impostos levou o país de volta para a depressão. Os lucros corporativos caíram em quatro quintos, a bolsa de valores despencou e a manufatura foi interrompida.[51] Mais de 2,5 milhões de cidadãos foram demitidos, acabando com mais da metade dos empregos conquistados durante o primeiro mandato de Roosevelt.[52]

Os críticos atacaram. O colapso repentino mostrou que o presidente estava despreparado ou que a plataforma de reforma havia prejudicado os empresários. Os republicanos começaram a se referir ao evento como "recessão Roosevelt" ou "depressão democrata". O publicitário Bruce Barton, que escreveu um best-seller nos anos 1920 retratando Jesus como um persistente magnata dos negócios, ganhou uma eleição congressional especial em Manhattan ao culpar "a política e a ameaça de mais políticas" pela repentina queda. "Não há uma explicação possível para o medo e as perdas presentes exceto um: muitos políticos macaqueando demais."[53] Nem todos os ataques surgiram de oportunistas míopes. O magnata químico Lammot du Pont II, vindo de uma dinastia de democratas conservadores, lamentou a "incerteza" que a administração havia criado. "As taxas devem aumentar, diminuir ou se manter onde estão? Teremos inflação ou deflação, mais gastos governamentais ou menos?"[54] Até alguns confidentes de Roosevelt concordavam. "Quase nenhum grupo empresarial do país escapou de investigações ou outros ataques nos últimos cinco anos", comentou um dos conselheiros, Adolf Berle. "Independentemente do merecimento, o resultado foi um moral em pedaços."[55] Entretanto, todos em seu círculo interno concordavam em uma coisa: se Roosevelt e seu Partido Democrata não conseguissem dar a volta por cima na economia, as reformas ambiciosas dos últimos cinco anos estavam com os dias contados. "Estamos caminhando para outra depressão", alertou Morgenthau.[56]

Em 1934, o presidente disse para Keynes que os banqueiros que investiam nas dívidas do governo estavam elevando a taxa de juros em uma campanha de "resistência passiva" ao se recusar a comprar os títulos do Tesouro. Agora ele acreditava que os "monarquistas econômicos" que ele criticou em 1936 estavam sabotando deliberadamente a economia para minar sua presidência. "Eu sei quem é responsável", disse ele em uma reunião do gabinete. "As empresas, em especial a indústria bancária, estão se unindo contra mim."[57] Ele disse para Morgenthau que um "velho e sábio pássaro" o informou de que havia uma conspi-

VEIO A REVOLUÇÃO 297

ração corporativa em progresso, mas — de maneira reveladora — se recusou a divulgar a fonte.[58]

Realmente havia conspirações contra Roosevelt que envolviam figuras de Wall Street. Em 1934, um corretor de títulos chamado Gerald McGuire abordou o general da marinha aposentado Smedley Butler sugerindo que liderasse um golpe de estado contra Roosevelt, sendo financiado por US$6 milhões para instalar um regime fascista nos moldes daquele de Mussolini. O esquema fracassou quando Butler o entregou para uma comissão do Congresso.[59]

Mas as conspirações não eram responsáveis pela recessão. Uma política fiscal mesquinha a tornou inevitável. Recuperando-se na sua propriedade rural em Tilton, Keynes escreveu para o presidente insistindo que ele ignorasse o barulho e levasse em consideração tudo o que havia dado certo no primeiro mandato. A revisão do sistema bancário e as baixas taxas de juros do Fed deram aos empreendimentos uma chance de lutar, mas as obras públicas e o auxílio financeiro dado aos desempregados é que carregaram grande parte da recuperação. Não poderia haver um retorno à "prosperidade", argumentou Keynes, "sem um recurso de larga escala" para os investimentos públicos, especialmente em "bens duráveis como imóveis, utilidades públicas e transporte". Se a situação política permitisse, Roosevelt deveria nacionalizar as ferrovias e os serviços de utilidade pública para garantir melhorias de equipamentos, expansões de linhas e um maior calendário de trens. Mas, se não fosse possível, novas habitações ofereciam um tremendo benefício por si só: elas criariam empregos de construção em todo o país e aumentariam a demanda por matéria-prima, ao mesmo tempo que reduziriam custos das famílias de baixa renda. Keynes, com uma modéstia característica, repreendeu o presidente por não ter feito "quase nada" nessa "óbvia" frente econômica desde a última reunião dos dois. E, conforme ele insistia pela nacionalização das ferrovias, Keynes culpou Roosevelt por adotar uma linha retórica muito severa com os interesses comerciais, gerando conflitos desnecessários. Eles não eram "lobos e tigres", mas "animais domésticos" que "foram mal-educados e não foram adestrados como você gostaria".[60]

Ao longo de sua vida, Keynes projetou sua própria flexibilidade intelectual (ele se transformou de um defensor do livre-comércio com o padrão-ouro em um protecionista defensor das obras públicas) nas pessoas que ele não conhecia ou compreendia. Esse era um hábito perigosamente inocente, ainda mais nos Estados Unidos, onde o apoio político ao New Deal sempre foi mais complexo e frágil do que a margem eleitoral de Roosevelt sugeria. Votações públicas mostravam que a maioria dos norte-americanos aprovava Roosevelt e não o culpava pela recessão. Mas o público também desejava um orçamento equilibrado e os eleitores estavam começando a substituir os democratas no Congresso pelos republicanos.[61] A dificuldade pessoal da Depressão e a ambição do New Deal, além disso, alimentaram um realinhamento nas políticas partidárias. O Partido Republicano, que já recebera de braços abertos radicais antiescravagistas, populistas da pradaria e reformistas sociais liberais da elite, efetivamente removeu todos menos aqueles que odiavam Roosevelt de maneira convicta. O presidente do Comitê Nacional Republicano, Henry Fletcher, agora publicamente associava Roosevelt a "Mussolini e Hitler". Democratas e republicanos ricos formaram a American Liberty League, ou Liga da Liberdade Americana, uma organização firmemente "apartidária" devotada a retirar Roosevelt e seus aliados do poder. Wall Street, de acordo com o *New York Times*, considerava o novo grupo como "quase uma resposta a uma prece".[62] Esse não era um momento em que empresários sensatos poderiam repentinamente apoiar o plano de recuperação do presidente em respeito a uma mudança de tom de Roosevelt à perspectiva de uma maior renda nacional.

Mas Keynes também não compreendeu a mudança radical instituída por Roosevelt nos quesitos perícia e legitimidade — um processo que, independentemente de ser ou não a intenção consciente de Roosevelt, expandiu a agenda keynesiana ao dar poder aos discípulos do economista. Ao desafiar a boa-fé e credibilidade de homens como Morgan em dar seu julgamento sobre a política pública, Roosevelt abriu espaço para uma ascensão do economista acadêmico — não só dentro de sua própria administração, mas como a figura intelectual dominante na política norte-americana, o árbitro especialista da eficácia governamental. Conforme o pensamento keynesiano dominava o cenário da economia, a ascensão do economista estabeleceria variantes do pensamento keynesiano como uma nova ortodoxia política.

Keynes encerrou sua carta com uma mensagem de encorajamento: "Perdoe a franqueza dessas observações. Elas vêm de um entusiasmado simpatizante seu e das suas políticas. Eu aceito a visão de que um investimento durável deve surgir cada vez mais sob a direção do estado. Eu simpatizo com as políticas agrícolas do Sr. Wallace. Acredito que a SEC estava fazendo um trabalho esplêndido. Considero o crescimento da barganha coletiva essencial. Aprovo o salário mínimo e a regulamentação de horários. Mas estou apavorado que as causas menos progressistas em todos os países democráticos sejam prejudicadas porque você não levou a sério o risco ao seu prestígio que resultaria de um fracasso mensurado em termos de prosperidade imediata."[63] O destino da democracia ao redor do mundo repousava na habilidade de Roosevelt de combater o desemprego nos Estados Unidos.

Roosevelt fez com que Morgenthau enviasse uma resposta evasiva, declarando que a ideia das habitações era "interessante". Mas ele parece ter levado a sério as palavras de Keynes sobre o destino do governo democrático. "O curso da democracia e da paz mundial é de grande preocupação para mim. A prosperidade doméstica, você irá concordar, é uma das contribuições mais eficazes que os Estados Unidos podem fazer para a manutenção das duas coisas."[64] Algumas semanas depois, em um dos "fireside chats" dirigidos à nação, sua retórica era ainda mais forte: "A democracia desapareceu em diversas outras grandes nações, não porque as pessoas dessas nações não gostavam da democracia, mas porque se cansaram do desemprego e da insegurança, de ver suas crianças famintas enquanto elas se sentavam desamparadas diante da confusão governamental... A própria segurança de nossas instituições democráticas depende da determinação de nosso governo para dar empregos a homens ociosos... O seu governo, buscando proteger a democracia, deve provar que é mais poderoso que as forças da depressão empresarial."[65] No mesmo discurso ele pediu por mais US$3 bilhões em gastos adicionais com obras públicas, incluindo US$300 milhões para a United States Housing Authority.

A verdadeira influência de Keynes sobre Roosevelt era indireta. Ela veio por meio de *A Teoria Geral do Emprego, do Juro e da Moeda*.

O livro não era um sucesso de publicação. Nenhuma edição norte-americana de brochura seria publicada até os anos 1960. Embora os jornais acadêmicos tivessem explodido com discussões e debates quase imediatamente, o público geral não parou para anotar que Keynes havia desafiado radicalmente a profissão de economista. As primeiras críticas, endereçadas quase exclusivamente a especialistas, eram ambíguas. O livro impressionava ou enfurecia a maioria dos economistas treinados que o encaravam, e mesmo alguns dos entusiastas de Keynes que suportaram alegremente os dois volumes de *Tratado sobre a Moeda* acharam as ideias estranhas e confusas. Mas os novos conceitos faziam sentido para as pessoas que passavam seu tempo com Keynes e seu Circo de Cambridge. E *A Teoria Geral* era um trabalho denso. Mesmo os norte-americanos simpáticos a Keynes precisavam de missionários doutrinados no exterior para guiá-los em um texto tão difícil e incomum.

A obra dependeria de alguns alunos precoces de pós-graduação. De volta em 1932, Lorie Tarshis havia se inscrito para uma Bolsa Rhodes. Ele era, os juízes mais tarde lhe contaram, o principal candidato entre três finalistas. Porém, ele não recebeu o prêmio cobiçado a pedido de seu professor de economia da Universidade de Toronto, Wynne Plumptre. Uma Bolsa Rhodes levaria Lorie para Oxford, e Plumptre já havia organizado para levar seu melhor pupilo a Cambridge, onde ele poderia estudar com Keynes. E então Tarshis entrou na "pior cabine do navio mais velho que ainda cruzava o Atlântico" para fazer sua jornada. Ele foi acompanhado por seu amigo Robert Bryce, um estudante de engenharia à deriva desde a Depressão.[66]

Nenhum dos dois homens se adaptou a Cambridge em um primeiro momento. Até mesmo Tarshis se sentia perdido nas primeiras aulas de Keynes. Ele passara anos lendo *Tratado sobre a Moeda* — "Eu achava aquilo a melhor coisa do mundo", disse ele mais tarde para um entrevistador —, mas Keynes obviamente havia seguido em frente com outras ideias. O professor passava horas definindo novos termos na frente do quadro- negro e mudara o assunto de sua aula de teoria monetária para aquilo que ele chamava de "teoria da produção geral", desenvolvendo o que se tornaria *A Teoria Geral*. Era um cenário deprimente. Os dias ingleses eram curtos, frios e "melancólicos", além de o inverno começar cedo. Tarshis pensou em mudar para o curso de antropologia ou simplesmente ir embora. Ele escreveu para Plumptre, pedindo para ter sua bolsa de estudos reorganizada para que ele e Bryce pudessem estudar em Paris. "Sentíamos que Paris e as moças francesas têm algo a nos oferecer que não se compara ao que temos em Cambridge", disse ele décadas mais tarde. "Eu acho que estávamos certos, mas nenhum dos dois

VEIO A REVOLUÇÃO

301

pôde fazer isso."[67] Plumptre recorreu a medidas desesperadas. Entrou em contato com Keynes, que havia ensinado o próprio Plumptre alguns anos antes, e garantiu convites para Bryce e Tarshis ao secreto Political Economy Club que Keynes organizava nas noites de segunda-feira. Era um teatro ritualístico para o debate intelectual, baseado no modelo das antigas reuniões dos Apóstolos. Todo participante era obrigado a vestir sua beca formal de Cambridge para entrar (Joan Robinson era a única mulher com entrada permitida) e os jovens acólitos entravam em cada uma das reuniões com uma mistura de ansiedade e alegria. "Era um sentimento memorável", disse Tarshis. "Nós caminhávamos até King's e os sinos da igreja estavam sempre tocando... Frequentemente chovia e ventava e era bem desagradável." Ao chegar na porta, Kahn entregaria um pedaço de papel para cada acólito. "Você não olhava para ele imediatamente porque queria estar sentado para fazê-lo." Um papel em branco era um alívio — qualquer um que segurasse um deles só precisava escutar o evento em silêncio, mas qualquer um que recebesse um papel com um número deveria participar da apresentação e debater suas ideias, um desempenho de alto risco frequentemente julgado por Kahn, Robinson, Sraffa e o próprio Keynes.

Bryce e Tarshis se adaptaram a essa arena similar a um culto. Sem demora, os dois passaram de acólitos a pregadores. No começo dos anos 1930, Robinson já era a missionária mais enérgica das ideias keynesianas, recrutando acólitos enquanto o próprio Keynes estava afastado em seu estudo, desenvolvendo rascunhos de *A Teoria Geral*. Ela levou Bryce, Tarshis e outros keynesianos entusiasmados para reuniões com estudantes da London School of Economics, na época um templo da ortodoxia laissez-faire dominado por Hayek. Na fachada, as reuniões eram sessões de debates entre alunos de Hayek e de Keynes, mas na prática as reuniões serviam para espalhar o evangelho keynesiano para uma nova instituição. Com uma língua afiada, Robinson gostava das batalhas intelectuais tanto quanto gostava de treinar intelectualmente seus novos recrutas. Suas políticas eram descaradamente radicais — "Ela estava muito mais à esquerda do que muitos marxistas", observou um amigo[68] — e ela teve grandes sucessos com alunos da London School of Economics que não conseguiam suportar o modelo da instituição. O promissor socialista Abba Lerner se interessou por Keynes após conversar com Robinson e se converteu completamente durante debates na hora do almoço com Tarshis. Logo ele saiu da London School of Economics para um trabalho de seis meses em Cambridge e, com o tempo, ajudaria a desenvolver ideais para o socialismo de mercado e para o orçamento do governo keynesiano que se mostraria influente tanto nos Estados Unidos quanto na Europa.

A nova seita também seduziu o camarada de Lerner na London School of Economics, Paul Sweezy. Ele era um improvável aliado de Robinson. Sweezy nasceu em uma família abastada de Nova York, filho de um banqueiro do círculo de Morgan que conquistou uma quantia suficientemente grande de riqueza para viver de maneira confortável mesmo após perder grande parte dela no crash da bolsa de valores. Paul e seu irmão mais velho, Alan, frequentaram a Exeter Academy, uma das escolas preparatórias mais exclusivas dos Estados Unidos, antes de entrar em Harvard.

Paul começou sua educação econômica como um ortodoxo de linha-dura, atraído até a London School of Economics pela oportunidade de estudar com Hayek. A cena intelectual britânica, porém, era muito mais aventureira do que qualquer outra coisa que ele tenha encontrado em sua adolescência solitária na Nova Inglaterra e, com o tempo, uma cópia de *História da Revolução Russa*, de Leon Trótski, acabou com sua fé na doutrina que seu pai havia lhe ensinado. Mas, na época, a economia marxista não era, conforme Paul observou, "muito útil" para descrever os problemas que devastavam os Estados Unidos e a Europa.[69] O capitalismo era irracional, explorador e caminhava para o colapso — e ele era capaz de aceitar tudo isso. Mas ele não conseguia enxergar o que tudo isso tinha a ver com uma repentina e persistente queda global nos preços das commodities. Nas ideias keynesianas que Robinson lhe apresentou, Sweezy encontrou um conjunto de preceitos com potencial político radical que também poderia dar sentido às forças específicas que atuavam na Depressão. Armado com insights keynesianos, ele estava destinado a se tornar um dos mais importantes economistas marxistas do século XX.

Nem todos os primeiros keynesianos seguiram carreiras como socialistas profissionais. Bryce acabaria passando décadas como o maior economista do governo canadense. Walter Salant, com quem Bryce e Tarshis fizeram amizade quando estavam em Cambridge, mais tarde se tornou o principal economista do think tank do ultra-establishment, Brookings Institution, em Washington. Mas antes de qualquer um desses homens conquistarem sua fama nas relações exteriores, primeiro eles fariam a fama de Keynes nos Estados Unidos.

Sweezy, Bryce e Salant logo trocaram uma Cambridge pela outra, indo até Harvard para concluir seus doutorados, enquanto Tarshis os acompanhou no outono de 1936, assumindo um cargo como instrutor na Universidade Tufts, próxima de Harvard. Esse era um território ideológico hostil. O departamento de economia de Harvard foi fundado expressamente para impor a pureza do laissez-faire. Nos anos 1870, o filósofo de Harvard Francis Bowen escreveu um livro didático declarando que até onde cabia aos assuntos econômicos, "Deus os regulava por meio de leis gerais, as quais sempre, em longo prazo, atuavam para o bem", afastando qualquer necessidade de uma interferência governamental sobre a ordem divina.[70] Mas mesmo Bowen acabou sendo radical demais para um grupo de grandes comerciantes de Boston, que pressionou os administradores da universidade a colocá-lo em um diferente cargo para o ensino da ética cristã e pagou para o estabelecimento de um novo departamento "preenchido apenas por homens conhecidos por suas visões sólidas sobre o dinheiro".[71] Esse foi o primeiro departamento de economia em uma universidade norte-americana, projeto que logo foi repetido em Yale, Johns Hopkins e Columbia.

Nos anos que se seguiram, a defesa das doutrinas monetárias da direita tornou-se uma tradição de Harvard, estabelecendo um padrão para toda a área acadêmica norte-americana de economia. Em 1932, o departamento fez sua contratação mais chamativa até então, atraindo Joseph Schumpeter, um aristocrata conservador austríaco que usava luvas de corrida durante as aulas, para os Estados Unidos. Dentro de dois anos, Schumpeter e seis de seus colegas haviam publicado *The Economics of the Recovery Program* ["A Economia do Programa de Recuperação", em tradução livre], dando a entender que a obra derruba de maneira "científica" o New Deal.[72] Esses não eram apenas os resmungos de um velho teimoso. Os coautores Edward Chamberlin, Edward Mason e Seymour Edwin Harris estavam nos seus 30 anos, enquanto Wassily Leontief estava na faixa dos 20 anos. Mesmo Schumpeter só tinha 51 anos. O presidente do departamento, Harold Hitchings Burbank, estava preparando a próxima geração de líderes da escola conservadora.

Mas Bryce, Sweezy e Tarshis tinham outros planos. "Keynes é Alá", lamentou-se Schumpeter, "e Bryce é seu profeta".[73] Bryce e Sweezy começaram a organizar um seminário informal à noite sobre Keynes mesmo antes da publicação de *A Teoria Geral*, usando uma obra de Bryce para estabelecer as ideias básicas para os outros estudantes. Quando a edição britânica do livro foi publicada, Bryce arranjou para que dezenas de exemplares fossem entregues em Harvard, onde os dois economistas usaram a obra como livro didático até que a edição norte-americana fosse lançada. Como Keynes esperava, alguma coisa profunda estava acontecendo na geração mais nova de economistas. Embora Schumpeter permanecesse imune ao canto da sereia, um a um, os acadêmicos de Harvard sucumbiram a seus encantos. Seymour Harris se tornou um keynesiano devoto. John Kenneth Galbraith, que retornou para Harvard em sua primeira tarefa para a administração Roosevelt, também. "A economia tradicional ainda é ensinada durante o dia", recordou ele mais tarde. "Mas, durante a noite, e praticamente em todas as noites desde 1936, quase todo mundo discutia Keynes."[74] Galbraith estava tão entusiasmado que foi até Cambridge, na Inglaterra, para estudar diretamente com o mestre, apenas para descobrir que Keynes estava de licença após um ataque cardíaco. Em vez disso, ele estudou com Joan Robinson, formando uma parceria intelectual que duraria quatro décadas. Conforme Galbraith se tornava um grande intelectual norte-americano nos anos 1950 e 1960, ele serviria como um poderoso e popular conduíte internacional para as ideias de Robinson. Ela era, escreveu ele no último ano de vida de Robinson, "minha amiga, crítica e consciência".[75] Após alguma hostilidade inicial ao livro de Keynes, o professor de Harvard Alvin Hansen fez da economia keynesiana o princípio central de seu seminário para a nova Harvard Graduate School of Public Administration, que começou a atrair convidados de maneira regular. Dentro de alguns anos, Harvard havia desencadeado outra geração de acadêmicos keynesianos que com o tempo provaram ser indivíduos consideravelmente influentes por si só, incluindo futuros ganhadores do Nobel, James Tobin e Paul Samuelson.

Quase todos eles chegaram até o governo no final dos anos 1930 e começo dos anos 1940. Um dos convertidos, Richard Gilbert, tornou-se um ajudante do diretor da Works Progress Administration, Harry Hopkins. Salant conseguiu um emprego no Tesouro e, em seguida, na

VEIO A REVOLUÇÃO   305

SEC. Seu irmão, William, tornou-se assistente de Lauchlin Currie, um dos principais oficiais do Federal Reserve que se tornou também conselheiro econômico pessoal de Roosevelt em 1939. Currie, ele mesmo um ex-homem de Harvard que havia flertado com algumas ideias monetárias de Keynes antes de se juntar ao governo, se converteu quando *A Teoria Geral* foi publicada e tomou o cuidado de recrutar grandes keynesianos de Harvard para cargos federais, em dado momento chamando Galbraith para um trabalho na National Defense Advisory Commission. A partir de cargos como esses, os primeiros keynesianos podiam ver como a administração Roosevelt foi pega de surpresa pela repentina recessão de 1937. "O governo do New Deal estava em um estado de completo choque", observou Sweezy, que trabalharia para a administração Roosevelt durante a Segunda Guerra Mundial. "Eles não sabem o que fazer com isso."[76]

Em 1938, Sweezy e sua esposa, Maxine, se juntaram a Tarshis, Richard Gilbert, William Salant e um punhado de outros keynesianos de Cambridge para escrever *An Economic Program for American Democracy* ["Um Programa Econômico para a Democracia Americana", em tradução livre]. Publicado no outono de 1938, o fino livro traduzia *A Teoria Geral* em uma explicação breve e digerível para o público do que havia acontecido de errado nos anos 1930 e o que fazer sobre isso. A obra era keynesiana tanto em suas recomendações de políticas quanto em sua perspectiva geopolítica. Sweezy e o resto do grupo pediam por pagamentos imediatos de seguro social; fornecimento de assistência médica federal; construção de escolas, parques, playgrounds e hospitais; a nacionalização das ferrovias e um aumento do salário mínimo. Tudo deveria ser pago com empréstimos e o deficit não deveria ser motivo de preocupação; com o crescimento da economia e as pessoas voltando a trabalhar, a dívida se resolveria com o tempo, argumentavam eles, e apenas o deficit financeiro poderia fazer do crescimento necessário uma realidade. Mas era essencial que os defensores do New Deal agissem rapidamente. "A concepção do governo como a expressão organizada da força e das aspirações coletivas da grande massa veio para ficar. O New Deal não fracassou. Em vez disso, a grande fraqueza dele foi uma adesão vacilante aos seus próprios princípios."[77] A grande ameaça política enfrentada pelo país não era o gasto do governo, mas o cinismo de Wall Street. "Existe o perigo de que empresários, obcecados pela teoria diabólica do governo, tentarão usar de seu poder econômico para suprimir a democracia e colocar no lugar uma ditadura rigorosa supostamente dedicada a seus próprios desejos."[78]

Diferentemente de *A Teoria Geral*, *An Economic Program for American Democracy* vendeu consideravelmente bem, sobretudo em Washington, onde Currie se certificou de presentear Roosevelt com um exemplar. O presidente ficou encantado, declarando para alguns de seus conselheiros próximos que o livro era um resumo perfeito da filosofia por trás do New Deal.[79] E, na chegada da primavera de 1939, ele realmente era. O colapso econômico de 1938 e o rebote de 1939 chegaram até mesmo a convencer Morgenthau da necessidade de medidas keynesianas. Conforme disse ao House Ways and Means Committee: "Em uma depressão é inevitável a existência de deficits... A sequência dos deficits em anos de emergência deve ser superávits em anos de prosperidade."[80]

A profissão de economista, em resumo, estava desenvolvendo tanto quanto Keynes esperava que ela fizesse nas páginas finais de *A Teoria Geral*, enquanto a posição social e a influência dos economistas dentro do governo se expandia rapidamente. Tudo isso só foi possível pela natureza do governo New Deal e pela antipatia entre Roosevelt e Wall Street.

Mas, como frequentemente era o caso com o gênio britânico e seu público norte-americano, correntes políticas que Keynes não podia prever, nem navegar, já estavam em movimento. Elas moldariam profundamente não só a compreensão pública de suas ideias, mas o futuro desenvolvimento delas como um campo técnico na academia.

No fim dos anos 1930, a administração conservadora de Harvard ficou decididamente desconfortável com a repentina mudança para a esquerda política de seu departamento de economia. Alan Sweezy e um economista trabalhista de esquerda, J. Raymond Walsh, tiveram a posse definitiva nos cargos negada e foram demitidos, aparentemente graças à baixa "capacidade de ensino" e "habilidades acadêmicas" inferiores.[81] Ambos os homens eram prestigiados entre seus colegas e alunos, e sua saída gerou um escândalo nacional sobre a liberdade acadêmica, evocando a indignação da American Federation of Labor e a União Americana pelas Liberdades Civis. Após uma prolongada investigação interna e de uma briga de relações públicas, a universidade prevaleceu com sua decisão de demitir os dois, e o mentor de John Kenneth Galbraith em Harvard, o economista agrônomo John Black, argumentava em particular para que seu pupilo fosse trabalhar em outro lugar. Não tinha chance de um homem com os compromissos políticos de Galbraith encontrar abrigo no corpo docente efetivo de Harvard.

Galbraith se recuperaria. Uma oferta de trabalho logo surgiria de Princeton e Currie o levaria de volta a Washington não muito depois. Mas a ameaça vermelha que dominaria Washington durante as primeiras décadas da Guerra Fria já havia começado, anos antes da eleição do senador Joseph McCarthy ou do bombardeio de Pearl Harbor. De fato, além de Harvard Yard e de Washington, a maré intelectual estava se voltando contra os defensores do New Deal.

Em 1938, Walter Lippmann era possivelmente o escritor norte-americano mais influente de todos. Sua coluna para o *New York Herald Tribune* era publicada simultaneamente em todo o país e, embora seu empregador fosse um bastião do republicanismo de Wall Street, a fluidez de seus compromissos ideológicos garantiu a ele uma reputação por sua objetividade e mente aberta. Como um jovem escritor, ele fez a transição de forma fluida de um socialista para um wilsoniano e, em seguida, para um forte crítico do Tratado de Versalhes. Mas a facilidade com a qual assimilava novas ideias se tornou algo caótico durante a Grande Depressão, uma vez que ele lutava para aceitar o colapso social e novas formas de governos autoritários surgindo ao redor do globo. Inicialmente, ele celebrou a agenda política de Roosevelt, até mesmo defendendo de maneira pública poderes ditatoriais temporários para o presidente, e elogiava *A Teoria Geral* como a principal descoberta teórica para conquistar a Depressão. Desde então, ele ficou desconfortável com o poder conquistado pelo governo de Roosevelt, uma preocupação inflamada pelas discussões com Hayek e Mises. Ele votou, de maneira indiferente, para o republicano Alf Landon em 1936, mas em 1938 estava pronto para apresentar um ataque sistematizado contra a administração Roosevelt com seu livro *The Good Society* ["A Boa Sociedade", em tradução livre]. Na obra, ele denunciava o New Deal como uma forma de "coletivismo gradual" que não havia conquistado nada além de "conferir privilégios sobre interesses pessoais". Assim como o stalinismo e o fascismo, afirmava Lippmann, o New Deal era uma espécie de "absolutismo" que existia "em revolta à herança moral da sociedade ocidental" e ameaçava um "retorno à barbárie". "Existem... diferenças importantes entre leões e tigres, e mesmo entre os leões africanos e indianos. Mas, do ponto de vista de um bode ou um cordeiro, por exemplo, as características em comum de todos os grandes carnívoros são mais importantes que suas diferenças."[82] Assim também eram o New Deal, o fascismo e o comunismo.

Em sua introdução, Lippmann reconheceu a influência de Hayek e Mises, economistas que permaneciam, na época, quase desconhecidos fora dos círculos acadêmicos. Mas, ao mesmo tempo que Lippmann protestava contra a plataforma de Roosevelt, ele propunha um conjunto de prescrições de políticas que pareciam perfeitamente compatíveis com as sensibilidades keynesianas e do New Deal: obras públicas, uma rede de seguridade social, tributação progressiva para limitar riquezas excessivas e um ataque continuado aos monopólios corporativos. Ele até elogiou Keynes, ao lado de Hayek e Mises. Por pior que o New Deal pudesse ser, um retorno ao "coletivismo corporativista" do "republicanismo da velha guarda" não funcionaria. O resultado, conforme observou o biógrafo de Lippmann, Ronald Steel, é um trabalho "desconcertante" de "confusão" que meramente complementava uma agenda política popular com um argumento intelectual completamente incompatível.[83]

Ou assim parecia, ao olhar em retrospectiva dos anos 1980. Nos anos 1930, Lippmann via a si mesmo como participante de um projeto ideológico que redefiniria o liberalismo para uma era de turbulência política e econômica — o mesmo projeto que Keynes tentou doze anos antes com *The End of Laissez-Faire*. E fazia sentido agrupar Hayek, Mises e Keynes em uma só categoria. Todos eles ainda se declaravam liberais e se consideravam herdeiros da mesma tradição intelectual do Iluminismo. Todos eram antinazistas, antissoviéticos e amadureceram acreditando que o livre mercado e o padrão-ouro eram essenciais para a preservação da liberdade individual. No entanto, essa tradição compartilhada se rompia com o passar dos anos e, no caso de Roosevelt, tal rompimento se tornou irreparável.

O entusiasmo de Lippmann pela liberdade individual era inconstante. Quando o irmão de Lytton Strachey, John, foi deportado dos Estados Unidos por dar aulas defendendo que o capitalismo era uma forma de fascismo, Lippmann escreveu que os comunistas não tinham direito

VEIO A REVOLUÇÃO   309

às proteções de liberdade de expressão. Após Pearl Harbor, ele visitou a Califórnia, declarou que toda Costa Oeste dos Estados Unidos estava em um "perigo iminente de um ataque combinado interno e externo" e apoiou a remoção federal de qualquer um que pudesse executar uma "sabotagem organizada" contra o país. Era um apoio completo à internação em massa dos nipo-americanos no que Roosevelt chamaria de "campos de concentração" — uma das violações dos direitos civis mais notórias da história dos Estados Unidos.[84] Lippmann também criticou Roosevelt por ser, de acordo com ele, muito duro com o Sul segregacionista.

Lippmann não se considerava como parte da direita política, mas o efeito prático de seu livro, em 1938, foi trazer uma nova vida intelectual para as reclamações sobre Roosevelt que Wall Street repetia por anos. Não era verdade, como Lippmann afirmava, que a economia "coletivista" levou os nazistas ao poder. Hitler ascendeu com a deflação e o desemprego em massa e implementou gastos deficitários com planejamento centralizado e uma frouxa política monetária apenas *depois* de assumir o poder. Lippmann, porém, estava popularizando a ideia de que a economia e a política nazistas eram inseparáveis. Por isso, ele se tornou uma *cause célèbre* para Hayek e Mises, que organizaram uma grande reunião de conservadores antigoverno e céticos a Roosevelt em Paris. Apelidado de "Colóquio Walter Lippmann", o evento se tornou a base para a Sociedade Mont Pèlerin de Hayek, uma das mais importantes instituições no desenvolvimento da política de direita do século XXI. Embora eles não tivessem certeza do que estavam fundando, a tradição filosófica conhecida como neoliberalismo havia acabado de nascer.

Roosevelt estava perfeitamente ciente do impulso que estava sendo gerado na direita. Em junho de 1938, ele assinou a Fair Labor Standards Act, exigindo uma semana de trabalho de 42 horas e um salário mínimo como referência na lei trabalhista norte-americana. Esse foi outro marco para o New Deal, mas seria um dos últimos. Pela primeira vez, Roosevelt foi forçado a aprovar uma lei sem o apoio dos democratas conservadores do Sul. Lealdades partidárias fizeram essa facção eleitoral trabalhar com o presidente em reformas anteriores, mas a participação deles sempre teve um preço. A plataforma de Roosevelt com frequência aceitava compromissos desagradáveis com seus aliados do Sul que impediam afro-americanos, judeus, imigrantes do sul e leste da Europa e mulheres de aproveitar os frutos de reformas importantes. Mas, após a recessão de 1937 e 1938, democratas conservadores não estavam mais interessados em concessões. Eles abandonaram os defensores urbanos do New Deal no Norte por uma aliança funcional com os republicanos de Wall Street, preferindo políticas que recompensavam os ricos e os brancos do que aquilo que os democratas do Norte estavam planejando. Ao longo das décadas seguintes, essa cooperação se tornaria mais explícita, rigorosamente transformando o Sul em um bastião eleitoral do GOP, o Partido Republicano.

A mudança começou com as eleições de 1938, que acabou com a sequência de quatro triunfos eleitorais consecutivos do Partido Democrata. O partido de Roosevelt perdeu sete assentos do Senado em novembro de 1938, incluindo redutos populistas e progressistas em Ohio, Wisconsin, Nebraska e Dakota do Sul, enquanto executivos republicanos derrotavam os liberais democratas em Nova Jersey, Nova Hampshire e Connecticut. Na Câmara dos Representantes, os democratas perderam 72 assentos. Embora os democratas continuassem a manter uma confortável maioria em ambas as câmaras, a separação ideológica dentro do partido significava que a presidência de Roosevelt havia alcançado um impasse na política doméstica. Democratas liberais do Norte perderam para os republicanos, enquanto os democratas conservadores do Sul permaneceram no poder. Reformas ambiciosas deram lugar a brigas sobre financiamento, embora, nessa questão, Roosevelt tenha sido capaz de vencer, funcionando com um deficit de US$2,9 bilhões em 1939, prova de que Keynes finalmente havia triunfado na guerra ideológica dentro da administração. A taxa de desemprego, que havia saltado de 9,2% para 12,5% durante a recessão de Roosevelt, começou a cair, alcançando 11,3% em 1939, retornando aos 9,5% em 1940 e finalmente caindo para 6,0% em 1941.[85]

O New Deal não salvou o capitalismo no sentido de restaurar o estado das coisas que prevalecia antes do crash da bolsa de valores de 1929; ele criou uma forma de governo completamente nova e não testada. *A Teoria Geral* deu a esses reformistas legitimidade intelectual — a garantia científica de que uma reorganização mais igualitária e democrática da sociedade não era apenas economicamente possível, mas necessária para a conquista de uma prosperidade amplamente compartilhada. O sucesso do New Deal, além disso, reforçou o prestígio de Keynes em todo o mundo, provando ao mundo que as ideias keynesianas podiam funcionar — mesmo sem recorrer aos métodos totalitários espalhados pela Europa.

ONZE

—◇—

GUERRA E CONTRARREVOLUÇÃO

EM 1938, OS KEYNESIANOS NORTE-americanos estavam excessivamente confiantes sobre as perspectivas de recuperação econômica. Apesar de seu título, *An Economic Program for American Democracy*, o influente livro escrito por Paul Sweezy, Lorie Tarshis e outros hereges econômicos de Harvard não estava principalmente preocupado com crescimento, produtividade ou desemprego, mas com poder político. A administração Roosevelt poderia gastar até alcançar a recuperação, argumentavam os escritores, ou seria substituído por uma ditadura imposta por homens de "negócios" destemperados. Esse ditador norte-americano, enfatizaram eles, gastaria até alcançar a recuperação. As pessoas que precisavam de empregos conseguiriam obtê-los, mas não na construção de casas, represas e hospitais, e sim na produção em massa de "armas mortíferas e de destruição que, mais cedo ou mais tarde, serão usadas para afundar o país em um holocausto de massacre e derramamento de sangue".[1] Na ausência da concepção de Keynes do que é uma boa vida, as ferramentas governamentais básicas da economia de Keynes — gastos deficitários e um governo ativista — poderiam ser instrumentos de brutalidade.

Keynes, é claro, reconhecia isso há anos. Ele viveu durante o boom econômico da Primeira Guerra Mundial e sabia que conseguir empréstimos e gastá-los era uma forma de botar muitos tipos diferentes de fábricas para funcionar. "A guerra", escreveu ele para Roosevelt em 1934, "sempre causou uma intensa atividade industrial", observando que mesmo banqueiros conservadores viam a guerra como uma "desculpa legítima para gerar empregos por meio de gastos governamentais".[2]

A economia keynesiana foi formulada como uma defesa contra o fascismo, então era adequado que Keynes e todos os autores de *An Economic Program for American Democracy* participassem dos esforços de guerra contra a Alemanha Nazista e a Itália Fascista. Mas o keynesianismo também foi desenvolvido para prevenir guerras e, ainda hoje, o fato de que a mesma catástrofe que Keynes tentou impedir por quase duas décadas tenha sido também o evento que finalmente demonstraria a viabilidade de suas ideias econômicas no cenário mundial permanece como uma das maiores e mais trágicas ironias da história intelectual. Tanto *A Teoria Geral do Emprego, do Juro e da Moeda* quanto *As Consequências Econômicas da Paz* alcançaram sua apoteose política na mesma calamidade.

A Segunda Guerra Mundial transformou a economia keynesiana em uma profissão, dando à doutrina um inesperado conjunto de aliados institucionais no que Dwight D. Eisenhower chamou de "complexo militar-industrial". As ideias keynesianas, que foram desenvolvidas de maneira explícita para combater o "militarismo", se tornaram essenciais para a manutenção de um mundo permanentemente militarizado. Essa nova doutrina, que John Kenneth Galbraith mais tarde viria a chamar de keynesianismo reacionário, dominaria as filosofias governamentais de Harry Truman, Eisenhower, Lyndon B. Johnson, Richard Nixon e Ronald Reagan, além de educar sucessivas campanhas de assassinato em massa que sobreviveriam até mesmo à Guerra Fria.

Os próprios keynesianos, é claro, não acreditavam que estavam se inscrevendo para esse projeto quando foram trabalhar nos governos norte-americanos e britânicos no começo dos anos 1940. Eles entendiam a guerra como um esforço defensivo contra um mal sem precedentes e aceitaram uma nova função no exército militar, em grande parte, por necessidade. Mas também foram cativados por uma nova visão de direitos humanos na política externa que Roosevelt formulou para usar como argumento na guerra. Nessa nova doutrina, os objetivos humanitários idealizados do imperialismo liberal que Keynes tanto admirava quando jovem foram reescritos para uma era de hegemonia norte-americana.

GUERRA E CONTRARREVOLUÇÃO   313

Roosevelt começou a falar sobre os Estados Unidos como um "arsenal da democracia" em um de seus "fireside chats" no dia 29 de dezembro de 1940, além de apresentar por completo a ambiciosa doutrina para o Congresso uma semana depois, em seu discurso sobre o Estado da União de 1941. Embora sempre tenha sido ofuscado por seus comentários após Pearl Harbor — que ainda estava a cerca de onze meses de distância —, o que se tornou conhecido como "Discurso das Quatro Liberdades" seria o seu discurso público mais importante sobre a guerra.

Em 1941, o projeto internacional de Woodrow Wilson parecia ter sido um grande desastre. Mais de 116 mil soldados norte-americanos morreram na Primeira Guerra Mundial, o dobro das baixas do exército norte-americano registradas no Vietnã, em uma época que a população era apenas metade daquela dos anos 1970. A cicatriz que a Primeira Guerra Mundial deixou sobre a imaginação norte-americana foi, possivelmente, maior que aquelas deixadas sobre as futuras gerações nos conflitos do Vietnã e do Iraque. Quase tão ruim quanto a própria carnificina era a percepção de que tudo foi um desperdício.[3] Wilson e outros defensores da intervenção norte-americana acreditavam, segundo o biógrafo de Walter Lippmann, que "uma guerra imperialista poderia ser transformada em uma cruzada democrática".[4] Isso não aconteceu e a Liga das Nações parecia inútil diante de todas as calamidades que se seguiram. A invasão francesa do Ruhr, o ataque da Itália contra a Etiópia e até o avanço militar de Hitler apenas provaram para milhões de norte-americanos que a Europa era um remanso incorrigível onde a virtude norte-americana era incapaz de realizar coisa alguma. O fato de que os Estados Unidos tecnicamente se encontravam no lado vitorioso da Grande Guerra — na verdade, a noção de que seu envolvimento certamente foi o fator decisivo a separar os vitoriosos dos derrotados — apenas serviu para exacerbar essa noção de futilidade. Até o sucesso militar resultava em um fracasso moral.

Wilson argumentou a favor da intervenção ao prometer o fim do imperialismo e o início de uma nova era de democracia internacional. Ele dependia de premissas básicas sobre o nacionalismo étnico. O imperialismo, acreditava ele, impunha governantes estrangeiros não naturais em Estados-nações desenvolvidos naturalmente. A democracia, por outro lado, era o processo no qual "povos" livres — nacionalidades étnicas — poderiam se governar. Seus Quatorze Pontos não eram uma doutrina de direitos humanos. Um povo livre seria deixado à própria sorte para decidir quais políticas e prerrogativas considerava apropriadas para seu próprio governo — nada era dito sobre quais direitos e responsabilidades um povo livre deveria conceder aos indivíduos. A função dos Estados Unidos, e de forma mais ampla a diplomacia internacional, era proteger os direitos dessas comunidades de encontrar seu próprio curso, livre da coerção ou da beligerância estrangeira.

A tarefa de Roosevelt era reviver a ideia de uma vigorosa liderança internacional norte-americana em um sentido que claramente separasse os valores e as ambições norte-americanas daqueles da Alemanha, Itália e Japão. Por que era aceitável — e até mesmo imperativo — para os Estados Unidos afirmarem sua vontade de maneira violenta nos cantos mais distantes do mundo, quando outras nações atraíam a indignação ao fazer o mesmo? A resposta, para Roosevelt, era uma lei internacional fundada em pessoas livres em vez de povos livres. O que diferenciava os Estados Unidos das ditaduras não era sua composição étnica ou uma combinação distinta dos nutrientes em seu solo. Era a garantia das liberdades básicas de todos os indivíduos, independentemente de sua nacionalidade ou etnia. Assim como Wilson, Roosevelt estava ansioso pela "cooperação de países livres, trabalhando juntos em uma sociedade amigável e civilizada". Diferentemente de Wilson, ele acusou governos que fracassaram em respeitar o que ficou conhecido como as "Quatro Liberdades" *dentro de suas próprias fronteiras* de serem bastiões legítimos da "tirania". E reservou para os Estados Unidos o direito de libertar todos os povos que foram forçados — por meio da violência ou da ameaça de violência — a viver sob tamanha "dominação". "Liberdade", disse ele, "significa a supremacia dos direitos humanos por toda a parte". Embora ele tenha reconhecido os problemas criados pelo Tratado de Versalhes e pela diplomacia pós-guerra, Roosevelt estava apresentando uma métrica pela qual tais fracassos — e a muito pior "nova ordem da tirania" que estava dominando o mundo — poderiam ser mensurados. O problema com o Tratado de Versalhes, sugeriu ele, não era ser um desastre inevitável forjado por europeus traiçoeiros, mas sim o acordo não conseguir garantir a segurança econômica e militar para o povo da

GUERRA E CONTRARREVOLUÇÃO 315

Europa. Conscientemente ou não, Roosevelt estava usando as ideias de *As Consequências Econômicas da Paz* e as expandindo em uma doutrina de política externa de grande ambição:

> Nos dias futuros, que nós procuramos tornar seguros, ansiamos por um mundo fundado sobre quatro liberdades humanas essenciais. A primeira é a liberdade de fala e expressão — em qualquer lugar do mundo. A segunda é a liberdade de qualquer pessoa adorar a Deus de seu próprio modo — em qualquer lugar do mundo. A terceira é a liberdade do desejo — que, traduzido em termos mundanos, significa uma compreensão econômica que garantirá para cada nação uma vida saudável em tempos de paz para seus habitantes — em qualquer lugar do mundo. A quarta é a libertação do medo — que, traduzido em termos mundanos, significa uma redução mundial dos armamentos até tal ponto e de forma tão completa que nenhuma nação estará em condições de cometer um ato de agressão física contra uma nação vizinha — em qualquer lugar do mundo. Essa não é uma visão de um milênio distante. É uma base definitiva para um tipo de mundo que é possível conquistar em nossa própria época e nossa própria geração. Esse tipo de mundo é a verdadeira antítese da nova ordem da tirania que os ditadores desejam instaurar com a explosão de uma bomba.[5]

Roosevelt sabia que essa era uma ruptura fundamental com a política norte-americana anterior. Essas não eram apenas declarações de segurança nacional ou de interesse nacional. O presidente dos Estados Unidos estava declarando um direito de julgar moralmente os assuntos de outros soberanos. Quando Roosevelt estava escrevendo o rascunho de seu discurso, o seu assistente Harry Hopkins imediatamente desaprovou o refrão persistente de "em qualquer lugar do mundo".

"Isso é uma quantidade muito grande de território, Sr. Presidente", disse Hopkins. "Eu não sei quão interessados os norte-americanos estarão no povo de Java." Roosevelt foi irredutível. "Eu temo que eles precisem se preocupar algum dia, Harry", disse ele. "O mundo está se tornando tão pequeno que mesmo as pessoas em Java serão nossos vizinhos agora."[6]

A expansividade de sua visão é subscrita pelo fato de que pelo menos duas das liberdades de Roosevelt — a liberdade do desejo e a liberdade do medo — não eram respeitadas nos próprios Estados Unidos, enquanto os limites da liberdade de expressão estavam quase sempre sendo contestados ou redefinidos. A cultura e as instituições do Sul segregacionista eram abertamente baseadas na dominação dos afro-americanos pelos brancos, enquanto as cidades mais ao Norte eram segregadas em bairros que condenavam negros, imigrantes e seus descendentes para escolas e serviços públicos de baixa qualidade, além da frequente e violenta miséria. O desemprego e a pobreza permaneceram desenfreados em todo o país. Os sulistas veementemente rejeitavam os paralelos que Hitler construiu entre o racismo nazista e as Leis de Jim Crow, mas as Quatro Liberdades não ofereciam abrigo para o racismo codificado do sul dos Estados Unidos. Roosevelt denunciou o nazismo em termos que poderiam ser aplicados aos próprios demônios norte-americanos:

> Certamente este não é um momento para que paremos de pensar sobre os problemas sociais e econômicos que são a causa central da revolução social, que é hoje um fator supremo no mundo. Pois não há nada misterioso sobre as fundações de uma democracia saudável e forte. As coisas básicas que são esperadas pelo nosso povo de seus sistemas econômicos e políticos são simples. Elas são: igualdade de oportunidade para jovens e para os outros; Empregos para aqueles que podem trabalhar; Segurança para aqueles que precisam dela; O fim de privilégios especiais para poucos; A preservação das liberdades civis para todos.[7]

As Quatro Liberdades, portanto, eram aspiracionais, políticas e profundamente radicais — um grito de guerra por uma guerra justa que agrupou os oponentes das reformas domésticas de Roosevelt como primos morais dos inimigos estrangeiros. A libertação da pobreza era um *direito humano* — não um problema matemático que algum dia pode ser resolvido caso os recursos e as taxas de crescimento assim permitam. A ideia parecia impossível sob a economia da escassez do século XIX, mas sob as formulações keynesianas em "Economic Possibilities for Our Grandchildren" e *A Teoria Geral* que Roosevelt agora implementava, era um modo de vida cientificamente plausível.

GUERRA E CONTRARREVOLUÇÃO

Keynes nunca concebeu suas ideias com algo parecido com o tipo de linguagem usada por Roosevelt em seu discurso das Quatro Liberdades. Os dois homens compartilhavam um zelo reformista, mas Keynes não tinha a noção cristã de princípios de Roosevelt. Suas maiores obras enfatizavam possibilidades e consequências, não direitos políticos. Os direitos eram compromissos invioláveis e o mundo não era um lugar inviolável. Keynes preferia buscar um equilíbrio entre "tolerável" e "não tolerável" e fazer o melhor com o que lhe fosse apresentado pelo mundo. Sua ideia de uma boa vida envolvia garantir a maior quantidade de bons estados de espírito quanto possível e sua sociedade ideal permitia que a maior quantidade possível de pessoas tivesse uma boa vida. Mas isso era um problema que dependia da realidade material e não dos direitos fundamentais. Governos que ignoravam suas ideias eram tolos, mesquinhos e banais — mas ele não pensava que esses governos estivessem violando os direitos básicos de alguém.

No entanto, o significado e a viabilidade prática das ideias keynesianas sempre foram dependentes da habilidade dos defensores do New Deal para reformulá-las e acomodá-las à realidade política norte-americana. Ao acelerar a transferência de poder internacional da Grã-Bretanha para os Estados Unidos, a guerra também aprofundaria a americanização do pensamento keynesiano — com resultados tanto triunfantes quanto desastrosos.

Os esforços norte-americanos de alcançar a liberdade do medo e a liberdade do desejo seriam árduos, complexos e incompletos. Mas, como um guia para a diplomacia internacional, o discurso das Quatro Liberdades estava entre os discursos mais influentes do século XX. Ele formou a base da Carta do Atlântico emitida por Churchill e Roosevelt alguns meses depois, que declarava uma aliança anglo-americana para estabelecer uma paz "que permitirá a garantia de que todos os homens em todas as terras possam viver livres do medo e do desejo". Essa era a espinha dorsal moral por trás do estabelecimento das Nações Unidas e informou a criação da União Europeia e OTAN. Se o New Deal fosse, como o historiador Ira Katznelson sugeriu, um projeto comparável apenas com a Revolução Francesa em seu significado político, então o discurso das Quatro Liberdades era sua Declaração dos Direitos do Homem e do Cidadão. E Roosevelt intencionalmente alimentou essa ideia nas imprensas coletivas seguintes, comparando os ideais das

Quatro Liberdades e da Carta do Atlântico aos da Magna Carta e — sem nenhuma falsa modéstia — aos Dez Mandamentos.[8]

Havia um lado sombrio nesse entusiasmo por cruzadas. Os subsequentes defensores da guerra norte-americana invariavelmente citaram a proteção dos direitos humanos no exterior como importante preocupação moral, frequentemente atestando altos ideais para desviar a atenção de motivações menos benignas: reivindicação de recursos, estratégias imperiais ou simples beligerância. O padrão teve início na Segunda Guerra Mundial. Enquanto Roosevelt apresentava o conflito aos norte-americanos como uma luta por direitos humanos "em qualquer lugar do mundo", o Departamento de Estado dos Estados Unidos — principal órgão da diplomacia norte-americana — repetidamente se recusava a auxiliar os refugiados judeus. Na Costa Oeste, mais de 100 mil nipo-americanos foram retirados de suas casas e forçados a entrar em campos de internação, uma política que teve origem no Departamento de Guerra de Roosevelt. Não eram apenas os conservadores que faziam vista grossa. "Conforme a influência militar aumentava, numerosos liberais, atraídos pelo estilo ou convencidos de que os soldados eram neutros ou indiferentes quanto às políticas externas e completamente comprometidos com a guerra, os acompanharam", observou John Kenneth Galbraith, forjando uma "parceria" que mudou o equilíbrio dentro da administração Roosevelt, afastando o poder de novas agências lideradas por reformistas liberais e aproximando de alas antigas e mais conservadoras — além de paranoicas — da burocracia federal.[9] Enquanto os gastos militares subiam vertiginosamente, as obras públicas se tornaram mais importantes do que nunca — mas apenas obras públicas com objetivos militares. A Works Progress Administration e a Civilian Conservation Corps encolhiam conforme o governo federal convertia a economia moderna em uma potência das munições. Algumas das melhores mentes entre os reformistas se tornaram lideranças do maquinário da guerra.[10]

Mas os ideais defendidos por Roosevelt no discurso das Quatro Liberdades não eram promessas vazias. Elas moldaram profundamente o curso futuro do liberalismo norte-americano, uma mudança que começou quase imediatamente. Seis meses após o discurso das Quatro Liberdades, Roosevelt assinou a Ordem Executiva 8802, proibindo a discriminação racial nas indústrias de defesa e estabelecendo um Comitê de Práticas Justas de Trabalho para investigar abusos em relação a trabalhadores negros. A ordem não se materializou sozinha — Roosevelt foi pressionado a assiná-la pelo líder trabalhista negro A. Philip Randolph, presidente da Brotherhood of Sleeping Car Porters, que ameaçava enviar mais de 100 mil manifestantes para o National Mall caso o presidente não fizesse nada para os trabalhadores negros na economia de guerra. Mas Roosevelt também foi encurralado por sua própria retórica no discurso das Quatro Liberdades.[11] Se elas deveriam existir para todos e em todo lugar, então certamente também deveria ser uma guerra para os trabalhadores negros nos Estados Unidos.

O FEPC, sigla em inglês para o Comitê de Práticas Justas de Trabalho, tinha um orçamento pequeno e foi bastante ineficaz no combate ao racismo entre empregados sulistas comprometidos com a segregação. Na indústria ao norte do país, porém, as novas proteções legais foram significativas, especialmente quando em combinação com outras reformas do New Deal, como a Wagner Act, que dava poder aos sindicatos trabalhistas. Os ideais internacionais que Roosevelt impulsionava por meio do discurso das Quatro Liberdades estimularam os liberais norte-americanos a se comprometerem com reformas domésticas mesmo quando o controle conservador do Congresso havia acabado com a possibilidade de uma nova legislação reformista. "Não podemos combater o fascismo enquanto ignoramos o fascismo em nossas casas", editou *The Nation* em 1943. "Não podemos escrever em nossas bandeiras: pela democracia e um sistema de castas." A guerra, nas palavras do historiador Alan Brinkley, consolidou a "identificação do liberalismo com o esforço de garantir os direitos civis para afro-americanos e, mais tarde, para muitos outros grupos", gerando um impulso para reformas do pós-guerra que "poucos progressistas ou defensores do New Deal haviam contemplado seriamente".[12]

Enquanto isso, Keynes finalmente estava saudável de novo. Ele devia sua nova energia, em parte, à agressividade de Hitler. Em 1939, Keynes havia contratado János Plesch, um doutor judeu de nacionalidade húngara que havia se mudado para Londres após fugir da perseguição nazista. Plesch havia reunido uma impressionante lista de pacientes, incluindo os amigos de Keynes, Albert Einstein e George Bernard Shaw.

Keynes considerava Plesch como "algo entre um gênio e um charlatão" — reputação conquistada pelos tratamentos nada ortodoxos prescritos por ele para Keynes, incluindo a aplicação de pacotes de gelo no seu tórax por três horas de cada vez, um regime de pílulas de ópio e a eliminação do sal da sua dieta.[13] Mas o médico criativo também prescreveu para Keynes Prontosil, uma nova droga derivada do corante vermelho e desenvolvida em laboratórios alemães pela Bayer antes da guerra. Embora tivesse o infeliz efeito de deixar a pele de seus pacientes cor-de-rosa — e ter deixado Keynes completamente doente após as injeções —, Prontosil fez ele se sentir um novo homem em questão de dias. A droga era, de fato, um dos primeiros antibióticos já produzidos. Embora a ciência moderna já tenha afirmado que o tratamento é inútil contra infecções bacterianas do coração, Keynes ainda encontrou uma melhora na sua energia até níveis próximos de onde ela se encontrava antes da doença. Sua persistente infecção na garganta estava curada.

No entanto, após duas décadas de depressão, a economia britânica estava adentrando a batalha da sua vida em uma condição crítica. A produção da indústria de construção naval em 1937 foi menor que dois terços da produção em 1930.[14] Em 1939, Keynes acreditava que seu país estava trabalhando 10% abaixo de sua capacidade e precisaria de uma revisão completa, não só de seus processos industriais, mas de seus relacionamentos com o governo, se a guerra tivesse que acontecer de maneira eficaz. Nos Estados Unidos, Roosevelt fez da regulamentação governamental e da melhoria tecnológica uma parte normal do cenário econômico. O mesmo não poderia ser dito do governo conservador da Grã-Bretanha, cuja indústria pesada, protegida por tarifas, melhorou sua produção ao longo do curso dos anos 1930, mas perdeu sua produtividade. Na véspera da guerra, a produtividade dos trabalhadores era 125% maior nos Estados Unidos do que na Grã-Bretanha,[15] que embarcara na Primeira Guerra Mundial como a economia mais poderosa do planeta e embarcaria na Segunda Guerra Mundial como um animal ferido precisando de toda ajuda econômica possível, de alimentos até produtos têxteis, armamento e dinheiro. "Se, de fato, a guerra irromper, essa falta de preparação pode ser desastrosa", avisou Keynes aos leitores do *New Statesman and Nation* em janeiro de 1939. "Nossos planos e nossas preparações são ridiculamente fracos."[16]

GUERRA E CONTRARREVOLUÇÃO   321

Embora os Estados Unidos não tivessem se recuperado completamente da Depressão, sua energia industrial foi revigorada pelo New Deal. A guerra agora fomentava um frenesi econômico. Assim como na Primeira Guerra Mundial, os Estados Unidos começaram a produzir armamentos e outros suprimentos essenciais para as defesas britânicas muito antes do país enviar algum soldado para a batalha. Em 1939, os Estados Unidos começaram a vender armamentos e materiais essenciais de guerra para a Grã-Bretanha com pagamento à vista. Ao fazer isso, Roosevelt estava derrubando as recentes ações do Congresso. Em 1935, 1936 e 1937, o Congresso aprovou uma série de Neutrality Acts que restringiam o comércio dos Estados Unidos com nações envolvidas em guerras. A ideia era prevenir o envolvimento dos Estados Unidos em outro sangrento conflito externo. Mas, após a invasão de Hitler à Polônia em 1939, Roosevelt foi capaz de eliminar essas restrições. Sob o novo programa de "pagar e levar" aprovado pelo Congresso, os Estados Unidos poderiam vender armamentos para a Grã-Bretanha, desde que o país pagasse em dinheiro e transportasse o material em navios britânicos; não haveria *Lusitanias* em 1939, mas em 1940 ficou claro que a Grã-Bretanha não tinha fundos para sustentar o programa por muito tempo. "Bem, rapazes, a Grã-Bretanha está sem um tostão", anunciou o embaixador britânico Philip Kerr em novembro de 1940. "É o seu dinheiro que nós queremos."[17]

Em resposta, Roosevelt criou o programa Lend-Lease, no qual os Estados Unidos permitiriam à Grã-Bretanha "tomar emprestado" o equipamento de guerra norte-americano se a administração acreditasse que isso seria essencial para a defesa dos interesses dos Estados Unidos. O Congresso, entretanto, não especificou os termos desses empréstimos e mesmo dentro da administração Roosevelt havia uma grande discordância sobre como a organização deveria funcionar. O auxílio prometido demorou até sair do papel.

Enquanto isso, a Alemanha havia alterado seu foco ofensivo para Londres. A Blitz, embora relativamente ineficaz na interrupção da produção britânica, teve um impacto poderoso no cotidiano e no moral público. Leonard e Virginia Woolf perderam não uma, mas duas casas para as bombas alemãs. Virginia registrou sua primeira experiência dos bombardeios de fora de sua casa em Rodmell, em agosto de 1940:

Eles chegaram bem perto. Nós nos abaixamos sob uma árvore. O barulho era como alguém cortando o ar logo acima de nós. Encostamos nossos rostos no chão, com as mãos atrás da cabeça. Não cerre seus dentes, disse L. Eles pareciam estar cortando alguma coisa imóvel. Bombas fizeram sacudir as janelas da casa. Elas vão cair, eu me perguntei? Se sim, nós nos quebraremos juntos. Pensei, eu acho, no nada — o vazio, meu próprio estado de espírito vazio. Algum medo, suponho... eles zunem, rangem e retumbam por todos os lados. Um cavalo relinchava no brejo. Muito abafado. Seria um trovão?, eu disse. Nada de armas, disse L. de Ringmer, do caminho para Charleston. Então, lentamente, o som diminuiu. Mabel, na cozinha, disse que as janelas tremeram. O ataque aéreo permanece em andamento, os aviões estão distantes.[18]

Os diplomatas britânicos não tinham tempo a perder. Depois de tentar todo o resto, eles chamaram Keynes.

Todos em Whitehall lembravam-se das tentativas desastrosas de Keynes na diplomacia norte-americana durante a Primeira Guerra Mundial, inclusive o próprio Keynes — embora ele preferisse culpar o egoísmo dos norte-americanos em vez de sua própria grosseria pelos fracassos com a administração Wilson. Em verdade, o toque pessoal nada delicado de Keynes foi muito menos importante que as diferentes prioridades técnicas e ideológicas entre Wilson e Lloyd George. Haveria diferenças semelhantes entre Roosevelt e Churchill, embora Keynes não gostasse deles completamente até o fim da guerra. E, com seus 58 anos, Keynes era um homem diferente do oficial do Tesouro exigente e impaciente de um quarto de século antes. Todos seus amigos viam que ele amadureceu e sua mente rápida estava agora mais propensa às palavras gentis do que a ataques farpados. Viajar com Lydia fez dele incomumente alegre e otimista para um diplomata da guerra.

Keynes não trabalhou para o governo desde o Comitê Macmillan ter publicado seu relatório em 1931. Ao recuperar sua saúde, ele dividia a maior parte do seu tempo entre Cambridge e Tilton. Em julho de 1940, ele se realocou para Londres, visando aceitar uma posição não remunerada como conselheiro do Tesouro, onde rapidamente acumulou poder e, com o passar do tempo, passou a ser na prática o equivalente a um chanceler do Tesouro em épocas de guerra.[19] Esse crescimento

GUERRA E CONTRARREVOLUÇÃO

meteórico dentro do serviço público britânico foi auxiliado pela improvável ressurreição política de Winston Churchill, que havia alcançado o cargo de primeiro-ministro após a renúncia de Neville Chamberlain em maio de 1940. Churchill não guardava rancor de Keynes pelo seu tratamento em *As Consequências Econômicas da Paz*. Em vez disso, culpava o governador do Bank of England, Montagu Norman, e os especialistas do centro financeiro de Londres por induzi-lo ao fiasco do ouro de 1925.[20] Algumas poucas críticas positivas que Keynes escrevera sobre os grandes livros de história de Churchill ajudaram a amenizar qualquer angústia residual.[21] Dessa vez, Churchill confiaria os assuntos econômicos a Keynes.

Pela primeira vez desde a Conferência de Paz de Paris, Keynes tinha em suas mãos o controle do poder dentro do governo britânico. Com a Grã-Bretanha sob bombardeio, ele não teve nenhum peso na consciência sobre seu papel na máquina de guerra. Os jovens e idealistas europeus de esquerda de 1914 foram pacifistas. Nos anos 1930, eles pediam para que a Grã-Bretanha confrontasse os fascistas da Espanha. Agora, simplesmente não era possível escapar da guerra.

O atraso no auxílio do Lend-Lease era tanto político quanto prático. O secretário do Tesouro, Henry Morgenthau, inicialmente se recusou a oferecer qualquer ajuda até o Império Britânico liquidar seus ativos no exterior para pagar pelo que pudesse. Se os norte-americanos tivessem que fornecer algum auxílio, raciocinou ele, os britânicos precisariam, ao menos, pagar preços razoáveis até que não fossem capazes de fazê-lo. No entanto, esse simples princípio não poderia ser aplicado tão facilmente às complexidades financeiras do Império Britânico. Alguns recursos que os britânicos possuíam no exterior — suas ações nas minas de estanho da Malásia e nas plantações de borracha, por exemplo — não poderiam ser facilmente liquidados, e forçá-los no mercado em uma queima de estoque geraria pouca renda direta para os Estados Unidos. Ambos os países, Keynes argumentou, estariam melhores se a Grã-Bretanha mantivesse esses recursos, coletando uma renda que poderia ser entregue aos Estados Unidos como pagamento.[22]

Morgenthau também estava exigindo que os britânicos pagassem os Estados Unidos em ouro até o ponto em que "a reserva de ouro do Bank of England esteja virtualmente vazia", mas eliminar as reservas de ouro britânicas impossibilitaria que o país pagasse *qualquer coisa* no exterior até o final da guerra — ou mesmo impediria o país de manter seu comércio convencional com os Estados Unidos. Isso, é claro, não era nada prático para uma nação em guerra, independentemente de suas obrigações para com os Estados Unidos. A teimosia de Morgenthau sobre a questão do ouro, disse Keynes aos diplomatas britânicos, exibia "todas as indicações de que o homem não era apenas cansativo, mas um imbecil".[23]

Keynes não estava particularmente interessado em maximizar a renda dos Estados Unidos, é claro. Ele pensava na Grã-Bretanha como uma "grande e independente nação"[24] e estava relutante em repetir os erros financeiros do governo britânico durante a Grande Guerra, que cedeu tanto poder político aos Estados Unidos que acabou por diminuir o tamanho de seu próprio país no cenário mundial e sobrecarregá-lo com dívidas de guerra intransponíveis que prejudicaram sua prosperidade pós-guerra.

Então Keynes foi até Washington em maio de 1941 para negociar termos de cooperação mais viáveis e enfureceu quase todas as pessoas com quem se encontrou. Morgenthau se sentiu pessoalmente ofendido pela sugestão de Keynes de que ele e Roosevelt não estavam fazendo o suficiente para auxiliar a Grã-Bretanha. "Eles enviarem uma pessoa até aqui para me colocar em uma posição como se não tentasse fazer tudo o que posso é um maldito ultraje", fumegou ele pouco depois da chegada de Keynes. Ele estava igualmente furioso sobre o conselho casual de Keynes ao governo norte-americano de que deveria gastar mais dinheiro em território nacional para aumentar sua produção econômica total. "Ele vai até uma reunião e critica o Presidente dos Estados Unidos pela forma como administra este país", disse Morgenthau, furioso. "Eu digo que esse homem deve ir para casa."[25]

De fato, Keynes foi pego entre alas rivais da administração Roosevelt. Lauchlin Currie, o principal conselheiro econômico da Casa Branca e um ardente keynesiano, insistiu para que Keynes apresentasse suas "ideias" diretamente ao presidente nos "termos mais simples possíveis",[26] esperando que as palavras do economista britânico pudessem convencer Roosevelt a não seguir os conselhos de seu secretário do Tesouro bem-intencionado, mas financeiramente inexperiente. A batalha entre Currie e Morgenthau já era de anos: Currie era o principal defensor dos deficits orçamentários, enquanto Morgenthau defendia orçamentos equilibrados. Keynes ficou perplexo com as complexidades das dinâmicas de poder de Washington. "É possível se questionar como as decisões nem sequer são tomadas", escreveu ele para os oficiais britânicos. "Os diferentes departamentos do governo criticam uns aos outros em público e produzem programas rivais. Existe uma perpétua guerra fatal entre personalidades proeminentes... Membros do chamado Gabinete fazem discursos públicos com propostas urgentes que não estão de acordo com a política governamental." Igualmente desconcertante eram os repórteres, que se reuniam do lado de fora dos escritórios de Morgenthau e Roosevelt e "atacavam" Keynes, pedindo por detalhes das reuniões, assim que ele se retirava de uma das salas.[27]

Apesar dessas frustrações profissionais, Keynes estava se divertindo. Ele adorava Roosevelt. Dessa vez ele até gostava dos norte-americanos. "Não dá para exagerar a força da simpatia e da boa intenção em quase todos os quarteirões daqui",[28] relatou ele para casa — uma afirmação que incluía Morgenthau, que, apesar de ser "quase insuportavelmente cansativo de se lidar", estava de fato fazendo o seu melhor para auxiliar a Grã-Bretanha na guerra. Ele jantou com seu antigo amigo Felix Frankfurter, colocou o papo em dia com Walter Lippmann — cujo livro não havia manchado a longa amizade dos dois — e deu um pequeno passeio até Princeton para visitar Albert Einstein. Todos estavam ansiosos sobre a guerra e sobre a participação dos Estados Unidos nela; todos haviam jogado fora a ortodoxia financeira que havia confundido as administrações norte-americanas no passado. Keynes estava cercado de evidências de seu triunfo intelectual pelas pessoas que mais respeitava.

O melhor de todos era o próprio presidente, sobre quem Keynes escreveu em um memorando do dia 2 de junho ao chanceler do Tesouro, um envio que rivaliza com as seções mais coloridas de *As Consequências Econômicas da Paz* por sua caracterização e seus detalhes:

O presidente estava sentado em sua mesa plana de estudos sem se mover ou se levantar. Cada um de nós se sentou em um lado da mesa, guardanapos em nossos pratos e sem nenhum espaço para nossos joelhos (objetos estranhos em ambos os nossos casos!). Os servos negros trouxeram um carrinho de servir contendo o almoço, que eles colocaram perto do presidente antes de se retirarem. A partir disso, ele gradualmente pegou os pratos de um excelente almoço e nos entregou com muita cortesia e destreza. Acho que ele está em ótima forma. Ouvi muitos relatos sobre como deveria encontrá-lo muito mais velho e cansado em comparação com minhas memórias de sete anos atrás. Dizem também que ele foi derrubado por sua recente crise prolongada de diarreia aguda. Dizem que, às vezes, a vida e a força somem de seu rosto e ele parece uma mulher velha e cansada, com toda a virilidade o abandonando. Mas isso certamente não era verdade nesta manhã. Talvez o seu discurso e seu sucesso tenham melhorado seus ânimos. Acho que estava calmo, feliz e em completo controle de sua personalidade, vontade, propósito e clareza mental. Ele ainda tinha toda aquela tranquilidade suprema que vi nele anteriormente, e mais uma vez senti um encanto extraordinário em sua expressão e semblante, especialmente quando ele se acende ao olhar para cima com uma expressão interrogativa após usar alguma expressão provocativa ou meio séria. Eu não vejo como alguém possa duvidar, em sua presença, que ele seja atualmente o norte-americano exemplar, muito acima de todos os outros.[29]

O fervor desse trecho é inconfundível. Em Roosevelt, Keynes via o líder que mais personificava seus próprios ideais, um homem em quem confiava como parceiro e como uma alma gêmea na grande batalha pela "civilização". Ainda assim, esse mesmo trecho contém complicações para a narrativa de guerra que Roosevelt apresentaria ao povo norte-americano de corajosos líderes conduzindo uma luta pela libertação humana. Keynes ignorou a hierarquia racial incorporada na organização de pessoal da Casa Branca e casualmente observou preocupações amplamente compartilhadas sobre a saúde do comandante-chefe, que estavam sendo omitidas do povo norte-americano na véspera da guerra. Mesmo no começo de seu terceiro mandato, a condição física de Roosevelt havia deteriorado até um ponto em que seus principais assistentes discutiam abertamente sobre isso com diplomatas estrangeiros.

Keynes recebeu garantias da maioria dos defensores do New Deal de que suas diferenças com Morgenthau eram equívocos técnicos e não má vontade ou discordância sobre os amplos imperativos estratégicos da

GUERRA E CONTRARREVOLUÇÃO 327

guerra. "Ele não fará mal a ninguém *de propósito*", disse Keynes aos oficiais britânicos. "Mas pode muito facilmente fazê-lo sem a intenção!"[30] Após algumas semanas, a paixão dentro da administração pela liquidez dos recursos do império parecia ter se acalmado. Algumas posses britânicas foram vendidas para manter as aparências. Keynes viu que o destino da American Viscose Corporation, a divisão norte-americana de um fabricante britânico de raiom, havia ganhado "uma importância simbólica, quase mística" entre os norte-americanos[31] e, portanto, a empresa foi vendida para investidores visando juntar fundos, conseguindo apenas US\$54,4 milhões — cerca de um décimo de 1% do auxílio total que os Estados Unidos ofereceram para seus aliados por meio do programa Lend-Lease.[32]

Mas, ao final de março, Keynes tinha um acordo. Ele descreveu os termos básicos em um telegrama enviado para Londres no dia 26 de maio: quaisquer materiais "de guerra" que sobreviveram a ela seriam devolvidos aos Estados Unidos. Aqueles que foram usados seriam perdoados completamente. Para produtos de natureza não bélica — alimentos, matéria-prima, têxtil —, os dois aliados manteriam uma conta que seria resolvida após a guerra. Mas a conta pós-guerra não seria paga por meio da "consideração econômica" tradicional. Em vez disso, ela seria resolvida por meio de "considerações político-econômicas assumindo a forma de propósito comum durante a guerra e políticas econômicas comuns após a guerra".[33] Eles lidariam com isso após o confronto, como amigos e como aliados.

Como seria essa nova ordem mundial? "O presidente enfatizou que no momento não haveria discussões sobre detalhes do pós-guerra", Keynes relatou em um telegrama enviado para casa. "Ele, então, mencionou algumas de suas ideias para o período pós-guerra." Toda a Europa seria "completamente privada" de armamentos, deixando a Grã-Bretanha e os Estados Unidos "para atuar como os policiais da Europa". E dessa vez os auxílios políticos e econômicos dos Estados Unidos não parariam após a assinatura dos tratados de paz. "Ele rejeitou a possibilidade de os Estados Unidos não assumir sua completa responsabilidade na situação pós-guerra da Europa", relatou Keynes. A Alemanha, além disso, seria separada politicamente em territórios menores para impedir que ela voltasse a se armar no futuro. Essa foi uma ideia que Roosevelt reconheceu ter surgido de uma antiga conversa com Georges Clemenceau.

Nenhum outro homem vivo poderia ter conquistado tão facilmente a aprovação de Keynes sobre as ideias de seu velho adversário. Quando Roosevelt a apresentou junto de uma agenda econômica baseada em *As Consequências Econômicas da Paz*, Keynes se deleitou.

Esse era o clássico Roosevelt, encantando seus convidados com o que sabia que gostariam de ouvir e evitando as diferenças de opiniões que poderiam ofendê-los. Embora Keynes nunca chegasse a reconhecer completamente, havia questões estratégicas importantes com as quais ele e o presidente jamais concordaram. Para Keynes, Roosevelt parecia se oferecer para ajudar a conquistar o imperialismo idealizado que Keynes ansiava quando jovem. Os Estados Unidos e a Grã-Bretanha seriam parceiros iguais em uma cruzada para salvar a democracia e a boa vida do militarismo e da barbárie ao redor do mundo. E, conforme os Estados Unidos se preparavam no verão de 1941, movendo dinheiro e munições enquanto Keynes alegava o desespero da Grã-Bretanha, essa era uma conclusão confortadora de se tirar. Mas, para Roosevelt, a Grã-Bretanha e os Estados Unidos eram aliados convenientes contra uma ameaça especialmente destrutiva. E ele planejava usar a influência militar e financeira dos Estados Unidos para moldar uma nova ordem mundial em que a Grã-Bretanha e seus séculos de ambições imperialistas seriam completamente subjugados aos Estados Unidos no cenário internacional. Eles seriam parceiros, mas não iguais.

Às vezes, Keynes enxergava vislumbres da visão em longo prazo da administração Roosevelt. Mesmo quando ele defendia os recursos financeiros da Grã-Bretanha no exterior, não lhe passou pela cabeça que os norte-americanos pudessem questionar a legitimidade do território imperial da Grã-Bretanha. Ele presumiu que os líderes norte-americanos compreenderiam que proteger o Canal de Suez e a rota comercial britânica até a Índia era de grande prioridade militar. Em vez disso, ele ficou "surpreso com a extensão com que quase todas as pessoas responsáveis por aqui parecem ter apagado a África completamente".[34] Os norte-americanos estavam um passo à frente.

Em um dia atribulado no Office of Price Administration and Civilian Supply, John Kenneth Galbraith, com seus 32 anos, se debruçava sobre os planos daquilo que ele imaginava ser a batalha mais importante da

GUERRA E CONTRARREVOLUÇÃO

guerra: a luta contra a inflação. A secretária de Galbraith, Carol Piper, foi até o escritório e informou ao seu jovem chefe que um visitante o aguardava. Galbraith pediu para dispensar o rapaz. Era um momento politicamente sensível para a administração, uma vez que ela disputava com o Congresso pela autoridade legal de implementar sua agenda de preços, e Galbraith não ansiava por uma dor de cabeça não convidada. Qualquer um que desejasse criar problemas para ele poderia agendar um horário.

Piper, porém, comentou que havia algo incomum nesse convidado. "Ele me passou a impressão de que espera vê-lo — e perguntou se você havia recebido isso", disse ela, entregando a Galbraith um trabalho acadêmico. O assunto — a precificação dos porcos — não era especialmente interessante, mas ele ficou surpreso ao ver o nome do autor: John Maynard Keynes. Como Galbraith relembrou muitos anos depois: "Foi como o Papa surgindo diante do padre da paróquia!"[35]

Galbraith foi convidado para almoçar com Walter Salant e um punhado de outros grandes economistas do New Deal, o primeiro de muitos colóquios em época de guerra em que Keynes recriou a atmosfera dos Apóstolos enquanto cultivava uma geração de admiradores entre os legisladores dos Estados Unidos. Os norte-americanos eram muito jovens para se lembrar da forma como a inflação aconteceu durante a Primeira Guerra Mundial. Keynes sabia que essa era uma das partes estratégicas mais importantes da briga, crítica não só pelo moral da frente nacional, mas pela habilidade das economias britânica e norte-americana de produzir o material necessário para a guerra. Uma inflação desenfreada não era ruim apenas para os salários do consumidor; ela poderia causar uma ruptura nos padrões comerciais e desequilibrar o mecanismo econômico da guerra, ameaçando as perspectivas de reconstrução e recuperação após o conflito. No jantar, Keynes detalhou as fases do aumento de preço pelas quais os Estados Unidos poderiam passar nos meses seguintes com base nas suas próprias observações de um quarto de século antes. A ênfase na inflação surpreendeu alguns dos economistas que, após tantos anos de depressão, ainda estavam focados no emprego como a principal preocupação econômica nacional. No entanto, com as ordens de guerra surgindo em uma escala maciça, Keynes insistiu que era apenas uma questão de tempo até os rápidos aumentos de preços entrarem em vigor. Os norte-americanos precisariam de um plano de batalha pronto quando isso ocorresse.

Primeiro, disse ele, especuladores que aguardavam por um aumento na produção para a guerra aumentariam os preços de commodities importantes — tudo desde o algodão para uniformes até ferro, carvão e cimento. Em seguida, conforme os trabalhadores ingressavam no exército ou em posições de manufatura militar, os empregadores passariam a oferecer maiores salários para atrair e reter talentos. Após isso, os sindicatos trabalhistas, percebendo corretamente a maior possibilidade de negociação com os empregadores, começariam a exigir — e receber — maiores salários sob contratos de barganha coletiva. Tudo isso teria um impacto nos preços. A especulação das commodities aumentaria os custos de matérias-primas para os fabricantes, forçando-os a cobrar mais do varejo enquanto as varejistas sentiriam a melhor posição de compra de seus clientes e aumentariam os preços. Todo esse fenômeno seria exacerbado pelo fato de que enormes segmentos da economia, ainda que operassem com produção total e sem desemprego, estariam produzindo material de guerra para uso no exterior em vez de bens de consumo a serem usados em casa. O poder de compra criado pela ampla disponibilidade de empregos bem remunerados enfrentaria uma escassez de produtos que ele poderia comprar. A demanda ficaria muito acima da oferta. Sem "tributação pesada, uma campanha de pressão ascendente para a poupança ou racionamento em larga escala", os Estados Unidos seriam alvos de uma explosão inflacionária.[36]

Os governos tipicamente enfrentavam a inflação com o aumento das taxas de juros. Com o encarecimento dos empréstimos, os negócios tomariam menos empréstimos, cortariam a produção e demitiriam funcionários — tudo isso colocava uma pressão descendente nos preços. Mas essa era uma estratégia especialmente ruim durante uma guerra, quando o governo precisava da economia funcionando com sua produção total. Então Keynes criou um plano anti-inflacionário muito diferente para a Grã-Bretanha, publicou alguns ensaios populares de 1939 e reuniu tudo isso em um panfleto político intitulado *How to Pay for the War: A radical plan for the chancellor of the Exchequer* ["Como Pagar pela Guerra: Um plano radical para o chanceler do Tesouro", em tradução livre]. A obra era uma sensação, inspirando charges políticas e informando os orçamentos de guerra dos governos. Essa também foi a melhor

GUERRA E CONTRARREVOLUÇÃO

análise sobre a inflação apresentada por Keynes e um complemento essencial para *A Teoria Geral*. A maioria dos economistas que leem *A Teoria Geral* buscava indicações de como lidar com uma escassez de demanda. *How to Pay for the War* discutia como lidar com o excesso.

No panfleto, Keynes pedia por um "programa de poupança obrigatória" para acompanhar os inevitáveis aumentos tributários e empréstimos governamentais que seriam necessários. As empresas, argumentou ele, devem ser livres para pagar a seus funcionários o valor que desejarem, de acordo com a demanda por suas habilidades. Mas o governo deveria separar uma parte de seu pagamento — progressivamente maior de acordo com a renda — e mantê-lo guardado até o fim da guerra, adicionando alguns juros para compensar os trabalhadores pelo inconveniente. Era uma forma inteligente, reconheceu ele, de reimaginar a dívida nacional como um conjunto de "direitos ao consumo diferido",[37] que permitia aos trabalhadores reivindicar a riqueza futura do país que "de outra forma, pertenceria à classe capitalista".[38] Em vez de depender dos ricos para a compra de títulos de guerra, Keynes basicamente os impunha aos trabalhadores, que entregariam dinheiro no presente em troca de mais dinheiro no futuro.

Durante a Primeira Guerra Mundial, o aumento dos preços chegou aos donos de indústrias na forma de maiores lucros, que então foram retirados por tributos pelo governo ou gastos em bens de consumo, aumentando ainda mais seus preços. Quando esses lucros eram tomados como empréstimo, os donos de indústrias recebiam um ativo — títulos — que seus trabalhadores não recebiam. Os trabalhadores eram beneficiados apenas na forma de maiores salários — e isso era um consolo vazio, uma vez que o valor de seus salários estava sendo inflacionado. O método mais igualitário, é claro, seria cobrar o máximo possível de impostos sobre o lucro — mas havia um limite sobre o quanto os governos podiam cobrar. Nos Estados Unidos, por exemplo, os impostos sobre grandes rendas alcançariam o valor de 94% durante a guerra. Para que os impostos funcionassem, eles precisariam atingir os trabalhadores com meios mais modestos. Ao fazê-los aceitar um programa de "pagamento diferido", Keynes estava tentando redistribuir a riqueza pós-guerra da classe dos investidores para a classe dos trabalhadores.

O título da obra poderia induzir ao erro. Poupanças compulsórias não iriam realmente "pagar" por alguma coisa. Por bem ou por mal, o governo britânico maximizaria sua produção. Quando desejasse bombas, ele as produziria e, uma vez que o padrão-ouro não estava mais presente, poderia imprimir o dinheiro necessário para pagar por elas sem precisar sujeitar suas prensas à quantidade de ouro no Bank of England. Poupanças compulsórias eram uma forma de gerenciar a inflação. Ao retirar a demanda da economia — reduzindo o poder de compra das pessoas comuns —, Keynes queria limitar a habilidade de aumentar os preços de varejo.

Essa era uma importante observação sobre como o dinheiro, a dívida e até os impostos funcionavam em um mundo sem o padrão-ouro. Em 1931, seria possível para o governo britânico gastar dinheiro até não ser capaz de cumprir com suas obrigações, uma vez que ele só poderia imprimir uma quantidade limitada de dinheiro; suas dívidas eram devidas em libras atreladas a uma certa quantidade de ouro. Sob o padrão-ouro, era possível para um governo ficar sem dinheiro, pois havia uma quantidade limitada de ouro nas reservas. No entanto, como observou Keynes, um governo que controlava sua própria moeda não poderia entrar em falência. Sob a moeda fiduciária que havia prevalecido na Grã-Bretanha desde 1931, o governo poderia imprimir dinheiro até se livrar do excesso de dívidas. Em situações extremas, a consequência dessa estratégia seria, é claro, a inflação. E então o propósito dos impostos — ou poupanças diferidas ou qualquer instrumento semelhante — não era "pagar" pelos serviços do governo, mas regular o valor do dinheiro.

Com Keynes instalado no Tesouro, o governo britânico adotou um plano de poupança obrigatória como parte de seu orçamento de 1941, consolidando seu status como um dos principais legisladores da guerra. O controle da inflação nos Estados Unidos, porém, exigiria uma batalha política apocalíptica.

A guerra era uma incessante fonte de ironias. Após anos sendo rotulado como um inflacionista, ninguém era mais assertivo — ou criativo — sobre enfrentar o aumento de preços durante a guerra do que

GUERRA E CONTRARREVOLUÇÃO 333

Keynes. Além disso, ninguém era mais hostil a esses esforços do que a elite empresarial norte-americana, que passou a década anterior inteira avisando que obras públicas financiadas por deficits transformariam a Grã-Bretanha ou os Estados Unidos em outra Weimar. Agora que o aumento dos preços era iminente, esses mesmos especialistas gritavam que qualquer tentativa de controlá-lo — e assim restringir os lucros de curto prazo — era comunismo puro.

Os Estados Unidos nunca implementaram um programa de poupança obrigatória, mas também não dependiam de altas taxas de juros do banco central para combater a inflação. Começando em 1942, o Fed publicamente se comprometeu a manter a taxa de juros em 0,375% nas contas do Tesouro, uma decisão que ajudou a diminuir os custos de financiamento da crescente dívida que o governo estava acumulando. Mas uma política fiscal e monetária coordenada nessa questão significava que o Fed não poderia usar as taxas de juros como uma ferramenta para redução de preços; em vez disso, ele deliberadamente fixou as taxas de juros em um nível específico, independentemente do que acontecesse com os preços. De qualquer forma, isso era para o melhor — Keynes e muitos de seus admiradores norte-americanos, incluindo o presidente do Fed, Marriner Eccles, acreditavam que baixas taxas de juros eram essenciais para a recuperação e ajudariam a melhorar a produção durante a guerra. Então o governo norte-americano se apoiou em pesadas taxações, um agressivo controle de preços e, mais tarde, no racionamento físico de bens de consumo para manter a ordem econômica. Wall Street odiou todas essas políticas, mas Wall Street não era a única fonte de oposição.

Conforme o verão de 1941 se transformava em outono, Galbraith e seu chefe, Leon Henderson, foram chamados até o Congresso repetidas vezes para testemunhar sobre o pedido de Roosevelt por autoridade adicional sobre os preços norte-americanos. Essa era "de longe", segundo Galbraith, "a mais controversa" legislação de toda a guerra.[39] Em 1941, a economia fechava com pleno emprego, os salários estavam aumentando e os lucros eram altos. Após anos de depressão, ninguém no Congresso desejava *pensar* em outra rodada de sofrimento econômico, muito menos tomar medidas ativas para restringir salários ou a bolsa de valores. Os preços dos produtos agrícolas, em especial, alcançaram um tipo de classificação sagrada dentro do partido democrata, que se tornou cada vez mais dependente dos votos sulistas, já que os republicanos de Wall Street começaram a conquistar os assentos do Norte no Congresso. Desde o começo da presidência de Roosevelt, o governo federal trabalhou incansavelmente para aumentar o preço da colheita. Sindicatos trabalhistas, um crucial eleitorado democrata no Nordeste e a região superior do Meio-oeste estavam furiosos sobre a perspectiva de aceitar concessões salariais enquanto os donos de indústrias garantiam seus lucros em contratos governamentais. Os trabalhadores esperaram anos por um momento de verdadeira prosperidade e, agora que ela havia chegado, alguns ambiciosos jovens defensores do New Deal estavam ameaçando impor esse sacrifício. Poucos estavam ansiosos para confrontar a realidade da inflação futura e muitos canalizaram suas frustrações por meio da paranoia.

Em uma audiência antes do Comitê da Câmara de Moeda e serviços bancários, o comissário de agricultura do estado da Geórgia, Tom Linder, testemunhou que toda a ideia de controle inflacionário era um plano judeu. Henderson, insistiu Linder, era secretamente um judeu; ele recebeu o cargo na administração graças às suas conexões aos "interesses de Baruch, Morgenthau, Straus, Ginsburg e Guggenheim". Os legisladores do comitê atacaram Henderson por presidir uma organização chamada Washington Friends of Spanish Democracy, um grupo de oposição a Franco que chamava a atenção de fervorosos anticomunistas entre os republicanos e os democratas sulistas.[40]

Henderson rechaçou seus críticos ao ler o discurso que proferira na noite em que aceitou seu cargo de liderança na organização. Sem uma sólida oposição baseada em princípios por parte das nações democráticas, avisou Henderson, Hitler e Mussolini em breve começariam suas campanhas niilistas de conquista militar muito além do território da Espanha. Com a marcha internacional do fascismo provando a presciência das palavras de Henderson, o discurso apaziguou o comitê. Mas, quando os legisladores ficaram cientes de que um funcionário de Galbraith, Robert Brady, havia escrito um livro publicado pelo Left Book Club na Inglaterra intitulado *The Spirit and the Structure of German Fascism* ["O Espirito e a Estrutura do Fascismo Alemão", em tradução livre], eles rapidamente encontraram um novo alvo para a caça aos comunistas. Em uma audiência, Galbraith testemunhou incorretamente que o Left Book Club era como um Book-of-the-Month Club britânico

GUERRA E CONTRARREVOLUÇÃO 335

e foi ridicularizado por seu erro pelo democrata do Texas, Martin Dies Jr., do Comitê de Atividades Antiamericanas da Câmara.[41]

A insinuação mais persistente e ameaçadora contra Galbraith e sua equipe de aspirantes a reguladores de preço era a de uma conexão perigosa com Moscou — uma ideia maligna que ainda não havia sido complicada pela aliança formal do governo norte-americano com a Rússia Soviética. Não era difícil esboçar um amplo projeto de uma conspiração socialista: primeiro os defensores do New Deal substituíram as obras governamentais por empreendimentos privados, agora eles queriam implementar um grande controle de preços em toda a economia.

Galbraith esperava administrar o controle de preços com maior especificidade e nuance do que sugerido por Keynes em *How to Pay for the War*. Tentar manter preços baixos principalmente por meios de cortes na renda pessoal poderia, argumentou ele, dificultar a produção e o emprego totais. A inflação não aconteceria de maneira uniforme em todos os setores. Indústrias diferentes veriam um aumento nos preços em épocas diferentes. Matérias-primas, como o cobre ou o ferro, por exemplo, certamente subiriam rápido, mas bens não afetados pelas ordens da guerra levariam mais algum tempo. Retirar a demanda da economia ao reduzir o poder de compra geral do consumidor diminuiria o preço do cobre, mas também reduziria o preço de todo o resto. Em setores atrasados que ainda não estavam operando com capacidade total, menores preços enviariam um sinal para uma menor produção, reduzindo a produção em tempos de guerra.

Keynes não gostava da ideia de ajustar os preços de produtos individuais. Ele preferia pensar em regular o nível geral de preços, permitindo que o preço relativo de diferentes bens respondesse às preferências do consumidor sempre que possível. Ele também tinha o benefício da experiência. Keynes sobreviveu a uma grande guerra antes e compreendia exatamente quão difícil era administrar de maneira ativa o preço de *tudo*. Em abril de 1942, o Office of Price Administration (OPA) cedeu, emitindo uma General Maximum Price Regulation, retornando todos os preços ao nível de um mês antes. O OPA continuou soterrado de trabalho, conforme as empresas se inscreviam para isenções, mas a tarefa do escritório de administração de preço adentrava o reino da viabilidade burocrática.

O pesadelo político permaneceu. Dois dias após Pearl Harbor, Galbraith ordenou um congelamento em todas as vendas de pneus para preservar a borracha para necessidades militares. Ao longo dos meses seguintes, ele racionou gasolina, manteiga, cigarros, açúcar, nylon, sapatos, vegetais enlatados e frutas, tudo em nome de direcionar a produção norte-americana à guerra.[42] "Você não pode ter quinhentos bombardeiros em um mês *e* manter os negócios como de costume", disse Leon Henderson.[43] Mas os líderes empresariais pressionaram com exigências para manter a produção de bens de consumo por qualquer preço que o mercado conseguisse sustentar. Quando a revista *Fortune* fez uma pesquisa de opinião entre executivos sobre os programas de controle de preço e racionamento, três em cada quatro suspeitavam que havia "projetos ainda mais sombrios" em curso.[44] Foi preciso uma ordem executiva do próprio Roosevelt para interromper a produção de carros em Detroit. Quando, ainda assim, as empresas automobilísticas mantiveram a produção por mais dois meses, Henderson se vingou ao apropriar-se de 200 mil carros para uso governamental. Uma reunião com produtores de petróleo em São Francisco resultou em algo "próximo de um motim", de acordo com Galbraith, quando o OPA pediu para que eles recuassem em um recente aumento de preços.[45] "Às vezes parecia que nossa guerra com os negócios era mais importante que a guerra na Europa e na Ásia", contou Galbraith mais tarde para Doris Kearns Goodwin. "Havia semanas em que Hitler mal surgia nas nossas mentes em comparação com os executivos de Washington."[46]

A frustração ia muito além das diretorias. O governo estava ordenando mudanças significativas no dia a dia para milhões de famílias. O OPA proibiu a produção de "geladeiras, aspiradores de pó, máquinas de costura, fogões, máquinas de lavar, ferros de passar, rádios e fonógrafos, cortadores de grama, máquinas de waffle e torradeiras. O uso de aço inoxidável foi proibido em louças. Fabricantes de sapatos receberam ordens de evitar solas duplas e pontas sobrepostas; fabricantes de lingerie foram limitados a estilos sem babados, plissados ou mangas longas".[47]

O café foi a gota d'água. No dia 29 de novembro, ele foi racionado para uma xícara diária por pessoa. Duas semanas depois, Henderson foi obrigado a renunciar, uma vez que os deputados ameaçavam retirar o financiamento para o Office of Price Administration a menos que seu líder fosse removido. É claro que o problema não era Henderson,

GUERRA E CONTRARREVOLUÇÃO 337

mas a guerra. Logo depois que Henderson abandonou o cargo, o seu substituto, Galbraith, tornou-se o alvo das manchetes de primeira página. O *Washington Times-Herald* e o *Chicago Tribune* começaram a acusar Galbraith de ter tentado subverter o modo de vida americano pessoalmente. O jornal de comércio *Food Field Reporter* até alterou os seus créditos editorais para incluir a seguinte linha: "GALBRAITH DEVE PARTIR".[48]

O tom no Congresso era ainda pior, especialmente após os republicanos conquistarem 44 assentos na Câmara depois da eleição de 1942. O deputado Everett Dirksen, um republicano de Illinois, apresentou um projeto de lei que impediria qualquer um sem cinco anos de experiência com "negócios" de administrar o OPA — um golpe direto contra Galbraith e seu histórico acadêmico. O principal republicano no Comitê de Apropriações da Câmara, John Taber, acusou falsamente Galbraith ao FBI de ser um comunista entusiasta e "doutrinador" — mas o agente do FBI não o compreendeu, transcrevendo a palavra errado e causando anos de confusão dentro do departamento sobre a identidade de um misterioso Dr. Inador.[49]

A pressão sobre a administração Roosevelt era implacável. No dia 31 de maio de 1943, Galbraith foi obrigado a renunciar para apaziguar os ânimos no Congresso. Porém, a exaustão da carga de trabalho durante a guerra e as manobras políticas para contornar muitas das excentricidades da Ameaça Vermelha tiveram seu preço. No dia seguinte, ele caiu no chão de sua sala de estar. Reanimado por sua esposa e pela empregada da família, foi levado ao médico, que prescreveu um regime estrito de repouso. Assim como Keynes alguns anos antes, Galbraith também estava à beira de trabalhar até morrer.

Após algumas semanas de descanso, ele estava de volta ao seu estado normal. Mas, embora tenham lhe oferecido um cargo no escritório do Lend-Lease, ele rapidamente decidiu trocar a burocracia de Washington pelo cargo de escritor na revista *Fortune*. O pagamento era bom — o salário inicial de US$12 mil de Galbraith hoje equivaleria a US$170 mil. Mas, em grande parte, ele estava cansado de ser um alvo. Dirksen — futuro aliado do senador de Wisconsin Joseph McCarthy — mesmo assim seguiu adiante com a emenda antiprofessor.

A guerra criou um estranho cenário norte-americano em que keynesianos começaram a ser atacados como perigosos subversivos, mesmo quando as políticas keynesianas eram implementadas com um grande sucesso. O desemprego quase desapareceu conforme o gasto federal crescia em quase 50% em 1941, chegando a mais de US$13,6 bilhões, mais que o triplo do seu nível desde que Herbert Hoover abandonou a presidência. Em 1942, o nível de gasto mais do que dobrou novamente, alcançando US$35 bilhões, e voltou a dobrar em 1943. Ao fim da guerra, o governo federal estava gastando US$92,7 bilhões por ano. Mais do que metade dos esforços de guerra foram financiados por empréstimos.[50] O crescimento econômico, que havia alcançado um valor impressionante de 8% após Roosevelt renovar o gasto com obras públicas em 1939, subiu para o valor sem precedentes de 17,7% em 1941, alcançou 18,9% em 1942 e seguiu em 17% no ano seguinte. Como Keynes previra, poucos se preocupavam com o tamanho nominal da dívida quando a economia estava crescendo.

Enquanto isso, do outro lado do Atlântico, Keynes finalmente estava sendo abraçado pelo establishment político. O Parlamento ouvia suas ideias orçamentárias e agora ele era um dos diplomatas mais importantes da Grã-Bretanha. Ele foi até nomeado para a Corte do Bank of England, o templo original da ortodoxia laissez-faire, no qual poderia uma vez mais brigar com sua antiga nêmesis, Montagu Norman. Felix Frankfurter, que já havia feito amizade com Keynes na Conferência de Paz de Paris, ofereceu uma nota de parabenização. "O que alegra todos os seus amigos", escreveu Frankfurter, agora na Suprema Corte de Justiça, "é que a montanha foi até Maomé, e não o contrário". Joan Robinson, a sempre radical irreverente, brincou: "Não se preocupe, sempre direi que você foi bom enquanto durou."[51]

Embora Lydia tenha protestado contra o exagero de Keynes, ele retornou a um ritmo de atividade tão frenético quanto o que mantinha antes de seu colapso, editando um jornal econômico, participando de assuntos administrativos em Cambridge e acompanhando Bloomsbury. A ruptura com Vanessa havia finalmente chegado ao fim e Lydia e Maynard passavam os Natais com Duncan e Vanessa, além de ficarem mais disponíveis para todo o grupo.[52] Em junho de 1942, o governo britânico honrou Keynes ao elevá-lo à condição de nobreza, lhe dando um assento na Câmara dos Lordes e o título de Barão Keynes de Tilton.

GUERRA E CONTRARREVOLUÇÃO

Clive Bell se recordou da celebração rural: "Quando veio até Charleston com leide Keynes pela primeira vez após o anúncio de seu título, ele estava claramente tímido. 'Nós viemos para ser motivo de riso', disse ele."[53]

Era um Bloomsbury diferente da multidão alegre e zelosa de jovens ambições que resistiu à Grande Guerra junta. Muitos de seus rituais sociais eram agora sustentados por um grupo mais jovem de admiradores liderado por Bunny Garnett, enquanto a velha guarda se aposentava. No dia 28 de março de 1941, Virginia desapareceu após sair para uma caminhada da casa que compartilhava com Leonard, a terceira casa de campo nos tempos de guerra. Seu chapéu e sua bengala foram encontrados na margem do rio Ouse e, em seguida, Leonard encontrou um bilhete que ela havia escrito na casa dos dois: "Eu sinto que posso enlouquecer", escreveu ela. "Não consigo continuar nesses tempos terríveis. Eu escuto vozes e não consigo me concentrar no trabalho. Lutei contra isso, mas não posso mais lutar. Devo toda a minha felicidade a você, mas não posso continuar e estragar sua vida."

Keynes ficou devastado. "Ela parecia tão bem e normal da última vez que a vi", escreveu ele para a mãe, de luto pelos laços que ele e Lydia mantinham com Leonard e Virginia por quase duas décadas. "Os dois eram nossos amigos mais queridos."[54]

A primeira grande mudança na ordem social do Bloomsbury veio quando seus membros se estabeleceram em casamentos pouco convencionais nos anos 1920. Agora, o grupo estava passando por sua última metamorfose. O último livro de Woolf havia sido uma biografia do antigo aliado de Duncan nas pinturas, Roger Fry, que morreu de maneira inesperada em 1934. Com a morte de Lytton e Vanessa, Bloomsbury estava com seu último gênio legítimo. Não passou despercebido por Keynes que a principal atividade que reunia os velhos amigos atualmente era um ato de reminiscência coletiva. Os grandes empenhos de quase todos os membros do grupo estavam no passado. Conforme a guerra prosseguia, Keynes sabia que estava adentrando o crepúsculo de sua vida. Sozinho em meio aos seus amigos restantes, Keynes ainda tinha um grande trabalho a ser feito.

E durante os anos 1940, seus resultados eram indiscutíveis. O desemprego foi abolido, a inflação foi controlada e o declínio das democracias mundiais foi revertido. Esse sucesso mudou o debate entre Keynes e seus adversários dentro da economia. A doutrina defendida por Friedrich von Hayek — austeridade, menos dinheiro, deixar a deflação eliminar o excesso do sistema — não trazia muito fascínio político. Ela só poderia ser mantida se o gasto keynesiano continuasse como um bicho-papão amorfo e abstrato. Ao encarar a realidade concreta do boom keynesiano durante a guerra, era muito difícil convencer as pessoas de que o gasto deficitário e um dinheiro barato era autodestrutivo. "Ao final da guerra, toda a profissão acadêmica havia adotado o keynesianismo", de acordo com Paul Samuelson, ele mesmo um dos convertidos após algum ceticismo.[55] Tratava-se apenas de um leve exagero. Lionel Robbins, um economista conservador que recrutou Hayek para a London School of Economics em 1931 e brigou com Keynes no Comitê Macmillan, formalmente retratou seus pontos de vista diante das evidências disponíveis, lamentando sua briga com Keynes como "o maior erro da minha carreira profissional".[56] Um jovem economista da Universidade de Chicago chamado Milton Friedman pediu para que o governo federal equilibrasse seu orçamento *apenas* em períodos de pleno emprego, com o governo financiando seus deficits ao emitir mais dinheiro.[57] Para o público geral, austeridade e deflação eram vistos como a Grande Depressão. Para os oficiais governamentais dos dois lados do Atlântico, o boom da guerra foi um resultado dos gastos keynesianos e do controle inflacionário. Insistir que o keynesianismo não podia funcionar era um fim da linha político.

Mas a guerra havia desencadeado um intenso espírito de nacionalismo norte-americano que reagiu de maneira imprevisível sobre a antiga antipatia por Roosevelt evidente entre a elite norte-americana. Eles amavam a proeza militar de seu país, mas detestavam o comandante-chefe. Quando Roosevelt morreu, essa facção se uniu hesitantemente em um movimento político. A Segunda Guerra Mundial estabeleceu a vitória da revolução keynesiana na economia — e reuniu os elementos de uma poderosa contrarrevolução aristocrática.

DOZE

◇

Mártir da Boa Vida

No verão de 1944, Lydia e Maynard estavam ansiosos para escapar de Londres. Lydia estava espiritualmente exausta. Cartas de sua família em Leningrado pararam de chegar em 1941, após o exército alemão cercar a cidade, bloqueando todo o trajeto ferroviário e rodoviário. Com o fim do cerco, em janeiro de 1944, as notícias que chegaram eram terríveis: aproximadamente 750 mil cidadãos morreram de fome. A mãe de Lydia morreu em 1942. Sua irmã morreu no ano seguinte. A cidade de sua infância, para todos os efeitos, não existia mais — seus palácios destruídos e um terço de sua população morta. Embora ela forjasse uma fachada estoica quando em Gordon Square, a notícia foi um golpe terrível.

Em janeiro, a Alemanha renovou a Blitz em Londres e o barulho das sirenes dos ataques aéreos se tornou novamente uma característica persistente no cotidiano da capital britânica. Ao longo da guerra, equipes de resgate responderam a 16.396 emergências de bombas, salvando 22.238 pessoas de prédios em colapso e montes de destroços.[1] Para Lydia, os ecos de cada explosão na cidade ou no bairro vizinho serviam como lembretes cruéis do destino de seus entes queridos do outro lado do continente.

O trabalho de Keynes no Tesouro era exaustivo, mas ele se recusou a desistir de seus empreendimentos extracurriculares. Além de atuar como chanceler do Tesouro, ele era tesoureiro da King's College, editor do periódico acadêmico *Economic Journal* e presidente do novo órgão público chamado Council for the Encouragement of Music and the Arts, ou Conselho de Encorajamento à Música e às Artes. Lydia protestou contra o enorme esforço físico exigido, mas ela sabia que a intensa atividade o ajudava a afastar a mente dos horrores que um burocrata testemunhava no trabalho em tempos de guerra. Ela também o ajudou a refletir sobre seu próprio destino. Aos 70 anos, a saúde de Keynes estava em declínio uma vez mais. Não mais o homem "pesado" e "incrível" que se tornou assunto de ferinas fofocas por parte de Virginia Woolf nos anos 1920, ele agora estava magro e frágil. O cabelo grisalho característico da meia-idade cedeu lugar a um branco puro e espectral. Plesch prescreveu novas rodadas agressivas de tratamento e Lydia passava horas aplicando bolsas de gelo no tórax de seu marido, mas Maynard teve outro ataque cardíaco em março. Mais uma vez, ele havia alcançado o ponto de completa exaustão física.

Mas o Dia D parecia ter virado a maré do conflito e, com isso, o foco de seu trabalho no Tesouro. O presidente Roosevelt pediu por uma conferência econômica internacional de todos os 44 governos Aliados para planejar a ordem econômica pós-guerra. Com a guerra em andamento e as necessidades de reconstrução dos vitoriosos ainda desconhecidas, era um momento um tanto quanto prematuro para traçar o futuro financeiro. De toda forma, Roosevelt queria organizar um grande acordo internacional, uma vez que ele realizaria sua campanha de reeleição naquele novembro e qualquer acordo precisaria ser assinado no verão para servir um propósito político doméstico.

Impaciente como ele estava para escapar de Londres, a situação ameaçava combinar duas das experiências mais desagradáveis da vida de Keynes — o caos de Paris em 1919 e o calor infernal de Washington, D.C., em 1941. Keynes sabia que não tinha muitos verões pela frente e, portanto, gostaria de desfrutá-los com um pouco de luxo. Em maio, ele insistiu para que Harry Dexter White, principal diplomata financeiro dos Estados Unidos, pensasse em organizar a conferência em um resort nas montanhas Rochosas. "Pelo amor de Deus", escreveu Keynes, "não nos leve para Washington em julho".[2]

Em vez disso, eles escolheram a remota vila de Bretton Woods na rural Nova Hampshire, com uma semana de trabalho preparatório na atmosfera costeira de Atlantic City. Para Lydia e Maynard, simplesmente sair de Londres seria como tirar férias. Conforme eles cruzavam o oceano até os Estados Unidos, Maynard afastou-se de suas atividades oficiais para ingressar em uma de suas favoritas atividades de lazer: ele mergulhou em um denso trabalho de economia política. Casualmente, quase por acidente, ele escreveria uma das declarações filosóficas mais importantes de sua vida, uma abrangente atualização da teoria política esboçada por ele, vinte anos antes, com *The End of Laissez-Faire* e uma nova frente em sua batalha intelectual com Friedrich von Hayek pelo curso do liberalismo iluminista.

Hayek nunca quis ser lembrado como um teórico político. Ele se considerava um economista, um homem cujo grande projeto de vida era o estudo científico do dinheiro e os princípios de seu movimento. No entanto, em 1944, com 45 anos, ninguém estava prestando muita atenção nas ideias sobre a inflação e os círculos empresariais desenvolvidos por ele no começo dos anos 1930. Seu último livro, *The Pure Theory of Capital* ["A Teoria Pura do Capital", em tradução livre], foi um fracasso. A Blitz o forçou a se mudar da London School of Economics para a relativa segurança da King's College em Cambridge, onde John Maynard Keynes ditava a agenda. Em Cambridge, toda nova ideia parecia surgir de Keynes e seus principais assistentes ou em resposta às suas inovações. O próprio Keynes era um gigante no campus: um servidor público com importantes tarefas em bastiões de grande prestígio, como o Bank of England e a Câmara dos Lordes, Keynes também era um líder cultural, exibindo-se em jantares e coquetéis com uma extravagante esposa bailarina/atriz/apresentadora que era quase tão famosa quanto ele. Hayek vivia sob sua sombra, como um pequeno professor com um forte sotaque cujos principais trabalhos tinham mais de uma década de idade, sem ninguém para estudá-los ou amá-los. Ele era amigável com o lorde Keynes, mas o grande homem não passava muito tempo se preocupando com o que Hayek pensava sobre ele — as brigas dos anos 1930 há muito acabaram e o público, como ficou claro para os dois, decidiu o vencedor. Eles trocavam cartas cordiais e, às vezes, assumiam juntos a tarefa de vigília de incêndios no topo da capela medieval em estilo gótico da King's, armados com pás e com a missão de alertar quaisquer

344 O PREÇO DA PAZ

bombas incendiárias alemãs, caso alguma aterrissasse sem explodir durante um ataque aéreo.[3]

Hayek estava um pouco ambivalente quanto a escrever um livro sobre filosofia política, preocupado que isso pudesse fazer com que as pessoas rejeitassem seu trabalho monetário, considerando-o ideologicamente maculado. Com o tempo, ele decidiu que esse era um risco pequeno; ninguém estava levando suas ideias monetárias a sério, de qualquer forma. Então Hayek reuniu uma feroz crítica acadêmica contra Keynes e o New Deal, não como uma análise empírica ou um trabalho de teoria econômica, mas como um tratado político. O livro, intitulado *O Caminho da Servidão*, com o tempo seria reconhecido como um texto a servir de fundamento para o conservadorismo moderno, embora Hayek resistisse a esse rótulo durante toda a sua vida. Para Hayek, a palavra *conservador* implicava a "tendência paternalista, nacionalista e adoradora de poder"[4] dos conservadores britânicos. Ele preferia enxergar a si mesmo como um "liberal clássico" inspirado por Locke, Hume e Smith — muitas das mesmas figuras que inspiraram Keynes. Este buscou redefinir o liberalismo para o século XX com *The End of Laissez-Faire*, esboçando ideias que se concretizaram com o New Deal; Hayek desejava oferecer uma visão liberal alternativa.

As vendas iniciais de *O Caminho da Servidão* foram dignas de respeito. A University of Chicago Press vendeu sua primeira tiragem de 2 mil cópias quase imediatamente graças às boas avaliações no *New York Times* e no *New York Herald Tribune*. Mas a breve polêmica transformou Hayek em uma celebridade internacional da direita política quando a *Reader's Digest* produziu uma edição condensada, levando suas ideias para literalmente milhões de casas. Essa fama repentina e inesperada de um intelectual britânico gerou uma turnê de discursos nos Estados Unidos que colocou-o frente a frente com milhares de homens e mulheres que pensavam como ele no país.[5] Esses elementos da classe alta norte-americana, que passaram a interminável presidência de Roosevelt isolados do poder político, finalmente descobriram um porta-voz capaz de canalizar seus medos e frustrações. Em Hayek, os temores da elite ganhavam uma nova legitimidade intelectual.

Poucos reconheceram isso na primavera de 1944, mas a crítica de Hayek sobre as implicações políticas da economia keynesiana seria um ponto decisivo no pensamento do século XX. Depois de alguns meses na turnê de seu livro, Hayek estava aceitando reuniões com patrocinadores abastados ansiosos para defender a liberdade e buscar orientação sobre como gastar seu dinheiro de maneira eficaz. A rede de think tanks, cátedras e editoras que esses homens estabeleceram com Hayek fez de *O Caminho da Servidão*, de acordo com o editor sênior da revista *Reason*, Brian Doherty, "um trabalho de época para forjar a mente libertária moderna".[6] O próprio Hayek era um homem reflexivo e educado — mas os terríveis avisos em seu livro sobre uma encosta escorregadia capaz de levar o liberalismo keynesiano até o totalitarismo se misturaria de maneira forte com a paranoia da Guerra Fria. Seus colegas na reação contra o keynesianismo alimentaram — e por vezes ajudaram a financiar — uma febre macartista na academia.

Friedrich August von Hayek nasceu em uma família aristocrática que apoiou o imperador austro-húngaro Franz Josef nas décadas anteriores à Grande Guerra. Ele se alistou no exército austríaco quando adolescente e atuou na frente italiana antes de se inscrever na Universidade de Viena, onde começou a testar ideologias rebeldes, abraçando o socialismo por um breve período antes de ser encantado por um ideal de liberalismo laissez-faire apresentado por Ludwig von Mises, um economista dezessete anos mais velho que ele. Os seminários com Mises atraíram Hayek em uma época forte da história austríaca. Hayek sobreviveu à destruição hiperinflacionária da República de Weimar em Viena, uma experiência que o deixou para sempre aterrorizado de políticas inflacionárias. Sua crescente admiração pelos individualistas ingleses e pelo capitalismo da Gilded Age, enquanto isso, deixou-o sensível sobre seu histórico familiar e, com o tempo, ele abandonou o honorífico "von" em seu nome. Ele queria ser reconhecido por sua devoção ao livre mercado e não por prestígio hereditário, embora, segundo o historiador Angus Burgin, ele "manteve a reserva cultivada e o elitismo descarado de um aristocrata vienense".[7]

Assim como Keynes, ele olhava para o mundo antes de 1914 como uma Era Dourada perdida da alta cultura. Ele admirava a Monarquia de Habsburgo assim como Keynes celebrava o Império Britânico, descrevendo o mundo de sua juventude como um modelo para o mundo que ele desejava criar: um tipo de federação onde grupos étnicos mantinham uma nacionalidade política independente, mesmo quando um poder imperial central estabelecia as organizações econômicas de seus territórios vassalos. Seu trabalho econômico lhe concedeu um emprego na London School of Economics no começo dos anos 1930, mas *O Caminho da Servidão* fez a sua carreira. Quando ele recebeu o Prêmio Nobel de Ciências Econômicas em 1974, a Acadêmica Real de Ciências da Suécia citou sua "importante pesquisa interdisciplinar" — uma alusão às ideias políticas adiantadas por ele no livro —, além de suas "contribuições para a teoria econômica central".[8]

O Caminho da Servidão era uma revisão acadêmica de *The Good Society*, de Walter Lippmann, que havia sido uma tentativa de Lippmann para disseminar as ideias de Hayek e Mises em uma teoria política sistematizada. E, assim como em *The Good Society*, o tratado de Hayek era um livro com uma batalha interna. Há duas visões sociais concorrentes dentro das páginas do livro. A primeira, que tornava Hayek tão amado dentro da classe alta norte-americana que se posicionava contra o New Deal, era uma audaciosa rejeição das Quatro Liberdades.

Ou, pelo menos, *uma* das Quatro Liberdades. Ao declarar a "libertação do desejo" como um direito humano, Roosevelt apresentou as reformas sociais do New Deal como um imperativo moral tão importante quanto a derrota militar do nazismo. Ao incluí-la na Carta do Atlântico, ele e Churchill declararam a segurança econômica pessoal como característica determinante de qualquer democracia, uma garantia fundamental para distinguir uma sociedade livre da tirania. Hayek virou esse argumento do avesso — uma manobra ousada no auge da guerra que transformou Roosevelt e Churchill em figuras de adulação pública. A própria ideia de "liberdade econômica", argumentou Hayek, era antitética em relação ao que verdadeiros defensores da liberdade política defenderam por séculos. "A liberdade da necessidade", afirmava ele, era uma ideia inerentemente "socialista". Não era o baluarte das democracias contra o nazismo, mas um ingrediente do nazismo e do comunismo soviético que só poderia ser implementado de maneira eficaz em uma ditadura violenta que destruísse outros direitos políticos. Hayek explicou:

> Para os grandes apóstolos da liberdade política, a palavra significava liberdade da coerção, liberdade do poder arbitrário de outros homens, libertação das amarras que deixam o indivíduo sem

MÁRTIR DA BOA VIDA 347

escolha senão a obediência às ordens de um superior ao qual está vinculado. A nova liberdade prometeu, entretanto, ser a liberdade da necessidade, libertação da compulsão das circunstâncias que inevitavelmente limitam as escolhas de todos nós, embora limite mais alguns do que outros. Antes que o homem possa ser verdadeiramente livre, o "despotismo da necessidade física" deve ser quebrado e as "restrições do sistema econômico", relaxadas.

Liberdade neste sentido é, claro, meramente outro nome para poder ou riqueza... O que a promessa realmente significava era o desaparecimento das grandes disparidades existentes nas gamas de opções de diferentes pessoas... O que nos foi prometido como o Caminho da Liberdade era, na verdade, o Principal Caminho da Servidão.[9]

Ele incorporou sua mensagem antigoverno em uma grande narrativa histórica que relacionava o sistema econômico da Gilded Age com a moralidade cristã e seus próprios heróis intelectuais da antiguidade clássica. A Europa e os Estados Unidos precisavam escolher, insistiu ele, entre essa alardeada tradição individualista ocidental e os novos e perigosos movimentos totalitários representados por Hitler e Stalin. O nazismo, de acordo com Hayek, foi mal interpretado como uma consequência da direita política radical. Na visão de Hayek, o Terceiro Reich era apenas uma forma diferente de socialismo; o fato de Hitler ter forjado alianças com partidos conservadores e do Reichstag e com os interesses empresariais era apenas uma coincidência. Hayek dedicou um capítulo inteiro às "Raízes Socialistas do Nazismo", argumentando que, ao longo das décadas, diversas políticas de bem-estar social e estratégias comerciais protecionistas fizeram a mente alemã se acostumar com ideias nazistas. Não foi a Depressão ou a deflação que levou à vitória nazista no governo, mas uma crescente intervenção governamental na economia. Por mais bem-intencionados que pudessem ser, o New Deal e a economia keynesiana estavam guiando as democracias do mundo rumo ao mesmo caminho.

"Estamos abandonando rapidamente não só as visões de Cobden e Bright, de Adam Smith e Hume ou mesmo de Locke e Milton, uma das principais características da civilização ocidental conforme ela crescia a partir da fundação estabelecida pelo cristianismo, pelos gregos e pelos romanos", alertou ele. "Não estamos abandonando só o liberalismo do século XIX e XVIII, mas o individualismo básico herdado por nós de Erasmo e Montaigne, Cícero e Tácito, Péricles e Tucídides está sendo abandonado progressivamente."[10]

O tipo de antiautoritarismo de Hayek era ambivalente sobre a democracia. "A democracia como um meio, um dispositivo utilitário para salvaguardar a paz interna e a liberdade individual", escreveu ele. "Frequentemente existe muito mais liberdade cultural e espiritual sob um governo autocrático do que sob algumas democracias."[11] O que importava para Hayek era liberdade, e com liberdade ele queria dizer os direitos de uma aristocracia contra o governo central, seja lá a forma desse governo.

O refrão antigovernamental de *O Caminho da Servidão* estava perfeitamente em sintonia com o tratado libertário intransigente de Mises, intitulado *Burocracia* e publicado no mesmo ano, em que o mentor de Hayek declarou de maneira firme o liberalismo do New Deal uma variante de comunismo autoritário. "Capitalismo significa empreendimentos livres, a soberania dos consumidores em assuntos econômicos e a soberania dos eleitores em assuntos políticos", escreveu ele. "Socialismo significa um completo controle governamental de todas as esferas da vida individual... Não existe nada comum aos dois sistemas."[12] Ou você teria o laissez-faire ou a Rússia soviética, não existia um meio-termo.

Hayek reconheceu que a severidade "tudo ou nada" de seu antigo instrutor era um fim da linha político em uma era na qual todos os governos buscavam reformas keynesianas. E, assim como Lippmann antes dele, Hayek tentou inserir sua concepção laissez-faire de liberdade em algo compatível com o Estado-nação moderno. O governo pode manter algum padrão mínimo de vida para todos, no fim das contas. Ele criou uma distinção entre "regulamentação" — que foi projetada para resolver problemas óbvios — e o perigoso "planejamento" — que só poderia ser alcançado por meio de um ditador orquestrando as vidas e limitando as escolhas de indivíduos livres. O tamanho e o escopo de empreendimentos corporativos, argumentou ele, devem ser limitados e monitorados de perto para impedir que grandes empresas interfiram na livre concorrência do mercado.

MÁRTIR DA BOA VIDA 349

Em 1944, os gastos do governo norte-americano representavam não menos que 40% de toda a economia dos Estados Unidos. A maioria das pessoas esperava que esse número caísse após a guerra (que é de cerca de 20% hoje em dia), mas Hayek estava certo em acreditar que grande parte do aparato administrativo que foi reunido nos últimos doze anos veio para ficar. Mas, com um pouco de criatividade semântica, quase tudo que Roosevelt e Keynes sonharam nas últimas duas décadas poderia ser justificado por esses preceitos hayekianos sobre a regulamentação, competição e a rede de proteção social. A socialização um tanto quanto abrangente do investimento que Keynes descreveu em *A Teoria Geral* pode ser descrita como o senso comum da *regulamentação* da inflação e do emprego, em vez do nefasto *planejamento* que Hayek criticou. A separação sob ordem da lei Glass-Steagall das empresas de investimento era apenas uma ação antitruste responsável por restaurar a atividade bancária competitiva. A segurança social e os gastos com obras públicas eram elementos inofensivos da garantia social básica. Hayek, é claro, não apoiava nada disso. Ele pensava em seu livro como um ataque frontal a esses esforços e nunca hesitou em sua hostilidade contra eles. Como seu rival keynesiano, Paul Samuelson, observou décadas mais tarde, Hayek sempre "lamentou a tributação de renda progressiva, a assistência médica fornecida pelo governo e as pensões de aposentadoria" e detestava "moedas fiduciárias distantes do ouro".[13] Mises pode ter sido austero, mas ao menos encontrou um princípio governamental — laissez-faire ou o colapso — que era consistente com suas visões políticas.

No último capítulo de *O Caminho da Servidão*, Hayek pedia por uma "autoridade supranacional" que mantivesse os governos sob controle e bloqueasse o perigoso planejamento econômico das democracias do mundo — uma hegemonia aos moldes da Habsburgo que impediria a guerra ao impor os princípios do capitalismo de livre mercado. Nos últimos anos, vários estudiosos começaram a compreender essa visão como uma antecessora intelectual tanto da União Europeia quanto da Organização Mundial do Comércio.[14] Porém, a ideia de uma autoridade internacional trazendo paz por meio da disciplina econômica não era exclusivamente hayekiana. Keynes leu *O Caminho da Servidão* em seu caminho para uma conferência com o exato objetivo de criar esse tipo de entidade.

Keynes respondeu Hayek em uma carta pessoal enviada do Claridge Hotel, em Atlantic City. O fato de Keynes ter se preocupado em responder é uma evidência da força da retórica de Hayek, o alcance de sua narrativa e o grande significado que Keynes colocou sobre a briga pela tradição liberal. Hayek não era um homem famoso e seu livro ainda não era um grande sucesso de publicação.

Keynes começou sua carta com sinceras congratulações antes de apresentar uma crítica devastadora. "Na minha opinião, é um grande livro", escreveu ele. "Todos temos muito a agradecer a você por falar tão bem o que tanto precisa ser dito. Não espere que eu aceite todas as máximas econômicas nele contidas. Mas, moral e filosoficamente, me encontro em concordância com quase tudo; e não apenas em concordância, mas em uma concordância profundamente emocionada."[15] A ascensão do governo totalitário era uma tragédia e a melhor defesa contra isso era um liberalismo revigorado.

Mas parecia para Keynes que Hayek não havia oferecido um sério programa liberal. Todas as concessões de Hayek em relação à rede de proteção natural, à regulamentação e à política antitruste colocavam ele no mesmo caminho do totalitarismo que Hayek repreendia seus oponentes políticos por seguir. "Você admite aqui e ali que essa é uma questão de saber onde estabelecer um limite. Você concorda que o limite precisa ser traçado em algum lugar e que o extremo lógico não é possível. No entanto, você não nos dá nenhuma orientação sobre onde traçá-lo. Mas, assim que admite que o extremo não é possível e que um limite precisa ser traçado, você acaba com seu próprio argumento, uma vez que está tentando nos convencer de que, ao mover um centímetro na direção do planejamento, você está necessariamente trilhando o caminho escorregadio que lhe levará, com o tempo, ao precipício."[16]

Até mesmo os admiradores de Hayek citaram a fragilidade de seu argumento histórico por trás de seu principal estudo de caso, a ascensão da Alemanha nazista. O economista da Universidade de Chicago, Frank Knight, que compartilhava das visões políticas de Hayek, desencorajou a University Press de publicar o livro graças a uma "excessiva simplificação" da história alemã como pouco mais do que invasão do socialismo levando à ascensão de Hitler. Bruce Caldwell, um economista contemporâneo da Universidade Duke, argumenta na introdução mais recente para *O Caminho da Servidão* que a história de Hayek pisava em um "terreno bastante instável".[17] Para Keynes, a história deficiente não era um mero erro que poderia ser separado da ampla visão do livro; era um dos principais equívocos sobre as fontes da raiva e disfunção social que permitiram o fascismo.

Em *The End of Laissez-Faire,* Keynes argumentou que o liberalismo não poderia se basear apenas em princípios abstratos; ele precisava de fato entregar os bens para as pessoas que viviam sob o liberalismo. O laissez-faire levou a uma vasta desigualdade e brutal depressão, fracassando em um teste básico para a legitimidade democrática. Ao ignorar as limitações práticas do laissez-faire, como argumenta Keynes, Hayek se iludiu sobre as causas da ditadura na Alemanha. O combustível econômico de Hitler havia sido o sofrimento e o desespero gerados pela deflação — não as políticas de bem-estar social que Hayek rebaixava como "socialismo". As democracias do mundo não podiam dar as costas às estratégias econômicas que as rejuvenesceram no final dos anos 1930 e nos anos 1940; fazer isso desencadearia uma nova onda de incerteza política, encorajando novos movimentos sociais autoritaristas. O pedido de Hayek para abandonar o New Deal e a administração econômica keynesiana era uma receita para mais líderes opressores. "O que precisamos, portanto, em minha opinião, não é uma mudança em nossos programas econômicos, que na prática só levaria à desilusão com os resultados de sua filosofia", escreveu ele, "mas talvez o contrário, isto é, uma ampliação deles".[18]

Para Keynes, a economia era um reino crítico que precisava unir o desejo pela estabilidade com o desejo pela justiça social. E então ele acreditava que grande parte de sua discordância com Hayek era devido a questões práticas sobre a escassez — se havia recursos suficientes para circular e se os estados poderiam gerenciar a distribuição deles de maneira eficaz. "Eu acho que você está batendo na tecla errada", escreveu ele para Hayek, "onde você desaprova toda a conversa sobre a abundância por vir"[19] — um argumento que seria justificado pelo boom econômico do pós-guerra.

Porém, para a Hayek, a escassez era tanto uma questão moral quanto uma questão de resultados. A escassez criava "a esfera onde as circunstâncias materiais nos impõem uma escolha" e era essencial para a visão dele de uma boa vida. A necessidade de escolher uma coisa sobre a outra, ou de ser incapaz de ter tudo, era a fonte de expressão individual, "o ambiente onde só o senso moral cresce e onde os valores morais são recriados diariamente".[20] O que era verdade para o indivíduo era verdade, também, para a sociedade.

Sem precisar escolher alguns trabalhos e tradições em detrimento de outras, a cultura se tornaria degradada, vazia. Como enfatizou Corey Robin, Hayek acreditava que o mundo precisava de uma classe alta para transmitir o conhecido e definir os valores da sociedade ao longo das gerações. Em uma sociedade amplamente igualitária e com recursos para todos, a classe alta desapareceria.

Essa era a importante distinção entre os dois homens. Hayek e Keynes concordavam que a democracia não era o princípio organizador central da sociedade; era uma ferramenta para alcançar objetivos mais importantes. Eles até mesmo concordavam que a função mais importante da democracia era sua habilidade de produzir uma cultura vibrante e de elite. Os valores que Keynes atribuía a Bloomsbury eram, em alguns sentidos, muito semelhantes à apreciação de Hayek pela antiga aristocracia vienense. Para Keynes, porém, nada se perderia se o mundo todo se transformasse em Bloomsbury, enquanto, para Hayek, a aristocracia era inerentemente exclusiva; o sentido dela era que nem todos poderiam ser aristocratas. E, portanto, Keynes buscava democratizar os confortos e privilégios da elite e Hayek esperava reforçar a distância social entre a aristocracia e as massas. O que Hayek acreditava que só podia ser alcançado pela desigualdade, Keynes acreditava que poderia ser alcançado por meio da educação.

"Devo dizer que aquilo que queremos não é a ausência, nem sequer a diminuição, do planejamento. De fato, devo dizer que quase certamente queremos mais", escreveu Keynes. "Mas o planejamento deve ocorrer na comunidade, onde a maior quantidade de pessoas possível, tanto líderes como seguidores, compartilham completamente da nossa posição moral. Um planejamento moderado será seguro se aqueles responsáveis por ele estiverem bem orientados, em suas mentes e corações, sobre a questão moral... O que precisamos é a restauração do pensamento moral ponderado — um retorno aos adequados valores morais na nossa filosofia social. Se pudesse mover sua cruzada nessa direção, então você não se pareceria, nem se sentiria como Dom Quixote. Eu o acuso de, talvez, confundir um pouco as questões morais e materiais. Atos perigosos podem ser feitos em segurança em uma comunidade que pensa e sente de maneira razoável, enquanto seriam um caminho para o inferno se fossem executados pelas pessoas que não pensam e sentem o que é certo."[21]

Keynes estava, ao mesmo tempo, abraçando a concepção de estado de Rousseau como uma expressão da vontade democrática e reafirmando a ênfase de Edmund Burke no poder da cultura e tradição. Ele apresentou uma visão que não dependia da busca implacável do interesse próprio, nem da utópica generosidade de espírito. Por meio do planejamento econômico e da educação moral, as comunidades podem eliminar os elementos mais desestabilizadores da incerteza, instilando em seus membros os valores e os confortos materiais que os protegeriam contra o nacionalismo militarista. Assim como em *The End of Laissez-Faire*, Keynes tentava harmonizar as tradições filosóficas de direita e esquerda que definiram os polos opostos do pensamento ocidental desde a Revolução Francesa: fazer o tradicionalismo de Burke se encaixar na democracia radical de Rousseau. Como Keynes contou aos leitores do *New Statesman and Nation* em 1939: "A questão é se estamos preparados para sair do estado *laissez-faire* do século XIX e entrar em uma era de socialismo liberal, com isso me refiro a um sistema no qual podemos atuar como uma comunidade organizada por propósitos comuns e promover justiça social e econômica enquanto respeitamos e protegemos o indivíduo — seus direitos de escolha, sua fé, sua mente e a expressão dela, seu empreendimento e sua propriedade."[22]

Como um guia prático para uma vida política, a carta de Keynes para Hayek não era mais útil que *O Caminho da Servidão*. Ela não fala muita coisa sobre *como* educar ou planejar. Além disso, ela não se preocupa com os novos poderes conquistados pelo estado. Os avisos de Hayek sobre a violência perigosa e inerente do governo são mais atraentes ao levar em consideração as atrocidades cometidas pela própria máquina de guerra dos Aliados — um argumento que a política de 1944 em essência proibiu Hayek de abordar. Churchill, Roosevelt, Truman e o próprio Keynes como chanceler do Tesouro da Grã-Bretanha em tempo de guerra não estabeleceram nenhum princípio significativo de restrição das suas condutas de guerra. Mais de 750 mil civis morreram

354   O PREÇO DA PAZ

por bombardeios aliados durante campanhas na Europa e no Pacífico.[23] Cidades inteiras foram devastadas; monumentos culturais antigos desapareceram. E essa campanha continuada de terror quase não teve efeito estratégico na produção econômica inimiga, um fato que John Kenneth Galbraith relatou oficialmente como diretor do United States Strategic Bombing Survey, nos últimos dias da guerra. A democracia tinha o poder de libertar e também de destruir.

As ideias sobre escassez, igualdade e democracia que Keynes compartilhou com Hayek em sua viagem eram mais do que uma troca amigável entre colegas. Elas revelavam o pano de fundo intelectual para os grandes projetos econômico que Keynes apresentaria na United National Monetary and Financial Conference de 1944 em Bretton Woods, também conhecida como Conferência de Bretton Woods. Para a Europa e os Estados Unidos, a conferência seria a cúpula diplomática mais importante desde o fiasco em Paris no ano de 1919. Para Keynes, essa era uma chance de redenção, uma oportunidade de colocar em prática todas as ideias e programas desenvolvidos por ele desde o desastre que o transformou em celebridade. Com 60 anos e uma saúde decadente, Keynes havia alcançado o zênite de seus poderes políticos e intelectuais. Bretton Woods seria seu extenuante teste final.

O Mount Washington Hotel era um exuberante artefato da ambição da Gilded Age abrigado em um remoto vale das Montanhas Brancas, no estado de Nova Hampshire. Era espetacular durante o verão. As varandas oferecem visões de tirar o fôlego dos cumes de quase 2 mil metros de altura nos arredores, além da extensão ondulada do campo de golfe privado do resort e a curva brilhante do rio Ammonoosuc, onde Lydia chocou os representantes ao banhar-se nua todas as manhãs.[24] Na área interna, o hotel possuía todas as comodidades concebíveis, incluindo uma piscina interna, banhos turcos, pista de boliche, uma sala de armas para os esportistas, um salão de jogos para esposas e apostadores e diversos bares ornamentados, incluindo o intimista Cave e o opulento Moon Room, onde uma orquestra divertia os clientes que entravam e saíam durante todo o dia e noite, até o raiar do dia seguinte.[25]

Mas a Conferência de Bretton Woods não foi um refúgio calmo e pacífico. Keynes a chamou de "monstruosa casa de macacos". O número total de delegados e seus familiares era de 730 pessoas, além dos 500 jornalistas em um hotel que possuía apenas 234 quartos. Os repórteres foram tecnicamente abrigados no Twin Mountain Hotel, que ficava a quase 10km de distância e não tinha água corrente nem comida no início da conferência. Além disso, White e os norte-americanos decidiram dar livre acesso à imprensa para todo o evento. Quando as negociações se arrastavam para depois do jantar e até meia-noite, a grande multidão de jornalistas permanecia e frequentemente participava da socialização logo em seguida.[26]

Nada no hotel parecia funcionar. "As torneiras não fechavam, as janelas não se moviam, os canos são consertados e voltam a quebrar e ninguém consegue chegar a lugar algum", escreveu Lydia para a mãe de Maynard no dia 12 de julho.[27] Quase todo mundo parecia estar operando em diferentes níveis de embriaguez ao longo da reunião. As negociações noturnas eram interrompidas para coquetéis e qualquer delegação buscando acalmar a oposição organizaria uma recepção durante a tarde com bebidas alcoólicas. Bebidas no Moon Room custavam apenas um dólar e, quando a diplomacia formal chegava ao fim — geralmente às 3h30 da manhã —, White liderava a festa com uma adaptação de uma canção que se tornou conhecida como "A Canção de Bretton Woods":

Não me enterre quando eu morrer,

Apenas cubra os ossos com o que gosto de beber.

Em minha cabeça e meus pés, ponha uma garrafa

E reze ao Senhor por minha alma.[28]

Lydia impôs uma rigorosa proibição das conversas que ocorriam tarde da noite, mas a pressão sobre Keynes era imensa. Ele era bombardeado por documentos e propostas, além de enviar uma centena de longos telegramas a Londres para atualizar o governo sobre a situação das negociações ao longo da conferência de três semanas. Em apenas alguns dias ele estava batalhando para manter sua compostura física. "Eu não acho que já tenha trabalhado tão duro e de maneira tão contínua em toda a minha vida", disse ele.[29] Às vezes ele perdia a paciência, fazendo piadas sobre os inteligentes "rabinos" do Tesouro norte-americano quando as negociações ofereciam termos pouco proveitosos para a Grã-Bretanha (White e alguns de seu principais representantes eram judeus).[30]

Houve alguns momentos de libertação. Certa noite, Lydia e Maynard cantaram "The Blue Danube" para os convidados no salão superior enquanto H. E. Brooks, da delegação britânica, tocava piano.[31] Mas tais momentos eram raros. Keynes trabalhou arduamente porque entendia o que estava em jogo no momento, tanto pessoal quanto internacionalmente. Bretton Woods era sua última oportunidade de dar uma vida política às belas abstrações com as quais passara um quarto de século sonhando para salvar a humanidade de si mesma.

O grande projeto da vida de Keynes, desde o fim da Grande Guerra até o encerramento da Conferência de Bretton Woods, era decifrar os meios pelos quais o dinheiro poderia ser implantado como uma arma contra a guerra. O esquema de investimento internacional por ele traçado em *As Consequências Econômicas da Paz* com o tempo havia dado lugar, passo a passo, ao clamor por taxas de câmbio flexíveis, tarifas e, por fim, para a estratégia de administração de demanda descrita em *A Teoria Geral*. Mas, ao longo de seu desenvolvimento como um pensador, Keynes acompanhou a ideia de que a instabilidade econômica era um catalisador perigoso para o conflito internacional. Ele havia se separado do livre mercado da Gilded Age, mas não abandonou sua visão internacionalista.

Para Norman Angell e seus discípulos na política externa norte-americana, incluindo o secretário do Estado Cordell Hull, o isolamento econômico era a maior ameaça estrutural à paz mundial. O livre-comércio e o entrelaçamento de interesses econômicos nacionais para além das fronteiras, acreditavam eles, eram passos essenciais rumo à harmonia internacional. O comércio aumentava o entendimento entre as pessoas e reunia suas prosperidades mútuas como um projeto unificado. O isolamento encorajava a ganância e beligerância ao eliminar penalidades econômicas domésticas pela agressão ao território estrangeiro.

Keynes passou a acreditar que o problema, na verdade, era muito mais simples: o desemprego era um terreno fértil para o fascismo. Ele criava uma perigosa instabilidade e uma fonte de raiva que poderia facilmente ser transformada em uma arma. Os termos do comércio podem ajudar ou prejudicar tentativas de estabelecer uma boa vontade internacional, mas, com ou sem tarifas, a legitimidade de uma ordem econômica internacional dependia inteiramente do fato de ela poder fornecer o que for necessário para uma prosperidade mútua.

Para Angell e Hull, o relacionamento entre o livre-comércio e a abundância econômica era uma crença fundamental que beirava a fé religiosa. Keynes conhecia bem esse tipo de atitude. Ele mesmo já vira o livre-comércio "quase como parte da lei moral" durante sua juventude.[32] A crença que o livre-comércio caminhava rumo à prosperidade estava arraigada na ideia de que ele melhorava a eficiência em um mundo de recursos escassos. No século XIX, acreditava Keynes, o livre-comércio, na verdade, encorajou a paz e a prosperidade ao permitir que as nações se especializassem naquilo que fazem de melhor, aumentando a "torta" econômica para todo o mundo ao limitar o potencial para raiva e agitação.

Mas Keynes também estava convencido de que o problema econômico do século XIX não era a escassez, mas a má administração. Depressões não eram causadas por um deficit de produção, mas pela instabilidade e incerteza financeira.[33] A greve geral britânica de 1926 e a ascensão de Hitler foram motivadas por pessoas desesperadas buscando soluções para uma miséria doméstica intratável. A causa do sofrimento delas não foi uma dedicação insuficiente às vantagens comparativas, foi a deflação — uma queda nos preços que forçou demissões e fechou empresas. E Keynes então acreditava que a deflação se espalhara pelo mundo pelo mesmo padrão-ouro do livre-comércio que admirava quando jovem adulto.

Com os economistas se tornando os principais protetores do legado keynesiano, *A Teoria Geral* há muito era vista como o ápice da vida intelectual de Keynes. Mas, se os diplomatas ou filósofos tivessem essa mesma tarefa, esse grande livro seria reconhecido apenas como um estágio importante no desenvolvimento de uma ampla agenda política para uma boa vida e harmonia internacional. Keynes ainda tornaria a fazer outras descobertas. Elas não seriam publicadas em um livro ou artigo de revista; em vez disso, seriam uma proposta diplomática para um regime internacional financeiro e comercial pós-guerra, com o objetivo de solucionar de uma vez por todas a miríade de problemas ocasionados pelo padrão-ouro.

Keynes iniciou seu ataque àquela "relíquia bárbara" em *A Tract on Monetary Reform* ao pedir por taxas de câmbio flexíveis. O caos financeiro que se seguiu após a Primeira Guerra Mundial o convenceu de que os países precisavam reavaliar suas moedas — de maneira razoável — para corrigir desequilíbrios econômicos ou escapar de alguma disrupção não planejada. Mas era difícil distinguir entre uma desvalorização aceitável harmonizada com a ordem natural das coisas e um ataque predatório aos mercados estrangeiros. Um dos poucos benefícios do padrão-ouro tem sido a adoção de uma compreensão clara e compartilhada do que é considerado um jogo limpo. Uma nação que violava as regras do jogo era vista como imprudente ou predatória. Mas quando Keynes — e, de maneira mais ampla, a comunidade internacional — começou a aceitar que os países geralmente *não tinham escolha* a não ser violar essas regras, a questão sobre como avaliar o jogo limpo se tornou muito mais espinhosa.

Quando concluiu *A Teoria Geral*, Keynes havia resolvido o assunto simplesmente rejeitando os compromissos de comércio internacional como uma prioridade significativa. A administração de demanda por meio de obras públicas, política tributária e "socialização do investimento" seriam tentativas esperançosas e óbvias de tornar políticas de beggar-thy-neighbor, incluindo tarifas e manipulação de moeda, obsoletas. Melhorar a demanda doméstica aumentaria as importações, ajudando outros países que dependiam das exportações. Se todos os governos pudessem cuidar de suas próprias necessidades, um sistema robusto de regras internacionais não seria necessário. Ele abraçou o nacionalismo econômico como uma ferramenta para enfrentar a predação econômica.

Mas havia limites nessa estratégia, especialmente para países mais frágeis. E, ao final da guerra, quase todos os outros países, com exceção dos Estados Unidos, estavam fracos. Keynes previu "uma Dunquerque financeira", em que a Grã-Bretanha simplesmente seria incapaz de cumprir com as obrigações necessárias: reconstruir a indústria, garantir o bem-estar de uma população desgastada pela guerra e honrar as dívidas incorridas durante o conflito (sem falar dos custos de manutenção do império).[34] Às vezes, acreditava ele, mesmo com um gasto governamental robusto e baixas taxas de juros, medidas protecionistas podem ser necessárias para dar às nações fracas algum espaço de manobra. Mas quem determinaria quais medidas são justas e de que forma?

Keynes começou revisitando uma ideia do *Tratado sobre a Moeda*. Esse livro foi uma tentativa de usar os bancos centrais para resolver todos os problemas econômicos do momento. Os banqueiros centrais, de maneira muito conveniente, tinham a tarefa de aumentar ou diminuir as taxas de juros para preservar suas reservas de ouro e equilibrar o fluxo comercial. Keynes havia argumentado que, em vez disso, eles deveriam administrar as taxas de juros para garantir o pleno emprego. Para ajudar a administrar as flutuações incomuns no comércio internacional que tal administração doméstica geraria, Keynes pedia por um "Banco Supranacional" para regular a oferta monetária, moeda e fluxo comercial em todo o mundo.

Esse banco central internacional emitiria um "dinheiro do Banco Supranacional" para os bancos centrais comuns em todo o mundo. O Federal Reserve, o Bank of England e as várias instituições equivalentes tomariam como empréstimo esse DBS — ou SBM, de acordo com a sigla em inglês — do Banco Supranacional enquanto conduziam suas operações comuns de política monetária. Ao administrar essa nova moeda internacional, o Banco Supranacional permitiria que nações individuais lidassem com problemas domésticos sem recorrer à inflação. Os países jamais precisariam se preocupar em ficar sem dinheiro durante uma emergência, porque o Banco Supranacional estaria lá para fornecer esse dinheiro sob termos razoáveis. Como resultado disso, nenhum governo precisaria criar o desemprego de maneira intencional para resolver um problema monetário ou comercial.[35]

Durante a guerra, Keynes expandiu esse esboço — que só ocupava três páginas do tratado de quase setecentas — em uma proposta oficial do governo britânico que ele agora chamava de International Clearing Union.

O padrão-ouro, afirmava ele, entrou em colapso pois forçava os países a iniciar movimentos deflacionários. Países com deficits comerciais se tornaram completamente responsáveis por restaurar o equilíbrio comercial e, conforme acreditava Keynes, com o tempo eles ficariam em uma posição em que só poderiam alcançar preços competitivos por seus bens no exterior ao reduzir os salários domésticos, causando um desemprego em massa. Se a Grã-Bretanha, por exemplo, tivesse um deficit comercial com os Estados Unidos ao importar mais do que ela exportava, isso resultaria em um problema no equilíbrio de pagamentos: a Grã-Bretanha estaria pagando mais dinheiro para os Estados Unidos do que estaria recebendo. Se a situação continuasse por tempo suficiente, a Grã-Bretanha ficaria sem dinheiro para pagar pelos bens norte-americanos.

Esse problema poderia, em teoria, ser resolvido com o empréstimo internacional. Se os norte-americanos, cheios de dinheiro ganho com a exportação de seus bens, fizessem empréstimos sob termos razoáveis para a Grã-Bretanha, então os britânicos teriam o dinheiro necessário para continuar comprando as exportações. Durante os cinquenta anos anteriores à Grande Guerra, acreditava Keynes, o padrão-ouro sobreviveu precisamente porque a Grã-Bretanha havia sido um credor sábio e generoso. Londres emprestava dinheiro para o exterior quando era preciso.

Mas, se esses empréstimos não estivessem disponíveis por uma razão ou outra — a disrupção causada pela guerra, a instabilidade bancária, más políticas monetárias, a bolha da bolsa de valores ou simplesmente um desinteresse no empréstimo estrangeiro —, a única forma de um país sob um deficit comercial recuperar sua situação seria reduzindo o preço de seus bens em mercados estrangeiros. E, no final das contas, ele precisaria recorrer à deflação e ao desemprego em massa para fazer isso.

Sob as normas éticas do padrão-ouro, o sofrimento resultante era o preço que um país precisava pagar por ser fraco ou preguiçoso. Keynes prontamente aceitou que muitos países tinham uma infraestrutura econômica ineficaz. No entanto, países frequentemente tinham deficits comerciais porque precisavam, não porque eram mais ou menos prudentes que países com superavits comerciais. Além disso, os governos com superavits não estavam, na verdade, sendo prejudicados pelos países deficitários. Embora o país deficitário acumulasse grandes dívidas financeiras, o país superavitário possuía um grande comércio de exportação que contratava seus trabalhadores e melhorava o seu padrão de vida. A ética do padrão-ouro impunha uma grande carga de vergonha sobre países que acumulavam grandes dívidas, mas eram os países superavitários que mais se beneficiavam com elas — e se beneficiavam à custa dos empregos no país devedor. Keynes reconheceu que, na ordem internacional, assim como na vida, os verdadeiros vilões raramente eram os pobres.

O segredo de tornar qualquer regime comercial sustentável, acreditava ele, era fazer os países superavitários — principais credores internacionais — participarem no ajuste do equilíbrio comercial. O mundo precisava de uma autoridade internacional capaz de punir países com deficits *ou* superavits comerciais persistentes. Isso significaria, em essência, forçar países ricos a pagarem para corrigir o desequilíbrio com os países mais pobres.

Keynes alcançaria esse objetivo com a International Clearing Union. Assim como no *Tratado*, o banco central de cada nação participante abriria uma conta na ICU. Pagamentos comerciais internacionais seriam realizados por essas contas, usando uma nova moeda internacional chamada Bancor que o ICU teria o poder de criar da forma que desejasse. Quando um país tivesse um persistente deficit *ou* superavit, a ICU exigiria que o país reavaliasse sua moeda para voltar a equilibrar o sistema. Países com deficits deveriam desvalorizar sua moeda em até 5%, enquanto países com superavits precisariam valorizar suas moedas em até 5%. A ICU poderia até confiscar saldos superavitários ao final de cada ano.

Keynes esperava que esse confisco fosse extremamente raro. A ideia central era estabelecer um compromisso internacional com um comércio equilibrado e fornecer alguns mecanismos para impor esse compromisso.

Era uma ideia brilhante. Até o antigo adversário de Keynes, Lionel Robbins, ficou fascinado com o plano. "Seria difícil exagerar o efeito eletrizante sobre o pensamento ao longo de todo o relevante aparato governamental", disse ele. "Nunca houve uma discussão de algo tão criativo e ambicioso quanto isso."[36] Mas havia uma razão para tanto Keynes quanto sua antiga nêmesis gostarem do plano: em 1944, a Grã-Bretanha estava na pior posição econômica enfrentada por ela em séculos. Seu império estava à beira do colapso e sua economia doméstica dependente do auxílio estrangeiro. O plano keynesiano não só criava reguladores internacionais para monitorar o poder de nações ricas, mas também forçava nações ricas a ajudar nações pobres a resolver seus problemas econômicos. Em nome do livre-comércio e da harmonia internacional, Keynes defendia os interesses do decadente Império Britânico contra o poder econômico da gigante norte-americana.

Os norte-americanos não queriam ter nenhuma relação com esse plano. A princípio, Keynes acreditava que a resistência de Harry Dexter White e da administração Roosevelt decorria das confusões sobre como o plano funcionaria e, com o tempo, ele se convenceu de que um Congresso conservador e hostil era responsável pela resistência norte-americana. Mas, em verdade, o governo dos Estados Unidos simplesmente não tinha interesse em criar uma ordem internacional que reduziria o poder norte-americano. O presidente Roosevelt era perspicaz quanto às considerações de realpolitik sobre o poder bruto, mas ele e muitos de seus grandes diplomatas também eram influenciados por equívocos sobre as causas da Grande Depressão e infundidos com uma sensação wilsoniana moralmente justificada de destino nacional.

Para Roosevelt, a Grande Depressão e a Segunda Guerra Mundial eram consequências previsíveis da retirada norte-americana do cenário internacional nos anos 1920. A Europa era uma região estagnada de rivalidades e conflitos medievais. Os Estados Unidos eram uma terra de progresso e iluminação, livre dos antigos ressentimentos. Os Estados Unidos se recuperaram rapidamente de uma grave inflação que surgiu após a Primeira Guerra Mundial, enquanto a Europa atolou-se em disputas comerciais, má administração monetária e agressão militar. Essa atmosfera tóxica com o tempo atravessou o Atlântico. Muitos economistas norte-americanos acreditavam que o Federal Reserve não foi suficientemente rigoroso em sua política monetária nos anos 1920 em uma tentativa de apoiar a Grã-Bretanha. Quando o Fed finalmente decidiu impor alguma disciplina na especulação desenfreada da bolsa de valores em 1928, tudo já estava fora de controle e o estouro da bolha deu início à Grande Depressão, que foi prolongada e exacerbada quando a Grã-Bretanha resolveu atuar da mesma forma e apoiar a indústria doméstica com tarifas. Mas, apesar de tudo isso, Roosevelt acreditava que havia curado a Depressão com o New Deal — uma nova solução criativa

MÁRTIR DA BOA VIDA 363

—, enquanto a Grã-Bretanha, a segunda economia mais poderosa entre os aliados, recorreu às tarifas e desvalorização, sinais fortes de fraqueza e desfunção. Se os Estados Unidos tivessem desempenhado seu papel como líder do mundo livre em vez de deixar a Europa para os europeus, o caos dos últimos vinte anos teria sido evitado.

Essa história era, no melhor dos casos, uma grande simplificação, mas era verdade que uma liderança norte-americana mais eficaz poderia ter evitado grande parte de todo o problema. A administração Roosevelt simplesmente não compreendia em que os Estados Unidos haviam errado. Não foi o atraso britânico nem o dinheiro barato que causaram a Depressão. Embora houvesse culpa o suficiente para todos, a maior parte dela repousava sobre a política monetária excessivamente rígida do Fed a partir de 1928. As taxas de juros estavam muito altas em 1928 e 1929 e, quando o Fed finalmente as reduziu após o crash da bolsa de valores, não o fez o suficiente para compensar as falências bancárias que estavam destruindo a oferta de dinheiro do país. Como Keynes avisou nos anos 1920, retornar ao padrão-ouro significava entregar as decisões econômicas mais importantes na Europa aos Estados Unidos; o Fed, não o Bank of England, se tornou o principal condutor do regime monetário internacional. Ele havia orquestrado um desastre.

Os diplomatas norte-americanos estavam errados sobre a causa da Depressão, mas sua crença carregava uma tremenda força política. Independentemente de suas diferenças, Roosevelt, White e Morgenthau concordavam que uma das principais prioridades para os Estados Unidos durante a guerra era a liquidação do Império Britânico e a subjugação econômica da Grã-Bretanha. Nessa visão do futuro, a principal parceira dos Estados Unidos na futura era econômica seria a outra inovadora e recente superpotência mundial: a União Soviética.[37]

Após quase três semanas de negociações em Nova Hampshire, Keynes desmaiou ao subir as escadas na noite do dia 19 de julho. Ficou caído durante apenas quinze minutos e logo recuperou suas forças, mas a notícia de que havia sofrido um ataque cardíaco se espalhou rapidamente pelo hotel. Os sinais externos de sua deterioração eram tão severos que, quando a onipresente imprensa soube do rumor, jornais alemães começaram a publicar obituários prematuros. Keynes tentou minimizar a situação, escrevendo para um amigo que ele, na verdade, estava se sentindo "extremamente bem" na conferência, algo que todos os que o viram poderiam atestar que não era verdade. "Nós estamos à beira de um precipício", escreveu Robbins em seu diário. "Agora sinto que é uma corrida entre a exaustão de suas forças e o encerramento da conferência."[38]

As grandes batalhas para as quais Keynes sacrificou a maior parte de sua saúde em Bretton Woods tinham pouca relação com economia e tudo a ver com jogos de sinalização diplomática. White, presidente da delegação norte-americana e da conferência, rejeitou o plano de Keynes antes que qualquer outra pessoa chegasse no evento. Em vez disso, todas as nações que participaram de Bretton Woods concordaram em tornar suas moedas convertíveis em dólares com uma taxa de câmbio fixa.

O dólar, solitário entre essas moedas, poderia ser convertido em ouro. Em vez de um banco central internacional monitorando deficits e superavits comerciais, o Fundo Monetário Internacional seria estabelecido para fornecer empréstimos emergenciais durante uma crise. Além disso, um Banco Mundial seria estabelecido para auxiliar na reconstrução ao final da guerra. Keynes havia imaginado um aparato regulatório internacional para impedir organizações comerciais predatórias e crises financeiras. O que ele conseguiu foi o padrão-ouro com um fundo de resgate econômico.

Keynes e White discutiam sobre detalhes. As taxas de câmbio, por exemplo, poderiam flutuar até 1% em cada direção. O FMI e o Banco Mundial seriam capitalizados por novas "quotas" avaliadas em relação a cada um dos países participantes. Rapidamente todos reconheceram que uma maior quota no FMI significaria um maior controle sobre suas políticas e um melhor acesso a um futuro auxílio. Uma maior quota no Banco Mundial, enquanto isso, significava tirar dinheiro dos outros países. Mesmo se uma nação planejasse fazer uso do Banco Mundial para reconstruir fábricas e reparar campos agrícolas, ela gostaria de receber esse dinheiro do exterior e não de lavar seu próprio dinheiro em um mecanismo internacional.

Keynes se convenceu de que o arranjo final era aceitável porque os Estados Unidos pagariam mais do que qualquer outro país. Um argu-

MÁRTIR DA BOA VIDA

mento essencial para seu esquema ideal que foi rejeitado era fazer países ricos pagarem uma boa parte dos custos necessários para corrigir desequilíbrios internacionais. O pacto de Bretton Woods, raciocinou ele, poderia ao menos monitorar parcialmente o poder norte-americano ao fazer os Estados Unidos destinarem um financiamento substancial para essa nova ordem. Em última análise, os Estados Unidos concordaram em pagar US$2,75 bilhões para o FMI — 32,5% de seu financiamento inicial —, enquanto a Grã-Bretanha pagou US$1,3 bilhão; a China, US$550 milhões; e a França, US$450 milhões. Os diplomatas concordaram em quotas iguais no Banco Mundial.

White passou grande parte da conferência tentando garantir a cooperação da URSS. Inicialmente, ele propôs uma quota de US$800 milhões para os russos — uma quantidade que excedia em muito sua fatia em relação ao tamanho de sua economia geral — e o principal diplomata soviético, Mikhail Stepanov, na época aumentou esse valor até US$1,2 bilhão, esperando ter uma maior influência sobre as novas instituições. Porém, a missão de White para forjar um novo futuro com a Rússia fracassou. A URSS nunca ratificou o acordo de Bretton Woods. Os Estados Unidos conseguiram o que queriam da Grã-Bretanha, mas a visão da administração Roosevelt de uma aliança pós-guerra com a União Soviética já havia chegado ao fim. Para os oficiais russos, Bretton Woods parecia uma grande cessão de independência econômica aos Estados Unidos.

Não havia muito o que Keynes pudesse fazer sobre nada disso. A Grã-Bretanha estava quebrada e completamente dependente dos Estados Unidos para sobreviver. A guerra não havia acabado e, quando acabasse, o Reino Unido ainda precisaria do dinheiro dos Estados Unidos para alimentos e reconstrução. Apenas um ano após o rompimento de Bretton Woods, Harry Truman suspendeu abruptamente o programa Lend-Lease antes do Japão sequer se render. Truman se arrependeu da decisão e mais tarde disse que foi enganado pelo administrador do Lend-Lease, Leo Crowley, que insistia que Roosevelt planejava romper com a Grã-Bretanha assim que a guerra na Europa acabasse.[39] Crowley não havia contado a vontade, mas a mentira refletia uma atitude verdadeiramente insensível sobre a Grã-Bretanha que estava presente em grande parte da administração.

O novo primeiro-ministro britânico, o líder trabalhista Clement Attlee, enviou Keynes até Washington para resgatar o que ele pudesse da situação. Era um pedido extraordinário feito com o mais puro desespero financeiro. Em março, Keynes escreveu para um amigo na França declarando: "meu coração está muito deficiente de força... E eu não consigo andar".[40] Com o tempo ele estava de pé mais uma vez, mas as conversas em Washington lhe causavam dolorosas palpitações no coração e, assim, ele foi forçado a repousar por grandes períodos apenas para sobreviver a cada dia.[41] Ele manteve seu otimismo congênito até o final, entretanto, e acreditava que, quando os norte-americanos entendessem o estado verdadeiramente grave das contas britânicas, eles ofereceriam uma ajuda multibilionária que poderia ser usada nas reconstruções e que não precisaria ser paga. Essa foi uma atitude delirante após Bretton Woods, mas o cancelamento do Lend-Lease por Truman foi uma decisão tão extrema e abrupta que era fácil atribuí-la à confusão, o que não era nenhuma mentira. Os norte-americanos superestimavam o vigor financeiro da Grã-Bretanha.

Após as súplicas de Keynes, os Estados Unidos concederam à Grã-Bretanha um empréstimo de US$3,75 bilhões com uma taxa de juros de 2% — incrivelmente baixa para as finanças internacionais, mas uma amarga decepção para Keynes, que acreditava em uma doação no lugar de um empréstimo. Para Keynes, as negociações não eram só sobre dinheiro. O projeto intelectual de sua vida sempre foi apoiado pela vontade política norte-americana. Juntos, acreditava ele, a Grã-Bretanha e os Estados Unidos curaram a Grande Depressão e derrotaram Adolf Hitler. Finalmente era evidente que os Estados Unidos não tinham a intenção de seguir o plano que Roosevelt divulgara para ele em 1941, onde as duas nações "policiariam" juntas uma Europa desarmada. A parceria havia acabado e, com ela, a época da Grã-Bretanha como uma grande potência.

Keynes guiou seu país por nada menos que três das grandes calamidades que vivenciou. Ele se desiludiu com a forma que seu país administrou o próprio império, mas nunca parou de trabalhar rumo ao ideal de Grã-Bretanha que prezava durante sua juventude: uma forte nação liderando o mundo até a verdade, liberdade e prosperidade. E ele fez sua parte para salvar o povo da destruição, mas não foi capaz de restaurar a glória do povo.

MÁRTIR DA BOA VIDA

Ele poderia, entretanto, ajudá-los a alcançar uma boa vida. Em 1941, o ministro britânico do trabalho, Ernest Bevin, escolheu o economista William Beveridge para trabalhar em um plano de reformar a colcha de retalhos que era a rede de proteção social britânica. Bevin imaginava um estreito projeto de simplificação e consolidação, mas Beveridge, em vez disso, embarcou em uma ambiciosa revisão do precário estado de bem-estar social do governo britânico. O Tesouro rapidamente se distanciou do projeto, insistindo que apenas Beveridge seria responsável pelo produto final, que seria publicado sob seu nome em vez do selo oficial de qualquer comitê governamental.

Com o tempo, isso acabaria sendo uma bênção para Beveridge e seu legado pessoal. Mas, em março de 1942, ele estava bem isolado. Ele recorreu a Keynes em busca de ajuda e, para sua surpresa, encontrou um sedento aliado. Keynes disse para Beveridge que ele tinha um "entusiasmo selvagem" por sua "vasta reforma construtiva de verdadeira importância". Enquanto o chanceler do Tesouro, sir Kingsley Wood, já havia sido alienado pelo custo do plano, Keynes estava "aliviado por ele ser tão financeiramente viável".[42]

Keynes se tornou o defensor de Beveridge dentro do Tesouro, formando um comitê para transformar as propostas em algo que pudesse passar tanto pela reunião econômica quanto pelo Parlamento. Ele recrutou sir Richard Hopkins, o segundo no comando de Wood no Tesouro, como um membro da equipe, garantindo que, qualquer que fosse o plano final produzido por Beveridge, teria o prestígio da oficialidade. Keynes focou a redução dos custos iniciais para limitar o choque preliminar — restringindo alguns benefícios e introduzindo outros gradualmente. O resultado, publicado em dezembro de 1942, era, nas palavras de Keynes, um "grandioso documento"[43] mapeando um novo curso para o futuro da vida britânica. Beveridge propôs um Serviço Nacional de Saúde para fornecer uma assistência médica governamental direta para cada cidadão britânico, um sistema de pensão nacional para os idosos, viúvas e deficientes, um novo sistema de seguro-desemprego para substituir a esmola e um abono semanal pago para famílias com mais de um filho.

Era o programa social mais ambicioso já proposto na Europa — um programa tão transformador que levaria Hayek a concluir que a

Grã-Bretanha havia abandonado o liberalismo iluminista de sua história pré-guerra por um socialismo absoluto. E de fato foi o ressurgente Partido Trabalhista que implementaria o Plano Beveridge após seu triunfo eleitoral em 1945. Mas, mesmo que os conservadores estivessem no poder após a guerra, o pacote criado por Beveridge com Keynes ainda poderia ter encontrado o seu caminho até a legislação. Os cidadãos britânicos levaram a declaração das Quatro Liberdades de Roosevelt e a Carta do Atlântico de Roosevelt e Churchill mais a sério que o povo norte-americano, e o bombardeio diário do país pelos aviões nazistas instilaram neles uma grande ânsia por paz e segurança. E, embora o Seguro Nacional, como o programa ficou conhecido, tenha sido insultado pelos discípulos de Hayek — entre eles a primeira-ministra Margaret Thatcher —, seus oponentes nunca foram capazes de desmantelá-lo, mesmo após décadas de governos conservadores. Até hoje o NHS, como é conhecido o Serviço Nacional de Saúde, permanece como uma fonte de orgulho nacional, enquanto a pensão paga aos aposentados é o campo defendido de maneira mais feroz dentro da política britânica.

Essas foram grandes conquistas — a realização das ideias que Keynes esboçou pela primeira vez em *The End of Laissez-Faire* duas décadas antes. No crepúsculo de sua vida, Keynes estava desenvolvendo um novo cenário estrutural para democracias modernas, mobilizando os recursos e a energia da comunidade para os interesses nacionais. Entretanto, a causa democrática que estava em seu coração não era a assistência médica, mas a arte. Mesmo quando ele insistiu para os norte-americanos, durante a Primeira Guerra Mundial, que o Tesouro britânico estava em seu limite, encontrou alguns milhares de libras para gastar na oferta francesa da coleção de pinturas de Degas. Ele repetiu a manobra em uma escala muito maior no fim da Segunda Guerra Mundial. Enquanto Keynes dirigia toda a força de sua indignação moral à mesquinhez dos norte-americanos com a Grã-Bretanha no outono de 1945, o seu próprio governo estava, sob encorajamento dele, expandindo o escopo do Council for the Encouragement of Music and Arts. Keynes ajudou a estabelecer esse novo órgão em 1940, e o submeteu ao controle direto do Tesouro, o que permitia a ele influenciar o seu orçamento. Fiel à forma, Keynes operou como o primeiro presidente do CEMA, como o conselho ficou conhecido, tanto como uma agência de obras públicas quanto uma filantropia de artes performáticas, embarcando em planos

MÁRTIR DA BOA VIDA

para remodelar grandes edifícios como saguões de apresentações públicas. O público havia passado por anos de sacrifícios com os esforços de guerra e Keynes acreditava que as pessoas precisavam de uma lembrança daquilo que estavam lutando para preservar. No entanto, o projeto fez muito mais do que ajudar os cidadãos a manter a fé. "Logo descobrimos que estávamos oferecendo algo que nunca existiu mesmo em tempos de paz", disse ele aos ouvintes da BBC no verão de 1945. "Nossa experiência no período de guerra nos levou a uma clara descoberta: a demanda insatisfeita e o enorme público para um entretenimento sério e refinado. Isso certamente não existia há alguns anos." As apresentações de rádio da BBC levaram sinfonias e óperas para milhões de casas e "treinaram" os ouvidos dos ouvintes da classe trabalhadora, "levando para todos no país a possibilidade de aprender esses novos jogos que apenas os mais privilegiados costumavam jogar", estabelecendo "novos gostos e hábitos... Ampliando os desejos dos ouvintes e a capacidade de divertimento deles". Produções que outrora serviam apenas como marcadores exclusivos da classe alta tornavam-se parte do caráter nacional. Nada poderia surpreender mais o Keynes de 1925, que rebaixava os trabalhadores como esteticamente sem esperança e exaltava a "qualidade" da burguesia. E nada trouxe mais satisfação para o Keynes de 1945. "Metade do mundo está aprendendo a abordar com um apetite mais voraz o ator vivo e o trabalho do artista", disse ele.[44] O mundo estava mais próximo da utopia do "Economic Possibilities for Our Grandchildren" do que ele havia sonhado em 1930.

Suas ideias artísticas seguiram seu desenvolvimento como um pensador político. As pessoas não eram mais uma perigosa variável que deveria ser controlada para prevenir indignações militares; elas também eram pilares da grandeza civilizacional. Se o homem comum podia aprender como apreciar uma sinfonia, então ele também poderia aprender como deter poder de maneira responsável. A democracia criou um círculo virtuoso em que uma administração econômica sábia permitira o florescimento artístico, o qual encorajava uma generosidade de espírito e aproximava ainda mais a comunidade política na causa da prosperidade compartilhada.

Com o final da guerra, Keynes esperava expandir a democratização da boa vida ao transformar o CEMA no Arts Council of Great Britain (Keynes escolheu intencionalmente iniciais "impronunciáveis" que não poderiam ser burocratizadas em uma "falsa palavra inventada")[45] com o seu orçamento a prestar contas ao Parlamento. Ele planejava alcançar os teatros escoceses em Glasgow, centros de artes cênicas galeses e casas de óperas locais em todo o país, com dramaturgos, atores, dançarinos e músicos sempre que possível. "Nada pode ser mais prejudicial que o prestígio excessivo de padrões e modas metropolitanos", disse ele com entusiasmo. "Deixe a Feliz Inglaterra ser feliz do seu próprio modo. Morte a Hollywood."

Mas Keynes ainda pretendia transformar a Londres bombardeada em "uma grande metrópole artística, um lugar para visitar e admirar". A joia da coroa dessa nova e deslumbrante capital seria a Royal Opera House, em Covent Garden, que perdeu o esplendor da Gilded Age durante a guerra para servir como um salão de dança quando não estava sendo utilizada para outras funções utilitaristas mundanas.[46]

Mesmo com esse novo orçamento, remodelar o Covent Garden sob as restrições da economia de guerra ainda tinha muitas dificuldades. Adquirir tecidos para os abajures, por exemplo, era especialmente irritante. Quando os fundos finalmente se esgotaram, as funcionárias contratadas pelo Arts Council para atuar como equipe no local doaram seus cupons de racionamento de guerra para a aquisição de roupas, o que permitiu a Keynes garantir o restante do material, um sacrifício que o fez verter lágrimas em uma conversa com sua família.

Para a festa de gala inaugural do dia 20 de fevereiro de 1946, Keynes contratou Ninette de Valois e sua empresa para interpretar o suntuoso balé *A Bela Adormecida*, de Tchaikovsky, o mesmo balé no qual um Keynes encantado foi levado a admirar Lydia Lopokova, noite após noite, nos primeiros dias do romance dos dois. Em uma das maiores honras da vida de Keynes, o rei George VI e a rainha consorte Elizabeth Bowes-Lyon o nomearam para escoltá-los até o salão de ópera recém-restaurado, onde observaram todo o esplendor. Ele havia finalmente fundido as duas paixões anteriormente contraditórias de sua vida: Bloomsbury e as relações públicas.

Mas sua saúde estava se deteriorando novamente. Com dores severas no peito na noite da festa, Keynes delegou Lydia para atender os monarcas em seu nome. Durante a intermissão, Keynes se sentia forte o suficiente para acompanhar o rei e a rainha pelo restante da apresentação.

O balé sempre mexeu com algo dentro dele e a apresentação da companhia Valois ficou com ele. Quando discursou na conferência de ratificação de Bretton Woods em Savannah, no estado da Geórgia, durante o mês de março, fez alusões ao balé *Bela Adormecida* aos diplomatas presentes, afirmando que esperava que as boas fadas guiassem o novo FMI e o Banco Mundial para praticar "as virtudes do Universalismo, coragem e sabedoria", assim como fizeram pela princesa Aurora na obra-prima de Tchaikovsky. Tal paralelo não foi compreendido pela delegação norte-americana, cujo líder, Frederick Vinson, reclamou por "ter sido chamado de fada".[47]

A conferência em Savannah foi o ato final de Keynes em nome do público. Ele desmaiou no trem de volta a Washington e passou horas em agonia, com dificuldades para respirar, enquanto Lydia e Harry Dexter White, impotentes, tentavam ajudá-lo. Lydia conseguiu levá-lo para o transatlântico *Queen Mary* para a viagem de volta e o levou até Tilton para o feriado de Páscoa. Desfrutaram sua última caminhada pelo interior, descendo a colina do Firle Beacon, naquele sábado. Ele morreu na manhã do domingo de Páscoa, no ano de 1946.[48]

Nenhuma mente europeia desde Newton deixou marcas tão profundas tanto no desenvolvimento político quanto intelectual do mundo. Quando o *Times* escreveu o obituário de Keynes, o declarou como "o maior economista desde Adam Smith". No entanto, mesmo elogios tão importantes não expressavam tudo sobre ele, pois Keynes era para Smith o que Copérnico era para Ptolomeu — um pensador que substituiu um paradigma por outro. Em seu trabalho econômico ele misturou psicologia, história e teoria política e observou a experiência financeira como nenhum economista de sua época ou desde então. Poucas vidas foram vividas com o mesmo excesso vibrante e eclético como a dele. Era um filósofo capaz de rivalizar com Wittgenstein; um diplomata que se tornou um herói financeiro após duas guerras; um historiador que descobria peculiaridades de grandes figuras iluministas e de moedas antigas; um jornalista que enfurecia e inspirava o público. Um patrono de um famoso movimento artístico. Era tão vaidoso, mesquinho, bitolado e imprudente quanto era generoso, bom e persuasivo. Poucos que o conheceram retornaram da experiência inalterados. Mesmo seus adversários ideológicos fizeram pungentes homenagens, poucas mais comoventes do que os bilhetes deixados por Lionel Robbins em seu diário da viagem para Bretton Woods:

> No final da tarde, tivemos uma sessão conjunta com os norte-americanos na qual Keynes expôs nossas visões sobre o banco. Na verdade, tudo isso ocorreu perfeitamente. Keynes estava no seu humor mais lúcido e persuasivo e o efeito disso foi irresistível. Em alguns momentos, eu frequentemente me pegava pensando que Keynes deveria ser um dos homens mais notáveis que já viveram no mundo — a lógica ágil, os acessos de intuição, a imaginação viva, a visão ampla e, acima de tudo, a incomparável noção de como encaixar as palavras, tudo era combinado para criar algo diversos graus acima do limite das realizações de um humano comum. Certamente, em nossa própria época, apenas o primeiro-ministro possui estatura semelhante, mas este é algo muito mais fácil de compreender do que a genialidade de Keynes. Pois, em última análise, as qualidades especiais do primeiro-ministro são qualidades tradicionais da nossa raça elevadas até uma escala de grandeza, enquanto as qualidades especiais de Keynes eram algo fora de tudo isso. Ele usa o estilo clássico da nossa vida e nossa linguagem, é verdade; mas, por trás disso, existe algo que não é tradicional, uma qualidade única da qual só é possível falar de sua pura genialidade. Os norte-americanos sentavam-se em transe enquanto o visitante divino cantava e a luz dourada brincava ao redor.[49]

TREZE

◇

A ARISTOCRACIA CONTRA-ATACA

Em 1948, Howard Bowen, reitor da College of Commerce and Business Administration da Universidade de Illinois, perguntou a John Kenneth Galbraith se ele estaria interessado em dirigir o crescente departamento de economia em sua universidade. Galbraith ficou intrigado. Ele havia ensinado em Harvard e Princeton entre um emprego e outro na administração Roosevelt, mas nunca havia conseguido um cargo efetivo, muito menos para administrar um departamento inteiro. Com 40 anos, ele ainda era considerado jovem na academia e, embora a Universidade de Illinois não tivesse o prestígio da Ivy League, Galbraith geralmente achava a cultura aristocrática dos campi de elite algo sufocante. Ele concordou em ir até Champaign-Urbana para uma entrevista, avisando a Bowen com todo cuidado que sua família não estava completamente convencida sobre se mudar para uma pequena cidade do meio-oeste: "É possível que minha esposa acredite que os Estados Unidos acabem nos montes Allegheny."[1]

Bowen gostava dos defensores do New Deal e gostava de Galbraith. Ele serviu no Departamento de Comércio de Roosevelt durante a guerra e atuou no Congresso dos Estados Unidos como economista-chefe do Comitê Conjunto do Congresso sobre Tributação Federal.[2] Assim como Galbraith, Bowen era um dos grandes beneficiados pela nova hierarquia de especialistas de Washington estabelecida pela administração Roosevelt. Quando Roosevelt trouxe os economistas keynesianos para a capital da nação com o objetivo de substituir os nobres de Wall Street que dominavam a legislação econômica nos anos 1920, toda uma geração de jovens inexperientes se transformou em uma geração de profissionais armados com impressionantes credenciais governamentais. Agora, Bowen estava trazendo muitos deles de volta para o âmbito acadêmico. As vinte nomeações durante seu curto mandato em Illinois incluíram uma série de keynesianos que estavam rapidamente construindo suas reputações como importantes estudiosos, o mais proeminente entre eles sendo Franco Modigliani, um futuro ganhador do Nobel.[3]

Para os economistas keynesianos, o final dos anos 1940 e 1950 não era apenas uma oportunidade de exibir suas credenciais; a era parecia justificar toda a escola de pensamento deles, uma vez que o governo federal implementava as ideias de *A Teoria Geral do Emprego, do Juro e da Moeda* para administrar os booms e os estouros do ciclo empresarial. A Primeira Guerra Mundial havia encerrado com uma grave e devastadora recessão, mas a manobra da política keynesiana após a Segunda Guerra garantiu que o boom da guerra não acabasse de verdade. Soldados que voltavam para suas casas na Europa e no Pacífico com dinheiro nos bolsos o gastavam em tudo, desde novos carros até novas casas e todos os tipos de eletrodomésticos criativos que eram proibidos durante a guerra para abrir espaço para a produção militar. Os lucros corporativos aumentaram e as alíquotas tributárias caíram. O desemprego geralmente flutuava entre 2,5% e 6%, conforme Truman e, em seguida, Dwight D. Eisenhower começaram a usar a administração de demanda keynesiana para curar ou evitar crises econômicas. Era uma mudança monumental e permanente na escala e na responsabilidade do governo norte-americano. Durante os anos da presidência de Eisenhower, o gasto governamental foi em média acima de 17,5% da economia total dos Estados Unidos — muito mais que os orçamentos de Roosevelt em época de paz, que chegou ao auge de 11,7% na véspera da Segunda Guerra Mundial.[4] De 1947 até 1974, a taxa anual de desemprego alcançou seu pico em 6,8%, enquanto a taxa mensal nunca ultrapassou 8% — números que aqueles velhos demais para se lembrar da Depressão teriam comemorado como uma prosperidade impressionante.[5]

O boom pós-guerra também transformou radicalmente a educação superior norte-americana. A Lei GI Bill de 1944 mudou o significado de um diploma universitário ao fornecer um apoio estudantil federal

A ARISTOCRACIA CONTRA-ATACA

sem precedentes para os veteranos da Segunda Guerra Mundial. Mais de 7,8 milhões de norte-americanos aproveitaram os benefícios de ensino superior da GI Bill.[6] Salas de aula universitárias, outrora pequenos postos avançados do privilégio familiar intergeracional, estavam cheias de uma nova onda de estudantes buscando um lugar na crescente classe média norte-americana. Após décadas de depressão, orçamentos dos governos estaduais repentinamente estavam cheios de dinheiro, já que a próspera economia pós-guerra aumentou as rendas e os soldados que retornaram ao seu país compravam casas e pagavam impostos sobre imóveis. Nunca houve tantos estudantes para aprender, nem tanto dinheiro para pagar os professores.

Keynes e Roosevelt partiram, mas parecia que seus discípulos estavam prestes a herdar uma nova era de influência pessoal e prosperidade nacional. No entanto, quando Galbraith chegou em Illinois, encontrou, em vez disso, uma tempestade política em todo o estado.

A controvérsia girava ao redor de Ralph Blodgett, um ultraconservador que avisava seus colegas economistas desde pelo menos 1946 que "coisas que soam inofensivas" como "pleno emprego", "sistema de seguridade social" e "maiores salários mínimos" poderiam levar à "destruição" do sistema econômico norte-americano.[7] Bowen tinha pouca paciência para as ideias de Blodgett e estava constantemente o rebaixando. Ele o retirou de algumas de suas funções como professor de graduação e, para piorar a situação, substituiu um livro acadêmico de autoria de Blodgett no currículo introdutório por um novo livro acadêmico de Paul Samuelson. Quando a Universidade da Flórida ofereceu a Blodgett um aumento de US$500 para levá-lo para o Sul, Bowen decidiu deixá-lo ir.

O que veio a seguir foi um caos, de acordo com os historiadores de economia Winton Solberg e Robert Tomlinson. O corpo docente conservador foi até a imprensa e o jornal *News Gazette*, de Champaign-Urbana, começou a atacar Bowen como um homem planejando uma "infiltração pesada" de defensores "esquerdistas e ultraliberais" do New Deal que se opunham aos "bons princípios norte-americanos",[8] enquanto um economista da universidade fez um discurso acusando Bowen de tentar "lotar" o corpo docente de radicais. Um comitê interno da universidade inocentou Bowen das acusações de subversão, mas não antes dos jornais em Chicago e das cidades gêmeas começarem a acompanhar a história. O reitor da universidade, George D. Stoddard, ficou chocado com a manchete do *Chicago Daily News* que afirmava "Stoddard Nega que os Vermelhos Estejam no Controle", e tanto o *Champaign-Urbana Courier* quanto o *News-Gazette* começaram a pedir a cabeça de Bowen. Antes de sair da cidade, um amargurado Blodgett proferiu um discurso de despedida declarando que, embora não tivesse "vermelho" algum na equipe atual do departamento de economia, havia "alguns rosa-claros... E grandes vermelhos nascem dos pequenos rosas".[9]

Blodgett se estabeleceu na Flórida, onde achou ideologicamente habitável e, para o seu alívio, "sem o povo escolhido" — judeus — que Bowen estava levando para Illinois. Mas, mesmo com Blodgett confortavelmente fora de cena, a controvérsia continuou a se intensificar. O Partido Republicano de Illinois fez de sua prioridade máxima garantir posições para conservadores de linha-dura no quadro de administradores da universidade. O representante do estado, Reed Cutler, decidiu que Blodgett foi muito caridoso quanto à sua avaliação do corpo docente: "Eles têm alguns professores lá que são tão rosas que é impossível diferenciá-los dos vermelhos." Outro legislador estadual, Ora D. Dillavou, foi mais longe, declarando que havia cerca de cinquenta "vermelhos, rosas e socialistas" na equipe. Quando o reitor da universidade pediu o nome deles, Dillavou respondeu: "a universidade está sendo usada para doutrinar os jovens com filosofias políticas radicais... os contribuintes de Illinois não se importam em financiar o corte de suas próprias gargantas."[10]

A universidade logo decidiu que Bowen deveria partir. Estivesse ele certo ou errado, a situação estava insustentável. Permitiram que sua posição como diretor da faculdade de administração caducasse, embora ele tivesse permissão para continuar dando aulas enquanto procurava outro emprego. Ele seguiu para atuar como reitor da Grinnell College e, então, da Universidade de Iowa. Illinois tentou fazer as pazes em 1975, concedendo-lhe um doutorado honorário.

Mas o departamento de economia foi dizimado. Dezesseis professores preferiram se demitir a se sujeitar a mais assédios. A universidade, escreveu o indignado Modigliani, estava "nas mãos de um grupo de membros do corpo docente que não estavam interessados na academia,

A ARISTOCRACIA CONTRA-ATACA 377

mas no poder pessoal; não no bem-estar da universidade, mas na gratificação de seus impulsos vingativos". Sim, a universidade finalmente havia acabado com o "conflito" em seu departamento de economia. "Mas vamos ser sinceros sobre isso, essa é a paz que precede a morte."[11]

Galbraith não ficou com o emprego.

O que se tornou conhecido como macartismo era muito mais do que os excessos de um único senador. Era um movimento político que misturava teóricos da conspiração com a elite corporativa norte-americana e os intelectuais neoliberais, unindo democratas conservadores e republicanos aristocratas, fomentando abusos além das agências governamentais e listas de personas non gratas de Hollywood, manchando o próprio tecido da vida norte-americana. A academia se tornou um importante campo de batalha conforme os soldados macartistas buscavam desacreditar os intelectuais do New Deal. O expurgo fez mais do que prejudicar carreiras, moldou profundamente o desenvolvimento da economia keynesiana, já que os keynesianos ou saíram de seus trabalhos ou foram forçados a disfarçar suas ideias em trajes conservadores para evitar atrair a fúria do zeitgeist da direita política.

Poucos homens personificavam tanto as interseções do macartismo como Merwin K. Hart. Advogado corporativo bem-sucedido, Hart era um membro da turma de graduação de Roosevelt em Harvard e serviu durante um breve período na assembleia legislativa do estado de Nova York antes de devotar seus esforços a uma organização chamada de National Economic Council. Nem órgão governamental nem associação de economistas, o NEC distribuía panfletos denunciando um gasto governamental excessivo e soando o alarme contra os imigrantes e judeus — "problemas" que frequentemente se sobrepunham durante a crise de refugiados em torno do Holocausto.[12] Em 1946, ele disse aos seus apoiadores que "há razão para suspeitar" que até "3 milhões" de imigrantes entraram no país "ilegalmente" na última década, causando uma "escassez de habitação".[13] Ele era um negador do Holocausto que atribuía o "enorme influxo de refugiados judeus" a uma conspiração internacional financiada por "grandes somas de dinheiro" com o objetivo de virar do avesso o estilo de vida norte-americano. "Não podemos ignorar que um grande número dos comunistas nos Estados Unidos são judeus."[14]

Hart não era um excêntrico da estranha ala marginal da política norte-americana; ele tinha laços estreitos com diversos empresários envolvidos na National Association of Manufacturers, de longe o lobby corporativo mais influente em Washington, e o NEC dependia de contribuições de seus patrocinadores abastados, conseguindo financiamento dos du Ponts, Standard Oil, Gulf Oil, Armco Steel, Bethlehem Steel e doações "muito grandes" do Fundo William Volker de Harold Luhnow, uma importante instituição no desenvolvimento da teoria econômica neoliberal.[15] Em 1945, Hart contratou Rose Wilder Lane, uma popular escritora de ficção que alcançava centenas de milhares de casas por meio de serializações no *Saturday Evening Post* e ajudou a mãe, Laura Ingalls Wilder, a escrever a série de livros infanto-juvenis *Little House on the Prairie*. Lane escreveu avaliações de livros para Hart e deu à organização um rosto público amigável e respeitável, embora sua política fosse tão de direita quanto a de seu chefe. "A superstição de que todos os homens têm direito de voto é um triunfo do raciocínio do Velho Mundo", escreveu ela em 1943, argumentando que "extensões do privilégio são perigosas para a liberdade individual". "Democracia", declarou ele, "sempre cria um tirano irresponsável."[16]

Em 1947, Hard e Lane começaram a voltar suas atenções para um chocante novo livro didático de autoria de Lorie Tarshis, o economista que estudou com Keynes em Cambridge e ajudou a levar as ideias keynesianas para os Estados Unidos quando chegou na Universidade Tufts, em 1936, junto de seus amigos Robert Bryce e Paul Sweezy. Após trabalhar em campanhas Aliadas de bombardeio na África e na Itália durante a guerra, Tarshis decidiu tentar escrever materiais didáticos. Em 1947, as ideias keynesianas eram extremamente populares na academia, mas os professores não tinham nada para oferecer aos seus estudantes além do complicado e pesado *A Teoria Geral*. E graças à GI Bill, a demanda por livros acadêmicos nas universidades norte-americanas estava maior do que nunca. Quando o livro saiu, professores em Brown, Middlebury College, Yale e outras universidades avidamente o adotaram. *Elements of Economics* ["Elementos da Economia", em tradução livre] vendeu cerca de 10 mil exemplares em apenas alguns meses — o começo de um sucesso editorial acadêmico. Tarshis resolveu um problema de ensino muito real. Como ele se recordou alguns anos mais tarde: "Eu pensei 'Cara, aquela conta bancária vai crescer'."[17]

Hart e Lane não se impressionaram. "*The Elements of Economics* brinca com medo, vergonha, pena, ganância, idealismo e esperança para estimular os jovens norte-americanos a atuarem sobre essa teoria como *cidadãos*", escreveu Lane aos assinantes do NEC. "Isso não é um texto econômico, é um tratado pagão-religioso e político." Chamando o livro de "propaganda eficaz para a teoria keynesiana", Lane insistiu que a economia keynesiana tinha "uma origem teológica ancestral e pré-cristã" e compartilhava com Marx uma "explicação das depressões". "Na economia moderna, ele representa a teoria de Karl Marx das 'inerentes contradições do capitalismo'."[18] Em um momento em que a maioria dos norte-americanos ainda não ouvira falar de John Maynard Keynes, Lane e Hart fomentaram a ideia de que Tarshis e sua trupe de economistas eram parte de um plano subversivo perigoso para perverter as mentes de estudantes facilmente impressionáveis, transformando jovens homens em revolucionários ferozes.

Hart e Lane não deram apenas uma má avaliação para Tarshis, eles iniciaram uma campanha de envio de cartas para universidades, insistindo para que os administradores abandonassem o material. O padrão da carta que enviavam aos administradores universitários tinha influência óbvia de *O Caminho da Servidão*: "Nosso país cresceu muito bem com a liberdade. Empreendimentos privados — nos quais o indivíduo é encorajado a produzir para adquirir recompensas adequadas — são a liberdade em ação. Homens como Tarshis estão acabando com suas fundações... Seria uma tolerância ética, ou algo do tipo, *encorajar* e *promover* uma ideologia que poderia nos destruir? Nós queremos que os Estados Unidos recorram ao socialismo igual ao da Grã-Bretanha, o qual grande parte de nós sentimos que é apenas uma parada transitória no caminho do absolutismo estatal como o da Rússia?"[19] O projeto de Hart era uma tática inovadora na organização política norte-americana. Administradores das faculdades ficaram atônitos ao receber milhares de cartas de cidadãos preocupados denunciando o uso de um livro didático específico. Os jornais locais entraram na repentina polêmica e as universidades tiveram dificuldades para responder.

A campanha de Hart era uma operação custosa e sofisticada que aproveitava de suas conexões com alguns dos empresários mais proeminentes do país. Alguns de seus colaboradores escreveram para pedir cópias da crítica, visando distribuí-las de maneira independente. Hart e Lane trabalharam com Leonard Read, da Foundation for Economic Education, que havia acabado de publicar um panfleto de Milton Friedman criticando com grande hostilidade o controle do aluguel imobiliário,[20] para colocar os editores dos jornais locais contra o livro. Lane acreditava que "essas pequenas cidades com populações de cerca de cem pessoas são mais importantes que as cidades grandes",[21] já que elas ofereciam mais jornais para conseguir matérias que poderiam ser usadas para documentar a força do movimento anti-Tarshis. Esses jornais das cidades pequenas não teriam apenas editores simpáticos à causa, mas uma influência significativa entre seus leitores, que não teriam acesso a quatro ou cinco diferentes fontes de notícias. O NEC mirou em 178 editores de jornais apenas no Oregon.

O empurrão na imprensa funcionou. R. C. Hoiles, editor do *Santa Ana Register*, escreveu para Hart dizendo que o livro de Tarshis "parecia algum tipo de segunda edição do livro 'O Capital', de Karl Marx".[22] O *Chicago Tribune* publicou uma matéria em setembro de 1947 com a ameaçadora manchete: "Texto Manchado de Vermelho Adotado pela Guarda Costeira", baseada em relatos da Associated Press de Connecticut e Washington, D.C., indicando que a obra de Tarshis estava sendo usava como um texto econômico na Academia da Guarda Costeira. E as conexões do NEC com grandes negócios trouxeram nomes influentes para a batalha. O executivo da Southern California Edison, W. C. Mullendore, e o presidente da Phillips Gas and Oil, Thomas W. Phillips Jr., ex-congressista republicano, pressionaram a Guarda Costeira,[23] que rapidamente abandonou o livro.

Enquanto isso, Frank Gannett dos jornais Gannett e o presidente da B. F. Goodrich, John Collyer, escreveram para Hart falando que estavam tentando remover o livro da Universidade Cornell.[24] A. F. Davis, um vice-presidente da Lincoln Electric Company em Cleverland, convenceu seu congressista republicano Clarecen Brown a pedir que o Comitê de Atividades Antiamericanas realizasse uma investigação sobre Tarshis. Davis então conseguiu do NEC os nomes de todos os administradores de todas as universidades que haviam adotado o livro e os prepa-

A ARISTOCRACIA CONTRA-ATACA 381

rou para entregá-los ao Comitê de Atividades Antiamericanas.[25] R. E. Woodruff, da Erie Railroad Company, e o presidente da Sunoco Oil, J. Howard Pew — que em breve fundaria a ONG Pew Charitable Trusts — intervieram diretamente com o ex-presidente Herbert Hoover, tentando remover o livro de Stanford, para onde Hoover doou seus trabalhos pessoais. Pew também pressionou os administradores da Universidade Drexel, Duke e Cornell, além de levar o assunto até o senador de Ohio, Robert Taft. "Estou certo de que disso sairão alguns fogos de artifício", relatou Pew para Hart.[26]

Essa agitação de pressão política da elite era invisível para Tarshis. E ele não poderia imaginar que alguém em uma universidade levaria a sério as acusações do NEC de que seu livro era um sutil manual de doutrinação soviético. Ele decidiu não responder aos ataques. Mas as universidades, que já estavam passando por dificuldades para lidar com os desafios administrativos da rápida expansão, não sabiam o que fazer com milhares de cartas furiosas motivadas por um livro didático. A campanha contra Tarshis começou a ter resultados. "Antes do final do verão, as vendas caíram tão rapidamente quanto haviam subido", recordou ele.[27] Alguns administradores universitários eram empresários abastados e preocupados sobre as ideias keynesianas e simpáticos ao nativismo de Hart. Outros só queriam evitar a controvérsia diante de algo tão bobo quanto um livro didático de introdução à economia. Uma de cada vez, as faculdades retiraram o livro de Tarshis de seu currículo. Dentro de um ano, sua editora, Houghton Mifflin, desistiu do projeto. O primeiro material didático norte-americano sobre economia keynesiana foi destruído e a universidade norte-americana foi estabelecida como um grande campo de batalha para o ativismo conservador — um status que ela mantém até hoje em guerras culturais sobre a liberdade de expressão e o politicamente correto.

O livro didático de Paul Samuelson substituiu o vazio deixado pelo texto de Tarshis. Samuelson escreveu seu livro "com todo cuidado e como um advogado"[28] em meio aos ataques, esperando evitar as críticas, e tanto ele quanto seus editores responderam vigorosamente aos ataques macartistas, dando aos administradores das universidades argumentos para defender a escolha do livro. Como resultado disso, *Economics: An introductory analysis* ["Economia: Uma análise introdutória", em tradução livre] surgiu como um dos grandes sucessos editoriais acadêmicos do século XX. Ao longo da vida de Samuelson, seu livro didático passou por dezenove edições e vendeu milhões de exemplares.

Esse monopólio inicial de que Samuelson desfrutou no mercado para livros didáticos keynesianos teve profundas implicações para a forma que as ideias keynesianas seriam compreendidas pelo público geral. A apresentação do colegiado padrão sobre a economia básica por mais de meio século se deu a partir de Samuelson — seja por seu texto diretamente ou por um punhado de imitadores que adotaram sua estrutura conceitual. Como Samuelson mais tarde afirmou: "Eu não ligo para quem escreve as leis de um país — ou produz seus tratados avançados — desde que eu possa escrever livros acadêmicos sobre economia."[29]

E o rompimento de Samuelson e Tarshis foi profundo. Na apresentação de Tarshis, os mercados — especialmente os mercados de dinheiro e de dívida — eram criaturas do estado, uma expressão das políticas democráticas que os cidadãos podiam administrar e ajustar. Samuelson, por outro lado, tentou harmonizar a visão econômica clássica com a legislação keynesiana. Para Samuelson, Keynes permitia que ideias clássicas funcionassem ao trazer a economia para o pleno emprego — a "situação especial" em que os mercados se autocorrigiam e a oferta gerava sua própria demanda. Onde Tarshis apresentou um aviso sobre os limites do mercado em uma democracia, Samuelson reviveu o poder do mercado para organizar preferências sociais, com a ajuda de um pequeno ajuste fiscal. A ampla aceitação das ideias de Samuelson — especialmente sua visão sobre inflação — traria implicações abrangentes para o desenvolvimento da legislação keynesiana dos anos 1960.

No entanto, nos anos 1940, os acadêmicos keynesianos foram avisados: havia um movimento conservador eficaz e organizado em execução que estava disposto e era capaz de destruir carreiras. O sucesso ou fracasso de um economista nos mares do pós-guerra dependeria completamente da sua habilidade de evitar investidas de teóricos da conspiração profissionais.

Os ataques não pararam. Em 1951, um jovem protegido de Hart chamado William F. Buckley Jr. trouxe a cruzada contra a economia keynesiana para uma ampla audiência nacional com o seu primeiro livro, *God and Man at Yale* ["Deus e o Homem em Yale", em tradução livre]. O NEC se exaltou, organizando um jantar em nome de Buckley em dezembro

A ARISTOCRACIA CONTRA-ATACA

de 1951 e promovendo a venda do livro para todos em sua impressionante mala direta, um esforço que Henry Regnery, editor de Buckley, estava "certo" de que "ajudaria materialmente"[30] as vendas dos livros.

God and Man at Yale é a história do rude despertar de um católico conservador em um mundo de ideias que conflitavam com as rígidas doutrinas de sua infância. Buckley ficou chocado pelo protestantismo que circulava pelo campus e denunciou os líderes religiosos da faculdade como promotores do "ateísmo" e do "coletivismo", os quais os administradores da universidade misteriosamente toleravam em nome da "liberdade acadêmica". "A instituição que recebe seu apoio moral e financeiro de individualistas cristãos", escreveu ele no prefácio, "atribui a si mesma a tarefa de convencer os filhos desses apoiadores a se tornarem socialistas ateus".[31]

O socialismo descoberto por Buckley era a economia keynesiana. Em seu livro, ele expandiu a campanha de Hart contra os livros didáticos keynesianos para incluir três novos volumes — inclusive a edição de Samuelson — e continuou a crítica, a essa altura já desnecessária, sobre Tarshis, citando diretamente a avaliação de Lane em sua crítica. Buckley remendou citações usando fragmentos de frases separadas por dezenas de páginas, permitindo a ele fabricar ideias e argumentos absurdos e atribuí-los a Tarshis e Samuelson. Os keynesianos, sugeriu Buckley, eram parte de um plano comunista em execução em Yale e em universidades de todo o país para uma transição silenciosa de uma nação sonâmbula até o totalitarismo stalinista. Se mesmo uma instituição tão conservadora como Yale foi infectada, o que poderia estar ocorrendo em outras instituições? "É uma revolução... que defende uma transferência lenta mas implacável do poder, tirando-o dos indivíduos e levando-o ao Estado, que tem suas raízes no Departamento de Economia em Yale e, sem dúvida, em departamentos semelhantes de muitas universidades em todo o país."[32]

Tarshis nunca perdoou Buckley pela difamação. "Aquele Buckley desgraçado — eu fico com muita raiva sempre que penso nele", disse, evidentemente furioso, 32 anos mais tarde. "Ele *ainda* está exibindo sua objetividade, preocupação com os 'valores morais' e assim por diante. A quantidade de distorção é enorme."[33]

God and Man at Yale atraiu grande quantidade de atenção, conseguindo avaliações no *Atlantic* e no *New York Times*, além de estabelecer o seu editor, Henry Regnery, como uma grande força das obras conservadoras. Hart estava muito animado ao ver sua influência se espalhar de forma tão ampla. Ele tentou, sem sucesso, colocar Buckley em uma vaga para discursar na conferência anual da National Association of Manufacturers e manteve um caloroso relacionamento com o jovem provocador, concordando em distribuir seu livro de 1954, uma defesa do senador Joe McCarthy chamado *McCarthy and His Enemies* ["McCarthy e Seus Inimigos", em tradução livre].[34] Buckley escreveu para Hart para dizer "quão terrivelmente gratificante" era o seu apoio.

Doadores conservadores também foram atraídos, ajudando Buckley a fundar a *National Review*, que se tornou a principal fonte norte-americana de comentários e críticas conservadoras. Em seus primeiros anos, a revista se encaixava muito bem com o boletim informativo de Hart, com Buckley defendendo o racismo biológico e a segregação, insistindo que os negros dos Estados Unidos eram geneticamente incapazes de democracia. Quando Robert Welch Jr. fundou a John Birch Society em 1958, Buckley inicialmente apoiou o movimento. Welch doou US$1 mil (cerca de US$9 mil atualmente) à *National Review* e Buckley se ofereceu para dar à nova organização uma "pequena publicidade".[35] Porém, quando Welch começou a argumentar que o presidente republicano Dwight D. Eisenhower era um agente comunista, Buckley relutantemente decidiu distanciá-lo de seu periódico. Os Birchers, como são chamados os membros da John Birch Society, estavam maculando a reputação de todos os conservadores. Antes que Buckley pudesse denunciá-los, seu antigo amigo Hart soube do ataque iminente e lhe escreveu uma carta para insistir que um expurgo nos Birchers seria "completamente injustificável" e ruim para a causa conservadora. "Eu conheço Bob Welch há anos e não há maior patriota norte-americano."[36] Buckley prosseguiu com seu ataque, e sua investida contra os Birchers rendeu a ele uma reputação como um crítico ponderado disposto a denunciar o extremismo. Mas sua rápida ascensão para a fama também foi construída em cima da mesma paranoia da elite. Quando ele morreu em 1962, Hart era o presidente da divisão de Manhattan da John Birch Society.[37]

A ARISTOCRACIA CONTRA-ATACA

Gostasse ele ou não, Friedrich August von Hayek era o padrinho intelectual da contrarrevolução de Buckley. Quando o obscuro acadêmico escreveu *O Caminho da Servidão* em 1944, não esperava que o livro o transformasse em uma *cause célèbre* entre os empresários norte-americanos. No entanto, dezenas de homens ricos na direita política foram atraídos para Hayek, ansiosos para soar as trombetas da liberdade contra o clamor keynesiano, fascinados pelo aviso de Hayek de que a intervenção governamental na economia levaria à carnificina e à ruína. O resumo da *Reader's Digest* de *O Caminho da Servidão* omitiu as concessões de Hayek em relação à regulamentação e à rede de seguridade social e, assim, as corporações começaram a pedir reimpressões para distribuir o livro. A administração da General Motors e da New Jersey Power and Light distribuíram exemplares para seus funcionários gratuitamente e a National Association of Manufacturers enviou 14 mil exemplares para seus membros.[38]

Mas nenhuma parceria acabaria sendo mais instrumental para desfazer o projeto social keynesiano do que as conexões de Hayek com o magnata da decoração de casas do meio-oeste, Harold Luhnow.

Luhnow e seu tio, William Volker, administravam a William Volker & Company, uma varejista de "molduras para quadros, espelhos, armários e inovações em móveis" de Kansas City durante o início do século XX.[39] Conforme a população da cidade aumentava, as fortunas dela também aumentavam e, portanto, quando a Depressão chegou, a família estava suficientemente rica para se preocupar mais com política do que com lucros. Volker implementou sua riqueza contra a pobreza e o encarceramento, fundando o Kansas City Board of Public Welfare, uma instituição híbrida público-privada que, aliada ao governo local, ajudou a estabelecer a rede de seguridade social da região. Quando Volker morreu em 1947, ele confiou em Luhnow para administrar seu patrimônio no valor de mais de US$15 milhões como uma ambiciosa filantropia devotada à mitigação da pobreza, fomento à educação e tudo o mais. No entanto, quando Luhnow encontrou *O Caminho da Servidão* aos 49 anos, ele começou a sonhar com um mundo onde os aparatos desajeitados e corruptos do governo fossem substituídos pela genialidade e generosidade dos ricos. Sob a direção dele, o William Volker Fund se transformou em um projeto ideológico com suas raízes na "hostilidade para com a economia keynesiana e o comunismo".[40]

Luhnow encontrou-se com Hayek após o discurso de Hayek em Detroit, parte de sua turnê para *O Caminho da Servidão*, e com o tempo ajudou a convencer a Universidade de Chicago a trazer Hayek como um professor de seu interdisciplinar Committee on Social Thought, ou Comitê sobre o Pensamento Social, um sinal da influência crescente de Hayek como teórico político e a falta de entusiasmo até mesmo do conservador departamento de economia de Chicago por seu trabalho científico. Embora Hayek fosse um funcionário da universidade, Luhnow pagava o seu salário e conseguiu uma organização semelhante para Mises na Universidade Nova York. "A posição de Hayek em Chicago era muito importante", menciona um estudioso, "porque ele atuava como ponte entre vários colegas e cursos significativos de finança empresarial" — especialmente Luhnow, que ajudou a transformar a "Escola de Chicago" em um ponto de vista mundialmente famoso.[41]

Luhnow também ajudou a fundar a Sociedade Mont Pèlerin — um consórcio internacional de intelectuais inspirado pela reunião do Colóquio Walter Lippmann que ocorreu em Paris para celebrar a publicação de *The Good Society*. Em 1948, Hayek ajudou a reunir muitos dos mesmos acadêmicos no Hotel du Parc, perto do Mont Pèlerin, na Suíça. Luhnow concordou em cuidar dos custos de viagem para o amigo de Hayek da Universidade de Chicago, Milton Friedman, e outros proselitistas de *O Caminho da Servidão*. A Mont Pèlerin Society rapidamente se tornaria o órgão intelectual da direita política mais proeminente do mundo, mas, embora seus membros compartilhassem de uma afinidade pelo laissez-faire do século XIX, eles se dividiam sobre a sua aplicação ao mundo pós-guerra. Na primeira reunião da sociedade, Ludwig von Mises denunciou o grupo reunido como "um punhado de socialistas" por sequer discutirem a tributação progressiva como uma política (potencialmente) defensiva.[42]

Em *O Caminho da Servidão*, Hayek havia retornado até Locke, Hume, Smith e Burke em uma tentativa de roubar o manto do liberalismo de Keynes. Na Mont Pèlerin, muitos colegas viajantes na jornada intelectual de Hayek adotaram o termo "neoliberal", vendo a si mesmos não como guardiões de uma chama do século XVIII, mas como os progenitores de uma doutrina original — ainda que historicamente inspirada. Keynes estava certo ao dizer que Smith, assim como muitos dos primeiros liberais, nunca aderiu de maneira rigorosa ao laissez-faire, e não era óbvio o que David Ricardo ou John Stuart Mill pensariam sobre os problemas do mundo pós-guerra. Como Mises enfatizou em uma introdução de uma edição de 1952 do livro *A Riqueza das Nações*, Smith "não fala coisa alguma" sobre "o desafio comunista".[43] Milton Friedman, que se tornaria o economista liberal mais influente, se preocupava com diversas concessões ao poder do Estado realizadas pelo próprio Smith, incluindo seu entusiasmo por projetos de obras pública e educação pública.

De maneira similar, embora os pensadores da Mont Pèlerin ocasionalmente se voltassem para Edmund Burke, que enfatizou a importância da continuidade e tradição política, eles estavam organizando um movimento político que pedia por uma mudança política rápida e geral — a derrubada do modelo do New Deal, o qual, graças ao Relatório Beveridge, se tornou o padrão nas políticas euro-americanas. O radicalismo deles tornou-se a moeda intelectual da *National Review*, conforme Buckley, que já havia citado tanto Hayek quanto Mises em *God and Man at Yale*,[44] agora fazia amizades com os grandes defensores da Mont Pèlerin, Milton Friedman e Willhelm Röpke. Em *O Caminho da Servidão*, Hayek expressou seu entusiasmo pelo cristianismo ocidental incomum em meio a um declínio da religiosidade britânica no começo do século XX. Buckley apoderou-se disso, vendo um caminho no qual os frequentadores de igrejas norte-americanos poderiam formar uma coalizão com entusiastas da economia do século XIX. Com o tempo, Röpke uniria as ideias econômicas dos primeiros pensadores da Mont Pèlerin com um fundamentalismo racial, promovendo a superioridade dos ocidentais brancos. O resultado foi uma coalizão ideológica que acabaria por culminar na presidência de Ronald Reagan.

O próprio Hayek nunca esteve confortável com essa união política. Ele rejeitava a economia de Friedman como um comprometimento impuro com o keynesianismo. Não suportava o racismo virulento de Röpke. E, basicamente, não gostava de tudo sobre Buckley, recusando-se a escrever uma pequena análise publicitária para *God and Man at Yale* ou a emprestar seu nome para os créditos da *National Review*. Mesmo assim, foi por meio de Hayek que o movimento conservador de Buckley foi capaz de imaginar uma relação entre o movimento e o passado iluminista.

A *National Review,* cuja base de assinaturas subiu para mais de 100 mil em meados dos anos 1960, não era a única fonte popular de ideias neoliberais. Entre 1943 e 1954, Mises trabalhou para a National Association of Manufacturers, concedendo ao grupo um prestígio intelectual conforme a instituição buscava uma campanha de relações públicas agressiva — e paranoica — em nome da elite corporativa norte-americana.[45] Quando Harry Truman clamou pelo aumento do salário mínimo, estabeleceu um programa nacional de assistência médica e iniciou um novo compromisso federal com os direitos civis para os negros nos Estados Unidos em seu discurso sobre o Estado da União de 1948, o boletim informativo semanal da NAM sugeriu que essa mistura "finalmente destruiria o sistema empresarial norte-americano". O presidente da NAM fez discursos, avisando sobre um crescente "totalitarismo" e uma "incessante" ameaça à liberdade norte-americana.[46]

Tais avisos sobre o comunismo latente de Harry Truman soam absurdos em retrospecto, mas eram típicos da febril atmosfera macartista. Em 1954, a NAM até mesmo recebeu o Prêmio Peabody, uma das maiores honras da transmissão jornalística, recebendo o prêmio por "Industry on Parade" [Indústria em Desfile, em tradução livre], um show televisivo de 15 minutos que o grupo pagou para que as redes de TV exibissem em quase todos os mercados norte-americano. O Conselho da Peabody concluiu que o infomercial serviu como "poderosa arma para o American Way" e oferecia "uma contribuição valiosa para a educação, o serviço público e o patriotismo".[47]

Luhnow, enquanto isso, fornecia reservas de guerra para economistas neoliberais. Ele começou ajudando o editor Henry Regnery com seus projetos de livros financeiros conservadores e trabalhou com Hayek no desenvolvimento de outro livro que funcionaria como "uma versão norte-americana de *O Caminho da Servidão*". Após anos de incubação, Luhnow pagou pelas aulas que Friedman acabou publicando em 1962, com o título *Capitalismo e Liberdade,* livro que o estabeleceu como a principal voz da política neoliberal antes de ser amplamente reconhecido como um grande economista.[48] Dos anos 1940 até os anos 1960, Luhnow agora implementava US$1 milhão por ano para causas intelectuais neoliberais, além de apoiar a pesquisa acadêmica de nada menos do que seis futuros ganhadores do Nobel em Economia.[49]

A ARISTOCRACIA CONTRA-ATACA

O financiamento de Luhnow mudou a academia. No começo da era pós-guerra, a ideia de um indivíduo privado apoiando discretamente pesquisas de estudiosos universitários moldadas por ideologias não era apenas incomum, era algo considerado eticamente duvidoso. "Alguns acadêmicos abordados [pelo fundo de Luhnow] rejeitaram de maneira desdenhosa — eu não sou *esse* tipo de pensador, senhor!", comentou Brian Doherty, um cronista da história libertária.[50] Mas, com o tempo, o modelo de Luhnow levou a melhor. Atualmente, as universidades se acostumaram com corporações e doadores ricos, como Charles e David Koch, apoiando tudo, desde pesquisas bibliográficas até estudos revisados por pares, programas de basquete até o departamento de economia da Universidade George Mason. O apoio de interesses especiais de indivíduos e instituições abastadas é um comum — ainda que controverso — suplemento para as carreiras na economia acadêmica.

Enquanto Luhnow semeava o projeto acadêmico neoliberal, entretanto, também flertava com a loucura. Em fevereiro de 1962, ele realizou uma reunião na Califórnia com Hayek e outros grandes neoliberais para pensar no curso dos investimentos futuros do think tank e divulgou para os presentes que havia desenvolvido uma autoridade espiritual especial sobre os líderes políticos mundiais. "O poder que eu tenho pode alcançar até mesmo Khrushchev", revelou ele. "A etapa é sintonizar esse poder e deixá-lo trabalhar."[51] Um mês depois, Luhnow abruptamente fechou o Fundo Volker e colocou seus recursos no Center for American Studies, um novo empreendimento destacando o trabalho de um negacionista do Holocausto chamado David Leslie Hoggan. Luhnow, conforme acabaram descobrindo, estava financiando a pesquisa acadêmica simpática a Hitler de Hoggan em Harvard desde 1957.[52]

Por trás de todas as acusações absurdas de deslealdade e subversão estava, assim como grande parte do macartismo, a sombra de uma verdade importante. Muitos dos keynesianos eram de fato muito radicais. Paul Sweezy, que ministrava seminários não oficiais sobre *A Teoria Geral*, junto com Robert Bryce, em Harvard nos anos de 1935 e 1936, continuou a se identificar como marxista ao longo de sua carreira. Durante algum tempo, Lawrence Klein fez o mesmo, sendo um dos primeiros estudantes de Samuelson no MIT, este último se tornou um dos principais intérpretes de *A Teoria Geral* e um dos principais acadêmicos dos primeiros desenvolvimentos da teoria keynesiana. O próprio Keynes havia defendido um "socialismo liberal" e ajudou a escrever o plano britânico para a socialização da assistência médica. Eram os jovens marxistas, afinal, que Keynes mais esperava converter em Cambridge durante os anos 1930. Seu projeto econômico não havia sido um empreendimento estéril com o objetivo de garantir o equilíbrio de equações apropriadas; ele foi uma tentativa de transformar a sociedade, lenta e pacificamente, para evitar a dor e a disrupção da revolução marxista.

Em verdade, muitos marxistas foram convencidos. O primo de Lytton Strachey, o político trabalhista John Strachey, escreveu um tratado marxista best-seller no começo dos anos 1930, argumentando que uma guerra de classes violenta era a única solução para a opressão capitalista.[53] Mas, em 1956, Strachey, um grande amigo de Galbraith, acreditava que tudo que ele sempre desejou alcançar ao pegar em armas poderia agora ser conquistado — e, na verdade, *só* poderia ser conquistado — por meio da administração democrática keynesiana da economia. "As políticas econômicas de Keynes, aliadas às medidas socialistas tradicionais de propriedade pública e reforma social, se tornaram instrumentos indispensáveis por meio dos quais a democracia pode alcançar seus propósitos", escreveu ele em outro best-seller, *Contemporary Capitalism* ["Capitalismo Contemporâneo", em tradução livre]. "A menos que os partidos políticos democratas e socialistas compreendam e ordenem essas políticas, eles não terão sucesso em transformar o capitalismo para atender aos seus propósitos."[54] E, ao menos na Grã-Bretanha, os discípulos keynesianos possuíam um poder tremendo. Após abandonar o Partido Comunista pelo Partido Trabalhista, Strachey serviu como Ministro da Alimentação e Secretário do Estado para a Guerra. Conforme a caça aos comunistas acelerava nos Estados Unidos, economistas com afinidade tanto por Marx quanto por Keynes começaram a se identificar cada vez mais como keynesianos para preservar suas carreiras. Nos anos 1950, conforme disse Sweezy em uma brincadeira, você poderia contar o número de marxistas na economia acadêmica "nos polegares de suas duas mãos".[55]

E assim, em um aspecto importante, mesmo o mais paranoico macartista estava certo. Em 1957, o filho mais novo de Theodore Roosevelt, Archibald, e Zygmund Dobbs publicaram *Keynes at Harvard: Economic deception as a political credo* ["Keynes em Harvard: A enganação como um credo político", em tradução livre], que afirmava que o keynesianismo era "a base ideológica por meio da qual o esquerdismo invadiu" Harvard e, então, os Estados Unidos, insistindo que o nome "Keynes" era tipicamente usado como um escudo para desígnios mais profundos da esquerda política. O argumento era, em essência, verdadeiro, ainda que grande parte do livro fosse um fantástico delírio (em uma reimpressão de 1969, Dobbs afirmou que o keynesianismo era parte de um movimento da esquerda para avançar com "o vício em drogas, abuso sexual e perversões animalescas").[56]

O pânico macartista foi um fenômeno cultural de toda a nação, mas o núcleo que unificava todo o movimento estava em Washington, onde ele funcionava como uma simples batalha pelo poder. Se a direita norte-americana não podia desconsiderar o liberalismo keynesiano ao apontar para seus resultados econômicos, então ela tentaria fazer isso ao desacreditar o caráter moral de seus praticantes. Os políticos conservadores de ambos os partidos proferiram ataques aos defensores do New Deal em discursos e audiências públicas que foram amplificados pela imprensa política. A cobertura sensacionalista na capital da nação definiu o tom para o resto do país e trouxe danos reputacionais para carreiras individuais até muito tempo depois de a onda macartista ter sido desacreditada pelo pensamento dominante norte-americano. Mas, assim como havia verdadeiros radicais no meio social dos acadêmicos keynesianos, havia também alguns dos defensores do New Deal de Washington que, por vezes, fizeram as exatas coisas que os teóricos da conspiração anticomunista afirmavam ter feito — às vezes perto do auge da diplomacia de guerra dos Estados Unidos.

No dia 30 de outubro de 1944, John Bricker fez o discurso político mais intenso do ano no país. Bricker estava encerrando seu segundo mandato como governador de Ohio e foi nomeado como um dos candidatos republicanos da eleição presidencial como uma concessão aos conservadores frustrados com a nomeação de Thomas Dewey pelo partido, um republicano relativamente liberal que na época atuava como governador de Nova York. Com a guerra em execução, Dewey trocou o isolacionismo que dominava os círculos do Partido Republicano após a Primeira Guerra Mundial por uma doutrina de política externa que soava bastante como a de Roosevelt, só que melhor e mais barata. O

Partido Republicano de Dewey não se retiraria do cenário mundial; eles venceriam os nazistas e trariam os soldados de volta mais rápido, após garantir uma paz superior e mais estável, do que Roosevelt seria capaz. Ideologicamente, de acordo com Dewey, Roosevelt não era um problema. Com algumas exceções, ele administrou uma campanha respeitosa.

E os republicanos estavam sendo esmagados. Então, com apenas alguns dias para a eleição, Bricker tentou algo diferente. Falando para uma plateia lotada de 15 mil pessoas no Olympia Stadium, em Detroit,[57] ele criticou a agenda doméstica de Roosevelt como a prole corrupta da "influência estrangeira", afirmando que "Franklin Roosevelt e o New Deal estão nas mãos dos radicais e dos comunistas". Houve, de acordo com ele, uma "verdadeira relação de trabalho" entre a administração Roosevelt, o comunismo internacional e o Congress of Industrial Organizations — a federação mais racialmente progressista entre os sindicatos trabalhistas norte-americanos — com o objetivo de aniquilar o estilo de vida americano. "Hoje, como nunca antes", disse ele, "uma influência estrangeira do tipo mais subversivo está tentando dominar o governo norte-americano a partir de dentro".[58]

O discurso foi transmitido nos rádios de todo o país. No dia seguinte, sete nomes foram impressos nos jornais de todo o território nacional como membros de "organizações subversivas". Bricker citou Craig Vincent, Arthur Goldschmidt, Robin Kinkead, Thomas I. Emerson, Gene Mangion, Gregory Silvermaster e Lauchlin Currie. Havia, de acordo com ele, mais 1.117 pessoas na administração federal.

A maioria dessas pessoas foi esquecida pela história. No entanto, mesmo em 1944, Currie foi o único alvo mais familiar entre os nomes de Bricker. Um dos principais diplomatas econômicos de guerra, Currie negociou com Keynes os termos do Lend-Lease, trabalhou para convencer a Suíça a romper seus laços econômicos com a Alemanha[59] e serviu como contato pessoal de Roosevelt com o partido Kuomintang, de Chiang Kai-shek, para manter as facções em guerra na China como aliadas contra o Japão Imperial. Em 1943, a Associated Press o perfilou como um dos "Seis Homens Misteriosos por trás do Presidente", mas pouco conseguiam falar sobre ele. "Discreto, cabelos louros... Currie brinca constantemente com uma piteira de marfim enquanto conversa, mas na verdade ele fuma poucos cigarros."[60]

A ARISTOCRACIA CONTRA-ATACA 393

O discurso de Bricker atiçou os fiéis conservadores e causou uma séria ansiedade em Currie. Em um telegrama de dezembro de 1944 até Londres, o próprio Keynes observou que citar Currie como um "criptocomunista" — apesar de ser "contrário aos fatos" e "sem evidência alguma" — tinha o efeito de limitar o espaço de negociação de Currie no Lend-Lease. Qualquer coisa que possa parecer excessivamente generosa para os britânicos pode ser tratada como um sinal de deslealdade.[61]

Os ataques de Bricker não deram certo. Ele e Dewey perderam feio em novembro e, mesmo com a paranoia anticomunista aumentando em Washington, o discurso de Bricker foi considerado um ponto fora da curva — um exemplo de desespero político e de uma campanha sem disciplina.

Mas, quatro anos depois, Currie teve um problema de verdade. Em um depoimento para o Comitê de Atividades Antiamericanas no ano de 1948, uma ex-espiã soviética chamada Elizabeth Bentley chocou o país ao nomear dezenas de oficiais do governo como colaboradores ou informantes soviéticos. Essa lista incluía Currie. Embora Bentley reconhecesse abertamente nunca ter se encontrado com Currie e afirmar ao comitê que "não era um comunista", ela declarou que ele havia sido uma fonte de informação para seu círculo de espionagem, do qual Gregory Silverman, outro dos homens criticados por Bricker em seu discurso de Detroit, fazia parte. Bentley não conseguia recordar dos detalhes, mas uma acusação específica parecia grave para o público no mês de julho de 1948. Ao ser questionada por um congressista californiano chamado Richard Nixon, ela relatou: "O Sr. Silvermaster me contou que, certo dia, o Sr. Currie correu até a casa do Sr. Silverman, ofegante, e contou a ele que os norte-americanos estavam prestes a quebrar o código soviético."[62]

Isso era muito mais sério que as acusações vagas de Bricker. Bentley estava acusando-o de espionagem, talvez até mesmo de traição. Currie de fato conhecia alguns dos homens que ela mencionou como colaboradores soviéticos. Ele se encontrou com George Silverman e Harry Dexter White quando os três estudavam em Harvard, nos anos 1920, e o trio viajou, após algum tempo, para Washington, assumindo cargos na administração Roosevelt. Currie e White rapidamente subiram até cargos influentes, enquanto desenvolviam reputações por personalidades "fortes" e "abrasivas".[63] White se tornou uma figura dominante no Departamento do Tesouro de Roosevelt, após algum tempo chegando a atuar como o negociador chefe para a delegação norte-americana em Bretton Woods, onde destruiu as objeções e propostas concorrentes de um de seus heróis, John Maynard Keynes. Silverman nunca alcançou as mesmas posições de liderança de seus amigos, mas passou algum tempo como funcionário do Tesouro e um punhado de outras agências do New Deal. Silverman era próximo de Silvermaster, nascido na Rússia. Em Washington, Silvermaster, Silverman e White desenvolveram uma tranquila rotina social. Eles jogavam vôlei e tênis de mesa juntos e realizavam sessões musicais com Silvermaster na guitarra e White no bandolim.[64]

Silverman e Silvermaster eram membros do Partido Comunista dos Estados Unidos da América. Para a maioria dos norte-americanos nos anos 1930, o CPUSA, como o partido é conhecido, era difícil de ser diferenciado do complicado conjunto de partidos de esquerda — socialistas, trotskistas e outros — que começaram a surgir quando a economia norte-americana ruiu. O CPUSA deixou sua marca com um alcance agressivo aos agricultores negros, os quais o partido via como um proletariado nascente, e uma defesa estridente das leis de combate ao linchamento, às quais Roosevelt se opôs para preservar sua coalizão política com os democratas brancos do Sul. A maioria dos norte-americanos não sabia que o CPUSA era um braço oficial do governo soviético.

Após chegar em Washington, White começou a passar informações privilegiadas do governo para Silverman — materiais que White tinha autorização para ver, mas que não era o caso de seu amigo burocrata de nível médio. Ele tinha bons motivos para acreditar que essas informações seriam compartilhadas com a CPUSA, mas podia não saber que também estavam chegando até a inteligência russa. Silverman e Silvermaster, por outro lado, não só compreendiam a relação do CPUSA com o governo stalinista; eles faziam parte desse elo. Ambos trabalhavam como espiões soviéticos ao longo de suas carreiras em Washington. Como o historiador Eric Rauchway detalhou, a realização de White de que ele estava cooperando não só com os comunistas norte-americanos, mas indiretamente com Moscou deu a ele, nas palavras de uma fonte da KGB, "um grande susto".[65] Algum tempo após essa revelação, White parou de se comunicar com todos os seus amigos soviéticos. Mas, embora seus motivos permaneçam um mistério, ele fornecia de maneira intermitente documentos federais para Silvermaster e Silverman que chegavam a Bretton Woods.

Os Estados Unidos e a União Soviética eram, claro, aliados durante a guerra, e White era o principal contato do Tesouro com a Embaixada Russa em Washington. Ele pode ter imaginado estar realizando alguma forma de diplomacia por meio de Silverman e Silvermaster, ou suas indiscrições iniciais podem ter sido usadas para chantageá-lo e obrigá-lo a divulgar mais documentos ao longo de sua carreira. A inteligência soviética em Moscou parecia ter ficado confusa com o material fornecido por White, mas é inegável que ele, consciente e ilegalmente, entregou informações do governo dos Estados Unidos e, ao fazer isso, comprometeu sua posição com um governo estrangeiro ao conduzir atividades diplomáticas oficiais.

Quando Bentley testemunhou diante do Comitê de Atividades Antiamericanas, White tinha uma reputação para zelar, mas não tinha carreira alguma. O presidente Harry Truman o retirou do cargo de maneira muito discreta após receber uma mensagem secreta detalhada sobre o trabalho de White com Silverman e Silvermaster, enviada pelo diretor do FBI, J. Edgar Hoover (tal carta não mencionava Currie). Tanto Currie quanto White concordaram em testemunhar no Comitê de Atividades Antiamericanas para refutar as acusações de Bentley. Em momentos separados, ambos negaram firmemente qualquer transgressão.

As audiências do Comitê de Atividades Antiamericanas foram o fim desse drama para White. Ele morreu de um ataque cardíaco três dias após o depoimento. Para Currie, a situação enfim parecia estar sob controle. Eleanor Roosevelt, ainda uma grande força na política norte-americana e colunista sindicalizada, defendeu a lealdade de Currie.[66] Bentley não afirmou estar ciente de que Silverman ou Silvermaster eram comunistas, muito menos saber que eles eram espiões soviéticos. E sua performance diante do Comitê de Atividades Antiamericanas foi suficientemente boa para que, após diversas rodadas de interrogatórios, tanto um republicano quanto um democrata do Sul ferozmente anticomunista defendessem sua integridade. O republicano do estado da Dakota do Sul, Karl Mundt, declarou Currie "um homem cujo america-

396   O PREÇO DA PAZ

nismo eu acredito", enquanto John Rankin, membro do partido segregacionista de direita cujos membros também eram conhecidos como dixiecrats, refletiu: "Para mim, parece que fomos longe demais para manchar remotamente a reputação desse homem." Quando a administração Truman apontou Currie para uma missão do Banco Mundial na Colômbia em 1949, a tempestade parecia ter acabado.

E então a China caiu nas mãos dos comunistas de Mao Tsé-Tung. Para os macartistas e democratas que participaram da Guerra Fria, incluindo o senador do estado de Nevada Pat McCarran, a vitória comunista não era um mero retrocesso diplomático; era uma sabotagem deliberada dos agentes comunistas na presidência Roosevelt e Truman. Os New Dealers, como os defensores do New Deal eram chamados, e os keynesianos com suas ideias flexíveis sobre administração governamental da economia eram especialmente suspeitos. Currie tornou-se um alvo quase perfeito. Durante a guerra, ele foi responsável por manter os comunistas de Mao e os nacionalistas do Kuomintang, partido de Chiang Kai-shek, focados na guerra contra o Japão em vez de lutarem uns contra os outros. Assim como todos os norte-americanos que trabalharam com Chiang, Currie frustrou-se com a corrupção e a incompetência que penetravam sua operação, que continha uma secreta ala paramilitar nos moldes dos camisas-negras de Benito Mussolini (a facção do Kuomintang usava camisas azuis). Após a vitória de Mao na guerra civil, todas as palavras críticas proferidas por Currie e direcionadas ao Kuomintang voltaram-se contra ele.

"O perfil completo da traição de Currie ainda precisa ser traçado", disse o senador Joseph McCarthy em junho de 1951 no Senado, onde suas palavras eram protegidas contra processos por calúnia. O demagogo de Wisconsin declarou que Currie estava trabalhando em segredo para destruir Chiang desde 1942 e que ele havia negado pessoalmente ao Kuomintang 20 mil rifles alemães para auxiliar na vitória de Mao.[67]

A narrativa de McCarthy sobre uma traição da presidência Truman sobre a China estava simplesmente errada e, de qualquer modo, Currie já estava fora do governo quando a guerra entre Mao e Chiang irrompeu em 1946 — e permaneceu fora do governo durante quase quatro anos após a vitória de Mao. Se as acusações de Bentley tinham ou não algum valor, depende da interpretação de um conjunto ambíguo de

A ARISTOCRACIA CONTRA-ATACA

telegramas da inteligência soviética descriptografados e interceptados pelo FBI que foi divulgado nos anos 1990.[68]

No entanto, o público não tinha conhecimento desses telegramas descriptografados nos anos 1940 e 1950. O que importava para economistas tentando sobreviver na era McCarthy — e o que importava para o desenvolvimento das ideias keynesianas nos Estados Unidos — era como um caso público frágil e em alguns sentidos contraditório contra Currie rapidamente definiu toda sua carreira. As alegações de Bentley eram vagas. Testemunhando diante do senado em 1951, ela mudou sua história sobre o código soviético para dizer que Currie havia contado a White, não Silverman, sobre a quebra do código. Uma vez que White, assim como Currie, era um diplomata de alto nível, não seria incomum ou inapropriado para Currie discutir informações sensíveis com ele. Bentley, além disso, se entregou ao FBI em 1945, enquanto os Estados Unidos só quebraram o código soviético em 1946. Seja lá o que Currie possa ter dito para White ou Silvermaster, ele não teria divulgado que os Estados Unidos estavam prestes a decifrar o código soviético, uma vez que isso não era verdade na época.

Mesmo os linhas-duras anticomunistas do Comitê de Atividades Antiamericanas não se convenceram de que Currie era um problema em 1948. McCarthy havia mirado nele pela mesma razão de Bricker: Currie era um intelectual da esquerda política que detinha um verdadeiro poder. Se alguém na posição de Currie *atuasse* como espião soviético, tal fato teria ajudado a legitimar as teorias da conspiração mais amplas e loucas de McCarthy. E, uma vez que Currie foi mencionado, ainda que vagamente, por Bentley e Bricker, McCarthy tinha um conjunto de argumentos para usar contra ele maior do que tinha contra grande parte de suas vítimas.

Assim que McCarthy deu o pontapé inicial, a campanha contra Currie foi implacável. Em 1954, Buckley denunciou Currie como "comunista" em *McCarthy and His Enemies*.[69] Naquele mesmo ano, o Departamento do Estado se recusou a renovar o passaporte de Currie. Sob uma política mais tarde julgada como inconstitucional, o Estado tinha o poder para revogar a cidadania de imigrantes que posteriormente se mudaram do país. Com Currie passando cada vez mais tempo na Colômbia — primeiro pelo Banco Mundial e depois como um conselheiro do governo colombiano — o Estado o fez escolher entre os Estados Unidos e a Colômbia. Ele decidiu permanecer na Colômbia, perdendo sua cidadania norte-americana. Quando o governo democrático colombiano foi derrubado por uma junta militar, Currie, outrora o economista mais poderoso do New Deal, comprou um terreno nas montanhas a 32km de Bogotá e tornou-se um produtor de laticínios.

É impossível exagerar o efeito que a campanha da direita política contra Currie teve sobre os veteranos keynesianos e a administração Roosevelt. Todo novo defensor do New Deal era amigo de um comunista ou dois; isso era apenas parte da vida da esquerda norte-americana durante a Grande Depressão. No entanto, Currie e White não eram funcionários de baixo escalão como o maior colaborador soviético, Alger Hiss. Currie recrutou algumas das melhores e mais brilhantes mentes da revolução keynesiana para Washington. Para os soldados anticomunistas, quase todos esses recrutas eram suspeitos. O Tesouro suspendeu o economista George Eddy, citando sua amizade com Currie e White, afirmando que isso demonstrava uma falta de julgamento da parte de Eddy e era uma indicação de que ele não era confiável. Embora mais tarde fosse inocentado de qualquer transgressão e tenha recebido todos os seus pagamentos atrasados, a reputação de Eddy foi prejudicada permanentemente. Ele não retomou a profissão até os anos 1980.[70] Outros economistas do New Deal associados com Currie e White — Mordecai Ezekiel, Leon Keyserling, Irving Friedman e Charles Kindleberger — foram perseguidos pelo FBI, submetidos a investigações de lealdade ou coisa pior.[71]

Para seus amigos nos Estados Unidos, incluindo John Kenneth Galbraith, o tratamento de Currie parecia uma grande injustiça. Mas a alternativa — de que o benfeitor deles *era* realmente um colaborador soviético de longa data — era ainda pior. De qualquer forma, a queda de Currie foi uma ameaça às carreiras de seus amigos. Eles passariam a melhor parte da década envolvidos em acusações de deslealdade. O sucesso teria o seu preço.

QUATORZE

———◇———

A SOCIEDADE AFLUENTE E
SEUS INIMIGOS

JOHN MAYNARD KEYNES ADORAVA livros antigos. Quando sua saúde
permitia, ele e Piero Sraffa devotavam suas tardes de sábado às lojas
de livros usados em Cambridge, vasculhando prateleiras empoeiradas
em busca de panfletos, coleções de cartas ou edições de capa dura escritos por grandes e pequenas figuras do iluminismo.[1] As conquistas
de fim de semana dos dois teriam sido mais que suficiente para render
a ambos cargos efetivos como historiadores intelectuais se eles já não
tivessem se estabelecido como importantes teóricos da economia. Em
1933, a dupla encontrou uma crítica brilhante de *Tratado da Natureza
Humana*, de David Hume, publicada como um panfleto anônimo em
1740, pouco após a chegada da obra-prima de Hume. A tradição filosófica há muito atribuía um status quase mítico à crítica. Pistas na correspondência de Hume sugeriam que seu autor anônimo era, na verdade,
o grande Adam Smith. De acordo com a lenda, Smith não colocou seu
nome no panfleto para esconder o fato de que era apenas um estudante
de 17 anos na época. Historiadores não foram capazes de obter uma
cópia da crítica, dando ao documento uma aura misteriosa. *Tratado da
Natureza Humana* foi, inicialmente, um fracasso editorial — nas palavras
de Hume: "Ele chegou natimorto ao prelo" — e só foi considerado uma
obra-prima décadas mais tarde, após Hume se tornar um historiador

famoso. O entusiasmo inicial de Smith ajudou a validar essa apreciação acadêmica tardia pela obra; certamente o livro deve se tratar de uma obra genial, uma vez que Adam Smith imediatamente o reconheceu como tal.

Porém, quando Keynes e Sraffa enfim examinaram o panfleto nos anos 1930 — o título e a marcação da editora deixaram claro que era, de fato, a crítica muito procurada do *Tratado* de Hume —, eles logo determinaram que seu autor anônimo não era Smith, mas o próprio Hume, tentando fomentar interesse pelo seu livro fracassado. Além das semelhanças óbvias no estilo, o artefato obscuro apresentava uma série de ideias e argumentos que Hume mais tarde publicaria em futuros volumes do *Tratado*. "Se uma cópia do panfleto estivesse disponível para comentaristas anteriores, era impossível que duvidassem dessa conclusão", de acordo com Keynes e Sraffa.[2] Atualmente, os historiadores de maneira geral aceitam que a primeira obra positiva da imprensa sobre Hume foi escrita por ele mesmo.

Havia mais nesses estudos do que apenas a vaidade de dois velhos colecionadores. Keynes em toda sua vida se preocupou com as fundações filosóficas do conhecimento — a natureza da ciência e as limitações de seus métodos. Ele imergiu nas minúcias deixadas para trás por grandes mentes, não apenas para ter acesso à sabedoria das gerações anteriores, mas para obter conhecimento sobre as diferenças sutis em sistemas de crença que permitiram grandes descobertas — e para compreender as estranhas contorções da história que poderia tanto elevar quanto suprimir boas ideias. Ele desenvolveu tanto uma profunda reverência pelas ideias de seus antecessores como um entusiasmo arrogante e destemido em criticar as maiores contribuições deles. Essa inflexível busca filosófica levou Keynes a venerar cientistas não por sua proeza matemática quantitativa, mas por sua criatividade. Fiel à sua crença do Bloomsbury, ele elevava a grande ciência até o maior plano das conquistas humanas: a arte.

De acordo com Keynes: "Newton não foi o primeiro da era da razão. Ele foi o último dos mágicos."[3] Keynes disse isso como uma forma de elogio. Chamou Newton de "nosso grande gênio",[4] em que com o "nosso" ele se referia a Cambridge, o que permitia a Keynes se declarar um herdeiro intelectual de um grande físico. "Ele olhava para todo o

A SOCIEDADE AFLUENTE E SEUS INIMIGOS   401

universo e tudo o que estava nele *como um enigma*, como um segredo que só poderia ser lido ao aplicar o pensamento puro a uma certa evidência, certas pistas místicas que Deus deixou pelo mundo."[5] O dom de Newton, acreditava Keynes, era como o de um poeta ou pintor possuído por uma musa. Após um frenesi de discernimento, ele tomava cuidado para apresentar seu novo conhecimento na linguagem formal da ciência para dar uma força persuasiva para sua descoberta criativa. "Newton poderia manter um problema na sua mente por horas, dias e semanas até o problema lhe revelar todos os seus segredos. Então, sendo ele um técnico matemático supremo, poderia enfeitá-los, para propósitos de exposição, mas sua intuição que era antes de tudo extraordinária... As provas, por mais importante que fossem, eram, como já afirmei antes, formuladas depois — elas não eram o instrumento de descoberta."[6]

Esse entusiasmo por ideias sobre números não era uma desvalorização do empirismo. Para um economista, a intuição deveria se basear na experiência vivida. Keynes culpava os matemáticos por fazerem com que os economistas ficassem tão presos em suas próprias abstrações que esqueciam o mundo real. Ele saudou os métodos "filosóficos" de Thomas Malthus para lidar com as motivações e comportamentos humanos ao mesmo tempo que denunciou as "doutrinas pseudoaritméticas" de David Ricardo, entre elas a teoria quantitativa da moeda, cuja "dominação completa por um período de cem anos foi um desastre para o progresso da economia".[7]

A economia não era como a física, e mesmo a física só alcançava suas maiores conquistas quando se parecia mais com a arte. Keynes explicou seus próprios métodos em *A Teoria Geral*: "O objetivo de nossa análise não é fornecer uma máquina ou método de manipulação cega que fornecerá uma resposta infalível, mas fornecer a nós mesmos um método organizado de pensar em problemas específicos. Uma grande proporção das economias 'matemáticas' recentes é mera mistura, tão imprecisa quanto as suposições iniciais sobre as quais ela repousa, que permitem ao autor perder de vista as complexidades e interdependências do mundo real em um labirinto de símbolos pretensiosos e inúteis."[8]

Esse era o Keynes que hipnotizou Joan Robinson: Keynes, o grande teórico do progresso que abordou a disciplina econômica como um filósofo e que acreditava, assim como seus amigos Ludwig Wittgenstein,

402   O PREÇO DA PAZ

Bertrand Russell e G. E. Moore, que as verdades definitivas estavam nas palavras e nas ideias — não nas quantificações e nos cálculos.

E mesmo assim ele também chamou seu maior trabalho de *A Teoria Geral do Emprego, do Juro e da Moeda*, esperando conferir o prestígio acadêmico da física tanto ao seu livro quanto à profissão de economista em si. Era uma grande manobra retórica; assim como Einstein demonstrou que a física newtoniana era apenas uma situação especial de um paradigma amplo, Keynes mostraria que as ideias dos economistas clássicos só seriam verdadeiras sob condições especiais e raras. E, embora Keynes fosse profundamente cético quanto à disciplina emergente chamada de "econometria", que transformou seu campo em um conjunto estonteante de sigmas e deltas, em "Economic Possibilities for Our Grandchildren" ele ansiava pelo dia em que os economistas seriam vistos como "dentistas"[9] — técnicos capazes de corrigir falhas bem compreendidas. Além disso, embora ele subestimasse a economia estatística e matemática durante quase toda a sua carreira, ao final da guerra ele informou aos principais pensadores econômicos do governo britânico que "a análise teórica econômica alcançou um ponto em que pode ser aplicada. Sua aplicação aguarda apenas a coleta de fatos detalhados". Ele previu uma "nova era de 'felicidade por meio da estatística'".[10]

E, de fato, ao longo do curso dos anos de 1930, a qualidade dos dados disponíveis para os economistas melhorou drasticamente. Durante a Depressão, o Departamento do Comércio de Roosevelt contratou Simon Kuznets para criar uma nova medida de "renda nacional", a qual Wassily Leontief desenvolveu ainda mais durante a guerra. Atualmente, ela é chamada de "produto interno bruto" e é a medida padrão da produção geral de uma economia. No fim da guerra, governos tanto nos Estados Unidos quanto na Europa haviam desenvolvido operações vastas e impressionantemente precisas, compilando tudo, desde preços de cultivo a produção industrial e crescimento salarial, desemprego e até mesmo a pobreza, que era notoriamente difícil de medir devido à sua prevalência em regiões remotas do país. Economistas, admirados com as ferramentas agora à sua disposição, perseguiram de forma determinada uma metodologia que enfatizasse medidas e previsões precisas em detrimento de análises linguísticas ou conceituais.

A SOCIEDADE AFLUENTE E SEUS INIMIGOS   403

O maior profeta dessa "Nova Economia", como ela veio a ser conhecida durante os anos de John F. Kennedy, era Paul Samuelson. Sua obra didática extremamente popular oferecia o que ele chamava de "síntese neoclássica" entre as ideias de *A Teoria Geral* e os pensadores econômicos que dominaram a era do padrão-ouro. Nas mãos de Samuelson, o comportamento humano e, de forma mais ampla, a economia eram mais bem compreendidos como empreendimentos racionais e maximizadores de lucro. Os mercados se corrigiriam e a oferta e a demanda encontrariam seu equilíbrio racional, exatamente como David Ricardo e Adam Smith postularam há muito tempo. Mas eles só fariam isso, de acordo com Samuelson, quando a economia operasse em um valor próximo do pleno emprego. Ao empregar o gasto deficitário keynesiano ou fornecer cortes tributários keynesianos, os legisladores poderiam impedir que a economia caísse em "um país das maravilhas de cabeça para baixo onde a direita parece ser esquerda e a esquerda parece ser direita; em cima parece embaixo e preto parece branco".[11] Desde que o desemprego não saísse do controle, o comportamento humano racional e maximizador de lucro permitiria à estatística prever de maneira confiável quando e onde as forças econômicas alcançariam um equilíbrio — se os dados forem precisos o suficiente. Para Samuelson e seus seguidores, a física era a fundação do conhecimento e a matemática era sua linguagem. Onde *A Teoria Geral* proclamou que a "incerteza" era o conceito analítico fundacional do pensamento econômico, Samuelson e seus protegidos buscavam não apenas a certeza, mas a precisão.

Samuelson liderou uma geração de titãs em uma batalha intelectual, não apenas contra os vacilantes deuses clássicos, mas contra outros intérpretes de Keynes e de sua visão. John Hicks desenvolveu a primeira e mais influente condensação de *A Teoria Geral* em um modelo matemático. Alvin Hansen levou o trabalho de Hicks de Harvard para Washington, treinando futuros burocratas e oficiais do gabinete em cursos de graduação, enquanto Samuelson construiu todo um departamento em torno da obra de Keynes no MIT, incubando futuros vencedores do Prêmio Nobel como Robert Solow, Lawrence Klein e Franco Modigliani, que desenvolveram suas próprias inovações, transformando a alcunha "keynesiano" em uma palavra cujo significado era, durante algum tempo, "economia norte-americana". Sem esses eruditos, *A Teoria Geral* seria hoje uma curiosidade intelectual, o trabalho brilhante e confuso de um inglês influente que por um breve período empolgou o governo Roosevelt. Por meio de Samuelson e seu clã, a economia keynesiana tornou-se não apenas uma nova ortodoxia dentro da ciência social norte-americana, mas também parte integral da linguagem do poder político norte-americano, um conjunto de ideias inseparáveis das suposições governamentais básicas do Partido Democrata.

Mas havia outra forma de compreender Keynes que continuou a se desenvolver em Cambridge, Inglaterra, e que via todo o desenvolvimento norte-americano como um equívoco terrível e perigoso, um sacrilégio contra o próprio Keynes. Entre esses pensadores estavam os colaboradores que ajudaram Keynes a preparar sua obra-prima. "A teoria econômica que foi desenvolvida nos Estados Unidos é um retorno para a doutrina pré-keynesiana" que "manchava" tudo de importante sobre Keynes, conforme argumentou Joan Robinson.[12] Para Richard Kahn, a reengenharia de *A Teoria Geral* em termos matemáticos era um contrato faustiano — uma virada fatal que, em última análise, levaria "à perda de credibilidade de Keynes".[13]

Apenas alguns meses após Keynes publicar *A Teoria Geral*, John Hicks apresentou sua interpretação do livro como uma série de relacionamentos estáveis e previsíveis entre dinheiro, taxas de juros, investimentos e crescimento econômico. Usando o que veio a se tornar um famoso diagrama, ele mostrou que, enquanto as taxas de juros da dívida pública caíam, a quantidade de investimento e poupança na economia expandia, conforme empresas aproveitavam as baixas taxas para comprar equipamentos e lançar novos empreendimentos. Isso levaria a um crescimento da economia geral. No entanto, conforme a economia crescia, a demanda de dinheiro cresceria com ela, uma vez que as pessoas veriam que mais oportunidades de investimento estavam disponíveis e gostariam de tomar empréstimos para investir. Essa alta demanda de dinheiro aumentaria as taxas de juros. Havia, em vigor, duas forças opostas lançando as taxas de juros em direções igualmente opostas: a quantidade de investimento na economia e a demanda por dinheiro para investir. No ponto em que essas duas forças alcançam uma interseção, a economia estaria em um estado de equilíbrio; o truque para os legisladores era criar as condições especiais em que esse equilíbrio eliminaria o desemprego. Isso, de acordo com o que se tornou conhecido como modelo IS/LM

A SOCIEDADE AFLUENTE E SEUS INIMIGOS 405

(nome que é uma abreviação, em inglês, para Investimento/Poupança e Preferência pela Liquidez/Oferta Monetária), poderia ser alcançado por um dos dois métodos: reduzindo as taxas de juros por meio de uma política monetária ou ter um deficit fiscal. Quando economistas alimentassem esse modelo com as novas e modernas estatísticas que monitoram a atividade econômica, Hicks e seus seguidores acreditavam que o modelo diria *exatamente* quando o governo precisaria gastar ou reduzir nos gastos para tirar uma economia da lama.

Keynes revisou um rascunho da proposta de Hicks e enviou uma nota particular de encorajamento: "Eu a achei muito interessante e quase não tenho o que criticar."[14] Publicamente, no entanto, ele manteve silêncio sobre Hicks e seu modelo, gastando sua energia respondendo às críticas de economistas clássicos. Quando Keynes ofereceu uma simplificação de seu livro no *Quarterly Journal of Economics* em fevereiro de 1937, apresentou um modelo conceitual totalmente incompatível com o projeto de Hicks.

"Estou muito mais preso às ideias fundamentais comparativamente simples que embasam minha teoria do que às formas particulares pelas quais as incorporei, e não tenho nenhum desejo de que esta última seja cristalizada no estágio atual do debate", escreveu ele antes de enfatizar a importância da incerteza em seu pensamento econômico: "Com conhecimento 'incerto' eu não quero dizer meramente distinguir o que é certamente conhecido daquilo que é apenas provável. O jogo da roleta não está sujeito, nesse sentido, à incerteza... O sentido com que eu uso o termo é que a perspectiva de uma guerra na Europa é incerta, ou que o preço do cobre e a taxa de juros daqui a vinte anos, ou a obsolescência de uma nova invenção, ou a posição dos donos de riqueza privada no sistema social em 1970. Sobre esses assuntos não há uma base científica sobre a qual construir qualquer probabilidade calculável. Nós simplesmente não sabemos." A economia clássica e sua lei de oferta e demanda estavam entre "as técnicas bonitas e refinadas para uma sala de diretoria bem decorada e um mercado bem regulado" que criavam a ilusão de estabilidade e previsibilidade na vida econômica, mas que eram, na verdade, "passíveis de colapso" "sem aviso prévio" quando as pessoas mudassem de ideia sobre como o futuro seria. Essa era uma lição que Keynes estava aprendendo das crises financeiras e dos erros de especulações desde o verão de 1914.[15]

Então, Keynes era crítico de *qualquer* modelo que afirmava oferecer informações confiáveis sobre o futuro — mesmo os modelos "keynesianos" desenvolvidos por Hicks, Hanson e Samuelson. A economia, na melhor das hipóteses, possuía regras de ouro, tendências e padrões que estavam sujeitos a mudanças. Portanto, sua última declaração sobre as políticas de emprego pós-guerra diferia das terapias fiscais e agendas de estímulos que hoje são associadas ao seu nome. Embora seus seguidores norte-americanos buscassem planos de tributação e gastos bem desenvolvidos para melhorar a demanda durante recessões, Keynes, em vez disso, pedia para que o governo administrasse os estágios futuros da escassez econômica geral por meio de investimentos diretos.

Imediatamente após a guerra, supôs Keynes, o governo precisaria continuar com sua abordagem de atividade total no combate à inflação. No entanto, ele argumentou que após esse período o governo deveria buscar "*prevenir* grandes flutuações" no emprego ao decretar um "programa estável de longo prazo" que gastaria dinheiro em coisas como infraestrutura, equipamentos industriais e pesquisa científica. Keynes não esperava que tais planos de investimento eliminassem por completo as "flutuações", mas acreditava que esse programa poderia resultar em uma variação de altos e baixos "muito mais estreita" e que o governo seria capaz de "manter um nível regular de emprego". Keynes pensou que o governo precisaria controlar cerca de dois terços de todo o investimento na economia para que sua ideia funcionasse.

Era uma fusão de *A Teoria Geral* com "Economic Possibilities for Our Grandchildren". Após dez ou quinze anos, acreditava Keynes, a economia estaria tão "saturada" de investimentos que não teria uma forma de aumentá-los sem "embarcar em empreendimentos extravagantes e desnecessários". Essa incapacidade de melhorar o investimento não levaria ao desemprego ou à miséria assim como na Grande Depressão. Em vez disso, anunciaria a chegada de uma nova "era dourada" em que os trabalhadores ficariam livres para buscar "mais lazer", "férias maiores" e "cargas horárias menores". Sem projetos úteis para investir, não haveria necessidade de os trabalhadores acumularem suas poupanças ao trabalhar durante tantas horas.[16] A tendência do equilíbrio entre a vida e o trabalho ao longo do século XX era promissora, embora isso fosse, em parte, graças à incapacidade de muitos encontrarem trabalho em período integral durante a Depressão. Em 1900, o trabalhador norte-americano médio passava 58,5 horas semanais no trabalho. Em 1955, a semana de trabalho havia sido reduzida para 41,7 horas. Keynes estava simplesmente projetando esse progresso para o futuro.[17]

Da década de 1940 em diante, os governos tanto na Europa quanto nos Estados Unidos tiveram um papel mais amplo no investimento em larga escala. A administração Eisenhower desenvolveu o sistema interestadual de estrada dos Estados Unidos, criou a NASA e expandiu drasticamente o papel do governo federal em apoiar a pesquisa médica. Mas não entramos, é claro, em uma era de descanso e relaxamento — pelo menos não nos Estados Unidos. Em grande parte da Europa, menores cargas semanais eram um objetivo explícito e incontroverso das políticas públicas. Os alemães, por exemplo, trabalhavam uma média de 26 horas por semana quando se distribui o tempo de férias ao longo do ano.[18]

Mas as políticas que com o tempo se tornaram sinônimos de Keynes não eram programas ambiciosos e de longo prazo de investimento governamental. Quando os economistas keynesianos chegaram em Washington após a guerra, eles encontraram uma atmosfera de paranoia e perseguição onde todo defensor do New Deal era suspeito e a palavra "keynesiano" era uma suposta evidência de influência soviética. E a batalha para definir a tradição keynesiana — seguir os passos de Robinson ou Samuelson — foi moldada pelo furioso macartismo nos Estados Unidos pós-guerra.

John Kenneth Galbraith compreendeu em primeira mão essa reação conservadora contra as ideias keynesianas. Ele estudou com Joan Robinson em Cambridge no final da década de 1930 e usou seu conhecimento para atuar no Office of Price Administration durante os primeiros anos da guerra. No entanto, seus dias combatendo a inflação não lhe renderam muitos admiradores dentro das corporações norte-americanas. Galbraith foi perseguido e expulso de Washington em 1943, com os republicanos e empresários se revezando para denunciá-lo como incompetente e traidor. Foi uma experiência formadora para Galbraith que mudou a maneira que ele pensava o relacionamento entre o governo norte-americano e o poder corporativo. Se mesmo o patriotismo em períodos de guerra não poderia proteger o burocrata que limitava os lucros corporativos em nome da vitória, então não havia mais esperança para nenhum homem ou ideia em Washington que fracassasse em se submeter a, pelo menos, algumas facções empresariais do país.

Quando os jornais pararam de imprimir seu nome nas manchetes, Galbraith conseguiu um emprego confortável na revista *Fortune*, que acabou se mostrando um empregador flexível, permitindo que ele tirasse uma licença de vários meses para trabalhos ocasionais em projetos governamentais. A *Fortune* era a primeira revista empresarial sofisticada, criação de Henry Luce, um magnata que lançou a *Time* em 1923. Criado na China por missionários cristãos, Luce assumiu uma postura agressivamente anticomunista quanto à situação política da terra de sua juventude. Ele amava Chiang Kai-shek e odiava Franklin D. Roosevelt, e devotou grande quantidade de imóveis da imprensa para as reflexões de Whittaker Chambers, um ex-espião soviético que passou os anos 1940 e 1950 insistindo que os New Dealers estavam inexoravelmente guiando a nação para um futuro soviético. O liberal Galbraith não parecia uma escolha adequada para grande parte da equipe interna da Time Inc., incluindo o próprio Luce. "Eu ensinei Kenneth Galbraith a escrever", contou ele a John F. Kennedy em 1960. "E posso te dizer, com toda a certeza, que me arrependi disso."[19]

Porém, Luce acreditava que bons negócios precisavam de políticas inteligentes. Ele reconheceu a influência de Galbraith dentro de um Partido Democrata que no começo dos anos 1940 parecia ter um controle exclusivo sobre o poder executivo. Galbraith deu a Luce um nome que ele poderia usar para abrir as portas para o meio liberal em Washington ou, ao menos, acalmá-los durante uma conversa. Ele também conseguiria os furos de reportagem que os escritores mais conservadores de Luce não conseguiriam; os políticos liberais não entregariam detalhes para seus adversários da ala direita. As revistas norte-americanas eram um mundo de grandes lucros e de uma competição feroz — a televisão ainda não existia como uma mídia concorrente — e as histórias de Galbraith na *Fortune* eram informadas por conversas sobre a direção da política e a forma de pensar dos legisladores. Além disso, ele já estava familiarizado com a nova economia "keynesiana" que agora os guiava.

Fortune, de maneira improvável, era o título mais de esquerda do império de Luce. Enquanto a *Time* seguia personalidades icônicas na

A SOCIEDADE AFLUENTE E SEUS INIMIGOS 409

política e no mundo artístico, Luce encorajava os escritos da *Fortune* a buscar conceitos elevados sobre a futura estrutura da economia. Uma grande ideia, em particular, cativou Galbraith: "O começo da *Fortune*, mais que qualquer outro periódico em qualquer lugar do mundo industrial, via a grande corporação moderna como a principal força econômica e social."[20]

Em janeiro de 1944, Galbraith publicou uma matéria de 7 mil palavras intitulada "Transition to Peace: Business in A.D. 194Q" [Transição para a Paz: Negócios em 194Q D.C., em tradução livre]. A matéria imaginou uma nova e corajosa aliança entre as grandes empresas e o governo federal em que as regulamentações e taxas tributárias em períodos de guerra eram reduzidas e as agências de obras públicas da Depressão — a Work Projects Administration, a Civilian Conservation Corps e agências similares — seriam substituídas por gastos públicos para apoiar as corporações. Quando os governos gerassem deficits orçamentários para manter altas taxas de emprego, os seus gastos estimulariam investimentos empresariais e aumentariam o poder de compra do consumidor, garantindo lucros corporativos que "deixariam Midas com inveja".[21] Galbraith estava apresentando um tipo peculiar de keynesianismo, mas ele intencionalmente evitou qualquer menção a Keynes. Os líderes empresariais que o expulsaram de Washington, raciocinou Galbraith, poderiam aceitar as políticas keynesianas se a reconhecessem como oportunidades de negócios lucrativos. No entanto, se Keynes fosse apenas um símbolo de um grande governo liberal então seu nome se tornaria o ponto de inflamação da Guerra Fria. E, é claro, o nome de Keynes já era visto com grande suspeita entre a elite dos negócios. Afinal, homens como Galbraith, que literalmente controlaram os preços de tudo durante a guerra, eram keynesianos.

A guerra uniu as ideias keynesianas com a produção militar e as cadeias de suprimentos corporativas; agora Galbraith estava oferecendo aos grandes negócios um acordo ainda melhor para períodos de paz. CEOs poderiam esperar pelos mesmos lucros financiados pelo governo durante a guerra sem todo o controle de preço e as dores de cabeça tributárias. O keynesianismo corporativista nasceu.[22] Enquanto o próprio Keynes clamava por um investimento governamental, Galbraith sugeria um programa mais indireto de administração econômica por meio de apoio estatal às grandes corporações.

410 O PREÇO DA PAZ

Mas as grandes empresas permaneceram céticas. "194Q" "inflamou muitos protestos" dentro da Time Inc., incluindo pedidos para a demissão de Galbraith. E, embora Luce apoiasse seu homem, Galbraith se tornou versado na arte de "autocensura" conforme tentava reembalar conceitos keynesianos para o clima ultraconservador do começo da Guerra Fria. Ele era uma manifestação popular de uma tendência mais ampla; na academia, Samuelson estava reembalando Keynes para fazer as pazes com os economistas clássicos conservadores, enquanto em Washington os legisladores keynesianos tentavam não chamar a atenção com objetivos políticos ambiciosos. "A autocensura na *Fortune*", escreveu Galbraith, "envolvia um cálculo constante para saber se determinada afirmação — por vezes uma frase ou um parágrafo — valia toda a discussão esperada, talvez com Luce, talvez com outro substituto assustado ou zeloso. Frequentemente era possível decidir que não valia um dia de briga. Ou, se sua consciência lhe convencesse, você expressaria a referência favorável a Roosevelt ou ao CIO com uma linguagem tão cuidadosa que isso transparecia, esquecendo a quase certeza de que isso também transpareceria para seus leitores".[23]

O dinheiro era bom e a família de Galbraith estava crescendo. Sua esposa, Kitty, deu à luz dois filhos e logo teria outros dois. Eles tinham um apartamento espaçoso em Manhattan com vista para o rio Hudson e uma confortável casa de verão em Vermont. Ele saboreou seu tempo fora da cidade e se desapontou com as conversas nos coquetéis a que compareceu. Washington fervilhava de fofocas sobre suas diretivas no Office of Price Administration e seu futuro político; em Nova York ele era apenas mais um cidadão abastado. "Eu raramente encontrava alguém que tivesse lido qualquer coisa que eu havia escrito", comentou ele. A *Fortune* tinha prestígio, mas também uma baixa circulação, especialmente se comparada com a *Time*, e era comum Luce não permitir que os autores recebessem crédito por seu trabalho. Em um primeiro momento, o anonimato era um alívio após seus dias como um alvo público no Office of Price Administration. Porém, conforme ele dominava seu novo trabalho, achou a comunicação anônima com uma "audiência minúscula" cada vez mais "ingrata".[24] E, portanto, após quatro anos na *Fortune*, Galbraith trocou o mundo das revistas pela academia — no preciso momento da erupção do macartismo acadêmico. Seu antigo mentor de Harvard da década de 1930, o economista agrícola John Black, o

A SOCIEDADE AFLUENTE E SEUS INIMIGOS 411

atraiu de volta para Cambridge com um luxuoso auxílio governamental para a pesquisa de preços de cultivo. Embora no começo Galbraith recebesse o baixo título de conferencista, Black prometeu lhe pagar um alto e aceitável salário do orçamento federal até que ele conseguisse uma posição efetiva, para a qual Black obviamente o recomendaria.

Então Galbraith mergulhou de cabeça, apenas para descobrir que a grande concentração de jovens keynesianos em Harvard gerou uma reação reacionária da administração de cabelos grisalhos da universidade. Paul Sweezy — o marxista que ajudou a trazer Keynes de Cambridge, Inglaterra, até Cambridge, Massachusetts — não recebeu uma posição efetiva, apesar do protesto veemente de Joseph Schumpeter, que citou a importância da diversidade intelectual e da liberdade acadêmica. Tanto Galbraith quanto Samuelson não receberam seus cargos em 1948, o que fez Samuelson ir para o MIT, onde ficou responsável pelo que se tornaria um departamento mundialmente famoso.[25]

Em 1949, o Departamento de Economia de Harvard finalmente aprovou Galbraith para um cargo no corpo docente, pouco depois de ele ter sua presidência do departamento rejeitada em Illinois. Mas, assim que o Departamento de Economia de Harvard deu seu veredito, o conselho de supervisores de Harvard interveio para bloquear a nomeação. O conselho era um painel politicamente formidável que incluía membros como o ex-senador republicano Sinclair Weeks e o velho magnata do J.P. Morgan, Thomas Lamont. Como o presidente de Harvard, James Conant, explicou com certa frustração, o nome de Keynes havia se transformado no "pano vermelho proverbial. Aos olhos de muitos cidadãos economicamente iliterados porém profundamente patriotas (e ricos), acusar um professor de ser keynesiano era quase equivalente a rotulá-lo como agente subversivo".[26] Essas eram fortes palavras para Conant. Assim como o presidente da Universidade Columbia, Dwight D. Eisenhower, ele apoiou uma proibição geral na contratação de professores abertamente comunistas. No caso de Galbraith, porém, ele colocou sua própria carreira em risco, dizendo a Harvard que se demitiria caso ele não fosse contratado. Para a surpresa de todos, no fim das contas Galbraith conseguiu o cargo.

Mas, por décadas, sua vida e seu trabalho seriam assombrados pelo fantasma do macartismo. Galbraith sabia que ele era exatamente o tipo de homem que os macartistas mais odiavam — não era um colaborador soviético direto, mas um idealista com uma grande visão de progresso que esperava usar as reformas econômicas para quebrar as distinções sociais de categoria e privilégio. No entanto, o prestígio de suas credenciais de Harvard provaram ser muito úteis para Galbraith, uma vez que ele aspirava assumir o manto de Keynes como um intelectual público. Nos anos 1950, Galbraith escreveu três livros — *Capitalismo Americano: O conceito do poder compensatório*; *A Grande Crise de 1929*; e *A Sociedade Afluente* —; todos voaram das prateleiras e restabeleceram um lugar para ele em Washington, não como um funcionário tecnocrático, mas como um dos protagonistas das ideias norte-americanas. Com muitos keynesianos se estabelecendo em cargos silenciosos e atuando como especialistas, Galbraith desejava ser o grande pensador que Keynes havia sido: jornalista, professor, conselheiro de presidentes e arquiteto de uma nova era econômica.

Galbraith nunca se acomodou ao seu status como parte da elite. Estava sempre olhando por cima do ombro à espera do próximo ataque e, geralmente, sempre havia um ataque a caminho. Dos anos 1950 até a década de 1970, todos, desde grupos da extrema direita até senadores norte-americanos e economistas acadêmicos, ofereciam secretamente informações sobre Galbraith para o diretor do FBI, J. Edgar Hoover.[27]

Todavia, a experiência pessoal de Galbraith com a perseguição paranoica da Guerra Fria lhe convenceu de que nem suas ambições de carreira, nem o progresso social que ele imaginava poderiam ser alcançados sem a ajuda das corporações norte-americanas. Os republicanos e os democratas conservadores que o expulsaram de Washington jamais recorreriam a ele em busca de conselhos, nem as diversas organizações políticas e revistas surgindo da direita norte-americana. Mas eles ouviam homens como Henry Luce. Como Hayek e seus discípulos se inspiraram na Grã-Bretanha do século XIX, Galbraith olhou para a corporação industrial pós-guerra, esperando aplicar as incríveis descobertas de *A Teoria Geral* ao que via como um cenário completamente novo de poder político e corporativo, que ele acreditava ser capaz de garantir um futuro melhor e mais igualitário.

A SOCIEDADE AFLUENTE E SEUS INIMIGOS   413

O produto de todo esse pensamento foi o primeiro sucesso editorial de Galbraith, *Capitalismo Americano*, de 1953, uma homenagem ao empresário norte-americano disfarçada de crítica. Ao longo de suas duzentas páginas, Galbraith não critica os líderes corporativos por corromper o governo, explorar trabalhadores ou enganar consumidores, mas por não conseguir apreciar as maravilhas da prosperidade compartilhada dos Estados Unidos pós-guerra.

É um livro escrito em uma posição defensiva. Tanto o título quanto o argumento eram uma resposta aos ataques macartistas contra Keynes e seus seguidores. Galbraith queria que o mundo soubesse que ele não só amava o capitalismo, mas especialmente o capitalismo *norte-americano*, para que não confundissem sua lealdade durante a Guerra Fria. Da forma esboçada por Galbraith, as grandes virtudes do sistema político dos Estados Unidos que as pessoas aprendem na escola primária — a separação dos poderes — estava finalmente se expandindo para a economia norte-americana. Sindicatos trabalhistas militantes, a proliferação das regulamentações governamentais na década de 1930 e a descoberta de uma política fiscal anticíclica eram forças que poderiam incomodar o empresário dos anos 1950, mas que ele não tinha motivo para temer. Assim como o Congresso, a Casa Branca e o judiciário regulavam o poder uns dos outros, o governo, os negócios e os trabalhadores limitavam os excessos da política e do mercado. O governo não interferia em um empresário com o objetivo de derrubá-lo, mas para estabelecer um equilíbrio próspero. Apesar dos avisos apocalípticos da elite hayekiana, tudo estava bem. O desemprego, flutuando em cerca de 3%, era prova disso.[28]

Tudo isso se tornou possível graças aos avanços tecnológicos e ao "conservadorismo iluminado"[29] do pensamento keynesiano, que buscava preservar o capitalismo em vez de subvertê-lo, abençoando os Estados Unidos com uma "opulência" quase inexistente em outras eras. Problemas de ineficiência e desperdício ainda existiam, mas tratavam-se de problemas menores. Se a escassez fosse o verdadeiro problema econômico do país, então todos "deveriam, sem dúvida alguma, produzir batatas, feijões e carvão para que o povo passe menos fome e frio".[30] Em vez disso, indústrias inteiras se devotavam ao entretenimento e às frivolidades, enquanto outra indústria — a publicidade — desenvolvia um método de convencer as pessoas a gastar sua riqueza excedente.

Com a era da escassez econômica chegando ao fim, Galbraith acreditava que muitas das objeções levantadas pelos economistas sobre as organizações econômicas no passado não eram mais importantes. Os monopólios corporativos de fato podem gerar desperdício, mas isso não era mais tão importante. O que importava era o poder. E mesmo grandes concentrações de poder, como as das corporações modernas, não eram necessariamente um problema, desde que fossem "compensadas" por outros grandes poderes — outras grandes corporações na cadeia de suprimentos ou esquema de distribuição ou, mais importante que isso, poderosos sindicatos trabalhistas e um poderoso governo.

Capitalismo Americano foi uma obra instruída pela própria experiência de Galbraith no Office of Price Administration durante a guerra. Ele lidou tanto com produtores pequenos quanto grandes e descobriu que era mais fácil para o governo conseguir os resultados sociais desejados ao favorecer os grandes negócios. Regulamentar os preços em toda uma indústria era muito mais simples quando o governo só precisava trabalhar com alguns grandes produtores, em vez de lidar com as preocupações dos pequenos produtores.

Então o governo enfrentaria as recessões com uma administração fiscal anticíclica e tanto os trabalhadores quanto as empresas enfrentariam uns aos outros por sua fatia respectiva da recompensa resultante. Isso nem sempre funcionaria perfeitamente, mas a abundância da economia dos Estados Unidos significava que fazer as coisas um pouco errado — limitando demais os lucros aqui, enganando os trabalhadores um pouco ali — não seria catastrófico. Embora Galbraith falasse sobre um equilíbrio de poder em vez de um equilíbrio de oferta e demanda, ele chegou ao mesmo modelo básico de administração econômica de seu amigo Samuelson. O governo deveria aumentar os gastos e cortar tributos durante uma queda e aumentar os tributos e cortar os gastos para controlar um boom. O governo forneceria o ambiente adequado para que o mercado fizesse sua mágica.

"A essência da fórmula keynesiana consiste em deixar as decisões privadas sobre produção, inclusive as que envolvem preços e salários, para os homens que agora tomam essas decisões", escreveu Keynes. "A área aparente de discrição do empresário não é de forma alguma reduzida. As decisões centralizadas só têm efeito no clima em que essas decisões

A SOCIEDADE AFLUENTE E SEUS INIMIGOS   415

são tomadas, elas garantem apenas que os fatores influenciando decisões livres e inteligentes levarão a uma ação privada que contribui para
a estabilidade econômica."[31]

Tanto a visão social quanto a agenda política apresentada por
Galbraith em *Capitalismo Americano* eram uma grande despedida do que
Keynes havia abraçado nos últimos anos de sua vida. Enquanto Keynes
pedia para que o governo assumisse dois terços de todo investimento
econômico, Galbraith celebrava a autonomia da corporação privada.
Enquanto Keynes imaginava uma firme emancipação dos trabalhadores com relação ao próprio trabalho, Galbraith acreditava que os sindicatos trabalhistas garantiriam que todos recebessem uma fatia justa
pelo seu trabalho. As ideias de Galbraith eram politicamente realistas
dentro do contexto macartista dos Estados Unidos precisamente porque eram menos ambiciosas que as imaginadas por Keynes.

Os ataques mais agressivos a *Capitalismo Americano* surgiram de economistas clássicos conservadores, que denunciavam a aceitação de sindicatos trabalhistas por parte de Galbraith, bem como sua insistência
de que monopólios e oligopólios eram um elemento "natural" do desenvolvimento capitalista. Mesmo defensores de grandes empresas na economia conservadora da época preferiam pensar nas grandes corporações como vencedores em um mercado competitivo, em vez de centros
de poder exploradores ou predatórios. A economia pode ser dominada
por grandes empresas, mas certamente não é anticompetitiva.

No entanto, as críticas que Galbraith levou a sério vieram de seus
amigos liberais e esquerdistas, que viam *Capitalismo Americano* como um
hino à complacência. Joan Robinson atacou o livro por "repreender o
laissez-faire"[32] e um contentamento injustificado com o poder corporativo. Galbraith, argumentou Robinson, havia simplesmente substituído
a prosperidade automatizada dos mercados competitivos dos economistas clássicos por uma harmonia social dos poderes compensatórios. E,
de fato, a aceitação de Galbraith em relação às grandes corporações
como um motor para o progresso social era muito perigoso para o futuro do liberalismo norte-americano. O poder corporativo, como desco-
bririam, não poderia ser regulado tão facilmente. Ao longo das décadas
futuras, ficaria cada vez mais claro que o governo não achava mais fácil
exercer seu poder sobre algumas grandes corporações, mas o contrário:

algumas grandes corporações poderiam dobrar alas inteiras do governo federal às suas vontades.

Galbraith insistiu que ele não estava promovendo a ideia de um mecanismo autocorretivo. Os sindicatos e os governos precisariam exercer sua agência para monitorar o poder das grandes empresas; o processo não se corrigiria "automaticamente". Mas, na verdade, ele não escreveu um livro para agradar a esquerda. Ele queria que *Capitalismo Americano* tranquilizasse os medos dos executivos corporativos e do público geral nas mãos do pânico macartista. Desse modo, ele removeu as características mais polêmicas do pensamento keynesiano. "Os princípios básicos da política keynesiana foram adotados, embora mais uma vez sem fazer uso do nome de Keynes, por uma administração republicana",[33] enfatizou ele quando o livro foi reimpresso — uma referência à dependência de Eisenhower no deficit orçamentário em períodos de paz como um meio de aliviar o desemprego.

Capitalismo Americano foi um sucesso, vendendo mais de 400 mil cópias e apresentando toda uma geração às ideias keynesianas, incluindo os leitores que nunca tiveram a oportunidade de ler a obra didática de Samuelson.[34] E a obra, de fato, chamou a atenção do país. Quando a *Harper's* usou um trecho que incluía uma referência ao celofane como um símbolo da frivolidade opulenta, a equipe de publicidade da empresa química DuPont enviou uma carta furiosa à revista, afirmando que a empresa estava "um tanto quanto perturbada pela referência ao celofane da DuPont", protestando que o invólucro químico não era um "desperdício social", mas uma melhoria de "baixo custo" para a distribuição que aprimorou o "frescor" e a "eficiência".[35]

Galbraith também claramente afirmava uma das ideias mais importantes e esquecidas de *A Teoria Geral*: o problema econômico mais contemporâneo não era a escassez. Como resultado, reformas econômicas que tinham como objetivo uma melhor eficiência e produção provavelmente só terão importância nas margens. Mudar o foco da análise econômica da produção para o poder — uma análise não apenas de preços, mas também do relacionamento entre o Estado, as corporações, os sindicatos trabalhistas e outros grupos importantes — foi uma descoberta importante, mesmo enquanto a avaliação de Galbraith da dinâmica política emergente de 1953 era excessivamente sanguinária.

A SOCIEDADE AFLUENTE E SEUS INIMIGOS   417

Os esforços de Galbraith para apaziguar as grandes empresas, no entanto, pouco fizeram para reduzir os ataques à sua lealdade. Em 1955, ele foi chamado diante do Comitê sobre Banking e Moeda do Senado para oferecer um depoimento de especialista sobre as recentes agitações na bolsa de valores. Seu último livro, *A Grande Crise de 1929*, era um livro de história sobre a queda da bolsa de valores em 1929, e os legisladores desejavam seu conselho sobre como evitar outro desastre. Galbraith sugeriu limitar a quantidade de empréstimo que os investidores poderiam usar para apostar nas bolsas. Forçar os especuladores de ações a gastar mais de seu dinheiro serviria tanto para limitar a quantidade de dinheiro entrando na bolsa de valores quanto para reduzir a exposição dos bancos à inadimplência de empréstimos que foram usados para financiar apostas ruins.

Essa era a tarifa padrão e Galbraith não tinha poder para a impor como uma mera testemunha e especialista em uma audiência congressional. No entanto, durante o curso de sua afirmação, a bolsa de valores despencou, em última análise caindo em 7% no mesmo dia, acabando com US$3 bilhões de riquezas em papel. Essa queda basicamente por nenhum motivo poderia servir para provar o argumento de Galbraith: a bolsa de valores estava claramente tendendo a uma volatilidade nada saudável. Em vez disso, o resultado foi um alvoroço macartista. No dia após a audiência, o telefone de Galbraith em Cambridge começou a tocar com pessoas furiosas. "Minha secretária ficou tão incomodada que foi para casa" afirmou ele, quando ele começou a receber uma "montanha de cartas" cheia de ameaças de violência e morte. Quando quebrou a perna em um acidente dois dias após seu testemunho, ele recebeu outra série de cartas "daqueles cuja crença na existência de um Deus justo e onipotente fora profundamente fortalecida" por seu infortúnio.[36]

O senador Homer Capehart, republicano de Indiana, anunciou na televisão que seu comitê chamaria Galbraith novamente para depor pois, conforme descobriu Capehart, Galbraith era um simpatizante dos comunistas que defendera a causa comunista em um relatório de 1949 para a National Planing Association (esse relatório, na verdade, pedia por mais auxílio econômico dos Estados Unidos para a Europa visando prevenir ganhos soviéticos).

Capehart procurou Sinclair Weeks para montar seu caso. Weeks, que apenas há alguns anos tentou negar a posição efetiva de Galbraith em Harvard, era agora o secretário do comércio de Eisenhower. Ele pediu ao FBI para investigar se Galbraith tinha algum tipo de conexão soviética e J. Edgar Hoover obedeceu, perguntando à sua equipe: "O que nossos arquivos mostram sobre Galbraith?" A resposta, relatou ele para um desanimado Weeks, era no geral "favorável", com a ressalva de que Galbraith era "pretensioso, egoísta e esnobe".[37]

Galbraith decidiu contra-atacar. Ele realizou uma coletiva de imprensa em que observou que o relatório supostamente controverso da NPA foi endossado tanto por Allen Dulles, que na época já era diretor da CIA, quanto pelo irmão do presidente, Milton Eisenhower. Ele apresentou esse relatório supostamente subversivo em um discurso na Universidade de Notre Dame, que foi publicado em um panfleto. Estaria Notre Dame sob controle soviético, também? Capehart recuou.

Era hora de um descanso. Em 1956, Galbraith retomou seu contato com os keynesianos da Universidade de Cambridge, viajando até a Índia com o bom amigo de Joan Robinson, Nicholas Kaldor, antes de ir até a Suíça para umas férias em família, onde se encontrou com Richard Kahn. Ele estava trabalhando em um novo livro que atualizaria as ideias de *Capitalismo Americano* para acomodar as críticas que recebera de Robinson e incorporar algumas das novas ideias que se infiltravam em Cambridge. Ele afiou seus argumentos durante uma viagem até Cambridge, onde permaneceu na casa de Kaldor e trabalhou em ideias com Kahn e Robinson, ainda um casal apaixonado mesmo vinte anos após o florescer de seu amor.[38] "Eu me lembro de sair da casa de Kaldor e caminhar até lá", Galbraith disse, "e encontrar Joan e Kahn se preparando para caminhar. Eu perguntei a eles para onde estavam indo e eles responderam: 'Vamos até Londres e voltaremos' ou alguma coisa do tipo". Quando ele perguntou a Robinson quem eram os bons jovens economistas de Cambridge, ela deu uma resposta "austera": "Meu querido Ken, nós somos a última boa geração."[39]

A SOCIEDADE AFLUENTE E SEUS INIMIGOS   419

Havia mais na resposta de Robinson do que mero egoísmo. Robinson e Kahn eram defensores do legado intelectual de *A Teoria Geral*. Eles, afinal, ajudaram a escrever a obra. Robinson compreendia o pensamento keynesiano tal como uma *doutrina* — uma forma de pensar sobre o mundo e seus problemas capaz de competir com outras grandes filosofias da história humana, um sistema de pensamento semelhante ao budismo ou marxismo. Enquanto Keynes esperava que *A Teoria Geral* estimulasse o debate e tirasse do caminho ideias antiquadas, Robinson via a obra como um tipo de texto sagrado — um guia para a ação humana que só precisava ser elaborado e interpretado para as novas circunstâncias que surgiriam ao longo das décadas. Enquanto Keynes esperava converter membros de sua própria geração, Robinson rapidamente reconheceu a velha guarda como uma causa perdida e atribuiu a si mesma a tarefa de "propagandista chefe da revolução"[40] para treinar a próxima geração de economistas. Ao final dos anos 1950, a economia keynesiana de fato havia conquistado o mundo, e em sua grande maioria foram os estudantes da década de 1930 que realizaram essa conquista. Mas, para o terror de Robinson, eles haviam compreendido o dogma de maneira errada.

O objetivo central de *A Teoria Geral*, acreditava ela, era mostrar que a produção econômica não poderia ser compreendida como um conjunto de processos autossustentáveis independentes das normas sociais e realidades políticas. Os relacionamentos matemáticos que Samuelson, Hicks e Hansen apresentaram como "keynesianos" eliminavam toda a agência humana da tomada de decisão econômica. Ela criticou a dependência deles em antigas ideias clássicas como "equilíbrio geral". A economia deles era internamente contraditória, não havia um papel a ser desempenhado pelo *tempo* na matemática econômica, nada de longo ou curto prazo em um gráfico mapeando a oferta e a demanda. Tais representações matemáticas estáticas contradiziam a forma como Samuelson e seus seguidores afirmavam "descrever um *processo* de acumulação que *aumenta* os salários, *altera* a tecnologia e *muda* o estoque de dados"[41] — ideias que envolviam o movimento de um ponto no tempo até outro. "Para um mundo que está sempre em equilíbrio não há diferença entre passado e futuro", disse Robinson certa vez. "Não existe história e não há necessidade de um Keynes."[42] Kahn concordou. Os "relacionamentos estáveis herdados do paraíso" do clube de Samuelson eram ilusões pe-

420 O PREÇO DA PAZ

rigosas que omitiam tudo que Keynes ensinou sobre a estabilidade dos mercados financeiros e as expectativas incertas sobre o futuro.

Não havia como escapar da divisão política que existia entre Samuelson e os keynesianos britânicos. Samuelson descrevia a si mesmo na política como um "tedioso centrista",[43] enquanto Robinson era uma crítica feroz do império norte-americano e do próprio capitalismo. Samuelson e seus discípulos acreditavam que os lucros corporativos surgiam da produtividade — um tipo de recompensa justa para a criação de valor social; Robinson argumentava que eles eram resultado de uma briga pelo poder entre os donos, os gerentes e os trabalhadores.[44] Conforme Robinson e Samuelson brigavam em jornais acadêmicos sobre a origem do capital, do tempo e do equilíbrio, suas disputas assumiram uma dimensão claramente política, com os apoiadores tendendo a um ou outro de acordo com seus próprios comprometimentos ideológicos.

Mas os keynesianos norte-americanos estavam obtendo resultados. O desemprego estava em números teimosamente baixos por anos. A inflação, apesar de algumas breves explosões, nunca saiu do controle. Ao longo da década de 1950, a renda familiar média nos Estados Unidos cresceu em 30%, enquanto o poder de compra de uma família média mais que triplicou.[45] Galbraith viu esses números como um sucesso tremendo e sentia um orgulho pessoal em ter ajudado a estabelecer o regime durante a guerra. No entanto, sua estada em Cambridge com os keynesianos originais lhe ajudou a focar sua atenção nos problemas filosóficos mais amplos com os quais Keynes já havia se preocupado. E, em 1958, ele entregou sua primeira — e mais bem-sucedida — atualização sobre a teoria social keynesiana.

Apenas um punhado de trabalhos econômicos capturaram a imaginação pública como *A Sociedade Afluente* fez. A obra ficou ao lado de *As Consequências Econômicas da Paz* e o *Manifesto Comunista* como um livro raro que se torna tanto incrivelmente popular quanto influente nas relações públicas. Nos sessenta anos desde sua publicação, apenas *O Capital no Século XXI*, de Thomas Piketty, teve um impacto tão imediato nas atitudes econômicas dos Estados Unidos, e a obra de Piketty sobre a desigualdade ainda está para exercer qualquer coisa próxima do im-

A SOCIEDADE AFLUENTE E SEUS INIMIGOS

pacto político de *A Sociedade Afluente*, que com o tempo se tornaria um pilar intelectual da plataforma conhecida como Grande Sociedade, do presidente Lyndon B. Johnson.

A Sociedade Afluente representa a separação intelectual de Galbraith com Samuelson e a linha de pensamento dominante nos Estados Unidos. *Capitalismo Americano* serviu como uma ode à economia do pós-guerra; *A Sociedade Afluente* era uma crítica cortante que mostrava a clara influência de Robinson, além da crescente confiança de Galbraith em suas próprias e novas ideias. O livro era keynesiano em sua essência, mas, diferentemente de todos os outros textos keynesianos de sua geração, ele retirava sua inspiração principalmente de "Economic Possibilities for Our Grandchildren" e não de *A Teoria Geral*. Este foi bem-sucedido em acabar com o desemprego e a inflação, mas Galbraith acreditava que falhou em propagar uma boa vida ou uma sociedade justa. Embora os números parecessem aumentar, os Estados Unidos embarcavam em uma era de "opulência privada e miséria pública"[46] que Galbraith representou no trecho mais famoso do livro:

> Uma família que leva seu automóvel lilás e vermelho, com ar-condicionado, direção e freios assistidos a um passeio passa por cidades mal pavimentadas, cheias de lixo, prédios arruinados, outdoors e postes de cabos que há muito deveriam estar no subterrâneo. Eles passam por uma zona rural que ficou largamente invisível graças à arte comercial. Eles fazem seu piquenique com alimentos muito bem embalados em uma geladeira portátil às margens de um riacho poluído e passam a noite em um parque que é uma ameaça para a saúde e a moral pública. Antes de dormirem em um colchão inflável, sob uma tenda de nylon em meio ao cheiro de lixo em decomposição, eles podem refletir de forma vaga sobre a curiosa desigualdade de suas bênçãos. Essa é, realmente, a genialidade norte-americana?[47]

Conforme a Guerra Fria e o macartismo dominavam a política dos Estados Unidos, os norte-americanos se entorpeciam em shoppings e diante das telas das televisões. Os subúrbios ganharam vida ao redor de todas as cidades à medida que os rentistas urbanos gastavam sua renda crescente em novas casas com hipotecas financiadas pelo governo, enchendo-as de itens básicos repentinamente onipresentes que, assim como a televisão e o shopping, nem sequer existiam alguns anos antes. Tratava-se da era dos desenhos da Hanna-Barbera e da Disneylândia, dos utensílios de cozinha em aço inoxidável e dos brinquedos de plástico, das viagens corporativas e dos barbitúricos. Assim como outros liberais de elite da época, Galbraith se preocupava que sua geração havia trocado o desespero material da Depressão por um vazio espiritual de consumismo e conformidade. Havia mais que um tom esnobe na acusação de Galbraith, mas sua avaliação ressoava com milhões de norte-americanos e continua a ressoar ainda hoje, quando os consumidores não tem sequer a necessidade de sair de suas casas para fazer compras e a existência social, em especial dos mais jovens, é cada vez mais uma atividade online. Nós nos preocupamos em relação ao vício nas mídias sociais assim como Galbraith se preocupava sobre os outdoors e a televisão, um processo no qual nos tornamos mais distantes dos membros de nossa comunidade mesmo estando mais ligados a eles pelo comércio.

Capitalismo Americano celebrava o fim da escassez. Agora *A Sociedade Afluente* condenava a crescente dependência do país na produção desnecessária para estabelecer a segurança financeira da maior parte das famílias. A dependência implacável do pós-guerra em melhorar a produção econômica como seu principal, talvez único, meio de melhorar o padrão de vida norte-americano subjugou o trabalho da democracia às mecânicas do mercado. Ninguém em sã consciência escolheria trabalhar mais horas em parques públicos sujos. Mas essa era a lógica que o mercado estava ditando, uma vez que o mercado só poderia recompensar ideias que gerassem lucros. Ninguém conseguia lucros com parques limpos; eles só eram melhores de lidar do que os parques sujos. Mas, se ninguém fizesse o julgamento político de que parques limpos eram melhores, uma sociedade organizada ao redor dos incentivos de lucro oriundos exclusivamente da produção quase automaticamente acabaria com parques sujos. O mercado não era um guia imparcial para as crenças do público e alguns de seus veredictos eram loucura.

Galbraith estava, na prática, ressuscitando o panfleto de Keynes publicado em 1924, *The End of Laissez-Faire*, que declarou: "O importante para o governo não é fazer as coisas que os indivíduos já estão fazendo e fazê-las um pouco melhor ou pior; mas fazer as coisas que no presente não estão sendo feitas."[48] Determinar o que o mercado *não* pode fazer

A SOCIEDADE AFLUENTE E SEUS INIMIGOS   423

nunca foi uma tarefa fácil, mas Galbraith acreditava que a era da publicidade havia tornado isso ainda mais difícil porque agora as pessoas *gostavam* das coisas que reduziam sua qualidade de vida, mesmo se jamais as *escolhessem* como algo de grande prioridade social.

Pessoas compravam carros chiques porque tinham a habilidade de comprar por conta própria; elas não tinham o poder de comprar bens coletivos ou trocar um Cadillac por um Chevrolet e um belo parque nas redondezas. Quando os bens públicos caem em desordem ou são negligenciados, as pessoas consideram esses bens desagradáveis e saciam seus desejos com o que o mercado tem para oferecer.

Os meios de comunicação de massa e os outdoors nas estradas não só convenciam as pessoas de quais itens de luxo adquirir com o dinheiro em excesso, eles criavam *novos* desejos que só poderiam ser satisfeitos com as compras. Ainda que fossem desejos frívolos, eram muito reais e estabeleceram um padrão de vida e um conjunto de expectativas sociais definidos pelas frivolidades. Ao rodar a máquina econômica com força total para criar quinquilharias, os Estados Unidos estavam desviando recursos e mão de obra de outras atividades que poderiam contribuir para um melhor estilo de vida — escolas, parques e um melhor alojamento público. A organização econômica da sociedade se devotava a satisfazer os desejos do consumidor criados pela publicidade e pela produção em vez de buscar maximizar o conforto e a harmonia social. Isso, por sua vez, estava dificultando a capacidade da sociedade de combater a pobreza. "Se tal é a natureza do nosso sistema de modo que temos a produção apenas porque criamos os desejos que exigem ela, teremos poucos recursos sobrando. Seremos ricos, mas nunca ricos o suficiente para dar algo aos pobres... Se compreendermos que nossa sociedade cria os desejos que ela satisfaz, podemos fazer melhor do que isso."[49]

Para os críticos conservadores e os principais rivais keynesianos de Galbraith, incluindo seu amigo Samuelson e seu aliado no MIT, Robert Solow, *A Sociedade Afluente* cheirava a um moralismo não científico — o trabalho de um pensador da elite ansioso para substituir seus próprios julgamentos por aqueles da sociedade. Para Galbraith, a democracia estava inevitavelmente preocupada em alcançar um tipo de mundo específico. No entanto, a única arena em que o governo parecia levar essa tarefa a sério era na defesa nacional — e aqui Galbraith condenou a "extravagância bélica"[50] que dominou a política da Guerra Fria. A insanidade da corrida armamentista apenas provou que os Estados Unidos poderiam *pagar* o que quisessem; o país simplesmente *escolheu* organizar sua vida econômica de uma forma especialmente rasa, egoísta e violenta. Os Estados Unidos domesticaram a imprevisibilidade do ciclo empresarial e afastaram-se das limitações da imediata escassez de recursos. Mas a tarefa do governo não acaba quando as necessidades materiais básicas de uma sociedade são atendidas.

Convencer as pessoas a viver de outra maneira era uma questão de mudar o que Galbraith chamava de "sabedoria popular" — uma frase agora tão comum no discurso político que poucos sabem que ela possui uma origem específica. Galbraith usava a "sabedoria popular" para indicar a classe das ideias consideradas aceitáveis para as pessoas sensatas do governo. Essas ideias não eram necessariamente relacionadas aos interesses financeiros da classe dominante, mas eram ideias que as elites julgavam mais confortáveis e das quais gostavam de ler a respeito nos jornais, ouvir em discursos ou, ainda, representadas na arte. Tais pensamentos não estavam necessariamente errados, mas eram inevitavelmente antiquados; a sabedoria popular sempre foi desenvolvida em resposta a um conjunto específico de circunstâncias e sempre esteve vulnerável à mudança política e social. Keynes podia estar certo, refletiu Galbraith, de que as ideias sempre eram soberanas na política — mas apenas no sentido imediato. Com o tempo, as ideias eram deslocadas não pelo argumento racional, mas pela força bruta da mudança social. "O inimigo da sabedoria popular não são as ideias, mas a marcha dos eventos."[51]

Os conservadores, de maneira previsível, não se opuseram a *A Sociedade Afluente,* mas a recepção do livro pelos liberais e pela esquerda política foi de uma admiração quase universal. Tanto John Strachey quanto Joan Robinson ficaram em êxtase. Mas, com o tempo, o economista sueco Gunnar Myrdal publicaria sua réplica, *Challenge to Affluence* ["Desafio à Afluência", em tradução livre], que ressoou com Galbraith. Para Myrdal, o interesse de Galbraith na afluência e no poder produtivo da corporação moderna o havia deixado cego para a prevalência de uma ampla "subclasse" de idosos, pessoas com deficiência e pessoas não brancas, a qual, presumiu ele, constituía cerca de um quinto da sociedade dos Estados Unidos.[52] A estatística da pobreza sustentava a visão de Myrdal. Embora a taxa de desemprego tivesse uma média de 5,5%

em 1959, a taxa de pobreza era de 22,4%. Muito mais alarmante do que isso, a taxa de pobreza entre os negros era impressionantes 55,1%.[53] O retrato de Galbraith de um feliz, porém descontente, superconsumidor não era um retrato dos Estados Unidos, mas da população *branca* dos Estados Unidos. E mesmo os norte-americanos brancos batalhavam nas fazendas, onde 40% das famílias permaneceram pobres.[54]

No entanto, a crítica de Myrdal apenas ressaltou o argumento mais amplo de Galbraith sobre democracia, mercados e matemática. O sistema econômico poderia funcionar com capacidade total — ou pelo menos com o que os políticos aceitavam como capacidade total — e ao mesmo tempo deixar uma grande faixa da sociedade de fora. Uma taxa de desemprego de 5,5% não era um número neutro e objetivo. Era uma estatística que omitia a intensidade do racismo norte-americano. Economistas podem ter eliminado recessões, mas o trabalho de conquistar uma ordem democrática justa não poderia depender apenas da demanda.

A Sociedade Afluente era tanto uma festa de revelação da tendência de esquerda de Galbraith quanto um chamado às armas para todos os economistas keynesianos que haviam reduzido sua retórica e ambição política diante da ameaça do macartismo. Galbraith não havia abandonado os conceitos que desenvolveu em *Capitalismo Americano,* ele reteve um contentamento geral com o monopólio e o oligopólio, além da ideia do poder compensatório sempre ter um papel importante em seu pensamento. Mas agora ele estava pedindo por um papel muito mais expansivo para o Estado do que aquele que havia planejado no final dos anos 1940 e começo dos anos 1950, insistindo que o mercado não resolveria os problemas dos Estados Unidos pós-guerra sozinho.

Essa foi uma declaração de guerra intelectual contra o keynesianismo norte-americano. E, com o tempo, seriam os keynesianos norte-americanos — e não os macartistas da ala direita — que trariam a ruína profissional de Galbraith.

QUINZE

———◊———

O Começo do Fim

Era difícil não notar John F. Kennedy quando ele chegou em Harvard no outono de 1936. "Belo" e "gregário", de acordo com seu tutor na Winthrop House, Kennedy comprou carros caros com o dinheiro que ganhou do pai em Wall Street, participou das equipes de futebol, natação e vela, além de organizar festas extravagantes com orquestras de jazz, diversas performances artísticas das Dancing Rhythmettes e aparições de duas estrelas da liga principal de beisebol.[1] O pai de Kennedy havia acabado de sair do cargo de presidente da Comissão de Títulos e Câmbios para trabalhar na nova Maritime Commission de Roosevelt, e alguns poucos membros do corpo docente com ambições políticas tentaram conseguir o posto de mentor dos meninos Kennedy. Mas Jack, como todos o chamavam, era intelectualmente ofuscado por seu irmão mais velho, Joe, e preferia devotar seu tempo — mais uma vez nas palavras de seu tutor — "de maneira afeiçoada e diversificada às mulheres". Jack "não era muito sério". "Não é possível educar esse tipo de estudante."[2]

Esse tutor era John Kenneth Galbraith, cujo primeiro caminho até o poder não seria por meio de pupilos bem conectados, mas pelo seu colega de Harvard e também economista, Lauchlin Currie. Galbraith cresceu em uma fazenda e frequentava uma escola de apenas um cômodo antes de estudar sobre a criação de animais domésticos como estudante universitário. Ele observava atentamente os jovens herdeiros de riquezas e privilégios que o cercavam em Harvard com curiosidade, mas, em grande parte, pouca estima. E, ainda assim, havia algo em

Jack. Ambos os rapazes — Galbraith era apenas oito anos mais velho que Kennedy — foram até Harvard com algo para provar. Nenhum dos dois foi bem recebido pelas famílias de elite do Nordeste, os "Cabots, Lowells, Whitneys, Roosevelts e Peabodys", que viam as famílias irlandesas e as pessoas em ascensão com desprezo. Jack tinha dinheiro e sua família tinha poder. Mas no mundo aristocrático de "Harvard antes da democracia", conforme mencionou Galbraith, "muitos em Harvard tiveram dificuldade em acreditar que os irmãos Kennedys estavam no topo da elite, completamente merecedores das credenciais e das bênçãos de Harvard".[3] Apesar de todos os excessos de playboy de Kennedy, Galbraith via nele um forasteiro que se esforçou, assim como Galbraith, para ser aceito pelos árbitros do prestígio que, em 1936, não o queriam.

Com o tempo, Galbraith estabeleceria uma conexão com a família Kennedy que sobreviveria ao próprio Jack. Quando Jacqueline Kennedy Onassis morreu em 1994, Galbraith e sua esposa, Kitty, estavam entre o "pequeno punhado" de pessoas fora da família Kennedy que foi convidado para se reunir no apartamento de Jackie na Fifth Avenue para o velório antes de seu funeral público.[4]

Mas seria apenas no final dos anos 1950 que J.F.K. e Galbraith forjariam um laço sério. Sua associação com Camelot, como ficou conhecida a presidência de Kennedy, levaria Galbraith de volta ao centro do poder público norte-americano pela primeira vez em quase duas décadas, consolidando seu status como o intelectual norte-americano mais proeminente dos anos 1960. No princípio da parceria dos dois, entretanto, Kennedy precisava do economista muito mais do que o economista precisava dele. Desde sua primeira campanha para o congresso em 1946, a reputação de Kennedy em Harvard o seguiu até a política. Washington fervilhava com rumores sobre seus flertes, e sua frequência no Senado era uma das piores da câmara. Sua saúde frequentemente o tirava do Congresso para uma cirurgia ou cuidados médicos, mas ele impôs um código estrito de sigilo sobre a gravidade de sua condição física, e sua incapacidade de fornecer explicações plausíveis sobre seus paradeiros contribuiu para sua imagem em Washington como um político encantador, porém de pouca importância.

E, na verdade, J.F.K. não gostava do Congresso. Ele considerava até mesmo membros de seu próprio partido como "tagarelas e demagogos". Para Galbraith, parecia que J.F.K. evitava legislar apenas para escapar da companhia de outros políticos.[5]

O COMEÇO DO FIM 429

As votações a que compareceu lhe trouxeram tantos problemas quanto as que ele faltou. Em 1957, o Senado analisou uma lei de direitos civis que incluía novas proteções aos direitos ao voto. Para o arquissegregacionista Strom Thurmond, a lei de 1957 era uma ameaça tão grande para o poder branco no Sul que ele lançou uma obstrução na câmara por 24 horas em uma tentativa de impedir a votação, lendo a Declaração da Independência e as leis do voto para atrasar os trabalhos do Senado. Não passava de um teatro do Congresso, que não conseguiria fazer nada legislativamente por Thurmond. O projeto de lei já não tinha grande poder e acabou sendo aprovado por uma grande margem.

Mas a lei sobreviveu sem nenhuma ajuda significativa de J.F.K. Embora ele tenha votado para a versão final e ineficaz da lei, Kennedy também proferiu votos processuais para enfraquecer a lei e agradar aos sulistas segregacionistas. Assim como a obstrução de Thurmond, a posição pública de J.F.K. sobre os segregacionistas era apenas um teatro — e os liberais entenderam a mensagem.

Kennedy tinha dinheiro e carisma, duas características que nunca saem de moda entre os detentores do poder político. Em 1956, ele quase garantiu a nomeação como vice-presidente do partido na Convenção Nacional Democrata, em São Francisco. Porém, para muitos membros do partido, não estava claro se o belo rapaz desejava assumir o manto de Roosevelt ou de um conservador como Grover Cleveland. Seu pai, Joseph Kennedy Senior, a fonte do dinheiro de J.F.K., se afastou de Roosevelt após discordâncias sobre o envolvimento dos Estados Unidos na Segunda Guerra Mundial e era amplamente visto como antissemita. Muito mais condenatória foi a amizade de longa data da família Kennedy com o senador de Wisconsin, Joseph McCarthy. Em 1950, J.F.K., na época um membro da Câmara dos Representantes, disse em um seminário da faculdade de Harvard que McCarthy "poderia ter razão" sobre uma infiltração comunista no governo e vangloriou-se por ter votado pela Lei de Segurança Interna de McCarran, que criou um novo conselho governamental com poder para retirar a cidadania dos norte-americanos caso encontrassem amplas evidências de "deslealdade".[6] Além disso, quando Robert Kennedy concluiu a administração da bem-sucedida campanha de seu irmão ao Senado em 1952, ele assumiu seu primeiro trabalho no Congresso trabalhando para McCarthy no auge de sua cruzada contra os New Dealers. Bobby permaneceu apenas seis meses no cargo, mas essa função deixou uma mancha permanente em sua reputação entre os democratas liberais. Quando o Senado votou para censurar McCarthy em 1954, Kennedy foi o único senador democrata que se recusou a apoiar a medida, argumentando que isso "teria sérias repercussões no tecido social do país".[7]

Esse leve envolvimento com o macartismo pode ter lhe custado a indicação para concorrer ao cargo de vice-presidente em 1956. Quando ele pediu o apoio de Eleanor Roosevelt na convenção, ela o repreendeu publicamente pelo seu silêncio sobre McCarthy, criando um espetáculo que feriu J.F.K. política e emocionalmente por anos.[8]

Galbraith, enquanto isso, se tornou o santo padroeiro das causas liberais perdidas pelo seu trabalho nas duas campanhas presidenciais fracassadas de Adlai Stevenson. Pouco após a morte de Roosevelt, Galbraith ajudou a fundar a Americans for Democratic Action com Eleanor Roosevelt, Arthur M. Schlesinger Jr. e o teólogo Reinhold Niebuhr. Eles pretendiam que o grupo servisse como um reduto institucional para a energia e o idealismo do New Deal contra o aristocrático Partido Republicano e os hostis democratas sulistas conservadores. Seus fundadores passaram anos se ocupando em reuniões particulares com outros intelectuais liberais, desenvolvendo plataformas e agendas políticas para as administrações democratas que nunca chegaram a existir. Mas a ADA exercia um poder real dentro do partido — uma antecessora aos think tanks que dominariam Washington uma geração mais tarde, oferecendo um selo de aprovação prestigiado tanto para os políticos liberais quanto para as ideias liberais.

Nos últimos anos da década de 1950, J.F.K. assumiu um assento no Senado pelo estado de Massachusetts e Galbraith ainda estava lecionando em Harvard. De olho na Casa Branca, Kennedy começou a cortejar seu ex-tutor ao pedir seus conselhos para tudo, desde o fluxo de saída do ouro em Fort Knox até a função do apoio ao preço agrícola, convidando-o para jantares regulares em uma sala privada no luxuoso restaurante Locke-Ober, em Boston, onde Kennedy "invariavelmente... sempre pedia ensopado de lagosta".[9] Galbraith podia scr prolixo e ter uma postura digna de um professor, e o senador criou o hábito de pedir para que ele fosse direto ao ponto. Porém, ele continuou a convidar o economista. E o cenário íntimo — com frequência só os dois estavam presentes, por vezes formando um trio com o amigo historiador de am-

O COMEÇO DO FIM   431

bos, Schlesinger — criou uma atmosfera de maquinação política de alto risco que agradava o ego de Galbraith e aguçava seu apetite pelo acordo por trás das cortinas que movimentava Washington. Galbraith não tinha ilusões sobre as ambições de Kennedy ou suas apostasias liberais, mas ele via de maneira muito clara que seu ex-pupilo era uma estrela em ascensão que poderia restaurá-lo ao poder público.

No final de 1959, todos no Partido Democrata sabiam que Kennedy planejava uma campanha presidencial e quase todo mundo sabia que Galbraith — para o desgosto dos verdadeiros fiéis de Stevenson que acreditavam em uma terceira campanha — era agora um dos homens de Kennedy. Apenas esse fato já serviu para aumentar a popularidade de Kennedy com a ala esquerda norte-americana e o ajudou a afastar desafiantes em potencial. Porém, Galbraith não colocou apenas sua própria reputação em jogo; ele pretendia unir J.F.K. e Eleanor Roosevelt, a mulher que continuava a representar o New Deal e, para os liberais, o que havia de melhor no legado de Roosevelt. Eleanor organizou um programa de entrevistas televisivo na Universidade Brandeis e Galbraith intermediou uma apresentação entre os dois, garantindo uma entrevista para Kennedy que iria ao ar no mesmo dia que ele anunciaria sua candidatura à presidência. Essa primeira encenação era apenas um sinal de quanto trabalho Kennedy reconhecia que tinha pela frente para ser incluído na ala esquerda do partido. Embora Eleanor não estivesse nem um pouco preparada para endossar J.F.K. — um fato que ela deixou claro para os repórteres dos jornais logo em seguida —, a conversa cordial na frente das câmaras entre os dois aumentou a credibilidade de J.F.K. com os liberais e iniciou um processo de reconciliação que acabou levando ao apoio de Eleanor.[10] Galbraith ofereceu a Kennedy mais do que uma ponte ideológica para a esquerda. A juventude de J.F.K. o ajudou a projetar seu otimismo e confiança, mas também contribuiu para sua imagem pública frívola como celebridade mais preocupada em festejar com Marilyn Monroe do que se debruçar sobre detalhes políticos. Nenhum norte-americano vivo era mais famoso simplesmente por ser inteligente do que Galbraith. Seu apoio sinalizava até para eleitores mais conservadores que havia grandes mentes a favor de Kennedy — um fato que estrategistas de campanha exploraram na batalha da eleição geral com Richard Nixon. "A função de Kenneth, tanto durante quanto após a convenção, era de levar os intelectuais de volta para Kennedy", de acordo com Paul Samuelson.[11]

Kennedy, é claro, venceu. E enquanto olhava para o futuro de sua administração, ele precisava decidir o que fazer com todos os intelectuais liberais que apoiaram sua campanha. Os anos mais febris do macartismo haviam passado. McCarthy morreu três anos antes e o próprio Kennedy ajudou a acabar com a lista negra de Hollywood ao elogiar publicamente o filme Spartacus, de 1960, um filme escrito por um roteirista comunista. Washington finalmente era um lugar seguro para os keynesianos.

Franklin Delano Roosevelt havia mudado fundamentalmente a hierarquia de especialidade na capital do país, exilando a velha guarda de Wall Street dos cargos de influência administrativa e a substituindo por economistas da academia. Nos anos de Kennedy, os economistas dominavam as duas agências mais poderosas da administração federal: o Council of Economic Advisers e o Federal Reserve.

O CEA foi criado pela Employment Act, ou Lei do Emprego, de 1946, uma lei que os keynesianos compreendiam como uma derrota legislativa, muito embora um dos seus, Alvin Hansen, tenha ajudado a desenvolvê-la. Os keynesianos não queriam uma Employment Act, mas uma *Full Employment Act*, ou Lei do Pleno Emprego, que fosse capaz de *ordenar* uma ação governamental para eliminar o desemprego, uma lei repleta de proteções e soluções trabalhistas específicas. No entanto, conforme a paranoia da Guerra Fria começou a se estabelecer, a ideia de um grande poder governamental parecia positivamente soviética para o Congresso, então os keynesianos foram obrigados a se contentar com um vago compromisso legislativo com a "responsabilidade" do governo federal em "promover o máximo de emprego" e o Council of Economic Advisers (CEA).

Atualmente, o CEA é uma pequena aparelhagem analítica que publica um relatório anual que quase ninguém lê. Porém, nas décadas de 1940 e 1950, o conselho só era superado pelo Pentágono e o Departamento de Estado quanto a sua influência na política pública. Sob a liderança de seus primeiros presidentes, o CEA tornou-se um think tank permanente da Casa Branca com uma grande diversidade de tarefas, desde monitorar o crescimento econômico até recomendar planos orçamentários para o governo e até mesmo — durante a administração Truman — aconselhar sobre a estratégia durante a Guerra Fria. "Quando eu era presidente do conselho, nunca passou pela minha cabeça abandonar aquele cargo voluntariamente", relembrou Leon Keyserling, que foi presidente do CEA durante a presidência de Truman, onde gozava de

O COMEÇO DO FIM

um "acesso completo e absoluto ao presidente".[12] Tanto Truman quanto Eisenhower eram crentes convictos em um orçamento equilibrado, ainda assim, com a pressão dos presidentes do CEA Leon Keyserling e Arthur Burns, as duas presidências acabaram aceitando deficits orçamentários em nome do crescimento econômico (para os macartistas mais radicais, a disposição de Eisenhower em criar um deficit orçamentário era prova de que estava influenciado pelos soviéticos).

O papel do Federal Reserve também mudou. Sob a liderança de Marriner Eccles nos anos 1930, o conselho de governadores do Fed em Washington havia efetivamente se fundido ao Departamento do Tesouro, permitindo aos Estados Unidos buscar uma agenda fiscal e monetária unificada. Nessa organização, o Fed buscava uma política monetária capaz de manter as taxas de juros baixas e o dinheiro com baixo custo para os bancos e para o governo federal. A inflação e o desemprego eram administrados não pelos ajustes nas taxas de juros, mas pela política monetária — o gasto governamental e a tributação — e, durante a guerra, pelo controle de preços. De 1937 até 1947, o Fed manteve a taxa Selic em 1% e, começando em 1942, a instituição coordenou de maneira pública a política monetária com o Departamento do Tesouro para manter baixas taxas de juros nos títulos da Segunda Guerra Mundial. Mesmo após a guerra, quando a inflação subiu rapidamente após a eliminação do controle de preço, os Estados Unidos não enfrentaram os preços crescentes com altas taxas de juros e, assim, o desemprego criou altas taxas de juros. A partir de 1951, a taxa Selic ainda estava em 1,75% e o Fed permanecia formalmente comprometido a garantir uma taxa de juros específica e previsível sobre a dívida do governo dos Estados Unidos.

Com a eclosão da Guerra da Coreia, entretanto, os economistas do Fed começaram a se agitar contra os decretos do Tesouro e do CEA. A inflação repentinamente explodiu, conforme os consumidores, esperando por outra rodada de controle de preços durante uma época de guerra, começaram uma onda de compras, forçando um aumento no preço de tudo que estava nas prateleiras. Em fevereiro de 1951, os preços aumentavam em uma taxa anual de 21%. O Tesouro queria que o Fed mantivesse as baixas taxas de juros na dívida governamental ao comprar títulos de bancos norte-americanos, ajudando a reduzir os custos de guerra do governo. Mas essa política, conforme acreditava o Fed, também encorajaria os bancos a emitirem mais empréstimos, o que colocaria ainda mais pressão ascendente sobre os preços. Chocados com o que consideravam a complacência do Tesouro para com a inflação, os grandes oficiais do Fed exigiram o direito de administrar preços independentemente de outros legisladores na administração. Truman concordou e cortou a conexão oficial do Fed, atribuindo-lhe uma autoridade "independente" sobre a política monetária e o poder de frear a economia dos Estados Unidos sempre que quiser.[13]

Na prática, porém, o Fed continuou com um papel de apoio enquanto o CEA assumia o palco principal. A política monetária foi a principal alavanca da administração econômica durante os anos 1920 e o começo da década de 1930 e ela não havia nem sanado, nem prevenido a Grande Depressão. A maioria dos economistas concordou que a política fiscal costuma ser muito mais poderosa e flexível. A escolha de Kennedy para administrar o CEA acabaria sendo, portanto, uma das grandes declarações sobre o tipo de presidente que ele desejava ser.

O presidente eleito reconheceu sua dívida para com seu antigo tutor de Winthrop House e sentiu-se obrigado a oferecer a Galbraith o cargo na presidência do CEA. Para Kennedy parecia uma proposta generosa. As antigas presidências do CEA mantiveram um perfil público discreto e Kennedy estaria pedindo por anos de dor de cabeça para si mesmo ao nomear Galbraith, uma legítima celebridade que cortejava de maneira ativa o conflito ideológico. Mas Kennedy nunca estendeu a oferta. Quando enviou Schlesinger para ver se Galbraith estaria interessado, Galbraith insistiu para que Kennedy apontasse Walter Heller, um keynesiano que presidiu o departamento de economia da Universidade de Minnesota.

Kennedy estava aliviado, ainda que perplexo. Todos os conselheiros de uma campanha presidencial gostariam de ser recompensados com o trabalho dos sonhos, mas a ambição de Galbraith era extraordinária: ele queria o assento do senado de Jack. Quando Kennedy se mudou para a Casa Branca, ainda restavam mais quatro anos no mandato vencido em 1958. Embora Galbraith negasse que ele fosse a fonte de rumores nos "Boston Papers" e no *New York*, que o chamavam de um sério "pretendente" para suceder J.F.K.,[14] a ideia de nomeá-lo para o Senado não era uma loucura *completa*. A família Kennedy havia controlado a política de Boston por duas gerações e tanto Galbraith quanto sua esposa Kitty se tornaram muito próximos deles ao longo da campanha. Eles receberam assentos de honra na posse, ao lado de John Steinbeck e sua esposa, Elaine, e o presidente eleito recorria a Galbraith em busca de

O COMEÇO DO FIM

conselhos sobre o preenchimento de cargos ao longo da presidência — no Tesouro, no Departamento do Trabalho e até mesmo em cargos de política externa.[15] Ele era o único economista da presidência a manter o que Samuelson descreveu como um "relacionamento social" com os Kennedys. "Entre os economistas, não restam dúvidas de que Galbraith era mais próximo do presidente e de Jackie em particular", recordou Heller mais tarde. "Ele comprava arte na Índia para ela."[16]

No entanto, os Kennedys pretendiam manter essa dinastia como um assunto familiar. Jack entregou seu assento para seu colega de faculdade, Benjamin Smith II, que o desocupou para Ted em 1962, quando o trigésimo aniversário do irmão mais novo de Kennedy o deixou constitucionalmente elegível para o Senado. Galbraith acabou aceitando uma nomeação como embaixador na Índia — um cargo diplomático prestigiado no qual suas ideias sobre a pobreza e a democracia podiam ser colocadas em prática conforme os Estados Unidos reorganizavam sua estratégia da Guerra Fria na Ásia. Mas não passou despercebido para ninguém que J.F.K. havia enviado o liberal mais proeminente de sua campanha para o outro lado do mundo.

Paul Samuelson nunca passou mais do que três noites consecutivas na capital do país.[17] Ele odiava Washington. Era um lugar com muitos lobistas e poucos intelectuais. Ele gostava de ensinar e evitava confrontos — não era feito para lidar com toda a pressão e as apunhaladas pelas costas que construíam e arruinavam as carreiras em Washington. Enquanto Kennedy buscava pela presidência do CEA, Samuelson, assim como Galbraith, não aceitou o emprego. A mudança simplesmente não valia a pena. Mas ele também não podia recusar a oferta de Kennedy diretamente. Como ele disse aos membros do CEA em 1964: "Era importante demais para se deixar um grande país como o nosso nas mãos dos tipos de gênios universais como Walt Rostow e Ken Galbraith."[18] Então, em vez de se mudar para Washington, Samuelson concordou em presidir uma força tarefa especial que permitiria a ele ter um acesso ao presidente ao mesmo tempo que mantinha seu cargo como chefe do departamento de economia no MIT. Heller tornou-se presidente do CEA, conforme sugerido por Galbraith.

Samuelson e Galbraith eram amigos que concordavam sobre gastos deficitários, obras públicas e o voto nos democratas. Ambos fizeram

436 O PREÇO DA PAZ

sua fama com escritos econômicos impetuosos e divertidos inspirados em *A Teoria Geral,* e ambos também batalharam para manter as ideias keynesianas vivas durante a era do macartismo. Mas as semelhanças acabavam por aí. Mesmo os amigos de Galbraith mencionavam sua arrogância, enquanto até os críticos de Samuelson notavam sua humildade. Galbraith trabalhava com conceitos linguísticos e teoria social. Samuelson declarou que todo o raciocínio econômico era matemático e via até mesmo sua produção em língua inglesa como algo substantivamente supérfluo. Ele adorava mercados, Galbraith não confiava neles.

A batalha ideológica entre os dois homens definiria a agenda econômica da era Kennedy e Johnson e moldaria a ideia do povo sobre a economia pelos cinquenta anos seguintes. Para Galbraith, a administração de demanda keynesiana não era apenas sobre garantir que os números aumentassem para que o desemprego pudesse ser sanado, mas sim sobre alcançar um tipo específico de sociedade. Para Galbraith, era terrivelmente importante *como* o governo traria o equilíbrio orçamentário. Algumas escolhas eram moral e politicamente superiores às outras e ele acreditava que os economistas tinham a responsabilidade de alertar o público sobre as forças econômicas que poderiam encorajar a sociedade a se tornar de má qualidade, rasa e belicosa. Embora as preferências de Samuelson frequentemente coincidissem com a ideia de progresso de Galbraith, a tentativa de seu amigo mais famoso de desacreditar a autoridade moral do mercado em *A Sociedade Afluente* foi um desafio direto para o que Samuelson acreditava que a economia deveria — ou poderia — conquistar como uma disciplina.

Samuelson devotou grande parte de sua carreira em eliminar o conteúdo moral e até mesmo linguístico da economia, reduzindo-a ao básico e essencial numérico. Ele estava relutante em substituir seu próprio julgamento pelo veredicto do mercado. Samuelson e seus acólitos no MIT consideravam seus trabalhos mais modestos e mais intelectualmente rigorosos que a teoria social de Galbraith. Eles estavam fazendo uma ciência exata com dados frios, restringindo suas observações e conselhos aos seus campos de especialidade. Samuelson era como um médico, um estudante imparcial das leis do mercado. Galbraith, disse Samuelson certa vez, era melhor em "escrever um best-seller sobre utopia" do que participar de sérios assuntos econômicos.[19]

Mas, cada um à sua maneira, Samuelson, Heller e Robert Solow, todos os quais trabalhavam no CEA durante a administração de Kennedy

O COMEÇO DO FIM

e Johnson, estavam fazendo afirmações ainda mais grandiosas que seu popular rival. Eles afirmavam que o trabalho deles refletia profundas verdades científicas sobre o comportamento e a organização humana. Enquanto Galbraith via a economia como um frágil sistema de crenças à beira de ser substituído por um novo paradigma, Samuelson a via como uma ciência progressiva de conhecimento acumulado incrementalmente e afirmava ter descoberto leis naturais matemáticas sobre o comportamento humano. Samuelson, com o tempo, desenvolveu um relacionamento ambíguo com a matematização de sua profissão. "Assim como a herpes, a matemática veio para ficar", lamentou ele para *The New Yorker* em 1996.[20] Mas, antes disso, a matematização o colocaria — bem como todo o projeto econômico keynesiano — em sérios apuros.

A Sociedade Afluente dominou a economia popular em 1958, mas o trabalho que conquistou a maior atenção dos acadêmicos keynesianos naquele ano foi um artigo de um economista da Nova Zelândia, A. W. Phillips. Examinando quase um século de dados britânicos, Phillips descobriu uma alarmante correlação entre inflação e desemprego. Parecia haver uma inversão entre as duas variáveis: quando o desemprego estava baixo, a inflação estava alta; quando a inflação estava baixa, o desemprego estava alto. Embora Phillips não tenha feito afirmações fortes sobre a tendência, Samuelson e Solow não foram tão tímidos quando, inspirados por Phillips, descobriram uma relação semelhante em 25 anos de dados dos Estados Unidos. Isso, declararam eles, era uma ferramenta "surpreendente" e estável para regular a economia.[21] Os legisladores poderiam escolher em um "menu" de opções de desemprego e inflação ao selecionar a demanda agregada do nível desejado.[22] Ao aceitar um nível levemente superior de inflação, os governos poderiam, de maneira confiável, reduzir as taxas de desemprego e vice-versa. Se a inflação estivesse muito alta, o governo deveria cortar os gastos ou aumentar os impostos. Samuelson estava tão confiante de que havia feito uma grande descoberta que ele colocou a "Curva de Phillips" na edição de 1961 de sua obra didática.[23] Isso era *ciência* e Samuelson, Solow e Heller não hesitaram em trazer a mais nova maravilha da Era Atômica com eles para a administração de Kennedy, onde com o tempo eles estabeleceram a meta de 4% de desemprego e 2% de inflação.[24]

A Curva de Phillips sugeria uma enorme quantidade de coisas, não apenas para a tributação e os gastos, mas para a política monetária.

Seguindo os passos de Keynes, Galbraith via aumentos nas taxas de juros implementados por bancos centrais como o método mais injusto e com maior desperdício de redução de preços. A política monetária funcionava tirando as pessoas de seus empregos. Maiores impostos e até controles de preço mais diretos tinham suas desvantagens, mas ao menos não retiravam as pessoas diretamente de seus empregos. A Curva de Phillips parecia sugerir que a dor do desemprego era o preço inevitável do controle inflacionário. De uma forma ou de outra, o desemprego subiria se os preços fossem reduzidos. Esse novo dado reforçou a visão de Samuelson de que muitas ideias de Galbraith eram irresponsáveis, até mesmo perigosas. "Eu achei que minha tarefa era compensar a influência de Ken Galbraith, que tinha uma forte opinião de que a única taxa de juros boa é a baixa taxa de juros", confidenciou ele mais tarde para o CEA.[25] Junto com a crescente influência do Federal Reserve como uma instituição de formulação de políticas, Samuelson e seu entusiasmo pela Curva de Phillips ajudou a política monetária a recuperar a proeminência intelectual que havia perdido durante a Depressão. Os impostos e o gasto, afinal, não eram os únicos meios de influenciar a demanda agregada. Maiores taxas de juros poderiam tirar o dinheiro dos bolsos das pessoas ao tirá-las de seus empregos, enquanto as baixas taxas de juros, sob as circunstâncias adequadas, podem induzir as empresas a contratar mais funcionários ao deixar o crédito mais barato. Essa era uma mudança no cenário intelectual tão monumental quanto perigosa para o pensamento keynesiano.

Mais que qualquer outro presidente do século XX, Kennedy chamou atenção para si ao solicitar sugestões dos intelectuais. Isso foi, em parte, uma questão de verdadeira afinidade pessoal; J.F.K. não gostava de congressistas e Washington estava lotado de impostores. Mas também era uma forma particular de se vingar de seus detratores. Se ele era tão pouco importante, porque tantas mentes brilhantes competiam por sua atenção? Ele investiu Arthur Schlesinger Jr. no cargo de assistente especial do presidente, o que deu ao historiador de Harvard muito material que podia ser utilizado para intelectualizar a administração de J.F.K. para a posteridade. E contava com os conselhos dos economistas sobre quase todos os aspectos de seu programa — desde previsões sobre o crescimento e desemprego até diplomacia e estratégia militar. Em 1961, a profissão de economista estava alcançando seu auge de "uma crescente tendência de influência com suas origens em Roosevelt e seu Brain

O COMEÇO DO FIM

Trust",[26] e Kennedy ansiava por não ser visto meramente como uma celebridade glamourosa e fotogênica, mas como uma das grandes mentes de sua época. Quando J.F.K. ofereceu ao economista de Yale, James Tobin, uma posição no CEA, Tobin protestou que ele era "apenas um economista de torre de marfim". Kennedy respondeu: "Esse é o melhor tipo. Eu sou apenas um presidente de torre de marfim."[27]

Galbraith, que aconselhava Kennedy há anos, compreendeu essa dinâmica e explorou sua personalidade erudita para promover, nas palavras de seu amigo Schlesinger, "uma guerrilha incessante em favor do setor público".[28] Ele clamou por gastos em parques públicos, educação pública, assistência médica e museus públicos, além de benefícios mais generosos e Seguridade Social e para os veteranos, um maior salário mínimo e impostos sobre grandes riquezas mais altos (a maior alíquota tributária já era de 91%), além disso, ele também pedia pela supressão governamental dos preços à custa dos lucros corporativos. Quando a taxa de desemprego subiu para 8,1%, por um breve período após a posse de Kennedy, Galbraith insistiu em uma ação administrativa imediata para aumentar o gasto público.[29] "Ele foi até lá e intimidou o administrador veterano para um pagamento antecipado dos dividendos do Veterans Affairs", recordou o membro do CEA, Kermit Gordon.[30] Ele ignorou o protocolo do Departamento do Estado e as súplicas do Conselheiro de Segurança Nacional, McGeorge Bundy, ao contornar a cadeia de comando e endereçar suas observações diretamente para Kennedy. Junto de Walt Rostow, Galbraith se tornou uma poderosa voz economista nas relações exteriores.[31]

Samuelson pensou que Galbraith estava abusando do prestígio de sua profissão. Os economistas não eram qualificados para opinar sobre a guerra, era uma área em que tinham pouco a dizer. Ele via a si mesmo como um tático em vez de um estrategista, um especialista em vez de um juiz. E sua concepção do papel apropriado para o economista carregava um peso tremendo com Heller, Gordon, Solow e Tobin, que o viam como a mente mais proeminente da profissão. Porém, na prática, conforme observou Schlesinger, a humildade de Samuelson significava que ele "ajustava suas recomendações para encaixar no clima presidencial e congressional".[32] Enquanto Galbraith estava brincando com a burocracia tentando lançar dinheiro pela porta, Samuelson tomou nota do desejo de Kennedy em evitar ser "rotulado como um grande gastador"[33] e escreveu um relatório "provisório"[34] sugerindo um aumento nos gastos com defesa e, talvez, uma implementação mais rápida dos programas de gastos já existentes para combater a recessão. Se o problema persistisse, um corte tributário "temporário" poderia ajudar. "O que a presente situação definitivamente não precisa é de um programa maciço e feito às pressas de obras públicas cujo objetivo primário seria meramente o de gerar empregos e injetar mais dinheiro na economia."[35]

Os instintos quantitativos de Samuelson eram sadios. O país não mergulhou em uma depressão e um deficit orçamentário razoável de pouco mais do que US$3 bilhões para gastos com a defesa nacional, a dispersão de seguros-desempregos e pagamentos de seguridade social mais generosos foram o suficiente para reduzir substancialmente o desemprego. Galbraith estava aliviado por ver a economia avançando novamente, mas reconheceu um perigoso distanciamento ideológico de seus colegas keynesianos da doutrina dos anos 1930 que defendia obras públicas em períodos de paz. Se o governo continuasse reunindo todas essas bombas e esses batalhões como uma forma de aumentar o emprego, raciocinou Galbraith, cedo ou tarde alguém poderia querer usá-los.

Em 1961, esse não era um medo exclusivamente liberal. Quando Dwight D. Eisenhower despediu-se da presidência, ele alertou o povo norte-americano para manter a vigilância sobre a crescente influência do que ele chamou de "complexo militar-industrial", que agora exercia influência "econômica, política e até mesmo espiritual" sobre "cada cidade, cada assembleia legislativa, cada departamento do governo federal".[36]

Ainda assim, estava ficando cada vez mais difícil discernir quem estava influenciando quem na Casa Branca de Kennedy. Em um discurso de formatura em Yale no dia 11 de junho de 1962, Kennedy disse à turma de graduados que os grandes problemas da geração deles seriam "relacionados não às grandes batalhas filosóficas ou ideológicas, mas às formas e aos meios de se alcançar objetivos em comum... O que está em jogo em nossas decisões econômicas hoje em dia não é alguma grande guerra de ideologias rivais que dominarão o país com paixão, mas a administração prática de uma economia moderna".[37] Aqui estava a formulação pacífica e inofensiva do pensamento keynesiano propagada pelo próprio Galbraith durante a presidência de Truman e Eisenhower conforme ele se defendia das acusações macartistas de deslealdade comunista. E, na verdade, Galbraith ajudou Kennedy a escrever esse discurso.[38] No entanto, por trás de um programa prático e não ideológico,

O COMEÇO DO FIM

Kennedy estava transformando as ferramentas da economia keynesiana em armas poderosas para a Guerra Fria.

O destino do keynesianismo norte-americano também se misturou com o relacionamento de J.F.K. com os barões empresariais do país. Em abril de 1962, após alguns meses de negociação, a administração fechou um acordo com grandes sindicatos trabalhistas e executivos de siderúrgicas sobre salários, uma jogada que tinha a intenção de manter um baixo nível de inflação em toda a economia. Embora o Office of Price Administration há muito não existisse mais, o governo ainda realizava acordos com indústrias sensíveis para controlar os preços conforme surgia a necessidade. Um aumento nos salários dos trabalhadores para a produção de bens básicos como aço ou petróleo poderia ter um efeito cascata; altos preços para tais commodities poderiam aumentar os custos de outros fabricantes, que precisariam repassar esses custos para o consumidor. A organização de Kennedy para controlar os salários dos metalúrgicos era cooperativa e modesta. Sua equipe econômica esperava que isso desse a ele espaço para buscar uma política fiscal mais agressiva sem se preocupar com o exagero e aumento da inflação.

Mas apenas alguns dias após a finalização do acordo, o presidente da U.S. Steel, Roger Blough, informou Kennedy de maneira casual que ele aumentaria os preços em US$6 por tonelada de qualquer forma. Após usar Washington para acabar com a exigência de seus funcionários por maiores salários, Blough planejava deixar seus acionistas festejarem nos lucros sobre os preços altos.

Kennedy estava enfurecido. "Meu pai sempre me disse que todo empresário era filho da puta, mas nunca acreditei nisso até agora", disse ele a seus assistentes, uma observação tão mordaz que rapidamente vazou para a imprensa. Embora o presidente tivesse passado os dias seguintes realizando um controle de danos, em seu íntimo permanecia furioso. "Eles *são* um bando de malditos", disse ele para Schlesinger e Adlai Stevenson, "e agora estou dizendo isso por conta própria e não porque foi algo dito por meu pai".[39]

A administração coordenou com outras metalúrgicas para criar uma pressão competitiva e forçar uma redução nos preços da U.S. Steel e, no fim das contas, Kennedy acabou vencendo essa guerra. Mas seu desencanto com a classe executiva norte-americana não era apenas uma

442   O PREÇO DA PAZ

questão de amigo contra inimigo. Mesmo ao se instalar na Casa Branca, J.F.K. se sentia derrotado. Ele não queria exatamente *derrotar* os magnatas industriais dos anos 1960, queria provar para eles que não era apenas um herdeiro rico e bonito, mas um sério homem de negócios. A traição de Blough foi dolorida porque Kennedy buscava sua aprovação.

No final de maio, a bolsa de valores teve uma queda inesperada. Mesmo quando a economia parecia estar se fortalecendo de maneira sólida, os terrores da Terça-Feira Negra nunca saíram completamente da mente da equipe da Casa Branca que alcançou a maioridade durante a Depressão. Kennedy passou uma semana falando sobre sua reação com conselheiros — um hiato de tempo impensável para os padrões atuais — e anunciou que o governo federal responderia de maneira firme à tensão da bolsa com um grande corte tributário tanto para indivíduos quanto para corporações.

Internamente, Kennedy e o CEA estavam ansiosos por desagradar o entusiasmo empresarial pelo orçamento equilibrado. No segundo ano de mandato do presidente, o deficit orçamentário expandiu para mais de US$7 bilhões e, embora a classe dos economistas estivesse relativamente confortável com a ideia, o mundo corporativo inicialmente gritou por uma disciplina fiscal, ansiando por orçamentos equilibrados como um sinal de controle governamental. Essas reclamações, no entanto, foram repentinamente silenciadas conforme a administração apresentava seu novo plano. Como acabaram descobrindo, pessoas ricas gostavam da ideia dos cortes tributários. "Em 1962, o mandamento de equilibrar o orçamento do governo era uma falsa ameaça", concluiu o historiador econômico e futuro conselheiro de Nixon, Herbert Stein, alguns anos mais tarde. Em 1938, 1947 e 1953, conservadores financiados no Congresso pelas corporações pressionaram por cortes tributários diante do óbvio saldo vermelho no orçamento do Estado. O deficit já havia se tornado uma desculpa para a não realização da ânsia conservadora por menores impostos — e se um presidente simplesmente oferecesse um corte tributário de maneira direta, Wall Street não reclamaria sobre seu efeito na dívida nacional.[40] Esse mesmo fenômeno acabou sendo verdadeiro também para os presidentes Richard Nixon, Ronald Reagan, George W. Bush e Donald Trump.

Os conservadores na verdade não receberam seus grandes e ousados cortes tributários sob a presidência de Roosevelt ou Eisenhower; eles votaram em leis que nunca entraram em vigor. Com Kennedy, a política ainda era inovadora.[41] Uma pesquisa da Gallup revelou que 72% dos norte-americanos se oporiam a um corte tributário se ele aumentasse a dívida nacional, enquanto apenas 19% aprovaram essa ideia.[42] Se o pensamento keynesiano era dominante nas universidades dos Estados Unidos, ele permanecia longe de ser um consenso mesmo entre os democratas. O próprio Kennedy não apoiava por completo o seu corte tributário até dezembro. Em um discurso para o Economic Club of New York, uma reunião de elite de banqueiros e executivos corporativos, J.F.K. exaltou o efeito que um corte tributário causaria nos incentivos de investimento. Ele prometeu reduzir a escala do gasto governamental e, também, cargos federais, mesmo com "os gastos em defesa e no espaço" aumentando em nome "de nossa própria segurança".[43] Ele até mesmo ajustou sua retórica sobre deficits orçamentários. Eles ainda eram ruins, argumentou, mas o crescimento econômico desencadeado pelo corte tributário adequado resultaria em uma *maior* receita tributária governamental e um deficit *menor*. "Deficits orçamentários não são causados por gastadores de olhos arregalados, mas por um lento crescimento econômico e por recessões periódicas. A forma mais segura de aumentar as receitas em longo prazo é cortar os impostos agora." E, é claro, ainda era preciso levar em consideração a Guerra Fria. Se os Estados Unidos não aprovassem um corte tributário capaz de permitir ao país produzir mais que a economia planificada da União Soviética, "a esperança de toda nação livre" estaria em risco. Quando o público aplaudiu, o presidente finalmente se convenceu.

Após o discurso, um Kennedy desorientado chamou o conselheiro da Casa Branca, Ted Sorensen. "Eu dei a eles Keynes e Heller e eles amaram." Sorensen tinha uma avaliação um pouco diferente. "Soou como Hoover, mas na verdade era Heller." Galbraith zombou do discurso, denunciando-o como "o discurso mais republicano desde McKinley".[44] Ajudar os ricos a ficar ainda mais ricos, argumentou Kennedy, era a forma mais segura de ajudar o país. "Não tenho tanta certeza", disse Galbraith anteriormente para Kennedy. "Qual a vantagem de ter mais alguns dólares para gastar se o ar está excessivamente poluído para respirar, a água excessivamente poluída para beber, os viajantes estão sofrendo para sair e entrar nas cidades, as ruas estão sujas e as escolas, tão ruins que os jovens, talvez sabiamente, ficam longe?"[45]

Galbraith não discutiu com o julgamento de Heller, Samuelson e Tobin de que um grande corte tributário poderia dar um choque de cres cimento econômico e reduzir o desemprego, mas ele começava a pensar que a equipe da administração havia se perdido em suas próprias equações. Uma das grandes conquistas de *A Teoria Geral* foi sua demonstração de que o crescimento econômico e o progresso não exigiam grandes níveis de desigualdade econômica; a sociedade era livre para buscar políticas tributárias mais igualitárias. O plano de Kennedy para aumentar a demanda por meio desses cortes tributários certamente beneficiaria mais os ricos que os outros setores da sociedade. Além disso, o plano só encorajaria a produção de mais bens de consumo. "A produção de cremes depilatórios de melhor qualidade ou em maior quantidade não tem nenhuma relação com a saúde e vigor nacionais", disse ele a Kennedy.[46] Os historiadores não atribuiriam "as glórias da Era de Kennedy" à "taxa de crescimento econômico", mas sim à "forma como lida com uma sociedade cada vez mais complexa".[47] Kennedy havia colocado legislações sobre direitos civis, financiamento da educação, auxílio para os pobres e reformas de assistência médica em banho-maria durante sua busca pelo corte tributário. Trinta e seis leis separadas que forneceriam assistência médica para pessoas acima de 65 anos foram apresentadas. A vontade política existia para perseguir projetos grandes e liberais, mas ela deveria esperar pela agenda tributária de J.F.K.

Kennedy esboçou seu plano tributário no discurso sobre o Estado da União de janeiro de 1963. Impostos individuais seriam reduzidos em US$11 bilhões ao cortar impostos em todo o espectro; a menor taxa seria reduzida de 20% até 14%, enquanto a maior taxa cairia de 91% para 65%. As taxas corporativas cairiam US$2,5 bilhões por meio da redução do imposto das maiores empresas de 52% até 47%, fechando ao mesmo tempo uma série de brechas que atendiam interesses pessoais.[48]

Para a surpresa do presidente, ele enfrentou a maior resistência dos liberais da justiça social e não dos conservadores que buscavam um equilíbrio orçamentário. O senador do Tennessee, Albert Gore Senior, protestou contra o plano como uma concessão aos ricos, dizendo a Kennedy que milionários veriam seu lucro aumentar de 50% para 200%, enquanto o cidadão comum veria uma melhoria de apenas um dígito. "Isso simplesmente é injustificável — seja social, econômica ou politicamente", disse ele, irado. "E eu guardo esses sentimentos apaixonadamente! Isso é algo que nenhuma administração republicana ousou fazer; isso é algo que você não deve fazer."[49]

O COMEÇO DO FIM445

Galbraith compartilhava das preocupações de Gore, mas sua maior frustração com Kennedy envolvia a política externa. Qual era o sentido de converter os Estados Unidos em um gigante da economia keynesiana se sua força econômica seria implementada em nome de um aventureirismo militar?

Galbraith reconheceu que sua influência sobre a política doméstica minguaria de maneira firme assim que ele partisse para seu cargo como embaixador, mas o outro lado de seu exílio era um enorme grau de independência sobre as relações externas. Quando o debate sobre cortes tributários surgiu em Washington, Galbraith estava em Nova Delhi, brigando com o desemaranhado da situação política no Vietnã junto com um dos aliados mais poderosos dos Estados Unidos na Ásia, o primeiro-ministro indiano Jawaharlal Nehru. Uma enorme quantidade de remessas alimentares dos Estados Unidos para Índia havia comprado — dentro de limites razoáveis — a lealdade do regime indiano pela administração Kennedy.

Essa aliança encontrou uma crise em potencial no verão de 1962, quando o governo comunista da China iniciou uma ofensiva militar cruzando os Himalaias e alcançando a Índia. O conflito aumentou de tamanho durante o outono, uma época em que todos os olhos da Casa Branca se fixaram na Crise dos Mísseis de Cuba. Galbraith, agindo "sob a conveniente ausência de instruções"[50] vindas de Washington, aconselhou Nehru contra uma resposta ofensiva ao exército chinês, pedindo por calma e batalhas limitadas. Dentro de um mês, a China recuou — apesar de uma série de vitórias militares — e os norte-americanos rapidamente se esqueceram de todo o conflito. O fato de as batalhas na fronteira não se tornarem uma guerra por procuração em grande escala entre os Estados Unidos e a China Comunista era um mérito da diplomacia de Galbraith e sua administração da burocracia das relações exteriores dos Estados Unidos.

Galbraith se lembrava disso como uma das grandes conquistas de sua vida. No entanto, o verdadeiro problema não era a fronteira ao norte da Índia, mas o leste do país, do outro lado da Península Indochinesa. Galbraith havia convencido Kennedy a se manter fora da agitação em Laos (ele não sabia sobre os esforços em andamento da CIA na região), mas o Vietnã parecia, a cada dia, estar arrastando os Estados Unidos em um lamaçal político e militar. O plano de Galbraith era usar o governo indiano para fornecer cobertura diplomática para um recuo dos Estados Unidos. O governo dos Estados Unidos, avisou ele para Kennedy, estava correndo o risco de se tornar uma força colonial opressora em uma região que não oferecia nenhuma vantagem estratégica, seja contra a Rússia Soviética ou a China Maoísta. O presidente vietnamita do sul, Ngo Dinh Diem, era um aliado não muito confiável, argumentou Galbraith, um líder opressor e sem importância cujo comprometimento com a democracia era puramente retórico e cuja capacidade de afastar os militantes comunistas dependia completamente do auxílio norte-americano. Aconselhando Kennedy que "nada tem sucesso como os sucessores", Galbraith insistiu que "quase qualquer mudança não comunista [no governo] provavelmente seria benéfica".[51] Idealmente, os Estados Unidos deveriam chegar a um acordo com a União Soviética para retirar as tropas norte-americanas em troca do fim da guerrilha dos vietcongues financiados pelos comunistas no Vietnã do Sul. Após a retirada, as relações comerciais entre o Norte e o Sul poderiam ser restabelecidas e, com o tempo, os dois lados poderiam iniciar conversas sobre reunificação. A trégua diplomática poderia começar com a abertura do governo indiano para o regime Ho Chi Minh em Hanói.[52]

Kennedy parecia concordar com o plano. Após ler uma mensagem de Galbraith em abril de 1962, ele instruiu seu embaixador a abordar o governo indiano sobre iniciar negociações de paz. E então, com a ordem entregue, Kennedy aguardou. E aguardou. Meses se passaram. Após a fracassada Invasão da Baía dos Porcos de Cuba no ano anterior e sua recusa pública em levar tropas terrestres até Laos, J.F.K. desejava um momento politicamente oportuno para reduzir o envolvimento dos Estados Unidos no Vietnã e evitar parecer fraco. Com o tempo, começou a parecer para Galbraith que esse momento poderia nunca chegar.[53]

O Vietnã ressaltou o quão pouco Keynes havia realizado em Bretton Woods. Para Keynes, a conferência ao final da Segunda Guerra Mundial foi uma oportunidade para eliminar as fontes econômicas do conflito internacional — forjar uma nova ordem de comércios equilibrados e justos, regulamentados por autoridades internacionais. Em vez disso, o sistema monetário de Bretton Woods se tornou parte da administração econômica da Guerra Fria, um conjunto de ferramentas financeiras que os Estados Unidos utilizavam para buscar seus próprios interesses. Bretton Woods havia facilitado a cooperação, mas apenas por meio da hegemonia. O sistema monetário não fazia nada para impedir os Estados

O COMEÇO DO FIM 447

Unidos de se tornarem uma potência hostil e violenta para com as nações pós-coloniais que não se alinhassem com seus interesses ao longo da Guerra Fria. Keynes e seu sonho de eliminar as fontes econômicas do conflito imperial eram irrelevantes para o fiasco no Vietnã, que não representava nenhum interesse econômico, seja dos Estados Unidos, seja da União Soviética. A presença militar dos Estados Unidos ainda existia para impedir o Vietnã — tanto o Norte quanto o Sul — de realizar uma eleição para formar um governo nacional. Os líderes norte-americanos reconheceram que o vencedor dessa eleição com quase certeza seria Ho Chi Minh. A justificativa anticomunista para a intervenção também era um ataque à democracia e à promessa de um nacionalismo pós-colonial.

Então, enquanto todos os principais economistas dos Estados Unidos eram keynesianos nos anos 1960, ninguém pensou sobre a economia keynesiana como uma ideia internacional. Keynes e o keynesianismo estavam estritamente confinados a um conjunto de estratégias que Estados-nações poderiam buscar para sair de recessões ou melhorar os valores de inflações ou desemprego. Keynes, o filósofo da guerra e paz, deu lugar a Keynes, o terapeuta fiscal.

A vida de Galbraith em Nova Delhi lentamente se tornou uma luxuosa procissão de jantares e comemorações supérfluas. Ele poderia ter conseguido uma extensão de sua licença de Harvard para permanecer na Índia, mas no verão de 1963, com o problema da fronteira com a China resolvido e Kennedy no piloto automático no Vietnã, ele decidiu retornar para casa. *A Sociedade Afluente* havia surgido cinco anos antes. Era hora de retomar os trabalhos de seu novo livro. Após uma breve visita a Washington a pedido de Kennedy, Galbraith avaliou o contínuo escoamento de ouro dos Estados Unidos sob o sistema de Bretton Woods e começou a dar aulas em Cambridge no semestre de outono.

Em setembro, a Câmara dos Representantes aprovou o corte tributário de Kennedy com uma margem de 271 para 155, com 48 republicanos concentrados nos centros empresariais do Nordeste se unindo aos 223 democratas. De forma reveladora, a maioria democrata não precisava do apoio republicano para aprovar a lei; a classe empresarial gostava mais da ideia de um corte tributário do que desgostava de permitir uma vitória legislativa a um presidente democrata. A oposição democrata, enquanto isso, estava concentrada entre conservadores defensores de

448   O PREÇO DA PAZ

um orçamento equilibrado na região sul do país. Embora poucos reconhecessem na época, o voto do corte tributário foi um divisor de águas para o liberalismo norte-americano e o pensamento keynesiano. Os democratas trabalhistas urbanos e organizados do Norte, que compunham o núcleo da coalizão do New Deal de Roosevelt, estavam apoiando um corte a favor dos ricos. E esse apoio ao projeto tinha como base o fato de que a última ciência econômica dos economistas keynesianos mostrou que o corte tributário seria bom para os trabalhadores. Ao longo dos trinta anos seguintes, um pensamento semelhante acabaria por suprimir outras prioridades do Partido Democrata, culminando na presidência de Bill Clinton e na rejeição do liberalismo do New Deal em nome de um progresso neoliberal.

Galbraith foi desencorajado pelo voto, mas pelo menos haveria a oportunidade de melhorar o projeto de lei no Senado. Os senadores podem ser bajulados e, se necessário for, artigos de revistas podem ser escritos para transmitir o perigo. Em uma certa tarde de novembro, Galbraith e Schlesinger se reuniam com a editora do *Washington Post* e *Newsweek*, Katharine Graham, em Nova York, quando o trio foi interrompido pela notícia de que o presidente havia sido baleado.[54]

Os dias seguintes foram uma mistura de angústia e confusão. Galbraith apressou-se até a Casa Branca, onde, apesar de não ter nenhum cargo oficial, vivenciou o luto, planejou e coordenou com um mar de amigos, familiares e conselheiros emocionalmente destruídos. Quatro décadas depois, ele disse a um biógrafo que, embora as horas fossem "cheias de atividade", "agora eu mal consigo me lembrar do que estávamos fazendo".[55]

Uma memória, pelo menos, permaneceu com ele. No dia após o assassinato, ele encontrou Lyndon Johnson, que conduziu Galbraith de volta para o que apenas um dia antes era seu escritório vice-presidencial no Executive Office Building. Johnson tinha um discurso a fazer no Congresso na semana seguinte e queria a ajuda de Galbraith para destacar as tarefas da sua presidência. "Ele realmente queria falar sobre seu compromisso com os direitos civis e com o liberalismo que nós dois herdamos de Roosevelt", escreveu Galbraith em sua autobiografia. Esse era um projeto que Lyndon Johnson estava apresentando para todos os liberais de Kennedy naquela semana, incluindo Walter Heller.[56] Enquanto a maioria dos democratas era cética sobre os compromissos de Johnson

O COMEÇO DO FIM 449

para com os ideais liberais, Galbraith, que conhecia Johnson desde o começo dos anos 1940, sempre acreditou na sinceridade do populismo do New Deal de Johnson. O pai de Johnson foi um legislador estadual do Texas, mas o novo presidente sempre mostrou sua história pessoal como alguém que conquistou tudo pelo próprio esforço, em que a renda familiar de sua infância parecia cair "cerca de 50% para cada ano" que Johnson passava em Washington.[57] Para Galbraith, a narrativa falava tanto sobre o que Johnson achava admirável quanto sobre sua flexibilidade com a verdade. "Facilmente convencido" pela insistência de Johnson sobre os direitos civis, Galbraith "enfatizou outra preocupação": o Vietnã. Johnson, que veio de uma era antes da era do economista como um sábio político, desconsiderou as preocupações de Galbraith sobre política. "Nossa conversa foi uma metáfora sobre os anos de Johnson", recordou Galbraith mais tarde. "Um homem forte, inovador, confiante e engenhoso na política doméstica seria destruído por um esforço militar que não apresentava nenhum propósito norte-americano e que, em seus aspectos políticos, compreendia de maneira completamente equivocada a natureza do poder e o escopo da influência no mundo pós-colonial."[58]

Porém, primeiro, haveria um corte tributário. Em fevereiro, Johnson assinou uma lei tributária que se parecia muito com aquela pedida por Kennedy. A nova lei reduzia as maiores taxas sobre os indivíduos, de 91% para 70% e a menor taxa de 20% a 14%, enquanto cortava a taxa corporativa de 52% para 48%. Johnson prometeu uma limitação do gasto governamental ao longo do ano fiscal seguinte como o preço a se pagar nesse acordo, o que significava que os conservadores conseguiriam menores taxas e um menor gasto do governo.

Mas Johnson tinha projetos maiores que os negócios não resolvidos da administração Kennedy. Ele planejava um corte tributário para ancorar uma agenda doméstica de ambição inédita desde os tempos de Roosevelt. Ela alimentaria a economia e garantiria a disponibilidade de empregos para todos capazes e dispostos a trabalhar. Para todo o resto, haveria uma Guerra à Pobreza. Com os especialistas keynesianos movendo o navio para garantir uma expansão econômica regular, a pobreza se tornaria o resultado de inadequações locais e pessoais: limitações na educação ou infraestrutura ou, ainda, uma cultura que havia se acostumado com a falta de emprego intergeracional. "Frequentemente uma ausência de empregos e de dinheiro não é a causa da pobreza, mas o sintoma", disse Johnson em seu primeiro discurso sobre o Estado da União, uma linha inspirada em Heller. "A causa pode estar arraigada no nosso fracasso em dar aos cidadãos uma chance justa de desenvolver suas capacidades, em uma falta de educação e treinamento, em uma ausência de assistência médica e habitação, em uma ausência de comunidades decentes para se viver e levar seus filhos."[59] E, portanto, Johnson criou a Job Corps para ajudar os jovens que não tinham habilidades comercializáveis, o National Teachers Corps melhoraria a qualidade do ensino nas escolas públicas e o programa Volunteers in Service of America (VISTA), que colocava jovens socialmente conscientes para trabalhar renovando bairros pobres. Ele criou o Office of Economics Opportunity, uma nova agência com US$1 bilhão para gastar com programas de "ação comunitária" concebidos e implementados por organizações pequenas e locais em todo o país. Um novo programa de assistência federal ajudaria a proteger os pobres dos predadores, enquanto os cupons de alimento garantiam que nenhuma família ficaria sem ter o que comer. Johnson olhou para trás, para Roosevelt, e se viu envolvido em um vasto projeto de energia e experimentação, armado com vantagens que seu herói não dispunha: uma compreensão completa da economia moderna e os melhores conselheiros acadêmicos que o país poderia oferecer.

Mas, embora a Guerra à Pobreza tivesse feito muito bem, a aglomeração de planos e programas falhou em eliminar a pobreza por uma razão que, mais tarde, Galbraith apontou: "A possível solução para a pobreza seria fornecer uma renda ao pobre e isso não foi implementado."[60] Ao conceber a pobreza como um tipo de aflição pessoal em vez de uma simples falta de recursos, os macroespecialistas keynesianos que se consideravam administradores da máquina econômica nacional também se absolviam da responsabilidade de muitos dos problemas econômicos mais urgentes do país. Melhorar a educação, por exemplo, provavelmente ajudaria nas margens ao gerar mais emprego para professores, mas o resultado final com uma subclasse melhor educada e tão pobre quanto a subclasse que lhe antecedeu. Mesmo programas como Head Start, que permitiam às crianças irem à escola mais cedo, não eram desenvolvidos como uma forma de reduzir os custos com creches ou dar mais tempo para que seus pais trabalhassem. Heller nunca deu o devido valor ao fato de que a unidade econômica básica da sociedade consistia em uma família com um salário único em que as esposas não trabalhavam.[61] Após o corte tributário,

O COMEÇO DO FIM

Galbraith se tornou cada vez mais distante da elaboração de políticas da administração. Quando Johnson o nomeou como presidente do Office of Economic Opportunity (OEO), Galbraith tratou o cargo como um honorífico, focando suas energias em escrever seu próximo livro e realizando uma campanha pública cada vez mais barulhenta contra a Guerra do Vietnã. Galbraith nem mesmo abandonou seu cargo de professor em Harvard para supervisionar o processo de concessão orçamentária. Em 1964, o valor de US$1 bilhão para o OEO era uma quantia considerável, mas ainda era menos de 1% do orçamento federal. O ex-conselheiro de Kennedy estava acostumado com coisas maiores.

Galbraith estava irado — com Johnson, com a guerra e com a mudança na classe dos economistas que ocorria diante de seus olhos. A administração Johnson era, em aspectos importantes, a mais liberal que o país já havia visto. Porém, sua energia liberal não vinha de seus principais economistas, que não estavam se esquivando de debates sobre a guerra, oferecendo conselhos fundamentalmente conservadores sobre impostos e realizando diagnósticos incorretos sobre a natureza da pobreza.

Galbraith começou a atacar publicamente não apenas a guerra, mas seus colegas economistas liberais. Tanto em conversas particulares quanto em depoimentos públicos diante do Congresso, ele denunciou o corte tributário Kennedy-Johnson como o novo "keynesianismo reacionário" que representava um grande perigo para o curso futuro da política norte-americana. Os economistas keynesianos haviam oferecido um grande presente para a direita política. Pós-macartistas que desejavam privilegiar os interesses dos belicistas ricos em detrimento das amplas necessidades da sociedade poderiam agora depender da ciência liberal para adquirir a legitimidade de seus programas.

Para Samuelson, Heller e Solow, esse era um ato de impressionante hipocrisia. Onde estava a consciência antiguerra de Galbraith durante o conflito na Coreia? Galbraith, que encontrara tantas oportunidades para elogiar a presidência de Eisenhower como tecnocratas keynesianos iluminados, estava agora atacando a presidência mais liberal de uma geração como cúmplices ingênuos de uma aristocracia corporativa irresponsável. Essa foi a gota d'água. Quando Galbraith publicou seu livro seguinte, *O Novo Estado Industrial,* Solow o atacou de maneira feroz em uma crítica alimentada tanto por ressentimentos pessoais quanto por discordância científica. Chamando Galbraith de um "moralista" que

452 O PREÇO DA PAZ

desejava esconder seus próprios "valores" com "uma teoria elaborada" que "simplesmente não se sustenta", Solow investiu um ataque intenso contra o brilho e o glamour que Camelot conferiu a Galbraith.

"Galbraith é, afinal, alguém especial", escreveu Solow. "Seus livros não são apenas amplamente lidos, mas também apreciados. Ele é uma figura pública significativa; ele compartilha com William McChesney Martin [presidente do Federal Reserve] o poder de abalar os preços da bolsa de valores ao simplesmente proferir bobagens. É conhecido e escutado em todo o mundo. Ele se mistura com as pessoas bonitas; até onde eu sei, pode até mesmo ser uma delas. Não me surpreende que o economista comum sinta por ele um misto de inveja e desdém."[62]

Galbraith não era especialmente belo. E seu contentamento de longa data com o poder dos monopólios corporativos se tornou um alvo para oponentes intelectuais ansiosos para provar sua boa-fé liberal diante dos ataques de Galbraith vindos da esquerda. Samuelson fez discursos despedaçando as visões antitruste de Galbraith como heresias "reacionárias e conservadoras"[63] contra a tradição do New Deal que Galbraith buscava incorporar. Mesmo a afinidade de Galbraith pelo controle de preços em vez de uma política monetária era apenas outra expressão de sua vaidade de elite, uma homenagem ao seu próprio cargo efetivo no Office of Price Administration.

Era uma dinâmica perigosa para Galbraith e sua estatura como um imponente intelectual do século XX. A imagem dele era um delicado produto de dois fenômenos que se reforçavam de maneira mútua: o prestígio da classe dos economistas o tornou uma pessoa desejável entre os políticos, enquanto sua influência com a elite política aprimorava seu prestígio dentro de sua profissão. Se qualquer um desses aspectos se voltasse contra ele de forma decisiva, então a fundação de sua influência ruiria.

E os ataques de Samuelson e Solow doeram porque eram, em alguns sentidos, verdadeiros. Após uma década gasta no auge das políticas do Partido Democrata, o ego de Galbraith estava passando da arrogância para o delírio. Quando o presidente da Americans for Democratic Action renunciou, Galbraith aproveitou a oportunidade para resumir a liderança da organização de esquerda que ele fundou ao lado de Eleanor Roosevelt. Ele planejou usá-la como um trampolim para coisas maiores. Ao viajar pelo país, realizando discursos contra a guerra, ele começou a criar planos para desafiar Johnson na eleição presidencial de 1968 em uma plataforma contra a Guerra do Vietnã. Ele só abandonou o esquema após seu filho Alan, advogado, insistir que uma proibição constitucional de presidentes nascidos em território estrangeiro o impediria de assumir o cargo.

O controle de Galbraith sobre o poder público estava enfraquecendo, mas a elite do Partido Democrata permanecia atraída por sua visão social ao longo da década de 1960. Mesmo Johnson, cada vez mais frustrado com os constantes ataques dos grandes pensadores sobre a Guerra do Vietnã, ainda desejava sua ajuda para articular as aspirações domésticas de sua presidência. Enquanto Johnson preparava um discurso apresentando o que ele chamava de "A Grande Sociedade", convidou Galbraith em segredo, que na época estava aproveitando suas férias na casa de verão em Vermont, para fazer uma visita "confidencial" à Ala Oeste da Casa Branca para ajudá-lo a escrever o discurso. Johnson não queria ser visto pedindo os serviços de um crítico da guerra.[64]

Galbraith concordou, embarcando em um avião do governo no aeroporto mais próximo em Keene, na Nova Hampshire, antes de parar para buscar o advogado da Casa Branca, Joseph Califano, em Nova Jersey e partir secretamente para Washington. Galbraith passou o dia produzindo uma versão condensada de *A Sociedade Afluente* e, de noite, Johnson estava em êxtase: "Não mudarei uma só palavra. Está incrível."[65]

O discurso dado por Johnson mais tarde na mesma semana, na Universidade de Michigan, era em parte história econômica, em parte diagnóstico social e totalmente Galbraith:

> Durante um século nós trabalhamos para instalar e subjugar um continente. Por meio século, nós pedimos para invenções sem limites e indústrias incansáveis pela criação de uma ordem da abundância para todo nosso povo. O desafio da próxima metade do século é se teremos a sabedoria para usar essa riqueza para enriquecer e elevar nossa vida nacional e para melhorar a qualidade da civilização norte-americana... O catálogo de males é grande: temos a decadência dos centros e a pilhagem dos subúrbios. Não existem habitações suficientes para nosso povo, nem transportes suficientes para nosso tráfego. Os terrenos disponíveis estão sumindo e

antigos pontos de referência estão sendo violados. O pior de tudo é que a expansão está acabando com os preciosos e honrados valores de comunidade com os vizinhos e comunhão com a natureza. A perda desses valores gera a solidão, o tédio e a indiferença. Nossa sociedade nunca será grande até que nossas cidades sejam. Hoje, a fronteira da imaginação e da inovação está dentro dessas cidades e não além de suas fronteiras. Novos experimentos já estão em progresso. A tarefa de sua geração será fazer das cidades norte-americanas um lugar onde as futuras gerações não apenas viverão, mas onde viverão uma boa vida... Portanto, você fará parte da batalha para dar a todos os cidadãos a total igualdade exigida por Deus e requerida pela lei, independentemente de sua crença, raça ou cor da pele? Você fará parte da batalha para dar a todos os cidadãos uma escapatória do peso esmagador da pobreza?[66]

Na prática, a Grande Sociedade se tornou uma grande agenda de direitos civis e antipobreza. A Lei de Direitos Civis de 1964 proibiu a discriminação no emprego com base em raça e declarou como ilegal a segregação, enquanto as Leis dos Direitos ao Voto colocaram um fim nas taxas de votação, nos testes de alfabetização e outras táticas criadas para impedir o voto da população negra. Igualmente importante, as leis estabeleceram um sistema de execução federal para garantir que os estados do Sul obedecessem às novas regras. Johnson criou o Medicare, um novo programa de assistência médica socializado para os idosos e o Medicaid, um programa complementar para os pobres. Ele expandiu enormemente tanto o escopo da Seguridade Social — que inicialmente excluiu trabalhadores agrícolas para negar os benefícios aos trabalhadores negros da zona rural dos Estados Unidos — quanto o tamanho dos benefícios. Outros programas de combate à pobreza já existentes, incluindo o Aid to Families with Dependent Children (mais conhecido durante os anos de Clinton pelo nome de "assistência social") de Roosevelt, foram drasticamente expandidos, enquanto a Lei do Ensino Primário e Secundário alocou mais de US$1 bilhão anual em financiamento federal para escolas públicas. Johnson estabeleceu o National Endowment for the Arts e o National Endowment for the Humanities, além da Corporation for Public Broadcasting, que criou a PBS e a National Public Radio. Uma enxurrada de legislações ambientais, incluindo a Lei do Ar Limpo, a Lei da Qualidade da Água, a Lei do Controle de Poluição Atmosférica dos

O COMEÇO DO FIM

Veículos Automotivos, a Lei de Proteção de Áreas Selvagens e a Lei dos Rios Cênicos e Selvagens, vieram logo a seguir.

Isso não foi nada menos que um segundo New Deal — uma vasta expansão do Estado por meio da provisão de novos bens públicos que poderiam atender às necessidades de uma democracia que nem mesmo a economia em pleno emprego poderia atender. E, na maior parte do tempo, isso funcionou. Os programas da Guerra à Pobreza de Johnson foram tentativas pequenas de ajudar as pessoas a aprenderem como participar do mercado de trabalho. Os programas falharam em eliminar a pobreza porque a pobreza não era, em sua maior parte, um resultado da confusão pessoal sobre como conseguir e manter um emprego. Simplesmente não havia oportunidades de emprego suficientes para grande parte da população e muitos dos empregos disponíveis pagavam apenas salários no nível da pobreza. A agenda mais ampla da Grande Sociedade, por outro lado, foi bem-sucedida em reduzir permanentemente a taxa de pobreza do país ao acelerar o mercado de trabalho e cuidar das despesas domésticas que levavam às famílias para a miséria. O corte de impostos, por mais que Galbraith o rejeitasse, de fato liberou muito do poder de compra da população, que por sua vez fez as corporações aumentarem sua produção e sua contratação. Ao criar o Medicare e expandir os cupons de alimentos, o bem-estar social e a Seguridade Social, a Grande Sociedade não só ajudou famílias a cobrir grandes despesas, mas também aumentou o poder de compra delas, o que voltou a alimentar o mercado de trabalho. Em 1969, ano em que Johnson saiu da presidência, a taxa de pobreza estava em 12,1% — uma redução de mais de 12 milhões de pessoas e mais de um terço da população pobre na época em que Johnson assumiu o cargo.

Mas, assim como Roosevelt antes dele, os triunfos econômicos de Johnson eram incompletos. A plataforma de direitos civis da Grande Sociedade ajudou a distribuir os ganhos da economia de maneira mais igualitária. A pobreza entre a população negra caiu para 32,2%, uma melhora drástica da taxa de 55% que havia prevalecido quando Galbraith publicou *A Sociedade Afluente*. Porém, o abismo estatístico entre a pobreza dos brancos e dos negros permaneceu como um problema não resolvido na democracia norte-americana. A pobreza da população negra não cairia para menos de 30% até 1995. Atualmente, essa taxa se encontra em 21,8%, comparada com os 8,8% nas famílias brancas. A Lei dos Direitos

Civis proibiu a discriminação racial nas contratações e nos salários, mas sua imposição sempre foi desigual, e batalhas legislativas subsequentes para aprimorá-la — especialmente a luta de 1978 por uma verdadeira Lei do Pleno Emprego — eram bloqueadas por uma oposição conservadora e uma falta de interesse dos líderes do Partido Democrata.

E havia sinais de perigo se acumulando na versão de Johnson do sistema econômico de Keynes. A desigualdade econômica geral caiu entre a década de 1940 e a de 1950, de acordo com todas as métricas analisadas pelos economistas Emmanuel Saez e Gabriel Zucman. No entanto, ao longo do curso de 1960, esse progresso estabilizou.[67] A inflação, que praticamente não havia sido um fator desde os anos 1950 e parte dos anos 1960, começou a crescer. Embora não fosse uma crise, o aumento nos preços passou de 1% ao ano em 1965 para mais de 5% ao ano quando Richard Nixon assumiu a presidência. Embora Johnson, Heller e Samuelson estivessem conquistando valores impressionantes no PIB, esse crescimento era muito mais modesto quando a inflação começou a ser contabilizada. Em 1969, a economia expandiu pouco mais de 7%, um número que seria motivo de celebração durante os anos deflacionários de 1930, mas esse ganho se traduzia para pouco mais de 2% quando a pressão ascendente sobre os preços era contabilizada — aumento respeitável, mas nada a se destacar.[68] Esses problemas com a inflação continuariam até os anos 1970 e prejudicariam o que sobrou do projeto keynesiano.

Ao final dos anos 1960, a economia keynesiana se tornou um campo árido e tecnocrático, muito diferente das ideias filosóficas que lhe deram esse nome. Em Washington e na academia, a palavra *keynesiana* não mais carregava a conotação subversiva durante o auge do macartismo. Agora havia keynesianos liberais, conservadores e reacionários que reconheciam que as ferramentas criadas por Paul Samuelson, John Hicks e Alvin Hansen poderiam ser implementadas para uma variedade de fins políticos. Mas as conquistas liberais da Grande Sociedade eram, mesmo assim, apoiadas pelo motor econômico construído pelos economistas keynesianos ao estimular a demanda agregada. Se o keynesianismo perdesse sua credibilidade intelectual, os esforços liberais para enfrentar a pobreza e prosseguir com os direitos civis certamente também seriam derrubados.

DEZESSEIS

◊

O Retorno do Século XIX

"**O** AGRADÁVEL DEVANEIO DE KEYNES", declarou Joan Robinson, "se tornou um terrível pesadelo".

Era dezembro de 1973 e Robinson estava falando a partir de um pódio no opulento salão presidencial do Jung Hotel em Nova Orleans. Ela foi convidada para realizar o discurso principal Richard T. Ely no encontro anual da American Economic Association (AEA) — uma rara honraria profissional para Robinson, que buscava seu momento sob os holofotes para punir as lideranças de sua área. Os economistas, declarou ela, precisavam assumir a responsabilidade pelos quarenta anos de pobreza contínua, violência brutal e catástrofe ecológica que recebera o nome de "crescimento". Era um golpe retórico forte e impiedoso. Ela começou descrevendo seu público como "uma multidão de economistas supérfluos" e encerrou acusando "a evidente falência da teoria econômica que... não tem nada a dizer sobre questões que, para todos, com exceção dos economistas, mais parecem carecer de respostas".[1]

Robinson tinha contas a acertar e o público sabia disso. Uma das economistas mais talentosas de sua geração, ela passou sua vida inteira lutando por sua respeitabilidade profissional. Quando ela e Edward Chamberlin descobriram, de forma independente, novos problemas com a teoria aceita do monopólio e da competição em 1933, a faculdade de economia em Harvard desconsiderou publicamente sua metade da descoberta. Todos que trabalhavam com a teoria econômica sabiam que ela e Richard Kahn foram muito importantes para o desenvolvimento de *A Teoria Geral*; Joseph Schumpeter até mesmo se referia a ela como "coautora" não creditada do livro. Ainda assim, ela continuou brigando com Samuelson e Solow pelo manto keynesiano nas décadas que sucederam o livro e, em 1970, a Academia Real das Ciências da Suécia parecia estar ao lado dos rapazes do MIT, nomeando Paul Samuelson como o primeiro keynesiano laureado com um Prêmio Nobel de Ciências Econômicas. Robinson nunca receberia o prêmio, mas o Comitê Nobel foi apenas a mais recente instituição de grande porte a esnobá-la. Cambridge nem se preocupou em nomeá-la como professora efetiva até 1965. Assim como Rosalind Franklin, que descobriu a estrutura molecular do DNA junto com James Watson e Francis Crick, Robinson era uma mulher brilhante persistentemente ignorada por uma classe profissional hostil às mulheres. À época de seu discurso para a AEA, as mulheres constituíam apenas 11% dos estudantes em programas de graduação nos cursos de economia e apenas 6% dos alunos na faculdade.[2]

Robinson também tinha um lado mau. Ela buscava o conflito como uma estratégia de chamar atenção para seus ideais, provocando outros economistas proeminentes e fazendo-os debater após golpeá-los com suas críticas, obrigando eles a se defenderem. Mesmo seus aliados intelectuais ficavam impressionados com sua acidez. Quando seu ex-aluno Amartya Sen aceitou o Prêmio Nobel em 1998, ele a descreveu como "completamente brilhante, mas vigorosamente intolerante".[3] "Ela era uma mulher terrível nesse sentido", de acordo com seu amigo Paul Davidson. "Ela não tinha escrúpulos em ser rude quando queria." Suas rivalidades profissionais frequentemente se tornavam rancores pessoais. Na noite de seu discurso para a AEA, Robinson e Davidson estavam jantando juntos em um restaurante vazio quando Samuelson e sua esposa, Marion, entraram no local. Os dois grupos permaneceram no mesmo ambiente por quarenta minutos sem ao menos se cumprimentar.[4]

A lista dos conferencistas Ely está cheia de governadores do Federal Reserve e secretários do Tesouro. Apoiada por uma noite com o prestígio da AEA, Robinson foi implacável. Os economistas ortodoxos dos anos 1920 e 1930, disse ela, eram incapazes de lidar com um mundo onde problemas econômicos não se resolvessem sozinhos. O que eles chamavam de "análise do equilíbrio" colocava um verniz científico sobre uma fé quase religiosa no progresso automático que excluía o "livre-arbítrio" em favor da "predestinação". Economistas preferiam viver em livros didáticos, onde não eram confrontados com as terríveis tragédias do mundo real. Eles simplesmente não podiam lidar com um fracasso como a Grande Depressão, que mostrou que o universo não segue naturalmente no caminho da harmonia social.

Quando superaram o choque, esses homens — e eram quase todos homens — haviam abraçado Keynes pelas razões erradas. Em vez de enxergar *A Teoria Geral* como uma nova doutrina, com suas próprias sugestões sociais e políticas, eles acreditaram que Keynes havia descoberto "o simples dispositivo" que poderia restaurar o progresso fácil do século XIX — uma nova encantação para realinhar as estrelas. Ao administrar a demanda agregada para garantir o pleno emprego, o mundo poderia voltar ao normal e os economistas poderiam retornar aos seus modelos preditivos legais com personagens racionais para maximizar seus lucros.

Essa era uma perigosa ilusão. "Não há nada que se pareça como um período normal da história", disse Robinson. "A normalidade é uma ficção dos livros didáticos de economia. Se o mundo do século XIX fosse normal, 1914 não teria acontecido."

Keynes havia tirado os economistas de sua primeira grande crise, a Grande Depressão. Porém, um quarto de século de uma administração econômica keynesiana levou o mundo a uma segunda crise — uma crise cheia de uma poluição sufocante, pobreza em massa, uma guerra fria e "diversas guerras quentes". Isso já era ruim o suficiente, mas os principais economistas da época agora alternadamente acreditavam que tinham de fato resolvido todos esses problemas ou insistiam que não eram problemas econômicos, no fim das contas. A poluição era apenas uma questão de precificação do custo social das "externalidades" — custos impostos pelas empresas ao mundo ao redor delas como resultado da produção. Mas, como exigiu Robinson, alguém poderia estabelecer um preço adequado por disseminar um câncer por uma comunidade? Como o dinheiro poderia se igualar a um certo número de vidas humanas com um certo nível de lucro corporativo? "Onde está o sistema de precificação que oferece ao consumidor uma escolha justa entre o ar que ele respira e os carros motorizados?"

A pobreza, agora diziam os economistas, era apenas uma questão de "crescimento". Mantenha a economia fora da recessão e a pobreza desaparecerá com o tempo. Passados 25 anos da guerra, Robinson ainda aguardava.

E a guerra? Uma forma de gastar dinheiro para aumentar a demanda tão boa quanto qualquer outra. Os keynesianos, disse ela, governaram como se Keynes pensasse nos experimentos como uma agenda política séria, tratando a produção de "armamentos" como se não fosse diferente de garrafas a serem enterradas no chão. Robinson não conseguia acreditar que precisava dizer isso: "Keynes *não queria* que ninguém cavasse e tapasse buracos."

Para Robinson, o objetivo de *A Teoria Geral* era o de restaurar a agência humana na teoria econômica. Keynes, argumentou ela, forçou os economistas a lidar com a "vida vivida no tempo". Os sistemas não alcançavam o equilíbrio imediatamente. As pessoas faziam escolhas com base em expectativas sobre um futuro incerto. Decisões como gastar ou poupar, comprar novos equipamentos industriais ou demitir funcionários, nunca eram obviamente racionais ou irracionais no momento, porque as consequências em longo prazo não poderiam ser previstas. Isso tornou o governo inevitável, uma vez que o mercado de trabalho não se corrigiria automaticamente para o pleno emprego. Mas os keynesianos, desencaminhados por Samuelson, pegaram a teoria de Keynes e construíram um sistema que, assim como a ortodoxia da década de 1920, ignorava o significado da agência humana. Uma escolha de gasto governamental era tão boa quanto outra, desde que o resultado fosse o pleno emprego. E, assim, a profissão do economista e a tradição keynesiana emprestaram seu prestígio para escolhas políticas terríveis: a Guerra Fria e a destruição ecológica.

"Eu não reconheço a revolução keynesiana como um grande triunfo intelectual", concluiu ela. "Pelo contrário, foi uma tragédia."

Após trinta minutos de insultos desenfreados, entretanto, uma coisa curiosa aconteceu. Conforme Robinson encerrava sua narrativa, John Kenneth Galbraith, sentado atrás dela no palco, levantou-se e começou a aplaudir. A multidão reunida diante dela também se pôs de pé, todo o auditório ofereceu uma aclamação de pé "vigorosa" e "duradoura".[5]

Em 1971, a crise na classe dos economistas não era segredo algum. Relatando o encontro da AEA no ano anterior, o *New York Times* concluiu que a economia como disciplina teve seu auge em 1965. Em 1968, um grupo de dissidentes formou um novo caucus oficial dentro da AEA, autodenominado Union for Radical Political Economics (URPE) e exigindo representação nos eventos da AEA, frustrados pela aproximação da academia com a direita política. Em três anos, seus números haviam atingido 1.500 membros. Mas não eram apenas os jovens radicais do URPE que ansiavam pela disciplina de Robinson. "Os alvos de suas acusações amaram cada palavra", de acordo com James Tobin, um devoto de Samuelson que aconselhou tanto Kennedy quanto Johnson. Era um alívio ter o problema declarado de forma tão franca.[6]

E, em verdade, Robinson havia oferecido ao establishment uma saída fácil. Eles não precisavam começar do zero, nem queimar heróis em efígies; as respostas estavam todas com Keynes.

Mas a economia ainda teria uma última injúria reservada para Robinson. Diante da oferta de um caminho claro e coerente para salvar o projeto keynesiano que sobrevivera por 36 anos, seus queridos economistas escolheram, em vez disso, abandoná-lo. Robinson não se surpreendera.

Milton Friedman aguardara pelos anos 1970 durante toda sua vida profissional. Filho de imigrantes húngaros judeus e nascido no Brooklyn, ele cresceu em Rahway, Nova Jersey, onde seus pais tinham uma loja de produtos secos. Um New Dealer keynesiano no final dos anos 1930, Friedman trabalhou pela presidência Roosevelt durante a guerra, mas com o tempo foi influenciado pelos defensores do laissez-faire na Universidade de Chicago, onde aceitou um cargo no departamento de economia em 1946. Assim como Keynes, Friedman era um otimista implacável, encantado durante toda sua vida com uma ideia de progresso que, de maneira paradoxal, ele acreditava ter sido consolidada pelo passado norte-americano.

"A abordagem mais próxima que os Estados Unidos tiveram de um verdadeiro capitalismo com empresas livres foi no século XIX", disse Friedman certa vez. "Todos eram livres para ter suas empresas, qualquer um era livre para vir a este país. Foi um período no qual o lema na

Estátua da Liberdade era levado a sério. Foi um período em que o homem comum experimentou o maior crescimento no seu padrão de vida que provavelmente já foi visto em um período semelhante em qualquer outro país de qualquer época."[7]

Friedman era um dos membros fundadores da Sociedade Mont Pèlerin de Hayek, mas começou seu cargo efetivo no movimento neoliberal como um parceiro júnior com um histórico ideológico manchado. Muitos de seus colegas o viam com ceticismo, até mesmo hostilidade. Não se tratava apenas de sua recente conversão ao keynesianismo. Ele era treze anos mais novo que Hayek e mais de trinta anos mais novo que Mises. Não tinha lembrança alguma do Éden perdido antes de 1914. Para Friedman, a era estava envolta na neblina de um passado vastamente desconhecido, imbuída com um brilho romântico por seu histórico familiar e pela mitologia nacional norte-americana em vez de qualquer anseio pelas conquistas culturais do Império Austro-Húngaro. Friedman não desejava uma nova aristocracia europeia, mas a energia e o entusiasmo da fronteira norte-americana de John Wayne.

Os conflitos entre Friedman e seus mentores iam muito além de estilo. Suas ideias sobre a natureza da economia estavam infectadas tanto por uma noção norte-americana de progresso quando por um racionalismo científico profundo e quantitativo. Hayek e Mises se opunham agressivamente à virada matemática da profissão, movimento liderado por Samuelson após a guerra. Hayek, em especial, pregava um ceticismo radical sobre o conhecimento econômico humano. Para Hayek, a principal virtude do sistema de preços em um livre mercado era sua capacidade de processar um vasto conjunto de informações sobre preferências individuais que nenhuma pessoa seria capaz de compreender, muito menos de calcular. A inevitabilidade da ignorância humana, acreditava Hayek, fazia da intervenção governamental uma tarefa inviável que nenhum conjunto de estatísticas poderia superar.

Mas, assim como Samuelson, Friedman via a economia como algo muito próximo de uma ciência exata que poderia mover o progresso social por meio da observação empírica e da análise estatística. Onde as pessoas pareciam ter conflitos ideológicos, a economia poderia decidir ao revelar as consequências reais de diferentes políticas. Na visão de mundo alegre de Friedman, "diferenças sobre políticas econômicas en-

O RETORNO DO SÉCULO XIX 463

tre cidadãos desinteressados surgem predominantemente de diferentes previsões sobre as consequências econômicas das ações — diferenças que, em princípio, podem ser eliminadas pelo progresso da economia positiva — em vez de diferenças fundamentais sobre valores básicos, diferenças sobre as quais os homens, em última análise, só podem lutar".[8] Ver os fatos de maneira clara — e com uma quantidade suficiente de dados — faria com que as pessoas de boa-fé chegassem a um acordo. Para Hayek, o pensamento de Friedman motivado pelos dados fazia de sua ideologia "tão perigosa quanto a de Keynes".[9]

Hayek passou os anos pós-guerra batalhando para reconciliar seu entusiasmo pelo laissez-faire com alguma semelhança do Estado-nação do New Deal. Em 1962, ele foi incapaz de criar uma solução elegante para o problema e nenhuma de suas tentativas gerou qualquer tipo de reação pública como aquela conquistada por *O Caminho da Servidão*, duas décadas antes. *The Constitution of Liberty* ["Os Fundamentos da Liberdade", em tradução livre], obra que Hayek considerava como sua declaração política mais importante, foi um fracasso editorial na sua publicação em 1960, o mesmo ano em que a eleição de John F. Kennedy parecia condenar de uma vez por todas a viabilidade política de seu movimento intelectual. À medida que a fama pública de Hayek diminuía, as ideias keynesianas tornavam-se mais influentes e prestigiadas e o principal apoiador financeiro de Hayek na resistência intelectual, Harold Luhnow, perdeu a cabeça. Exausto e derrotado, Hayek recuou do cenário norte-americano e foi até a Universidade de Friburgo, uma instituição medieval fundada pela casa de Habsburgo, onde sua produção acadêmica reduziu consideravelmente.

A partida de Hayek criou uma abertura para Milton Friedman no topo da Sociedade Mont Pèlerin e da comunidade neoliberal mais ampla — e mais marginalizada do que nunca. Diferentemente de Hayek, Friedman não sentia a necessidade de se comprometer com a modernidade pós-New Deal. Em vez disso, ele adotou uma celebração alegre e inflexível do laissez-faire que considerava o livre mercado como quase completamente incompatível com a ação estatal. Para Friedman, nada poderia ficar no caminho do trabalho duro e das boas ideias — nem o racismo, a distinção de classes, nem mesmo o poder dos monopólios das grandes corporações. Possuidor de uma visão extremamente benevolente da humanidade, ele acreditava que não havia problema que o mercado não pudesse resolver — nem mesmo a guerra.

"Se um químico sente que fazer napalm é imoral, ele pode resolver seu problema escolhendo um emprego em que não precisará fazê-lo", disse Friedman para um jornalista da *Business and Society Review* em 1972. "Ele vai pagar um preço, mas o efeito final será que, se muitas e muitas pessoas se sentirem da mesma forma, o custo de contratar pessoas para a produção de napalm será alto, o napalm ficará caro e menos napalm será utilizado. Essa é outra forma com que o livre mercado oferece um mecanismo de voto muito mais sensível e sutil que o sistema político."[10]

Friedman havia trabalhado sob relativa obscuridade entre os anos 1940 e 1950, surgindo ocasionalmente em materiais acadêmicos, argumentando contra o controle de aluguéis (ele concluiu que esse controle, em última análise, aumentaria o valor dos aluguéis) e contra o licenciamento para médicos (novamente, trazendo um maior custo para os consumidores). Ele recusou uma oferta para fazer parte do CEA de Eisenhower, prevendo que o emprego exigiria muitas "concessões" de suas visões antigovernamentais, brincando ao dizer: "Eu acho que a sociedade precisa de alguns malucos, alguns extremistas."[11]

Assim como Hayek, Friedman sempre insistiu que não era um conservador, acreditando estar professando uma doutrina de inovação progressista. "Bom Deus, não me chame disso. Os conservadores são os New Dealers como Galbraith que desejam manter as coisas como estão. Eles querem conservar os programas do New Deal."[12] Sua retórica combinava populismo — o mercado era a voz do povo que o governo buscava suprimir — com uma celebração da genialidade histórica. "Newton e Leibnitz; Einstein e Bohr; Shakespeare, Milton e Pasternak; Whitney, McCormick, Edison e Ford; Jane Addams, Florence Nightingale e Albert Schweitzer" — todos forneceram um ímpeto "individual" para a mudança social de que "o governo jamais conseguiria duplicar".[13]

Mas ele se tornou um nome familiar em 1964 por sua associação com o movimento político conservador mais intransigente dos Estados Unidos: a campanha presidencial do senador do Arizona, Barry Goldwater. Seja lá o que Friedman falasse sobre suas visões, na prática o seu trabalho — assim como o de Mises e o de Hayek antes dele — criava uma sensação de legitimidade intelectual para políticas da extrema direita.

Nenhum "intelectual respeitável em Nova York... Estava disposto a defender Goldwater"[14] em 1964. "Nos círculos acadêmicos, confessar suas inclinações na direção de Goldwater se tornou quase a mesma coisa que possuir a letra escarlate", relatou o *Wall Street Journal.* "Mesmo grande parte dos negócios republicanos e da comunidade profissional tendem a torcer o nariz para os fãs de Goldwater."[15] Essa não foi uma divisão nascida de abstrações sobre controle de aluguéis e licenciamento médico. O caminho de Goldwater até a nomeação presidencial republicana consistia em unir os estados do Sul e do Oeste contra os republicanos do Norte, liderados por Nelson Rockefeller, um defensor dos direitos civis que ofereceu um apoio financeiro para o Dr. Martin Luther King Jr. "Quando Goldwater foi indicado pelo partido, os republicanos negros se tornaram uma espécie em risco de extinção", observou um historiador. "Na Geórgia, o triunfo dos apoiadores de Goldwater na convenção estadual levou praticamente à eliminação dos negros das posições de liderança."[16] O colunista de jornal conservador, Robert Novak, mencionou que o partido havia sido dominado por "republicanos que desejam, inconfundivelmente, estabelecer o Partido de Lincoln como o partido do homem branco".[17]

Goldwater insistiu que sua campanha era sobre a enganação do governo e não animosidade racial, e recrutou Friedman como conselheiro econômico. Mas os direitos civis eram a questão central das eleições primárias do Partido Republicano, bem como da eleição geral. Goldwater votou contra a Lei dos Direitos Civis de 1964 e realizou discursos se opondo à decisão de 1954 da Suprema Corte no caso *Brown v. Board of Education of Topeka,* que havia decidido que escolas públicas segregadas eram inconstitucionais. Embora ele concordasse pessoalmente "com os *objetivos* da Suprema Corte conforme citados na decisão do caso *Brown*", Goldwater se recusava "a impor esse julgamento sobre o povo do Mississippi ou Carolina do Sul".[18] Era "um problema deles, não meu", dizia ele. Friedman declarou a posição de Goldwater como "excelente", uma expressão ideal do princípio de "tratamento igual para todos, independentemente da raça".[19] Para Friedman, o mercado era uma panaceia; ele aumentaria o custo da guerra, do napalm e do racismo sem nenhuma diretiva desajeitada dos políticos.

Quando os distritos das escolas públicas começaram a se integrar contra sua vontade após o caso *Brown*, Friedman se opôs ao programa de transporte de ônibus que levava alunos negros e brancos de diferentes bairros para as mesmas escolas. Como uma alternativa, argumentou Friedman, o governo deveria fornecer vouchers para as famílias conseguirem vagas para seus filhos em escolas públicas ou privadas. O mercado competitivo resultante de fato libertaria os negros dos Estados Unidos da maneira mais direta e eficiente já ordenada por algum outro governo.

É claro que o fiel republicano que alavancou Goldwater em 1964 não acreditava em uma palavra de nada disso. A base de Goldwater não pensava que o caso *Brown* e a Lei de Direitos Civis era demasiadamente lenta e desajeitada para acabar com a segregação; eles foram até Goldwater *precisamente* porque esperavam que a ordem social do Sul segregacionista fosse mantida. Isso não era mistério algum durante a campanha, quando comentaristas políticos de dentro e de fora do partido denunciavam a virada segregacionista assumida pelo Partido de Lincoln. Mas mesmo após a grande derrota de Goldwater para Johnson, Friedman disse que não se arrependia sobre as políticas raciais da campanha. "A derrota dos republicanos até então dominantes e de Rockefeller foi um passo crucial na mudança gradual da opinião pública, afastando-se do liberalismo como popularmente conhecido e movendo-se na direção de um conservadorismo de livre mercado",[20] recordou ele. Nem todos em seu círculo intelectual concordavam. Hayek apoiou a Lei dos Direitos Civis de sua posição cada vez mais irrelevante na academia alemã.

Friedman acreditava que a liberdade seria encontrada não na capacidade humana de se autogovernar, mas na capacidade de cada indivíduo de participar de um mercado. O único papel legítimo para o governo era estabelecer as instituições necessárias para o capitalismo de livre mercado: um exército para se defender contra a agressão estrangeira, uma força policial para proteção contra roubos e um banco central para garantir um sistema monetário adequado para facilitar o câmbio. Ele detalhou essas ideias em *Capitalismo e Liberdade*, livro que ele escreveu com apoio financeiro de um confuso Luhnow e publicou em 1962.

"Por trás de grande parte dos argumentos contra o livre mercado existe uma ausência de crença na liberdade em si", escreveu Friedman.

"Um livre mercado" era "um sistema de liberdade econômica e uma condição necessária para a liberdade política".[21] Apesar de todas as suas diferenças com Hayek, essa ideia relacionou Friedman com as ideias sobre a Depressão e a ascensão do totalitarismo que seu mentor havia expressado em *O Caminho da Servidão*. De acordo com essa doutrina, regimes totalitários alcançavam o poder quando governos perdiam a fé no laissez-faire. Essa era uma clara rejeição da narrativa apresentada por Keynes, em que os nazistas e os bolcheviques beneficiavam-se do desespero material causado pela disfunção do mercado. Mas Friedman não estava sozinho em sua crença sobre uma relação entre a "liberdade econômica" e "liberdade política"; Keynes também acreditava nisso. Os dois homens apenas definiam a liberdade de formas diferentes. Para Keynes, a liberdade econômica incluía uma garantia de segurança material e os ingredientes básicos para a boa vida de Bloomsbury. Para Friedman, ela significava apenas a habilidade de participar na economia do mercado. E, portanto, quando críticos atacaram Friedman por sua decisão de aconselhar o ditador chileno Augusto Pinochet em sua campanha de assassinato e repressão política, Friedman argumentou que ele estava tentando trazer a liberdade política por meio da liberdade econômica. Quando a China adotava reformas mais amigáveis com o mercado no final do século XX, Friedman disse que as mudanças confirmavam sua "fé no poder dos livres mercados", que os cidadãos chineses eram agora "mais livres e mais prósperos do que eram sob o governo de Mao" e que a reforma econômica garantia que as políticas chinesas estavam "caminhando na direção certa".[22] Um quarto de século depois, o governo chinês continua a encarcerar, torturar e assassinar seus dissidentes políticos.

Capitalismo e Liberdade, conforme observou o historiador Daniel Stedman Jones, era uma entrada tardia em uma "Guerra Fria de ideias". O livro "consistentemente associa o liberalismo do New Deal ao socialismo e até mesmo ao comunismo", uma tática de "culpa por associação" tão emblemática do "macartismo" que Friedman "tepidamente" repreendeu nas páginas do livro.[23] Para Friedman, as diferenças entre o liberalismo do New Deal e o totalitarismo soviético eram superficiais. Como Mises, ele acreditava que nenhum meio-termo filosófico poderia existir entre os dois, e ele prontamente identificou o imposto de renda, a segurança social e a educação pública como políticas "socialistas".

Enquanto isso, Friedman trabalhava para colocar as implicações antidemocráticas de sua visão de mundo em prática. Quando o debate sobre a cumplicidade dos Estados Unidos para com o sistema do apartheid na África do Sul começou a esquentar nos anos 1970, Friedman viajou até a Cidade do Cabo, onde ele realizou um discurso argumentando contra o sufrágio universal dos sul-africanos negros. O "mercado político" do voto, insistiu ele, de maneira injusta pesaria as políticas sul-africanas na direção de "interesses especiais". O livre mercado econômico, entretanto, era "um sistema de representação proporcional eficaz" que oferecia a verdadeira liberdade para os sul-africanos. O progresso sob o apartheid não surgiria da expansão dos direitos de voto em uma democracia política, mas de um aumento nos investimentos estrangeiros e no comércio não regulado.[24] Friedman reconheceu "a extraordinária desigualdade de riqueza" na África do Sul, com sua "grande escassez de empreendedorismo negro" e "capital negro". Ele não tinha ilusões sobre as práticas dos magnatas corporativos da região. Ele descreveu o presidente da Mobil Oil South Africa como um homem "fanático" com "atitudes insensíveis". Mas ele também disse aos líderes políticos durante sua viagem pelo país que "uma política laissez-faire é a única política que possibilitaria uma sociedade como a sul-africana ter uma sociedade multirracial pacífica", porque era a única organização capaz de "possibilitar que as pessoas cooperassem economicamente sem fazer disso uma questão de ação legislativa".[25]

Tal antipatia direta pela democracia era notável durante a Guerra Fria, quando mesmo os conservadores ardentemente anticomunistas apontavam para a democracia nos Estados Unidos como um ideal político superior à ditadura soviética. E, ainda assim, como observado por Galbraith, nos anos 1970, com democracia ou não, "a era de John Maynard Keynes abriu espaço para a era de Milton Friedman".[26]

Na primavera de 1967, os gestores econômicos keynesianos das administrações de Kennedy e Johnson pareciam invencíveis. A taxa de desemprego caiu de 7,1% para apenas 3,8% durante o primeiro ano de Kennedy, enquanto todas as medidas de inflação permaneceram abaixo de 3%. O corte tributário criticado por Galbraith trouxe anos de um forte crescimento econômico. Ajustada para a inflação, a economia cresceu 6,5% tanto em 1965 quanto em 1966, o melhor desempenho de

O RETORNO DO SÉCULO XIX

dois anos desde o pequeno boom durante a Guerra da Coreia em 1950 e 1951.[27] Discursando em um simpósio econômico, Samuelson declarou a Curva de Phillips — o trade-off direto e estatisticamente robusto entre a inflação e o desemprego — como "um dos conceitos mais importantes de nossa época",[28] uma ferramenta que revolucionou a teoria e a prática econômica.

E, portanto, Friedman deve ter parecido um tanto quixotesco naquele dezembro quando, durante a reunião anual da AEA, condenou o registro econômico da administração de Kennedy e Johnson como uma miragem perigosa que levaria a uma inflação fora de controle. Essa era uma afirmação audaciosa. Friedman não se contentou com acusações de má gestão ou de mau julgamento. Todo o consenso teórico dos economistas desde a Grande Depressão precisaria, insistiu ele, ser jogado fora. Tal declaração não se tratava de um mero ataque político à presidência de Johnson, era um ataque político ao próprio John Maynard Keynes. Seja lá o que seus oponentes ideológicos pensassem sobre as visões políticas de Friedman, ninguém poderia dizer que ele não tinha coragem.

Ele começou seus ataques ainda na década 1930. Keynes, argumentou Friedman, minimizou injustamente o poder da política monetária em sua avaliação sobre a crise. Para Keynes, "o dinheiro não importava". Um dinheiro com baixo custo não acabara com a Depressão e, portanto, a política fiscal precisava ser o principal conduíte da administração econômica. Porém, Friedman e a economista Anna Schwartz reuniram um impressionante conjunto de dados em *A Monetary History of the United States* ["Uma História Monetária dos Estados Unidos", em tradução livre] sugerindo que a política monetária foi excessivamente rígida durante os primeiros anos da Depressão, em grande parte porque o Fed não resgatou o sistema bancário e as falências dos bancos resultantes disso acabaram com os depósitos dos consumidores e prejudicou os créditos dos negócios. Esse fracasso regulatório do Fed, disse Friedman, deu início à Depressão, que por sua vez foi agravada pelas políticas do New Deal nos anos 1930. Contrariando a sabedoria keynesiana predominante, a Depressão não foi um fracasso do capitalismo, mas, em vez disso, foi um resultado catastrófico da má administração governamental.

De acordo com a narrativa de Friedman, o keynesianismo não havia apenas diagnosticado erroneamente a Depressão; ele havia previsto um mundo que nunca veio a acontecer. Após a guerra, os keynesianos previram uma depressão. Em vez disso, a Europa e os Estados Unidos experimentaram um boom econômico acompanhado de uma inflação nos preços, que com o tempo foi controlada por políticas monetárias — um fato que, de acordo com Friedman, refutava a insistência keynesiana na "impotência" da política monetária.

O keynesianismo falhou duas vezes: ele se baseou em dados insuficientes sobre os anos 1930 e não previu o verdadeiro movimento econômico dos Estados Unidos pós-guerra. Friedman apresentou uma grande teoria para substituí-lo. A força motora da atividade econômica, argumentou ele, era a oferta monetária. Quando ela se expandia, as pessoas gastavam mais, recebiam maiores salários e pagavam maiores preços. Mas, de forma crucial, o aumento dos preços criava uma *expectativa* por preços ainda maiores — e isso poderia levar a um ciclo inflacionário vicioso. A crença de que os preços poderiam subir faria com que os varejistas aumentassem seus preços, inspirando os sindicatos trabalhistas a exigir aumentos salariais. A concessão desses aumentos geraria ainda mais expectativa por aumentos futuros. A inflação poderia assumir vida própria, mesmo quando os legisladores não esperavam por isso. Os pequenos aumentos de preços da economia de Johnson eram como o canário da mina de carvão.

O que, então, um banqueiro central deveria fazer com essa perigosa ameaça de uma espiral inflacionária sempre à espreita? De acordo com Friedman, havia uma "taxa natural" de desemprego abaixo da qual nenhum legislador, seja fiscal ou monetário, poderia levar a economia sem causar inflação. Era difícil apontar exatamente qual seria essa "taxa natural"; ela dependia da tecnologia, produtividade, taxas de sindicalização e políticas regulatórias. Porém, tentativas de ajustar políticas fiscais ou monetárias para melhorar a taxa de empregabilidade eram uma tarefa infrutífera. Em longo prazo, não havia um trade-off entre a inflação e o desemprego; havia apenas a taxa natural do desemprego à qual a economia, com o tempo e de maneira teimosa, definiria. A Curva de Phillips tão valorizada por Samuelson e Solow simplesmente não era verdadeira. E o espectro sempre presente da inflação viciosa fazia da ideia de tolerar uma inflação "controlada" ou "limitada" em nome de

O RETORNO DO SÉCULO XIX

471

uma pequena redução na taxa de desemprego um jogo muito perigoso. Friedman sugeriu, em vez disso, uma regra geral de aumentar de forma regular a oferta monetária a todo momento — o suficiente para acomodar o crescimento econômico natural, mas não para gerar expectativas de aumentos de preços substanciais. Essa estratégia, argumentou ele, deve ser seguida tanto em booms quanto em recessões. A chave era manter a expectativa de preço estável e permitir que as forças econômicas "naturais" fizessem sua mágica para restaurar a harmonia econômica sempre que houvesse disrupções econômicas. Friedman chamou essa doutrina de *monetarismo*[29] e a apresentou conscientemente como uma "contrarrevolução" contra Keynes em seu trabalho subsequente.[30]

Essa foi uma apresentação retórica habilidosa realizada por um experiente contador de histórias. No entanto, havia um problema com sua história. Keynes previu um boom pós-guerra, não uma depressão (e Galbraith também, em "194Q"). Ele nunca afirmou que políticas monetárias não eram importantes. Ele se opôs ao uso de altas taxas de juros como dispositivo político porque era o método mais socialmente destrutivo disponível para a redução de preços. Ele nunca disse que não funcionava. E, embora fosse verdade que Keynes tinha uma nítida preferência pela política fiscal em detrimento da política monetária no combate das dificuldades financeiras, ele acreditava em algumas circunstâncias em que uma política monetária frouxa melhoraria a taxa de empregos; tudo dependeria de quais mudanças e atitudes incertas sobre o futuro eram predominantes.

Em seu entusiasmo para se apresentar como um anti-Keynes, Friedman ignorou o quanto suas próprias ideias dependiam do pensamento keynesiano. O seu monetarismo era, em essência, uma reabilitação de uma ideia que Keynes apresentou em 1923, atualizada com a ajuda de um conhecimento importante presente em *A Teoria Geral*. Em *A Tract on Monetary Reform*, Keynes argumentou que o objetivo da legislação econômica era garantir que os bancos centrais estabelecessem níveis de preços estáveis — um argumento que ele compartilhava com outros monetaristas anteriores, incluindo Irving Fisher, que Friedman agora citava como sua única inspiração. Em *A Teoria Geral*, Keynes dividiu a distinção tradicional feita pelos economistas entre "a economia real" dos recursos e produção e a "economia monetária" dos salários e preços. Para Keynes, o dinheiro não era um dispositivo neutro que simplesmente media o que estava acontecendo no mundo real. Crenças e expectativas sobre o dinheiro, argumentou ele, tinham repercussões no mundo da produção. Friedman pegou essas ideias sobre expectativas e as aplicou de maneira seletiva na inflação salarial e dos preços. Esse era um modelo keynesiano — mas um modelo que atribuía a responsabilidade pela administração econômica exclusivamente aos bancos centrais em vez de governos eleitos.

Harry Johnson, colega de Friedman na Universidade de Chicago, reconheceu as semelhanças, dizendo para Friedman que seu monetarismo "consegue, de maneira muito hábil, evitar e menção da contribuição de Keynes para a teoria da demanda de dinheiro e qualquer sugestão de sua existência". Johnson via Friedman como em uma guerra política por procuração entre os "democratas keynesianos liberais e os republicanos anti-keynesianos radicais",[31] brincando com as palavras e rótulos para fazer sua posição soar mais revolucionária do que realmente era. E, de fato, os adeptos da direita radical que identificavam a estrutura keynesiana no modelo de Friedman se sentiam desconfortáveis com sua nova linha de ataque, vendo esse modelo como um Keynes em pele de cordeiro. Um Hayek confuso disse a um entrevistador: "O monetarismo de Milton e o keynesianismo têm mais coisas em comum do que eu tenho com ambos."[32] Para Hayek, que acreditava que as depressões simplesmente deveriam seguir seu curso, até mesmo a terapia monetária era perigosa.

Então havia também os problemas técnicos. Friedman não conseguia estabelecer uma única definição consistente do dinheiro ou da oferta monetária. Ele evitou questões empíricas sobre a correlação entre taxas de juros, o desemprego e a quantidade de dinheiro, insistindo que a passagem do tempo em operações dos bancos centrais dificultava tais observações. Baixas taxas de juros, disse ele, eram "um sinal de que a política monetária *tem sido* rígida" — em vez de um sinal de que ela foi rígida em qualquer momento. Havia uma harmonia entre a estratégia política do Partido Republicano e o foco de Friedman na inflação. Em 1966, Richard Nixon começou sua campanha em todo o país, atacando Johnson como um inflacionista fraco e irresponsável. A acusação não fazia sentido, conforme os economistas democratas rapidamente comentaram; a inflação contra a qual Nixon se posicionava era uma invenção de sua imaginação. Mas ela também dava a Nixon uma questão

O RETORNO DO SÉCULO XIX

técnica que demonstrava uma atenção a políticas sérias para além da demagogia sobre a integração racial que os republicanos estavam usando para conquistar as deserções do setor branco do Partido Democrata. Ao falar sobre a inflação em 1967, Friedman estava oferecendo uma seriedade acadêmica especializada no ataque político, assim como uma geração de keynesianos deu prestígio acadêmico às prioridades do Partido Democrata.

O tempo estava do lado de Friedman. Mesmo em 1966, o Council of Economic Advisors (CEA) de Johnson havia lhe avisado que o ritmo do gasto da guerra no Vietnã estava dificultando a manutenção do nível dos preços. O governo precisou de controles de preços e racionamento para manter os preços baixos durante a Segunda Guerra Mundial. Além disso, o Federal Reserve agora estava aumentando as taxas de juros para conter a pressão inflacionária causada pelo gasto na Guerra do Vietnã. Apesar dos esforços do Fed, os preços começaram a crescer em 1968 e aceleraram em 1969. E então, em 1970, algo verdadeiramente chocante ocorreu: a taxa de desemprego começou a aumentar enquanto a inflação aumentava ainda mais rápido. O crescimento ficou negativo, marcando o início formal de uma recessão. Em 1971, a taxa de desemprego estava em 6%, o maior nível sustentado em uma década, enquanto a inflação estava alcançando 5%, mais do que suficiente para que as pessoas sintam o poder de compra reduzido de seus salários.

Essas não eram condições de crise pelos padrões da Grande Depressão, mas despertaram um pânico entre os economistas. O crescimento simultâneo do desemprego e da inflação minaram a legitimidade científica da Curva de Phillips; se havia um trade-off entre o desemprego e a inflação, como ambos poderiam subir ao mesmo tempo? E, durante uma década, a Curva de Phillips havia sido praticamente um sinônimo de keynesianismo. A classe dos economistas, liderada na esquerda por Paul Samuelson e na direita por Milton Friedman, insistira no rigor matemático e na precisão preditiva como os marcos da virtude teórica. Agora os valores não estavam fechando. O presidente do Federal Reserve, Arthur Burns, avisou ao Congresso que "as regras da economia não estavam mais funcionando como costumavam".[33]

E, no começo dos anos 1970, a absoluta dominação do pensamento keynesiano em toda a classe fez dela vulnerável às mudanças dos para-

474   O PREÇO DA PAZ

digmas políticos. A economia keynesiana não era um conjunto de ideias largamente utópicas que Keynes apresentou ao governo britânico como uma razão para estabelecer o Serviço Nacional de Saúde e uma era dourada de menores cargas horárias semanais e de teatros da comunidade. Burns não era um liberal sonhador, assim como também não era o típico economista keynesiano. Os conselheiros econômicos do presidente Nixon incluíam economistas keynesianos politicamente conservadores que abraçaram a doutrina *apesar* das conotações politicamente liberais de seus adeptos na presidência Johnson, conquistados por seu aparente poder empírico. Herbert Stein, que com o tempo passaria a presidir a CEA de Nixon, publicou um livro em 1969 chamado *The Fiscal Revolution in America* ["A Revolução Fiscal nos Estados Unidos", em tradução livre], que elogiava o keynesianismo por seu rigor científico e sua capacidade de implementar objetivos políticos conservadores e duradouros, incluindo o corte tributário de Kennedy e Johnson. Para esses homens, o colapso da Curva de Phillips justificou o questionamento do quanto Friedman poderia estar correto — não apenas sobre Samuelson e o período Kennedy-Johnson, mas também sobre o próprio Keynes.

Trinta e cinco anos de uma legislação keynesiana não poderiam, entretanto, ser desfeitos por um ano de uma atividade incomum dos preços. O esforço de Galbraith para conquistar as corporações dos Estados Unidos nos anos 1940 e 1950 converteu muitas pessoas além da academia que não se consideravam hippies. Mesmo Johnson se acostumou a receber muitos aplausos em seus discursos para empresários norte-americanos.

A figura mais estranha e imprevisível desse meio era o próprio presidente. Richard Nixon venceu sua primeira disputa política em 1946 ao criticar o Office of Price Administration como um terreno fértil para o comunismo com C maiúsculo. Ao assumir o cargo, ele se tornou conhecido após derrotar quase sozinho o espião soviético Alger Hiss, usando sua posição no Comitê de Atividades Antiamericanas para servir como exemplo a ser invejado pelo próprio Joe McCarthy. Paranoico crônico, Nixon entrelaçou seus anos na Casa Branca com discursos longos e reservados sobre seus "inimigos", conspirações judaicas e a nova e mole

O RETORNO DO SÉCULO XIX

geração que estava transformando os Estados Unidos em uma nação fraca.

Ele cultivou um ódio especial por Galbraith. De volta a 1956, Galbraith escreveu um discurso para Adlai Stevenson atacando Eisenhower por compartilhar a candidatura republicana com Nixon. "Nixonlândia", de acordo com Galbraith, era "uma terra de calúnia e pânico; a terra das insinuações maliciosas, da caneta venenosa, da ligação anônima e dos acotovelamentos e empurrões; a terra de esmagar e agarrar, e qualquer coisa necessária para a vitória".[34] Enquanto Nixon se apresentava como o defensor popular dos norte-americanos comuns, Stevenson e Galbraith o viam como um servo dos super-ricos, um estelionatário tentando desmantelar os programas que o Partido Democrata implementou para criar a mesma classe média que agora Nixon afirmava representar. Com o herói de guerra Ike, como Eisenhower também era conhecido, recuperando-se de um ataque cardíaco, Stevenson e Galbraith tentaram transformar a eleição de 1956 em um referendo sobre Nixon. Stevenson perdeu com ampla margem de diferença, mas Nixon recordava-se dos danos infligidos à sua reputação. Como detalhado por Richard Parker, biógrafo de Galbraith, em reuniões fechadas com conselheiros da Casa Branca, Nixon fantasiava sobre punir Galbraith diante da imprensa, de transformá-lo em um "goblin terrível" e fazer de seu nome um pa-ra-raios político que faria "os candidatos e porta-vozes republicanos o repudiarem".[35]

Nixon culpou o CEA de Eisenhower pela fraqueza econômica em 1960 e culpou a fraqueza da economia de 1960 por sua perda para J.F.K. Quando a economia parecia lenta em 1958, Eisenhower fez um grande deficit. Quando a economia estava mais forte em 1959 e 1960, Eisenhower cortou os gastos para controlar a inflação, mas o resultado foi uma desaceleração da economia. A derrota eleitoral de Nixon por uma margem minúscula resultou em anos de vergonha e frustração. Como vice-presidente, Nixon trabalhou com a CIA para derrubar governos de esquerda no Irã e na Guatemala. No começo dos anos 1960, ele foi reduzido à função de consultoria política e de escrever livros sobre política — um trabalho de fim de carreira para um profissional acabado. Sua rota de volta para a Casa Branca dependeu da implosão do Partido Republicano ao redor de Goldwater em 1964 e da fragmentação do Partido Democrata sobre o Vietnã — e, mesmo assim, Nixon

476   O PREÇO DA PAZ

devotou anos de sua vida a lutar e montar uma estratégia capaz de tirá-lo desse obstáculo.

Tudo isso porque a equipe de Eisenhower foi um pouco rígida demais com o dinheiro federal em 1960. Nixon estava determinado a impedir que a história se repetisse em 1972. No entanto, conforme 1970 se tornava 1971, uma reeleição parecia tarefa hercúlea. A Guerra do Vietnã de Nixon foi tão impopular quanto a de Johnson e não combinou nada com o crescente desemprego. Em uma pesquisa, apenas 27% dos eleitores declararam que gostariam de ver um segundo mandato de Nixon.[36]

No dia 4 de janeiro de 1971, após dois anos de orçamentos equilibrados, Nixon soltou uma bomba em uma equipe de repórteres de televisão ao revelar ao vivo: "Agora eu sou keynesiano na economia." Tal observação foi parar no *New York Times* em questão de dias e, dentro de algumas semanas, o presidente estava defendendo um orçamento federal que "entraria em equilíbrio ao alcançar o pleno emprego" — uma forma gentil de dizer que ele administraria com um deficit de US$23 bilhões. O governo não via um deficit desse tamanho desde a presidência de Eisenhower. Liberais em Washington não sabiam exatamente como reagir. Lá estava um presidente conservador da ala de McCarthy do Partido Republicano elogiando Keynes e apoiando um gasto deficitário para ajudar a economia. Seria isso algo positivo?

Em um depoimento diante do Comitê Econômico Conjunto do Congresso no dia 20 de julho, Galbraith ofereceu uma saída aos leais democratas, dizendo aos legisladores que "o Sr. Nixon havia se declarado como keynesiano no exato momento da história em que Keynes se tornou obsoleto". Vinda de um dos keynesianos mais proeminentes dos Estados Unidos, essa declaração era alarmante. E foi acompanhada de uma solução política igualmente alarmante: Galbraith disse que o governo deveria impor controles diretos de preço em todas as empresas com pelo menos 5 mil funcionários — as 2 mil maiores empresas dos Estados Unidos.[37]

Para Galbraith, a confusão dos números da inflação e do desemprego que tirou o mérito da Curva de Phillips era um produto do monopólio corporativo e de poderosos sindicatos. "Tem havido uma redução no conflito entre administração e trabalho, uma tendência cada vez maior

O RETORNO DO SÉCULO XIX

a resolver as dificuldades não por meio do conflito tradicional, mas, após alguns insultos cerimoniais, a corporação concede as exigências mais urgentes dos sindicatos e passa o custo, na forma de maiores preços, para o consumidor."

A retórica de Galbraith soava mais extrema do que ela realmente era. Em 1971, os Estados Unidos estavam em guerra com o Vietnã por oito anos. O conflito não era um pequeno empreendimento; mais do que 2,5 milhões de norte-americanos foram enviados para o Vietnã ao longo da guerra, o que acabou custando US$141 bilhões para realizar, sem contar os benefícios pagos aos veteranos quando eles retornaram aos Estados Unidos.[38] Todo o orçamento governamental de 1966 — a Grande Sociedade e todo o resto — somava um total de US$134 bilhões. O país impôs um controle de preços durante períodos de guerra nos anos 1940 e não era muito difícil de imaginar tais políticas retornando durante um conflito com a mesma escala da Guerra do Vietnã. E a explicação teórica de Galbraith para sua proposta era frágil. Ele estava defendendo sua mesma linha de raciocínio sobre grandes empresas e grandes sindicatos mudando de forma fundamental o cenário econômico ao longo dos últimos vinte anos, mas a Curva de Phillips só entrou em colapso em 1970. A separação com Keynes tinha uma maior relação com a vaidade de Galbraith do que com uma leitura de seu antecessor. Se a nova era exigisse um novo grande teórico, como Galbraith sugeriu, então ele estava pronto para servir.

No entanto, o anúncio de Galbraith de que a Era de Keynes havia acabado refletia também o dano que o legado keynesiano sofreu em poucos anos. A tentativa de Friedman de usar um problema em uma teoria econômica de Samuelson e Solow — a Curva de Phillips — para descredibilizar Keynes estava funcionando. Até mesmo Galbraith não mais desejava ser manchado por sua associação com o temido Keynes.

Nixon odiava ser motivo de piada, especialmente nas mãos de um sabe-tudo de Harvard-Kennedy-Camelot como Galbraith. Oito dias após seu depoimento, o presidente teve quatro horas de reuniões no Escritório Oval nas quais vociferou para membros do gabinete sobre o pesadelo político construído por seus "inimigos": "os negros e os judeus" que não votariam nos republicanos, os CEOs que agiam como "malditos sacos de estrume" e os "ignorantes católicos irlandeses" que se passavam por líderes sindicais. Alguém precisava ser culpado por toda essa bagunça. Ele disse ao secretário do Tesouro, John Connally, um democrata conservador do Texas, "Eu sei que você frequentemente usa o seu princípio de que 'é bom ter um inimigo' — bem, um dos melhores inimigos que eu consigo pensar é John Kenneth Galbraith". O depoimento recente "desse filho da puta" acabou "revelando o que esses malditos New Dealers querem. Eles querem outro OPA, querem o controle da economia, querem controlar os salários e os preços". Nixon rosnou para Connally: "Saia daqui e faça disso um problema — e acabe com ele."[39]

Mas a crise intelectual da Curva de Phillips estava abrindo caminho para uma crise nas relações internacionais. Duas semanas após o presidente falar para Connally acabar com Galbraith, o Tesouro britânico informou ao governo Nixon que fortaleceria a libra ao trocar US$3 bilhões em recursos norte-americanos — dólares e títulos do Tesouro — por ouro. Em essência, esse era um voto de desconfiança contra a administração de inflação dos Estados Unidos. Eles eram os únicos no sistema de Bretton Woods com uma moeda que poderia ser convertida em ouro. Para os britânicos, não havia diferença entre ter dólar e ter o valor do dólar em ouro — a menos que eles esperassem uma queda no valor desses dólares. Os Estados Unidos estavam escoando ouro há anos graças às pressões inflacionárias e ao novo fenômeno do deficit comercial do país. Portanto, os parceiros comerciais dos Estados Unidos cada vez mais preferiam obter ouro do que dólar. A decisão da Grã-Bretanha com certeza agitaria os mercados financeiros de todo o mundo. Um gesto ousado e multibilionário de um aliado diplomático próximo poderia até mesmo causar uma corrida ao dólar. Ninguém poderia adivinhar o que isso significava para a ordem financeira e comercial internacional que se baseava em dólares. Os Estados Unidos e o mundo estavam à beira do precipício de sua primeira crise econômica aguda e desastrosa desde a Grande Depressão.

Naquela sexta-feira, Nixon viajou de helicóptero até Camp David com sua equipe econômica, seus auxiliares e redatores de discursos mais próximos e o presidente do Fed, Arthur Burns (embora o Fed fosse formalmente independente do governo desde 1951, Burns era um leal republicano que queria melhorar a perspectiva de reeleição de Nixon).

O RETORNO DO SÉCULO XIX

Lá, muitos descobriram pela primeira vez que o presidente e seu secretário do Tesouro estavam se encontrando em segredo há meses, desenvolvendo um abrangente programa econômico para substituir Bretton Woods e recuperar a esperança eleitoral do Partido Republicano para 1972.

Nixon abandonaria o último vestígio de padrão-ouro, recusando-se a honrar compromissos internacionais para a troca de dólares e títulos do Tesouro por ouro. Haveria um programa maciço de estímulo monetário e fiscal — baixas taxas de juros e cortes tributários amigáveis às empresas, além de uma tarifa de 10% em todas as importações para melhorar a posição competitiva dos fabricantes domésticos. O governo também reduziria a inevitável inflação decorrente do programa ao fazer algo que nenhum outro presidente republicano do século XX sonhava em fazer: na noite de domingo, Nixon anunciaria um congelamento salarial e de preços em todo o país e o começo de um novo programa de controle de preços que perduraria até o dia da eleição.

Os assessores de Nixon ficaram perplexos. Stein recordou de uma "suspensão de descrença" que invadiu o restante da reunião, conforme os assessores definiam o preço, o gasto e os planos de taxas de juros em um torpor delirante. "Após apenas algumas horas", de acordo com o historiador econômico Richard Parker, "o grupo fez um recesso", deixando os redatores de discursos e os assessores políticos de Nixon para refinar o discurso da noite de domingo.[40]

Havia uma certa lógica de direita por trás da mudança de opinião de Nixon sobre o controle de preços. A verdadeira paixão do presidente era a guerra, não a política econômica. Ele foi eleito ao prometer levar o conflito no Vietnã a uma conclusão rápida e honrosa. Mas ele, em quase todos os aspectos, acabou aumentando a escala da violência. Autorizou uma expansão secreta da guerra até o Camboja e intensificou drasticamente as operações da CIA em Laos com um programa que assassinou dezenas de milhares de civis. No Vietnã, Nixon havia recentemente começado a reduzir as tropas no local — motivado por protestos antiguerra no seu país e envergonhado pelo massacre de Kent em 1970 e a publicação dos Pentagon Papers, ou Papéis do Pentágono, no começo de 1971. No entanto, a menor quantidade de soldados norte-americanos na região tornou politicamente mais fácil que Nixon amplificasse o número de baixas vietnamitas. Ele autorizou grandes bombardeios que incluíam ataques em infraestruturas civis essenciais. Em 1972, pensou seriamente em usar "a bomba nuclear", pressionando o Secretário do Estado Henry Kissinger a "pensar grande, pelo amor de Deus".[41]

Nixon pensava em seu plano econômico de forma semelhante, dizendo aos conselheiros que desejava uma "guerra total em todas as frentes econômicas", algo ousado e forte que mostraria "a esses vermes desgraçados como Galbraith e Kennedy"[42] quem tinha a coragem de fazer o que era necessário para restaurar o propósito norte-americano. Se isso significava a criação de algumas vítimas dos totens econômicos conservadores, então que seja.

Na noite após a reunião da equipe, o Chefe de Gabinete H. R. Haldeman encontrou Nixon sozinho em sua cabana em Camp David, encarando uma barulhenta fogueira no escuro, "em um de seus climas mais místicos". O presidente contou para Haldeman que o verdadeiro propósito de seu plano econômico era "mudar o espírito" do país. "Nunca permitir que os Estados Unidos aceitem ficar em segundo lugar", disse ele.[43] "Você deve ter um objetivo maior do que você, seja uma nação ou uma pessoa, ou nunca será grande."[44] Como Keynes, Nixon compreendia que a política econômica estava preocupada com muito mais do que estatísticas e buscou revitalizar o país com uma ação econômica agressiva. Diferentemente de Keynes, ele era apaixonado pela guerra.

Dois dias depois, o país se encontrou em um choque semelhante àquele experimentado pelo círculo interno de Nixon. O telefone de Galbraith começou a tocar enquanto Nixon ainda falava com a câmera e ele não parou de falar com repórteres até após a meia-noite. Comparado a outros grandes programas governamentais, o programa de Nixon não era muito liberal. Ele incluiu um corte de US$5 bilhões nos gastos domésticos no pacote e os cortes tributários ficaram largamente a favor das grandes corporações e dos ricos. Bretton Woods era uma organização diplomática que foi conquistada por muito esforço e cujo fim Galbraith desaprovava de maneira firme, mas ele estava quase delirante com a conversão repentina de Nixon sobre o controle de preços, dizendo para o *Washington Post* que se sentia "como uma prostituta que acabava de descobrir que sua profissão não era apenas legal, mas um serviço público municipal do mais elevado".[45] Essa era uma avaliação consideravelmente generosa de um homem que atacou os cortes tributários da era da Guerra do Vietnã de Johnson como um "keynesianismo reacionário". Nixon estava assumindo o controle de todas as partes reacionárias da agenda de Johnson, desde o código tributário até a tonelagem de produção de napalm.

O consenso dos economistas levemente à direita de Galbraith era ainda mais apoiador. Samuelson disse ao *New York Times* que "ele aprovava tudo" mencionado por Nixon com exceção do corte dos gastos, enquanto Arthur Okun, um presidente samuelsoniano do CEA durante a presidência de Johnson, declarou ao jornal que os republicanos "deram um salto rumo ao realismo".[46] Em seu discurso para a AEA alguns meses depois, Joan Robinson foi mais cautelosa, observando que mesmo um congelamento de preços "bem-sucedido", na melhor das hipóteses, "manteria todos na posição em que se encontravam quando a busca por ganhos relativos parou". O plano de Nixon, disse ela, foi criado não para melhorar o poder social dos trabalhadores, mas para "perpetuar a divisão de renda entre trabalho e propriedade que já existia quando ele teve início". Robinson sugeriu que a barganha salarial seria mais explicitamente política sob o sistema de Nixon — uma perspectiva que pode ou não ser boa para os trabalhadores.

Friedman ficou fora de si ao saber do congelamento de preços, escrevendo para a *Newsweek*: "Cedo ou tarde... acabará como todas as tentativas anteriores de congelar preços e salários, desde a época do imperador romano Diocleciano até os dias atuais, um completo fracasso e uma emergência da inflação suprimida."[47] O presidente da AFL-CIO, George Meany, reclamou que o congelamento salarial não incluía um congelamento complementar sobre os dividendos ou lucros corporativos, significando que executivos e acionistas colheriam os frutos do ousado plano de Nixon. Isso pouco importava; todo o país aguardava que Nixon fizesse algo grande e corajoso na economia e, para a maioria das pessoas, o "Novo Programa Econômico" de Nixon se encaixava nessa proposta. E ele funcionou, pelo menos durante algum tempo. Ao longo dos dois anos seguintes, a inflação caiu de cerca de 5% para abaixo de 3%, enquanto a taxa de desemprego caiu de 6% para 5% e o crescimento voltou a subir para mais de 5%. E esse programa foi extremamente popular. Uma quantidade impressionante de 73% do país desaprovava a manipulação de Nixon da economia no verão de 1971. Uma pesquisa da Casa Branca conduzida uma semana após o discurso de Nixon descobriu que 75% do país aprovavam seu novo plano. "Em todos os anos que trabalho com isso", observou o pesquisador, "nunca vi nada tão unânime, exceto por Pearl Harbor".[48]

O resto do mundo estava horrorizado. A separação repentina de Nixon com o acordo de Bretton Woods sinalizou um completo colapso da liderança econômica norte-americana. Os Estados Unidos destruíram o próprio sistema internacional que insistiram em criar ao final da Segunda Guerra Mundial, e fizeram isso de forma a evitar pôr um fim à brutal guerra no Vietnã. Nixon, na prática, agiu por intuição, sem realizar uma preparação sobre como os mercados financeiros internacionais reagiriam a esse anúncio ou como a ordem monetária global seria ajustada. O fato de os mercados financeiros não terem entrado em pânico nem colapsado era incrível.

Outra onda de trauma econômico estava caminhando rumo aos Estados Unidos. Nixon suspendeu os controles de preços após sua grande vitória sobre o senador da Dakota do Sul, George McGovern, em 1972. Os preços subiram muito ao longo de 1973 e receberam mais um empurrão no outono, quando a Organização dos Países Árabes Exportadores de Petróleo (OPAEP ou OAPEC, na sigla em inglês) declarou um embargo ao petróleo em uma tentativa de punir os Estados Unidos por apoiar Israel na Guerra do Yom Kippur. Os preços do petróleo quadruplicaram, atingindo os consumidores nas bombas e aumentando o preço de tudo que dependia do petróleo para ser transportado — que, na prática, significava um aumento no preço de quase tudo. O Índice de Preços no Consumidor aumentou 11% em 1974 e 9% em 1975. Para enfrentar essa inflação, o Federal Reserve aumentou as taxas de juros em quase 13% em julho de 1974, lançando a economia em uma recessão. O desemprego subiu de forma constante até atingir 8,9% no segundo trimestre de 1975. Se os legisladores dependessem das ferramentas convencionais da administração econômica samuelsoniana — taxas de juros e deficits orçamentários —, então eles estariam em uma situação difícil com duas alternativas não desejáveis: baixas taxas de juros e grandes deficits orçamentários melhorariam a taxa de desemprego, mas a inflação resultante reduziria o salário do trabalhador; por outro lado, maiores taxas de juros e cortes nos gastos governamentais estabilizariam os salários ao mesmo tempo que gerariam demissões.

Galbraith argumentou que Nixon havia lidado mal com o controle de preços. Ele deveria ter sido uma parte permanente do pacote político, não algo a ser "ligado" e "desligado" como um interruptor de luz. No entanto, seus protestos não tiveram efeito algum na opinião pública. Os economistas agora tinham um nome para o fenômeno duplo de crescente desemprego e inflação: "estagflação". O povo tinha um vilão para culpar — Nixon — e uma política para denunciar — o controle de preços.

No dia 9 de agosto de 1974, Richard Nixon renunciou como presidente dos Estados Unidos. A investigação do caso Watergate revelou que ele e seus principais assessores abusaram dos fundos de campanha para sabotar ilegalmente a eleição primária do Partido Democrata de 1972 — e então mentiram repetidamente para o povo e obstruíram a justiça em uma tentativa fracassada de acobertar o crime. Toda política buscada por Nixon estava agora manchada com sua desgraça.

As teorias políticas mais influentes a surgir da Depressão foram a economia keynesiana e o neoliberalismo de Friedrich von Hayek. Ambas foram criadas como medidas protetivas para proteger a sociedade contra os gêmeos do mal do autoritarismo e da guerra. Ainda assim, em meados dos anos 1970, ambas as teorias estavam sendo implementadas na defesa e na violência em massa. As presidências de Kennedy, Johnson e Nixon usaram as manobras fiscais keynesianas e o controle de preços para realizar a Guerra do Vietnã, um conflito infrutífero que, em última análise, custou milhões de vidas, a maioria delas civis. Hayek e Friedman, enquanto isso, aconselhavam Pinochet no Chile após a derrubada violenta do governo eleito democraticamente, do assassinato de milhares de prisioneiros políticos e do encarceramento e tortura de dezenas de outros milhares pelas mãos do ditador. O trabalho de Hayek passou a se preocupar não só com as limitações que devem ser colocadas sobre a democracia, mas com os métodos que seriam apropriados para ditadores derrubarem regimes democráticos. Ele defendia Pinochet ao declarar que pessoalmente "preferiria um ditador liberal do que um governo democrático na ausência do liberalismo",[49] escreveu em *Law,*

Legislation and Liberty ["Lei, Legislação e Liberdade", em tradução livre] que a democracia social no estilo do New Deal foi implementada, criando "uma estrutura econômica completamente rígida que apenas a força de algum poder ditatorial poderia quebrar".[50] Mesmo Joan Robinson, que articulou a formulação mais promissora do keynesianismo de esquerda, havia manchado a própria reputação com elogios exagerados tanto à Coreia do Norte quanto à Revolução Cultural Chinesa. Seu afeto pela democracia era mais flexível que seu comprometimento em acabar com a pobreza e a guerra.

Quando o sistema keynesiano foi rompido, nenhuma das alternativas imediatamente presentes para os economistas e para o establishment dos Estados Unidos eram inocentes. Vietnã e Watergate, enquanto isso, causaram um dano tremendo à fé do povo em um governo norte-americano. Pela primeira vez em décadas, uma mensagem agressivamente antigovernamental poderia carregar uma promessa progressista. O governo era desonesto. Os democratas, assim como os republicanos, mandaram pessoas para morrer por mentiras. O keynesianismo estava preso em uma tentativa cínica de prejudicar as eleições de 1972 ao manipular a economia de 1972. Além disso, os líderes do Partido Democrata conseguiam ver que keynesianos proeminentes elogiaram a agenda econômica de Nixon, enquanto Friedman argumentava que se tratava de uma ilusão inflacionária. Quaisquer que fossem suas políticas, o homem parecia ter razão.

Quando Jimmy Carter foi eleito em 1976, formou uma equipe econômica composta, em grande parte, de simpatizantes às ideias neoliberais e começou a buscar uma agenda de desregulamentação que conquistava apoio de alguns eleitores tanto para Ted Kennedy — que, com o tempo, desafiaria o próprio Carter na eleição primária democrata de 1980 — quanto para o defensor ultraliberal do consumidor chamado Ralph Nader. A regulamentação do governo, refletiu ele, com frequência serve para proteger as grandes empresas, ao aumentar os custos de produção de todo um setor — que podem ser arcados com mais facilidade pelas empresas maiores e mais bem estabelecidas. Muitos dos conselheiros de Carter culpavam os sindicatos pela inflação persistente, argumentando que os contratos de barganha social para alguns trabalhadores acabava aumentando os preços para os outros — argumento que tem suas raízes tanto no trabalho de Mises quanto de Galbraith.

O RETORNO DO SÉCULO XIX

"Eu adoraria ver o sindicato de caminhoneiros se dando mal", disse Alfred Kahn, um economista da Universidade Cornell que Carter apontou como presidente do Civil Aeronautics Board e começou a suspender a regulação das companhias aéreas. "Eu adoraria ver os trabalhadores automobilísticos se dando mal. Você pode dizer que isso é desumano; estou sendo direto, mas eu quero eliminar uma situação na qual certos trabalhadores protegidos em indústrias isoladas da competição podem aumentar seus salários muito mais rapidamente que a média sem depender de seu mérito ou das futuras ações de um livre mercado."[51]

Porém, a mudança mais dramática veio do Federal Reserve. Milton Friedman descreveu o monetarismo como uma teoria do livre mercado que tirou o governo da tarefa de administrar a economia ativamente. Não era bem uma verdade; Friedman apenas mudou o local do poder, movendo-o do legislativo e do executivo para o branco central, a agência do governo na qual Wall Street exerce seu maior grau de influência. Mas Friedman há muito tempo era associado pela opinião popular à mensagem antigovernamental de Barry Goldwater. E, portanto, quando um segundo choque do petróleo chegou ao país em 1979, após a Revolução Iraniana, uma década de alta inflação alcançou uma nova fase de crise, com o custo do consumidor aumentando em mais de 11,25%. O discurso de 1967 de Friedman sobre as expectativas autorreforçadoras da inflação agora parecia profético.

Em julho de 1979, Carter nomeou o ex-oficial do Tesouro da presidência de Nixon, Paul Volcker, para atuar como presidente do Federal Reserve. A política monetária lentamente acumulou sua legitimidade em Washington, desde o fim do Acordo Tesouro-Fed em 1951 até a briga de Samuelson com Galbraith durante a presidência de Kennedy. Sob o domínio de Volcker, a política monetária dominou completamente o aparato de políticas econômicas do governo. O Fed aumentou as taxas de juros a um valor astronômico de 17,81% em fevereiro de 1980, em uma tentativa ilimitada de superar a inflação. O desemprego subiu para 7,8%, mas os preços não cederiam até 1981, bastante tarde para a perspectiva de reeleição de Carter. Após a inauguração de Ronald Reagan, Volcker trouxe de volta a dor, subindo a taxa de juro diretora para mais de 19%.

Volcker, de fato, acabou com a inflação, como a política monetária suficientemente rígida costuma fazer. No processo, ele também destruiu basicamente todo o resto. Negócios que dependiam das dívidas declararam falência. O mercado hipotecário entrou em colapso. O primeiro mandato de Reagan afundou na pior recessão desde a Grande Depressão, com o desemprego alcançando seu zênite em 10,8% no mês de dezembro de 1982. Junto com a firme visão antissindical de Reagan, a recessão de Volcker devastou os sindicados dos Estados Unidos, forçando-os a realizar concessões políticas em Washington e concessões salariais em contratos de barganha coletiva. Essa era a ideia. Ao causar o desemprego de maneira deliberada, Volcker estava tentando reduzir os preços e, com eles, a inflação. Os sindicatos, que criavam uma pressão ascendente nos salários, foram perdas muito bem-vindas.

Ao retirar o apoio político do Partido Democrata a qualquer economista keynesiano, Carter quase demoliu a legitimidade acadêmica do pensamento keynesiano por mais de duas décadas. Sem um padrinho em Washington, economistas promissores começaram a buscar outras ideias. Os poucos que continuaram tentando resistir à tempestade — Paul Krugman, Joseph Stiglitz — eram discípulos de Samuelson do MIT que tratavam Galbraith com um desdém profissional. "Galbraith abriu novos caminhos importantes no relacionamento entre a política e a economia", escreveu Krugman. "Ele foi o primeiro célebre economista (em que a definição de celebridade é a definição popular: alguém que é famoso por ser famoso). Sua ascensão como um empreendedor político foi apenas uma marca do crescente predomínio do estilo (que tinha em abundância) em detrimento do conteúdo no discurso político norte-americano."[52] Enquanto Galbraith foi essencialmente exilado do clube dos economistas sérios, Samuelson continuou a aproveitar o sucesso de sua obra didática, mas apenas ao fazer mais concessões ao pensamento conservador — cortes tributários, virtudes dos mercados financeiros e até o monetarismo de Friedman — com cada nova edição.[53]

A economia acadêmica foi dominada por ideias conservadoras. O monetarismo rapidamente desapareceu quando Volcker descobriu que não poderia definir de maneira precisa ou eficaz a oferta de dinheiro na economia. A ideia foi substituída pela hipótese das expectativas racionais, formulada pelo futuro vencedor do Nobel, Robert Lucas. A escola das expectativas racionais essencialmente pegava as ideias de

O RETORNO DO SÉCULO XIX 487

Friedman sobre expectativas de preço e as aplicava em uma política governamental. Pessoas racionais, de acordo com Lucas, levariam em consideração os efeitos futuros de qualquer alteração nos impostos ou nas organizações regulatórias em sua decisão econômica. Um maior gasto governamental para melhorar a economia era fútil, de acordo com esse raciocínio, porque as pessoas reconheceriam que o deficit orçamentário resultante seria pago por maiores taxas e, portanto, economizariam o dinheiro recebido, esperando por futuras leis tributárias. Como resultado disso, era impossível para os legisladores fazerem qualquer melhoria permanente nas vidas dos cidadãos por meio de administração macroeconômica; o mercado rapidamente se ajustaria e subsequentemente invalidaria as intromissões dos governos. Era como se Keynes nunca houvesse existido, a incerteza dando lugar à hiperracionalidade e à capacidade de ver o futuro. Lucas chegou ao ponto de afirmar que seu trabalho tornara todo o campo da macroeconomia supérfluo.

Mas, embora a maré intelectual tivesse abandonado Keynes, Reagan nunca o abandonou. Ao longo de sua administração, ele dependia dos gastos com arsenal militar pesado e com reduções de impostos para conter os efeitos devastadores das taxas de juros de Volcker (e, quando Volcker era demasiadamente teimoso sobre a necessidade de combater a inflação no lugar do desemprego, Reagan o substituiu por Alan Greenspan). No primeiro ano de Reagan na presidência, ele teve um deficit de US$79 bilhões — mais do que o dobro da aposta de Nixon de 1971, mesmo quando ajustado com a inflação. Em 1986, o deficit era mais de US$221 bilhões. O gasto governamental permaneceu em mais de 20% do PIB em todos os anos do governo de Reagan — maior do que no mandato de Johnson e mais que o dobro do valor usado no New Deal pré-guerra, sob a presidência de Roosevelt. Inicialmente, Friedman celebrou os deficits. Ao "matar a criatura de fome", disse ele, o governo com o tempo se veria forçado a cortar os gastos. No entanto, mais de uma década depois, quando pressionando por um pacote de corte tributário que favorecia enormemente os ricos, o vice-presidente Dick Cheney aprendeu uma lição diferente. "Reagan provou que deficits não importam", disse ele ao secretário do Tesouro, Paul O'Neill. A Guerra do Iraque seria financiada por dívidas, seguindo uma tradição bem estabelecida do keynesianismo reacionário.

Em momentos de sinceridade, os principais neoliberais reconheciam a realidade econômica. A retórica de Reagan sobre um governo reduzido não combinava com sua agenda política. Ele estava administrando um governo reacionário keynesiano ao lado de um Federal Reserve incrivelmente poderoso e historicamente implacável. Friedman, que via Reagan como um clone de Goldwater, chamando-os de "dois homens com essencialmente o mesmo programa e a mesma mensagem",[54] reconheceu sua decepção no final do governo Reagan. Este "cogitou diminuir o tamanho do governo", disse Friedman. "Ele não teve êxito."[55] Seria necessário um democrata para concluir esse trabalho.

DEZESSETE

———◊———

A SEGUNDA GILDED AGE

No DIA 7 DE JANEIRO DE 1993, as melhores e mais brilhantes mentes econômicas do Partido Democrata se reuniram na mansão do governador em Little Rock, Arkansas. A reunião foi organizada por Robert Rubin, ex-presidente do Goldman Sachs que agora era responsável por conduzir o pacote de recuperação econômica do futuro presidente até o Congresso. O prazo de Rubin para a aprovação era o centésimo dia da presidência de Bill Clinton, uma referência tradicional de realização presidencial desde o primeiro mandato de Roosevelt. Faltando duas semanas para o dia da posse, Rubin já estava atrasado.

Transições presidenciais são inevitavelmente frenéticas, mas o novo chefe de Rubin, Bill Clinton, supervisionou dois meses de algo muito próximo do caos. Apenas uma semana depois da eleição, a jornalista da NBC News Andrea Mitchell perguntou ao presidente eleito se ele planejava realizar sua promessa de campanha de permitir que gays e lésbicas servissem abertamente no exército. Quando Clinton, de maneira inocente, respondeu afirmativamente, teve início uma enorme batalha política, sobre a qual Clinton, que ainda assumiria o cargo, não tinha nenhum poder oficial. Sua insistência em nomear um gabinete "com a cara dos Estados Unidos" foi vista com hostilidade até pela revista aparentemente liberal *The New Republic*, que o criticou dizendo que Clinton estava "manipulando certos departamentos em favor de um único gênero ou raça". Quando as organizações feministas argu-

490   O PREÇO DA PAZ

mentaram que Clinton deveria nomear mais mulheres em sua administração, o presidente respondeu que elas estavam jogando o "jogo das cotas" e agindo como "contadoras de feijões".[1] Alguns dias depois, o *New York Times* bombardeou a procuradora-geral nomeada por Clinton ao revelar que, certa vez, ela teria contratado trabalhadores sem documentação originários do Peru para os cargos de motorista e babá. Rostos novos na cidade, os Clintons não eram muito habilidosos com a imprensa de Washington, que rapidamente se tornou a porta-voz da oposição republicana da velha elite de Washington, que viam a futura primeira família como um bando de caipiras inocentes, inadequados para a sofisticação mundana da vida na capital do país.

Os Clintons eram, de fato, despreparados. Mesmo com a expectativa de nomeações para o gabinete, algumas das pessoas que Rubin levou para Little Rock não estavam muito certas de quais seriam seus cargos na nova administração. O próprio Rubin atuaria como presidente do National Economic Council, um novo painel criado especificamente para Rubin que funcionaria como o principal centro econômico da Casa Branca, relegando o existente Council of Economic Advisers (CEA) para um órgão de segunda categoria. O CEA era para economistas e o diploma de Rubin era da faculdade de direito de Yale, portanto, naturalmente, algo teve que ser feito.

Mas, pelo menos, todos chegaram na Mansão do Governador a tempo. A presidente do CEA, Laura Tyson, e seu vice, o economista da Universidade de Princeton Alan Blinder, estavam presentes, além do vice-presidente Al Gore, o secretário do Tesouro Lloyd Bentsen, o diretor de orçamento Leon Panetta, o chefe de gabinete Mack McLarty, o assistente de política de campanha Gene Sperling e os futuros líderes do Tesouro Roger Altman e Larry Summers.

O presidente eleito, no entanto, estava atrasado. Esse momento era um ajuste de contas que ele adiara por toda sua campanha, talvez até por toda sua vida política. Ele conseguiu a indicação pelo Partido Democrata e a presidência com base em promessas de cortar a tributação da classe média em 10%, supervisionar uma "explosão" de gasto para obras públicas e dedicar US$60 bilhões a "investimentos" anuais em educação e creches — compromissos que não acreditava que deveriam contar como o típico gasto governamental, porque dariam um

A SEGUNDA GILDED AGE   491

retorno mais tarde na forma de maiores benefícios sociais (como todo defensor de qualquer projeto governamental se sente em relação às próprias prioridades políticas).

Mas ele também fez campanha baseada em equilibrar o orçamento em 1997 e, no dia 6 de janeiro, véspera da reunião de Rubin em Little Rock, o governo Bush deixou para Clinton uma surpresa nada agradável: os deficits orçamentários somavam um valor de US$290 bilhões por ano. De acordo com a previsão mais recente, o deficit seria um terço maior em 1997 do que indicavam as estimativas anteriores.[2] O desemprego, que teve seu auge em 7,8% durante o verão, continuou insistentemente alto com 7,1%.[3] A coisa estava feia.

Keynesianos tradicionais apresentaram a Clinton uma dose óbvia de realidade: ele não poderia combater o desemprego de forma agressiva, nem reduzir o deficit orçamentário ao mesmo tempo. No entanto, nos anos 1990, até os principais conselheiros do Partido Democrata não confiavam completamente nas ideias de John Maynard Keynes. Summers se inspirava tanto quanto, ou talvez até mais, em Milton Friedman e Joseph Schumpeter, enquanto Panetta era um ex-republicano que se referia a si mesmo como alguém que defende um orçamento governamental sem deficits. McLarty era um executivo do gás natural. Em 1970, John Kenneth Galbraith insistiu que os liberais do Texas votassem no oponente republicano de Bentsen nas eleições do Senado em novembro, uma vez que ambos eram "igualmente conservadores" e "igualmente ruins"[4] e eleger um conservador republicano não alteraria a inclinação liberal do Partido Democrata. Bentsen venceu sem o apoio de Galbraith. Seu oponente, George H. W. Bush, lidou com a derrota de maneira tranquila.

Rubin e seus colegas especialistas compartilhavam a mesma fé no poder dos mercados financeiros de trazer a prosperidade que os New Dealers outrora confiaram ao governo federal. Ao longo de uma maçante reunião de 36 horas, eles disseram a Clinton que as algemas que limitavam a economia durante os anos de Bush poderiam ser destruídas se ele construísse sua credibilidade com Wall Street quanto à dívida nacional. Reduzir os deficits poderia convencer os banqueiros e os traders de títulos a reduzir as taxas de juros — o raciocínio era que, se o governo estava pagando suas contas, então as pessoas que investiam na dívida do governo não precisariam se preocupar com uma potencial inadimplência ou inflação, o que deixaria essas pessoas mais dispostas a comprar dívidas com menores taxas de juros. Essas taxas de juros reduzidas reverberariam em toda a economia, reduzindo o custo do crédito e encorajando as empresas a investirem em novos equipamentos. As economias nos empréstimos dos consumidores induzidas pelas baixas taxas daria ao povo mais dinheiro para gastar do que ele conseguiria com cortes tributários. Os mercados de títulos eram imprevisíveis, é claro, e o Fed precisaria dançar conforme a música — uma proposta sempre delicada, especialmente sobre a presidência do atual arquiconservador, Alan Greenspan. Porém, a futura equipe econômica democrata insistiu para que Clinton fizesse uma aposta calculada: se ele conseguisse domesticar os mercados de títulos — o mundo de empresas de investimento de Wall Street que compravam e vendiam dívidas do governo —, então ele poderia reduzir o desemprego e o deficit ao mesmo tempo.

Clinton estava visivelmente chateado, de acordo com o que o jornalista veterano de Washington, Bob Woodward, conseguiu recordar sobre a reunião. "Você está querendo me dizer que o sucesso do meu programa e minha reeleição dependem do Federal Reserve e de um bando de malditos traders de títulos?" Clinton queria ser um presidente de iniciativas ousadas e grandes ideias. A Guerra Fria havia acabado. Ele foi o primeiro presidente da geração baby boomer. Tinha a oportunidade de definir os desafios do século seguinte, de guiar os Estados Unidos para um empolgante e novo futuro. E sua equipe estava conversando sobre taxas de juros.

Gore, filho de um senador liberal que herdou do pai o amor pela política e atuou durante quatorze anos no Congresso, tentou reformular a discussão. Ir atrás do deficit *era* fazer algo grande. Clinton tinha a oportunidade de governar como um segundo Roosevelt. "Olhe para a década de 1930", disse ele. Roosevelt fez algumas coisas que não eram nada politicamente populares, mas sua "ousadia" inspirou todo o país. As pessoas apoiaram Clinton em 1992 porque ele falava de forma realista sobre a economia e o que seria preciso para construir um melhor amanhã. Clinton poderia reduzir a influência do governo de formas que mesmo os republicanos não ousariam. Ele podia ser duro, talvez até mesmo cortar a Seguridade Social. Essas coisas não eram populares nas pesquisas eleitorais, mas, como parte de uma agenda grande e assertiva, os eleitores reconheciam que Clinton estava fazendo a coisa certa. "Se você for corajoso", disse ele, "as pessoas irão até você".

"Roosevelt estava tentando ajudar as pessoas", contra-atacou Clinton. "Aqui nós estamos ajudando os mercados de títulos e ferindo aqueles que nos elegeram."[5]

Clinton sentia a necessidade de proteger o povo que considerava sua base política. Ele começou sua carreira política como um impassível populista do Sul. Em 1974, com apenas 28 anos, desafiou um político republicano eleito de um distrito conservador do Arkansas ao pedir por controles seletivos de preços e salários, um golpe contra o bem-estar corporativo, e uma maior supervisão do Congresso sobre o Fed — uma questão importante para os agricultores cujas dívidas estavam se tornando insustentáveis com as altas taxas de juros implementadas pelo banco central na tentativa de reduzir a inflação.[6] Clinton perdeu a vaga no Congresso por pouco, mas uma mensagem semelhante o levou ao escritório de procurador-geral do estado em 1976 e à Mansão do Governador em 1978. Quando foi desapossado em 1980 após um único mandato de dois anos, ele recalibrou a própria estratégia, aliando-se com os interesses das maiores corporações do estado, Tyson Foods e Walmart, vendendo a si mesmo não para os agricultores, mas para os eleitores brancos dos subúrbios. Essa acabou sendo uma combinação vencedora; seu segundo período como governador durou uma década.

Clinton manteve uma autoimagem de progressista, embora fazer isso frequentemente exigisse algum tipo de ginástica mental. Ele nomeou mais negros para cargos relevantes no governo estadual do que qualquer outro governador na história do Arkansas, mas também estava no cargo durante a aprovação de medidas racistas de restrições ao voto que resultaram em três ações judiciais do Legal Defense Fund, um grupo de defesa dos direitos civis. Quando uma fábrica de eletrônicos e uma fabricante de camisas anunciou planos para fechar as portas no estado do Arkansas, Clinton os manteve em funcionamento ao negociar com Walmart para vender os produtos em suas lojas. Apesar disso, sua esposa, Hillary Rodham Clinton, entrou para o quadro de diretores do Walmart e os líderes sindicais reclamavam que Clinton permitia que os executivos da grande varejista ditassem suas regras sobre as leis trabalhistas. Como um dos membros do sindicado resumiu: "Bill Clinton é o tipo de homem que dá tapinhas nas suas costas e mija na sua perna."[7]

No final dos anos 1980, o histórico de Clinton chamou a atenção do Democratic Leadership Council (DLC), uma nova aliança de democratas conservadores do Sul e dos Estados Montanhosos. O DLC acreditava que reconquistar os eleitores brancos da classe trabalhadora que migraram para o Partido Republicano de Ronald Reagan era essencial para a sobrevivência do Partido Democrata. Essa observação não era tão controversa entre os profissionais da política, mas a estratégia do DLC era: o conselho queria ser mais rígido com o crime, mais militante com as políticas externas e mais rigoroso com o gasto público, ao mesmo tempo que evitava as questões feministas e dos direitos dos homossexuais. Para os liberais linha-dura, o DLC representava uma traição de seus princípios centrais. Arthur M. Schlesinger Jr. avisou que a "Imitação de Reaganismo" do DLC levaria a um desastre eleitoral.[8] O reverendo Jesse Jackson foi mais direto, dispensando o DLC como o "Caucus dos Meninos Brancos do Sul" ou "Democratas pela Classe Ociosa".[9]

Clinton concordou em atuar como presidente do DLC em 1990 e surgir no cenário nacional como presidenciável com seu discurso na convenção do DLC de 1991 em Cleveland. "Muitas pessoas que costumavam votar em nós, a mesma classe média sobrecarregada a quem nos referimos atualmente, não confiaram em nós nas eleições nacionais para defender nossos interesses domésticos no exterior, para colocar seus valores na nossa política social interna ou para pegar sua contribuição e gastá-la com disciplina", disse ele para um público extasiado. "Precisamos mudar essas percepções ou não conseguiremos continuar como um partido nacional."

Mas mesmo atuando como o rosto do DLC, Clinton nunca se comprometeu completamente com a organização, nem com seus ideais. Ele hesitava sobre aceitar o cargo de tal modo que o fundador do grupo, Al From, quase escolheu outro candidato. Quando Clinton finalmente aceitou, From reclamava frequentemente sobre ser deixado de lado pelo governador. Clinton só abria espaço para From em sua agenda durante viagens de carro entre aeroportos e hotéis e parecia muito desinteressado em trabalhar em grande parte da agenda de From. "Eu realmente odeio escrever mensagens como essa, mas temo que, se não escrever, teremos outras daquelas sessões em que você vai me bajular e nada vai

A SEGUNDA GILDED AGE

mudar", escreveu o fundador do DLC após uma conversa especialmente infrutífera com Clinton.

Clinton permaneceu extremamente popular com os eleitores negros. Ele ganhou de maneira consistente 95% dos votos de eleitores negros no estado do Arkansas e foi quase tão bem entre eles durante sua campanha presidencial. Ele até tentou nomear Lani Guinier, a mulher que liderou as ações judiciais sobre os direitos de voto do Legal Defense Fund contra sua administração em Little Rock, ao principal cargo de direitos civis no Departamento da Justiça (Clinton, com o tempo, revogou a nomeação de Guinier após indignação dos conservadores).

Em janeiro de 1993, ainda não era óbvio o tipo de presidente que Bill Clinton desejava ser. Enquanto seus conselheiros econômicos insistiam em um casamento forçado entre a Casa Branca e Wall Street, sua equipe política conversava sobre os tipos de problemas que Clinton havia discutido em sua campanha: sistema de saúde universal, financiamento federal de educação, creches e licença parental. Quando Clinton começou as discussões com o Congresso e com o presidente do Fed, Alan Greenspan, imediatamente ficou claro que todas essas ambições estavam muito além do escopo que desejava alcançar em uma lei de recuperação econômica caso quisesse levar o deficit a sério.

Então, apenas uma semana após a equipe econômica realizar a reunião em Little Rock, o pesquisador democrata Stan Greenberg, um dos liberais mais confiáveis do círculo de Clinton, concluiu que "a presidência foi sequestrada". Qual era o sentido de ser um democrata se vai governar como um republicano? "Por que concorremos?", perguntou ele para um grupo de auxiliares de campanha igualmente desanimados.[10] James Carville, o principal estrategista da campanha do presidente em 1992, concordou. A administração, disse ele, foi dominada por "especialistas e professoras".[11]

Clinton respondeu a essas frustrações ao unir uma grande lei de redução de deficit com algumas prioridades progressistas; seus "investimentos" em educação e creches podem ser compensados por outros cortes de gastos em coisas que não eram importantes — obrigando a equipe da Casa Branca a não voar de primeira classe, por exemplo. E ele poderia conseguir uma maior receita tributária ao aumentar os impostos sobre as grandes fortunas. Mas, conforme o pacote caminhou até o Congresso, praticamente tudo com exceção do acréscimo tributário foi retirado em nome da redução do deficit. "Eu sei que isso é bem complicado", confidenciou Clinton para Paul Begala, outro veterano da campanha, durante o fim de semana do Memorial Day. Rubin chegou a alertar Clinton a não falar muito dos aumentos tributários; ele estava afastando os empresários. "Eles administram a economia", disse Rubin. "Se atacá-los, vai acabar prejudicando a economia." Até mesmo a palavra *rico* era proibida.[12]

A equipe de Clinton ficou horrorizada, entretanto, com o destino do pacote de redução de dívida no Congresso. O projeto de lei estava sendo adiado pela oposição republicana e pela resistência dos democratas conservadores. Os votos não iam nada bem. A administração de Clinton precisou fazer os democratas liberais votarem em uma lei conservadora apenas para ajudar o presidente democrata a se livrar de uma derrota humilhante em sua primeira grande iniciativa legislativa. "Onde estão os democratas?", vociferou um amargurado Clinton ao seu círculo interno, de acordo com Woodward. "Eu espero que todos vocês saibam que somos todos republicanos de Eisenhower", disse ele. "Aqui somos republicanos de Eisenhower e estamos enfrentando os republicanos de Reagan. Queremos menores deficits, livre-comércio e o mercado de títulos. Isso não é incrível?"[13]

Bill Clinton acabou vencendo a batalha sobre o orçamento de 1993. A lei da redução deficitária passou pela Câmara com dois votos e Gore concedeu o voto de desempate para garantir a passagem do Senado, 51 a 50. Cinco dos seis dissidentes democratas no Senado eram conservadores do Sul ou do Oeste que desejavam ainda mais cortes de gastos do que os oferecidos por Clinton, muito embora a lei reduzisse o deficit em quase US$500 bilhões ao longo de cinco anos por meio de uma combinação de adições tributárias e cortes de gastos. "Não é suficiente para alcançar a grandeza necessária pelos norte-americanos agora, nesse momento crítico da história mundial", reclamou Bob Kerrey, um senador de Nebraska que relutantemente se aliou a Clinton no último minuto.[14]

O projeto de lei foi uma bagunça do começo ao fim. No entanto, ao final da presidência de Clinton, a administração passou a ver o evento como um momento decisivo na história norte-americana. O último relatório do Council of Economic Advisers sob a administração Clinton, publicado no ano 2000, concluiu que a decisão de tornar o deficit a maior prioridade administrativa ao assumir o cargo estabeleceu a base para uma "Nova Economia" em que baixas taxas de juros, expansão do comércio externo e uma "desregulamentação das finanças e telecomunicações" criou um "círculo virtuoso" de baixas taxas de juros, maior investimento corporativo e inovação tecnológica.[15] A comparação do vice-presidente Gore com Roosevelt na reunião de 7 de janeiro de 1993 — causticamente desprezada pelo presidente — há muito se tornara a narrativa oficial da presidência de Clinton. Ao desencadear um potencial inovador de mercados financeiros e globalização, a administração supervisionou uma era de grande mudança social e de uma prosperidade inigualável.

A batalha orçamentária estabeleceu a filosofia governamental da presidência de Clinton. Em seguida, Clinton buscou implacavelmente uma visão econômica única e unificada em todas as frentes políticas, desde impostos até comércio, pobreza e regulamentação financeira. A cada oportunidade, a administração Clinton transferia o poder para mercados financeiros, uma agenda favorável à Wall Street que certamente se sentiria em casa em uma reunião da Sociedade Mont Pèlerin nos anos 1950.

Essa foi uma renúncia completa do pensamento keynesiano. Em seu núcleo, *A Teoria Geral do Emprego, do Juro e da Moeda* era um livro sobre os perigos e as limitações dos mercados financeiros. Considerando a incerteza sobre o futuro, era impossível para os mercados precificar de maneira precisa todos os riscos atrelados a um ativo financeiro. Investidores estavam constantemente processando novas informações e atitudes inesperadas, incluindo a deles mesmos. Se uma sociedade dependia excessivamente de mercados financeiros para alocar seus recursos, desenvolver pesquisas e melhorar a indústria, Keynes acreditava, ela estava destinada a ter um baixo desempenho, instabilidade e desemprego. Ele criou uma teoria e uma agenda política em que os mercados financeiros eram subjugados diante da autoridade do Estado, acreditando que uma ação coordenada do governo era capaz de cumprir as necessidades de investimento da sociedade que os mercados financeiros só poderiam alcançar por meio de acidentes. A administração de Clinton estava fazendo o oposto do que foi prescrito por Keynes: subjugando tanto a agenda governamental da democracia norte-americana quanto a direção do desenvolvimento econômico mundial em favor das tendências dos mercados financeiros.

A história que os economistas de Clinton contaram sobre sua administração era, na melhor das hipóteses, uma meia verdade. Não havia um relacionamento claro entre deficits e taxas de juros durante os anos da presidência Clinton. A conclusão da batalha do orçamento de 1993 não gerou uma queda repentina e drástica das taxas de juros. Além disso, a taxa de juros da dívida dos Estados Unidos subiu e caiu ao longo da presidência — um padrão de atividade muito diferente do deficit orçamentário federal, que diminuiu de maneira regular até chegar ao superavit. As taxas dos títulos do Tesouro não rastreavam os gastos governamentais, assim como as taxas de juros não acompanhavam os empréstimos dos consumidores. A taxa de juros em uma hipoteca típica de trinta anos flutuou, começando a administração Clinton em 8% e encerrando em 7%.

Poucos críticos prestavam atenção a tais detalhes quando a economia estava indo bem. E, se comparada com o histórico econômico de seus quatro antecessores imediatos, a administração de Clinton parecia estar muito bem. Quando ele deixou o cargo, a renda familiar mediana aumentou em US$6 mil, as taxas de desemprego caíram quase pela metade, a inflação era quase inexistente e a taxa de pobreza havia caído. Mas os exuberantes anos 1990, como o vencedor do Nobel Joseph Stiglitz veio a chamá-los, eram fundamentalmente instáveis. A prosperidade desfrutada pelos norte-americanos durante alguns breves anos dependia de um setor financeiro volátil e desregulado, sobrecarregado com um capital que não podia controlar. A desigualdade de renda explodiu nos anos 1990 e, na época do escândalo da Enron e do estouro da bolha pontocom, os ganhos da presidência Clinton já haviam sido apagados para todos que não faziam parte do 1% superior da distribuição de renda dos Estados Unidos. Menos de uma década após o encerramento da presidência de Clinton, os mestres do universo que ganharam poder por meio de seu programa econômico arruinariam seus próprios bancos e a economia global, lançando os Estados Unidos e o mundo na pior recessão desde a Grande Depressão. Ainda hoje pagamos o preço disso.

Clinton não disse muita coisa sobre o comércio internacional durante sua campanha. Ele se recusou a assumir uma posição no Tratado Norte-Americano de Livre-Comércio (NAFTA, na sigla em inglês) quan-

A SEGUNDA GILDED AGE

do George H. W. Bush concluiu as negociações para o acordo em 1992[16] e, nos folhetos da campanha, Clinton prometeu aprovar "leis comerciais eficazes e duras" e "abrir novos mercados" — compromissos que tanto arquiprotecionistas quanto defensores do livre mercado poderiam apoiar.[17]

Cinco semanas após a aprovação da lei, entretanto, Clinton caminhou pelo tapete vermelho na Sala Leste da Casa Branca flanqueado por três de seus antecessores — Bush, Carter e Ford — para transmitir uma mensagem ao Congresso e ao país: sua administração colocaria todo seu peso político por trás do NAFTA. Clinton estava fazendo uma aposta política, especialmente após sua quase derrota na iniciativa legislativa anterior. O NAFTA era um assunto controverso. Até os republicanos estavam divididos, enquanto os democratas se opunham a ele esmagadoramente. Em um discurso que era parte Norman Angell e parte Milton Friedman, Clinton aceitou o conselho de Gore para ser ousado e desafiar o país a acompanhá-lo. Ele relacionou o pacto comercial com a queda do Muro de Berlim e com os acordos de paz de Oslo, que haviam acabado de ser assinados pelos líderes palestino e israelita. Ele apresentou as forças do mercado e a inovação tecnológica como os "ventos da mudança" que nenhum governo esperaria enfrentar. Havia um "velho mundo morrendo" e "um novo mundo nascendo da esperança e do espírito da paz". O NAFTA "forneceria um ímpeto para a liberdade e a democracia na América Latina e também criaria novos empregos nos Estados Unidos". O acordo oferecia aos trabalhadores norte-americanos uma oportunidade para "competir e vencer", "enfrentar o futuro com confiança" em vez de se agarrar aos empregos e às indústrias do passado.[18]

O NAFTA era a primeira de três mudanças de políticas comerciais ambicionadas por Clinton e que transformariam a economia global. Ao lado da criação da Organização Mundial do Comércio e do estabelecimento de relações comerciais normalizadas e permanentes com a China, o NAFTA incorporava uma tentativa consciente de forjar uma nova ordem comercial internacional para substituir o sistema de Bretton Woods que entrou em colapso nos anos 1970. Bretton Woods dependia de taxas de câmbio fixas para prevenir os países de manipular o valor de suas moedas e com isso obter vantagens injustas no comércio. Quaisquer que fossem seus méritos, a organização não funcionou; os Estados Unidos acabaram com o sistema que eles mesmos criaram.

Com isso, a administração Clinton seguiu um caminho diferente: em vez de focar o dinheiro, ele focaria praticamente todo o resto.

Inspirado por décadas de trabalho de teóricos neoliberais, Clinton tentou implementar uma visão do livre-comércio em que os mercados internacionais — especialmente os mercados financeiros — teriam a liderança no lugar de um único banco central dominante. Para garantir que os mercados seriam capazes de funcionar suavemente, identificando oportunidades lucrativas e ajustando-se às mutáveis condições internacionais, os Estados Unidos produziriam novos acordos comerciais e ajudariam a estabelecer um novo órgão regulador do comércio internacional, a Organização Mundial do Comércio, para proibir governos nacionais de estabelecer barreiras injustas ao comércio. Essas barreiras injustas incluíam tarifas — o velho pesadelo dos defensores do livre-comércio pelo mundo —, mas também um vasto conjunto de responsabilidades governamentais outrora mundanas. Tudo, desde as regulamentações de proteções ambientais até a duração de patentes e restrições contra especulações financeiras excessivas, estaria sujeito à análise internacional.

O que Clinton e seus admiradores neoliberais estavam promovendo era algo novo. Nada desse tipo fora feito no passado. Antes de 1914, o conceito de livre-comércio era algo inseparável do padrão-ouro. Sob Bretton Woods, sempre foi algo relacionado com o lado norte-americano da Guerra Fria. Agora o livre-comércio era um sistema detalhado de leis internacionais dizendo aos países o que era — ou não era — governável. Alguns anos após a oficialização legislativa do NAFTA, Milton Friedman observou que "desde Adam Smith, havia uma unanimidade tácita entre economistas, independentemente de suas posições ideológicas ou outras questões, de que o livre-comércio internacional é o mais vantajoso para os países comerciais em todo o mundo".[19] Ele estava certo, mas apenas graças à adaptabilidade do termo "livre-comércio", que na prática significa qualquer ordem política internacional que tem a preferência dos economistas em dado momento histórico.

E os economistas apoiavam esmagadoramente a iniciativa de globalização de Clinton. Conforme o presidente apresentava sua argumentação para o NAFTA diante dos jornalistas da Casa Branca, ele enfatizou esse consenso. Dos dezenove estudos "sérios" sobre o NAFTA conduzi-

A SEGUNDA GILDED AGE

dos por economistas, dezoito concluíram que o acordo não resultaria em perda de empregos para os Estados Unidos. Nos primeiros meses após a implementação do tratado, como argumentaram a maior parte dos economistas, muitos cargos de altos salários nos Estados Unidos iriam para o México graças às corporações buscando cortar seus custos e conseguir alguma vantagem com os salários mais baixos. Porém, a maior demanda de trabalho no México rapidamente aumentaria os salários, enquanto o maior salário dos trabalhadores mexicanos aumentaria a demanda por bens produzidos em ambos os países. Em última análise, tarifas menores levariam a um comércio expandido e equilibrado — mais empregos e um melhor salário para todos. O NAFTA só traria pontos positivos.

Havia um consenso semelhante entre especialistas ao redor da perspectiva de estabelecer a OMC. Como explicou o jornalista Thomas L. Friedman, do *New York Times,* para seus leitores, "poucos economistas" acreditavam que os tratados da OMC ameaçavam os trabalhadores norte-americanos.[20] Eliminar as tarifas serviria como "o maior corte tributário do mundo"[21] e "estimularia cerca de US\$5 trilhões em novos comércios".[22] Os senadores que se opunham ao acordo eram homens velhos e "confusos", "ideologicamente" fora de conexão com o mundo e com a atualidade da economia.[23]

Assim como Milton Friedman antes dele, Clinton retratava a neoliberalização do comércio como um passo na direção da liberdade política para os povos oprimidos de todo o mundo, a próxima fase lógica na libertação norte-americana do mundo, agora que a Guerra Fria havia chegado ao fim. Com a organização econômica mundial estabelecida por mercados financeiros em vez de governos arbitrários, a paz e a prosperidade floresceriam. Essa ideia era uma união de Norman Angell com um toque da hipótese das expectativas racionais. "O NAFTA era essencial", escreveu Clinton mais tarde, "não só para nosso relacionamento com o México e a América Latina, mas também para nosso compromisso em construir um mundo mais integrado e cooperativo".[24]

Em 2000, Clinton deu os toques finais tanto na sua presidência quanto no projeto da OMC com um projeto de lei para normalizar de forma permanente as relações comerciais dos Estados Unidos com a China — um bicho-papão comunista na política norte-americana desde os

502   O PREÇO DA PAZ

dias de Joseph McCarthy. Trazer a China para o sistema da OMC seria uma aposta — mesmo os funcionários da OMC viam o país como uma "economia de não mercado", significando que a China precisaria revisar todo seu relacionamento entre seu governo e a vida comercial para atuar de acordo com as regras da OMC. Ainda assim, Clinton estava confiante de que a lei do comércio chinês "provavelmente teria um impacto profundo nos direitos humanos e na liberdade política", criando uma pressão nos líderes chineses para "escolher a reforma política". Trazer a China para a comunidade econômica mundial não garantiria que o país adotasse um governo democrático, mas Clinton aconselhou os céticos, dizendo que "o processo da mudança econômica forçará a China a confrontar essa escolha mais cedo, e isso fortalecerá o imperativo pela escolha correta". "Ao fazer parte da OMC", disse ele, "China não estará simplesmente concordando em importar mais dos seus produtos; ela estará concordando em importar um dos valores mais queridos da democracia: a liberdade econômica".[25]

Esses princípios eram apoiados por cálculos econômicos que previam benefícios modestos e positivos de um comércio com a China. A Comissão de Comércio Internacional dos Estados Unidos projetou que o acordo melhoraria o crescimento econômico norte-americano em apenas US$1,7 bilhão — quase nada se comparado com os US$10 trilhões da economia dos Estados Unidos.[26] O Peterson Institute for International Economics afirmou que melhoraria as exportações dos Estados Unidos em cerca de US$3 bilhões.[27] Paul Krugman, que em breve ganharia um Prêmio Nobel por seu trabalho empírico sobre padrões comerciais nos anos 1970, disse aos leitores do *New York Times* que "a aritmética comercial sugere que os membros dos sindicatos, como um grupo, teriam algum benefício das concessões oferecidas pela China". Ele desconsiderou argumentos declarando que a China deveria demonstrar reformas democráticas antes de ser recompensada com o acesso permanente ao mercado dos Estados Unidos e falou pela grande parte de sua profissão ao afirmar que os sindicatos trabalhistas usariam "qualquer mínima imperfeição política" na China "como uma desculpa" para se opor a qualquer expansão comercial futura.[28]

Como registrou o historiador Quinn Slobodian, havia teóricos neoliberais sofisticados que compreendiam o projeto comercial de Clinton como uma forma específica de organização *política* internacional — uma reorganização dos direitos e poderes entre a elite mundial e as democracias nacionais. No entanto, os argumentos utilizados para promover essa agenda nos Estados Unidos eram mais simplistas. Eles apresentaram a política como algo artificial que interferia em um processo natural e inevitável no qual o mercado harmonizava os assuntos mundiais. "Não podemos impedir a mudança global", disse Clinton em dezembro de 1993. "Não podemos revogar a competição econômica internacional que está por toda a parte. Só podemos controlar essa energia e usá-la ao nosso favor."[29] As promessas e previsões esperançosas, entretanto, que surgiam ao redor do NAFTA, da OMC e da China acabariam sendo destruídas graças à sua incapacidade de lidar com a realidade política. Como Keynes escreveu décadas antes, mercados e até o próprio dinheiro são criaturas fundamentalmente políticas. Não havia um processo ideal de mercado flutuando no éter, esperando para ser concretizado com o desaparecimento do governo.

Isso ficou óbvio quando as regras dos tratados da OMC foram analisadas. As regulamentações de propriedade intelectual serviam como um claro exemplo. Os acordos da OMC exigiam que todos os países concedessem os direitos de patentes de novas invenções por vinte anos. Isso aumentou a duração das patentes nos Estados Unidos, que anteriormente era de dezessete anos. Uma patente é um monopólio concedido por um governo sobre um novo produto que permite ao dono da patente cobrar, em essência, o valor que ele quiser por sua inovação. Então, enquanto a maioria dos defensores do livre mercado enfatizava o poder de uma maior competição global na redução dos preços aos consumidores, a OMC estava intencionalmente aumentando os preços por meio da extensão dos monopólios de novos produtos.

Ainda mais importante, esses monopólios maiores se aplicavam aos produtos farmacêuticos, uma decisão com consequências fatais quando exportada para o mundo pós-colonial. No mesmo ano da assinatura do acordo da OMC sobre patentes, uma África do Sul completamente franqueada elegeu Nelson Mandela como seu primeiro presidente. Mandela assumiu o cargo no meio de uma crise de saúde pública. A taxa de HIV estava rapidamente saindo do controle, com cerca de 10% dos 39 milhões de cidadãos do país infectados.[30] As empresas da indústria farmacêutica dos Estados Unidos desenvolveram drogas eficazes no combate ao HIV que poderiam prolongar as vidas dos pacientes por anos, até

504   O PREÇO DA PAZ

mesmo décadas. No entanto, os remédios eram caros. Apoiados pelos direitos de patente, a medicação para AIDS e HIV custava US$12 mil anuais por paciente na África do Sul, um país com uma renda média anual de aproximadamente US$2.600.[31] Uma vez que a economia sul-africana gerava cerca de US$140 bilhões por ano,[32] tratar todos os pacientes com AIDS e HIV exigiria enviar um terço da riqueza anual do país para empresas farmacêuticas do exterior todos os anos.

A administração Clinton argumentou que as regras de propriedade intelectual da OMC davam às empresas o claro direito de cobrar o valor que desejassem sem interferência do governo Mandela. Quando Mandela assinou uma lei autorizando seu governo a buscar por drogas mais baratas em outros países, os Estados Unidos ameaçaram retaliar com sanções comerciais, afirmando que a ação de Mandela "aboliria os direitos de patente".[33] Então o presidente sul-africano adiou a implementação da lei enquanto a crise de AIDS se espalhava. Em 2000, mais de 22% da população de seu país estava infectada. Enquanto isso, a Cipla, uma empresa farmacêutica da Índia, começou a produzir versões genéricas das drogas norte-americanas para o combate do HIV, cobrando o valor "humanitário" de US$1 por dia, mas a administração Clinton continuou a pressionar a África do Sul sobre seus "compromissos internacionais", opondo-se contra a importação dos remédios genéricos até manifestantes gerarem um tumulto na campanha do vice-presidente Al Gore em 2000, exibindo um banner para as câmeras com os dizeres A GANÂNCIA DE GORE MATA; MEDICAMENTOS CONTRA A AIDS PARA A ÁFRICA.[34] Milhões de pessoas morreram na África do Sul enquanto Clinton brigava com Mandela por causa da medicação para AIDS. Essa era uma briga que nenhum leitor da cobertura de Thomas Friedman no *Times* reconheceria como uma disputa comercial, onde se apresentava questões como tarifas, crescimentos econômicos e empregos.

Enquanto isso, os economistas se atordoaram com os resultados do NAFTA e do novo acordo comercial dos Estados Unidos com a China. Os Estados Unidos rapidamente caíram em um deficit comercial crônico tanto com o México quanto com a China. Sem sindicatos fortes e vontade política de desenvolver uma infraestrutura nacional e estabelecer proteções trabalhistas, o México não conseguia entregar a prosperidade que os entusiastas do NAFTA prometeram. Quando um emprego industrial sindicalizado ia para o México, uma posição que garantiria um

A SEGUNDA GILDED AGE   505

estilo de vida de classe média nos Estados Unidos se convertia em um cargo que, até o final de 2018, pagava apenas US$1 dólar por hora ao sul da fronteira.[35] Os agricultores mexicanos, enquanto isso, viram-se incapazes de competir com os conglomerados norte-americanos do agronegócio que, apesar do acordo, permaneceu subsidiado pelo governo federal. No México, 4,9 milhões de famílias agrícolas foram deslocadas pelo NAFTA, enquanto quase não houve uma mudança salarial e o crescimento econômico coxeava com o mísero valor de 1%. De acordo com algumas medidas, a pobreza acabou aumentando ao longo das duas décadas após a assinatura do acordo.[36] Em vez de um negócio vantajoso para as duas partes, o acordo gerou perda para uma delas e indiferença para outra.

Os resultados da China eram ainda piores. Desde meados dos anos 1980, o emprego industrial total dos Estados Unidos manteve-se em aproximadamente 17 milhões de vagas. No outono do ano 2000, quando a lei da China foi aprovada, o emprego industrial repentinamente despencou, saindo de 17,3 milhões para 14,3 milhões, e se manteve firme até o início da Grande Recessão de 2007, que resultou na perda de mais 3 milhões de empregos. Apenas cerca de 1,5 milhão desses empregos foram recuperados nos oito anos subsequentes.[37]

Essa não foi uma dominação dos robôs fomentada pela inovação tecnológica e automação avançada. As métricas de produtividade refletem o ritmo da automação e a produtividade geral dos Estados Unidos avançou suavemente dos anos 1970 até 2008. O que mudou repentinamente no ano 2000 foi a política comercial dos Estados Unidos quanto à China. Durante o abismo da Grande Recessão, muitos dos mais ardorosos defensores da globalização dos anos 1990 reconheceram que o deficit comercial com a China estava forçando os Estados Unidos em uma recessão ainda mais profunda, com Krugman e outros defendendo uma tarifa norte-americana contra a China para combater a hemorragia dos empregos industriais domésticos.

Nem todos os empregos industriais perdidos foram culpa da China. O estudo realizado pelos economistas David H. Autor, David Dorn e Gordon H. Hansen atribui à indústria chinesa cerca de 985 mil vagas.[38] Somando os efeitos sobre as comunidades locais onde antigos trabalhadores industriais não mais gastavam dinheiro em varejos e restaurantes, David e seus coautores estabeleceram a queda dos empregos totais ocasionada pelo "Choque Chinês" em algum valor entre 2 milhões e 2,4 milhões. A maioria das análises econômicas do acordo comercial da China presumiu que, se os empregos em alguma comunidade dos Estados Unidos se tornarem escassos pelo encerramento de uma fábrica, as pessoas maximizariam seus salários ao se mudar para uma cidade com abundância de empregos. Os perdedores na economia industrial se tornariam vencedores na economia de serviços. No entanto, os seres humanos não são maximizadores de lucros isentos de humanidade. As pessoas valorizam suas famílias, amigos e locais de origem. Quando os empregos desapareceram, as pessoas permaneceram no mesmo lugar.

A reforma política na China que Clinton imaginou em 2000 também nunca se materializou. Em 2018, o presidente da China, Xi Jinping, aboliu os limites dos mandatos presidenciais, abrindo a porta por governos permanentes e autocráticos, enquanto o governo reunia centenas de milhares de muçulmanos uigures e os enviava para campos de detenção. Em países mais ricos, incluindo os Estados Unidos e membros da União Europeia, a globalização exacerbava a desigualdade econômica, aumentando os lucros corporativos e os preços das ações enquanto colocava uma pressão descendente nos salários. Joseph Stiglitz concluiu, em 2017, que a globalização "era uma agenda que foi promovida por grandes corporações à custa dos trabalhadores, consumidores e cidadãos tanto dos países desenvolvidos quanto dos países em desenvolvimento".[39] Os meios sociais dos cidadãos e dos acionistas se tornaram cada vez mais divergentes, levando a disparidades não apenas na riqueza, mas na educação e na saúde física, com aqueles mais abaixo na escala de renda com pontuações menores em testes e menores expectativas de vida, de acordo com a OCDE.[40] O resultado disso foi um aumento da tensão política não apenas entre diferentes países, mas dentro de Estados-nações individuais conforme populações economicamente inseguras questionavam se de fato faziam parte do mesmo projeto político de seus vizinhos mais abastados. "Eu penso que a globalização contribuiu para separar as sociedades", argumentou o economista Dani Rodrik.[41]

Diante desses fiascos políticos, os defensores mais sofisticados da globalização reestruturaram os argumentos para o seu sucesso. Em vez de afirmar que o livre mercado era uma crescente maré que sustenta todos os barcos, eles reconheceram os reveses para a classe média norte-a-

A SEGUNDA GILDED AGE 507

mericana, mas argumentavam que esses problemas eram mais do que compensados pelos ganhos no mundo em desenvolvimento. Mas a verdadeira história da pobreza global tem sido, na melhor das hipóteses, irregular. Em 2000, o Banco Mundial concluiu que o número de pessoas vivendo com menos de US$2 por dia havia aumentando ao longo dos anos 1990.[42] Em 2012, as coisas estavam um pouco melhores; o Banco Mundial declarou que tinha cumprido seu objetivo de reduzir a "extrema pobreza" nos países mais pobres do mundo pela metade ao longo dos últimos doze anos.[43] O número de pessoas vivendo com menos de US$1,90 por dia — o banco atualizou a referência para extrema pobreza — caiu de cerca de 1,8 bilhão em 1990 para cerca de 800 milhões atualmente. No entanto, ajuste um pouco essa métrica e o progresso parecerá muito menos impressionante. Grande parte do suposto sucesso da globalização simplesmente envolvia tirar as pessoas da extrema pobreza e levá-las para a pobreza comum: 1,8 bilhão de pessoas ainda viviam com menos de US$2,50 por dia.[44] E cerca de metade dessa redução de US$1,90 por dia vem da China, onde as melhorias no padrão de vida não foram resultado da livre troca entre povos democráticos, mas de uma política industrial protecionista administrada de maneira rígida e eficaz por um governo de partido único. Enquanto isso, a melhoria nos padrões de vida teve um preço alto. O boom industrial chinês transformou o país no maior produtor de gases do efeito estufa.[45] Além disso, a maioria de suas emissões de dióxido de carbono são produzidas por usinas termoelétricas a carvão que fornecem a eletricidade para indústrias produzindo bens que são exportados para os Estados Unidos e a Europa, indicando que os Estados Unidos tiveram uma grande melhora em sua pegada de carbono durante o século XXI por terceirizar seu trabalho sujo para a China.[46] A expectativa de vida para as famílias nas cidades do norte da China, as quais foram sufocadas pela poluição, caiu em 3,1 anos como resultado de uma exposição crônica de longo prazo à poluição do ar.[47]

Os economistas prejudicaram o comércio na década de 1990 ao tentar substituir um mundo de mercados racionais de ajustes limpos pela realidade complicada e frequentemente brutal da política internacional. O ajuste para a globalização ocorreu por meio de negociação, protesto e batalhas políticas — e não com uma transição rápida e suave até o equilíbrio de salários e preços.

508 O PREÇO DA PAZ

Quando Clinton assumiu o mandato, algumas vozes entre os economistas falavam contra o crescente consenso do livre-comércio. Em 1979, alguns anos antes de sua morte, Joan Robinson publicou um artigo no *Journal of Post-Keynesian Economics* destacando os riscos para os Estados Unidos e para a Grã-Bretanha decorrentes dos deficits comerciais persistentes. O setor industrial, argumentou ela, parecia ser especialmente vulnerável, enquanto a melhor solução apresentada pelos entusiastas do livre-comércio — taxas de câmbio flutuantes — não parecia ter funcionado no Reino Unido. "Está claro que a economia internacional não é um sistema que se autoequilibra e que tanto a Grã-Bretanha quanto os Estados Unidos são excepcionalmente vulneráveis", escreveu ela, argumentando que a maioria dos economistas flertava com a ruína ao "argumentar com base em suposições idealizadas" em vez de condições realistas. Robinson acreditava que um choque comercial seria tão prejudicial quanto o choque do petróleo nos anos 1970. Além disso, ela avisou que "novas formas de regulamentação do comércio serão necessárias" e que "uma proteção cuidadosamente projetada pode ser uma parte necessária para qualquer solução da recessão". Essa era uma aplicação internacional de Keynes. Insistir que a economia — global ou nacional — resolveria seus problemas naturalmente e por conta própria nunca era uma boa linha de raciocínio na economia. Assim como uma nação poderia alcançar o equilíbrio com uma alta taxa de desemprego, o comércio internacional também poderia alcançar um desequilíbrio e uma disfunção crônicos.

Mas Robinson escrevia em uma publicação especializada obscura para acadêmicos que foram exilados da principal corrente da profissão. Para Clinton, o esmagador consenso entre os economistas sobre o comércio era como o julgamento científico sobre o aquecimento global ou a camada de ozônio. E foi o veredicto de estudiosos de prestígio que ao mesmo tempo convenceu Clinton de que ele precisava superar os contratempos políticos enfrentados por sua agenda comercial e que permitiu que ele assim o fizesse. Os sindicatos, grupos ambientais, defensores do consumidor e especialistas da saúde pública se reuniam para fazer oposição ao NAFTA — uma frente unida de aliados tradicionalmente liberais do Partido Democrata. A maioria das corporações dos Estados Unidos queriam a implementação do acordo comercial, mas em 1993 não era óbvio que se aliar aos grandes negócios seria uma jogada polí-

A SEGUNDA GILDED AGE   509

tica inteligente para Clinton. Ele foi eleito com apenas 43% dos votos e foi recebido com uma oposição geral dos republicanos no Congresso. O bilionário Ross Perot, que conquistou milhões de eleitores indecisos na eleição de 1992, estava realizando uma campanha de um homem só contra o NAFTA durante todo o ano, transformando o assunto em uma das questões de maior visibilidade nos noticiários da televisão. Para Clinton, se opor ao pacto teria fortalecido o eleitorado tradicional de seu partido e hasteado a bandeira branca para aqueles que não votaram nele, mas que não desejavam votar nos republicanos. Os democratas que se opuseram ao NAFTA não se limitavam aos redutos liberais do Nordeste e da parte superior do Meio-Oeste. Sessenta e cinco dos democratas da Câmara que votaram contra o acordo vinham do Sul e do Oeste, enquanto quase um terço daqueles que se aliaram a Clinton em relação ao NAFTA seria substituído por republicanos nas eleições de meio de mandato. "Politicamente, era uma agonia para ele", conforme concluiu o jornalista do *Washington Post*, John Harris.[48]

Se apropriar de grande parte da antiga plataforma econômica do Partido Republicano — o NAFTA foi negociado originalmente por George H. W. Bush — era um exemplo de estratégia política que Clinton apelidou de "triangulação", no qual ele apresentava suas ideias políticas tanto como um compromisso entre os polos liberais e conservadores do debate quanto acima da briga da sordidez partidária. Clinton não era apenas um centrista, mas um centrista operando em um plano intelectual e moral superior ao de seus críticos. Após a grande derrota do Partido Democrata nas eleições de meio de mandato de 1994, Clinton acreditava que a triangulação era um bom branding. Mas ele também acreditava que isso o colocaria em uma boa companhia histórica. Devoto fanático de Arthur Schlesinger Jr., Clinton sempre foi poderosamente influenciado pelo relato dele sobre a administração Kennedy, *A Thousand Days: John F. Kennedy in the White House* ["Mil Dias: John F. Kennedy na Casa Branca", em tradução livre], que havia sido um esforço para relacionar Camelot ao legado de Roosevelt e ao New Deal. Em 1949, Schlesinger publicou *The Vital Center: The politics of freedom*, ["O Centro Vital: A política da liberdade", em tradução livre], um livro celebrando o New Deal como um meio-termo capaz de salvar um país à deriva graças às grandes mudanças tecnológicas. No entanto, Schlesinger compreendia Roosevelt como alguém operando em um "centro" entre

510   O PREÇO DA PAZ

o fascismo e o comunismo autoritário. Clinton estava demarcando terreno em algum lugar entre Goldman Sachs e Walmart.

Pouco depois do domínio republicano no Congresso, Clinton fez um discurso na casa de campo de Roosevelt em Warm Springs, Geórgia, com o objetivo de vincular sua própria administração com a administração que tirou o país da Grande Depressão. Tanto Schlesinger quanto Galbraith foram convidados. Nenhum dos dois se impressionou. "Roosevelt se divertia com seus inimigos", contou Galbraith para o *Washington Post.* "Eu gostaria de ver Bill Clinton divertindo-se com eles um pouco mais." Schlesinger acusou Clinton de "conciliação" com os republicanos. Roosevelt, por outro lado, "amava uma boa briga". Quando Clinton leu essa história, ele "explodiu" de fúria, escrevendo rapidamente uma carta ácida para Schlesinger de próprio punho. "Aqueles que lutaram com unhas e dentes comigo nos últimos dois anos sabem bem que acredito e saboreio as batalhas", disse Clinton.[49] O presidente ficou verdadeiramente ofendido com a rejeição de seus heróis. Mais decepções estavam por vir.

A plataforma comercial de Clinton era uma fonte consistente de polêmica pública. Aprovar o NAFTA provou ser quase tão cansativo quanto passar seu primeiro orçamento pelo Congresso. Quando os representantes da OMC se reuniram em Seattle no final de novembro de 1999, dezenas de milhares de manifestantes surgiram na reunião e basicamente fecharam a cidade.[50] A resposta pública à plataforma financeira doméstica de Clinton, por outro lado, era praticamente inexistente, embora suas consequências provassem ser não menos problemáticas.

Não era como se o mundo não tivesse fornecido amplos avisos sobre os riscos associados às finanças desreguladas. Em 1995, anos de liberação financeira no México culminaram em uma crise do peso e no colapso financeiro que necessitou um auxílio emergencial dos Estados Unidos e do Fundo Monetário Internacional. Em 1997, uma crise financeira na Tailândia rapidamente se espalhou por grande parte do Sudeste Asiático, novamente estimulando uma ação do FMI.

Em 1997, porém, os mercados dos Estados Unidos pareciam ter resistido bem aos anos da presidência Clinton. O índice Standard & Poor's 500 mais do que dobrou entre uma posse e outra de Clinton, assim

A SEGUNDA GILDED AGE

como o índice NASDAQ, que havia se tornado uma marca de referência para novas ações de tecnologia do Vale do Silício. Clinton e o Congresso republicano responderam insistindo com os investidores para que deixassem começar os bons tempos, cortando as alíquotas dos ganhos de capital de 28% para 20%. Já que mais da metade dos ganhos de capital em 1991 e 2011 correspondiam ao décimo de 1% das famílias mais ricas, o movimento ajudou a canalizar o dinheiro para os ricos e os encorajou a colocar mais dinheiro no mercado de ações.[51]

Naquele dezembro, a Academia Real das Ciências da Suécia concedeu o Prêmio Nobel de Ciências Econômicas a Myron Scholes e Robert Merton, acadêmicos que desenvolveram uma ferramenta inovadora para os traders de Wall Street.[52] Os dois economistas trabalharam em uma equação para determinar o valor preciso de uma opção de ações, levando em consideração probabilidade matemática, alterações no preço da ação e duração da opção. Uma opção de ações dá ao investidor o direito de comprar ações com um preço específico em uma data específica. Para os investidores, isso é, na prática, uma aposta de que o preço de alguma ação irá subir ou cair. Ao estabelecer uma forma de valorizar essa aposta — sem saber se ela valerá a pena ou não —, Merton e Scholes ajudaram a fomentar uma explosão de derivativos no mercado. Variedades simples de derivativos existiam há séculos; contratos futuros permitiam aos agricultores proteger o preço de seu cultivo ou ajudava as companhias aéreas a fixarem o preço do combustível com meses de antecedência. Porém, repentinamente estavam sendo criados derivativos que permitiam às pessoas apostar em todo tipo de coisa, inclusive na probabilidade de uma empresa não pagar suas dívidas. Em algumas métricas, o mercado de derivativos quintuplicou no começo dos anos 1990, mas o escopo de novos produtos dificultou até mesmo uma definição do mercado e, pior ainda, o estabelecimento de um valor confiável sobre seu crescimento explosivo.[53]

Scholes e Merton, enquanto isso, colocaram suas mentes matemáticas para trabalhar como cofundadores do maior fundo de hedge do mundo, o Long-Term Capital Management (LTCM). Começando com US$1,25 bilhão em 1994, o fundo mais do que quadruplicou o dinheiro de seus investidores em apenas alguns anos ao encontrar pequenas incompatibilidades de preço nos títulos e nas moedas governamentais e apostando alto nelas. O LTCM tomou grandes quantias de empréstimo,

512   O PREÇO DA PAZ

alavancando seus próprios fundos para ampliar de maneira drástica os pagamentos por mudanças de preço relativamente pequenas. Desde que os mercados se comportassem racionalmente e desde que os preços não mudem para muito longe das normas ditadas pelas métricas de probabilidade, o fundo de hedge conseguia retornos incríveis. Em 1995 e 1996, o fundo conseguiu 40%, superando até mesmo o desempenho do bem-sucedido mercado de ações.

Entretanto, modelos matemáticos são incapazes de prever o futuro. Quando a crise financeira da Rússia chegou em agosto de 1998, os modelos de trading da empresa foram devastados. O LTCM perdeu US$4,6 bilhões abruptamente — uma soma astronômica para um fundo de hedge. Embora a empresa tenha iniciado o ano de 1998 com US$4,8 bilhões de patrimônio líquido, também carregava mais de US$120 bilhões em dívidas. Se o LTCM declarasse falência, seus credores — entre os quais figuravam todas as grandes empresas de Wall Street — poderiam afundar com ele. Ninguém em Washington queria pensar em como essa queda poderia ser.

Em resposta, Rubin, Greenspan e Summers organizaram uma recuperação econômica financiada pelo setor, reunindo US$3,6 bilhões para que o LTCM pudesse se desenrolar de uma forma segura e ordenada. Wall Street soltou um suspiro de alívio coletivo.

O colapso do LTCM deveria ter sido um aviso para economistas e legisladores. Os traders dignos de Nobel do LTCM não pareciam imprudentes; o fundo realizou apostas cautelosas e bem fundamentadas ao mesmo tempo que se protegeu contra uma série de riscos calculados. Foi a enorme dívida do LTCM — que os profissionais de finanças preferem chamar de "alavancagem" — que levou a empresa até o problema; assim como a alavancagem amplificava os lucros da empresa durante os anos de boom, ela também amplificou suas perdas em dimensões assustadoras em 1998. Os modelos matemáticos da empresa tranquilizaram a administração do LTCM em uma falsa sensação de segurança.

Esse não era um problema novo. Scholes e Merton eram especialistas em quantificar riscos e se proteger contra eles. Eles foram derrubados por outra coisa: incerteza. Keynes publicou um livro inteiro sobre a probabilidade e a incerteza em 1921 e o conceito havia formado a base para grande parte de *A Teoria Geral*. Mercados financeiros, enfatizou Keynes, só pareciam racionais durante períodos de estabilidade. As métricas de risco implementadas pela LTCM eram extrapolações de experiências passadas. Assim que um novo ou inesperado fator emergia — uma guerra, desastre natural, um resultado eleitoral inesperado, uma colheita especialmente ruim —, todos os cálculos avançados da empresa perdiam seu valor. Os mercados financeiros só funcionavam de maneira confiável quando o mundo não mudava e, mesmo em períodos de estabilidade, os julgamentos que formam a base da venda e compra de recursos eram baseados em expectativas e suposições tanto quanto em fatos e fundamentos econômicos.

A queda do LTCM era um lembrete impressionante dos pensamentos de Keynes, um lembrete que carregava óbvias implicações não só para o setor bancário norte-americano, mas para todo o projeto econômico da equipe econômica de Clinton, tanto em casa quanto no exterior. A versão neoliberal do livre mercado e do livre-comércio estava transmitindo uma instabilidade financeira em todo o mundo. Se funções sociais importantes — investimento industrial, pesquisa científica ou serviços de bem-estar social — fossem organizadas ao redor dos mercados financeiros, essas situações se tornariam tão frágeis quanto os próprios mercados financeiros.

Em vez de ouvir esse aviso, a equipe econômica de Clinton aproveitou a oportunidade para fortalecer ainda mais as altas finanças em território nacional. A crise do LTCM era notícia de primeira página. Rubin, Summers e Greenspan estamparam uma capa laudatória da revista *Time*, na qual o trio foi apelidado de "O Comitê para Salvar o Mundo". No entanto, enquanto esses homens orquestravam a recuperação do fundo de hedge, também estavam travando uma guerra muito mais silenciosa dentro da burocracia de Washington. Brooksley Born, presidente da Comissão de Negociação de Futuros de Commodities, avisou que o crescimento desenfreado do mercado dos derivativos financeiros estava se tornando perigoso. Uma variante em particular, o credit default swap (CDS), parecia oferecer um caminho sem fim para o excesso especulativo.

Credit default swaps surgiram no começo dos anos 1990 como um produto de garantia. Um investidor que comprasse dívidas corporativas arriscadas poderia emitir um credit default swap para garantir sua dívida contra inadimplência; se o emissor da dívida declarasse falência, então o credit default swap pagaria. No entanto, não havia exigência alguma de que as pessoas que adquiriam um credit default swap de fato precisavam ter o ativo que estavam assegurando. Como resultado, os credit default swaps se transformaram em um veículo de especulação. Ao comprar um credit default swap, bancos, fundos de hedge e outros especuladores poderiam, na prática, apostar na falência de outras empresas.

A Commodity Futures Trading Commision (CFTC), como a comissão presidida por Brooksley Born era conhecida, não era uma agência poderosa na hierarquia social da burocracia de Washington e, portanto, Born foi quase imediatamente desligada por Rubin, Summers, Greenspan e pelo presidente da Comissão de Títulos e Câmbios, Arthur Levitt. "A regulamentação da transação de derivativos que são negociados em particular e por profissionais é desnecessária", disse Greenspan ao Congresso. Essa regulamentação não serviria nenhum "propósito útil" e impediria "a eficiência dos mercados para aumentar os padrões de vida". Rubin acusou Born, a única mulher encarregada de um órgão de supervisão econômica, de ser muito "estridente" e se recusou a se envolver em suas críticas "de maneira construtiva". "As partes desse tipo de contrato", insistiu Summers, "parecem ser eminentemente capazes de se proteger".[54] E então o Congresso aprovou uma lei proibindo a regulamentação federal de credit default swaps e até mesmo os isentou dos estatutos estaduais antiespeculação. Clinton sancionou essa lei sem grandes ponderações.

Ele também não dedicou muita energia mental a um projeto de lei para revogar Glass-Steagall, a lei da época da Depressão que proibia os bancos que aceitavam depósitos de negociar títulos. Glass-Steagall foi criada para prevenir conflitos de interesses — um banqueiro apostando contra seus clientes, por exemplo — e para prevenir depósitos garantidos pelo governo, uma fonte barata de financiamento para os bancos, de alimentar atividades arriscadas. No entanto, os reguladores estavam retirando aos poucos as conquistas do New Deal ao longo dos anos e, quando o Citibank anunciou sua intenção de adquirir a grande seguradora Travelers, o Congresso e a presidência avidamente quebraram as últimas barreiras para a fusão de diferentes tipos de instituições financeiras. Os bancos estavam passando por uma maratona de fusões

A SEGUNDA GILDED AGE

desde 1994, quando Clinton assinou uma lei que lhes permitia abrir filiais além das fronteiras estaduais e realizar fusões com bancos em outros estados. Agora essa mania poderia se expandir para os títulos, seguradoras e até mesmo fundos de hedge como o Long-Term Capital Management. Economistas encantados pela promessa do progresso de mercado racional argumentavam que maiores empresas com linhas de negócios mais diversificadas seriam mais estáveis, mais capazes de se proteger contra riscos e de compensar as perdas em linhas de negócio isoladas. Eles não se preocuparam com as dificuldades administrativas ao supervisionar empresas com centenas de bilhões de dólares em ativos separados em dezenas de diferentes linhas de negócios, nem com a perspectiva de um choque imprevisível em um setor acabar derrubando um conglomerado inteiro.

O Citigroup firmou sua grande fusão. Quando Rubin deixou o Tesouro, aceitou um cargo no Citi, onde ele receberia US$126 milhões em remunerações totais ao longo da década seguinte.[55] Em sua autobiografia de 2004, Clinton brincou sobre o pagamento de Wall Street para seu conselheiro: "Após ele apoiar o plano econômico de 1993, com seu aumento tributário para os norte-americanos de alta renda, eu costumava brincar que 'Bob Rubin veio a Washington para me ajudar a salvar a classe média e, quando ele sair, ele fará parte dela'. Agora que Bob voltou para o setor privado, acho que não preciso mais me preocupar com isso."[56]

Isso não acabaria bem. Em 2010, a Comissão de Inquérito sobre a Crise Financeira encaminharia Rubin ao Departamento de Justiça para um processo criminal, afirmando que ele poderia ser culpado "'direta ou indiretamente' da não divulgação da informação do material" sobre a exposição do gigante bancário às hipotecas subprime.[57] Após o crash de 2008, o Citigroup recebeu mais assistência federal do que qualquer outra instituição financeira dos Estados Unidos.

Mas, em 1999 e 2000, ninguém parecia se importar. A revogação da lei Glass-Steagall não alcançou a primeira página de nenhum jornal nos Estados Unidos e os noticiários noturnos não devotaram mais do que vinte segundos de tempo televisivo a esse assunto. Uma pesquisa conduzida pouco depois revelou que mais da metade do país nunca ouviu falar da revogação. Nenhum jornal de grande audiência sequer designou um jornalista para cobrir a lei dos derivativos.[58] Quando John Harris publicou uma biografia reveladora dos anos de Clinton na Casa Branca em 2005, ele não mencionou nada sobre a polêmica financeira em Washington decorrente do Long-Term Capital Management, Glass-Steagall ou derivativos, porque não houve polêmica alguma.[59] O próprio Clinton nem encontrou espaço para falar sobre suas conquistas bipartidárias no setor bancário em sua autobiografia de 969 páginas.[60]

Em 2014, entretanto, o histórico econômico que Clinton defendia ao final de sua presidência tornou-se um ponto fraco. Na conferência de redução deficitária organizada do bilionário de private equity, Peter G. Peterson, Clinton insistiu que "nenhum banco" declarou falência como resultado da revogação da lei Glass-Steagall. Isso era, tecnicamente, verdade; os bancos não faliram, eles foram resgatados pelo governo federal. Porém, sua defesa incluía um lembrete sobre o clima político e intelectual da época: "Se eu soubesse que veríamos, basicamente, o fim da supervisão bancária e da SEC, eu teria sancionado a revogação? Provavelmente não. Ela teria passado? Sim. Deixe-me lembrá-los que aquela lei passou com uma diferença de noventa para oito."[61] Assim como Winston Churchill nos anos 1920, Clinton foi levado ao desastre por um consenso de especialistas que tentava substituir o clamor do mundo real por um conjunto de abstrações harmoniosas.

Em agosto do ano 2000, Clinton convidou John Kenneth Galbraith para a Casa Branca, onde ele concedeu ao economista de 91 anos a maior honra civil do país, a Medalha Presidencial da Liberdade. Conforme Galbraith era celebrado ao lado de liberais notáveis como Jesse Jackson, George McGovern e Sargent Shriver, a cerimônia parecia comemorar um passado distante, uma geração de idealistas cuja energia e imaginação faziam parte de outra época. A Guerra Fria abriu espaço para a Era da Informação; a tecnologia e a inovação substituíram a Depressão e o autoritarismo como as grandes questões nas mentes dos estadistas. Em particular, Clinton propôs ser coautor de uma obra com Galbraith sobre os "persistentes valores liberais" — um projeto que só fazia sentido como uma ponte entre eras diferentes que lidavam com preocupações diferentes. Galbraith recusou, citando como impedimento sua idade e sua frágil saúde.[62]

Não era apenas Galbraith que parecia antiquado, mas toda sua tradição intelectual. Na academia, a discussão e o debate de temas keynesianos eram relegados aos jornais especializados mantidos por intelectuais sem nenhuma influência política e tolerados por seus colegas de maior prestígio como excêntricos inofensivos. E quem poderia culpá-los? Bill Clinton comandou os melhores oito anos da vida econômica que o país experimentou em mais de três décadas. O desemprego caiu enquanto a inflação mal se moveu e novas fortunas eram conquistadas por novas tecnologias fascinantes. A inovação, tanto em Wall Street quanto no Vale do Silício, desde a internet até os credit default swaps, parecia ter tornado os riscos e as preocupações do século XX obsoletos. Embora Galbraith tivesse avisado que a loucura especulativa sobre as ações das empresas pontocom ameaçava outro grande crash, seus medos pareciam um exagero quando a recessão resultante provou ser uma perturbação breve e moderada.

Em um retiro para funcionários do Federal Reserve em Jackson Hole, Wyoming, realizado em 2001, Summers e seu antigo auxiliar no Departamento do Tesouro, Brad DeLong, argumentaram que "o processamento de dados e as tecnologias de comunicação de dados modernas" eram "inovações sísmicas" que mudaram a natureza da própria economia. A revolução tecnológica causaria "profundos efeitos microeconômicos" sobre o futuro que a humanidade enfrentará. "A nova economia é 'schumpeteriana'",[63] concluíram eles — uma era que seria definida pelo processo de "criação destrutiva" descrito pelo economista austríaco Joseph Schumpeter nos anos 1930, na qual novas inovações causariam estragos sobre as técnicas e tradições da antiga ordem, transformando a base econômica da sociedade. A estrutura de competição econômica, acreditavam Summers e DeLong, abririam espaço para um mundo de "monopólio natural", em que um potente processamento de dados e uma distribuição instantânea de informação permitiriam a produção de novos bens com pequenos custos marginais. Tratava-se de uma nova era que pedia por novas estruturas e normas legais para atender o cenário econômico em mudança. Os problemas do futuro eram sobre direitos de propriedade intelectual, educação e sabe-se lá o que mais.

A apresentação foi um pouco mais do que intensa. Mas ela fascinou o público de Jackson Hole porque grande parte dela era verdade. Nós, de fato, testemunhamos a emergência de novos monopólios digitais no século XXI e o fracasso de nosso governo em lidar com os desafios legais esboçados por Summers e DeLong em 2001 resultou em sérios problemas sociais e econômicos — desde a dizimação das indústrias de notícias e da música até a perturbação da eleição norte-americana causada por governos estrangeiros e níveis cada vez mais crescentes de ansiedade, depressão e suicídio entre os jovens.

No entanto, o discurso de Jackson Hole também esboçava uma história econômica e uma teoria de mudança social que estava fundamentalmente em desacordo com o trabalho de Keynes e seus discípulos. *A Teoria Geral* era um livro sobre, entre outras coisas, a desigualdade e o progresso social. Os problemas centrais do século XX, argumentou Keynes, seriam mais bem resolvidos ao reduzir a desigualdade. O crescimento empresarial e econômico não era motivado pela genialidade única e vasta riqueza dos muito ricos, mas pelo poder de compra das massas, que criava mercados para novas ideias. Para colocar as pessoas em trabalhos, o governo precisava criar sistemas de apoio aos pobres e à classe média, não de novos benefícios para os ricos. Summers e DeLong ofereciam uma narrativa muito diferente, partindo desde o século XVII, no qual a desigualdade era um motor para a melhoria social. Cautelosamente, eles compararam a virada do milênio com a Gilded Age de um século antes — um período em que, argumentavam eles, a grande mudança tecnológica abriu espaço para uma desigualdade extraordinária e violações capitalistas desenfreadas, mesmo à medida que apoiava um maior padrão de vida para o "norte-americano médio". Os frigoríficos de Chicago, que inspiraram Upton Sinclair a escrever *The Jungle,* também disponibilizaram uma dieta melhor e mais saudável em uma escala maciça. Assim também aconteceria com a vindoura era dos microprocessadores, trazendo novas maravilhas em escalas anteriormente impensáveis, alcançando grandes ganhos para alguns e uma nova forma de viver para todos.

Contra essa vindoura era de transformação, o simples objetivo do pleno emprego administrado por ferramentas familiares como o gasto deficitário — que dominaram uma grande parte da economia do século XX — parecia antiquado e insuficiente para essa ousada "substituição de paradigma" que estava nascendo. A Era de Keynes, ao que tudo indicava, havia chegado ao fim.

CONCLUSÃO

———◊———

QUANDO DONNA EDWARDS CHEGOU no Congresso em junho de 2008, seus novos colegas lhe disseram que seria um verão preguiçoso. Ela merecia um descanso. Edwards estava chegando em Washington em um momento incomum para uma novata da Câmara, em uma turma de apenas um e após vencer a eleição congressional mais difícil do ciclo não apenas uma, mas duas vezes. Ela desafiou Albert Wynn, um colega democrata que representou de maneira confiável um dos distritos mais liberais do país durante quinze anos. Wynn gozava do apoio de diversos grandes sindicatos e de uma constelação de poderosos interesses corporativos, incluindo a American Bankers Association, a AT&T e a Lockheed Martin.[1] Wynn, no entanto, apoiou a Guerra do Iraque e uma lei da falência de 2005 que a blogosfera progressista — uma nova força na política norte-americana — via como uma concessão às abusivas empresas de cartão de crédito. Edwards presidia a Arca Foundation, umas das organizações financiadoras mais proeminentes das causas liberais e progressistas na capital do país. Ela estava em Washington há tempo suficiente para reconhecer que Wynn estaria vulnerável a um desafio de um reformista progressista e ela era politicamente capaz de construir uma organização para derrubá-lo. Após uma eleição primária amarga e extenuante, Edwards garantiu a indicação democrata em fevereiro.

Seu suplício, no entanto, ainda não havia acabado. Wynn estava tão ansioso para embarcar em uma nova carreira como lobista que decidiu renunciar ao seu cargo em vez de servir o resto do seu mandato. Sua saída desencadeou uma nova eleição geral especial para preencher o assento que repentinamente ficou vago. Então, mais uma vez, Edwards concorreu e venceu. Ela finalmente assumiu o cargo cerca de seis semanas antes do recesso de agosto, uma época em que os legisladores

520 CONCLUSÃO

tradicionalmente retornam aos seus distritos para fugir do calor de Washington. E esse era um ano de eleição presidencial — uma época notoriamente improdutiva para os legisladores —, o que significava que Edwards poderia aguardar por uma apresentação tranquila aos rituais e costumes da vida como um membro do Congresso.

Em vez disso, o sistema financeiro mundial entrou em colapso. No dia 9 de junho, Lehman Brothers relatou seus resultados de segundo trimestre, divulgando uma perda de US$2,8 bilhões e — igualmente preocupante — planos para vender US$6 bilhões em novas ações para fortalecer suas finanças.[2] Gerentes de fundos de hedge e magnatas do capital privado começaram a falar aos executivos do Federal Reserve que era apenas uma questão de tempo até o Lehmans enfrentar uma corrida ao banco semelhante ao pânico que havia quebrado o Bear Stearns alguns meses antes.[3] Os estágios iniciais da pior crise financeira em um século haviam começado.

O crash de 2008 foi o desfecho de uma enorme bolha de crédito internacional construída em cima do mercado imobiliário norte-americano. Entre 1996 e 2006, os preços dos imóveis dos Estados Unidos sofreram um boom sem precedentes. Mesmo com o ajuste da inflação, os valores das habitações em território nacional subiram em mais de dois terços, com preços em alguns mercados, incluindo Califórnia e Las Vegas, dobrando ou triplicando de valor.[4] Esses crescentes preços imobiliários eram ao mesmo tempo um convite e um produto de uma expansão fanática dos negócios de hipotecas fomentados pelo crédito de Wall Street. À medida que os preços dos imóveis subiam, uma maior porcentagem de proprietários convencionais era progressivamente retirada do mercado. O preço do estilo de vida da classe média subiu e, já que a renda da classe média não sofreu alteração alguma, ela se tornou uma aposta mais arriscada para os credores. Para manter os negócios em movimento, bancos ofereceram empréstimos subprime e outros produtos exóticos de hipotecas desenvolvidos para pessoas com perfis de crédito arriscado até famílias que, apenas alguns anos antes, se qualificariam para uma hipoteca tradicional e conservadora de trinta anos. Como resultado disso, mesmo com o aumento do tamanho total do mercado de hipotecas quase quadruplicando entre 2000 e 2003, a taxa geral de propriedade de imóveis nos Estados Unidos quase não mudou, saindo de 67,1% das residências para apenas 68,6%.[5]

CONCLUSÃO

Muitos dos empréstimos subprime eram abertamente predatórios, com operações suspeitas simplesmente tirando tudo o que podiam dos mutuários. Muitos desses negócios eram claramente fraudulentos, com muitos bancos oferecendo empréstimos sem nem se preocupar em documentar a renda do mutuário, deixando todos fingirem que um empréstimo descabido era, na verdade, uma transação razoável. Um cenário ainda mais comum, no entanto, era um cálculo direto de risco e recompensa do tipo que os bancos fazem o tempo todo. Quando mutuários apresentavam um maior risco de inadimplência, os credores cobravam mais deles para compensar o maior potencial de perdas. A principal razão pela qual os mutuários dos subprimes eram considerados arriscados era o fato de terem uma renda relativamente baixa para a dívida que estavam assumindo. Isso significava que não tinham como pagar os altos preços cobrados pelos credores em decorrência do risco extra. Portanto, os arquitetos dos subprimes incluíam esses custos do empréstimo mais adiante no cronograma de pagamentos. No começo, os pagamentos eram baixos, mas após alguns anos os empréstimos teriam uma maior taxa de juros ou ativariam uma onda de altas taxas. Já no final da década de 1990, os defensores dos consumidores começaram a avisar aos reguladores federais que a enchente do subprime afogaria os mutuários em empréstimos que não entendiam e não poderiam pagar. Mas esses reguladores, confiando na sabedoria dos mercados financeiros para analisar de maneira precisa o risco e alocar o capital, deram de ombros ao receber esses alertas, permitindo que o setor subprime com o tempo dominasse um quarto de todo o mercado.[6] A explosão do arriscado empréstimo hipotecário começou em credores do setor privado, mas as gigantes do setor imobiliário Fannie Mae e Freedie Mac — instituições privadas com a missão pública de promover a propriedade da casa própria — começaram a caçar o dragão do subprime em 2003 e passaram a controlar quase um quinto do negócio de hipotecas exóticas com o valor de US$1 trilhão anual no topo da bolha.[7]

Ainda assim, as hipotecas representavam apenas uma fração da explosão de dívidas que com o tempo acabariam com as finanças em todo o mundo. Empréstimos imobiliários eram incluídos em massa nos pacotes de títulos complexos e vendidos para investidores. Esses títulos, por sua vez, eram frequentemente separados e incluídos em produtos de dívidas ainda mais complexos. Além disso, os especuladores podiam apostar no desempenho de todos esses títulos com a contratação de credit default swaps. Apostar contra os bancos que os criaram ou contra os investidores que os compraram. No final de 2007, os bancos dos Estados Unidos tinham mais de US$14,4 trilhões em credit default swaps pendentes, quase igual a toda a produção econômica dos Estados Unidos durante um ano, enquanto o mercado internacional dos CDS — Credit Default Swap — alcançaram um valor nominal de US$61,2 trilhões, muito maior que a produção econômica anual de todo o mundo.[8] Mercados financeiros não ajudaram a realocar o risco para os lugares mais seguros da economia; eles criaram um absurdo cassino com dívidas em papel em que nem todas poderiam ser pagas.

Tudo o que seria necessário para derrubar toda a pirâmide seria uma pequena desaceleração nos preços imobiliários. A lógica das hipotecas subprimes só poderia ser sustentada se os mutuários fossem capazes de refinanciar suas dívidas antes delas restabelecerem os níveis de pagamento até valores maiores e inacessíveis. Desde que os preços dos imóveis continuassem subindo, a maioria dos mutuários tinham uma saída de emergência: assumir outro empréstimo. Mas, assim que os preços dos imóveis começassem a cair — ainda que pouco —, a dívida dos empréstimos seria maior do que o valor dos imóveis, tornando-os inelegíveis para o refinanciamento. As inevitáveis execuções hipotecárias reverberariam pelo sistema das empresas de investimento de todo o mundo como perdas.

Em maio de 2006, os preços das casas nos Estados Unidos finalmente se estabilizaram e, então, começaram a cair. A inadimplência nas hipotecas começou a acelerar. Bancos começaram a registrar grandes perdas no setor imobiliário. Em agosto de 2007, dois fundos de hedge controlados pelo banco de investimentos Bear Stearns entraram em colapso e, em março de 2008, o Federal Reserve ofereceu US$29 bilhões para ajudar o JPMorgan a adquirir o Bear em uma fusão emergencial. Todas as grandes instituições financeiras do país estavam vulneráveis e Wall Street começou a se perguntar qual seria o próximo dominó a cair. Os fundos de pensão nos Estados Unidos e bancos centrais na Ásia começaram a reduzir sua exposição ao Lehman Brothers em especial, enquanto o Citigroup exigiu que o Lehman entregasse bilhões de dólares como um "depósito de garantia" para continuar realizando negócios

CONCLUSÃO   523

com o Citi.[9] O valor das ações do Lehman, que começaram o ano em US$60 por ação, caiu para menos de US$20.

O Fed respondeu emprestando dinheiro em um ritmo frenético para bancos que passavam por dificuldades. Em junho de 2008, o banco central iniciou três programas de empréstimos emergenciais e já estava emitindo um volume recorde de empréstimos overnight para bancos que não conseguiam obter fundos de curto prazo em outro lugar. O Fed expandiu todos esses programas após o problemático relatório do Lehman, movendo bilhões de dólares diariamente apenas para impedir que os bancos ficassem sem dinheiro. Desde que os bancos possuíssem boas garantias — ações, títulos ou outros ativos financeiros —, eles poderiam recorrer ao Fed, oferecer seus ativos e receber um empréstimo de curto prazo para cumprir qualquer obrigação urgente. Após alguns dias ou semanas, o banco poderia pagar o empréstimo e receber a garantia de volta — ou estender o prazo do empréstimo. Bancos que possuíam ativos fundamentalmente valiosos, conforme o pensamento da época, não deveriam simplesmente falir, pois não conseguiriam vender aqueles ativos por preços razoáveis durante um pânico.

No entanto, apenas o empréstimo emergencial não acabaria com o que parecia uma corrida institucional a diversos bancos, especialmente ao Lehman. Com a queda dos preços dos imóveis, grandes perdas eram inevitáveis mesmo sob o modelo convencional da hipoteca. Com isso, o secretário do Tesouro Hank Paulson foi até o Congresso e pediu um novo regime regulatório para Fannie Mae e Freddie Mac. Embora ele tenha apresentado cautelosamente a legislação como uma medida preventiva, o novo sistema de fiscalização deu à administração Bush poder para nacionalizar as empresas Fannie e Freddie se as coisas dessem errado. Se os bancos desejassem vender ativos depreciados por valores otimistas, o governo poderia fazer a Fannie e a Freddie atuarem como compradores, colocando as perdas no balanço do governo. Além disso, ao transformar as gigantes em divisões do Estado, o governo poderia garantir que a base do mercado imobiliário não iria simplesmente desaparecer em uma crise; bancos que de outra forma hesitariam em emprestar continuariam emitindo hipotecas se a Fannie e a Freddie se dispusessem a comprá-las. Edward votou no projeto de lei em suas primeiras votações como membro do Congresso. Logo em seguida, no sábado, dia 6 de setembro, Paulson bateu o martelo, estatizando a Fannie e Freddie.

524 CONCLUSÃO

Mas o medo que pulsava nas mesas de negociação em todo o mundo não foi abatido. Os credores continuaram a retirar fundos do Lehman e na terça-feira, dia 9 de setembro, o preço das ações do banco caiu 55% e fechou a US$7,79.[10]

De acordo com a contabilidade oficial de Lehman, nenhuma de suas dificuldades fazia sentido. O banco teve lucros no trimestre anterior e, mesmo com a recente perda, tinha US$26 bilhões de capital próprio, o suficiente para absorver nove trimestres tão negativos quanto o último.

O problema era que ninguém acreditava na contabilidade do Lehman. O Lehman Brothers comprou cinco diferentes credores de hipotecas em 2003 e 2004. No começo, o banco os usou para gerar hipotecas que ele poderia incluir em pacotes de títulos e vender para investidores externos que desejassem apostar no mercado. Porém, em 2006, com os preços dos imóveis no maior nível já registrado, o Lehman começou a adquirir e manter os ativos do setor imobiliário em seu próprio balanço, esperando capitalizar diretamente em cima dos lucros do setor. Em novembro de 2007, o banco havia mais do que duplicado sua exposição total ao setor imobiliário, saindo de US$52 bilhões para US$111 bilhões.[11]

Ou pelo menos era o que os registros do banco afirmavam. Entretanto, todos sabiam que o preço dos imóveis estava caindo. Independentemente do que o Lehman relatara à SEC, quanto esses ativos *realmente* valiam? E quanto eles valiam *para o Lehman Brothers* se os compradores em potencial soubessem que o banco precisava se livrar desses ativos para arrecadar dinheiro e pagar suas contas? Mais tarde, quando investigadores perguntaram ao CEO da JPMorgan Chase, Jamie Dimon, se ele acreditava que seus concorrentes do Lehman estavam solventes durante o crash, ele ofereceu uma resposta filosófica: "Qual o significado de solvente?"[12]

Dimon não estava sendo evasivo. A viabilidade do Lehman — assim como de qualquer outro grande banco ao longo de 2008 — dependia de uma série de julgamentos não só sobre a trajetória de curto prazo dos valores de terrenos e propriedades, mas sobre os títulos extremamente complexos atrelados aos pagamentos de empréstimos dessas terras e à perspectiva de apoio governamental que poderia ou não surgir para as instituições financeiras que nelas investiram pesadamente. Essas não se

CONCLUSÃO   525

tratavam de questões que podiam ser facilmente respondidas com melhores informações sobre vendas imobiliárias, padrões de inadimplência de hipotecas ou dados do mercado de emprego. Ninguém sabia o que aconteceria daqui a seis semanas ou seis meses. Todos sabiam que o Lehman havia sido imprudente, mas o mercado não tinha força para determinar se ele era solvente. Assim como o sistema financeiro de Londres em 1914, o sistema financeiro mundial estava sendo governado por uma aguda e irredutível *incerteza*. E, assim como 1914, quando a erupção da guerra lançou todo o sistema de pagamento internacional do padrão-ouro no caos, apenas a autoridade política poderia solucionar a crise.

No entanto, os principais funcionários da administração Bush e o Fed decidiram que era hora da dominação da disciplina de mercado e do recuo do apoio público. Em março de 2008, quando o Fed ajudou a resgatar o Bear Stearns, o resgate não só gerou uma indignação pública como também estabeleceu a expectativa entre os investidores e até entre outros executivos do setor bancário de apoio governamental a outros bancos instáveis. A administração Bush sabia que a economia passava por problemas — em fevereiro o presidente assinou um projeto de lei fornecendo abatimentos tributários de US$600 para as famílias norte-americanas, uma tentativa direta de estímulo keynesiano — mas, no verão de 2008, a ideia de resgatar todos os grandes bancos do país parecia absurda. Assim como a maioria dos principais oficiais da presidência Bush, Hank Paulson; o presidente do Fed, Ben Bernanke; e o presidente do Fed de Nova York, Timothy Geithner, acreditavam nos mercados financeiros. Eles eram céticos quanto às ações governamentais que poderiam distorcer incentivos e expectativas e pensavam que precisavam traçar um limite no apoio público. Depois de Bear, Fannie e Freddie, eles escolheram o Lehman para realizar seu próximo movimento. O Lehman pode não ter sido o *mais* imprudente dos bancos norte-americanos,[13] mas seus problemas eram graves[14] e o banco agora estava tomando rotineiramente dezenas de bilhões de dólares em empréstimo dos recursos de emergência do Fed.

Na sexta-feira, dia 12 de setembro, Paulson reuniu os presidentes de todos os grandes bancos de Wall Street na sede do Fed de Nova York, desejando negociar um pacote de resgate semelhante ao acordo de 1998 para fortalecer o Long-Term Capital Management. Assim como Robert Rubin e Alan Greenspan antes dele, Paulson estava disposto a reunir os salvadores e fechar o acordo, mas ele insistia que "nem um centavo" dos fundos públicos estaria envolvido. Ao fim da noite, ele tinha um acordo para vender o Lehman ao banco britânico Barclays, mas na manhã do sábado, Alistair Darling, chanceler do Tesouro, vetou o acordo. O governo britânico não toleraria colocar dinheiro britânico em um banco norte-americano em ruínas. Insistindo na necessidade da disciplina de mercado, os oficiais norte-americanos continuaram a recusar um auxílio ao Lehman, forçando-o a declarar falência no começo da manhã de segunda-feira, dia 15 de setembro.[15]

De acordo com as atas da reunião do Open Market Committee do Federal Reserve no dia seguinte, os principais funcionários do banco central estavam em alerta máximo, mas, de modo geral, aprovaram o plano de deixar que o Lehman falisse. O presidente do Fed de Richmond, Jeffrey Lacker; o presidente do Fed de St. Louis, Sam Bullard; e o presidente do Fed de Kansas City, Thomas Hoenig, disseram que o governo havia feito a coisa certa ao permitir que o Lehman falisse em vez de resgatá-lo.[16] No entanto, o caos que cercou o sistema financeiro naquela manhã forçou o Fed a mudar de ideia em questão de horas. Ficou claro que o colapso do Lehman era mais do que a grande e cansada seguradora AIG — que tinha agora bilhões de dólares em contratos pendentes com o Lehman que dependeriam do resultado de um processo de falência que levaria anos — poderia suportar. AIG, por sua vez, tinha um valor de centenas de bilhões de dólares em contratos com grandes bancos em todo o mundo. Se a AIG ruísse, era impossível dizer o que cairia com ela. Às 21h do dia 16 de setembro, o Fed anunciou que estenderia um empréstimo emergencial de US$85 bilhões para a AIG em troca de uma participação de 79,9% na empresa.

Mas o pânico em Wall Street não era mais restrito a instituições individuais. Todo o sistema monetário baseado em dólares estava ruindo. Os trilhões de dólares apostados no mercado imobiliário não poderiam ser pagos e as instituições financeiras começaram a retirar dinheiro de todos os lugares, temendo que acabasse preso em um banco falido em questão de dias ou horas. Os fundos mútuos do mercado monetário — investimentos tão seguros que os investidores os usavam intercambiavelmente com dinheiro ou contas-correntes — sofreram uma enorme pressão, e um fundo proeminente, o Reserve Primary Fund, precisou ser liquidado com perdas. Grandes corporações se viram incapazes de

CONCLUSÃO

acessar o mercado de notas promissórias comerciais, a fonte padrão de empréstimos baratos e confiáveis que elas usavam para pagar suas despesas de rotina. E os saques em pânico continuaram. Com o Lehman fora do jogo, investidores começaram a tentar adivinhar quem seria o próximo banco a cair e, com isso, retiraram seus fundos do Morgan Stanley. O Fed iniciou um novo programa para apoiar o mercado de notas promissórias comerciais e permitiu que o Morgan Stanley e o Goldman Sachs se reenquadrassem como holdings, mudando o alvará federal das instituições para que pudessem acessar uma ampla lista de fundos emergenciais do banco central.

O Fed estava agora tomando todas as medidas que ele conseguia imaginar para imprimir mais dinheiro e canalizá-lo no vacilante sistema bancário internacional. O banco central dos Estados Unidos iria, em última análise, fornecer mais de US$16 trilhões em liquidez de emergência para combater a crise, incluindo US$5,5 trilhões para bancos centrais no exterior visando auxiliar as instituições estrangeiras a cumprir com suas obrigações em dólares. O que quer que tenha acontecido, o Fed garantiu que nenhuma instituição cairia graças a uma escassez de dinheiro disponível. Com o padrão-ouro há muito abandonado, não era preciso se preocupar com o esvaziamento das reservas.

Mas a crise financeira estava operando fora do reino dos balanços e das obrigações de dívidas. Não existia mais fé no sistema financeiro global. A única forma de restaurá-la era com uma declaração política — um sinal persuasivo de que os governos mundiais não deixariam o sistema bancário se autodestruir. Então Paulson e Bernanke começaram a fazer chamadas de conferência com legisladores no Congresso, explicando a severidade da situação e pedindo auxílio congressional.

Para Donna Edwards, esse foi um batismo de fogo. Com 50 anos, ela já teve uma séria carreira profissional em Washington, ajudando a aprovar a Lei da Violência contra a Mulher nos anos 1990, como diretora executiva do National Network to End Domestic Violence, antes de partir para a Arca Foundation. Ela estava lá durante muitos dos dramas legislativos de alto risco e se sentia confortável em operar um ambiente de intensa pressão política. Mas isso era diferente.

528 CONCLUSÃO

"Era assustador", recorda ela, pensando na conversa com Paulson. "Houve um momento em que me perguntei se conseguiria ir até o caixa eletrônico e sacar algumas centenas de dólares."[17]

"Apenas me lembro de pensar, você sabe, no Armagedom", disse a congressista Mel Martines, membro republicano da Flórida, à Financial Crisis Inquiry Commission.[18] De acordo com o democrata da Pensilvânia Paul Kanjorski, Paulson o convenceu de que o país estava perigosamente perto "do fim de nosso sistema econômico e do nosso sistema político como os conhecemos".[19] Após hesitar em usar sua autoridade para resgatar o Lehman, a administração Bush estava ficando sem métodos para aumentar a confiança por conta própria. A presidência precisaria de um auxílio do Congresso para pôr um fim nesse caos.

Mas os legisladores se sentiram insultados pela lei enviada por Paulson até o Congresso. Resumidamente, a lei daria ao secretário do Tesouro US\$700 bilhões para gastar da forma que desejasse, sem nenhum mecanismo de supervisão para garantir sua responsabilidade e sem nenhuma métrica para medir o sucesso ou fracasso. Edwards ficou incrédula. "Nós conseguimos três pedaços de papel por US\$700 bilhões", disse ela.

Paulson não sofria de um excesso de sensibilidade. Antes de servir no Tesouro, ele foi o CEO do Goldman Sachs, onde se acostumou a dar ordens e ser obedecido. Ele não poderia imaginar que políticos eleitos não confiariam a ele a mesma autoridade inquestionável que seu Conselho Diretor outrora lhe conferia. E o tempo era curto. A cada dia que se passava, a crise ficava pior. Não havia tempo para escrever o projeto de lei perfeito ou de realizar acordos individuais com cada legislador cético. A oradora da Câmara, Nancy Pelosi, e sua contraparte republicana, John Boehner, convenceram o máximo de pessoas que conseguiram, mas eles simplesmente não tinham outra escolha senão levar o projeto de lei à votação e esperar que a pressão do momento pudesse convencer os críticos. Enquanto os sins e os nãos eram contabilizados, o Dow Jones Industrial Average começou a cair. Em questão de minutos, o índice caiu mais de setecentos pontos. A votação do resgate fracassou. Sem ele, o sistema bancário seria destruído. Uma segunda Grande Depressão parecia estar à vista.

CONCLUSÃO

O Senado tranquilizou os mercados ao fazer algumas mudanças cosméticas no projeto de lei original de Paulson, adicionando duas novas entidades reguladoras e aprovando com ampla margem a legislação revisada dois dias depois. A Câmara, no entanto, continuou sendo um problema. Líderes começaram a bajular membros relutantes do Congresso. Os democratas representavam 140 dos 205 membros favoráveis ao projeto de lei, mas os democratas liberais permaneceram como alguns de seus oponentes mais veementes.[20] "Os pobres — negros pobres, brancos pobres, os indígenas norte-americanos, os latinos — recebem pouca ajuda, pouca assistência", explicou mais tarde o congressista John Lewis do estado da Geórgia, um ícone dos direitos civis. "E então eles vêm até aqui e pedem um resgate para Wall Street. Não estou preparado para fazer isso."[21] O sentimento era forte em grande parte do Congressional Black Caucus. Elijah Cummings, um liberal ferrenho de Baltimore, realizou uma coletiva de imprensa com Edwards apresentando objeções semelhantes, insistindo que qualquer resgate a Wall Street deveria incluir um auxílio para proprietários de casas que estivessem passando por dificuldades.

Legisladores foram inundados com telefonemas de constituintes que alternavam entre indignação pela ideia de resgatar Wall Street e pelo terror de sua própria falência. "Após o fracasso daquele primeiro voto houve uma pressão muito grande sobre as pessoas", disse Edwards, que votou contra o resgate. "O que aconteceu ao longo da próxima semana e fim de semana foi como um balde de água fria. O mercado definitivamente saiu do controle. Eu lembro de receber ligações de donos de pequenos negócios no meu distrito. Tinha um rapaz que administrava uma loja de livros usados e que afirmou que sua linha de crédito foi encerrada completamente e ele estava preocupado em como conseguir pagar suas contas naquela semana."

O mensageiro que carregava a maior credibilidade com os céticos liberais como Edwards era o candidato presidencial do Partido Democrata, um jovem senador de Illinois chamado Barack Obama. Um político astuto, Obama reconheceu que a relutância liberal não se originava de uma oposição ideológica à intervenção governamental, nem do medo de consequências eleitorais indesejadas. Edwards, Lewis e Cummings todos de distritos seguramente democratas e não tinham nada a ganhar politicamente com uma alteração do voto. Eles queriam mudanças liberais nos termos do resgate — ou não haveria resgate algum. E após uma série de telefonemas, Obama conseguiu. O resgate foi aprovado no dia 3 de outubro. Os bancos foram salvos.

Obama ajudou a recuperar o projeto com uma promessa particular: se os democratas liberais apoiassem o resgate do banco, ele promoveria uma plataforma ampla contra a execução hipotecária assim que chegasse à Casa Branca. Cummings e Edwards pediram em específico por uma nova lei de falência que permitiria às famílias financeiramente pressionadas a largar uma dívida hipotecária excessiva caso o valor do imóvel delas alcançasse um valor inferior ao que deviam para a hipoteca. Se os bancos estavam sendo resgatados por apostas arriscadas na bolha imobiliária, os liberais desejavam garantir que as famílias também teriam uma fatia desse bolo. Em conversas com Edwards, Obama concordou em fazer a alteração na lei ao assumir o cargo. Ela e Cummings mudaram seus votos. Após a eleição, a Casa Branca fez do juramento particular de Obama um juramento público.

"Nós vamos implementar políticas inteligentes e agressivas para reduzir o número de execuções hipotecárias que podem ser evitadas ao ajudar a reduzir os pagamentos hipotecários para proprietários financeiramente pressionados, mas responsáveis, ao mesmo tempo que também vamos reformar nossas leis de falência e fortalecer nossas iniciativas de habitação existentes", escreveu o conselheiro econômico de Obama, Larry Summers, a todos os membros do Congresso no dia 15 de janeiro de 2009.[22] Em fevereiro, Obama anunciou um programa de US$75 bilhões — financiado com dinheiro reservado para a autorização de resgate do banco — desenvolvido para salvar até 4 milhões de casas da ação hipotecária por meio da redução dos pagamentos mensais e da eliminação do valor devido por eles em suas hipotecas.

Nada disso aconteceu. Obama silenciosamente abandonou as promessas feitas por ele para Edwards e milhões de famílias em dificuldade financeira. Quando a lei da falência hipotecária foi até o Senado em maio, faltaram apenas quinze votos dos sessenta necessários para remover uma obstrução. Dick Durbin, o segundo em comando dos democratas no Senado, enfureceu-se sobre o voto fracassado em um programa de rádio de Illinois. "Os bancos", disse ele, "ainda são o lobby mais poderoso do Congresso. E, sinceramente, eles dominam aquele lugar".

CONCLUSÃO

Um presidente novo e popular equipado com centenas de bilhões de dólares em dinheiro de resgate para usá-lo como alavancagem política diante de um sistema financeiro em ruínas pode ter sido capaz de derrotar os bancos no Congresso, mas nunca saberemos ao certo. Obama usou zero capital político no projeto de lei de Durbin: nenhum telefonema, nenhuma carta, nada. A apatia sobre a habitação era difusa. Obama e o secretário do Tesouro Timothy Geithner não precisavam da ajuda do Congresso para implementar seu fundo contra a execução hipotecária de US$75 bilhões; o dinheiro já havia sido alocado. No entanto, ninguém na administração levou essa iniciativa a sério, permitindo que ela se tornasse o raro programa do governo que fracassou em gastar o dinheiro alocado a ele (no fim das contas, a presidência gastou cerca de US$19,9 bilhões no projeto).[23] Geithner entregou a implementação dos programas para os grandes bancos, que a usaram para prejudicar ainda mais as famílias ao usar truques ilegais apenas para, logo em seguida, realizar a execução hipotecária de qualquer modo. Em 2012, a presidência assinou um acordo com uma quantia tremenda de US$25 bilhões com os maiores bancos da nação sobre uma onda de execuções hipotecárias fraudulentas que ocorreram em todo o país.[24] Essa foi uma condenação da plataforma de habitação da presidência, mas apenas uma fração do acordo chegou até as famílias injustiçadas durante o surto de execuções hipotecárias, geralmente em pequenos pagamentos que chegavam demasiadamente atrasados para evitar o despejo.[25] Entre 2006 e 2014, 9,3 milhões de famílias perderam suas casas[26] e um grande volume de pesquisa econômica concluiu que a demolição da riqueza imobiliária devido à execução hipotecária contribuiu de forma substancial para o aumento no desemprego durante a Grande Recessão.[27] Famílias batalhavam para honrar seus pagamentos até o dia em que se encontravam financeiramente esgotadas; quando eram despejadas, suas economias já não existiam e o seu gasto sofria uma grande queda, devastando a demanda dos consumidores e encorajando os produtores a reduzirem os salários.

"Por mais que me esforce, não consigo entender por que um organizador de comunidade que diz se importar com famílias e com as comunidades virou suas costas para um dos maiores problemas dos Estados Unidos", afirmou o democrata da Califórnia Dennis Cardoza à imprensa em junho de 2011. "A forma como eles ficam na defensiva quando você aponta que tem sido um fracasso só me dá a certeza de que eles não têm ideia do que fazer."[28]

Os resgates de 2008 e 2009 salvaram o sistema financeiro global, mas não salvaram a classe média norte-americana.

Tanto a administração Bush quanto a Obama usavam ferramentas keynesianas para mitigar o desastre que teve início em 2008. Começando com os auxílios de US$600 de Bush, as duas administrações gastaram dinheiro repetidamente e aumentaram o deficit para recuperar o sistema monetário e aumentar a demanda agregada e a taxa de emprego. Nenhuma das duas presidências, no entanto, ficou muito entusiasmada com essa plataforma. Tais táticas poderiam ser necessárias, mas elas eram inapropriadas, vagamente vergonhosas e um infeliz desvio do negócio importante (para a administração Bush) de simplificação governamental ou (para o governo Obama) de redução da dívida federal em longo prazo.

Havia uma ambivalência palpável sobre as ideias keynesianas que eram evidentes nos relatórios do Council of Economic Advisers (CEA) de Obama. Em 2010, a taxa de desemprego anual alcançou seu auge durante a Grande Recessão, com o CEA enfatizando o "controle do deficit orçamentário federal" como uma das principais prioridades do governo, avisando que "deficits aumentam as taxas de juros, desencorajando investimentos privados" e afirmando que "uma maior poupança pessoal levará a um encorajamento do investimento" — uma clara contradição com o argumento que Keynes fez ao apresentar *A Teoria Geral* na qual o gasto, e não a poupança, encoraja o investimento ao estimular a demanda.[29] No ano seguinte, com o desemprego na taxa de 9% ou pouco acima durante todos os meses, com exceção de três, o CEA devotou quase vinte páginas do seu relatório anual a um argumento de que "o aumento da demanda por um trabalho de alta habilidade está ultrapassando sua oferta",[30] sugerindo que o desemprego estava sendo dirigido por uma educação técnica inadequada — um problema que emergiu no mesmo momento do colapso do Lehman Brothers. No final de 2013, o CEA de Obama ainda pressionava por US$1,5 trilhão adicional em redução deficitária em nome do crescimento econômico e se vangloriando do corte deficitário de US$2,5 trilhões que foi con-

CONCLUSÃO 533

quistado desde 2009.[31] Mesmo a Affordable Care Act (mais conhecida como "Obamacare") recebeu grandes elogios do CEA, não por aliviar o peso da pobreza, mas por ajudar a reduzir o gasto governamental em longo prazo. Apenas quando Jason Furman assumiu a presidência do CEA, ao final de 2013, é que os relatórios passaram a adotar uma abordagem filosófica abertamente liberal, com Furman apresentando a administração Obama como um guerreiro na batalha contra a desigualdade e herdeiro dos legados domésticos de Franklin Delano Roosevelt e Lyndon B. Johnson.

No entanto, as principais políticas econômicas da presidência Obama eram decididamente mais conservadoras. Apesar de seu custo de US$784 bilhões, o projeto de lei de estímulo, criado em 2009, continha muito pouco em termos de investimento direto. As reduções de impostos para indivíduos e empresas somavam US$194 bilhões do pacote, enquanto US$271 bilhões surgiam na forma de um auxílio financeiro direto aos indivíduos, principalmente na forma de seguros-desempregos, e US$174 bilhões ajudavam a preencher o orçamento da assistência médica e da educação dos governos estaduais. Todo esse dinheiro ajudou a prevenir as coisas de ficarem ainda pior; pagar professores, tratar os doentes e dar às pessoas dinheiro para gastar, no fim das contas, resultou em mais dinheiro sendo gasto e mais pessoas sendo contratadas. No entanto, o evento principal para o estímulo keynesiano sempre é um investimento governamental direto, coisas como um gasto em infraestrutura, que somava apenas US$147 bilhões do pacote total. As reduções de impostos para os negócios podem ter ajudado a simplificar o caminho do projeto politicamente, mas é provável que não tenha ajudado muito a melhorar o emprego ou o crescimento econômico. Empresas são tributadas com base em seus lucros e um importante problema durante uma recessão é que as empresas não possuem tantos lucros. Isso não significa que o estímulo não tenha funcionado. Um estudo conduzido pelo apartidário Congressional Budget Office concluiu que a legislação reduziu a taxa de desemprego, que teve seu auge em 10%,[32] entre 0,6 e 1,8 pontos percentuais, enquanto os economistas Alan S. Blinder e Mark Zandi descobriram que o estímulo salvou cerca de 2,7 milhões de empregos.[33] Ao final da presidência Obama, o desemprego havia retornado a uma taxa saudável de 4,8%, o crescimento econômico estava em um valor respeitável de 1,5% e o sistema financeiro — embora coberto de atividades abusivas do Wells Fargo e outros bancos — era capaz de cumprir com as demandas rotineiras de crédito da economia. Mas a recuperação também exacerbou tendências preocupantes na economia dos Estados Unidos que estavam se desenvolvendo desde a presidência de Carter. De acordo com uma pesquisa do economista Emmanuel Saez da Universidade da Califórnia em Berkeley, famílias pertencentes ao 1% de renda mais alta capturaram 49% dos ganhos econômicos durante a recuperação.[34] As rendas dos pertencentes aos 10% mais ricos faziam parte de uma fatia maior da riqueza nacional anual do que em qualquer outro período registrado, enquanto a lacuna entre o 0,1% mais rico e o resto alcançou um nível nunca visto desde os anos 1920, de acordo com o colega de Saez, Gabriel Zucman.[35] Isso era um reflexo da estratégia de recuperação que Bush, Obama, o Congresso e o Fed entregaram. A recuperação resgatou o setor financeiro, o estímulo aumentou o gasto dos consumidores e o Federal Reserve manteve as baixas taxas de juros em sua tentativa de aumentar o valor dos ativos financeiros. Com os lucros dos empréstimos suprimidos por baixas taxas de juros, os investidores colocariam seu dinheiro na bolsa de valores, aumentando os preços. Tudo isso era útil. Um maior preço dos ativos melhorava a confiança e aumentava a perspectiva de lucros futuros, encorajando uma maior atividade econômica. No entanto, hoje em dia, 80% de todas as ações financeiras são de propriedade dos 10% mais ricos de todas as famílias.[36] Desde o New Deal, o ativo financeiro mais importante para a classe média tem sido uma casa e os imóveis foram o ativo financeiro que o governo decidiu não resgatar. A Fannie, a Freddie e o Fed garantiram que o mecanismo hipotecário continuasse a funcionar, mas os proprietários à beira da execução hipotecária foram abandonados à própria sorte, bem como o valor das propriedades em seus bairros. Keynes encerrou *A Teoria Geral* com um pedido de eutanásia para o rentista; em vez disso, Obama deu um golpe no proprietário norte-americano e na fonte primária de riqueza da classe média. O preço foi alto, especialmente nas famílias não brancas. Em 2010, a riqueza mediana das famílias brancas, incluindo o home equity, era de US$136.375, de acordo com dados do Federal Reserve, enquanto a mediana das famílias negras era de apenas US$17.210. Em 2016, a riqueza das famílias brancas subiu até US$162.770, enquanto a riqueza das famílias negras decaiu ao longo do curso de recuperação, chegando a US$16.600.[37]

CONCLUSÃO 535

Em 2008, Donna Edwards insistiu para que Obama seguisse um caminho diferente: se Wall Street precisava ser resgatada, então resgate-a — mas mostre o mesmo comprometimento em relação às famílias que se encontram na mesma calamidade. A rejeição de Obama a esse plano foi uma escolha política. A tragédia nacional que se seguiu não foi a culminação inevitável de forças econômicas impiedosas cuja contenção estava além do poder do governo democrático.

Em um sentido do termo, a administração Obama era inescapavelmente keynesiana. Ela administrava a economia ao depender de poucos conceitos estabelecidos pelo próprio Keynes e ao manipular alavancas políticas bem conhecidas e desenvolvidas por seus discípulos. A crise financeira de 2008 reviveu a autoridade intelectual dessa versão do keynesianismo ao descredibilizar seus competidores neoliberais e neoclássicos na academia. A principal prescrição política do neoliberalismo — permitir que os mercados financeiros organizem a distribuição de recursos e capitais — falhou de maneira pública. Os mercados financeiros eram obviamente irracionais — bancos se autodestruíram —, nem podiam alegar oferecer uma rota previsível e estável para a prosperidade. A recessão induzida pelo crash causou um sofrimento em massa.

Em verdade, a dominação política das ferramentas políticas keynesianas nos Estados Unidos vacilaram apenas durante a administração Clinton. Mesmo quando Paul Volcker impôs a recessão monetarista dos anos 1980, Ronald Reagan buscava a clássica plataforma keynesiana reacionária desenvolvida por John F. Kennedy, estimulando a demanda por meio de cortes tributários para os ricos e um maior gasto militar. Quando George W. Bush disse às pessoas para que fossem fazer compras após o 11 de Setembro de 2001, ele estava oferecendo o mesmo conselho proferido por Keynes para as donas de casa britânicas durante a Grande Depressão. O abatimento tributário de US$600 entregue por Bush em 2008 era um estímulo econômico diretamente keynesiano. O mundo da séria economia norte-americana no século XXI — o tipo com o qual aqueles no poder realmente costumam contar — estava dividido entre diferentes formas de keynesianismo, ainda que os profissionais mais conservadores da área pudessem achar, ou não, algo politicamente conveniente de reconhecer. O governo dos Estados Unidos quase sempre gasta dinheiro e consegue deficits para apoiar sua economia; a questão é em quem e com o que esse dinheiro é gasto.

Mas a escola de pensamento que passaria a ser associada ao nome de Keynes não tinha mais muita relação com os ideais morais e políticos que Keynes prezava. Os keynesianos, nesse sentido mais amplo, eram, durante algum tempo, sinônimo de um internacionalismo liberal — a ideia de que uma gestão econômica perspicaz e humana poderia proteger as democracias dos cantos das sereias oriundos da demagogia autoritária e espalhar a paz e prosperidade em todo o mundo. *Esse* keynesianismo tinha suas raízes em uma visão especialmente limitada historicamente do imperialismo europeu do século XIX e uma concepção de uma boa vida que, ao contrário de sua origem imperialista, permanece tão atraente hoje quanto um século atrás. Quando criança, Keynes celebrava o Império Britânico como uma força democrática e humanitária nas relações exteriores. Quando a Grande Guerra e a Conferência de Paz de Paris lhe mostraram a realidade, ele começou um projeto intelectual para criar uma nova ordem global capaz de preencher os ideais de sua juventude, esperando transformar um sistema internacional fundado sobre a predação em um esquema de justiça, estabilidade e estéticas brilhantes — sem recorrer à guerra. Se o império do século XIX não poderia fazê-lo, então Keynes desenvolveria um sistema que pudesse.

A chave para alcançar essa visão internacional era uma elaboração de políticas econômicas domésticas. A estabilidade política internacional seria alcançada — ou ao menos encorajada — por meio da mitigação da desigualdade econômica doméstica. O gasto governamental em obras públicas e na saúde pública poderia ser combinado com uma tributação redistributiva para melhorar a demanda dos consumidores, enquanto o estabelecimento de um ambiente onde a bela arte poderá prosperar e ser apreciada. Em sua maturidade, Keynes ofereceu aos radicais um acordo: eles só poderiam alcançar os objetivos morais e culturais da revolução libertadora — uma sociedade mais igualitária e uma liderança política democraticamente responsável — enquanto evitava os riscos e as tragédias inerentes ao conflito violento. Ele afirmou que a ordem social estabelecida pelo imperialismo do século XIX e capitalismo do século XIX não era tão rígida de forma que não poderia ser reformulada em vez de derrubada.

CONCLUSÃO

Após quase um século de julgamento, esse keynesianismo não havia se envergonhado, mas também não fora absolvido. O New Deal, o Plano Beveridge e a Grande Sociedade fundamentalmente reorganizaram a vida britânica e norte-americana, fazendo das duas sociedades lugares mais igualitários, democráticos e prósperos. Nos anos 1930, a pobreza entre a população negra dos Estados Unidos era tão alta que ninguém se preocupava em calculá-la. Nos anos 1950, ela estava acima dos 50%. Atualmente, ela se encontra em cerca de 20%. Isso é progresso. Mas sem dúvida esse não era o mundo prometido pelo Partido Comunista dos anos 1930, quando ele denunciou Franklin Delano Roosevelt como uma ferramenta da elite empresarial. Ele não poderia competir com os sonhos de libertação apresentados pelos revolucionários do movimento Black Power dos anos 1960.

Os ganhos da população branca nos Estados Unidos foram maiores, mas também desiguais e instáveis. A expectativa de vida norte-americana caiu em 2016 e 2017, de acordo com o Centro de Controle e Prevenção de Doenças do país, resultado motivado por causas de morte entre homens brancos que refletem um profundo desespero: overdose de opioides, mortes relacionadas ao abuso de álcool e suicídio.[38] A nação mais rica do mundo estava apodrecendo por dentro, com sua disfunção política refletindo uma profunda dissonância social. Tudo isso ocorreu enquanto o motor econômico mundial — como profetizado por Keynes em 1930 — se tornou tão poderoso que a pobreza poderia ser eliminada em todo o mundo com a redistribuição de riqueza privada e lucro corporativo. Em 2008, Joseph Stiglitz calculou que se a economia global de US$48 trilhões fosse simplesmente dividida para cada um de seus habitantes, uma família receberia US$28 mil dólares, valor alto o suficiente para acabar com a pobreza em todos os países, inclusive nos Estados Unidos, com seu alto custo de vida.[39] Em 2018, com uma economia de US$85,8 trilhões de 7,5 bilhões de pessoas, a economia global produz US$11.440 por pessoa, mais do que US$45 mil para uma família de quatro pessoas. O problema econômico não é mais um problema de produção, mas sim um de distribuição — desigualdade.

Não existe uma causa única ou explicação simples por trás desses infortúnios. Além disso, os keynesianos podem argumentar de forma muito persuasiva que as tragédias da atualidade são um produto do fracasso na completa implementação das ideias keynesianas e não um produto das políticas keynesianas. Em vez de um sistema monetário internacional keynesiano, o mundo pós-guerra recebeu a hegemonia norte-americana por meio do acordo de Bretton Woods. O internacionalismo liberal passou a ser associado com projetos imperialistas, como a Guerra do Iraque e o programa de drones da administração Obama, em vez de uma diplomacia econômica cooperativa. O NAFTA e a Organização Mundial do Comércio estabeleceram regras de comércio internacional que priorizam os interesses econômicos de uma elite global. E, ao longo dos últimos 35 anos, os Estados Unidos e a Grã-Bretanha uniram a gestão keynesiana de desastres — resgates e programas de estímulo — com a plataforma aristocrática desregulatória do neoliberalismo hayekiano.

É apropriado que o neoliberalismo tenha a maior parcela de culpa pelas revoltas políticas do século XXI. A fé neoliberal no poder dos mercados financeiros nos deixou a crise financeira de 2008 e as consequências desse desastre alimentaram dezenas de movimentos detestáveis em todo o mundo. Enquanto o comprometimento norte-americano com o estímulo keynesiano após a crise era inconstante, as ideias keynesianas foram simplesmente abandonadas em grande parte da Europa. O Banco Central Europeu e o FMI, em cooperação com o governo da chanceler alemã Angela Merkel, exigiram que os países em crise reduzissem seus deficits orçamentários por meio da austeridade fiscal, induzindo recessões devastadoras na Espanha, Itália, Portugal e, no caso mais famoso entre eles, Grécia. A ruína econômica provocada por esse projeto — a destruição da indústria local, o desemprego crescente e uma rede de seguridade social menos generosa — alimentou partidos políticos neofascistas, que agora ameaçam o establishment político em alguns países e foram efetivamente absorvidos no conservadorismo popular em outros. Desde Viktor Orbán da Hungria até Matteo Salvini da Itália, Marine Le Pen da França, Boris Johnson do Reino Unido e Donald Trump dos Estados Unidos, essa é uma era da demagogia de extrema direita que não se via desde os anos 1930.

Entretanto, apontar os dedos para o neoliberalismo levanta questões desconfortáveis para Keynes e seus defensores. Por que o keynesianismo se provou ser tão politicamente fraco, mesmo entre partidos e nações aparentemente liberais? A barganha keynesiana da paz, igualdade e prosperidade deveria ser irresistível em uma democracia. Em vez disso, ela se tornou transitória e frágil. Keynes acreditava que as democracias

CONCLUSÃO

caíam na tirania quando a elas eram negadas sua sustentação econômica. Por que, então, tantas democracias elegeram de modo a rejeitar suas próprias sustentações econômicas?

Não tenho respostas satisfatórias para essas questões. Certa vez, Larry Summers desconsiderou a ideia de que os mercados funcionem como uma expressão dos interesses próprios individuais e racionais com a seguinte observação: "Existem idiotas. Olhe ao redor."[40] Seu axioma não só se opõe aos esforços de organizar a sociedade por meio de mercados, mas se opõe também à própria democracia. Keynes acreditava que boas ideias com o tempo triunfariam sobre as más ideias, que as pessoas poderiam, no fim das contas, reconhecer bons argumentos e mudar de ideia. Certas vezes, sua fé parecia admirável. Outras, era difícil discordar da análise realizada por Joan Robinson nos anos 1970 de que Keynes era tragicamente ingênuo. Talvez o tipo de mudança social imaginada por ele só poderia ser alcançado por meio da lama moral da revolução que ele tanto desejava evitar. Certamente, a experiência norte-americana não inspira muita confiança. As maiores vitórias norte-americanas pela democracia e igualdade — o fim da escravidão no século XIX e a derrota do fascismo no século XX — só foram alcançadas com o uso de armas.

Esse é um momento sombrio para a democracia — uma afirmação que seria impensável para os líderes norte-americanos e europeus apenas alguns anos atrás. Foram necessárias décadas de má gestão e desaprendizado para criar essa crise global, e isso não pode ser desfeito com algumas poucas novas leis ou eleições.

Mas em todo o mundo as pessoas estão agindo como se mesmo esse assustador deslize global para o autoritarismo pudesse ser revertido por meio dos mecanismos propostos por John Maynard Keynes 75 anos atrás. Eles estão organizando, planejando e votando como se realmente pudessem melhorar a sociedade para eles mesmos e para seus filhos ao mudar as organizações econômicas que atualmente desviam tanto da riqueza mundial para as mãos de tão poucos. Nos Estados Unidos, ativistas e políticos estão promovendo um Novo Acordo Ecológico, revivendo o legado de Roosevelt no combate à mudança climática por meio do investimento público. Economistas populares agora falam abertamente sobre ir "além do neoliberalismo",[41] e existem conversas em círculos acadêmicos sobre uma nova conferência de Bretton Woods que poderia substituir a ordem global erguida nos anos 1990 com uma nova harmonia de interesses econômicos internacionais.

Esses otimistas podem ser bem-sucedidos ou podem fracassar. Mas eles estão buscando uma visão que sustentou Keynes ao longo de três crises mundiais e demonstrou, sem sombra de dúvida, que um mundo melhor era possível do outro lado. O keynesianismo em sua forma mais pura e simples era menos uma escola de pensamento econômico e mais um espírito de otimismo radical, injustificado durante a maior parte da história humana e extremamente difícil de conjurar de maneira precisa quando ele é mais necessário: durante as profundezas de uma depressão ou em meio ao calor da guerra.

Ainda assim, tal otimismo é um elemento vital e necessário da vida cotidiana. Ele é o espírito que nos move a viver diante do sofrimento inevitável, que nos compele a nos apaixonar mesmo quando nossos corações foram partidos e que nos dá a coragem de colocar filhos nesse mundo, acreditando que, mesmo em tempos como estes, estamos cercados de beleza suficiente para preencher muitas e muitas vidas.

"Abaixo aqueles que declaram que estamos acabados e condenados", gritou o Keynes de 21 anos em 1903. "Para longe com todos os esquemas de redenção e retaliação!"[42] Um melhor futuro *não* estava fora do nosso alcance se as diferentes pessoas do mundo trabalhassem em conjunto, levando umas às outras até a prosperidade. Vinte e sete anos depois, Keynes reconsiderou as estratégias econômicas de sua juventude, mas não sua aposta no amanhã. Nós construiríamos para o futuro não por meio do desapego vitoriano, nem aguardando pela libertação, mas com atitudes imediatas. "As Sete Maravilhas do mundo foram construídas pela parcimônia?", perguntou ele aos leitores de *Tratado sobre a Moeda*. "Eu duvido."[43]

E então chegamos ao presente. Apesar de tudo, nós retornamos para Keynes — não apenas porque os deficits permitem um crescimento continuado ou porque a taxa de juros é determinada pela preferência pela liquidez, mas porque estamos aqui, agora, sem nenhum lugar para ir senão para o futuro. Em longo prazo, estaremos todos mortos. Mas, em longo prazo, quase tudo é possível.

REFERÊNCIAS

ABREVIAÇÕES

CW: Elizabeth Johnson, Donald Moggridge e Austin Robinson, *The Collected Writings of John Maynard Keynes*, Vols. 1–30 (Nova York: Cambridge University Press para a Royal Economic Society, 1971–1982).

JMK: John Maynard Keynes
LL: Lydia Lopokova
JKG: John Kenneth Galbraith

INTRODUÇÃO

1. Citação em Robert Skidelsky, *John Maynard Keynes*, vol. 2: *The Economist as Savior, 1920–1937* (Nova York: Allen Lane, 1994), 93.
2. Lytton Strachey para Virginia Woolf, 6 de fevereiro de 1922, em Lytton Strachey, *The Letters of Lytton Strachey*, ed. Paul Levy (Nova York: Farrar, Straus and Giroux, 2005), 501.
3. Virginia Woolf, *The Letters of Virginia Woolf*, vol. 2: *1912–1922*, ed. Nigel Nicolson e Joanne Trautmann (Nova York: Harcourt Brace Jovanovich, 1976), 8.
4. Citação em Judith Mackrell, *Bloomsbury Ballerina: Lydia Lopokova, imperial dancer and Mrs. John Maynard Keynes* (Londres: Phoenix, 2009 [2008]), 181.
5. Citação em ibid., xviii.
6. Citação em Skidelsky, *John Maynard Keynes*, vol. 2, 93.
7. Citação em Alison Light, "Lady Talky", *London Review of Books*, 18 de dezembro de 2008.
8. S. P. Rosenbaum, ed., *The Bloomsbury Group: A collection of emoirs and Commentary* (Toronto: University of Toronto Press, 1995), 120; "The Art of Bloomsbury", Tate Modern, 2017, https://www.tate.org.uk/art/art-terms/b/bloomsbury/art-bloomsbury.
9. Keynes recebeu £300 do *The Manchester Guardian*, £350 do *New York World* e £25 do *Neue Freie Presse* de Viena. *CW*, vol. 17, 354. Valor calculado usando a média da taxa de câmbio de 1922 de US$4,43 para a libra; ver "Foreign Exchange Rates, 1922–1928", *Federal Reserve Bulletin*, janeiro de 1929, https://fraser.stlouisfed.org/files/docs/publications/FRB/pages/1925-1929/28191_1925-1929.pdf; e "CPI Inflation Calculator", Bureau of Labor Statistics, https://data.bls.gov/cgi-bin/cpicalc.pl.
10. JMK para LL, 3 de maio de 1924, JMK/PP/45/190/1/122.
11. LL para JMK, 19 de abril de 1922, JMK/PP/45/190/9/32.
12. LL para JMK, 24 de abril de 1922, JMK/PP/45/190/9/46.
13. John Maynard Keynes, "On the Way to Genoa: What Can the Conference Discuss and with What Hope?", *The Manchester Guardian*, 10 de abril de 1922; em *CW*, vol. 17, 372.
14. Citação em Adam Tooze, *The Deluge: The Great War, America and the remaking of the global order 1916–1931* (Nova York: Penguin, 2014), 433.
15. JMK para Henry de Peyster, 25 de fevereiro de 1921, em *CW*, vol. 17, 219.
16. Rússia devia quase US$3,5 bilhões para a Grã-Bretanha e outros US$4 bilhões para a França, contabilizando um quarto de todo o investimento estrangeiro francês. Veja Tooze, *The Deluge*, 425.
17. John Maynard Keynes, "Reconstruction in Europe", *The Manchester Guardian*, 18 de abril de 1922; *CW*, vol. 17, 388.
18. John Maynard Keynes, "On the Way to Genoa: What Can the Conference Discuss and with What Hope?", *The Manchester Guardian*, 10 de abril de 1922; *CW*, vol. 17, 373.
19. John Maynard Keynes, *A Tract on Monetary Reform* (Londres: Macmillan, 1923).
20. Ibid., 172–73.
21. Para mais sobre Keynes e seu ideal de "civilização", ver Geoff Mann, *In the Long Run We Are All Dead: Keynesianism, political economy and revolution* (Nova York: Verso, 2017).
22. Citação em Alan Brinkley, *American History: A survey* (Nova York: McGraw-Hill, 1995).

542   REFERÊNCIAS

23. Veja, por exemplo, John Maynard Keynes, "British Foreign Policy", *The New Statesman and Nation*, 10 de julho de 1937, em *CW*, vol. 28, 61–65.

24. John Maynard Keynes, *The General Theory of Employment, Interest and Money* (Nova York: Prometheus, 1997 [1936]), 382.

25. D. M. Bensusan-Butt, *On Economic Knowledge: A sceptical miscellany* (Camberra: Australian National University, 1980), 34–35.

26. Rosenbaum, *The Bloomsbury Group*, 272–75.

UM: APÓS A CORRIDA DO OURO

1. Bertrand Russell, *The Autobiography of Bertrand Russell, 1872–1914* (Boston: Little, Brown, 1967), 96.

2. Mark Twain e Charles Dudley Warner cunharam o termo "Gilded Age" no romance de 1873 *The Gilded Age: A tale of today* para zombar da opulência da época como um fino verniz cobrindo uma ordem social disfuncional. O termo não se tornou de uso amplo até décadas depois, quando já havia perdido grande parte do seu veneno.

3. Georges Auguste Escoffier, *Le Guide Culinaire* (Paris: Imprimerie de Lagny, 1903); Escoffier, *A Guide to Modern Cookery* (Londres: William Heinemann, 1907).

4. John Maynard Keynes, *The Economic Consequences of the Peace* (Londres: Macmillan, 1919), 8–9.

5. No começo de 1908, o Escritório da Índia atribuiu a Keynes a função de editar um relatório de 197 páginas com o título "Statement Exhibiting the Moral and Material Progress and Condition of India", que atraiu a ira de seu superior, sir Thomas Holderness, por representar uma resposta britânica "fria" enquanto "o país era terrivelmente devastado pela praga". Veja *CW*, vol. 15, 11.

6. Keynes, *The Economic Consequences of the Peace*, 10.

7. Robert Skidelsky, *John Maynard Keynes*, vol. 1: *Hopes Betrayed, 1883–1920* (Nova York: Penguin, 1994 [1983]), 290.

8. Liaquat Ahamed, *Lords of Finance: The bankers who broke the world* (Nova York: Penguin, 2009), 29.

9. "A Population History of London: The Demography of Urban Growth", Os processos do Old Bailey: a Corte Criminal Central de Londres de 1674 até 1913, https://www.oldbaileyonline.org/static/Population-history-of-london.jsp#a1860-1913.

10. Keynes, *The Economic Consequences of the Peace*, 9.

11. Norman Angell, *The Great Illusion* (Nova York: G. P. Putnam Sons, 1913 [1910]).

12. Barbara Tuchman, *The Guns of August: The outbreak of World War I* (Nova York: Random House, 2014 [1962]), 13.

13. Thomas L. Friedman, *The World Is Flat: A brief history of the twenty-first century* (Nova York: Farrar, Straus e Giroux, 2005), 421.

14. Charles Kindleberger, *A Financial History of Western Europe* (Londres: George Allen & Unwin, 1984), 291.

15. John Maynard Keynes, "War and the Financial System", *The Economic Journal*, setembro de 1914, em *CW*, vol. 11, 238–71. Veja 246–48 para detalhes sobre dificuldades do pagamento externo.

16. John Maynard Keynes, *A Treatise on Money: The pure theory of money and the applied theory of money. Complete Set*, vol. 2 (Mansfield Center, CT: Martino Fine Books, 2011 [1930]), 306–7.

17. Keynes escreveu sobre esse processo em uma carta do dia 22 de outubro de 1917 para o professor Charles Rist, JMK/L/17/8.

18. E. Victor Morgan, *Studies in British Financial Policy 1914–25* (Londres: Macmillan, 1952), 4–7.

19. Morgan, *Studies in British Financial Policy*, 4–30.

20. John Maynard Keynes, "War and the Financial System", *The Economic Journal*, setembro de 1914, em *CW*, vol. 11, 254.

21. Ahamed, *Lords of Finance*, 30–31.

22. Os pensamentos de Lippmann são descritos em Ronald Steel, *Walter Lippmann and the American Century* (Boston: Little, Brown, 1980), 306.

23. John Maynard Keynes, *Indian Currency and Finance* (Londres: Macmillan, 1913).

24. Skidelsky, *John Maynard Keynes*, vol. 1, 277; Russell, *The Autobiography of Bertrand Russell*, 96.

25. Russell, *The Autobiography of Bertrand Russell*, 97.

26. Basil Blackett para JMK, 1º de agosto de 1914, em *CW*, vol. 16, 3.

27. David Lloyd George, *War Memoirs of David Lloyd George, 1915–1916* (Boston: Little, Brown, 1933), 61–75.

28. Ibid., 64–67.

29. Citado em Tuchman, *The Guns of August*, 129.

30. John Maynard Keynes, "Memorandum Against the Suspension of Gold", 3 de agosto de 1914, em *CW*, vol. 16, 10.

31. Morgan, *Studies in British Financial Policy*, 11.

32. JMK para John Neville Keynes, 6 de agosto de 1914, em *CW*, vol. 16, 15.

33. John Maynard Keynes, "Memorandum Against the Suspension of Gold", memorando para David Lloyd George, 3 de agosto de 1914, em *CW*, vol. 16, 12.

34. JMK para Basil Blackett, 24 de junho de 1914, em *CW*, vol. 16, 5.

35. JMK para Alfred Marshall, 10 de outubro de 1914, em *CW*, vol. 16, 30–31.

36. John Maynard Keynes, "War and the Financial System", *The Economic Journal*, setembro de 1914, em *CW*, vol. 11, 252, 255.

37. John Maynard Keynes, "The Proper Means for Enabling Discount Operations to be Resumed", memorando para David Lloyd George, em *CW*, vol. 16, 16.

38. "The Longest Bank Holiday", Royal Bank of Scotland, 11 de novembro de 2014, http://www.rbsremembers.com/banking-in-wartime/supporting-the-nation/the-longest-bank-holiday.html.

39. Morgan, *Studies in British Financial Policy*, 14.

40. O Federal Reserve não suspendeu formalmente os pagamentos em espécie, mas o fez na prática. Veja ibid., 20.

REFERÊNCIAS

41. John Maynard Keynes, *The General Theory of Employment, Interest and Money* (Nova York: Prometheus, 1997 [1936]), 161–62.
42. Citado em Virginia Woolf, *The Diary of Virginia Woolf*, vol. 1: *1915–1919*, ed. Anne Olivier Bell

(Nova York: Harcourt Brace Jovanovich, 1977), xxv.
43. JMK para John Neville Keynes, 29 de janeiro de 1915, em *CW*, vol. 16, 66.

DOIS: DINHEIRO SUJO

1. Virginia Woolf em S. P. Rosenbaum, ed., *Bloomsbury on Bloomsbury* (Toronto: University of Toronto Press, 1995), 48.
2. Virginia Woolf em ibid., 56.
3. Virginia Woolf em ibid., 44.
4. Virginia Woolf em ibid., 55.
5. Leonard Woolf, *Beginning Again: An autobiography of the years 1911 to 1918* (Nova York: Harcourt Brace Jovanovich, 1964), 34–35.
6. Virginia Woolf, citação em Rosenbaum, *Bloomsbury on Bloomsbury*, 50.
7. Citação em ibid., 110.
8. L. Woolf, *Beginning Again*, 34–35.
9. Citação em Rosenbaum, *Bloomsbury on Bloomsbury*, 105–6.
10. Grace Brockington, "'Tending the Lamp' or 'Minding Their Own Business'? Bloomsbury Art and Pacifism During World War I", *Immediations*, janeiro de 2004, 9.
11. Citação em Rosenbaum, *Bloomsbury on Bloomsbury*, 58.
12. Citação em ibid., 111.
13. John Maynard Keynes, citação em *CW*, vol. 16, 3.
14. Citação em David Garnett, *The Flowers of the Forest* (Nova York: Harcourt, Brace and Company, 1956), 148–49.
15. Michael Holroyd, *Lytton Strachey: A biography* (Nova York: Holt, Rinehart and Winston, 1980 [1971]), 244.
16. John Maynard Keynes, "My Early Beliefs", 9 de setembro de 1938, em *CW*, vol. 10, 433–50.
17. Ibid., 435.
18. G. E. Moore, *Principia Ethica* (Cambridge, UK: Cambridge University Press, 1922 [1903]), 21.
19. Ibid., 188–99.
20. Bertrand Russell, *The Autobiography of Bertrand Russell, 1872–1914* (Boston: Little, Brown, 1967), 94–95.
21. Wittgenstein ingressaria aos Apóstolos e renunciaria rapidamente, apenas para reingressar muito mais tarde, em 1929; veja Bertrand Russell para JMK, 11 de novembro de 1912, JMK/PP/45/349/1:

> Querido Keynes,
> Todas as dificuldades que eu esperava surgiram com Wittgenstein. Finalmente o convenci a vir até nossa primeira reunião e ver como ele se sentiria. Obviamente, do ponto de vista dele, a sociedade é uma mera perda de tempo. Mas, talvez, de um ponto de vista filantrópico, ele possa ser convencido de que vale a pena. Ao refletir, duvido que tenha feito a coisa certa ao convencê-lo a vir no sábado seguinte, uma vez que estou certo de que ele irá se retirar com desgosto. Mas sinto que isso é tarefa que os irmãos ativos terão que resolver até o sábado seguinte.

> Se ele for se retirar, é melhor que isso ocorra antes da eleição.
> Fraternalmente,
> B. Russell

22. Robert Skidelsky, *John Maynard Keynes*, vol. 1: *Hopes Betrayed, 1883–1920* (Nova York: Penguin, 1994 [1983]), 19, 51.
23. Citação em Frances Spalding, *Duncan Grant: A biography* (Londres: Pimlico, 1998), 67.
24. Citação em Rosenbaum, *Bloomsbury on Bloomsbury*, 51.
25. JMK para Duncan Grant, 16 de fevereiro de 1909, citação em Spalding, *Duncan Grant*, 77.
26. Ibid. Como Duncan observou certa vez: "Esses jovens homens apostólicos descobriram, para sua própria surpresa, que eles poderiam ser chocados pela ousadia e ceticismo de duas jovens mulheres" — isto é, Vanessa e Virginia. Veja Rosenbaum, *Bloomsbury on Bloomsbury*, 101.
27. Citação em Holroyd, *Lytton Strachey*, 253.
28. JMK/PP/20A.
29. Russell, *The Autobiography of Bertrand Russell*, 95.
30. Citação em Skidelsky, *John Maynard Keynes*, vol. 1, 122.
31. Carlo Cristiano, *The Political and Economic Thought of the Young Keynes* (Londres: Routledge, 2014), sec. 2.3.
32. Lytton Strachey, *The Letters of Lytton Strachey*, ed. Paul Levy (Nova York: Farrar, Straus e Giroux, 2006), 110.
33. Virginia Woolf, *The Diary of Virginia Woolf*, vol. 1: *1915–1919*, ed. Anne Olivier Bell (Nova York: Harcourt Brace Jovanovich, 1977), 24.
34. Woolf, *Beginning Again*, 36, 184.
35. JMK para Lytton Strachey, 27 de novembro de 1914, em Strachey, *The Letters of Lytton Strachey*, 241.
36. Skidelsky, *John Maynard Keynes*, vol. 1, 302. Um deles era Rupert Brooke, famoso poeta e amigo próximo dos Woolfs que se alistou no exército britânico e lutou na Antuérpia antes de morrer por doença em seu caminho para batalhar em Galípoli. Veja Julia Briggs, *Virginia Woolf: An inner life* (Nova York: Harvest Books, 2006), 87.
37. Barbara Tuchman, *The Guns of August: The outbreak of World War I* (Nova York: Random House, 2014 [1962]), 247–48.
38. "Laws of War: Laws and Customs of War on Land (Hague II); July 29, 1899", Lillian Goldman Law Library, Yale Law School, http://avalon.law.yale.edu/19th_century/hague02.asp.
39. "Laws of War: Laws and Customs of War on Land (Hague IV); October 18, 1907", Lillian Goldman Law Library, Yale Law School, http://avalon.law.yale.edu/20th_century/hague04.asp.
40. Woolf, *Beginning Again*, 184.

REFERÊNCIAS

41. Ian Kershaw, *To Hell and Back: Europe, 1914–1949* (Nova York: Penguin, 2016), 48.
42. JMK para John Neville Keynes, 1º de junho de 1915, em *CW*, vol. 16, 108.
43. David Lloyd George, *War Memoirs of David Lloyd George, 1915–1916* (Boston: Little, Brown, 1933), 410.
44. JMK, "The Financial Prospects of This Financial Year", memorando do Tesouro, 9 de setembro de 1915, em *CW*, vol. 16, 117–25; JMK, "The Meaning of Inflation", memorando do Tesouro, 15 de setembro de 1915, em *CW*, vol. 16, 125–28.
45. The Cambridge War Thrift Committee, "An Urgent Appeal", novembro de 1915, em *CW*, vol. 16, 141–42.
46. Hermione Lee, *Virginia Woolf* (Nova York: Alfred A. Knopf, 1997), 339.
47. David Garnett para JMK, 15 de novembro de 1915, JMK/PP/45/116/3.
48. David Garnett para JMK, 6 de dezembro, 1915, JMK/PP/45/116/6.
49. David Garnett para JMK, 6 de outubro de 1916, JMK/PP/45/116/9.
50. David Garnett para JMK, JMK/PP/45/116/13.
51. David Garnett para JMK, JMK/PP/45/116/33.
52. JMK, memorando do Tesouro, 9 de setembro de 1915, em *CW*, vol. 16, 117–25.
53. Citação em Martin Horn, *Britain, France, and the Financing of the First World War* (Montreal e Kingston, Canadá: McGill–Queen's University Press, 2002), 105–7.
54. John Maynard Keynes, memorando sem título. 23 de agosto de 1915, em *CW*, vol. 16, 110–25.
55. Stephen Broadberry e Mark Harrison, "The Economics of World War I: A Comparative Quantitative Analysis", *Journal of Economic History* 66, nº. 2 (junho de 2006), https://warwick.ac.uk/fac/soc/economics/staff/mharrison/papers/wwltoronto2.pdf, 26.
56. "Loos Memorial", Commonwealth War Graves Commission, http://www.cwgc.org/find-a-cemetery/cemetery/79500/LOOS%20MEMORIAL.
57. Lee, *Virginia Woolf*, 340; Brockington, "'Tending the Lamp'", 11.
58. JMK como Politicus, carta ao editor, *Daily Chronicle*, 6 de janeiro de 1916, em *CW*, vol. 16, 157–61.
59. JMK para Florence Keynes, 13 de janeiro, 1916, em *CW*, vol. 16, 161–62.
60. Strachey, *The Letters of Lytton Strachey*, 259–67.
61. JMK para LK, 16 de novembro de 1924, JMK/PP/45/190/2.
62. PP/45/316/5/36.
63. Keynes escreveu pelo menos uma carta de volta para Wittgenstein, no dia 10 de janeiro de 1915: "Estou atônito por ter recebido uma carta sua. Você acha que isso prova que você existia até pouco tempo de meu recebimento? Creio que sim. Espero que já tenham feito você prisioneiro em segurança agora. Seu querido amigo, Bekassy, está no seu exército e seu amigo muito querido Bliss é um de seus *soldados*. Deve ser muito mais prazeroso estar na guerra do que pensar sobre proposições [filosóficas] na Noruega. Mas eu espero que em breve você pare com essa complacência consigo mesmo." JMK/PP/45/349/99.
64. JMK para "the Tribunal", 28 de fevereiro de 1916, em *CW*, vol. 16, 178.
65. Citação em Skidelsky, *John Maynard Keynes*, vol. 2, 327.
66. JMK para Florence Keynes, 8 de setembro de 1915, JMK/PP/45/168/8/105.
67. JMK para Florence Keynes, 6 de junho de 1916, JMK/PP/45/168/8/145.
68. Florence Keynes para JMK, 6 de junho de 1916, JMK/PP/45/168/8/147.
69. Virginia Woolf, *The Letters of Virginia Woolf*, vol. 2: *1912–1922*, ed. Nigel Nicolson e Joanne Trautmann (Nova York: Harcourt Brace Jovanovich, 1976), 133.
70. John Maynard Keynes, "The Financial Dependence of the United Kingdom on the United States of America", memorando ao Tesouro, 10 de outubro de 1916, em *CW*, vol. 16, 197.
71. Ron Chernow, *The House of Morgan: An american banking dynasty and the rise of modern finance* (Nova York: Grove Press, 2001 [1990]), 188–89. Entre outras conquistas, Morgan financiou o empreendimento de eletricidade de Thomas Edison, criou o monopólio do U.S. Steel e, sozinho, resgatou todo o sistema financeiro norte-americano em 1907.
72. Adam Tooze, *The Deluge: The Great War, America and the remaking of the global order, 1916–1931* (Nova York: Viking, 2014), 38.
73. John Maynard Keynes, "Report to the Chancellor of the Exchequer of the British Members of the Joint Anglo-French Financial Committee", 24 de outubro de 1916, em *CW*, vol. 16, 201–6.
74. John Maynard Keynes, "The Financial Dependence of the United Kingdom on the United States of America", memorando do Tesouro, 10 de outubro de 1916, em *CW*, vol. 16, 197–98.
75. No que segue, eu me baseio fortemente em John Milton Cooper, Jr., *Woodrow Wilson: A biography* (Nova York: Vintage Books, 2009).
76. Woodrow Wilson, *A History of the American People*, vol. 5: *Reunion and Nationalization* (Nova York: Harper and Brothers, 1902), 212.
77. Woodrow Wilson, *The Papers of Woodrow Wilson*, vol. 24: *Janeiro–Agosto 1912*, ed. Arthur S. Link (Princeton, NJ: Princeton University Press, 1978), 252.
78. Veja Don Wolfensberger, "Woodrow Wilson, Congress and Anti-Immigrant Sentiment in America: An Introductory Essay", Woodrow Wilson International Center for Scholars, 12 de março de 2007, https://www.wilsoncenter.org/sites/default/files/immigration-essay-intro.pdf.
79. John Maynard Keynes, "Note for Mr McAdoo", memorando do Tesouro, 20 de julho de 1917, em *CW*, vol. 16, 245–52.
80. JMK para Florence Keynes, 23 de março de 1918, JMK/PP/45/168/9/85.
81. JMK para Vanessa Bell, 23 de março de 1918, CHA/1/341/3/1.

REFERÊNCIAS   545

82. JMK para Florence Keynes, 29 de março de 1918, JMK/PP/45/168/9/87; Garnett, *The Flowers of the Forest*, 146–47.
83. JMK para Florence Keynes, 23 de março de, 1918, PP/45/168/9/85.
84. Virginia Woolf para Nicholas Bagenal, 15 de abril de 1918, em Virginia Woolf, *The Letters of Virginia Woolf*, vol. 2, 230.
85. Citação em Garnett, *The Flowers of the Forest*, 148.
86. Citação em ibid., 40.
87. Virginia Woolf para Vanessa Bell, 15 de maio de 1927, Virginia Woolf, *The Letters of Virginia Woolf*, vol. 3: *1923–1928*, ed. Nigel Nicolson e Joanne Trautmann (Nova York: Harcourt Brace Jovanovich, 1977), 376.
88. JMK para Florence Keynes, 24 de dezembro de 1917, em *CW*, vol. 16, 265.
89. JMK para Florence Keynes, 29 de março de 1918, JMK/PP/45/168/9/87.
90. Basil Blackett para H. P. Hamilton, 1º de janeiro de 1918, em *CW*, vol. 16, 264.
91. JMK para Florence Keynes, 24 de dezembro de 1917, *CW*, vol. 16, 265–66.
92. JMK para Duncan Grant, 15 de dezembro de 1917, em Jonathan Atkin, *A War of Individuals: Bloomsbury attitudes to the Great War* (Nova York: Manchester University Press, 2002), 24.
93. JMK para Florence Keynes, 25 de outubro de 1918, JMK/PP/45/168/9/131.
94. Virginia Woolf, 14 de janeiro de 1918, *The Diary of Virginia Woolf*, vol. 1, 106.
95. JMK para Florence Keynes, 13 de outubro de 1918, JMK/PP/45/168/9/129.

TRÊS: PARIS E SEUS DISSABORES

1. Citação em A. Scott Berg, *Wilson* (Nova York: Berkley, 2013), 18–19.
2. Citação em ibid., 521.
3. Margaret MacMillan, *Paris 1919: Six Months That Changed the World* (Nova York: Random House, 2003 [2001]), 15.
4. Citação em Sarah Gertrude Millin, *General Smuts*, vol. 2 (Londres: Faber & Faber, 1936), 172–75.
5. John Maynard Keynes, *The Economic Consequences of the Peace* (Londres: Macmillan, 1919), 34.
6. Berg, *Wilson*, 18.
7. JMK para Florence Keynes, 23 de dezembro de 1918, JMK/PP/45/168/9/141.
8. JMK para Florence Keynes, 25 de outubro de 1918, JMK/PP/45/168/9/131, "Eu acho que as perspectivas de paz são boas"; o resto é de JMK para Florence Keynes, 23 de dezembro de 1918, JMK/PP/45/168/9/141.
9. JMK para Neville Keynes, 14 de janeiro de 1919, JMK/PP/45/168/9/145.
10. Veja rascunhos biográficos de Keynes sobre Winston Churchill e o banqueiro alemão Carl Melchior em seu livro de 1933, *Essays in Biography*, em *CW*, vol. 10, 53, 390, em que Keynes observou a distinção entre "jantares na sala de jantar" e "jantares de restaurantes".
11. Paul Cravath para JMK, 20 de dezembro de 1918, JMK/RT/1/8.
12. Henry Wickham Steed, *Through Thirty Years: 1892–1922* (Londres: William Heinemann, 1924), vol. 2, 266.
13. Charles G. Fenwick, "Organization and Procedure of the Peace Conference", *American Political Science Review* 13, nº. 2 (maio de 1919): 199–212.
14. JMK para Neville Keynes, 14 de janeiro de 1919, JMK/PP/45/168/9/145.
15. Citação em Edward Mandell House e Charles Seymour, eds., *What Really Happened at Paris: The story of the peace conference, 1918–1919* (Nova York: Charles Scribner's Sons, 1921), 336.
16. Mark Sykes, o autor de 39 anos do infame acordo Sykes-Picot em que Grã-Bretanha e França concordaram em dividir secretamente o Império Otomano entre as duas nações, foi morto pela gripe em fevereiro. Veja Harold Nicolson, *Peacemaking, 1919* (Londres: Constable & Co. Ltd., 1943 [1937]), 214. Lloyd George ainda estava se recuperando da gripe quando chegou. Keynes ficaria doente em fevereiro, Wilson contrairia a gripe na primavera e Clemenceau enfrentou diversas semanas de "resfriado" em março e abril — provavelmente uma crise prolongada de gripe. Veja Laura Spinney, *Pale Rider: The spanish flu of 1918 and how it changed the world* (Nova York: PublicAffairs, 2017). Sobre a morte de William Stang e a atmosfera do Hotel Majestic, veja Clifford R. Lovin, *A School for Diplomats: The Paris Peace Conference of 1919* (Lanham, MD: University Press of America, 1997), 12–17.
17. Keynes, *The Economic Consequences of the Peace*, 3–4.
18. John Maynard Keynes, "Dr Melchoir: A Defeated Enemy", 2 de fevereiro de 1921, em *CW*, vol. 10, 390.
19. Keynes, *The Economic Consequences of the Peace*, 26.
20. *CW*, vol. 16, 387.
21. John Maynard Keynes, "Notes on an Indemnity", memorando do Tesouro, 31 de outubro de 1918, em *CW*, vol. 16, 337–43; e John Maynard Keynes, "Memorandum by the Treasury on the Indemnity Payable by the Enemy Powers for Reparation and Other Claims", memorando do Tesouro, sem data, em *CW*, vol. 16, 344–86.
22. John Maynard Keynes, "Memorandum by the Treasury on the Indemnity Payable by the Enemy Powers for Reparation and Other Claims", memorando do Tesouro, sem data, em *CW*, vol. 16, 375.
23. Veja Marc Trachtenberg, "Reparation at the Paris Peace Conference", *The Journal of Modern History* 51, nº. 1 (março de 1979): 33.
24. Adam Tooze, *The Deluge: The Great War, America and the remaking of the global order, 1916–1931* (Nova York: Viking, 2014), 293.
25. Citação em House e Seymour, *What Really Happened at Paris*, 275–76.
26. Citação em ibid., 259.
27. Woodrow Wilson, "Wilson's War Message to Congress", 2 de abril de 1917, World War I Document

REFERÊNCIAS

Archive, Brigham Young University, https://wwi.lib.byu.edu/index.php/Wilson%27s_War_Message_to_Congress.

28. Ibid.

29. JMK para Allyn Young, 29 de fevereiro 1920, JMK/EC/2/3/62.

30. JMK para Norman Davis, 18 de abril de 1920, JMK/EC/2/4/27.

31. Memorando de JMK para sir John Bradbury, 14 de janeiro de 1919, JMK/RT/9/1/32.

32. Nadège Mougel, "World War I Casualties", Centre Européen Robert Schuman, http://www.centre-robert-schuman.org/userfiles/files/REPERES%20%E2%80%93%20module%201-1%20-%20explanatory%20notes%20%E2%80%93%20World%20War%20I%20casualties%20%E2%80%93%20EN.pdf.

33. Amos Crosby para JMK, 7 de janeiro de 1919, JMK/RT/1/24.

34. MacMillan, *Paris 1919*, 10.

35. "World War I Casualties", Centre Européen Robert Schuman.

36. "Redrawing the Map: How the First World War Reshaped Europe", *The Economist*, 2 de agosto de 2014.

37. Derek Howard Aldcroft, *From Versailles to Wall Street, 1919–1929* (Berkeley: University of California Press, 1977), 19.

38. JMK para Florence Keynes, 25 de outubro de 1918, JMK/PP/45/168/9/131; JMK para Florence Keynes, 3 de novembro de 1918, JMK/PP/45/168/9/134.

39. Robert Nye, *Masculinity and Male Codes of Honor in Modern France* (Berkeley: University of California Press, 1998 [1993]), 185.

40. Richard J. Evans, *The Pursuit of Power: Europe, 1815–1914* (Nova York: Viking, 2016), 598. Veja também Gregor Dallas, *At the Heart of a Tiger: Clemenceau and his world, 1841–1929* (Nova York: Carroll and Graf, 1993), 302–3.

41. Citação em Dallas, *At the Heart of a Tiger*, 561.

42. Citação em George Riddell, *Lord Riddell's Intimate Diary of the Peace Conference and After, 1918–1923* (Londres: Victor Gollancz, 1933), 41.

43. Keynes, *The Economic Consequences of the Peace*, 29.

44. Tooze, *The Deluge*, 175.

45. Dallas, *At the Heart of a Tiger*, 566.

46. Keynes, *The Economic Consequences of the Peace*, 26.

47. Keith Laybourn, *Modern Britain Since 1906* (Londres: I. B. Taurus, 1999), 20.

48. Citação em MacMillan, *Paris 1919*, 33.

49. Citação em Trachtenberg, "Reparation at the Paris Peace Conference", 32.

50. Citação em Stephen Bonsal, *Unfinished Business* (Nova York: Doubleday, 1944), 69.

51. N. P. Howard, "The Social and Political Consequences of the Allied Food Blockade of Germany, 1918–19", *German History* 11, nº. 2 (1º de abril de 1993): 162.

52. JMK, memorando para sir John Bradbury, 11 de janeiro de 1919, JMK/RT/9/1.

53. Citação em House e Seymour, *What Really Happened at Paris*, 338.

54. John Maynard Keynes, "Dr Melchoir", em *CW*, vol. 10, 397.

55. Ibid., 395.

56. House e Seymour, *What Really Happened at Paris*, 343.

57. Herbert Hoover, relatório ao ministro dos alimentos da Itália Silvio Crespi, 31 de dezembro de 1918, em *Papers Relating to the Foreign Relations of the United States 1919: The Paris Peace Conference* (Washington, D.C.: U.S. Government Printing Office, 1942), vol. 2, 688–89.

58. JMK, memorando para sir John Bradbury, 14 de janeiro de 1919, JMK/RT/1/36–40.

59. John Maynard Keynes, "Dr Melchoir", em *CW*, vol. 10, 401.

60. Riddell, *Lord Riddell's Intimate Diary of the Peace Conference and After*, 42.

61. John Maynard Keynes, "Dr Melchoir", em *CW*, vol. 10, 405.

62. Lovin, *A School for Diplomats*, 13.

63. JMK para Florence Keynes, 25 de janeiro de 1919, JMK/PP/45/168/9/149.

64. "Escrevi a Walter para perguntá-lo se ele aconselhava inoculação contra a influenza, mas ele respondeu que *ainda* não tinha uma vacina que ele pudesse recomendar", escreveu Keynes para sua mãe no dia 3 de novembro de 1918. "Essa semana Sheppard não saiu de casa com medo da praga." JMK/PP/45/168/9/131.

65. Clive Bell para JMK, 2 de fevereiro de 1919, JMK/PP/45/25/32.

66. JMK para Florence Keynes, 16 de março de 1919, JMK/PP/45/168/9/157.

67. John Maynard Keynes, "Dr Melchoir", em *CW*, vol. 10, 416–24.

68. Cunliffe devolveu o favor ao zombar de seu adversário do Tesouro como "Herr von K" — acusando-o de ser simpático aos alemães. Veja Antony Lentin, *Lloyd George and the Lost Peace: From Versailles to Hitler, 1919–1940* (Nova York: Palgrave Macmillan, 2001), 24.

69. Citado por Keynes em um memorando do dia 25 de março de 1919, JMK/RT/1/71.

70. JMK para Philip Kerr, 25 de março de 1919, JMK/RT/1/71.

71. Citado em House e Seymour, *What Really Happened at Paris*, 272.

72. Reproduzido em Philip Mason Burnett, *Reparation at the Paris Peace Conference from the Standpoint of the American Delegation* (Nova York: Columbia University Press, 1940), 776.

73. Citado em House e Seymour, *What Really Happened at Paris*, 262.

74. Amos T. Crosby para JMK, 7 de janeiro de 1919, JMK/RT/1/24.

75. JMK, memorando para Woodrow Wilson, "The Treatment of Inter-Ally Debt Arising Out of the War", março de 1919, *CW*, vol. 16, 427–28.

76. Citado em House e Seymour, *What Really Happened at Paris*, 289.

77. JMK para Florence Keynes, 12 de abril de 1919, JMK/PP/45/168/9/164.

78. John Maynard Keynes, "Scheme for the Rehabilitation of European Credit and for Financing

REFERÊNCIAS

Relief and Reconstruction", memorando do Tesouro para Woodrow Wilson, abril de 1919, em *CW*, vol. 16, 433–35.

79. Woodrow Wilson para David Lloyd George, 3 de maio de 1919, JMK/RT/16/33.

80. Citado em Robert Skidelsky, *John Maynard Keynes*, vol. 1: *Hopes Betrayed, 1883– 1920* (Nova York: Penguin, 1994 [1983]), 372.

81. Ron Chernow, *The House of Morgan: An american banking dynasty and the rise of modern finance* (Nova York: Grove Press, 2001 [1990]), 370–73.

82. Ibid., 280–86.

83. Citado em Noam Chomsky, *Deterring Democracy* (Nova York: Hill and Wang, 1992), 39.

84. Chernow, *The House of Morgan*, 336–43.

85. Keynes, *The Economic Consequences of the Peace*, 41.

86. Eric Rauchway, *The Money Makers: How Roosevelt and Keynes ended the Depression, defeated fascism, and secured a prosperous peace* (Nova York: Basic Books, 2015), 16.

87. JMK para Florence Keynes, 14 de maio de 1919, JMK/PP/45/168/9/168.

88. JMK para Norman Davis, 5 de junho de 1919, em *CW*, vol. 16, 471.

89. JMK para David Lloyd George, 5 de junho de 1919, em *CW*, vol. 16, 469.

QUATRO: CONSEQUÊNCIAS

1. John Milton Cooper, Jr., *Woodrow Wilson: A biography* (Nova York: Vintage, 2009), 502–4; A. Scott Berg, *Wilson* (Nova York: Berkley, 2013), 600–602.

2. Woodrow Wilson, *The Papers of Woodrow Wilson*, ed. Arthur S. Link, vol. 61 (Princeton, NJ: Princeton University Press, 1990), 292–93.

3. Os dois tinham muito em comum. Wilson foi o primeiro filho da região sul dos Estados Unidos a alcançar a presidência após a Guerra Civil, enquanto Smuts era um africânder que se tornou primeiro-ministro da África do Sul sob domínio britânico. Ambos tinham visões paternalistas sobre os povos não brancos enquanto proclamavam grandes ideais democráticos. Veja Sarah Gertrude Millin, *General Smuts*, vol. 2 (Londres: Faber & Faber, 1936), 172–73.

4. Cooper, *Woodrow Wilson: A biography*, 502–4; Berg, *Wilson*, 600–602.

5. Robert Skidelsky, *John Maynard Keynes*, vol. 1: *Hopes Betrayed, 1883–1920* (Nova York: Allen Lane, 1983), 379–80. Keynes estava em Charleston do dia 20 de junho até o dia 9 de julho de 1919. O Tratado de Versalhes foi assinado no dia 28 de junho.

6. David Garnett, *The Flowers of the Forest* (Nova York: Harcourt, Brace and Company, 1956), 145.

7. JMK/L/19.

8. Lord Robert Cecil para JMK, 31 de julho de 1919, JMK/L/19.

9. JMK para Florence Keynes, 23 de dezembro de 1918, JMK/PP/45/168/9/141.

10. JMK/L/19.

11. Jan Smuts para JMK, em Millin, *General Smuts*, vol. 2, 255–56.

12. Citado em Tom Regan, *Bloomsbury's Prophet: G. E. Moore and the development of his moral philosophy* (Filadélfia: Temple University Press, 1986), 154.

13. Lytton Strachey, *Eminent Victorians: Cardinal manning, florence nightingale, Dr. Arnold, general Gordon* (Londres: G. P. Putnam Sons, 1918).

14. John Maynard Keynes, *The Economic Consequences of the Peace* (Londres: Macmillan, 1919), 18.

15. Ibid., 19.

16. Ibid., 251.

17. Herbert Hoover, *The Ordeal of Woodrow Wilson* (Washington, D.C.: Woodrow Wilson Center Press, 1992 [1958]), 152.

18. Keynes, *The Economic Consequences of the Peace*, 220.

19. Michael V. White e Kurt Schuler, "Retrospectives: Who Said 'Debauch the Currency': Keynes or Lenin?", *Journal of Economic Perspectives* 23, n°. 2 (2009): 213–22.

20. Edmund Burke, *Reflections on the Revolution in France* (Londres: John Sharpe, 1820), 138.

21. Leonard Woolf, *Downhill All the Way: An autobiography of the years 1919 to 1939* (Nova York: Harvest, 1967), 139.

22. John Maynard Keynes, *The Political Doctrines of Edmund Burke* (tese não publicada, 1904), 57–58, JMK/UA/20/3/61–2.

23. Keynes, *The Economic Consequences of the Peace*, 11.

24. John Maynard Keynes, "My Early Beliefs", 9 de setembro de 1938, em *CW*, vol. 10, 447.

25. Keynes, *The Economic Consequences of the Peace*, 38.

26. Lytton Strachey para JMK, 4 de outubro de 1919, JMK/PP/45/316/5/61.

27. Florence Keynes para JMK, JMK/EC/1/9.

28. JMK para Arthur Salter, 18 de outubro de 1919, JMK/EC/1/21.

29. Skidelsky, *John Maynard Keynes*, vol. 1, 381.

30. Julia Briggs, *Virginia Woolf: An inner life* (Nova York: Harvest Books, 2006), 22–28.

31. John Maynard Keynes, "Mr. Lloyd George's General Election" (Londres: The Liberal Publication Department, 1920), JMK/EC/2/5/21.

32. Adam Tooze, *The Deluge: The Great War, America and the remaking of the global order, 1916–1931* (Nova York: Viking, 2014), 295.

33. Austen Chamberlain para JMK, 8 de dezembro de 1919, JMK/EC/2/1/8.

34. JMK para Austen Chamberlain, 28 de dezembro de 1919, JMK/EC/2/1/12.

35. Reginald McKenna para JMK, 27 de dezembro de 1919, JMK/EC/2/1/129.

36. Allyn Young para JMK, 11 de fevereiro de 1920, JMK/EC/2/3/58.

37. Paul Cravath para JMK, 4 de fevereiro de 1920, JMK/EC/2/3/37.

REFERÊNCIAS

38. Amos T. Crosby para JMK, 8 de março de 1920, JMK/EC/2/2/7.
39. Ronald Steel, *Walter Lippmann and the American Century* (Boston: Little, Brown, 1980), 162. A editora norte-americana de Keynes, Harcourt, escreveu sobre a decisão de publicar *The Economic Consequences of the Peace* em sua biografia *Some Experiences*, extraído pela editora em uma carta do dia 27 de janeiro de 1965 para John Kenneth Galbraith, disponível em JKG, Series 9.4, Box 941.
40. Keynes, *The Economic Consequences of the Peace*, 28–29.
41. Ibid., 36.
42. Allyn Young para JMK, 10 de junho de 1920, JMK/EC/2/4/76.
43. Norman Davis para JMK, 19 de março de 1920, JMK/EC/2/4/23.
44. JMK para Norman Davis, 18 de abril de 1920, JMK/EC/2/4/27.

45. Citação em Miller, *General Smuts*, vol. 2, 174–75.
46. Bernard Baruch, *The Making of the Reparation and Economic Sections of the Treaty* (Nova York: Harper and Brothers, 1921).
47. Ibid., 5–8.
48. André Tardieu, "The Treaty and Its Critic", *Everybody's Magazine*, novembro de 1920, JMK/EC/2/5/12.
49. Charles Homer Haskins, citado em Edward Mandell House e Charles Seymour, eds., *What Really Happened at Paris: The story of the peace conference, 1918–1919* (Nova York: Charles Scribner's Sons, 1921), 65.
50. Paul Mantoux para a Liga das Nações, 13 de setembro de 1924, JMK/EC/2/6/48; Philip Mason Burnett, *Reparation at the Paris Peace Conference from the Standpoint of the American Delegation* (Nova York: Columbia University Press, 1940), 847, 1000.

CINCO: DA METAFÍSICA AO DINHEIRO

1. *CW*, vol. 15, 13–15.
2. David Felix, *Keynes: A critical life* (Westport, CT: Greenwood Press, 1999), 141.
3. Piero V. Mini, *John Maynard Keynes: A study in the psychology of original work* (Nova York: St. Martin's Press, 1994), 86.
4. Roberta Allbert Dayer, *Finance and Empire: Sir Charles Addis, 1861–1945* (Londres: Macmillan, 1988), 81.
5. JMK para Ludwig Wittgenstein, 10 de janeiro de 1915, JMK/PP/45/349.
6. Bertrand Russell para JMK, 23 de março de 1919, JMK/PP/45/349/18.
7. Ludwig Wittgenstein para Bertrand Russell, 13 de março de 1919, JMK/PP/45/349/19.
8. John Coates, *The Claims of Common Sense: Moore, Wittgenstein, Keynes and the Social Sciences* (Cambridge, UK: Cambridge University Press, 1996), 129.
9. JMK para Ludwig Wittgenstein, 13 de maio de 1919, JMK/PP/45/349/101.
10. JMK para Ludwig Wittgenstein, 28 de junho de 1919, JMK/PP/45/349/102.
11. Ludwig Wittgenstein, *Tractatus Logico-Philosophicus* (Londres: Kegan Paul, Trench, Trübner, 1922), 23.
12. Bertrand Russell, *The Selected Letters of Bertrand Russell: The public years, 1914–1970*, ed. Nicholas Griffin (Londres: Routledge, 2001), 441.
13. Citação em Robert Skidelsky, *John Maynard Keynes*, vol. 2: *The Economist as Savior, 1920–1937* (Nova York: Allen Lane, 1994), 56.
14. A "posição original" de John Rawls em *Uma Teoria da Justiça* é outra tentativa semelhante de filósofos tentando inserir suas conclusões na construção básica de seus sistemas. Grande parte do trabalho de Rawls, incluindo o princípio da diferença, é uma tentativa de construir a fundação de uma filosofia amplamente liberal e igualitária usando conceitos keynesianos.
15. Wittgenstein, *Tractatus Logico-Philosophicus*, 90.

16. Os números de riqueza pessoal e investimento que seguem nessa seção são de Mini, *John Maynard Keynes*, 84–86, e David Felix, *Biography of an Idea: John Maynard Keynes and the general theory of employment, interest and money* (Nova York: Routledge, 2017 [1995]).
17. John Maynard Keynes, declaração para a Royal Commission on Lotteries and Betting, 15 de dezembro de 1932, em *CW*, vol. 18, 399.
18. JMK para LL, 16 de setembro de 1923, JMK/PP/45/190/1/10.
19. JMK para LL, 19 de setembro de 1923, JMK/PP/45/190/1/14.
20. Alison Light, "Lady Talky", *London Review of Books*, 18 de dezembro de 2008.
21. Light, "Lady Talky."
22. Judith Mackrell, *Bloomsbury Ballerina: Lydia Lopokova, imperial dancer and Mrs. John Maynard Keynes* (Londres: Phoenix, 2009 [2008]), 108.
23. Ibid., 169–72.
24. Ibid., 192.
25. LL para JMK, JMK/PP/45/190/8.
26. Mackrell, *Bloomsbury Ballerina*, 196.
27. Ibid., 1–37.
28. Virginia Woolf zombou das reivindicações intelectuais e do sotaque de Lydia ao repetir "seerious wooman" pelas suas costas. Veja Virginia Woolf para Jacques Raverat, 4 de novembro de 1923, em Virginia Woolf, *The Letters of Virginia Woolf*, vol. 3: *1923–1928*, ed. Nigel Nicolson e Joanne Trautmann (Nova York: Harcourt Brace Jovanovich, 1978), 76.
29. LL para JMK, 10 de março de 1922, PP/45/190/9/5.
30. LL para JMK, sem data, localizado entre cartas enviadas entre os dias 21 de abril de 1922 e 28 de abril de 1922, PP/45/190/9/37.
31. LL para JMK, 26 de junho de 1922, PP/45/190/10/30.
32. Mackrell, *Bloomsbury Ballerina*, 196.

REFERÊNCIAS

33. JMK para LL, 20 de janeiro de 1926, JMK/PP/45/190/1/62.
34. LL para JMK, 26 de abril de 1922, JMK/PP/45/190/9/53.
35. LL para JMK, 19 de abril de 1922, JMK/PP/45/190/9/32.
36. LL para JMK, sem data, JMK/PP/45/190/12/23.
37. Virginia Woolf para Jacques Raverat, 8 de junho de 1924, em Virginia Woolf, *The Letters of Virginia Woolf*, vol. 3, 115.
38. Virginia Woolf para Jacques Raverat, 4 de novembro de 1923, em ibid., 76.
39. Virginia Woolf para Vanessa Bell, 22 de dezembro de 1922, em Virginia Woolf, *The Letters of Virginia Woolf*, vol. 2: *1912–1922*, ed. Nigel Nicolson e Joanne Trautmann (Nova York: Harcourt Brace Jovanovich, 1977), 594–95.
40. LL para JMK, 17 de abril de 1922, JMK/PP/45/190/9/26.
41. LL para JMK, 12 de abril de 1922, JMK/PP/45/190/9/12.
42. LL para JMK, 20 de abril de 1922, JMK/PP/45/190/9/34.
43. LL para JMK 22 de abril de 1922, JMK/PP/45/190/9/40.
44. Mackrell, *Bloomsbury Ballerina*, 202.
45. Ibid., 181–203.
46. Ibid., 201.
47. John Maynard Keynes, *The Economic Consequences of the Peace* (Londres: Macmillan, 1919), 278–79.
48. Keynes recebeu £300 do *The Manchester Guardian*, £350 do *New York World* e £25 do *Neue Freie Presse* de Viena; veja *CW*, vol. 17, 354. Valor atual calculado usando a média de 1922 da taxa de câmbio de US$4,43 para a libra, de acordo com o Federal Reserve de St. Louis, https://fraser.stlouisfed.org/files/docs/publications/FRB/pages/1925-1929/28191_1925-1929.pdf, e o "CPI Inflation Calculator" do Bureau of Labor Statistics, https://data.bls.gov/cgi-bin/cpicalc.pl.
49. E quando os Estados Unidos entraram formalmente no conflito em 1917, o país usou seus próprios truques para suspender na prática o padrão-ouro. A presidência Wilson exigiu que todos aqueles que desejassem exportar ouro se candidatassem para a obtenção de uma licença especial com o Departamento do Tesouro, e quase todas essas candidaturas foram rejeitadas.
50. Liaquat Ahamed, *Lords of Finance: The bankers who broke the world* (Nova York: Penguin, 2009), 155–56.
51. Ibid., 158–59.
52. "U.S./U.K. Foreign Exchange Rate in the United Kingdom", Federal Reserve de St. Louis, https://fred.stlouisfed.org/series/USUKFXUKA#0; Adam Tooze, *The Deluge: The Great War, America and the remaking of the global order, 1916–1931* (Nova York: Viking, 2014), 355.
53. Albert O. Hirschman, *The Passions and the Interests: Political arguments for capitalism before its triumph* (Princeton, NJ: Princeton University Press, 1997), 60.
54. John Maynard Keynes, "The Stabilisation of the European Exchanges: A Plan for Genoa", 20 de abril de 1922, *Manchester Guardian Commercial*

Supplement, 20 de abril de 1922, em *CW*, vol. 17, 355–57.
55. Ahamed, *Lords of Finance*, 161.
56. "Unemployment Statistics from 1881 to the Present Day", Government Statistical Service, UK Statistics Authority, janeiro de 1996, http://www.ons.gov.uk/ons/rel/lms/labour-market-trends-discontinued-/january-1996/unemployment-since-1881.pdf.
57. Tooze, *The Deluge*, 359.
58. John Maynard Keynes, "The Consequences to Society of Changes in the Value of Money", *The Manchester Guardian Commercial Supplement*, 27 de julho de 1922 em *CW*, vol. 9, 67–75.
59. JMK, memorando do Tesouro, 15 de fevereiro de 1920, em *CW*, vol. 17, 184.
60. JMK para LL, 28 de abril de 1922, PP/45/190/9/60.
61. JMK para LL, 27 de abril de 1922, PP/45/190/9/57.
62. JMK para LL, 17 de abril de 1922, PP/45/190/9/26.
63. Essa não era, entretanto, uma inovação exclusiva de Keynes. Outros reformistas monetários podiam ser incluídos, em especial o economista de Yale, Irving Fisher.
64. John Maynard Keynes, *A Tract on Monetary Reform* (Londres: Macmillan, 1924), 80.
65. JMK para Charles Addis, 25 de julho de 1924, JMK/L/24/77.
66. Virginia Woolf para Ottoline Morrell, janeiro de 1923, em Virginia Woolf, *The Letters of Virginia Woolf*, vol. 3, 8.
67. Leonard Woolf, *Downhill All the Way*, 142–43.
68. Virginia Woolf para JMK, 12 de fevereiro de 1923, em Virginia Woolf, *The Letters of Virginia Woolf*, vol. 3, 11–12.
69. Harold Bloom, *T. S. Eliot's The Waste Land (Bloom's Modern Critical Interpretations)* (Nova York: Infobase, 2007), 77–82.
70. Donald Gallup, *T. S. Eliot: A Bibliography* (Nova York: Harcourt Brace, 1969).
71. Virginia Woolf para Lytton Strachey, 23 de fevereiro de 1923, em Virginia Woolf, *The Letters of Virginia Woolf*, vol. 3, 14–15.
72. Virginia Woolf para JMK, 13 de março de 1923, em Virginia Woolf, *The Letters of Virginia Woolf*, vol. 3, 20.
73. JMK para LL, 15 de junho de 1924, JMK/PP/45/190/2.
74. Leonard Woolf, *Downhill All the Way*, 97.
75. Ibid., 142–43.
76. Uma dissertação de 1925 sobre o padrão-ouro e Winston Churchill rapidamente conseguiu uma tiragem de 7 mil cópias, gerando lucros que foram reciclados em Hogarth para pagar pelas poesias e ficções. Veja Leonard Woolf, *Downhill All the Way*, 162.
77. Citação em S. P. Rosenbaum, ed., *The Bloomsbury Group: A collection of memoirs and commentary* (Toronto: University of Toronto Press, 1995), 281.
78. John Maynard Keynes, "Editorial Forward", *The Nation and Athenaeum*, 5 de maio de 1923, em *CW*, vol. 18, 123–26.

REFERÊNCIAS

79. JMK para LL, 4 de dezembro de 1923, JMK/PP/45/190/1/147.
80. Ibid.
81. JMK para LL, 5 de dezembro de 1923, JMK/PP/45/190/1/49.
82. Ibid.
83. JMK para LL, 9 de dezembro de 1923, JMK/PP/45/190/1/55.
84. Winston Churchill, carta ao *The Times*, 18 de janeiro de 1924.
85. Citação em Chris Cook, *The Age of Alignment: Electoral politics in Britain: 1922–1929* (Londres: Macmillan, 1975), 188.
86. Sally Marks, "The Myths of Reparations", *Central European History* 11, nº 3 (setembro de 1978): 234.
87. Como um conservador rico, Stinnes geralmente se opunha a ver seus impostos aumentarem e o governo de Weimar estava relutante em alienar os ricos, assim como estava em alienar os pobres — qualquer um dos grupos poderiam apoiar uma alternativa totalitária. Veja Fritz K. Ringer, ed., *The German Inflation of 1923* (Londres: Oxford University Press, 1969), 92.
88. Ringer, *The German Inflation of 1923*, 91.
89. JMK para Rudolf Havenstein, 17 de janeiro de 1923, em *CW*, vol. 18, 68.
90. Citação em Tooze, *The Deluge*, 456.
91. Niall Ferguson, *The Ascent of Money: A financial history of the world* (Nova York: Penguin, 2008), 104.
92. Tooze, *The Deluge*, 442–43. 93. Ibid., 439.
93. Ibid., 439.
94. Josiah Stamp para JMK, *CW*, vol. 18, 235.
95. John Maynard Keynes, "The Experts' Reports", *The Nation and Athenaeum*, 12 de abril de 1924, em *CW*, vol. 18, 241.
96. Carolyn K. Kitching, "Prime Minister and Foreign Secretary: the Dual Role of James Ramsay MacDonald in 1924", *Review of International Studies* 37, nº. 3 (julho de 2011): 1412.
97. John Maynard Keynes, "The Progress of the Dawes Scheme", *The Nation and Athenaeum*, 11 de setembro de 1926, em *CW*, vol. 18, 281.

SEIS: PROLEGÔMENOS PARA O NOVO SOCIALISMO

1. David A. Andelman, *A Shattered Peace: Versailles 1919 and the price we pay today* (Hoboken, NJ: John Wiley & Sons, 2008), 232.
2. JMK para LL, 28 de maio de 1924, JMK/PP/45/190/1/161.
3. JMK para LL, 27 de maio de 1924, JMK/PP/45/190/1/159.
4. "Foi maldade da sua parte ler minha carta sobre o banquete", JMK para LL, 30 de maio de 1924, JMK/PP/45/190/1/161.
5. JMK para LL, 30 de maio de 1924, JMK/PP/45/190/1/166.
6. Citação em Michele Barrett, ed., *Virginia Woolf: Women and writing* (Nova York: Harcourt, 1997), 193–97.
7. Citação em Richard Kahn, *The Making of Keynes' General Theory* (Cambridge, UK: Cambridge University Press, 1984), 203.
8. Ibid., 204.
9. Carnegie Endowment for International Peace, *Report of the International Commission to Inquire into the Causes and Conduct of the Balkan Wars*, 1914, https:// archive.org/details/reportofinternat 00inteuoft.
10. JMK para H. N. Brailsford, 3 de dezembro de 1925, JMK/CO/1/98.
11. John Maynard Keynes, "Editorial Forward", *The Nation and Athenaeum*, 5 de maio de 1923, em *CW*, vol. 18, 126.
12. John Maynard Keynes, "The End of Laissez-Faire" (Londres: Hogarth Press, 1926) baseado na aula de Sidney Ball, novembro de 1924, em *CW*, vol. 9, 294.
13. Veja Jean-Jacques Rousseau, *The Basic Political Writings* (Indianápolis: Hackett, 1987).
14. John Maynard Keynes, "The End of Laissez-Faire", em *CW*, vol. 9, 291–92.
15. Ibid., 287.
16. Ibid., 287–88.
17. Ibid., 291.
18. Ibid., 288.
19. Ibid., 289.
20. Ibid., 290.
21. Ibid., 288.
22. Keynes acreditava que os argumentos mais convincentes de Burke para o laissez-faire se voltavam completamente para o fato empírico da escassez econômica. Veja John Maynard Keynes, "The Political Doctrines of Edmund Burke" (não publicado, 1904), JMK/UA/20/3/1.
23. Robert Skidelsky, *John Maynard Keynes*, vol. 2: *The Economist as Savior, 1920– 1937* (Nova York: Allen Lane, 1994), 207–8; Judith Mackrell, *Bloomsbury Ballerina: Lydia Lopokova, imperial dancer and Mrs. John Maynard Keynes* (Londres: Phoenix, 2009 [2008]), 266.
24. Citação em Mackrell, *Bloomsbury Ballerina*, 266.
25. Ibid., 267.
26. Kahn, *The Making of Keynes' General Theory*, 169.
27. Michael Holroyd, *Lytton Strachey: A biography* (Nova York: Holt, Rinehart and Winston, 1980 [1971]), 902–3.
28. JMK para LL, 9 de novembro de 1923, JMK/PP/45/190/1/33; JMK para LL, 9 de novembro de 1923, JMK/PP/45/190/1/57.
29. Lytton Strachey, *The Letters of Lytton Strachey*, ed. Paul Levy (Nova York: Farrar, Straus and Giroux, 2005), 478, 483, 497–98.
30. A biógrafa de Leonard Woolf, Victoria Glendenning, argumentou que parte da atração de Virginia por Leonard era um produto de sua descendência judia, uma vez que isso inspirava nela uma sensação de rebelião contra as convenções vitorianas. Veja Victoria Glendenning, *Leonard Woolf: A biography* (Nova York: Free Press, 2006), 142.
31. Veja, por exemplo, LL para JMK, 22 de abril de 1922, onde Lydi exulta: "e judeus são judeus bem engraçados!" PP/45/190/9/57.
32. Citação em Mackrell, *Bloomsbury Ballerina*, 280.

REFERÊNCIAS

33. Virginia Woolf, *The Diary of Virginia Woolf*, vol. 3: *1925–1930*, ed. Anne Olivier Bell e Andrew Mc-Neillie (Nova York: Harcourt Brace Jovanovich, 1981), 43.

34. Mackrell, *Bloomsbury Ballerina*, 272.

35. John Maynard Keynes, "A Short View of Russia", em *CW*, vol. 9, 253–71.

36. Ibid., 270.

37. Ibid., 271.

38. Ibid., 258.

39. Ibid., 271.

40. Ibid., 267.

41. Ibid., 268.

42. John Maynard Keynes, "Am I a Liberal?", *The Nation and Athenaeum*, 8 e 15 de agosto de 1925, em *CW*, vol. 9, 306.

43. Ibid., 297.

44. Ibid., 311.

45. Ibid., 309.

46. Ibid., 311.

47. "Unemployment Statistics from 1881 to the Present Day", Government Statistical Service, UK Statistics Authority, janeiro de 1996, https://www.ons.gov.uk/ons/rel/lms/labour-market-trends-discontinued-/january-1996/unemploymentsince-1881.pdf.

48. Nicholas Crafts, "Walking Wounded: The British Economy in the Aftermath of World War I", Vox, 27 de agosto de 2014, https://voxeu.org/article/walking-wounded-british-economy-aftermath-world-war-i.

49. John Maynard Keynes, "The Speeches of the Bank Chairmen", *The Nation and Athenaeum*, 23 de fevereiro 1924, em *CW*, vol. 9, 199.

50. Ludwig von Mises, *Socialism: An economic and sociological analysis* (Nova Haven, CT: Yale University Press, 1951 [1927]), 485, https://mises-media.s3.amazonaws.com/Socialism%20An%20Economic%20and%20Sociological%20Analysis_3.pdf.

51. John Maynard Keynes, "The Economic Consequences of Mr Churchill", *Evening Standard*, 22 a 24 de julho, 1925, em *CW*, vol. 9, 207.

52. Ibid., 220.

53. Ibid., 211.

54. JMK para Charles Addis, 25 de julho de 1924, JMK/L/24/77.

55. Citação em P. J. Grigg, *Prejudice and Judgment* (Londres: Jonathan Cape, 1948), 182–83.

56. Winston Churchill, "Return to Gold Standard", discurso ao Parlamento, 28 de abril de https://api.parliament.uk/historic-hansard/commons/1925/apr/28/return-to-gold-standard.

57. Citação em Grigg, *Prejudice and Judgment*, 184.

58. John Maynard Keynes, "The Economic Consequences of Mr Churchill", *Evening Standard*, 22 a 24 de julho de 1925, em *CW*, vol. 9, 223.

59. Stanley Baldwin, "Message from the Prime Minister", *The British Gazette*, 6 de maio de 1926, Warwick Digital Collections, http://contentdm.warwick.ac.uk/cdm/compoundobject/collection/strike/id/378/rec/33.

60. Skidelsky, *John Maynard Keynes*, vol. 2, 250; Leonard Woolf, *Downhill All the Way: An autobiogra-phy of the years 1919 to 1939* (Nova York: Harvest, 1967), 217.

61. Keynes emitiu uma declaração para o *The New Republic* e o *The Nation*, a qual nunca foi publicada em nenhum dos dois. Quando ele ofereceu o *The End of Laissez-Faire* como uma aula na Universidade de Berlim no dia 24 de junho de 1926, ele também preparou algumas observações sobre a Greve Geral. Nas notas, ele descreveu o conflito como "essencialmente sem sentido" em vez de "uma revolução", adicionando que "após alguns dias, a atmosfera de guerra se intensificou". "Mentes militares ganhando o controle significa, na Inglaterra — e, segundo minha expectativa, em todos os lugares — um completo colapso não só do intelecto, mas da inteligência comum e do senso comum. Todas as pessoas que são muito estúpidas para serem de qualquer valor ou importância começam a se sentir especiais e até mesmo no comando em tempos de guerra." *CW*, vol. 19, 534, 543–46.

62. Leonard Woolf, *Downhill All the Way*, 162.

63. Esses comentários são das notas de Keynes de sua aula na Universidade de Berlim no dia 24 de junho de 1926, *CW*, vol. 19, 545.

64. "Chancellor Winston Churchill on Gold and the Exchequer", *Finest Hour* 153 (Winter 2011–12), https://www.winstonchurchill.org/publications/finest-hour/finest-hour-153/chancellor-winston-churchill-on-gold-and-the-exchequer.

65. Margot Asquith para JMK, 1º de junho de 1926, JMK/PP/45/190/3/104.

66. JMK para Margot Asquith, JMK/PP/45/190/3/100.

67. John Maynard Keynes, carta ao editor, *The Nation and Athenaeum*, 12 de junho de 1926, em *CW*, vol. 19, 538–41.

68. JMK para LK, 1º de junho de 1926, JMK/PP/45/190/3/104.

69. Em *We Can Conquer Unemployment*, os liberais definiram o número de empregos de construção de estradas em 850 mil no primeiro ano, em que 350 mil seriam criados diretamente pelo programa. Em *Can Lloyd George Do It?*, Keynes e Henderson escreveram: "Estamos satisfeitos com esse assunto, já que a estimativa dada em 'We Can Conquer Unemployment', considerada como um todo, é subestimada em vez de superestimada." *CW*, vol. 9, 106.

70. John Maynard Keynes, "Can Lloyd George Do It?—The Pledge Examined", Hogarth Press, 10 de maior de, 1929, em *CW*, vol. 9, 99.

71. Ibid., 98.

72. "Existe a perda muito maior para os próprios desempregados, representada pela diferença entre o auxílio e um salário de trabalho completo, e representada também pela perda de força e moral. Existe a perda de lucros para os funcionários e em tributação para o chanceler do Tesouro. Existe uma perda incalculável em retardar por uma década o progresso econômico de todo o país." *CW*, vol. 9, 93.

73. Ibid.

74. Ibid., 92.

75. Ibid., 113.

76. Ibid., 125.

REFERÊNCIAS

77. Virginia Woolf para Quentin Bell, 11 de maio de 1929, em Virginia Woolf, *The Letters of Virginia Woolf*, vol. 4: *1929–1932*, ed. Nigel Nicolson e Joanne Trautmann (Nova York: Harcourt Brace Jovanovich, 1979), 56–57.

78. Virginia Woolf para Quentin Bell, 30 de maio de 1929, em ibid., 63.

79. JMK para LK, 3 de junho de 1929, JMK/PP/45/190/4/158.

SETE: A GRANDE DEPRESSÃO

1. Liaquat Ahamed, *Lords of Finance: The bankers who broke the world* (Nova York: Penguin, 2009), 358.

2. A visita de Churchill à Bolsa de Valores de Nova York na Quinta-Feira Negra é registrada em Arthur M. Schlesinger, Jr., *The Age of Roosevelt*, vol. 1: *The Crisis of the Old Order, 1919–1933* (Nova York: Mariner Books, 2003 [1957]), 158; Ron Chernow, *The House of Morgan: An american banking dynasty and the rise of modern finance* (Nova York: Grove Press, 2001 [1990]), 315; John Kenneth Galbraith, *The Great Crash, 1929* (Boston: Houghton Mifflin, 1961), 105. Seu jantar com Baruch na noite da Quinta-Feira Negra está em Martin Gilbert, *Winston Churchill*, vol. 5: *The Prophet of Truth: 1922–1939* (Londres: Minerva, 1990 [1976]), 349–50. Gilbert cita a recordação de Churchill de que "Eu estava caminhando em Wall Street no pior momento do pânico e um completo estranho que me reconheceu e me convidou para entrar na galeria da Bolsa de Valores".

3. Citação em Chernow, *The House of Morgan*, 314.

4. Galbraith, *The Great Crash, 1929*, 26–36.

5. Schlesinger, *The Age of Roosevelt*, vol. 1, 158.

6. Galbraith, *The Great Crash, 1929*, 104.

7. Chernow, *The House of Morgan*, 315.

8. Citação em Matthew Josephson, *The Money Lords: The great finance capitalists, 1925–1950* (Nova York: Weybright and Tally, 1972), 90.

9. Chernow, *The House of Morgan*, 315.

10. Galbraith, *The Great Crash, 1929*, 104.

11. Ahamed, *Lords of Finance*, 211–12.

12. Chernow, *The House of Morgan*, 322.

13. Ibid., 221.

14. Ibid., 312.

15. Citação em ibid., 317.

16. Citação em ibid., 314–15.

17. Herbert Hoover, *The Memoirs of Herbert Hoover: The Great Depression, 1929–1941* (Nova York: Macmillan, 1952), 17.

18. Citação em Ahamed, *Lords of Finance*, 354.

19. Hoover, *The Memoirs of Herbert Hoover: The Great Depression, 1929–1941*, 127.

20. Chernow, *The House of Morgan*, 315.

21. Josephson, *The Money Lords*, 93.

22. Galbraith, *The Great Crash, 1929*, 108.

23. "Bankers Halt Stock Debacle", *The Wall Street Journal*, 25 de outubro de 1929.

24. JMK para LL, 25 de outubro de 1929, em *CW*, vol. 20, 1.

25. Schlesinger, *The Age of Roosevelt*, vol. 1, 157.

26. Citação em Maury Klein, "The Stock Market Crash of 1929: A Review Article", *The Business History Review* 75, nº 2 (Verão de 2001): 329.

27. Charles P. Kindleberger, *The World in Depression, 1929–1939* (Berkeley: University of California Press, 2013 [1973]), 116.

28. John Maynard Keynes, "A British View of the Wall Street Slump", *New-York Evening Post*, 25 de outubro de 1929, *CW*, vol. 20, 2–4.

29. Kindleberger, *The World in Depression*, 113.

30. Ibid., 124–27.

31. Citação em Robert Skidelsky, *John Maynard Keynes*, vol. 2: *The Economist as Savior, 1920–1937* (Nova York: Allen Lane, 1994), 343.

32. Citação em ibid., 314.

33. John Maynard Keynes, *A Treatise on Money: The pure theory of money and the applied theory of money. Set*, vol. 2 (Mansfield Center, CT: Martino Fine Books, 2011 [1930]), 175.

34. Ibid., 376.

35. JMK para LL, 18 de janeiro de 1924, JMK/PP/45/190/1/60.

36. JMK para LK, 29 de novembro de 1925, JMK/PP/45/190/3/35.

37. JMK para LK, 30 de novembro de 1925, JMK/PP/45/190/3/37.

38. JMK para LK, 3 de dezembro de 1925, JMK/PP/45/190/3/39.

39. JMK para LK, 6 de dezembro de 1925, JMK/PP/45/190/3/42.

40. Thomas Hobbes, *Leviathan, with Selected Variants from the Latin Edition of 1688*, ed. Edwin Curley (Indianápolis: Hackett, 1994), 76.

41. *CW*, vol. 28, 253.

42. Ibid., 254.

43. Ibid., 226.

44. Ibid.

45. Keynes, *A Treatise on Money*, vol. 1, 4.

46. Keynes referenciou Georg Friedrich Knapp como uma alma gêmea que desenvolvia algumas dessas ideias na Alemanha. Knapp publicou *The State Theory of Money* em 1905, mas o livro provavelmente só apareceu no radar de Keynes após ele ter sido traduzido para o inglês, em 1924.

47. Audiência do Comitê Macmillan, 21 de fevereiro de 1930, em *CW*, vol. 20, 84.

48. Keynes, *A Treatise on Money*, vol. 2, 152–53. Esse argumento se baseou nos primeiros trabalhos de Earl J. Hamilton, que com o tempo publicou os resultados como *American Treasure and the Price Revolution in Spain, 1501–1650* em 1934.

49. Ibid., 159.

50. Ibid., 154.

51. Ibid., 156, n. 1.

52. Niall Ferguson, *The Cash Nexus: Money and power in the modern world, 1700–2000* (Nova York: Basic Books, 2001), 23.

REFERÊNCIAS

53. Audiência do Comitê Macmillan, 20 de fevereiro de 1930, em *CW*, vol. 20, 64.
54. Keynes, *A Treatise on Money*, vol. 2, 148–49.
55. Ibid., 150.
56. "Memorandum by Mr. J.M. Keynes to the Committee of Economists of the Economic Advisory Council", 21 de setembro de 1930, em *CW*, vol. 13, 186.
57. Keynes, *A Treatise on Money*, vol. 2, 291.
58. Ibid., 376.
59. "Os amigos do ouro precisarão ser extremamente sábios e moderados se quiserem evitar uma revolução." Ibid., 292.
60. Audiência do Comitê Macmillan, 6 de março de 1930, em *CW*, vol. 20, 126.
61. *CW*, ibid., 146–47.
62. F. A. Hayek, "Reflections on the Pure Theory of Mr. J. M. Keynes", *Economica*, nº. 35 (fevereiro de 1932), 44.
63. Citação em Angus Burgin, *The Great Persuasion: Reinventing free markets since the Depression* (Cambridge, MA: Harvard University Press, 2012), 30.
64. John Maynard Keynes, "The Pure Theory of Money. A Reply to Dr Hayek", *Economica*, novembro de 1931, em *CW*, vol. 13, 252.
65. Veja, por exemplo, Nicholas Wapshott, *Keynes Hayek: The clash that defined modern economics* (Nova York: W. W. Norton, 2011).
66. Milton Friedman e Anna Jacobson Schwartz, *A Monetary History of the United States, 1867–1960* (Princeton, NJ: Princeton University Press, 1971 [1963]), 306, 308–10.
67. Robert S. McElvaine, *The Great Depression: America, 1929–1941* (Nova York: Three Rivers Press, 2009 [1984]), 79–80, 92.
68. "Unemployment Statistics from 1881 to the Present Day", Government Statistical Service, UK Statistics Authority, http://www.ons.gov.uk/ons/rel/lms/labour-market-trends-discontinued-/january-1996/unemployment-since-1881.pdf.
69. Barry Eichengreen, "The British Economy Between the Wars", abril de 2002, https://eml.berkeley.edu/~eichengr/research/floudjohnsonchaptersep16-03.pdf, 55.
70. "Schact Demands War Debt Respite" e "Schact Here, Sees Warning in Fascism, Ridicules Fear of Hitler", *The New York Times*, 3 de outubro de 1930, Citação em John Weitz, *Hitler's Banker* (Nova York: Warner Books, 2001 [1999]), 111–12.
71. John Maynard Keynes, "Economic Possibilities for Our Grandchildren", *The Nation and Athenaeum*, 11 e 18 de outubro de, 1930, *CW*, vol. 9, 322.
72. John Maynard Keynes, "Economy", *The Listener*, 14 de janeiro de 1931, em *CW*, vol. 9, 138.
73. John Maynard Keynes, "Economic Possibilities for Our Grandchildren", outubro de 1930, em *CW*, vol. 9, 329.
74. Ibid., 323.
75. Ibid., 325–26.
76. Ibid., 326.
77. Ibid., 329.
78. Ibid., 330–31.
79. Karl Marx, *The German Ideology*, em *The Marx-Engels Reader*, ed. Robert C. Tucker, (Nova York: Norton, 1978 [1932]), 160.
80. Ibid., 146.
81. Joseph Stiglitz, "Toward a General Theory of Consumerism: Reflections on Keynes's Economic Possibilities for Our Grandchildren", em Lorenzo Pecchi e Gustavo Piga, eds., *Revisiting Keynes: Economic possibilities for our grandchildren* (Cambridge, MA: MIT Press, 2008), 41.
82. Benjamin M. Friedman, "Work and Consumption in an Era of Unbalanced Technological Advance", *Journal of Evolutionary Economics* 27, nº. 2 (abril de 2017): 221–37.
83. Robert Solow, "Whose Grandchildren?", em Pecchi e Piga, *Revisiting Keynes*, 88.
84. Keynes, "Economic Possibilities for Our Grandchildren", 326.
85. Leonard Woolf, *Downhill All the Way: An autobiography of the years 1919 to 1939* (Nova York: Harvest, 1975 [1971]), 141, 206–9.
86. Virginia Woolf para Margaret Llewelyn Davies, 14 de setembro de 1930, Virginia Woolf, *The Letters of Virginia Woolf*, vol. 4: *1929–1932*, ed. Nigel Nicolson e Joanne Trautmann (Nova York: Harcourt Brace Jovanovich: 1979), 213.
87. John Maynard Keynes, "Proposals for a Revenue Tariff", *New Statesman and Nation*, 7 de março de 1931, em *CW*, vol. 9, 238.
88. *CW*, vol. 20, 492.
89. Ethel Snowden para JMK, 7 de março de 1931, em *CW*, vol. 20, 489.
90. Hubert Henderson para JMK, 14 de fevereiro de 1931, *CW*, vol. 20, 483–84.
91. John Maynard Keynes, "Economic Notes on Free Trade", *New Statesman and Nation*, 28 de março, 4 de abril e 11 de abril de 1931, em *CW*, vol. 20, 500.
92. John Maynard Keynes, carta ao *The Times*, 26 de março de 1931, em *CW*, vol. 20, 509.
93. John Maynard Keynes, "Put the Budget on a Sound Basis: A Plea to Lifelong Free Traders", *Daily Mail*, 13 de março de 1931, em *CW*, vol. 20, 491–92.
94. John Maynard Keynes, "Economic Notes on Free Trade", *New Statesman and Nation*, 28 de março, 4 de abril e 11 de abril de 1931, em *CW*, vol. 20, 505.
95. David Ricardo, *On the Principles of Political Economy* (Londres: John Murray, 1817), chap. 7.
96. John Maynard Keynes, "National Self-Sufficiency", *The New Statesman and Nation*, 8 e 15 de julho de 1933, em *CW*, vol. 21, 235.
97. Ibid., 236.
98. Ahamed, *Lords of Finance*, 404.
99. Barry Eichengreen, *Golden Fetters: The gold standard and the Great Depression, 1919–1939* (Oxford, UK: Oxford University Press, 1992), 268.
100. *CW*, vol. 20, 529, 561.
101. John Maynard Keynes, memorando para o Economic Advisory Council, julho de 1931, em *CW*, vol. 20, 568.
102. Friedman e Schwartz, *A Monetary History of the United States*, 308.
103. John Maynard Keynes, "A Note on Economic Conditions in the United States", memorando

para o Economic Advisory Council, julho de 1931, em *CW*, vol. 20, 587.

104. Citação em Chernow, *The House of Morgan*, 328.

105. Ahamed, *Lords of Finance*, 416–19.

106. JMK para R. F. Kahn 29 de maio de 1931, em *CW*, vol. 20, 310; e JMK para Walter Gardner, 16 de setembro de 1931, em *CW*, vol. 20, 311.

107. Skidelsky, *John Maynard Keynes*, vol. 2, 393.

108. Ahamed, *Lords of Finance*, 424.

109. Charles Loch Mowat, *Britain Between the Wars, 1918–1940* (Boston: Beacon Press, 1971 [1955]), 382.

110. JMK para Ramsay MacDonald, 5 de agosto de 1931, em *CW*, vol. 20, 590–91.

111. Citação em Chernow, *The House of Morgan*, 331.

112. Citação em ibid., 330.

113. JMK para Ramsay MacDonald, 12 de agosto de 1931, em *CW*, vol. 20, 594.

114. *CW*, vol. 20, 596.

115. Virginia Woolf, *The Diary of Virginia Woolf*, vol. 4: *1931–1935*, ed. Anne Olivier Bell e Andrew McNeillie (Nova York: Harvest, 1983), 39.

116. Chernow, *The House of Morgan*, 332.

117. Ibid., 332–33.

118. Ahamed, *Lords of Finance*, 428.

119. JMK para F. A. Keynes, 28 de agosto de 1931, em *CW*, vol. 20, 596.

120. JMK para Walter Case, 14 de setembro de 1931, em *CW*, vol. 20, 603.

121. John Maynard Keynes, "A Gold Conference", *The New Statesman and Nation*, 12 de setembro de 1931, em *CW*, vol. 20, 600.

122. John Maynard Keynes, notas para um discurso aos membros do Parlamento, 16 de setembro de 1931, em *CW*, vol. 20, 608.

123. Ibid., 609–11.

124. Ibid., 611.

125. Virginia Woolf, *The Diary of Virginia Woolf*, vol. 4, 45.

OITO: FÊNIX

1. JMK para Alexander Shaw, 13 de janeiro 1932, em *CW*, vol. 18, 364.

2. John Maynard Keynes, "An End of Reparations?", *The New Statesman and Nation*, 16 de janeiro 1932, em *CW*, vol. 18, 366.

3. Ibid., 365–66.

4. Esses relatos da suposta moderação de Hitler aparecem em Matthew Dessem, "You Know Who Else Was Always Impressing Journalists with His Newfound Maturity and Pragmatism?", *Slate*, 10 de setembro de 2017.

5. Citação em Ronald Steel, *Walter Lippmann and the American Century* (Boston: Little, Brown, 1980), 331.

6. John Maynard Keynes, "Two Years Off Gold: How Far Are We From Prosperity Now?", *Daily Mail*, 19 de setembro de 1933, em *CW*, vol. 21, 285.

7. JMK para Ottoline Morrell, 2 de maio de 1928, Citação em Robert Skidelsky, *John Maynard Keynes*, vol. 2: *The Economist as Savior, 1920–1937* (Nova York: Allen Lane, 1994), 236.

8. David C. Colander e Harry Landreth, eds., *The Coming of Keynesianism to America: Conversations with the founders of keynesian economics* (Brookfield, IL: Edward Elgar, 1996), 61–62.

9. John Strachey, *The Coming Struggle for Power* (Nova York: Modern Library, 1935 [1932]).

10. Citação em Skidelsky, *John Maynard Keynes*, vol. 2, 515–16.

11. John Maynard Keynes, Carta ao Editor, *The New Statesman and Nation*, 24 de novembro de 1934, em *CW*, vol. 28, 35–36.

12. John Maynard Keynes, "Farewell to the World Conference", *Daily Mail*, 27 de julho de 1933, em *CW*, vol. 21, 281.

13. JMK para R. H. Brand, 29 de novembro de 1934, em *CW*, vol. 21, 344.

14. JMK para George Bernard Shaw, 1º de janeiro de 1935, em *CW*, vol. 13, 492–93.

15. Jerome E. Edwards, *Pat McCarran: Political Boss of Nevada* (Reno: University of Nevada Press, 1982), 33–41.

16. Citação em ibid., 49–50.

17. Citação em Arthur M. Schlesinger, Jr., *The Age of Roosevelt*, vol. 1: *The Crisis of the Old Order, 1919–1933* (Nova York: Mariner Books, 2003 [1957]), 475–76.

18. Herbert Hoover, *The Memoirs of Herbert Hoover: The Great Depression, 1929–1941* (Eastford, CT: Martino Fine Books, 2016 [1952]), 30.

19. Citação em Milton Friedman e Anna Jacobson Schwartz, *A Monetary History of the United States, 1867–1960* (Princeton, NJ: Princeton University Press, 1993 [1964]), 341.

20. Roger Sandilands, *The Life and Political Economy of Lauchlin Currie: New Dealer, presidential adviser, and development economist* (Durham, NC: Duke University Press, 1990), 31–38.

21. Ibid., 50.

22. Friedman e Schwartz, *A Monetary History of the United States*, 352.

23. Gerald D. Nash, "Herbert Hoover and the Origins of the Reconstruction Finance Corporation", *The Mississippi Valley Historical Review* 46, nº. 3 (dezembro de 1959): 455–68.

24. Citação em Glen Jeansonne, *The Life of Herbert Hoover: Fighting quaker, 1928–1933* (Nova York: Palgrave Macmillan, 2012), 199.

25. Hoover, *The Memoirs of Herbert Hoover*, 203–4.

26. Citação em Schlesinger, *The Age of Roosevelt*, vol. 1, 476–77.

27. Ibid., 475.

28. Friedman e Schwartz, *A Monetary History of the United States*, 326.

29. Hoover, *The Memoirs of Herbert Hoover*, 212–17.

30. Schlesinger, *The Age of Roosevelt*, vol. 1, 481.

31. Para saber mais sobre a reunião do começo do programa do New Deal durante a eleição de 1932, veja Eric Rauchway, *Winter War: Hoover,*

REFERÊNCIAS   555

Roosevelt, and the first clash over the New Deal (Nova York: Basic Books, 2018).

32. Franklin Delano Roosevelt, "First Inaugural Address of Franklin D. Roosevelt", 4 de março de 1933, Lillian Goldman Law Library, Yale Law School, http://avalon.law.yale.edu/20th_century/froos1.asp.

33. Friedman e Schwartz, *A Monetary History of the United States,* 422–27.

34. Franklin D. Roosevelt, "On the Bank Crisis", 12 de março de 1933, Franklin D. Roosevelt Presidential Library and Museum, http://docs.fdrlibrary.marist.edu/ 031233.html.

35. Ibid.

36. Citação em Ron Chernow, *The House of Morgan: An american banking dynasty and the rise of modern finance* (Nova York: Grove Press, 2001 [1990]), 357.

37. *The New York Times,* 21 de abril de 1933.

38. Richard Parker, *John Kenneth Galbraith: His life, his politics, his economics* (Chicago: University of Chicago Press, 2005), 55–57.

39. Citação em Eric Rauchway, *The Money Makers: How Roosevelt and Keynes ended the Depression, defeated fascism, and secured a prosperous peace* (Nova York: Basic Books, 2015), 80.

40. Rodney D. Karr, "Farmer Rebels in Plymouth County, Iowa, 1932–1933", *The Annals of Iowa* 47, nº. 7, State Historical Society of Iowa, 1985, 638.

41. Franklin D. Roosevelt para Edward M. House, 5 de abril de 1933, citação em Helen M. Burns, *The American Banking Community and New Deal Banking Reforms, 1933–1935* (Westport, CT: Greenwood Press, 1974), 78.

42. John Maynard Keynes, Carta Aberta para FDR, *The New York Times,* 31 de dezembro de 1933, em *CW,* vol. 21, 295.

43. John Kenneth Galbraith, *Money: Whence it came, where it went* (Princeton, NJ: Princeton University Press, 2017 [1974]), 245.

44. "Consumer Price Index: All Items in U.S. City Average, All Urban Consumers", Federal Reserve de St. Louis, https://fred.stlouisfed.org/series/cpiaucns.

45. Ferdinand Pecora, *Wall Street Under Oath: The story of our modern money changers* (Nova York: Graymalkin Media, 1939), Kindle edition, chap. 1, loc. 60.

46. Peter Grossman, *American Express: The unofficial history of the people who built the great financial empire* (Nova York: Random House, 1987), 236–38.

47. Chernow, *The House of Morgan,* 369–71.

48. Burns, *The American Banking Community and New Deal Banking Reforms,* 89–90.

49. Citação em ibid., 80.

50. Citação em ibid., 65–66.

51. Ibid., 68.

52. John Kenneth Galbraith, *The Great Crash, 1929* (Boston: Houghton Mifflin, 1961 [1955]), 196–97.

53. JMK para Alexander Shaw, 13 de janeiro de 1932, em *CW,* vol. 18, 364.

54. John Maynard Keynes, "President Roosevelt Is Magnificently Right", *Daily Mail,* 4 de julho de 1933, em *CW,* vol. 21, 276.

55. Charles Kindleberger, *The World in Depression, 1929–1939* (Berkeley: University of California Press, 2013 [1975]), 224.

56. JMK para FDR, em *CW,* vol. 21, 289.

57. Ibid., 293.

58. Ibid., 294.

59. Ibid., 295.

60. JMK para Franklin D. Roosevelt, 1º de fevereiro de 1938, em *CW,* vol. 21, 435.

61. Walter Lippmann para JMK, 17 de abril de 1934, em *CW,* vol. 21, 305.

62. Citação em Arthur M. Schlesinger, Jr., "The 'Hundred Days' of F.D.R.", *The New York Times,* 10 de abril de 1983.

63. Edwards, *Pat McCarran,* 105–6.

64. Frances Perkins, *The Roosevelt I Knew* (Nova York: Penguin, 2011 [1946]), 215–16.

65. *CW,* vol. 21, 321.

66. Citação em Robert Dallek, *Franklin D. Roosevelt: A political life* (Nova York: Viking, 2017), 177.

67. Citação em Arthur M. Schlesinger, Jr., *The Politics of Upheaval* (Boston: Houghton Mifflin, 1960), 298.

68. Hansen proferiu essa frase para o economista keynesiano Walter Salant, declarando tê-la ouvido do presidente da Universidade Harvard, James Conant; veja Don Paninkin e J. Clark Leith, eds., *Keynes, Cambridge and the General Theory* (Nova York: Macmillan, 1977), 46, e Walter Salant e Francis H. Heller, *Economics and the Truman Administration* (Lawrence: Regents Press of Kansas, 1981), 107.

NOVE: O FIM DA ESCASSEZ

1. Citação em Marjorie S. Turner, *Joan Robinson and the Americans* (Armonk, NY: M. E. Sharpe, 1989), 18.

2. Citação em ibid., 12.

3. Citação em ibid., 55.

4. Citação em ibid., 56.

5. Citação em ibid., 55.

6. Straight afirmou em sua biografia que ele era um espião relutante e que passou apenas relatórios econômicos de pouca importância para um agente soviético. Ele trabalhou tanto nas admi-

nistrações de Kennedy e Nixon, além de trabalhar como editor do *The New Republic.* Veja Michael Straight, *After Long Silence* (Nova York: W. W. Norton & Co., 1983).

7. Entrevista de John Maynard Keynes com Kingsley Martin, "Democracy and Efficiency", *New Statesman and Nation,* 28 de janeiro de 1939, em *CW,* vol. 21, 494–96.

8. Citação em David C. Colander e Harry Landreth, eds., *The Coming of Keynesianism to America: Conversations with the founders of keynesian economics* (Brookfield, IL: Edward Elgar, 1996), 204.

REFERÊNCIAS

9. Joan Robinson, *The Economics of Imperfect Competition* (Londres: Macmillan, 1948 [1933]), 307–27.
10. Ibid., 218–34.
11. Citação em Turner, *Joan Robinson and the Americans*, 166.
12. Mary Paley Marshall para Joan Robinson em ibid., 12–13.
13. Citação em Colander e Landreth, *The Coming of Keynesianism to America*, 54–55.
14. Citação em Peter Clarke, *Keynes: The rise, fall, and return of the 20th century's most influential economist* (Nova York: Bloomsbury, 2009), 141.
15. Citação em Colander e Landreth, *The Coming of Keynesianism to America*, 101.
16. JMK para Susan Lawrence, 15 de janeiro 1935, em *CW*, vol. 21, 348.
17. JMK para Joan Robinson, 29 de março de 1934, em *CW*, vol. 13, 422.
18. Roger E. Backhouse, *Founder of Modern Economics: Paul A. Samuelson*, vol. 1: *Becoming Samuelson, 1915–1948* (Nova York: Oxford University Press, 2017), 518–19.
19. Citação em Turner, *Joan Robinson and the Americans*, 51–52.
20. Nahid Aslanbeigui e Guy Oakes, *The Provocative Joan Robinson: The making of a Cambridge economist* (Durham, NC: Duke University Press, 2009), 177.
21. Citação em Turner, *Joan Robinson and the Americans*, 53.
22. *CW*, vol. 13, 268–69, 376–80, 638–52; *CW*, vol. 14, 134–50.
23. Joan Robinson para JMK, 2 de dezembro de 1935, em *CW*, vol. 13, 612.
24. Citação em Aslanbeigui e Oakes, *The Provocative Joan Robinson*, 55–56.
25. Ibid., 56.
26. Ibid.
27. Citação em ibid., 57.
28. Citação em ibid., 65.
29. Ibid., 67–87.
30. John Maynard Keynes, *The General Theory of Employment, Interest and Money* (Nova York: Prometheus, 1997 [1936]), x.

31. Ibid., 3n.
32. Ibid., 9.
33. John Kenneth Galbraith, *A Life in Our Times* (Boston: Houghton Mifflin, 1981), 65.
34. Jean-Baptiste Say, *Traité d'économie politique*, trad. R. R. Palmer, 1997, 76, citação em Allin Cottrell, "Keynes, Ricardo, Malthus and Say's Law", http://users.wfu.edu/cottrell/says_law.pdf, 3.
35. Keynes, *The General Theory of Employment, Interest and Money*, 21.
36. Ibid., xi.
37. Ibid., 293.
38. Ibid., 104.
39. Ibid., 156.
40. Ibid., 157.
41. Ibid., 149–50.
42. Ibid., 155.
43. Ibid., 129.
44. Ibid., 159.
45. Ibid., 378.
46. Ibid., 375–76.
47. Ibid., 164.
48. Ibid., 373.
49. Ibid., 376.
50. Ibid., 374.
51. John Maynard Keynes, "Art and the State", *The Listener*, 26 de agosto de 1936, em *CW*, vol. 28, 342–43.
52. Ibid., 344.
53. Ibid., 348.
54. Keynes, *The General Theory of Employment, Interest and Money*, 382–83.
55. Ibid., 383–84.
56. Citação em Hyman Minsky, *John Maynard Keynes* (Nova York: McGraw-Hill, 2008 [1975]), 3.
57. Lorie Tarshis, "The Keynesian Revolution: What It Meant in the 1930s", não publicado, citação em Robert Skidelsky, *John Maynard Keynes*, vol. 2: *The Economist as Savior, 1920–1937* (Nova York: Allen Lane, Nova York, 1994), 574.

DEZ: VEIO A REVOLUÇÃO

1. Michael Holroyd, *Lytton Strachey: A biography* (Nova York: Holt, Rinehart and Winston, 1980 [1971]), 1051.
2. Virginia Woolf, *The Diary of Virginia Woolf*, vol. 4: *1931–1935*, ed. Anne Olivier Bell e Andrew McNeillie (Nova York: Harvest, 1983 [1982]), 64–65.
3. Leonard Woolf, *Downhill All the Way: An autobiography of the years 1919 to 1939* (Nova York: Harvest, 1975 [1967]), 146.
4. Virginia Woolf, *The Diary of Virginia Woolf*, vol. 4, 78.
5. JMK para James Strachey, 19 de novembro de 1933, em Judith Mackrell, *Bloomsbury Ballerina: Lydia Lopokova, imperial dancer and Mrs. John Maynard Keynes* (Londres: Phoenix, 2009 [2008]), 330.

6. Robert Skidelsky, *John Maynard Keynes*, vol. 2: *The Economist as Savior, 1920–1937* (Nova York: Allen Lane, 1994), 633–34.
7. Duncan Grant para JMK, 21 de abril de 1937, JMK/PP/45/109/125/9.
8. Registro no diário, 25 de maio de 1937, em Virginia Woolf, *The Diary of Virginia Woolf*, vol. 5: *1936–1941*, ed. Anne Olivier Bell e Andrew McNeillie (San Diego, CA: Harcourt Brace Jovanovich, 1984), 90.
9. LK para Florence Keynes, 19 de julho de 1937, citação em Mackrell, *Bloomsbury Ballerina*, 356.
10. Citação em Skidelsky, *John Maynard Keynes*, vol. 2, 635.
11. LK para Florence Keynes, 12 de fevereiro de 1938, citação em Mackrell, *Bloomsbury Ballerina*, 355.

REFERÊNCIAS

12. Skidelsky, *John Maynard Keynes*, vol. 2, 633–35.
13. John Maynard Keynes, "King's College: Annual Report", 13 de novembro de 1937, em *CW*, vol. 10, 358–60.
14. Duncan Grant para JMK, 21 de julho de 1937, em JMK/PP/45/109/125/9.
15. Citação em Frances Spalding, *Vanessa Bell: Portrait of the Bloomsbury artist* (Londres: Tauris Parke Paperbacks, 2016 [1983]), 299.
16. Vanessa Bell para JMK, 30 de novembro 1937, JMK/PP/45/27/7.
17. Citação em Keynes, "King's College: Annual Report", 358–60.
18. John Maynard Keynes, "British Foreign Policy", *The New Statesman and Nation*, 10 de julho de 1937, em *CW*, vol. 28, 61–65.
19. Ibid.
20. Robert Solow, "Whose Grandchildren?", em Lorenzo Pecchi e Gustavo Piga, eds., *Revisiting Keynes: Economic possibilities for our grandchildren* (Cambridge, MA: MIT Press, 2008), 90.
21. John Maynard Keynes, "Einstein", não publicado, 22 de junho de 1926, em *CW*, vol. 10, 383–34.
22. Citação em Skidelsky, *John Maynard Keynes*, vol. 2, 486.
23. Citação em ibid., 486.
24. Ludwig Wittgenstein para JMK, 18 de março de 1938, JMK/PP/45/349/81; e Ludwig Wittgenstein para JMK, 1º de fevereiro de 1939, JMK/PP/45/349/88.
25. Ludwig Wittgenstein para JMK, 11 de fevereiro de 1939, JMK/PP/45/349/93.
26. Essa foi uma interpretação generosa das motivações sempre obscuras de Roosevelt. De qualquer forma, os Estados Unidos eram quase inúteis no problema dos refugiados. Uma lei de 1924 havia restrito severamente a imigração, e aqueles que se opunham a aceitar imigrantes judeus usavam da lei como justificativa para impedi-los de ir ao país.
27. JMK para Archibald Sinclair, 4 de abril de 1938, em *CW*, vol. 28, 107.
28. R. F. Harrod, *The Life of John Maynard Keynes* (Londres: Macmillan, 1951), 497.
29. Ludo Cuyvers, "Erwin Rothbart's Life and Work", *Journal of Post-Keynesian Economics* 6, n°. 2 (Inverno de 1983–84): 305–12.
30. Citação em Robert Skidelsky, *John Maynard Keynes*, vol. 3: *Fighting for Freedom, 1937–1946* (Nova York: Viking, 2000), 13.
31. Citação em Mackrell, *Bloomsbury Ballerina*, 358.
32. John Kenneth Galbraith, *A Life in Our Times* (Boston: Houghton Mifflin, 1981), 35.
33. Ibid., 39.
34. Ibid., 40.
35. O PIB real cresceu em 10,8%, 8,9% e 12,9% durante 1934, 1935 e 1936 respectivamente, de acordo com dados do banco do Federal Reserve de St. Louis; 1934 foi o primeiro ano completo da presidência de Roosevelt.
36. Historical Statistics of the United States Millennial Edition, Table Ba470-477, "Labor force, employment and unemployment 1890–1990", Cambridge, UK: Cambridge University Press, 2006.

37. Office of Management and Budget, *Budget of the U.S. Government, Fiscal Year 2016, Historical Tables*, 2015, https://www.gpo.gov/fdsys/pkg/BUDGET-2016-TAB/pdf/BUDGET-2016-TAB.pdf.
38. Ron Chernow, *The House of Morgan: An american banking dynasty and the rise of modern finance* (Nova York: Grove Press, 2001 [1990]), 390.
39. Richard V. Gilbert, George H. Hildebrand, Arthur W. Stuart, et al., *An Economic Program for American Democracy* (Nova York: Vanguard Press, 1938), 70–71.
40. Chernow, *The House of Morgan*, 380.
41. Ferdinand Pecora, *Wall Street Under Oath: The story of our modern money changers* (Nova York: Graymalkin Media, 1939), chap. 1.
42. Citação em Arthur M. Schlesinger, Jr., *The Age of Roosevelt*, vol. 2: *The Coming of the New Deal, 1933–1935* (Boston: Houghton Mifflin, 1959), 567.
43. Citação em Josephine Young Case e Everett Needham Case, *Owen D. Young and American Enterprise* (Boston: David R. Godine, 1982), 702.
44. *Time*, 27 de abril de 1936, citação em Schlesinger, *The Age of Roosevelt*, vol. 2, 567.
45. Discurso de Franklin D. Roosevelt no Madison Square Garden, 31 de outubro de 1936. Transcrição disponível pelo American Presidency Project na Universidade da Califórnia, Santa Barbara, https://www.presidency.ucsb.edu/documents/address-madison-square-garden-new-york-city-1.
46. Charles D. Ellis, *The Partnership: The making of Goldman Sachs* (Nova York: Penguin, 2008), 1–38.
47. Case e Case, *Owen D. Young and American Enterprise*, 716.
48. Galbraith, *A Life in Our Times*, 40.
49. Larry DeWitt, Social Security Administration, "The Development of Social Security in America", *Social Security Bulletin* 70, n°. 3 (2010), https://www.ssa.gov/policy/docs/ssb/v70n3/v70n3p1.html.
50. Office of Management and Budget, *Budget of the U.S. Government, Fiscal Year 2016, Historical Tables*, 2015, https://www.gpo.gov/fdsys/pkg/BUDGET-2016-TAB/pdf/BUDGET-2016-TAB.pdf, 26.
51. H. W. Brands, *Traitor to His Class: The privileged life and radical presidency of Franklin Delano Roosevelt* (Nova York: Anchor Books, 2008), 486.
52. Bureau of Labor Statistics, "Technical Note", 1948, https://www.bls.gov/opub/mlr/1948/article/pdf/labor-force-employment-and-unemployment-1929-39-estimating-methods.pdf.
53. Citação em Brands, *Traitor to His Class*, 486.
54. Citação em ibid., 487.
55. Citação em ibid., 487.
56. Citação em ibid., 487.
57. Citação em Robert Dallek, *Franklin D. Roosevelt: A Political Life* (Nova York: Viking, 2017), 288.
58. Brands, *Traitor to His Class*, 491.
59. Veja "G.C. M'Guire Dies; Accused of 'Plot'", *The New York Times*, March 26, 1935, https://timesmachine.nytimes.com/timesmachine/1935/03/26/93463252.html?pageNumber=13.
60. JMK para Franklin D. Roosevelt, 1º de fevereiro de 1938, em *CW*, vol. 21, 438.

REFERÊNCIAS

61. Dallek, *Franklin D. Roosevelt*, 288.
62. Citação em Schlesinger, *The Age of Roosevelt*, vol. 2, 482–87.
63. JMK para Franklin D. Roosevelt, 1º de fevereiro de 1938, em *CW*, vol. 21, 438–39.
64. Franklin D. Roosevelt para JMK, 3 de março de 1938, em *CW*, 439.
65. Citação em Brands, *Traitor to His Class*, 494.
66. David C. Colander e Harry Landreth, eds., *The Coming of Keynesianism to America: Conversations with the founders of keynesian economics* (Brookfield, IL: Edward Elgar, 1996), 40.
67. Citação em ibid., 56.
68. Paul Sweezy, citação em ibid., 84.
69. Paul Sweezy, citação em ibid., 78–79.
70. Robert L. Bradley, *Capitalism at Work: Business, government and energy* (Salem, MA: M&M Scrivener Press, 2009), 144, n. 2.
71. Richard Parker, *John Kenneth Galbraith: His life, his politics, his economics* (Chicago: University of Chicago Press, 2007), 106, n.
72. Douglass V. Brown, Edward Chamberlin, Seymour Edwin Harris, et al., *The Economics of the Recovery Program* (Nova York: Whittelsey House, 1934).
73. Citação em Galbraith, *A Life in Our Times*, 90.
74. John Kenneth Galbraith, "Came the Revolution", *The New York Times Book Review*, 16 de maio de 1965, JKG, Series 9.2, Box 798.
75. John Kenneth Galbraith, "Joan Robinson: A Word of Appreciation", *Cambridge Journal of Economics*, 1º de setembro de 1983, JKG, Series 9.2, Box 831.
76. Citação em Colander e Landreth, *The Coming of Keynesianism to America*, 80– 81.
77. Gilbert et al., *An Economic Program for American Democracy*, ix.
78. Ibid., 90–91.
79. Parker, *John Kenneth Galbraith*, 95.
80. Depoimento de Henry Morgenthau Jr. diante do House Ways and Means Committee, 29 de maio de 1939. Veja *The Congressional Record: Proceedings and Debates of the 76th Congress, First Session, Appendix: Volume 84, Part 13* (Washington, D.C.: United States Government Printing Office, 1939), 2297.
81. Ibid., 104–6.
82. Walter Lippmann, *The Good Society* (Boston: Little, Brown, 1938), vii, 123, 329–30.
83. Ronald Steel, *Walter Lippmann and the American Century* (Boston: Little, Brown, 1980), 324.
84. Ibid., 315, 393–94.
85. Historical Statistics of the United States Millennial Edition, Table Ba47-477: "Labor Force, Employment, and Unemployment 1890–1990", Cambridge, UK: Cambridge University Press, 2006.

ONZE: GUERRA E CONTRARREVOLUÇÃO

1. Richard V. Gilbert, George H. Hildebrand, Arthur W. Stuart, et al., *An Economic Program for American Democracy* (Nova York: Vanguard Press, 1938), 90–91.
2. Carta aberta de JMK para Franklin D. Roosevelt, *The New York Times*, 31 de dezembro de 1933, 1934, em *CW*, vol. 21, 293.
3. Para as baixas militares norte-americanas no Iraque, veja "Iraq Coalition Casualty Count", http://icasualties.org/App/Fatalities. Para estatísticas da Primeira Guerra Mundial e da Guerra do Vietnã, veja "U.S. Military Casualties, Missing in Action, and Prisoners of War from the Era of the Vietnam War", National Archives, Defense Casualty Analysis System, https://www.archives.gov/research/military/vietnam-war/electronic-records.html.
4. Ronald Steel, *Walter Lippmann and the American Century* (Boston: Little, Brown, 1980), 165.
5. Franklin Delano Roosevelt, discurso sobre o Estado da União, 6 de janeiro de 1941, https://millercenter.org/the-presidency/presidential-speeches/january-6-1941-state-union-four-freedoms.
6. Citação em Elizabeth Borgwardt, *A New Deal for the World: America's vision for Human Rights* (Cambridge, MA: Belknap Press, 2005), 21.
7. Roosevelt, discurso sobre o Estado da União, 6 de janeiro de 1941.
8. Ibid., 5.
9. John Kenneth Galbraith, *A Life in Our Times* (Boston: Houghton Mifflin, 1982), 149–50.
10. David Lilienthal, um convicto defensor do New Deal que presidiu o Tennessee Valley Authority, com o tempo seria nomeado chefe da nova Comissão de Energia Atômica dos Estados Unidos, colocando-o em cargo do arsenal nuclear do país. Veja Ira Katznelson, *Fear Itself: The New Deal and the origins of our time* (Nova York: Liveright Publishing, 2013), 432.
11. Ibid., 186.
12. Alan Brinkley, *The End of Reform: New Deal liberalism in recession and war* (Nova York: Vintage, 1996), 168, 170.
13. Ed Conway, *The Summit: Bretton Woods, 1944: J. M. Keynes and the Reshaping of the Global Economy* (Nova York: Pegasus, 2015), 92–93.
14. John Stevenson e Chris Cook, *The Slump: Britain in the Great Depression* (Londres: Routledge, 2013), 20.
15. Barry Eichengreen, "The British Economy Between the Wars", abril de 2002, https://eml.berkeley.edu/~eichengr/research/floudjohnson chaptersep16-03.pdf, 37.
16. John Maynard Keynes e Kingsley Martin, "Democracy and Efficiency", *The New Statesman and Nation*, 28 de janeiro de 1939, em *CW*, vol. 11, 497–500.
17. Citação em Mark Seidl, "The Lend-Lease Program, 1941–1945", Franklin Delano Roosevelt Presidential Library and Museum, https://fdrlibrary.org/lend-lease.
18. Virginia Woolf, registro no diário, dia 26 de agosto de 1940, em Woolf, *The Diary of Virginia Woolf*,

REFERÊNCIAS 559

vol. 5: *1936–1941*, ed. Anne Olivier Bell e Andrew McNeillie (San Diego, CA: Harcourt Brace Jovanovich, 1984), 311.

19. Um argumento enfatizado por Robert Skidelsky em *John Maynard Keynes*, vol. 3: *Fighting for Freedom, 1937–1946* (Nova York: Viking, 2000), xvii.

20. Liaquat Ahamed, *Lords of Finance: The bankers who broke the world* (Nova York: Penguin, 2009), 432.

21. Martin Gilbert, *Winston Churchill*, vol. 5: *The prophet of truth, 1922–1939* (Londres: Minerva, 1990 [1976]), 229, 318–19.

22. JMK para Sir Richard Hopkins, 27 de outubro de 1940, em *CW*, vol. 23, 13–21.

23. JMK, memorando para Nigel Bruce Ronald, 11 de março de 1941, em *CW*, vol. 23, 45–46.

24. "Maynard pensa que somos uma grande e independente nação, o que de um ponto de vista financeiro é evidentemente uma mentira", escreveu Edward Playfair, um funcionário público do Tesouro britânico, para S. D. Waley na primavera de 1941. *CW*, vol. 23, 79.

25. Citação em Conway, *The Summit: Bretton Woods, 1944*, 114–15.

26. JMK, memorando a sir Horace Wilson, 19 de maio de 1941, em *CW*, vol. 23, 79–91.

27. JMK, memorando a sir Kingsley Wood, 2 de junho de 1941, em *CW*, vol. 23, 106–7.

28. JMK, memorando a sir Horace Wilson, 25 de maio de 1941, em *CW*, vol. 23, 94–101.

29. JMK, memorando ao chanceler do Tesouro sir Kingsley Wood, 2 de junho de 1941, em *CW*, vol. 23, 108.

30. JMK, memorando a sir Horace Wilson, 19 de maio de 1941, em *CW*, vol. 23, 91.

31. JMK para Sir Edward Peacock, 12 de maio de 1941, em *CW*, vol. 23, 72n4.

32. "Lend-Lease and Military Aid to the Allies in the Early Years of World War II", Office of the Historian, United States Department of State, https://history.state.gov/milestones/1937-1945/lend-lease.

33. JMK, telegrama para o Tesouro, 26 de maio de 1941, em *CW*, vol. 23, 101–2.

34. JMK, memorando a sir Kingsley Wood, 2 de junho de 1941, em *CW*, 112.

35. Citação em David C. Colander e Harry Landreth, eds., *The Coming of Keynesianism to America: Conversations with the founders of keynesian economics* (Brookfield, IL: Edward Elgar, 1996), 141–42.

36. Walter Salant, notas do jantar, em *CW*, vol. 23, 182–84.

37. John Maynard Keynes, *How to Pay for the War: A radical plan for the chancellor of the exchequer*, em *CW*, vol. 9, 379.

38. Ibid., 375.

39. Galbraith, *A Life in Our Times*, 139.

40. Ibid., 143.

41. Ibid., 141.

42. Richard Parker, *John Kenneth Galbraith: His life, his politics, his economics* (Chicago: University of Chicago Press, 2007), 146.

43. Citação em ibid.,140.

44. Ibid., 147.

45. Ibid., 147.

46. Doris Kearns Goodwin, *No Ordinary Time: Franklin and Eleanor Roosevelt: The home front in World War II* (Nova York: Simon & Schuster, 1994), 56.

47. Ibid., 394–95.

48. Galbraith, *A Life in Our Times*, 181.

49. Ibid., 182–83.

50. Office of Management and Budget, *Budget of the U.S. Government, Fiscal Year 2016, Historical Tables*, 2015, https://www.gpo.gov/fdsys/pkg/BUDGET-2016-TAB/pdf/BUDGET-2016-TAB.pdf.

51. Citação em Robert Skidelsky, *John Maynard Keynes*, vol. 3, 203.

52. Ibid., 167.

53. Citação em S. P. Rosenbaum, ed., *The Bloomsbury Group: A collection of memoirs and commentary* (Toronto: University of Toronto Press, 1995), 281.

54. Citação em Skidelsky, *John Maynard Keynes*, vol. 3, 86–87.

55. Citação em Colander e Landreth, *The Coming of Keynesianism to America*, 169.

56. Lionel Robbins, *Autobiography of an Economist* (Londres: Macmillan, 1971), 154.

57. Milton Friedman, "A Monetary and Fiscal Framework for Economic Stability", *The American Economic Review* 38, n°. 3 (junho de 1948): 245–64. Esse artigo de Friedman foi essencialmente apagado do registro histórico econômico até 2002, quando foi redescoberto por L. Randall Wray, um dos apoiadores mais influentes da Teoria Monetária Moderna, uma variação da economia keynesiana radical.

DOZE: MÁRTIR DA BOA VIDA

1. Betsy Mason, "Bomb-Damage Maps Reveal London's World War II Devastation", *National Geographic*, 18 de maio de 2016, https://www.nationalgeographic.com/science/phenomena/2016/05/18/bomb-damage-maps-reveal-londons-world-war-ii-devastation/.

2. JMK para Harry Dexter White, 24 de maio de 1944, em *CW*, vol. 26, 27.

3. Nicholas Wapshott, *Keynes Hayek: The clash that defined modern economics* (Nova York: Norton, 2011), xi.

4. F. A. Hayek, *The Road to Serfdom: Text and documents, the definitive edition* (Londres: University of Chicago Press, 2007 [1944]), 45.

5. Ibid., 18–19.

6. Brian Doherty, *Radicals for Capitalism: A freewheeling history of the modern american libertarian movement* (Nova York: PublicAffairs, 2008), 108.

7. Angus Burgin, *The Great Persuasion: Reinventing free markets since the Depression* (Cambridge, MA: Harvard University Press, 2012), 88.

8. Royal Swedish Academy of Sciences Press Release, 9 de outubro de 1974, https://www.nobelprize.

560 REFERÊNCIAS

org/prizes/economic-sciences/1974/press-release/.

9. Hayek, *The Road to Serfdom*, 77–78.

10. Ibid., 67–68.

11. Ibid., 110.

12. Ludwig von Mises, *Bureaucracy* (New Rochelle, NY: Arlington House, 1969 [1944]), 10.

13. Robert Samuelson, "A Few Remembrances of Friedrich von Hayek (1899–1992)", *Journal of Economic Behavior & Organization* 69, nº. 1 (January 2009): 1–4.

14. Quinn Slobodian, *Globalists: The end of empire and the birth of neoliberalism* (Cambridge, MA: Harvard University Press, 2018), 105.

15. JMK para Friedrich von Hayek, 28 de junho de 1944, JMK/PP/CO/3/173.

16. JMK para Friedrich von Hayek, 28 de junho de 1944, JMK/PP/CO/3/175.

17. Bruce Caldwell, introdução para Hayek, *The Road to Serfdom*, 23. Frank Knight para University of Chicago Press, 10 de dezembro de 1943, apêndice para *The Road to Serfdom*, 250.

18. JMK para Friedrich von Hayek, 28 de junho de 1944, JMK/CO/3/173.

19. JMK para Friedrich von Hayek, 28 de junho de 1944, JMK/CO/3/176.

20. Hayek, *The Road to Serfdom*, 216–17. A conexão entre escassez e a aristocracia é de Corey Robin, *The Reactionary Mind*, 2ª ed. (Nova York: Oxford University Press, 2018), 151–58.

21. JMK para Friedrich von Hayek, 28 de junho de 1944, JMK/CO/3/17

22. John Maynard Keynes, "Democracy and Efficiency", *The New Statesman and Nation*, 28 de janeiro de 1939, em *CW*, vol. 11, 500.

23. Ira Katznelson, *Fear Itself: The New Deal and the origins of our time* (Liveright Publishing, 2013), 351.

24. Conway, *Summit*, 205.

25. Ibid., xxvi, 4.

26. Ibid., 3, 201–3.

27. LK para Frances Keynes, 12 de julho de 1944, citação em Judith Mackrell, *Bloomsbury Ballerina: Lydia Lopokova, imperial dancer and Mrs. John Maynard Keynes* (Londres: Phoenix, 2008), 386.

28. Conway, *Summit*, 212, 254.

29. Citação em ibid., 214–15.

30. James Buchan, "When Keynes Went to America", *The New Statesman*, 6 de novembro de 2008.

31. Conway, *Summit*, 254.

32. John Maynard Keynes, "National Self-Sufficiency", *The New Statesman and Nation*, 8 de julho de 1933, em *CW*, vol. 21, 233.

33. Ibid., 238.

34. John Maynard Keynes, "The Present Overseas Financial Position of U.K.", memorando, 13 de agosto de 1945, em *CW*, vol. 24, 410.

35. John Maynard Keynes, *A Treatise on Money: The pure theory of money and the applied theory of money. Set*, vol. 2 (Mansfield Center, CT: Martino Fine Books, 2011 [1930]), 399–402.

36. Citação em George Monbiot, "Keynes Is Innocent: The Toxic Spawn of Bretton Woods Was No Plan of His", *The Guardian*, November 18, 2008.

37. Para saber mais sobre este infeliz esforço de realinhamento geopolítico veja Benn Steil, *The Marshall Plan: Dawn of the Cold War* (Nova York: Simon & Schuster, 2018).

38. Citação em Robert Skidelsky, *John Maynard Keynes*, vol. 3: *Fighting for Freedom, 1937–1946* (Nova York: Viking, 2001), 355.

39. Harry Truman, *Memoirs*, vol. 1: *Year of Decisions* (Nova York: Doubleday, 1955), 227–28.

40. JMK para Marcel Labordère, 28 de março de 1945, em Skidelsky, *John Maynard Keynes*, vol. 3, 378.

41. Mackrell, *Bloomsbury Ballerina*, 394.

42. Citação em Skidelsky, *John Maynard Keynes*, vol. 3, 267.

43. Citação em ibid., 269.

44. John Maynard Keynes, "The Arts Council: Its Policy and Hopes", *The Listener*, 12 de julho de 1945, em *CW*, vol. 28, 369.

45. Ibid., 367.

46. Ibid., 371.

47. Citação em Mackrell, *Bloomsbury Ballerina*, 396.

48. Ibid., 394–97.

49. Lionel Robbins, publicação, 24 de junho de 1944, em R. F. Harrod, *The Life of John Maynard Keynes* (Londres: Macmillan, 1951), 576.

TREZE: A ARISTOCRACIA CONTRA-ATACA

1. John Kenneth Galbraith para Howard Bowen, 13 de outubro de 1948, em John Kenneth Galbraith, *The Selected Letters of John Kenneth Galbraith*, ed. Richard P. F. Holt (Nova York: Cambridge University Press, 2017), 76.

2. Winton U. Solberg e Robert W. Tomlinson, "Academic McCarthyism and Keynesian Economics: The Bowen Controversy at the University of Illinois", *History of Political Economy* 29, nº. 1 (1997): 59.

3. Ibid., 60.

4. Office of Management and Budget, *Budget of the U.S. Government, Fiscal Year 2016, Historical Tables*, 2015, https://www.gpo.gov/fdsys/pkg/BUDGET-2016-TAB/pdf/BUDGET-2016-TAB.pdf.

5. "Civilian Unemployment Rate (UNRATE)", banco do Federal Reserve de St. Louis, https://fred.stlouisfed.org/series/UNRATE#0.

6. Joshua Zeitz, *Building the Great Society: Inside Lyndon Johnson's White House* (Nova York: Viking, 2018), 43.

7. Richard Parker, *John Kenneth Galbraith: His life, his politics, his economics* (Chicago: University of Chicago Press, 2005), 196–99.

8. Solberg e Tomlinson, "Academic McCarthyism and Keynesian Economics", 63.

9. Ibid., 64–67.

10. Ibid., 67–68.

11. Citação em ibid., 80.

REFERÊNCIAS

12. "Merwin K. Hart of Birch Society: Controversial Lawyer Was Head of Chapter Here", *The New York Times*, 2 de dezembro de 1962.
13. Merwin K. Hart, *National Economic Council Letter*, 6 de dezembro de 1946. Havia pouca oferta de habitação no final da Segunda Guerra Mundial. A economia em período de guerra, direcionada pelo governo, não havia priorizado a construção doméstica de habitações.
14. Merwin K. Hart, "Let's Talk Plainly", *National Economic Council Letter*, 1º de dezembro de 1946, https://archive.org/details/1946NEC156.
15. *Hearings Before the House Select Committee on Lobbying Activities*, 6, 20, 21 d 28 de junho de 1950, pt. 4 (Washington, D.C.: Government Printing Office, 1950), 132–33. Veja também Ralph M. Goldman, *The Future Catches Up: Selected writings of Ralph M. Goldman*, vol. 2: *American Political Parties and Politics* (Lincoln, NE: Writers Club Press, 2002), 95.
16. Rose Wilder Lane, *The Discovery of Freedom: Man's struggle against authority* (Nova York: John Day, 1943), 208, 211, https://mises-media.s3.amazonaws.com/The%20Discovery%20of%20Freedom_2.pdf.
17. Citação em David C. Colander e Harry Landreth, eds., *The Coming of Keynesianism to America: Conversations with the founders of keynesian economics* (Brookfield, IL: Edward Elgar, 1996), 67–68.
18. Roger E. Backhouse, *Founder of Modern Economics: Paul A. Samuelson*, vol. 1: *Becoming Samuelson, 1915–1948* (Nova York: Oxford University Press, 2017), 568.
19. Documentos de Merwin K. Hart, University of Oregon Archives, Caixa 5, Pasta 1.
20. Milton Friedman e George J. Stigler, *Roofs or Ceilings? The Current Housing Problem* (Irving-on-Hudson, NY: Foundation for Economic Education, 1946).
21. Rose Wilder Lane para Merwin K. Hart, 29 de setembro de 1947, documentos de Merwin K. Hart, University of Oregon Archives, Caixa 5, Pasta 1.
22. R. C. Hoiles para Merwin K. Hart, 30 de agosto de 1947, documentos de Merwin K. Hart, University of Oregon Archives, Caixa 5, Pasta 1.
23. W. C. Mullendore para Joseph F. Farley, 4 de setembro de 1947, e Thomas W. Phillips, Jr., para Joseph F. Farley, 28 de agosto de 1947, Documentos de Merwin K. Hart, University of Oregon Archives, Caixa 5, Pasta 1.
24. John Collyer para Merwin K. Hart, 1º de outubro de 1947, e Frank Gannett para Merwin K. Hart, 29 de setembro de 1947, documentos de Merwin K. Hart, University of Oregon Archives, Caixa 5, Pasta 1.
25. A. F. Davis para Rose Wilder Lane, 16 de setembro de 1947, e A. F. Davis para Constance Dall, 12 de setembro de 1947, documentos de Merwin K. Hart, University of Oregon Archives, Caixa 5, Pasta 1.
26. R. E. Woodruff para Rose Wilder Lane, 25 de agosto de 1947, e J. Howard Pew para Hattie De Witt, 11 de setembro de 1947, documentos de Merwin K. Hart, University of Oregon Archives, Caixa 5, Pasta 1.

27. Colander e Landreth, *The Coming of Keynesianism to America*, 66–68.
28. Ibid., 172.
29. Citação em Michael M. Weinstein, "Paul A. Samuelson, Economist, Dies at 94", *The New York Times*, 13 de dezembro de 2009.
30. Henry Regnery para Merwin K. Hart, 4 de outubro de 1951, documentos de Merwin K. Hart, University of Oregon Archives, Caixa 2, Pasta 34.
31. William F. Buckley, Jr., *God and Man at Yale* (Washington, D.C.: Regnery Publishing, 2001 [1951]), lxv.
32. Ibid., 42–43.
33. Citação em Colander e Landreth, *The Coming of Keynesianism to America*, 69–70.
34. William F. Buckley, Jr., para Merwin K. Hart, 8 de abril de 1954, e Earl Bunting para Merwin K. Hart, 8 de novembro de 1951, documentos de Merwin K. Hart, University of Oregon Archives, Caixa 2, Pasta 34.
35. Citação em Alvin Felzenberg, "The Inside Story of William F. Buckley Jr.'s Crusade Against the John Birch Society", *National Review*, 20 de junho de 2017.
36. Merwin K. Hart para William F. Buckley, Jr., 24 de março de 1961, documentos de Merwin K. Hart, University of Oregon Archives, Caixa 2, Pasta 34.
37. "Merwin K. Hart of Birch Society; Controversial Lawyer Was Head of Chapter Here, Target of Ickes", *The New York Times*, 2 de dezembro de 1962.
38. Angus Burgin, *The Great Persuasion: Reinventing free markets since the Depression* (Cambridge, MA: Harvard University Press, 2012), 89.
39. David Boutros, "The William Volker and Company", State Historical Society of Missouri, 2004.
40. Michael J. McVicar, "Aggressive Philanthropy: Progressivism, Conservatism, and the William Volker Charities Fund", *Missouri Historical Review*, 2011, http://diginole.lib.fsu.edu/islandora/object/fsu:209940/datastream/PDF/view, 198.
41. Daniel Stedman Jones, *Masters of the Universe: Hayek, Friedman, and the birth of neoliberal politics* (Princeton, NJ: Princeton University Press, 2012), 91.
42. Brian Doherty, "Best of Both Worlds: An Interview with Milton Friedman", *Reason*, junho de 1995.
43. Citação em Jones, *Masters of the Universe*, 114–15.
44. Buckley, *God and Man at Yale*, 62, n. 72.
45. Quinn Slobodian, *Globalists: The end of empire and the birth of neoliberalism* (Cambridge, MA: Harvard University Press, 2018), 298, n. 13.
46. John Kenneth Galbraith, *American Capitalism* (Boston: Houghton Mifflin, 1956 [1952]), 2–3.
47. "Industry on Parade", Peabody Awards, http://www.peabodyawards.com/award-profile/industry-on-parade.
48. Jones, *Masters of the Universe*, 91–92.
49. Os vencedores do Prêmio Nobel foram Hayek, Friedman, Ronald Coase, James Buchanan, Gary Becker e George Stigler. Veja Brian Doherty, *Radicals for Capitalism: A freewheeling history of the modern american libertarian movement* (Nova York: PublicAffairs, 2007), 183–86.

REFERÊNCIAS

50. Doherty, *Radicals for Capitalism*, 185.
51. Ibid., 291–93.
52. McVicar, "Aggressive Philanthropy: Progressivism, Conservatism, and the William Volker Charities Fund", 211, n. 77.
53. John Strachey, *The Coming Struggle for Power* (Nova York: Modern Library, 1935 [1932]), vii–xx.
54. John Strachey, *Contemporary Capitalism* (Nova York: Random House, 1956), 294.
55. John Bellamy Foster, "Remarks of Paul Sweezy on the Occasion of His Receipt of the Veblen-Commons Award", *Monthly Review*, 1° de setembro de 1999.
56. Zygmund Dobbs, *Keynes at Harvard: Economic deception as a political credo* (West Sayville, NY: Probe Publishers, 1969 [1958]), https://www.bigskyworldview.org/content/docs/Library/Keynes_At_Harvard.pdf.
57. *Oakland Tribune*, 31 de outubro de 1944.
58. *Los Angeles Times*, 31 de outubro de 1944; e *New York Daily News*, 31 de outubro de 1944.
59. [York, PA.] *Gazette and Daily*, 20 de março de 1945.
60. *Moline* [IL] *Daily Dispatch*, 2 de janeiro de 1943.
61. JMK, telegrama para sir John Anderson, 12 de dezembro de 1944, em *CW*, vol. 24, 208–9.
62. Citação em "Hearings Regarding Espionage in the United States Government", 31 de julho de 1948, https://archive.org/stream/hearingsregardin1948unit/mode/2up.
63. Roger Sandilands e James Boughton, "Politics and the Attack on FDR's Economists: From the Grand Alliance to the Cold War", *Intelligence and National Security* 18, n°. 3 (Autumn 2003): 73–99.
64. Eric Rauchway, *The Money Makers: How Roosevelt and Keynes ended the Depression, defeated fascism, and secured a prosperous peace* (Nova York: Basic Books, 2015), 116.
65. Citação em ibid., 119.

66. Eleanor Roosevelt, "My Day", 16 de agosto de 1948, https://www2.gwu.edu/~erpapers/myday/displaydocedits.cfm?_y=1948&_f=md001046. ER também defendeu Alger Hiss na mesma coluna.
67. William F. Buckley, Jr. e L. Brent Bozell, *McCarthy and His Enemies: The record and its meaning* (New Rochelle, NY: Arlington House, 1970 [1954]), 366.
68. Currie é mencionado apenas nove vezes na grande massa de telegramas liberados em 1995, em fragmentos que são por vezes incompletos e geralmente ambíguos. O caso em defesa de sua inocência depende largamente em uma parte de um telegrama do KGB no dia 20 de março de 1945 originário de Moscou que declara: "Currie confia em Silvermaster, informando a ele não só oralmente, mas também entregando documentos. Até agora, as relações de Currie com Silvermaster foram expressas, do nosso ponto de vista, apenas em sentimentos mútuos e simpatias pessoais [material em falta] questão de relações mais profundas e uma compreensão de Currie sobre o papel de Silvermaster". Isso sugere que Currie não sabia que Silvermaster estava trabalhando para os soviéticos. E, como observou o biógrafo de Currie, Roger Sandilands, não há evidência de que Currie tenha entregado algo ilegal para Silvermaster; amigos da administração federal compartilham documentos o tempo todo. Veja Roger Sandilands, "Guilt by Association? Lauchlin Currie's Alleged Involvement with Washington Economists in Soviet Espionage", *History of Political Economy* 32, n°. 3 (setembro de 2000): 473–515.
69. Buckley e Bozell, *McCarthy and His Enemies*, 52, 110.
70. Documentos de George A. Eddy, Harvard University Law School Library, https://hollisarchives.lib.harvard.edu/repositories/5/resources/6480.
71. Sandilands e Boughton, "Politics and the Attack on FDR's Economists."

QUATORZE: A SOCIEDADE AFLUENTE E SEUS INIMIGOS

1. Richard F. Kahn, *The Making of Keynes' General Theory* (Londres: Cambridge University Press, 1984), 171.
2. John Maynard Keynes e Pierro Sraffa, "An Abstract of A Treatise on Human Nature 1740: A Pamphlet Hitherto Unknown by David Hume", Cambridge University Press, 1938, em *CW*, vol. 28, 373–90; a citação está na página 384.
3. John Maynard Keynes, "Newton, The Man", não publicado, em *CW*, vol. 10, 363–64.
4. Ibid., 368.
5. Ibid., 366.
6. Ibid., 365.
7. John Maynard Keynes, "Thomas Robert Malthus", 1933, em *CW*, vol. 10, 88, 98.
8. John Maynard Keynes, *The General Theory of Employment, Interest and Money* (Nova York Prometheus, 1997 [1936]), 297–98.
9. John Maynard Keynes, "Economic Possibilities for Our Grandchildren", *The Nation and Athe-*

naeum, 11 e 18 de outubro de 1930, em *CW*, vol. 9, 332.
10. JMK, memorando para Steering Committee on Post-War Employment, 14 de fevereiro de 1944, em *CW*, vol. 27, 371.
11. Paul Samuelson, *Economics* (Nova York: McGraw-Hill, 1997 [1948]), 10.
12. Citação em Kahn, *The Making of Keynes' General Theory*, 203. 13. Ibid., 159.
13. Ibid., 159.
14. JMK para John Hicks, 31 de março de 1937, em *CW*, vol. 14, 79.
15. John Maynard Keynes, "The General Theory of Employment", *The Quarterly Journal of Economics*, fevereiro de 1937, em *CW*, vol. 14, 111, 113–15.
16. JMK, memorando para o Tesouro, 25 de maio de 1943, em *CW*, vol. 27, 320–24.
17. Essa queda representava o real número de horas pagas pelas empresas com base nos números de trabalhadores empregados, mostrando que mesmo durante a Depressão com um poder de bar-

REFERÊNCIAS

563

ganha dos empregadores excepcionalmente alto graças à alta taxa de desemprego, a quantidade de horas de trabalho esperada semanalmente de cada trabalhador continuou a diminuir. Veja Thomas J. Kniesner, "The Full-Time Workweek in the United States, 1900–1970", *Industrial and Labor Relations Review* 30, n°. 1 (outubro de 1976): 4.

18. Organisation for Economic Co-operation and Development, "Average Annual Hours Actually Worked per Worker", https://stats.oecd.org/Index.aspx?DataSet Code=ANHRS.

19. John Kenneth Galbraith, *A Life in Our Times* (Boston: Houghton Mifflin, 1981), 264.

20. Ibid., 268.

21. Richard Parker, *John Kenneth Galbraith: His life, his politics, his economics* (Chicago: University of Chicago Press, 2005), 161–62.

22. Ibid., 163.

23. Galbraith, *A Life in Our Times*, 262. 24.

24. Ibid., 261.

25. Roger E. Backhouse, *Founder of Modern Economics: Paul A. Samuelson* (Nova York: Oxford University Press, 2017), 570–73.

26. James Bryant Conant, *My Several Lives* (Nova York: Harper & Row, 1970), 440.

27. John Kenneth Galbraith, "My Forty Years with the FBI", em Galbraith, *Annals of an Abiding Liberal* (Boston: Houghton Mifflin, 1979), 155–81.

28. "Databases, Tables, & Calculators by Subject", Bureau of Labor Statistics, https://data.bls.gov/timeseries/LNU04000000?periods=Annual+Data&periods_option=specific_periods&years_option=all_years.

29. John Kenneth Galbraith, *American Capitalism* (Boston: Houghton Mifflin, 1956 [1952]), 180.

30. Ibid., 97.

31. Ibid., 178.

32. Marjorie S. Turner, *Joan Robinson and the Americans* (Armonk, NY: M. E. Sharpe, 1989), 166.

33. Galbraith, *American Capitalism*, 180.

34. Parker, *John Kenneth Galbraith*, 234.

35. Robert J. Buckley, Jr., para Frederick Lewis Allen e J. K. Galbraith, 28 de janeiro de 1952, JKG, Séri 3, Caixa 10.

36. John Kenneth Galbraith, *The Great Crash, 1929* (Boston: Houghton Mifflin, 1961 [1954]), xii–xvi.

37. Galbraith, "My Forty Years with the FBI", 170.

38. Galbraith, *A Life in Our Times*, 335. Turner, *Joan Robinson and the Americans*, 164.

39. Citação em Turner, *Joan Robinson and the Americans*, 164.

40. Citação em Nahid Aslanbeigui e Guy Oakes, *The Provocative Joan Robinson: The making of a Cambridge economist* (Durham, NC: Duke University Press, 2009), 212.

41. Citação em Turner, *Joan Robinson and the Americans*, 109.

42. Citação em ibid., 112.

43. "Economics Focus: Paul Samuelson", *The Economist*, 17 de dezembro de 2009.

44. Soma Golden, "Economist Joan Robinson, 72, Is Full of Fight", *The New York Times*, 23 de março de 1976.

45. Joshua Zeitz, *Building the Great Society: Inside Lyndon Johnson's White House* (Nova York: Viking, 2018), 41.

46. John Kenneth Galbraith, *The Affluent Society: 40th Anniversary Edition* (Boston: Houghton Mifflin, 1998 [1958]), 191.

47. Ibid., 187–88.

48. John Maynard Keynes, "The End of Laissez-Faire", 1924, em *CW*, vol. 9, 291.

49. Galbraith, *The Affluent Society: 40th Anniversary Edition*, 258.

50. Ibid.

51. Ibid., 11.

52. Gunnar Myrdal, *Challenge to Affluence* (Nova York: Pantheon Books, 1963), 60.

53. Dados do desemprego de "Databases, Tables & Calculators by Subject", Bureau of Labor Statistics, https://data.bls.gov/timeseries/LNU04000000?periods=Annual+Data&periods_option=specific_periods&years_option=all_years. Dados da pobreza de "Historical Poverty Tables: People and Families—1959 to 2018", United States Census Bureau, https://www.census.gov/data/tables/time-series/demo/income-poverty/historical-poverty-people.html.

54. Zeitz, *Building the Great Society*, 54.

QUINZE: O COMEÇO DO FIM

1. Kevin Hartnett, "JFK the Party Planner", *The Boston Globe*, 7 de novembro de 2013.

2. John Kenneth Galbraith, *A Life in Our Times* (Boston: Houghton Mifflin, 1981), 53.

3. Ibid., 53–55, 355.

4. Richard Parker, *John Kenneth Galbraith: His life, his politics, his economics* (Chicago: University of Chicago Press, 2005), 408.

5. Galbraith, *A Life in Our Times*, 373–74.

6. Robert Dallek, *An Unfinished Life: John F. Kennedy, 1917–1963* (Nova York: Little, Brown, 2003), 162–63.

7. "McCarthy, Joseph R., undated", documentos de John F. Kennedy, JFKPOF-031-024, John F. Kennedy Presidential Library and Museum, https://

www.jfklibrary.org/Asset-Viewer/Archives/JFKPOF-031-024.aspx.

8. Eleanor Roosevelt, "On My Own", *The Saturday Evening Post*, 8 de março de 1958.

9. Galbraith, *A Life in Our Times*, 357.

10. Ibid., 375–76. Parker, *John Kenneth Galbraith*, 332.

11. "Council of Economic Advisers: Oral History Interview—JFK #1, 8/1/1964", John F. Kennedy Presidential Library and Museum, 1° de agosto de 1964, https://www.jfklibrary.org/Asset-Viewer/Archives/JFKOH-CEA-01.aspx.

Um memorando interno e confidencial de agosto de 1960 detalhou os problemas da campanha de J.F.K. com "uma grande e barulhenta facção" dos "céticos de Kennedy" — geralmente eleitores

REFERÊNCIAS

liberais, incluindo "os judeus" e "alguns elementos negros" — que via as convicções liberais de J.F.K. como "emocionalmente rasas". Esse círculo social nutriu "um implacável sentimento de indignação sobre a relutância passada de Keynes para denunciar a censura de McCarthy". A equipe de Kennedy se preocupava que esses eleitores permaneceriam em casa durante a eleição ou — especialmente se Nixon fosse capaz de explorar o sentimento contra os católicos — se converteriam para os candidatos republicanos. A nota pede para o comitê buscar esses céticos por meio de eventos em que eles seriam "endereçados pelas pessoas que eles mais respeitam", incluindo os importantes políticos "Adlai Stevenson, Eleanor Roosevelt e Herbert Lehman" e importantes intelectuais, como Galbraith. Essas celebridades iriam "enfatizar que Nixon era um perigoso demagogo por um histórico imoral... Enquanto Kennedy era um intelectual, um estudioso e um liberal comprometido... Um homem simpático às visões de Stevenson, Bowles, Reuther e Galbraith". Veja Lisa Howard, memorando de campanha para Robert Kennedy, 4 de agosto de 1960, John F. Kennedy Presidential Library and Museum, Meyer Feldman Personal Papers, Série 2, Caixa 8.

12. Jerry N. Hess, "Oral History Interview with Leon H. Keyserling", 3 de maio de 1971, Harry S. Truman Library & Museum, https://www.trumanlibrary.org/oralhist/keyserl1.htm.

13. Robert L. Hetzel e Ralph F. Leach, "The Treasury-Fed Accord: A New Narrative Account", banco do Federal Reserve de Richmond *Economic Quarterly* 87, n°. 1 (Inverno de 2001): 33–55, https://www.richmondfed.org/~/media/richmondfedorg/publications/research/economic_quarterly/2001/winter/pdf/hetzel.pdf.

14. John Kenneth Galbraith para John F. Kennedy, 10 de novembro de1960, JKG, Série 6, Caixa 529.

15. Parker, *John Kenneth Galbraith*, 339.

16. "Council of Economic Advisers: Oral History Interview—JFK #1, 8/1/1964."

17. Lawrence H. Summers, "In Memory of Paul Samuelson", 10 de abril de 2010, http://larrysummers.com/wp-content/uploads/2015/07/In-Memory-of-Paul-Samuelson_4.10.10.pdf.

18. "Council of Economic Advisers: Oral History Interview—JFK #1, 8/1/1964."

19. Citação em Israel Shenker, "Samuelson Backs New Economics", *The New York Times*, 6 de março de 1971.

20. John Cassidy, "Postscript: Paul Samuelson", *The New Yorker*, 14 de dezembro de 2009.

21. Parker, *John Kenneth Galbraith*, 345.

22. "The Natural Rate of Unemployment", *The Economist*, 26 de abril de 2017.

23. Daniel T. Rodgers, *Age of Fracture* (Cambridge, MA: Belknap Press, 2011), 48.

24. Parker, *John Kenneth Galbraith*, 345.

25. "Council of Economic Advisers: Oral History Interview—JFK #1, 8/1/1964."

26. Herbert Stein, *The Fiscal Revolution in America* (Chicago: University of Chicago Press, 1969), 379.

27. Arthur M. Schlesinger, Jr., *A Thousand Days: John F. Kennedy in the White House* (Boston: Houghton Mifflin, 2002 [1965]), 138.

28. Ibid., 1010.

29. Trabalhos subsequentes reduziram a severidade do aumento. A taxa de desemprego em fevereiro de 1961 agora era oficialmente 6,9%, mas a equipe de Kennedy não sabia disso na época.

30. "Council of Economic Advisers: Oral History Interview—JFK #1, 8/1/1964."

31. John Kenneth Galbraith, *Letters to Kennedy*, ed. James Goodman (Cambridge, MA: Harvard University Press, 1998), 3–4.

32. Schlesinger, *A Thousand Days*, 628.

33. Ibid., 629.

34. Stein, *The Fiscal Revolution in America*, 386.

35. Citação em Joseph Thorndike, "Paul Samuelson and Tax Policy in the Kennedy Administration", Tax Analysts, 29 de dezembro de 2009, http://www.taxhistory.org/thp/readings.nsf/ArtWeb/AAFB5F763226FD37852576A80075F253?OpenDocument.

36. Dwight D. Eisenhower, "Military-Industrial Complex Speech, Dwight D. Eisenhower, 1961", Lillian Goldman Law Library, Yale Law School, http://avalon.law.yale.edu/20th_century/eisenhower001.asp.

37. John F. Kennedy, "Commencement Address at Yale University", 11 de junho de 1962, John F. Kennedy Presidential Library and Museum, https://www.jfklibrary.org/archives/other-resources/john-f-kennedy-speeches/yale-university-19620611.

38. Schlesinger, *A Thousand Days*, 644–66.

39. Ibid., 636.

40. Stein, *The Fiscal Revolution in America*, 413.

41. Roosevelt concordou em reduzir os impostos corporativos em 1938 tendo em vista a recessão, mas reverteu os impostos em 1940, quando o país se preparava para a guerra.

42. Dallek, *An Unfinished Life*, 507.

43. John F. Kennedy, "Address to the Economic Club of New York", 14 de dezembro de 1962, John F. Kennedy Presidential Library and Museum, https://www.jfklibrary.org/Asset-Viewer/Archives/JFKWHA-148.aspx.

44. Stein, *The Fiscal Revolution in America*, 420–21.

45. Schlesinger, *A Thousand Days*, 649.

46. Citação em Joshua Zeitz, *Building the Great Society: Inside Lyndon Johnson's White House* (Nova York: Viking, 2018), 56.

47. Galbraith, *Letters to Kennedy*, 53.

48. Dallek, *An Unfinished Life*, 585.

49. Citação em ibid., 584.

50. Galbraith, *Letters to Kennedy*, 112.

51. Citação em Dallek, *An Unfinished Life*, 456.

52. Galbraith, *Letters to Kennedy*, 100–103.

53. Dallek, *An Unfinished Life*, 456–61.

54. Galbraith, *A Life in Our Times*, 445.

55. Parker, *John Kenneth Galbraith*, 408.

56. Zeitz, *Building the Great Society*, 40.

57. Galbraith, *A Life in Our Times*, 449.

58. Ibid., 445.

REFERÊNCIAS

59. Zeitz, *Building the Great Society*, 54.
60. Galbraith, *A Life in Our Times*, 452.
61. Zeitz, *Building the Great Society*, 51.
62. Robert Solow, "Son of Affluence", *National Affairs*, Fall 1967, 100–108.
63. Shenker, "Samuelson Backs New Economics."
64. Galbraith, *A Life in Our Times*, 449–50.
65. Holcomb B. Noble e Douglas Martin, "John Kenneth Galbraith, 97, Dies; Economist Held a Mirror to Society", *The New York Times*, 30 de abril de 2006.
66. Lyndon B. Johnson, "Remarks at the University of Michigan", 22 de abril de 1964.
67. Emmanuel Saez e Gabriel Zucman, "Wealth Inequality in the United States Since 1913: Evidence from Capitalized Income Tax Data", *The Quarterly Journal of Economics* 131, nº. 2 (May 2016): 519–78, http://gabriel-zucman.eu/files/SaezZucman-2016QJE.pdf.
68. "Percent Change of Gross Domestic Product", banco do Federal Reserve de St. Louis, https://fred.stlouisfed.org/series/CPGDPAI#0.

DEZESSEIS: O RETORNO DO SÉCULO XIX

1. Joan Robinson, "The Second Crisis of Economic Theory", *The American Economic Review* 62, nos. 1–2 (março de 1972): 1–10.
2. "Combatting Role Prejudice and Sex Discrimination: Findings of the American Economic Association Committee on the Status of Women in the Economics Profession", *The American Economic Review* 63, nº. 5 (dezembro de 1973): 1049–61, https://www.jstor.org/stable/1813937?seq=1#page_scan_tab_contents.
3. "Amartya Sen: Biographical", Prêmio Nobel, https://www.nobelprize.org/prizes/economic-sciences/1998/sen/biographical.
4. Marjorie S. Turner, *Joan Robinson and the Americans* (Armonk, NY: M. E. Sharpe, 1989), 183.
5. Richard Parker, *John Kenneth Galbraith: His life, his politics, his economics* (Chicago: University of Chicago Press, 2005), 484.
6. Ibid., 481–85.
7. Citação em Angus Burgin, *The Great Persuasion: Reinventing free markets since the Depression* (Cambridge, MA: Harvard University Press, 2012), 177.
8. Ibid., 160.
9. Citação em Quinn Slobodian, *Globalists: The end of empire and the birth of neoliberalism* (Cambridge, MA: Harvard University Press, 2018), 269.
10. Citação em Burgin, *The Great Persuasion*, 190.
11. Citação em ibid., 177.
12. Citação em ibid., 175–76.
13. Milton Friedman, *Capitalism and Freedom: Fortieth Anniversary Edition* (Chicago: University of Chicago Press, 2002 [1962]), 3–4.
14. Burgin, *The Great Persuasion*, 201.
15. Ibid.
16. Jeremy D. Mayer, "LBJ Fights the White Backlash: The Racial Politics of the 1964 Presidential Campaign", *Prologue* 33, nº. 1 (primavera de 2001), https://www.archives.gov/publications/prologue/2001/spring/lbj-and-white-backlash-1.html.
17. Rowland Evans e Robert Novak, "Inside Report: The White Man's Party", *The Washington Post*, 25 de junho de 1963.
18. Barry Goldwater, *The Conscience of a Conservative* (Princeton, NJ: Princeton University Press, 2007 [1960]), 31.
19. Citação em Burgin, *The Great Persuasion*, 202.
20. Citação em ibid., 201–2.
21. Friedman, *Capitalism and Freedom: Fortieth Anniversary Edition*, 15, 4.
22. Ibid., viii–ix.
23. Daniel Stedman Jones, *Masters of the Universe: Hayek, Friedman, and the birth of neoliberal politics* (Princeton, NJ: Princeton University Press, 2012), 119–20.
24. Nas páginas de *Newsweek*, Friedman fez argumentos semelhantes sobre emancipar a população negra da Rodésia (moderno Zimbábue). Veja Slobodian, *Globalists*, 178–79.
25. "With Rose Friedman. 'Record of a Trip to Southern Africa, March 20–April 9, 1976.' Texto datilografado não publicado transcrito de uma fita, ditado em 7 a 8 de abril de 1976. Trechos publicados em *Two Lucky People: Memoirs*, por Milton e Rose Friedman, 435–40. Chicago: University of Chicago, 1998", https://miltonfriedman.hoover.org/friedman_images/Collections/2016c21/1976TRipToSouthAfrica.pdf.
26. John Kenneth Galbraith, *Economics in Perspective* (Boston: Houghton Mifflin, 1987), 274.
27. "Real Gross Domestic Product", banco do Federal Reserve de St. Louis, https://fred.stlouisfed.org/series/GDPC1#0; "Consumer Price Index: All Items in U.S. City Average, All Urban Consumers", banco do Federal Reserve de St. Louis, https://fred.stlouisfed.org/series/CPIAUCSL#0; "Unemployment Rate", banco do Federal Reserve de St. Louis, https://fred.stlouisfed.org/series/UNRATE.
28. Citação em Parker, *John Kenneth Galbraith*, 438.
29. Milton Friedman, "The Role of Monetary Policy", *American Economic Review* 58 (março de 1968): 1–17, https://miltonfriedman.hoover.org/friedman_images/Collections/2016c21/AEA-AER_03_01_1968.pdf.
30. Milton Friedman, "The Counter-Revolution in Monetary Theory", Institute of Economic Affairs, occasional paper nº. 33, 1970, https://miltonfriedman.hoover.org/friedman_images/Collections/2016c21/IEA_1970.pdf.
31. Jones, *Masters of the Universe*, 208–9.
32. Thomas W. Hazlett, "The Road from Serfdom: An Interview with F. A. Hayek", *Reason*, julho de 1992.
33. John A. Farrell, *Richard Nixon: The life* (Nova York: Vintage, 2017), 446.
34. Citação em ibid., 243.
35. Parker, *John Kenneth Galbraith*, 492.

REFERÊNCIAS

36. Rick Perlstein, *Nixonland: The rise of a president and the fracturing of America* (Nova York: Scribner, 2008), 603.
37. "Galbraith Urges Wage-Price Curb", *The New York Times*, 21 de julho de 1971.
38. "U.S. Spent $141-Billion in Vietnam in 14 Years", *The New York Times*, 1º de maio de 1975.
39. Parker, *John Kenneth Galbraith*, 491–92.
40. Ibid., 495.
41. Daniel Ellsberg, *Secrets: A memoir of Vietnam and the Pentagon psapers* (Nova York: Penguin, 2003), 418.
42. Parker, *John Kenneth Galbraith*, 493.
43. Perlstein, *Nixonland*, 601.
44. Parker, *John Kenneth Galbraith*, 495.
45. Citação em ibid., 497.
46. Citação em ibid.
47. Milton Friedman, "Why the Freeze Is a Mistake", *Newsweek*, 30 de agosto de 1971, https://milton-friedman.hoover.org/objects/57976/why-the-freeze-is-a-mistake.
48. Perlstein, *Nixonland*, 598, 603.
49. Slobodian, *Globalists*, 277.
50. F. A. Hayek, *Law, Legislation and Liberty, Vols. 1–3: A New Statement of the Liberal Principles of Justice and Political Economy* (Nova York: Routledge, 2013 [1982]), 430.
51. Citação em Thomas Frank, *Listen, Liberal: Or, whatever happened to the party of the people?* (Nova York: Metropolitan Books, 2016), 54.
52. Paul Krugman, *Peddling Prosperity* (Nova York: W. W. Norton, 1994), 14.
53. Mark Skousen, "The Perseverance of Paul Samuelson's Economics", *Journal of Economic Perspectives* 11, nº. 2 (primavera de 1997): 137–52.
54. Citação em Burgin, *The Great Persuasion*, 207.
55. Ibid.

DEZESSETE: A SEGUNDA GILDED AGE

1. John Harris, *The Survivor: Bill Clinton in the White House* (Nova York: Random House, 2005), xxvii.
2. Bob Woodward, *The Agenda: Inside the Clinton White House* (Nova York: Simon & Schuster, 1995), 70–72.
3. "Unemployment Rate", banco do Federal Reserve de St. Louis, https://fred.stlouisfed.org/series/UNRATE#0.
4. Patrick Cockburn, "Profile: Mr Right for Wall Street: Lloyd Bentsen: The Next US Treasury Secretary Is a Wily Old Pro Who Doesn't Make Many Mistakes", *The Independent*, 13 de dezembro de 1992.
5. Woodward, *The Agenda: Inside the Clinton White House*, 73–81.
6. Patrick J. Maney, *Bill Clinton: New Gilded Age President* (Lawrence: University of Kansas Press, 2016), 18.
7. Ibid., 25–27.
8. Ibid., 31.
9. Citação em Harris, *The Survivor*, xvi.
10. Woodward, *The Agenda*, 84.
11. Ibid., 84, 91.
12. Ibid., 213, 240.
13. Ibid., 160–61.
14. Karen Tumulty e William J. Eaton, "Clinton Budget Triumphs, 51–50: Gore Casts a Tie-Breaking Vote in the Senate", *Los Angeles Times*, 7 de agosto de 1993.
15. *Annual Report of the Council of Economic Advisers*, 29 de dezembro de 2000, https://www.govinfo.gov/content/pkg/ERP-2001/pdf/ERP-2001.pdf.
16. "The NAFTA Debate", *Larry King Live*, CNN, 9 de novembro de 1993.
17. "Bill Clinton for President 1992 Campaign Brochures: 'Fighting for the Forgotten Middle Class'", 4President.org, http://www.4president.org/brochures/billclinton1992brochure.htm.
18. William J. Clinton, "Remarks at the Signing Ceremony for the Supplemental Agreements to the North American Free Trade Agreement", 14 de setembro de 1993, https://www.gpo.gov/fdsys/pkg/PPP-1993-book2/pdf/PPP1993-book2-doc-pg1485-2.pdf.
19. Milton Friedman e Rose D. Friedman, "The Case for Free Trade", Hoover Institution, 30 de outubro de 1997, https://www.hoover.org/research/case-free-trade.
20. Thomas L. Friedman, "President Vows Victory on Trade", *The New York Times*, 29 de setembro de 1994.
21. Thomas L. Friedman, "Congress Briefed on Funds for GATT", *The New York Times*, 15 de julho de 1994.
22. Thomas L. Friedman, "Congress Loath to Finance GATT Treaty's Tariff Losses", *The New York Times*, 14 de abril de 1994.
23. Thomas L. Friedman, "President Vows Victory on Trade", *The New York Times*, 29 de setembro de 1994.
24. Bill Clinton, *My Life* (Nova York: Vintage, 2005), 547.
25. "Full Text of Clinton's Speech on China Trade Bill", *The New York Times*, 9 de março de 2000.
26. "Assessment of the Economic Effects on the United States of China's Accession to the WTO", U.S. International Trade Commission, setembro de 1999, xix, https://www.usitc.gov/publications/docs/pubs/332/PUB3229.PDF.
27. Gary Clyde Hufbauer e Daniel H. Rosen, "American Access to China's Market", *International Economic Policy Briefs*, nº. 00-3, abril de 2000, 5, https://piie.com/publications/pb/pb00-3.pdf.
28. Paul Krugman, "Reckonings; A Symbol Issue", *The New York Times*, 10 de maio de 2000.
29. William J. Clinton, "Remarks on Signing the North American Free Trade Agreement Implementation Act", 8 de dezembro de 1993.
30. Quarraisha Abdool Karim e Salim S. Abdool Karim, "The Evolving HIV Epidemic in South Africa", *International Journal of Epidemiology* 31, nº. 1 (fevereiro de 2002): 37–40, https://academic.oup.com/ije/article/31/1/37/655915.
31. William W. Fisher III e Cyrill P. Rigamonti, "The South Africa AIDS Controversy: A Case Study in

REFERÊNCIAS

Patent Law and Policy", Harvard Law School, 10 de fevereiro de 2005, https://cyber.harvard.edu/people/tfisher/South%20Africa.pdf.

32. "South Africa", World Bank Data, https://data.worldbank.org/country/south-africa.

33. "USTR Announces Results of Special 301 Annual Review", Office of the United States Trade Representative, 1º de maio de 1998, https://ustr.gov/sites/default/files/1998%20Special%20301%20Report.pdf; "USTR Announces Results of Special 301 Annual Review", Office of the United States Trade Representative, 30 de abril de 1999, https://ustr.gov/sites/default/files/1999%20Special%20301%20 Report.pdf.

34. Zach Carter, "How Rachel Maddow Helped Force Bill Clinton's Support for Mandela's AIDS Plan", *Huffington Post*, 6 de dezembro de 2013.

35. Dudley Althaus, "NAFTA Talks Target Stubbornly Low Mexican Wages", *The Wall Street Journal*, 29 de agosto de 2017.

36. Mark Weisbrot, Lara Merling, Vitor Mello, et al., "Did NAFTA Help Mexico? An Update After 23 Years", Center for Economic and Policy Research, março de 2017, http://cepr.net/images/stories/reports/nafta-mexico-update-2017-03.pdf?v=2.

37. "All Employees: Manufacturing", banco do Federal Reserve de St. Louis, https://fred.stlouisfed.org/series/MANEMP.

38. David H. Autor, David Dorn e Gordon H. Hanson, "The China Shock: Learning from Labor-Market Adjustment to Large Changes in Trade", *Annual Review of Economics* 8 (outubro de 2016): 205–40, http://www.ddorn.net/papers/Autor-Dorn-Hanson-ChinaShock.pdf.

39. David Brancaccio, "How to Make Globalization Fair, According to Economist Joseph Stiglitz", *Marketplace*, 1º de dezembro de 2017.

40. OECD Centre for Opportunity and Equality, "Understanding the SocioEconomic Divide in Europe", 26 de janeiro de 2017, https://www.oecd.org/els/soc/cope-divide-europe-2017-background-report.pdf.

41. Asher Schechter, "Globalization Has Contributed to Tearing Societies Apart", ProMarket, 29 de março de 2018, https://promarket.org/globalization-contributed-tearing-societies-apart/.

42. World Bank, "Global Economic Prospects and the Developing Countries 2000", http://documents.worldbank.org/curated/en/589561468126281885/pdf/multi-page.pdf; e World Bank, "Entering the 21st Century: World Development Report 1999/2000", https://openknowledge.worldbank.org/bitstream/handle/10986/5982/WDR%201999_2000%20-%20English.pdf?sequence=1.

43. Lesley Wroughton, "UN Reducing Extreme Poverty Goal Met, World Bank Says", *Huffington Post*, 29 de abril de 2012.

44. "Goal 1: No Poverty", United Nations Conference on Trade and Development, http://stats.unctad.org/Dgff2016/people/goal1/index.html.

45. Lucy Hornby e Leslie Hook, "China's Carbon Emissions Set for Fastest Growth in 7 Years", *Financial Times*, 29 de maio de 2018, https://www.ft.com/content/98839504-6334-11e8-90c2-9563a0613e56.

46. "West Cuts Pollution—by Exporting It to China", University of Leeds, http://www.leeds.ac.uk/news/article/423/west_cuts_pollution__by_exporting_it_to_china.

47. Avraham Ebenstein, Maoyong Fan, Michael Greenstone, et al., "New Evidence on the Impact of Sustained Exposure to Air Pollution on Life Expectancy from China's Huai River Policy", *Proceedings of the National Academy of Sciences of the United States of America,* 11 de setembro de 2017, http://www.pnas.org/content/early/2017/09/05/1616784114.full.

48. John Harris, *The Survivor: Bill Clinton in the White House* (Nova York: Random House, 2005), 95.

49. Ibid., 176–77.

50. John Burgess e Steven Pearlstein, "Protests Delay WTO Opening", *The Washington Post*, 1º de dezembro de 1999; Lynsi Burton, "WTO Riots in Seattle: 15 Years Ago", *Seattle Post-Intelligencer*, 29 de novembro de 2014.

51. Jia Lynn Yang e Steven Mufson, "Capital Gains Tax Rates Benefitting Wealthy Are Protected by Both Parties", *The Washington Post*, 11 de setembro 2011.

52. O colega deles, Fischer Black, ajudou Merton e Scholes a desenvolver o modelo, mas morreu antes do comitê do Nobel apresentar o prêmio pelo trabalho no modelo e o Prêmio Nobel e o prêmio não é concedido postumamente.

53. Saul S. Cohen, "The Challenge of Derivatives", *Fordham Law Review* 63, nº. 6, artigo 2 (1995), https://ir.lawnet.fordham.edu/cgi/viewcontent.cgi?article=3169 &context=flr.

54. Maney, *Bill Clinton*, 230, 228.

55. William D. Cohan, "Rethinking Robert Rubin", *Bloomberg Businessweek*, 30 de setembro de 2012.

56. Clinton, *My Life*, 857.

57. Stephen Gandel, "Robert Rubin Was Targeted for DOJ Investigation by Financial Crisis Commission", *Fortune,* 13 de março de 2016; Aruna Viswanatha e Ryan Tracy, "Financial-Crisis Panel Suggested Criminal Cases Against Stan O'Neal, Charles Prince, AIG Bosses", *The Wall Street Journal,* 30 de março de 2016.

58. Maney, *Bill Clinton*, 225, 235.

59. Harris, *The Survivor*.

60. Clinton, *My Life*.

61. Zach Carter, "Austerity Fetishists Are Finally Giving Up", *Huffington Post,* 14 de maio de 2014.

62. Parker, *John Kenneth Galbraith*, 647–51.

63. J. Bradford DeLong e Lawrence H. Summers, "The 'New Economy': Background, Historical Perspective, Questions, and Speculations", banco do Federal Reserve do Kansas City, 30 de agosto de 2001, https://www.kansascityfed.org/Publicat/econrev/Pdf/4q01delo.pdf.

REFERÊNCIAS

CONCLUSÃO

1. "Rep. Albert R. Wynn–Maryland", Center for Responsive Politics, https://www.opensecrets.org/members-of-congress/summary?cid=N00001849&cycle=CAR EER&type=I.

2. Lehman Brothers Holdings Inc., Form 8-K, 9 de junho de 2008, U.S. Securities and Exchange Commission, https://www.sec.gov/Archives/edgar/data/806085/000110465908038647/0001104659-08-038647-index.htm.

3. The Financial Crisis Inquiry Commission, *The Financial Crisis Inquiry Report: Final Report of the National Commission on the Causes of the Financial and Economic Crisis in the United States,* Janeiro de 2011, http://fcic-static.law.stanford.edu/cdn_media/fcic-reports/fcic_final_report_full.pdf, 325.

4. "S&P/Case-Shiller U.S. National Home Price Index/Consumer Price Index: Owners' Equivalent Rent of Residences in U.S. City Average, All Urban Consumers", banco do Federal Reserve de St. Louis, https://fred.stlouisfed.org/graph/?g=786h#0; "All-Transactions House Price Index for California", banco do Federal Reserve de St. Louis, https://fred.stlouisfed.org/series/CASTHPI; "S&P/Case-Shiller NV-Las Vegas Home Price Index", banco do Federal Reserve de St. Louis, https://fred.stlouisfed.org/series/LVXRNSA.

5. "Homeownership Rate for the United States", banco do Federal Reserve de St. Louis, https://fred.stlouisfed.org/series/RHORUSQ156N.

6. "Acredito que esse castelo de cartas algum dia possa cair e isso significará grandes perdas para os investidores que possuem ações nessas empresas", William Brennan, diretor do Home Defense Program na Atlanta Legal Aid Society, declarou ao Senate Special Committee on Aging em 1998. Citação em Kat Aaron, "Predatory Lending: A Decade of Warnings", Center for Public Integrity, 6 de maio de 2009, https://publicintegrity.org/business/predatory-lending-a-decade-of-warnings/. Para dados sobre o tamanho do mercado subprime, veja Gene Amromin e Anna Paulson, "Default Rates on Prime and Subprime Mortgages: Differences and Similarities", banco do Federal Reserve de Chicago, setembro de 2010, https://www.chicagofed.org/publications/profitwise-news-and-views/2010/pnv-september 2010.

7. A verdadeira explosão de empréstimos subprime ocorreu em 2003, quando as hipotecas subprime quase quadruplicaram como uma fatia do mercado hipotecário total. Veja "Where Should I Look to Find Statistics on the Share of Subprime Mortgages to Total Mortgages?", banco do Federal Reserve de São Francisco, dezembro de 2009, https://www.frbsf.org/education/publications/doctor-econ/2009/december/subprime-mortgage-statistics/.

   Em 2000, o valor total dos títulos financiados por hipotecas subprime comprados por Fannie Mae e Freddie Mac era desprezível. Em 2003, o valor havia superado US$100 bilhões e, em 2005, o valor ultrapassava US$200 bilhões. Mas isso representava apenas uma pequena fração do amplo mercado. Em 2003, Wall Street emitiu aproximadamente US$300 bilhões em exóticos títulos financiados por hipotecas e cerca de US$800 bilhões em 2005. Incluindo o mercado de empréstimo jumbo do setor privado, a Fannie e a Freddie tinham menos do que um quinto de toda a atividade geral de hipotecas exóticas no auge da bolha. Veja Mark Calabria, "Fannie, Freddie, and the Subprime Mortgage Market", Cato Institute Briefing Papers, nº. 120, 7 de março de 2011, https://object.cato.org/pubs/bp/bp120.pdf, 8; Laurie Goodman, "A Progress Report on the Private-Label Securities Market", Urban Institute, março de 2016, https://www.urban.org/sites/default/files/publication/78436/2000647-A-Progress-Report-on-the-Private-Label-Securities-Market.pdf, 1.

8. Veja "OCC's Quarterly Report on Bank Trading and Derivative Activities, Fourth Quarter 2007", Comptroller of the Currency, https://www.occ.treas.gov/publications-and-resources/publications/quarterly-report-on-bank-trading-and-derivatives-activities/files/pub-derivatives-quarterly-qtr4-2007.pdf; Iñaki Aldasoro e Torsten Ehlers, "The Credit Default Swap Market: What a Difference a Decade Makes", *BIS Quarterly Review,* 5 de junho de 2018, https://www.bis.org/publ/qtrpdf/r_qt1806b.htm; "GDP (Current US$)", World Bank, https://data.worldbank.org/indicator/ny.gdp.mktp.cd.

9. The Financial Crisis Inquiry Commission, *The Financial Crisis Inquiry Report,* 328.

10. Ibid., 330.

11. Rosalind Z. Wiggins, Thomas Piontek e Andrew Metrick, "The Lehman Brothers Bankruptcy A: Overview", Yale Program on Financial Stability Case Study 2014-3A-V1, Yale School of Management, 1º de outubro de 2014, https://som.yale.edu/sites/default/files/files/001-2014-3A-V1-LehmanBrothers-A-REVA.pdf, 5.

12. The Financial Crisis Inquiry Commission, *The Financial Crisis Inquiry Report,* 325.

13. O governo dos Estados Unidos com o tempo comprometeu US$182 bilhões em um apoio emergencial para AIG, US$331 bilhões para o Bank of America e US$472 bilhões para o Citigroup. Veja Congressional Oversight Panel, *The Final Report of the Congressional Oversight Panel,* 16 de março de 2011, https://www.govinfo.gov/content/pkg/CHRG-112shrg64832/pdf/CHRG-112shrg64832.pdf.

14. Além de seus ativos imobiliários de má qualidade, o Lehman Brothers era extremamente dependente do financiamento de curto prazo e a qualidade duvidosa de seus recursos dificultou adquirir garantias para empréstimos do Federal Reserve, uma vez que o Fed não aceitaria títulos ruins para seus empréstimos emergenciais.

15. The Financial Crisis Inquiry Commission, *The Financial Crisis Inquiry Report,* 334.

16. "Meeting of the Federal Open Market Committee on September 16, 2008", https://www.federalreserve.gov/monetarypolicy/files/FOMC20080916meeting .pdf, 36, 48, 51.

17. Donna Edwards, entrevista com o autor, junho de 2017.

REFERÊNCIAS

18. The Financial Crisis Inquiry Commission, *The Financial Crisis Inquiry Report*, 372.

19. Entrevista com Paul Kanjorski, C-SPAN, 27 de janeiro de 2009, https://www.c-span.org/video/?c4508252/rep-paul-kanjorski.

20. "Final Vote Results for Roll Call 674", 29 de setembro de 2008, http://clerk.house.gov/evs/2008/roll674.xml.

21. Zach Carter e Ryan Grim, "The Congressional Black Caucus Is at War with Itself over Wall Street", *The New Republic*, 27 de maio de 2014.

22. Apenas metade do fundo de resgate de US$700 bilhões foi liberado pela votação do dia 3 de outubro. Em janeiro de 2009, Obama precisava da aprovação do Congresso para implementar o restante. A carta de Summers tinha a intenção de conquistar os céticos liberais — se eles apoiassem a segunda porção de US$350 bilhões, Obama iria enfrentar a epidemia de execuções hipotecárias. Veja Lawrence H. Summers, carta aos líderes congressionais, 15 de janeiro de 2009, https://www.realclearpolitics.com/articles/summers%20letter%20to%20congressional%20leadership%201-15-09.pdf.

23. Veja "Bailout Tracker", *ProPublica*, atualizado dia 25 de fevereiro de 2019, https://projects.propublica.org/bailout/.

24. David Dayen, *Chain of Title: How three ordinary americans uncovered Wall Street's great foreclosure fraud* (Nova York: New Press, 2016).

25. O jornalista David Dayen relatou os problemas do National Mortgage Settlement em uma série de artigos de revistas e um livro. Veja David Dayen, "A Needless Default", *The American Prospect*, 9 de fevereiro de 2015, https://prospect.org/article/needless-default; Dayen, "Special Investigation: How America's Biggest Bank Paid Its Fine for the 2008 Mortgage Crisis—with Phony Mortgages!", *The Nation*, 23 de outubro de 2017; Dayen, *Chain of Title*.

26. Laura Kusisto, "Many Who Lost Homes to Foreclosure in Last Decade Won't Return—NAR", *The Wall Street Journal*, 20 de abril de 2015.

27. Atif Mian e Amir Sufi, "What Explains the 2007–2009 Drop in Employment?", fevereiro de 2014, http://www.umass.edu/preferen/You%20Must%20Read%20This/Mian%20Sufi%20NBER%202014.pdf; Atif Mian e Amir Sufi, *House of Debt: How they (and you) caused the great recession, and how we can prevent it from happening again* (Chicago: University of Chicago Press, 2014); International Monetary Fund, "United States: Selected Issues Paper", julho de 2010, https://www.imf.org/external/pubs/ft/scr/2010/cr10248.pdf.

28. Zach Carter e Jennifer Bendery, "How Failed Obama Foreclosure Relief Plan Contributes to Jobs Crisis", *Huffington Post*, 3 de agosto de 2011.

29. *Economic Report of the President*, fevereiro de 2010, https://obamawhitehouse.archives.gov/sites/default/files/microsites/economic-report-president.pdf, 31, 146, 30.

30. *Economic Report of the President*, fevereiro de 2011, https://www.govinfo.gov/content/pkg/ERP-2011/pdf/ERP-2011.pdf, 70.

31. *Economic Report of the President*, março de 2013, https://www.govinfo.gov/content/pkg/ERP-2013/pdf/ERP-2013.pdf, 30.

32. Bureau of Labor Statistics, "The Recession of 2007–2009", https://www.bls.gov/spotlight/2012/recession/pdf/recession_bls_spotlight.pdf.

33. Congressional Budget Office, "Estimated Impact of the American Recovery and Reinvestment Act on Employment and Economic Output from January 2011 Through March 2011", maio de 2011, https://www.cbo.gov/sites/default/files/112th-congress-2011-2012/reports/05-25-arra.pdf; Alan S. Blinder e Mark Zandi, "How the Great Recession Was Brought to an End", 27 de julho de 2010, https://www.economy.com/mark-zandi/documents/End-of-Great-Recession.pdf.

34. Emmanuel Saez, "Striking It Richer: The Evolution of Top Incomes in the United States", 2 de março de 2019, https://eml.berkeley.edu/~saez/saez-UStopincomes-2017.pdf.

35. Gabriel Zucman, "Global Wealth Inequality", *Annual Review of Economics* 11 (2019): 109–38, http://gabriel-zucman.eu/files/Zucman2019.pdf.

36. Edward N. Wolff, "Household Wealth Trends in the United States, 1962 to 2016: Has Middle Class Wealth Recovered?", National Bureau of Economic Research Working Paper n°. 24085, novembro de 2017, https://www.nber.org/papers/w24085.

37. "Survey of Consumer Finances (SCF)", Board of Governors of the Federal Reserve System, 31 de outubro de 2017, https://www.federalreserve.gov/econres/scfindex.htm.

38. "Life Expectancy", Centers for Disease Control and Prevention, National Center for Health Statistics, https://www.cdc.gov/nchs/fastats/life-expectancy.htm. Veja também Lenny Bernstein, "U.S. Life Expectancy Declines Again, a Dismal Trend Not Seen Since World War I", *The Washington Post*, 29 de novembro de 2018.

39. Joseph Stiglitz, "Toward a General Theory of Consumerism: Reflections on Keynes's Economic Possibilities for Our Grandchildren", em Lorenzo Pecchi e Gustavo Piga, eds., *Revisiting Keynes: Economic possibilities for our grandchildren* (Cambridge, MA: MIT Press, 2008), 41.

40. Ryan Lizza, "Inside the Crisis: Larry Summers and the White House Economic Team", *The New Yorker*, 12 de outubro de 2009.

41. Suresh Naidu, Dani Rodrik e Gabriel Zucman, "Economics After Neoliberalism", *Boston Review*, 15 de fevereiro de 2019, http://bostonreview.net/forum/suresh-naidu-dani-rodrik-gabriel-zucman-economics-after-neoliberalism.

42. Citação em Robert Skidelsky, *John Maynard Keynes*, vol. 1: *Hopes Betrayed, 1883– 1920* (Nova York: Penguin, 1994 [1983]), 122.

43. John Maynard Keynes, *A Treatise on Money: The pure theory of money and the applied theory of money. Set* (Mansfield Center, CT: Martino Fine Books, 2011 [1930]), vol. 2, 150.

BIBLIOGRAFIA SELECIONADA

——◊——

G RANDE PARTE DA PESQUISA de fontes primárias para este livro foi selecionada de documentos pessoais dos personagens de maior proeminência. Eles incluem, em ordem de importância:

Os Documentos de John Maynard Keynes nos Archives of King's College na Universidade de Cambridge em Cambridge, Inglaterra.

Os Documentos de John Kenneth Galbraith na John F. Kennedy Presidential Library em Boston, Massachusetts.

Os Documentos de Paul A. Samuelson na Rubenstein Library na Universidade Duke em Durham, North Carolina.

Os Trabalhos Coletados de Milton Friedman, disponíveis digitalmente da Hoover Institution na Universidade Stanford em Palo Alto, Califórnia.

Os Documentos de Merwin K. Hart no Special Collections and University Archives das University of Oregon Libraries em Eugene, Oregon.

Os Documentos de Leon H. Keyserling na Harry S. Truman Presidential Library em Independence, Missouri.

Os Documentos de Walter S. Salant na Harry S. Truman Presidential Library em Independence, Missouri.

Esta bibliografia inclui fontes importantes usadas para este livro. Para uma lista de fontes mais completa, confira a lista de referência de cada um dos capítulos.

Ahamed, Liaquat. *Lords of Finance: The bankers who broke the world.* Nova York: Penguin, 2009.

Angell, Norman. *The Great Illusion.* Nova York: G. P. Putnam Sons, 1913 [1910].

Aslanbeigui, Nahid e Guy Oakes. *The Provocative Joan Robinson: The making of a Cambridge economist.* Durham, NC: Duke University Press, 2009.

Backhouse, Roger E. *Founder of Modern Economics: Paul A. Samuelson.* Nova York: Oxford University Press, 2017.

Baruch, Bernard. *The Making of the Reparation and Economic Sections of the Treaty.* Nova York: Harper and Brothers, 1921.

Bell, Anne Olivier e Andrew McNeillie, eds. *The Diary of Virginia Woolf, Vols. 1–5.* Nova York: Harcourt Brace Jovanovich, 1977–1984.

Bensusan-Butt, D. M. *On Economic Knowledge: A sceptical miscellany.* Camberra, Austrália: Australian National University Press, 1980.

Berg, A. Scott. *Wilson.* Nova York: Berkley, 2013.

Borgwardt, Elizabeth. *A New Deal for the World: America's vision for Human Rights.* Cambridge, MA: The Belknap Press of Harvard University Press, 2005.

Brands, H. W. *Traitor to His Class: The privileged life and radical presidencys of Franklin Delano Roosevelt.* Nova York: Anchor Books, 2008.

Brinkley, Alan. *The End of Reform: New Deal liberalism in recession and war.* Nova York: Vintage, 1996.

Broadberry, Stephen e Mark Harrison. "The Economics of World War I: A Comparative Quantitative Analysis." *Journal of Economic History* 66, n°. 2 (junho de 2006). Brockington, Grace. "'Tending the Lamp' or 'Minding Their Own Business'? Blooms-bury Art and Pacifism During World War I." *Immediations* #1 (janeiro de 2004).

Buckley, William F. *God and Man at Yale.* Washington, D.C.: Regnery Publishing, 2001 [1951].

Buckley, William F. e L. Brent Bozell, *McCarthy and His Enemies: The record and its meaning.* New Rochelle, NY: Arlington House, 1970 [1954].

Burgin, Angus. *The Great Persuasion: Reinventing free markets since the depression.* Cambridge, MA: Harvard University Press, 2012.

Burke, Edmund. *Reflections on the Revolution in France.* Londres: John Sharpe, 1820 [1790].

Burnett, Philip Mason. *Reparation at the Paris Peace Conference from the Standpoint of the American Delegation.* Nova York: Columbia University Press, 1940.

Burns, Helen M. *The American Banking Community and New Deal Banking Reforms, 1933–1935.* Westport, CT: Greenwood Press, 1974.

Case, Josephine Young e Everett Needham Case. *Owen D. Young and American Banking Enterprise.* Boston: David R. Godine, 1982.

BIBLIOGRAFIA SELECIONADA

Chernow, Ron. *The House of Morgan: An american banking dynasty and the rise of modern finance.* Nova York: Grove Press, 2001 [1990].

Churchill, Winston. *The World Crisis Volume IV: The aftermath, 1918–1922.* Nova York: Bloomsbury Academic, 2015 [1929].

Clinton, Bill. *My Life.* Nova York: Vintage, 2005.

Colander, David C. e Harry Landreth, eds. *The Coming of Keynesianism to America: Conversations with the founders of keynesian economics.* Brookfield, IL: Edward Elgar, 1996.

Conway, Ed. *The Summit: Bretton Woods, 1944: J. M. Keynes and the Reshaping of the Global Economy.* Nova York: Pegasus Books, 2015.

Cook, Chris. *The Age of Alignment: Electoral politics in Britain: 1922–1929.* Londres: Macmillan, 1975.

Cook, Chris e John Stevenson. *The Slump: Britain in the Great Depression.* Londres: Routledge, 2013 [1977].

Cooper, John Milton Jr., *Woodrow Wilson: A biography.* Nova York: Vintage, 2009.

Cristiano, Carlo. *The Political and Economic Thought of the Young Keynes.* Londres: Routledge, 2014.

Currie, Lauchlin. *Supply and Control of Money in the United States.* Cambridge, MA: Harvard University Press, 1934.

Dallas, Gregor. *At the Heart of a Tiger: Clemenceau and his world, 1841–1929.* Nova York: Carroll and Graf, 1993.

Dallek, Robert. *Franklin D. Roosevelt: A political life.* Nova York: Viking, 2017.

———. *An Unfinished Life: John F. Kennedy, 1917–1963.* Nova York: Little, Brown, 2003.

Davenport-Hines, Richard. *Universal Man: The lives of John Maynard Keynes.* Nova York: Basic Books, 2015.

Doherty, Brian. *Radicals for Capitalism: A freewheeling history of the modern american libertarian movement.* Nova York: PublicAffairs, 2008.

Edwards, Jerome E. *Pat McCarran: Political boss of Nevada.* Reno: University of Nevada Press, 1982.

Evans, Richard J. *The Pursuit of Power: Europe, 1815–1914.* Nova York: Viking, 2016.

Farrell, John A. *Richard Nixon: The life.* Nova York: Vintage, 2017.

Friedman, Milton. *Capitalism and Freedom: Fortieth Anniversary Edition.* Chicago: University of Chicago Press, 2002 [1962].

———. "The Counter-Revolution in Monetary Theory." Institute of Economic Affairs, occasional paper n°. 33 (1970).

———. *Essays in Positive Economics.* Chicago: University of Chicago Press, 1966 [1953].

———. "The Role of Monetary Policy." *American Economic Review* 58 (março de 1968). Friedman, Milton e Rose Friedman. "Record of a Trip to Southern Africa, March 20–April 9, 1976." The Collected Works of Milton Friedman at the Hoover In-stitution at Stanford University.

Friedman, Milton e Anna Schwartz. *A Monetary History of the United States, 1867– 1960.* Princeton, NJ: Princeton University Press, 1971 [1963].

Friedman, Milton e George J. Stigler. *Roofs or Ceilings? The Current Housing Problem.* Irving-on-Hudson, NY: Foundation for Economic Education, 1946.

Galbraith, John Kenneth. *The Affluent Society: 40th Anniversary Edition.* Boston: Houghton Mifflin, 1998 [1958].

———. *American Capitalism.* Boston: Houghton Mifflin, 1961 [1953].

———. *Annals of an Abiding Liberal.* Boston: Houghton Mifflin, 1979.

———. *Economics in Perspective.* Boston: Houghton Mifflin, 1987.

———. *The Great Crash, 1929.* Boston: Houghton Mifflin, 1961 [1954].

———. *A Life in Our Times.* Boston: Houghton Mifflin, 1981.

———. *Money: Whence It Came, Where It Went.* Princeton, NJ: Princeton University Press, 2017 [1974].

———. *The New Industrial State.* Boston: Houghton Mifflin, 1967.

Garnett, David. *The Flowers of the Forest.* Nova York: Harcourt Brace and Company, 1956. Gilbert, Martin. *Prophet of Truth: Winston Churchill, 1922–1939.* Londres: Minerva, 1990 [1976].

Gilbert, Richard V., et al. *An Economic Program for American Democracy.* Nova York: Vanguard Press, 1938.

Glendenning, Victoria. *Leonard Woolf: A biography.* Nova York: Free Press, 2006. Goldwater, Barry. *The Conscience of a Conservative.* Princeton, NJ: Princeton University Press, 2007 [1960].

Goodman, James, ed. *Letters to Kennedy: John Kenneth Galbraith.* Cambridge, MA: Harvard University Press, 1998.

Goodwin, Doris Kearns. *No Ordinary Time: Franklin and Eleanor Roosevelt: The Home Front in World War II.* Nova York: Simon & Schuster, 1994.

Griffin, Nicholas, ed. *The Selected Letters of Bertrand Russell: The public years 1914–1970.* Londres: Routledge, 2001.

Hall, Peter A., ed. *The Political Power of Economic Ideas: Keynesianism across nations.* Princeton, NJ: Princeton University Press, 1989.

Hamilton, Earl J. *American Treasure and the Price Revolution in Spain, 1501–1650.* Cambridge, MA: Harvard University Press, 1934.

Harris, John. *The Survivor: Bill Clinton in the White House.* Nova York: Random House, 2005.

Harrod, Roy F. *The Life of John Maynard Keynes.* Londres: Macmillan, 1951.

Hayek, F. A. *The Constitution of Liberty: Definitive Edition.* Chicago: University of Chicago Press, 2011 [1960].

———. *Law, Legislation and Liberty, Vols. 1–3: A New Statement of the Liberal Principles of Justice and Political Economy.* Nova York: Routledge, 2013 [1982].

———. *Prices and Production and Other Works: F. A. Hayek on Money, The Business Cycle, and the Gold Standard.* Auburn, AL: Ludwig von Mises Institute, 2008.

———. *The Road to Serfdom: The definitive edition.* Chicago: University of Chicago Press, 2007 [1944].

Heller, Francis H. *Economics and the Truman Administration.* Lawrence: Regents Press of Kansas, 1981.

Hobbes, Thomas. *Leviathan, with Selected Variants from the Latin Edition of 1688.* Indianápolis, IN: Hackett, 1994.

Holroyd, Michael. *Lytton Strachey: A biography.* Nova York: Holt, Rinehart and Winston, 1980 [1971].

BIBLIOGRAFIA SELECIONADA

Holt, Richard P. F., ed. *The Selected Letters of John Kenneth Galbraith*. Nova York: Cambridge University Press, 2017.

Hoover, Herbert. *The Memoirs of Herbert Hoover: The Great Depression, 1929–1941*. Eastford, CT: Martino Fine Books, 2016 [1952].

———. *The Ordeal of Woodrow Wilson*. Washington, D.C.: Woodrow Wilson Center Press/Baltimore: Johns Hopkins University Press, 1992 [1958].

Horn, Martin. *Britain, France, and the Financing of the First World War*. Montreal e Kingston, Canadá: McGill–Queen's University Press, 2002.

House, Edward Mandell e Charles Seymour, eds. *What Really Happened at Paris: The story of the peace conference, 1918–1919*. Nova York: Charles Scribner's Sons, 1921.

Johnson, Elizabeth, Donald Moggridge e Austin Robinson, eds. *The Collected Writings of John Maynard Keynes, Vols. 1–30*. Nova York: Cambridge University Press for the Royal Economic Society, 1971–1982.

Jones, Daniel Stedman. *Masters of the Universe: Hayek, Friedman, and the birth of neoliberal politics*. Princeton, NJ: Princeton University Press, 2012.

Kahn, Richard. *The Making of Keynes' General Theory*. Cambridge, UK: Cambridge University Press, 1984.

Katznelson, Ira. *Fear Itself: The New Deal and the origins of our time*. Nova York: Liveright Publishing, 2013.

Keynes, John Maynard. *The Economic Consequences of the Peace*. Londres: Macmillan, 1919.

———. *The General Theory of Employment, Interest and Money*. Nova York: Prometheus Books, 1997 [1936].

———. *Indian Currency and Finance*. Londres: Macmillan, 1913.

———. *A Tract on Monetary Reform*. Londres: Macmillan, 1923.

———. *A Treatise on Money, Vols. I and II*. Mansfield Center, CT: Martino Publishing, 2011 [1930].

———. *A Treatise on Probability*. Londres: Macmillan, 1921.

Kindleberger, Charles. *A Financial History of Western Europe*. Londres: George Allen & Unwin, 1984.

———. *The World in Depression, 1929–1939: 40th Anniversary Edition*. Berkeley: University of California Press, 2013 [1973].

Lane, Rose Wilder. *The Discovery of Freedom: Man's struggle against asuthority*. Nova York: John Day, 1943.

Lee, Hermione. *Virginia Woolf*. Nova York: Alfred A. Knopf, 1997.

Levy, Paul, ed. *The Letters of Lytton Strachey*. Nova York: Farrar, Straus and Giroux, 2006.

Link, Arthur, ed. *The Papers of Woodrow Wilson, Vol. 24: January–August 1912*. Princeton, NJ: Princeton University Press, 1978.

Lippmann, Walter. *The Good Society*. Boston: Little, Brown, 1938.

Lovin, Clifford R. *A School for Diplomats: The Paris Peace Conference of 1919*. Lanham, MD: The University Press of America, 1997.

Mackrell, Judith. *Bloomsbury Ballerina: Lydia Lopokova, imperial dancer and Mrs. John Maynard Keynes*. Londres: Phoenix, 2009 [2008].

MacMillan, Margaret. *Paris 1919: Six Months That Changed the World*. Nova York: Random House, 2003 [2001].

Maney, Patrick J. *Bill Clinton: New Gilded Age President*. Lawrence: University of Kansas Press, 2016.

Mann, Geoff. *In the Long Run We Are All Dead: Keynesianism, political economy and revolution*. Nova York: Verso, 2017.

McElvaine, Robert S. *The Great Depression: America, 1929–1941*. Nova York: Three Rivers Press, 2009 [1984].

McGuinness, Brian. *Wittgenstein: A Life: Young Ludwig, 1889–1921*. Berkeley, CA: University of California Press, 1988.

Millin, Sarah Gertrude. *General Smuts, Vols. I and II*. Londres: Faber & Faber, 1936.

Mini, Piero V. *John Maynard Keynes: A study in the psychology of original work*. Nova York: St. Martin's Press, 1994.

Minsky, Hyman. *John Maynard Keynes*. Nova York: McGraw-Hill, 2008 [1975].

Mises, Ludwig von. *Bureaucracy*. New Rochelle, NY: Arlington House, 1969 [1944].

———. *Socialism: An economic and sociological analysis*. New Haven, CT: Yale University Press, 1951 [1927].

Moore, G. E. *Principia Ethica*. Cambridge, UK: Cambridge University Press, 1922 [1903].

Morgan, E. Victor. *Studies in British Financial Policy, 1914–25*. Londres: Macmillan, 1952.

Mowat, Charles Loch. *Britain Between the Wars, 1918–1940*. Boston: Beacon Press, 1971 [1955].

Nicolson, Nigel e Joanne Trautmann, eds. *The Letters of Virginia Woolf, Vols. 1–5*. Nova York: Harcourt Brace Jovanovich, 1976–1979.

Paninkin, Don e J. Clark Leith, eds. *Keynes, Cambridge and the General Theory*. Nova York: Macmillan, 1977.

Parker, Richard. *John Kenneth Galbraith: His life, his politics, his economics*. Chicago: University of Chicago Press, 2005.

Pecchi, Lorenzo e Gustavo Piga, eds. *Revisiting Keynes: Economic possibilities for our grandchildren*. Cambridge, MA: MIT Press, 2008.

Pecora, Ferdinand. *Wall Street Under Oath: The story of our modern money changers*. Nova York: Graymalkin Media, 1939.

Perkins, Frances. *The Roosevelt I Knew*. Nova York: Penguin, 2011 [1946].

Perlstein, Rick. *Nixonland: The rise of a president and the fracturing of America*. Nova York: Scribner, 2008.

Rauchway, Eric. *The Money Makers: How Roosevelt and Keynes ended the Depression, defeated fascism, and secured a prosperous peace*. Nova York: Basic Books, 2015.

———. *Winter War: Hoover, Roosevelt, and the first clash over the New Deal*. Nova York: Basic Books, 2018.

Regan, Tom. *Bloomsbury's Prophet: G. E. Moore and the Development of His Moral Philosophy*. Filadélfia: Temple University Press, 1986.

Ricardo, David. *On the Principles of Political Economy*. Londres: John Murray, 1817.

Riddell, George. *Lord Riddell's Intimate Diary of the Peace Conference and After: 1918–23*. Londres: Victor Gollancz, 1933.

Ringer, Fritz K., ed. *The German Inflation of 1923*. Londres: Oxford University Press, 1969.

Robin, Corey. *The Reactionary Mind*, 2ª ed. Nova York: Oxford University Press, 2018.

Robbins, Lionel. *Autobiography of an Economist*. Londres: Macmillan, 1971.

Robinson, Joan. *The Economics of Imperfect Competition.* Londres: Macmillan 1938 [1933].

———. "The Second Crisis of Economic Theory." *The American Economic Review* 62, n°. 1/2 (março de 1972).

Robinson, Joan e Francis Cripps. "Keynes Today." *Journal of Post-Keynesian Economics* 2, n°. 1 (1979).

Rodgers, Daniel T. *Age of Fracture.* Cambridge, MA: The Belknap Press of Harvard University Press, 2011.

Rosenbaum, S. P., ed. *The Bloomsbury Group: A collection of memoirs and commentary.* Toronto: University of Toronto Press, 1995.

Rousseau, Jean-Jacques. *The Basic Political Writings.* Indianápolis, IN: Hackett, 1987. Russell, Bertrand. *The Autobiography of Bertrand Russell, 1872–1914.* Boston: Little, Brown, 1967.

Samuelson, Paul. *Economics: The Original 1948 Edition.* Nova York: McGraw-Hill, 1997 [1948].

Sandilands, Roger. "Guilt by Association? Lauchlin Currie's Alleged Involvement with Washington Economists in Soviet Espionage." *History of Political Economy* 32, n°. 3 (Fall 2000).

Schlesinger, Arthur M., Jr. *The Coming of the New Deal.* Boston: Houghton Mifflin, 1959.

———. *The Crisis of the Old Order.* Boston: Houghton Mifflin, 2002 [1957].

———. *The Life and Political Economy of Lauchlin Currie: New Dealer, presidential adviser and developmental economist.* Durham, NC: Duke University Press, 1990.

———. *The Politics of Upheaval.* Boston: Houghton Mifflin, 1960.

———. *A Thousand Days: John F. Kennedy in the White House.* Boston: Houghton Mifflin, 2002 [1965].

———. *The Vital Center.* Boston: Houghton Mifflin, 1949.

Schumpeter, Joseph, et al. *The Economics of the Recovery Program.* Nova York: Whittelsey House, 1934.

Skidelsky, Robert. *John Maynard Keynes,* vol. 1: *Hopes Betrayed, 1883–1920.* Nova York: Penguin, 1994 [1983].

———. *John Maynard Keynes,* vol. 2: *The Economist as Savior, 1920–1937.* Nova York: Allen Lane, 1994.

———. *John Maynard Keynes,* vol. 3: *Fighting for Freedom, 1937–1946.* Nova York: Viking, 2001.

Slobodian, Quinn. *Globalists: The end of empire and the birth of neoliberalism.* Cambridge, MA: Harvard University Press, 2018.

Solberg, Winton U. e Robert W. Tomlinson. "Academic McCarthyism and Keynesian Economics: The Bowen Controversy at the University of Illinois", *History of Political Economy* 29, n°. 1 (1997).

Spalding, Frances. *Duncan Grant: A biography.* Londres: Pimlico, 1998.

———. *Vanessa Bell: Portrait of the Bloomsbury artist.* Nova York: Tauris Parke Paperbacks, 2016 [1983].

Steel, Ronald. *Walter Lippmann and the American Century.* Boston: Little, Brown, 1980. Stein, Herbert. *The Fiscal Revolution in America.* Chicago: University of Chicago Press, 1969.

Stiglitz, Joseph. *Globalization and Its Discontents.* Nova York: W. W. Norton & Co., 2003.

———. *The Roaring Nineties: A new history of the world's most prosperous decade.* Nova York: W. W. Norton & Co., 2004.

Strachey, John. *The Coming Struggle for Power.* Nova York: Modern Library, 1935 [1932].

———. *Contemporary Capitalism.* Nova York: Random House, 1956.

Strachey, Lytton. *Eminent Victorians: Cardinal manning, florence nightingale, Dr. Arnold, General Gordon.* Londres: G. P. Putnam Sons, 1918.

Tarshis, Lorie. *The Elements of Economics.* Boston: Houghton Mifflin, 1947.

Tooze, Adam. *The Deluge: The Great War, America and the remaking of the global order, 1916–1931.* Nova York: Penguin, 2006; Viking, 2014.

Trachtenberg, Marc. "Reparation at the Paris Peace Conference." *The Journal of Modern History* 51, n°. 1 (março de 1979).

Truman, Harry. *Memoirs: Year of decisions.* Nova York: Doubleday, 1955.

Tuchman, Barbara. *The Guns of August: The outbreak of World War I .* Nova York: Random House, 2014 [1962].

Turner, Marjorie S. *Joan Robinson and the Americans.* Armonk, NY: M. E. Sharpe, 1989.

Wilson, Woodrow. *A History of the American People, Volume V: Reunion and Nationalization.* Nova York: Harper and Brothers, 1902.

Wittgenstein, Ludwig. *Tractatus Logico-Philosophicus.* Londres: Kegan Paul, Trench, Trübner, 1922.

Wolfensberger, Don. "Woodrow Wilson, Congress and Anti-Immigrant Sentiment in America: An Introductory Essay." Woodrow Wilson Center International Center for Scholars, 12 de março de 2007.

Woodward, Bob. *The Agenda: Inside the Clinton White House.* Nova York: Simon & Schuster, 1995.

Woolf, Leonard. *Beginning Again: An autobiography of the years 1911 to 1918.* Nova York: Harcourt Brace Jovanovich, 1964.

———. *Downhill All The Way: An autobiography of the years 1919 to 1939.* Nova York: Harcourt Brace Jovanovich, 1967.

Zeitz, Joshua. *Building the Great Society: Inside Lyndon Johnson's White House.* Nova York: Viking, 2018.

ÍNDICE

— ◇ —

A

acceptance houses, 10–11
Adam Smith, 401
Adam Tooze, 107
Adolf Hitler, 103
   ascensão, 201–202
   chanceler, 222
A Grande Crise de 1929, livro, 419–420
A Ideologia Alemã, livro, 204
Alfred Marshall, 17
American Liberty League, 300
Anna Schwartz, 471
antissemitismo, 35
Antonio Gramsci, 256
anulação das dívidas, 82–83
Apóstolos, 25–36
As Consequências Econômicas da Paz, livro, 96–112
A Sociedade Afluente, livro, 423–424
A Teoria Geral do Emprego, do Juro e da Moeda, livro, 261–266
   New Deal, 308
A Tract on Monetary Reform, livro, 198
Augusto Pinochet, 485
Austin Robinson, 258
autocracia, 70
autodeterminação, 60
autoritarismo, xxvii

B

Banco Mundial, 366
bancos de Nova York
   fechamento, 234
Banco Supranacional, 361

Barack Obama, 531–536
   Franklin Delano Roosevelt, 535
   Lyndon B. Johnson, 535
Barry Goldwater, 466–468
Belle Époque, 97
Benito Mussolini, xxvi
Bertrand Russell, 3
Bill Clinton, 491–510
Bloomsbury, xix–xxi
   arte, 402
   círculo de, 25
   e a aristocracia, 150–151
   e Lydia Lopokova, 158–161
   integrantes, 34
   marxismo, 223–226
   mudança, 341
   queda, 281–287
bloqueio naval britânico, 76
bolchevismo, 99
Bolsa de Valores de Nova York, 181–183

C

câmbio, 129–130
Cambridge Circus
   membros, 256
Cambridge War Thrift Committee, 41
capitalismo, 193–194
Capitalismo Americano, livro, 414–418
Carta do Atlântico, 319
   Grã-Bretanha, 370
Caso Dreyfus, 72
caso Watergate, 485
chauvinismo europeu, 104
Círculo de Bloomsbury, 25–62

Comissão de Reparações, 79
Comitê de Práticas Justas de Trabalho, 321
Comitê Macmillan, 190–191
complexo militar-industrial, 314
Conferência de Bretton Woods, 356–358
Conferência de Paz de Paris, 65–90
conferência em Savannah, 373
Conselho dos Quatro, 66–90
Convenções da Haia, 36
Council of Economic Advisers (CEA), 434–437
crash de 1929
   após, 213
   perspectiva, 14
crash de 2008, 522
Creditanstalt, 212–213
credit default swaps (CDS), 515–516
criação destrutiva, 519
crise alimentar
   Alemanha, 78
cristianismo ocidental, 389
Curva de Phillips, 471–480
   crise intelectual da, 480

D

David Bensusan-Butt, xxviii
David Hume, 401–402
David Lloyd George, 74–75
David Ricardo, 211
Davis, 87–88
deflação, 129–143
   salários, 166
democracia, 70

576 ÍNDICE

Democratic Leadership
Council, 496–497
derivativos, 515
desigualdade, 539
desigualdade econômica,
97–100
Discurso das Quatro
Liberdades, 315
Donna Edwards, 521–530
Duncan Grant, xxi
Dwight D. Eisenhower, 314

E

econometria, 404
economia
clássica, 27
keynesiana, 314
Segunda Guerra
Mundial, 314
monetária, 275
schumpeteriana, 519
Economics: An introductory
analysis, livro, 383–384
economistas clássicos, 264
Edmund Burke, 101–103
Eduard Rosenbaum, 290
Eleanor Roosevelt, 433–434
Elements of Economics, livro,
380–384
Elizabeth Bentley, 395–396
emenda antiprofessor, 339
empréstimos subprime,
522–524
Erwin Rothbarth, 290
escassez econômica, 102
Esquema para a Reabilitação
do Crédito Europeu
e para o Auxílio
Financeiro e a
Reconstrução, 83
estagflação, 485

F

fascismo, xxviii
Federal Reserve, 434
de São Francisco, 229
Ferdinand Pecora, 240–243
filosofia analítica, 119
finanças privadas
instabilidade, 234
financiamento assistencial
Crise de 1929, 231
Fortune, revista, 410
Franklin Delano Roosevelt,
232–240

campos de concentração,
311
elite, 296
Fair Labor Standards
Act, 311
Lend-Lease, programa,
323
projetos governamentais,
294
recessão Roosevelt, 298
seguridade social, 297
Friedrich von Hayek,
345–350
fundamentalismo racial, 389
Fundo Monetário
Internacional, 366

G

Gêmeos Celestiais
Sumner e Cunliffe, 80
George H. W. Bush
NAFTA, 511
George Silverman, 395–396
George Wingfield, 228
Gertrude Stein, xxi
Glass-Steagall, 516–517
GOP, Partido Republicano,
312
Grande
Depressão, xxvii
Esquema, 84–88
Guerra, 93
Aliados, 75
Queda, 191
Sociedade, 456–458
Gregory Silvermaster,
394–398
Guerra à Pobreza, 451–458
Guerra Civil Espanhola, 286
Guerra dos Bôeres, 37
Guilherme I da Alemanha,
93
Gunnar Myrdal, 426

H

Hans Singer, 290
Harold Luhnow, 387–388
Harry Dexter White, 395–396
Harry Johnson, 474
Harry Truman, 314
Heinrich Brüning, 221
Henry Luce, 410–412
Henry Morgenthau Jr., 297
Herbert Hoover, 76

Grande Depressão,
184–185
Hillary Rodham Clinton, 495
hiperinflação, 145–147
hipótese das expectativas
racionais, 488
Howard Bowen, 375–379

I

igualitarismo democrático,
154
imperialismo, xxviii
britânico, 5
europeu, 69
Império Austro-Húngaro, 92
Império do Japão, 88
inflação, 129–144
historicamente, 194
período de guerra, 39
inflacionismo, 238
internacionalismo liberal,
540
International Clearing
Union, 361–363

J

Jack Morgan
New Deal, 294
James Meade, 258
James Tobin, 306
János Plesch, 321
Jan Smuts, 80–81
Jawaharlal Nehru, 447
Jean-Baptiste Say, 266
Lei de Say, 266
Jean-Jacques Rousseau,
154–155
Jimmy Carter, 486–488
Joan Robinson, 251–258
competição imperfeita,
254
monopsônio, 254
Joe McCarthy, 386
John Black, 309
John Bricker, 393
John F. Kennedy, 429–434
macartismo, 432
John Kenneth Galbraith,
409–416
Medalha Presidencial da
Liberdade, 518
Universidade de Illinois,
375
John Maynard Keynes, xix–2

ÍNDICE

Alemanha, 221
  a vida de, xxi
  casamento com Lydia
    Lopokova, 158
  problema político, 164
  socialismo, 153
  Tratado de Versalhes, 107
John Pierpont Morgan Jr., 51
John Strachey, 223
Josef Stalin, 103
Joseph McCarthy, 309
  e a família Kennedy, 431
Joseph Schumpeter, 305
Joseph Stiglitz, 205
J.P. Morgan
  escândalo, 241

K

Karl Marx, 102
keynesianismo, xxix–xxx
  americanização, 319
  anos 1960, 449
  corporativista, 411
  politicamente fraco, 540
  reacionário, 314

L

La Belle Époque, 4
laissez-faire, 154–158
  abandono, 235
Lauchlin Currie, 394–398
Lawrence Klein, 391
legislação Eccles-Currie, 250
Lehman Brothers, 522–526
Lei de Direitos Civis, 456
Lei de Say, 266–267
Lei GI Bill, 376
Leis de Jim Crow, 318
Leis dos Direitos ao Voto, 456
liberalismo, xxvi
  iluminista, 75
Liga das Nações, 64–90
Lionel Robbins, 342
livre-comércio, 32–33
Long-Term Capital
  Management, 513–517
Lorie Tarshis, 302–303
Louis Loucheur, 80
Ludwig von Mises, 165
Ludwig Wittgenstein, xxi
Lydia Lopokova, xix–2
Lyndon B. Johnson, 297
Lytton Strachey, xix

M

macartismo, 379
  keynesianismo, 409
macroeconomia, 39
Margaret Thatcher, 370
Maria da Romênia, Rainha,
  149–150
marxismo, 132
Medicaid, 456
Medicare, 297
Merwin K. Hart, 379–382
Michael Straight, 252
militarismo, xxviii
Milton Friedman, 463–476
  direita, 475
monarquismo, 69
monetarismo, 134–135
monopólio, 254
Myron Scholes, 513–514

N

nacionalismo econômico, 360
Nelson Mandela, 505
neoliberalismo, 311
  crise financeira de 2008,
    540
  Friedrich von Hayek, 485
New Deal, 346
  defensores, 292–296
  diagrama do, 157
  segundo, 457
Norman Angell, 6
Norman Davis, 110–111

O

ocupação francesa do Ruhr,
  xxvi
oferta e demanda, 38
Office of Price
  Administration (OPA),
  337
Omega Workshops, 42
Ordem Executiva 8802, 320
Organização Mundial do
  Comércio, 502–506
Otto von Bismarck, 73
Owen D. Young, 295–296

P

padrão-ouro, xxvii
  abandono, 235
  Áustria, 213–215
  clamor pelo retorno,
    164–165

  colapso, 361
  Grã-Bretanha, 129–130
  padrão do dólar, 187
  rompimento da Grã-
    Bretanha, 225
  saída dos EUA, 238
  suspensão, 120
pandemia de gripe, 66
pânico macartista, 393
Partido Comunista dos
  Estados Unidos da
  América, 396
Partido Conservador, 141
Partido Democrata, 450
Partido Liberal, 140
Partido Trabalhista, 140–144
Paul Samuelson, 383–384
  esquerda, 475
Paul Sweezy, 304–305
Paul Volcker, 487–488
Pearl Harbor, 309–310
Período do Terror, 101
Plano Beveridge, 370
Plano Dawes, 146–148
Poderes Centrais, 76
política deflacionária,
  165–166
Political Economy Club, 303
políticas anti-imperialistas,
  xxviii
poupança, 269
Principia Ethica, 26
princípio da acumulação, 98
princípio da
  autodeterminação, 93
produtividade marginal, 255
Prontosil, 322–323
Putsch da Cervejaria, xxvi

Q

Quatorze Pontos, 60–62
Quatro Liberdades, 316–321
  Grã-Bretanha, 370
Quentin Bell, 20
Quinta-Feira Negra, 186–187

R

radicalismo, xxvi
Ralph Blodgett, 377
Reconstruction Finance
  Corporation (RFC), 229
reparações, 71
  alemã, 76
revolução sexual, 29

578 ÍNDICE

Richard Gilbert, 306
Richard Kahn, 406
Richard Nixon, 476–485
Robert Bryce, 302–305
Robert Merton, 513–514
Robert Rubin, 491–493
Robert Solow, 205
Roger Fry, 341
Ronald Reagan, 294
Rose Wilder Lane, 380–381

S

sabedoria popular, 426
Seguridade Social, 456
serviço militar compulsório, 46
Serviço Nacional de Saúde, 369
sexismo, 30
Seymour Harris, 306
Simon Kuznets, 404
socialismo, xxv
    utilitarista, 154
Sociedade Mont Pèlerin, 388–389
Strom Thurmond, 431
subconsumo, 197

T

taxas de câmbio, 129–130
teoria clássica
    economia, 265
teoria econômica clássica, 165
Terça-Feira Negra, 186
The Gilded Age, 4
Thomas Hobbes, 192
Thomas L. Friedman, 6
Thomas W. Lamont, 81–83
Tratado de Versalhes, 143–144
    responsabilidade, 201
Tratado Norte-Americano de Livre-Comércio (NAFTA), 500–503
Tratado sobre a Moeda, livro, 191–202
    laissez-faire, 195
    medo da inflação, 266–267

U

Um Tratado sobre Probabilidade, livro, 117–120

União Britânica de Fascistas, 223
utilitarismo, doutrina, 26–28
utopia keynesiana, 204

V

Vanessa Bell, xx
Virginia Woolf, xix
Vladimir Lenin, 101–102

W

Wall Street
    Grande Guerra, 71
Walter Heller, 436–437
Walter Lippmann, 309–310
Whittaker Chambers, 410
Winston Churchill, 181–185
    ressurreição política, 325
Woodrow Wilson, 63–71